Début d'une série de documents
en couleur

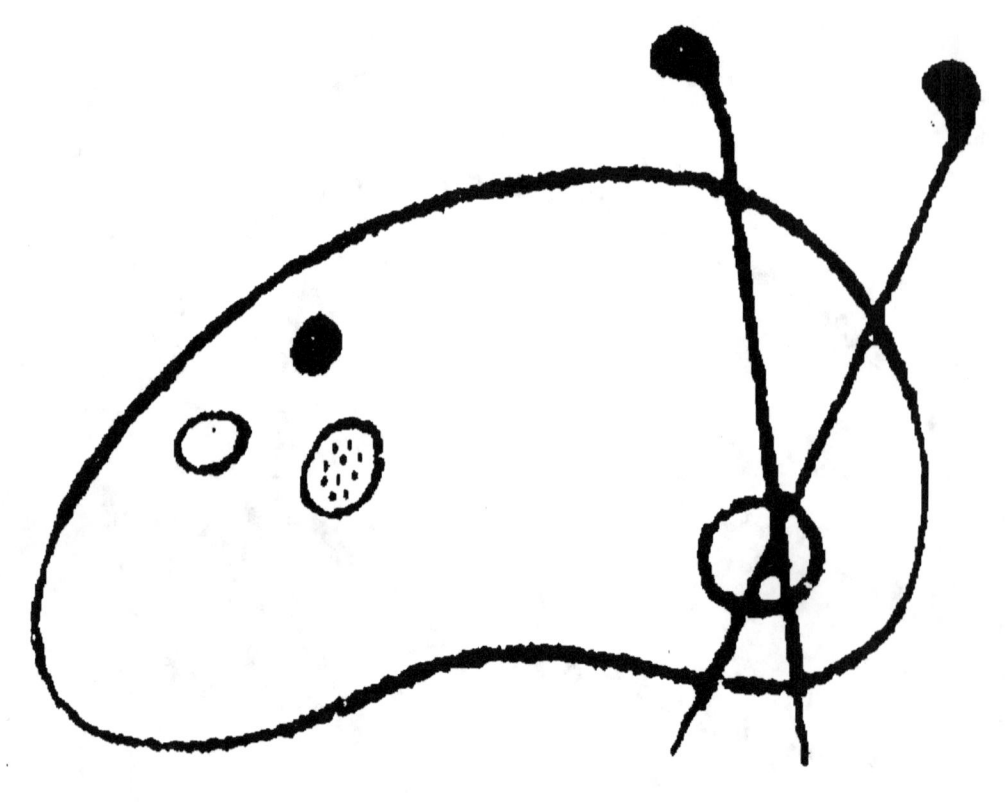

Fin d'une série de documents en couleur

LES

CRIMINELS CÉLÈBRES

IMPRIMERE D. BARDIN ET C*, A SAINT-GERMAIN.

LES
CRIMINELS CÉLÈBRES

PAR

TH. LABOURIEU

PARIS

JULES ROUFF ET C⁽ⁱᵉ⁾, ÉDITEURS

14, CLOITRE-SAINT-HONORÉ, 14

1885

LES
CRIMINELS CÉLÈBRES

L'AFFAIRE FUALDÈS

CHAPITRE PREMIER

LE JOUEUR D'ORGUE.

Un homme, à la tombée du jour et par une soirée d'hiver, traversait, en trébuchant, la rue des Hebdomadiers.

Cette rue de la ville de Rodez est située derrière la cathédrale. Elle était en 1817 ce qu'elle est encore aujourd'hui, étroite et fétide, elle est bornée au sud par une ruelle : le Terral, terminée par une tour. Les murs presque sans fenêtres de ces deux rues dissimulant des masures inégales marquent un point d'intercession entre la ville et le faubourg. Elles donnent à cette extrémité de la cité un aspect mystérieux et sinistre.

L'homme s'acheminait vers les anciens remparts bordés de boulevards plantés d'arbres couronnant les flancs de la colline sur laquelle est assise la ville de Rodez, baignée par l'Aveyron.

Cet individu avait l'air inquiet, sa mise sordide répondait à sa figure farouche, ses yeux étaient hagards et menaçants.

Étaient-ce les effets de l'ivrognerie ou les conséquences de la plus extrême misère qui le rendaient fiévreux, au point de le faire vaciller dans sa marche ?

Il portait une veste rouge en haillons, une culotte de velours usé, dont la couleur avait dû être brune. Son dos voûté s'affaissait sous le poids d'une boîte, en forme d'orgue. Cet instrument pendu après son corps, par une mauvaise courroie, semblait le faire fléchir davantage.

Cet homme, cette ombre, penchée et vacillante, était lamentable à voir.

Parvenu aux anciens remparts, l'homme descendit la colline, il tourna le dos aux jardins de l'*Évêché*, prit une route conduisant aux parapets de l'Aveyron.

Une fois dans la campagne, il s'accroupit, ou plutôt tomba contre les pierres du parapet, il s'assit sur la boîte de son orgue, mit la tête dans ses mains, poussa des sanglots de désespoir et de rage.

Évidemment, c'était un martyr de la misère. Les privations, plutôt que l'intempérance, l'avaient réduit à ce piteux état.

Après avoir essuyé de ses mains décharnées les quelques larmes qui brûlaient ses paupières rougies, il se leva comme obéissant à une résolution énergique.

Les rayons de la lune éclairèrent ses traits flétris, livides et martelés depuis longtemps sous les coups de l'adversité. Ils montrèrent une de ces figures particulières aux gens de l'ancien Rouergue : figure massive, aux grands yeux calmes, aux pommettes saillantes comme les angles de la face. La misère y avait répandu cette teinte de mélancolie qui n'entre pas d'ordinaire dans le caractère brusque, plein de franchise de l'Aveyronnais.

Un instant, le joueur d'orgue, à en croire l'instrument qu'il avait à ses pieds, contempla avec fixité la rivière coulant le long du parapet. Puis, il murmura :

— Dans une demi-heure, je serai au fond de l'eau, ou j'en aurai tué un ! Mourir pour mourir, autant faire payer ma vie à l'un des habitants de cette ville maudite.

Tout en disant ces mots, sans quitter des yeux l'Aveyron, il tira de la poche de sa culotte un couteau à manche court, à lame effilée, qu'il eut soin de glisser dans sa manche.

Alors il tourna la tête du côté de la colline, inondée des lumières de la lune. Il regarda la ville, où se découpait dans le ciel la tour haute de la cathédrale, au bas de laquelle se groupaient ses masures comme autant de mendiantes autour de leur souveraine !

L'homme agita son couteau d'une façon effrayante ; on eût dit qu'il eût voulu d'un seul coup décapiter avec son arme, toute cette cité se dressant devant lui.

Ce couteau, appelé communément dans le pays *capuchadou*, est un petit poignard dont les habitants de la campagne se servent habituellement pour couper le bois et le pain, lorsqu'il ne brille pas dans une rixe ou un acte de vengeance.

Le joueur d'orgue avait à peine fait son geste menaçant, accompagné d'un effroyable rictus, qu'un homme parut au bas de la colline, marchant droit sur le pont de l'Aveyron.

A sa vue, le misérable fit un bond de bête fauve. Il se frotta les yeux. Il s'assura que cette ombre n'était pas un jouet de son imagination surexcitée par la vengeance ou le désespoir.

Les traînées de lumière à travers lesquelles passait cet homme, lui firent reconnaître un personnage qui était particulièrement un objet de haine parmi les gens acharnés à sa triste destinée.

Était-ce le hasard ou le démon qui le plaçait sous sa main, au moment où il enveloppait la ville dans sa rage, en l'obligeant à en finir par le crime et par le suicide ?

Après s'être assuré qu'il n'était pas le jouet d'une hallucination, il épia avec une avidité sauvage, l'homme qui s'avançait vers lui et qu'il considérait comme sa proie.

Il poussa une sorte de rugissement, il caressa, avec une âpre volupté, le poignard caché dans sa manche et murmura :

— Le diable ne pouvait mieux choisir, en faisant payer à ce gredin les maux que lui et les siens m'ont fait subir.

Alors le joueur d'orgue alla se poster à l'angle du pont, accroupi comme le tigre qui flaire sa proie, les yeux sur l'homme qui s'avançait contre lui.

C'était un être trapu, enveloppé d'une longue capote, la tête cachée sous un chapeau rond, et enfoncée dans de larges épaules. Il avait le nez busqué en forme de bec d'aigle, les lèvres de sa bouche descendaient aux extrémités, sur un menton large et droit, ses yeux sournois, qui regardaient de côté, étaient baissés vers la terre.

Il s'avançait, sans voir le joueur d'orgue, pelotonné sur lui-même, le poignard à la main, prêt à fondre sur l'inconnu, marchant avec précaution, et tournant la tête de droite et de gauche.

On devinait que si cet homme cherchait quelqu'un, ce ne pouvait être le joueur d'orgue.

Ce nouveau personnage était le type de l'Aveyronnais. Sa taille courte, son extérieur réfléchi, rappelait la physionomie de la population du vieux Rouergue, en harmonie avec les sites sauvages de la cité noire de Rodez.

Le joueur d'orgue en haillons, le bourgeois enfoui sous sa capote, étaient deux individus bien dignes de figurer dans ce sombre tableau.

Près du parapet, le bruit du mouvement précipité du joueur d'orgue prêt à s'élancer sur le bourgeois rêveur, fit diriger ses yeux de son côté.

Il se recula pâle d'effroi à la vue de l'assassin placé contre lui le poignard à la main, et il balbutia :

— Ciel, Briès, l'homme rouge !

— Oui, Jausion, c'est moi, lui répondit-il. L'enfer t'amène sous mon *capuchadou !* Entends-tu, moussus Jausion, le tueur d'enfants !

Celui que Jausion avait appelé par le nom de Briès, le joueur d'orgue, se précipita sur lui.

Il le prit par la nuque, le renversa, le roula sur le sol, moins par la force de ses membres que par la peur qu'il inspirait à Jausion pris à l'improviste.

— Grâce ! exclama-t-il, une fois par terre, pendant que le joueur d'orgue leva le bras pour le frapper, appuyant un de ses genoux sur sa poitrine.

— Non, pas de grâce ! hurla-t-il. Fais-tu grâce, banquier ladre et hypocrite, aux gens de la ville que tu pressures et affames par tes prêts usuraires? M'as-tu fait grâce, après t'avoir sauvé la vie et l'honneur? As-tu épargné ma femme que tu as laissée mourir, lorsque, il y a neuf ans, elle faisait disparaître, par ton ordre, l'enfant d'une de tes maîtresses? As-tu fait grâce aux deux créatures qui s'employaient pour toi, lorsque tu prenais la fortune, la vie, l'honneur de leur mari? Ta vie est un fléau ! Ah ! le diable fait bien ce qu'il fait en te plaçant sous mon couteau, en te faisant tuer par celui à qui tu dois la vie, à qui tu refusais hier encore un morceau de pain. M'as-tu fait grâce, dis ?

— Je ne te savais pas si misérable, Briès ! sans cela je t'aurais secouru, balbutia Jausion toujours retenu d'une main contre terre, pendant que, de l'autre, Briès brandissait son poignard sur sa tête — si tu m'avais dit ta situation.....

Il ne s'agissait que de s'entendre,... mon ami.

— Il est trop tard — s'écria le joueur d'orgue, ivre de colère et de vengeance. Je te tiens, tu vas mourir. Je l'ai juré. Avant de succomber par ta faute ou celle des tiens, je voulais la vie de quelqu'un. L'enfer ne pouvait mieux me désigner sa victime. Tu le sais, quand le diable, chez nous, reprend un de ses possédés, c'est sous la forme d'un homme rouge? Meurs donc sous la main de l'homme rouge !

Le poignard de Briès effleurait le front de Jausion, la lame, après avoir brillé comme un éclair dans la nuit, allait frapper le damné glacé d'effroi. Lui, il fermait les yeux pour ne plus voir la mort l'atteindre, quand le capuchadou fut brusquement arraché des mains du joueur d'orgue.

La scène changea de face. Un homme dans la force de l'âge se jeta sur l'assassin, pour le terrasser, le menacer à son tour du poignard dont il avait voulu frapper sa victime.

Alors Jausion, qui s'était empressé de se relever, poussa un soupir de profond soulagement. Il s'aperçut que son sauveur était précisément l'homme qu'il attendait.

C'était un individu de forte encolure, de belle prestance, aux cheveux blonds, à la peau blanche et colorée, dont les traits réguliers avaient cette expression souriante et insolente, particulière aux chenapans de caserne. Il se nommait Colard.

C'était une connoissance de Briès, son voisin dans la maison d'où il venait d'être chassé.

— Monsieur Jausion, cria Colard, retenant par la gorge le joueur d'orgue, prêt à lui enfoncer dans la poitrine le poignard dont Briès avait menacé son antagoniste. Faut-il frapper? Il ne l'aura pas volé le joueur d'orgue, après la saignée qu'il voulait vous faire, savez-vous?

Mais Jausion, après avoir essuyé avec précaution la poussière de ses habits, mû par une pensée qui ne pouvait partir de son caractère rien moins que généreux, se jeta entre Colard et Briès.

Ce dernier, étendu à son tour par terre, attendait sans pâlir la mort qu'un instant auparavant, il avait voulu donner à Jausion.

— Non! non! Colard, lui cria-t-il, c'est assez de l'autre, assez du cadavre que nous voulons porter dans l'Aveyron, sans nous charger la conscience de la mort de cet homme. La misère l'aveugle, le désespoir l'égare! Loin de vouloir le tuer, lui, je veux lui prouver que nous travaillons au moyen de le venger.

Puis il se tourna vers le joueur d'orgue se relevant d'un air sombre. Celui-ci regardait d'un air contrit, presque embarrassé, Jausion qu'il avait voulu tuer, et qui devenait son sauveur.

Briès ne revenait pas de ce qu'il voyait et entendait.

Quel accord, se demandait-il, pouvait-il exister entre un riche, comme Jausion et Colard, un assez mauvais drôle, Belge d'origine, ancien soldat du train, ne fréquentant que des lieux de débauche et ami du bourreau?

Briès, en sa qualité de voisin de Colard, savait encore qu'il avait pour maîtresse une fille de rien, Anne Benoît, l'entretenant du salaire de sa prostitution.

Evidemment pour qu'un personnage considérable, sinon considéré comme Jausion, fût lié avec un pareil chenapan, il fallait, comme le lui faisaient supposer les premiers mots du riche bourgeois, qu'un secret les unît l'un à l'autre.

Briès, bien plus étourdi par cette rencontre que par la fausse générosité de Jausion, était désarmé!

Alors Jausion tirait trois louis de sa poche, il les présentait au joueur d'orgue encore sous l'émotion de tout ce qui s'était passé.

— Et pour te prouver, lui dit-il, que je me souviens de ce que je te dois depuis 1809, prends ces louis que je te ménageais quand tu es venu frapper à ma porte pour me demander du pain.

— Mais, balbutia Briès empochant l'or de Jausion, pourquoi ne me le donnais-tu pas, lorsqu'on me chassait chez les Bancal?

— Va le demander à Fualdès !

— A Fualdès! exclama le joueur d'orgue redevenu furieux, pendant que Colard, derrière Briès, souriait à Jausion, en devinant sa pensée.

— Oui, à Fualdès, dont j'ai été obligé d'être l'ami, le parent, pour n'être pas sa victime, à Fualdès qui avait besoin de la mort de ta femme pour se blanchir; à Fualdès qui m'a empêché de te secourir pour se disculper des accusations dont nous sommes l'objet, toi et moi ! Mais je ne suis pas un ingrat, Briès, quoi que tu en puisses dire. Si autrefois, j'ai laissé mourir ta femme, si je t'ai laissé dans la misère, c'est la faute à Fualdès, c'est à *mon ami* Fualdès que tu le dois ! Ah ! tu ne sais pas ce qu'il me fait souffrir malgré la prétendue affection qu'il prétend me porter, tu ne sais pas à quel prix, je suis devenu son ami, son parent. Il n'est pas de jour qu'il me menace ! Et ce que je désire autant que toi, plus que toi peut-être, c'est la mort de Fualdès, mon fléau et le tien ; cet homme est l'auteur de tous nos maux, n'est-ce pas, Colard ?

— Oui, répéta Colard en s'adressant à son tour à Briès qui le consultait d'un air de doute. Et si tu as été chassé de ton dernier domicile, c'est encore à Fualdès que tu le dois. Il n'a qu'un but, faire partir de la ville tous les témoins de son passé, ce juge prévaricateur ! Après toi, ce sera Jausion, puis nous ! Mais qu'il prenne garde, la mort pourra bien le surprendre avant l'accomplissement de son œuvre.

— Ainsi, dit Briès réfléchissant cette fois avec sa vengeance et s'adressant à Jausion. — Lorsque tu me fermais ta porte quand je te demandais du pain...

— J'obéissais, — s'empressa de répondre Jausion, — à celui qui nous tient par nos secrets, à Fualdès.

— Lorsque tu laissais mourir de désespoir ma pauvre femme...

— J'obéissais à Fualdès.

— Lorsqu'on me chassait aujourd'hui de mon dernier gîte.

— Ceux qui t'en chassaient, obéissaient toujours à Fualdès, ton bourreau et le nôtre.

— Et c'est pour tuer à notre tour notre bourreau, que nous sommes ici, ajouta Colard.

— Vraiment ! exclama Briès, qui sentit renaître toutes les ardeurs de sa vengeance au nom détesté de Fualdès. — Et c'est ce juge révoqué que vous voulez atteindre ?

— Oui, — fit Jausion d'un air sombre et qui, plein cette fois de son effroyable projet, ne pensait plus aux menaces de Briès. — Oui, Colard et

Elles voulurent fuir plus vite encore. (Page 13.)

moi, nous venions ici reconnaître la place où nous jetterions son corps dans l'Aveyron quand tu nous as surpris. Veux-tu être des nôtres, toi qui as, autant que nous, à te plaindre de lui?

— J'ai juré, — fit le joueur d'orgue d'un air sombre, de faire payer mes misères à ceux qui en ont été la cause. Je tiendrai mon serment.

— Alors tu deviens des nôtres? insista Colard.

— Qu'allez-vous faire ? — demanda-t-il d'un ton lugubre à Colard et à Jausion.

— Viens avec moi, — reprit ce dernier, dans ma maison de la rue Saladin, près des remparts. Je te dirai tout. Prends ton orgue, il nous servira. En t'offrant une hospitalité dont tu as tant besoin, tu ne diras plus, je pense, que c'est moi qui suis le fléau de ta vie.

Jausion avait prononcé ces paroles de ce ton mielleux et caressant, dont il abusait tant auprès des gens qu'il voulait capter. Mais son expression de bon apôtre jurait avec la rudesse habituelle de sa physionomie.

Il n'en imposa pas à Colard, pas plus qu'à Briès qui lui répondit :

— Ah ! j'ai bien peur, Jausion, que de misérable que je suis aujourd'hui, tu ne me fasses, demain, un assassin !

Et le joueur d'orgue, chargeant son instrument sur son dos, reprit le chemin de la ville pour gagner, dans l'espoir d'un gîte, le salaire de l'assassinat.

Pendant longtemps Colard les regarda partir et monter la pente de la colline, dans la direction du boulevard de l'Évêché.

Une fois qu'il eut presque perdu de vue les deux ombres, il se dit en s'accoudant sur le parapet :

— Maintenant que Jausion approuve l'endroit où nous jetterons le corps du juge prévaricateur, il s'agit d'attendre son complice pour l'informer de la place où il devra conduire notre expédition.

Quel était ce second complice, personnage aussi considérable que Jausion ? C'était un autre parent de Fualdès que Colard allait rencontrer après le départ de Jausion avec le joueur d'orgue.

CHAPITRE II

RENCONTRE DE BASTIDE, LE GÉANT, AVEC MADAME MANZON

Colard regardait encore les deux hommes monter la colline lorsqu'il vit venir, du bas du plateau, un individu de taille gigantesque. Son ombre semblait se profiler sur toute la vallée.

A la clarté de la lune, il reconnut le géant ; celui-ci l'avait également aperçu, car il s'avança droit devant lui.

— Colard ? lui demanda-t-il sourdement.

— Bastide ! lui répondit-il sur le même ton.

Ce dernier, imposant par sa taille extraordinaire, avait près de six pieds. Ses grands yeux noirs avaient des reflets d'acier. Ils étaient aussi durs que ses traits respirant, sous un air de commandement, toutes les ardeurs des plus violentes passions.

La farouche physionomie de Bastide jurait avec la figure épanouie de Colard, à l'expression goguenarde.

— Comment, continua le colosse, tu es seul ici... sans Jausion ?

— Il est parti, répondit Colard.

— Ce n'est donc pas pour ce soir ? repartit Bastide.

— Pas encore.

Bastide frappa violemment du pied, il se mordit la lèvre inférieure, il lança de sombres éclairs de ses yeux perçants, il riposta :

— Ce n'était guère la peine de déloger le joueur d'orgue de son domicile de la rue des Hebdomadiers, si ce n'est pas pour ce soir !

— C'est justement, ajouta Colard, parce que la mauvaise chance a voulu que Brès se trouvât sur notre route, qu'il nous a forcés à faire ce pas d'écrevisse. Mais Jausion n'est homme à reculer que pour mieux sauter. Il vient d'enjôler si bien le joueur d'orgue qu'il l'a mis dans notre jeu, après avoir failli être jeté dans l'Aveyron par cet imbécile, comme nous voulons y jeter votre parrain, une fois Fualdès saigné...

— Misérable, te tairas-tu !... Si l'on nous entendait ?...

L'homme de six pieds secoua fortement le bras de Colard ; celui-ci jugea prudent, sous l'étreinte et les regards de Bastide, de ne pas achever sa pensée.

Il était évident, par les démarches inquiètes, par les demandes à demi-mot de Bastide, que c'était la volonté de Jausion qui l'avait conduit en cet endroit.

Il était d'autant plus désappointé qu'il ne l'y trouvait pas au moment où ses complices devaient se concerter sur la place où il était convenu de porter le corps de leur victime, après l'avoir attirée dans un lieu suspect.

Cette victime, désignée par Bastide et Jausion, c'était Fualdès, un ancien magistrat du premier Empire, un procureur retraité, au retour des Bourbons.

Quels étaient ce Jausion et ce Bastide ? Deux notables de la ville de Rodez. Jausion se disait depuis longtemps l'ami intime de Fualdès, il était son parent par alliance, comme Bastide son filleul.

L'un et l'autre devaient à Fualdès, à divers titres, une éternelle reconnaissance. Pour s'en affranchir ils complotaient sa mort !

Jausion était lié à Fualdès par un passé dont les révélations eussent pu le ruiner, et le traduire en justice ; Bastide ne devait son crédit, fortement ébranlé par ses dépenses payant ses orgies, qu'à son obligeant parrain.

Jausion rêvait, en ruinant Fualdès, échanger contre sa ruine un papier qu'il détenait et qui, autrefois, aurait pu le conduire à l'échafaud. N'ayant pu réussir à le ruiner, Jausion avait rêvé sa mort pour arriver à ses fins. Il avait associé à son sinistre dessein Bastide, le géant; et Bastide, le débauché, le coureur de tavernes, ne reculait pas devant le meurtre de son parrain pour avoir quittance de ses dettes.

Alors Jausion, le banquier, Bastide-Gramont, propriétaire de Gros, n'avaient pas craint de s'associer avec les plus redoutables bandits de la ville, ramassis de sa fange, pour en finir avec leur ami, leur bienfaiteur et leur parent!

Au 15 mars 1817, tout était prévu, combiné pour le plan terrible conçu par Jausion et Bastide : la maison suspecte où ils devaient attirer Fualdès, l'itinéraire qu'ils devaient suivre pour faire descendre par les jardins le corps de leur victime au bord de l'Aveyron, où Bastide venait encore de reconnaître la place.

Mais ce soir-là, Jausion avait été détourné de son projet par Briès, forcé d'évacuer son domicile, parce que les principaux locataires de son réduit ne voulaient pas le rendre témoin du meurtre qui allait s'y commettre.

Le banquier n'avait pu prévoir, ce soir-là, qu'il rencontrerait Briès près du pont d'où il rêvait faire jeter le corps; Bastide, de son côté, ne s'attendait pas à la nouvelle de cette fâcheuse rencontre dont Colard, le chef des aides des futurs meurtriers de Fualdès, était chargé de paralyser maintenant les effets.

Bastide était encore sous le coup de son désappointement, lorsque Colard ajouta :

— Vous le voyez, je n'ai plus qu'à décommander mes hommes. Du reste, ce n'est que partie remise. Jausion est si adroit, qu'il a su faire tourner à notre profit la haine du joueur d'orgue contre lui. C'est une langue dorée, sous le fiel qu'elle distille! Nous avons en Briès qui voulait d'abord nous mordre, un chien de plus aux trousses du vieux magistrat. Ce soir, en revoyant, chez votre parrain, M. Jausion, il vous contera cela. Car vous ne manquez plus une seule de vos réunions amicales chez votre cher parent, depuis qu'il vous tient, vous et le banquier, par ses billets. On est au courant de ce qui se passe au Terral, savez-vous?

— C'est bon, bavard, riposta Bastide s'éloignant de lui et lui lançant de sombres regards, on ne t'en demande pas si long, surtout en plein air! Bonsoir.

— Bonsoir, monsieur Bastide, reprit Colard en quittant le géant. Je cours décommander mes hommes.

Les nouveaux complices étaient à peine séparés de trente pas l'un de l'autre, que des cris perçants, des cris d'épouvante s'échappèrent de l'extrémité de la vallée, au delà du pont franchi par Colard.

Alors Bastide s'arrêta avant de remonter la colline et de se diriger sur la ville. De ses yeux perçants, il fouilla les ténèbres du côté de la vallée où il avait entendu ces cris de détresse, cris de femme en émoi.

Ils partaient du chemin à pic qui descendait du pont comme un escalier taillé au hasard dans le roc.

Bastide put se rendre compte de ces cris lorsqu'il aperçut du côté du chemin parcouru par Colard une caverne où se groupaient des ombres tapies comme des bêtes fauves au fond d'un repaire.

En voyant, dans les traînées lumineuses, Colard se diriger vers cette caverne, en apercevant deux femmes courir éperdues, pour éviter les êtres étranges blottis dans leur antre, Bastide s'expliqua tout.

C'était Colard qui allait rejoindre ses bandits et leur annoncer qu'ils attendaient inutilement un rendez-vous. Les femmes, en les apercevant, les fuyaient, en proie à la plus vive terreur, pour ne pas payer de leur vie cette rencontre imprévue.

Mais en reconnaissant ces femmes dans la lumière blafarde qui les inondait, Bastide poussa un cri de joie ; il courut au-devant des affolées en murmurant :

— Mme Manzon avec la jolie Rose ? Tant mieux, malgré cette rencontre, qui peut nous compromettre, leurs intrigues devront un jour nous couvrir, si jamais la justice se mêle de nos affaires.

Bastide n'avait pas achevé sa pensée qu'il s'était élancé au bout du pont ; il arriva près des femmes courant, criant, gesticulant comme des folles, le voile au vent, les vêtements en désordre, sans oser tourner la tête du côté où elles avaient aperçu les figures patibulaires cachées au bord de la route.

En voyant aussi le géant leur couper toute retraite, elles poussèrent de nouveaux cris de détresse. Elles voulurent fuir plus vite encore.

Bastide, qui les avait accostées d'une façon si fortuite, s'empressa de prendre, avec une familiarité impertinente, le bras de la dame plus âgée, Mme Manzon.

Une fois à son bras, le cavalier ne parut plus s'occuper de la plus jeune qui avait le visage, les allures, le costume d'une grisette, tandis que la plus âgée avait la tournure, la toilette d'une dame.

La jeune fille pourtant, malgré l'anxiété qui altérait ses traits comme ceux de sa compagne, était bien digne, en temps ordinaire, de fixer l'attention d'un aventurier comme Bastide, la terreur de toutes les jolies filles du pays.

Rose Pierret était une mignonne créature, au nez à la Roxelane, aux yeux vifs et provocants, à la bouche fine et sensuelle. Pour la mine mutine et éveillée, elle rappelait la soubrette du xviii° siècle. Mme Manzon avait des allures moins gracieuses ; la mobilité de ses traits en composait tout le charme ; elle séduisait par la vive expression de ses yeux un peu petits, par les harmonieux contours de sa bouche, peut-être un peu grande ; mais ces imperfections étaient relevées par un éclat, une souplesse et une vigueur de formes qui sont les dons naturels des Aveyronnaises.

Malgré l'anxiété peinte sur les traits des deux femmes, malgré la galanterie risquée de Bastide à l'égard de Mme Manzon, la jeune Rose s'était respectueusement écartée du couple improvisé.

En province, surtout à cette époque, malgré la Révolution qui avait passé son niveau sur toutes les castes, une énorme distance séparait la bourgeoise de l'ouvrière ; l'égalité n'était faite qu'en apparence entre le noble et le bourgeois qui se boudaient tout en se rapprochant.

Et en cette circonstance, Rose Pierret, tout autant que Mme Manzon, désirait s'éloigner de Bastide, dont elle redoutait le pouvoir et surtout les indiscrétions.

En dehors du danger qu'elle venait d'esquiver, Mme Manzon, personnellement, avait tout à redouter de Bastide.

Le géant connaissait ses accidents romanesques et matrimoniaux. Il pouvait abuser de la fausse position que ses malheurs conjugaux lui avaient fait dans sa famille unie à celle de Bastide.

N'était-ce pas, en raison de sa position exceptionnelle vis-à-vis de Mme Manzon qu'il l'avait abordée sans paraître se soucier de Rose Pierret, les suivant à distance ?

Maintenant toutes les deux se demandaient si le danger qu'elles venaient d'éviter était moins à craindre que le danger qu'elles couraient en se trouvant, à cette heure indue, à la merci de leur protecteur.

Bastide ne donna pas le temps à Mme Manzon, qu'il retenait plus morte que vive, de se rassurer à cet égard :

— Madame, lui dit-il en lui souriant d'un air qui la fit frissonner, tranquillisez-vous ; ceux qui vous ont fait tant peur, ne sont que de pauvres diables. Ils font la fraude du tabac. Comme vous l'avez vu, ils attendaient l'arrivée de ce chenapan de Colard, le Belge, pour opérer, en ville, leur honnête commerce.

— Est-ce que vous, demanda Mme Manzon, cherchant à se rassurer par ce sarcasme, vous qui paraissez si bien connaître ce Colard, est-ce que vous aussi, vous êtes lié avec lui pour frustrer l'État ? Alors je m'expliquerais votre présence.

— Autant que la vôtre, madame, reprit-il en se pinçant les lèvres, vous qui faites ici probablement, avec Mlle Pierret, de la fraude amoureuse...

— Vous êtes impertinent, monsieur Bastide! lui dit-elle en cheminant de façon à lui quitter le bras.

— Et vous, indiscrète, reprit-il en la retenant. Mais je veux l'être autant que vous pour me donner le plaisir de rester plus longtemps avec une femme d'esprit.

— Vous êtes maintenant trop flatteur!

— Vous connaissez aussi ce Colard, n'est-ce pas?

— Non, monsieur, reprit-elle en essayant de lui retirer son bras, non, monsieur! Et maintenant que Rose et moi nous avons été rassurées par votre présence sur la nature des gens qui nous ont fait si peur, permettez-moi de ne plus vous répondre, de continuer ma route avec Rose.

— Allons donc! fit galamment Bastide. Je ne le souffrirais pas?

— Je ne voudrais pas vous détourner de votre route.

— Je suis le même chemin que vous.

— Qu'en savez-vous?

— Oh! madame, je sais ce que sait toute la ville, qui ne peut mieux faire que de s'occuper d'une femme de votre mérite.

— La ville est bien bonne de s'occuper de moi.

— Avouez qu'elle n'a pas tort, insinua méchamment Bastide, lorsque ma rencontre ici avec Mlle Rose donne raison à tout ce qui se dit à la pension des officiers et ce qui était, hier encore, la *petofie* du jour[1].

— Ah monsieur! exclama Mme Manzon, plus morte que vive, en regardant Rose qui, à distance, ne perdait pas un mot des cruelles paroles du géant. Et qu'est-ce que l'on dit donc?

— On dit, madame, reprit l'impitoyable Bastide, que vous êtes partie depuis hier de Rodez pour aller regagner, à Espalion, le lieutenant Clemandot, qui, en compagnie de votre frère, vous attendait avec Rose pour déjeuner à la baraque de Flavin. Il paraît que ce déjeuner s'est prolongé fort tard, puisque c'est maintenant seulement que je vous retrouve en compagnie de Rose. Il est vrai qu'il vaut mieux retourner la nuit à la ville; comme cela on ne suppose pas qu'on a passé une autre nuit dans les champs!

— Et c'est sans doute, monsieur, riposta aigrement Mme Manzon, en se détachant du bras de Bastide, c'est sans doute cette méchanceté-là que vous méditiez en m'abordant ce soir! Ah! prenez garde, monsieur Bastide, je pourrais vous rendre votre monnaie. Savez-vous ce qu'on dit aussi sur votre compte, au café des officiers?

— Il paraît que vous le connaissez, madame Manzon, le café des officiers? l'arrêta malicieusement Bastide.

— On dit — continua-t-elle sans s'arrêter à son sarcasme, d'une voix

---

1. Cancan aveyronnais.

stridente saccadée par la rage — on dit que vous n'êtes pas aussi tendre pour la famille Fualdès, à la maison du numéro 605 de la rue des Hebdomadiers, que vous paraissez l'être chez votre parrain !...

— Assez !... assez, madame, exclama le géant qui, en voulant mordre Mme Manzon était mordu à son tour. Il secoua le bras de la dame avec force ; Mme Manzon, poussa un cri de terreur qui s'arrêta sous les vifs reflets de ses yeux menaçants.

Cette fois elle avait plus peur de son protecteur que des bandits qu'elle avait surpris avec Rose, très inquiète aussi de la tournure que prenait 'entretien.

Bastide était bien résolu d'avoir raison de Mme Manzon. Pour la punir de lui avoir appris cette vérité quand il avait lui-même tant de vérités a lui dire, il lui décocha cette flèche de Parthe, qui alla à l'adresse des deux femmes :

— Après tout, c'est fort naturel, madame, que vous sachiez ce qui se passe au numéro 605, puisque vous êtes née justement en face. Toute jeune, dit-on, vous y êtes entrée plus d'une fois et depuis, dit-on encore, vous avez pris goût aux *drôles de choses* que vous y avez vues.

— Monsieur Bastide — s'écria Mme Manzon en faisant signe à sa compagne qui partageait son anxiété — nous voilà arrivés aux portes de Rodez. Vous ne voudriez pas, après vos sots compliments, pousser l'insolence de me compromettre avec vous.

— D'autant moins, madame, riposta Bastide en la dégageant de son bras, en regardant d'une façon perfide les deux femmes — que si l'on me voyait avec vous, cela pourrait contrarier votre beau lieutenant Clemandot et exciter sa jalousie. Ce qui ne l'empêche pas pourtant, et Mlle Rose en sait quelque chose, de se rendre en cachette, sans vous, au numéro 605. N'est-ce pas, mademoiselle Rose ?

— Impertinent ! lâche ! crièrent à la fois Mme Manzon et Rose Pierret dans une agitation impossible à décrire, pendant que Bastide, après cette nouvelle insulte, jouissait méchamment de leur embarras et de leur colère.

Il était impossible pour Bastide d'être plus cruel vis-à-vis de ses protégées. Il leur prouvait qu'il connaissait non seulement leurs intrigues, mais qu'il savait comment les désunir et les blesser.

Désormais Mme Manzon et Rose Pierret étaient deux rivales, d'amies qu'elles étaient, un instant auparavant.

Les deux femmes étaient outrées contre Bastide. L'une d'elles, Mme Manzon, sentait surtout sa rage se tourner contre Rose qui l'avait trompée.

L'œuvre infernale de Bastide venait d'opérer tout un revirement de

LES CRIMINELS CÉLÈBRES 17

L'officier et le fils de famille désireux de cacher leurs intrigues avec une fille de la localité. (Page 20.)

sentiments chez les deux amies. Mme Manzon prêtait d'autant plus l'oreille à ces calomnies, qu'elle se rappelait, en revenant d'Espalion, l'attitude embarrassée de Clemandot vis-à-vis d'elle, à la vue de Rose qu'elle croyait jusqu'alors n'être aimée que de son frère.

Bastide, d'un seul coup et d'un coup double, s'était vengé de Mme Manzon. Elle savait ce qu'il lui en coûtait d'avoir fait connaître à Bastide la haine qu'il nourrissait contre Fualdès.

De qui tenait-elle cet éclaircissement? De son père, président de la Cour prévôtale, très lié avec l'ancien procureur impérial.

Devant Rose confuse, devant Bastide triomphant, Mme Manzon eût préféré mourir sous les coups des bandits qu'elle venait de fuir, plutôt que de subir l'étrange protection du géant.

Elle maudissait sa rencontre.

Les deux femmes avec Bastide étaient parvenues à l'extrémité du chemin en pente qui aboutit à l'ouest de la ville, au boulevard d'Estourmell.

Arrivés tous trois à la porte de la place de l'Évêché, Bastide salua ironiquement Mme Manzon et Rose, qui se regardaient comme chien et loup, en échangeant des regards de colère.

Bastide, heureux de son ouvrage, dit gaiement à Mme Manzon :

— Madame, voulez-vous que je vous accompagne jusqu'au delà du Terral, à la rue d'Ambergue? Là, chez mon parrain, vous pourriez peut-être rencontrer M. Enjalran, votre père.

À cette dernière épigramme, Mme Manzon s'enfuit, éperdue, laissant Rose tout interdite, pendant que sa compagne murmurait ces derniers mots :

— Oh ! ces Bastide sont mes mauvais génies ! Ils me tueront !

Bastide se dirigeait vers la cathédrale, tandis que Mme Manzon fuyait le géant, et Rose, du côté de l'évêché.

Rose était immobile, frappée de stupeur par les accusations du géant, avant de regagner seule le logis paternel.

Ainsi se terminait cette première rencontre de Bastide avec Mme Manzon, et qui la forçait de prendre en haine l'amante de son frère, Rose, devenue sa rivale.

Par cette déception, Mme Manzon commençait à payer ses hostilités contre Bastide, après lui avoir prouvé qu'elle n'était pas dupe du jeu hypocrite qu'il jouait avec Jausion dans la famille Fualdès.

Et Mme Manzon n'était, avec les Bastide, qu'au début de ses épreuves.

CHAPITRE III

UNE FAMILLE DE MAGISTRATS

M. Fualdès, devenu le pivot des intrigues de Rodez, derrière lesquelles s'abritaient ses plus mortels ennemis, habitait, comme l'avait fait entendre Bastide à Mme Manzon, la rue de l'Ambergue.

Cette rue jumelle, — d'un côté l'Ambergue gauche, de l'autre, l'Ambergue droite, — forme au nord, sur les confins de la ville, un tronçon commun. Elle aboutit au boulevard d'Estourmel entourant le nord et l'ouest de Rodez.

La maison de M. Fualdès était située dans la rue de l'Ambergue droite. Elle formait l'angle de la place de la Cité.

Cette place, par la rue du Terral, débouche sur une autre, celle de l'Archevêché, qui se terminait, à cette époque, par la porte de la ville, où venaient de se séparer Bastide, Mme Manzon et Mlle Rose.

Alors le Géant, c'était ainsi que Bastide était connu dans Rodez, s'avançait par l'Ambergue droite vers la Cité, son point de départ.

Mais une première fois, il en était parti par l'Ambergue gauche où se tenait la maison de Jausion.

L'habitation du banquier, comme celle de l'ancien procureur impérial, formait, en se regardant aux extrémités de la rue jumelle, les deux côtés nord de la Cité.

La maison de Jausion, le futur meurtrier de Fualdès, regardait celle de sa future victime !

Deux heures auparavant, c'était pour se consulter avec Jausion sur l'attentat à commettre, que Bastide était sorti de chez son complice. Il se rendait au rendez-vous où il devait reconnaître l'endroit de l'Aveyron propre à engloutir leur victime, après s'être bien fixé sur le genre de guet-apens qu'on devait lui tendre dans une maison suspecte, à la maison Bancal.

C'était précisément cette habitation mal famée, portant le n° 603, d'où Briès, le joueur d'orgue, avait été chassé, en prévision du prochain meurtre médité dans la famille Fualdès contre leur chef !

Qu'était cette maison Bancal dont Bastide avait tant parlé à Mme Manzon ?

C'était ce qu'on appelait à Rodez, où la prostitution patentée n'était pas encore connue, une *maison à parties*. Elle était pour la ville un objet de réprobation et de terreur. On ne la désignait que sous le n° 605. La bourgeoise, dissimulant sous un air revêche et de bigoterie ses ardeurs de courtisane, trouvait là un asile discret pour ses amours de passade ; l'officier et le fils de famille, désireux de cacher leurs intrigues avec une femme ou fille de la localité, ne pouvaient mieux s'adresser qu'à la maison 605 de la rue des Hebdomadiers, une rue presque sans fenêtres, toute en murs.

Cette maison était tenue par les époux Bancal et leur fille aînée, de réputation aussi suspecte que sa famille. Son personnel féminin était aussi dépravé que misérable, il était renforcé de locataires non moins ignobles : entre autres, de la fille Anne Benoist, l'épouse prétendue de Colard. Lui-même n'était, répétons-le, qu'un proxénète en rapport avec tous les bandits et filles de la ville, sans compter ses relations avec le bourreau dont il aspirait à prendre un jour l'emploi.

Bref, dans la maison Bancal, chaque visiteur savait payer, selon sa condition, le gîte, le mystère et le silence si recherchés par l'inconduite, dans une ville aussi prude, aussi collet monté que l'était, au commencement de la Restauration, la vieille capitale du Rouergue.

La maison Bancal, par une fatalité toute fortuite, donnait sur l'îlot formé entre la rue des Hebdomadiers et la rue de l'Ambergue droite.

Il en était de même pour la situation de la maison Jausion faisant face à la maison de Fualdès, au coin de l'Ambergue gauche, de l'autre côté de la Cité.

La maison de Fualdès, était placée entre l'habitation Bancal et la propriété de Jausion, entre le meurtrier et ses exécuteurs !

Bastide, en se rendant le 15 mars au rendez-vous de Jausion, ne doutait pas, ce soir-là, de l'arrêt de son parent, prononcé par le banquier de Rodez ; il se préparait à se rendre chez les époux Bancal, avec les bandits attirés par son complice pour en finir avec l'ancien magistrat.

Mais la rencontre de Briès avec Jausion, sur les bords de l'Aveyron, avait tout changé. Bastide venait l'apprendre de la bouche de Colard. Lui-même ne se rencontrait avec le Géant que pour donner contre-ordre à ses bandits au moment où Bastide faisait la rencontre de Mme Manzon avec Mlle Rose.

Alors le Géant, dans un but qui avait trait à ses sinistres projets, rappelait à Mme Manzon, fille d'un président de la cour prévôtale, qu'elle avait eu affaire elle aussi à la famille Bancal, si hospitalière aux amants qui avaient tout intérêt à éviter le scandale.

Et en faisant de cette femme, dont il connaissait les secrets et la position équivoque, la complice de ses menées ténébreuses, il mettait dans son jeu, par Mme Manzon, fille d'un président, la magistrature de Rodez.

Comment M. Fualdès pouvait-il être attiré dans cette maison infâme par des gens intéressés à sa mort?

Par une raison toute simple.

Les Bancal, qui vivaient de passions honteuses, vivaient aussi de charité. Lorsqu'ils n'exploitaient pas les débauches des riches, ils exploitaient leur charité. Ils savaient servir les plus vils sentiments comme inspirer de la pitié chez les âmes les plus humaines.

C'était donc en inspirant de la compassion à la famille du vieux magistrat que les Bancal, voisins des Fualdès, s'étaient attiré tous ses bienfaits.

Dans les villes de province, surtout à ces époques de calamités, les taudis de la misère servaient souvent de lieux de prostitution. C'était ainsi que, derrière l'enseigne de la charité, la bourgeoise de province, à la vertu tapageuse, rogue et hautaine, pouvait dérober, à coup sûr, tous ses dérèglements.

Mais tel n'était pas le cas de Mme Fualdès, une très charitable dame, bien digne d'être la compagne de M. Fualdès, un ancien magistrat qui, pour servir le premier Empire, avait bien pu répudier son passé, pour ne pas s'associer aux excès de la Révolution, mais qui, au retour des Bourbons, s'était refusé à devenir le magistrat d'un gouvernement qu'il avait combattu de toutes les forces de son républicanisme!

Bastide, après avoir quitté Mme Manzon, à la porte de la place de l'Évêché, montait la rue du Terral. Il se dirigeait du côté de la place de la Cité, vers la maison de Fualdès, il murmurait avec colère :

— Ce maudit Jausion en prend bien à son aise avec Fualdès. Si ce n'est pas ce soir que nous l'exécutons, quand cela sera-t-il? Est-ce qu'il ne sait pas que mes dix mille francs de billets passés à l'ordre de mon parrain échoient dans cinq jours? S'il n'est pas pressé, je le suis, moi. Il faut en finir.

Il n'avait pas achevé ce mot qu'il entrait dans la rue de l'Ambergue droite, en tournant le dos à la Cité.

En quelques secondes, il était devant la maison de son parrain, où Jausion venait de le devancer, après avoir conduit Briès, le joueur d'orgue, à la maison de la rue Saladin.

Là il avait donné au pauvre diable des instructions au sujet du meurtre de Fualdès, que Jausion était aussi pressé d'accomplir que Bastide, quoi qu'en eût dit celui-ci avant de se présenter chez l'ancien magistrat appelé à devenir la victime de ces deux hommes.

Jausion, Bastide, Fualdès, par leur naissance, par leurs alliances, par leur condition, étaient de la même société. Ils formaient une même famille composée de trois groupes. Les femmes étaient : Mme Jausion, Mme Bastide et trois autres sœurs de Bastide, dont l'une d'elles, Mme Pons, devait peser, dans l'affaire Fualdès, sur les destinées de Mme Manzon.

Cette Mme Pons était très liée avec Mme Fualdès, et très dévouée à un autre frère de Bastide, personnage mystérieux qui influa sur la marche ténébreuse de cette épouvantable catastrophe.

A cette époque, du moins en apparence, Fualdès, Jausion et Bastide vivaient dans une profonde intimité et une union patriarcale. Ils se voyaient tous les soirs, après souper.

Lorsque Bastide se montra chez son parrain, c'était à l'heure habituelle où M. Fualdès réunissait sa famille et ses amis dans le salon du rez-de-chaussée : une pièce meublée dans le style sec et froid du Directoire, avec chaises carrées, fauteuils à dos ronds, en forme de chaises curules ornées de sphinx dorés aux angles.

Lorsque Bastide s'y présenta, il vit avec satisfaction que Jausion l'avait devancé. Il serra affectueusement la main à Fualdès dont il conspirait la mort ; il alla embrasser Mme Fualdès qui l'appelait son fils, puis sa femme, née Jausion ; celle-ci travaillait avec ses sœurs à une tapisserie qui n'en finissait pas depuis l'Empire.

Après avoir inspecté du regard tous les coins et recoins du salon, il s'aperçut, ce soir-là, qu'il avait un nouveau visiteur : M. Enjalran, le président de la cour prévôtale, le père de la légère Mme Manzon.

La présence du président dans sa famille causa un certain plaisir à Bastide, après la rencontre de sa fille que son père ne voyait presque plus depuis qu'elle était séparée de son époux.

A cette époque les toilettes les plus disparates panachaient les salons de province. Les habits verts ou rouges, à hauts collets, à boutons de métal, les douillettes, les coiffures hyperboliques, avec poudre ou sans poudre, émaillaient les parterres de la fleur de la bourgeoisie.

Les chaînes à breloques sous des gilets à ramages, les larges boucles d'acier sur les souliers, les culottes courtes à couleurs tendres, coupées par des bas de soie, rappelaient la vieille élégance du siècle dernier, assombrie par l'uniformité des costumes du nouveau régime.

Dans la maison de M. Fualdès, refuge de la magistrature, cette sévérité s'accentuait par les lévites des gens de sa société.

Tout, jusqu'au maintien raide et empesé des personnages qui hantaient sa maison, ajoutait à sa solennelle gravité.

Il n'était pas jusqu'aux meubles qui ne parussent appropriés à l'attitude hautaine du magistrat habitué à poser dans l'hémicycle d'un tribunal.

Ce qui rompait avec cette gravité et cette monotonie, c'était la société féminine dont se composait la famille Fualdès. Ses beautés piquantes ou charmantes formaient une séduisante opposition aux mines rogues de leur époux.

Elles laissaient heureusement dans l'ombre la sévérité insipide, la coquetterie surannée ou ridicule des amis de l'ancien procureur impérial !

Néanmoins, on sentait, rien qu'en entrant dans ce salon froid et sévère, qu'on était au milieu d'une famille de magistrats.

M. Fualdès, lui-même, par son visage au large profil, sans barbe, au front dénudé, par son long nez busqué, sa grande bouche, aux lèvres sinueuses et mobiles, rappelait bien le type séculaire de l'avocat ou du juge. Son costume se rapprochait de la toge par sa lévite, à couleur sombre, elle faisait ressortir une cravate blanche remplaçant le rabat du magistrat.

Lorsque Bastide eut fait le tour du salon, aux hôtes nombreux et babillards, il s'apprêtait à rejoindre Jausion. Il désirait ardemment le prendre à part depuis son rendez-vous manqué au pont de l'Aveyron. Il ne put le rejoindre.

Jausion causait, séparé par un groupe de dames, dans l'embrasure d'une fenêtre, avec un personnage lui parlant avec animation.

Il parlait précisément avec M. Enjalran, le président à la cour prévôtale.

C'était un petit vieillard à la figure maigre, au nez effilé, à la bouche fine, dure, au front ridé, à la peau parcheminée dissimulée sous son fard. Il était mis avec coquetterie, malgré les habits sévères imposés par sa profession.

Il portait, sur une douillette fourrée, une sorte de lévite en drap fin, des culottes d'un vert tendre, des souliers à boucles d'argent, à hauts talons. Il tenait la tête droite et il se tenait aussi droit que la flèche d'une cathédrale. Sa cravate blanche opérait plusieurs tours sur un cou qui eût fait envie au pélican. Ses cheveux poudrés encadraient son visage aminci et plein de morgue et de prétention.

C'était le vieux magistrat galantin, quelque peu talon rouge.

Tout en lui accusait cette gravité du juge dont s'accommodaient les fils de Thémis, ne demandant pas mieux que de s'amender auprès des filles de Cythère.

M. Enjalran était le digne père de Mme Manzon ; mais par fierté et par l'âge qui l'avait rendu maussade et grincheux, il blâmait de plus en plus ce qu'il appelait les folles incartades de madame sa fille.

En parlant au banquier, il avait l'air de l'admonester comme l'aurait fait un ancien gentilhomme vis-à-vis d'un traitant, il paraissait en proie à une profonde colère.

Jausion, d'ordinaire si insolent avec les humbles, semblait subir les remontrances de l'important président de la cour prévôtale.

Plus le banquier se faisait petit, plus le président élevait la voix.

Bastide, après sa course infructueuse dans la campagne et qui désirait rejoindre chez Fualdès son complice, ne put le faire aussi vite qu'il l'aurait voulu.

Il fut empêché par un groupe de dames, par Mᵐᵉ Fualdès, prêtant une oreille attentive à l'entretien de Jausion et d'Enjalran.

En apparence elle avait l'air, tout en les écoutant, de regarder la tapisserie interminable des sœurs de Bastide, dont le travail rappelait celui de Pénélope.

En se rapprochant, malgré Mᵐᵉ Fualdès qui lui barrait le passage, entre le banquier et le magistrat, voici ce que Bastide entendit :

— Monsieur Jausion, disait Enjalran, est-ce que vous vous croyez toujours au temps de l'*Usurpateur* ou à l'époque des saturnales révolutionnaires, pour pêcher en eau trouble et vivre des bribes ou des dépouilles des fils de famille !

— Je ne vous comprends pas, monsieur Enjalran, répondait humblement l'hypocrite.

— Laissez-moi donc, reprenait-il en élevant la voix, je sais que c'est par vous, que mon fils escompte le prix de ses folies ; je sais que vous les encouragez par un intérêt tout vénal, monsieur le *manieur d'argent*.

— Monsieur ! ajoutait Jausion très piqué. La conduite de monsieur votre fils ne me regarde pas. Vous ne me l'avez pas donné à garder, et il est bien assez grand pour se garder lui-même...

— Et être responsable des dettes que vous lui avez fait contracter, s'empressa d'ajouter le magistrat. Or, si vous croyez que je payerai les billets que vous lui avez fait souscrire, vous avez grand tort, je vous préviens que vous avez fait une fausse spéculation et une mauvaise action qui peuvent s'ajouter à toutes les autres commises dans votre orageuse jeunesse.

— Monsieur, répondait aigrement Jausion, mais toujours d'un air soumis, mes fautes ne regardent que moi ; elles ne vous autorisent nullement à me les rappeler parce que monsieur votre fils en commet de semblables. Quant à ce qu'il me doit, qu'il ne peut me payer, si vous ne répondez pas pour monsieur votre fils, à l'échéance de ses billets, ce sera tant pis pour le nom des Enjalran, assez terni déjà par les folies de madame votre fille !

— Il vous appartient bien, monsieur Jausion, s'écria Enjalran hors de lui, de le prendre sur ce ton, de vous permettre de me jeter de la boue au visage ; oubliez-vous que, sans la condescendance de mon ami Fualdès, vous auriez pu autrefois aller... où vous savez bien et, Dieu merci, vous ne seriez pas ici pour notre malheur !

— Monsieur Enjalran, répliquait Jausion, un instant suffoqué et reprenant haleine, après le coup terrible que venait de lui porter l'impitoyable président, vous oubliez, en m'insultant, que vous êtes chez votre hôte, chez un ancien collègue et que je suis de la famille.

— Eh tant pis ! si les gens de sa famille sont si peu respectables.

Fualdès.

— En tous les cas, monsieur le président, répliquait le banquier impatienté, irrité, prêt à lui tourner le dos, ils sont mieux élevés que vous!
— C'est peut-être, ajouta Enjalran se ravisant, c'est peut-être aussi la faute de votre bassesse. En se commettant avec vous, on ne peut que descendre! J'avais besoin de cet entretien, c'est pour cela que je suis venu voir Fualdès, et pour vous dire ceci : « Que mon fils vous fasse des billets tant que cela lui plaira, moi je ne les payerai pas. » Donc, si j'ai un conseil à vous donner, dans votre intérêt, c'est de ne plus lui prêter d'ar-

gent, car je ne suis nullement disposé à favoriser votre commerce d'usurier au profit de votre fortune et au détriment de la mienne.

Cette conversation avait commencé dans un coin du salon, à l'insu des causeries de la société, elle avait fini, d'après le ton de plus en plus irrité des deux interlocuteurs, par dominer les entretiens de tous les groupes.

Mᵐᵉ Fualdès, très soupçonneuse à l'égard du beau-frère de son filleul, s'était levée pour couper court à un échange de paroles qui menaçait de dégénérer en altercation.

Mais Bastide la devança, sous prétexte d'apaiser les véhéments causeurs; en réalité pour jeter encore de l'huile sur le feu.

Le Géant était personnellement intéressé à cette altercation, qui compromettait le président de la cour prévôtale.

Il tenait à en faire profiter son futur complice.

Quant à M. Fualdès, il paraissait tout aussi contrarié que sa femme de la tournure de cet entretien entre le vieux juge et le banquier; deux hommes du monde dont les passions, surexcitées par l'amour-propre et l'intérêt, avaient fait bon marché des convenances. Car, dans le Midi, les impressions sont trop ardentes pour ne pas avoir bien vite raison du vernis imposé par le savoir-vivre.

Bastide le prouva par sa réplique à Enjalran, lui dont l'éducation n'avait pu façonner la brutale écorce.

Effaçant de sa grande taille le prudent Jausion, il dit au président de la cour prévôtale :

— Après tout, monsieur Enjalran, vous faites là, au profit de votre bourse, une très mauvaise querelle à Jausion. Vous savez bien que si votre fils se dérange, c'est la faute de sa sœur! de la belle Mᵐᵉ Manzon, que je viens de rencontrer ce soir courant le guilledou avec Mˡˡᵉ Rose Pierret !... Gardez mieux vos enfants, monsieur le président, si vous tenez autant à votre fortune qu'à votre considération !

A ces mots, prononcés sur un ton de persiflage par l'arrogant Bastide il fut interrompu par un cri général, excité moins par la réprobation que par la curiosité qui, en province, est si friande de scandale.

Quant au président, aussi mortifié qu'irrité par l'intervention du fougueux Bastide, l'indignation le suffoquait. Il était rouge cramoisi; il soufflait comme un phoque sans pouvoir prononcer une parole.

Bastide jouissait de sa rage.

Les dames, assez prudes, surtout en raison de leur entourage, jouissaient intérieurement de ces propos; mais elles avaient l'air, le mouchoir sur la bouche ou sur les yeux, de se voiler la face, comme pour protester contre la tournure malséante de cette conversation.

M. Fualdès était réellement indigné. Ces indiscrétions compromettaient la dignité de son salon, où d'ordinaire l'on parlait bas, où tout était marqué au coin de la plus grande et de la plus sévère réserve.

Avant qu'il eût pu faire taire Bastide, celui-ci continua derrière Jausion, qui le pressait du coude en signe d'approbation :

— Et le plus joli de l'affaire dans le dérèglement de vos enfants, monsieur Enjalran, vous ne l'ignorez pas : c'est que Mme Manzon, en procurant des bonnes amies à son frère, a fini par se donner une rivale dans Mlle Pierret. On prétend qu'un M. Clémandot, avec son frère, est très épris de Rose, quoique Clémandot soit déjà le cavalier servant de Mme Manzon. En vérité, ce n'était pas la peine de se donner tant de mal pour son frère ! Et Mme Manzon méritait d'en être mieux récompensée, convenez-en ?

— Assez ! assez, Bastide, lui cria M. Fualdès, qui se leva du milieu du groupe où il était assis. Si tu continues de tenir chez ton parrain ce langage de caserne, je te préviens que je vais me fâcher. C'est trop abuser, enfant gâté que tu es, de l'indulgence que nous inspire notre amitié pour toi, et que tu ne mérites à aucun égard, mauvais sujet !

M. Fualdès avait prononcé ces paroles de ce geste magistral qui ne souffrait pas de réplique, et de ce ton qui en imposait au palais quand il faisait descendre de ses lèvres sa sentence sur un coupable.

Bastide s'inclina et se tut. Il était temps pour Enjalran. Pourpre de rage, il tournait sur ses hauts talons comme une toupie, en faisant force gestes avant de pouvoir éclater.

Quant à la famille du magistrat, hommes et femmes s'apprêtaient à saluer M. Fualdès ; on se couche de bonne heure à Rodez.

Après cet entretien, qui avait jeté un froid dans ce salon d'extérieur si réservé et si poli, ses hôtes n'étaient pas fâchés de couper court à l'embarras où les avaient mis Enjalran, Jausion et Bastide.

Les dames, une fois renseignées sur le nouveau scandale de Mme Manzon, qu'elles n'osaient plus admettre dans leur société, n'étaient pas fâchées de paraître très effarouchées de ce qu'elles venaient d'apprendre de la bouche de Bastide ; cela leur donnait le droit de faire provision de médisance contre la famille du président de la cour prévôtale.

Et ce scandale allait devenir d'autant mieux l'objet de la causerie des salons de Rodez qu'il sortait d'une famille habituée à ne jamais médire, dans l'intérêt de la justice dont M. Fualdès était, par principes, l'honneur et l'incarnation.

Au moment de prendre congé de ses hôtes, M. Fualdès s'adressa à Enjalran, si malmené par son filleul ; il lui dit près de la porte, en reconduisant le magistrat, confus et colère, de façon à être entendu de ceux qui l'entouraient :

— Président, vous voyez que ma ligne de conduite vaut mieux que la vôtre. Malgré la barrière abattue par la Révolution, je n'ai pas voulu en profiter, pour élever les miens plus haut que je n'ai été élevé moi-même. Bien m'en a pris ! Vous, vous avez voulu faire de votre fille une femme de diplomate, vous voyez où cela l'a conduite ? Vous avez ouvert à votre fils la facile et brillante carrière des armes, espérant qu'elle serait plus profitable à son orgueil que la magistrature. Vous voyez où tout cela a mené vos enfants ! Moi, plus modeste, moi qui n'ai pris de la Révolution que ce qu'elle a de bon, je suis resté magistrat comme devant. Aujourd'hui qu'un gouvernement n'est plus d'accord avec ma foi politique, j'ai démissionné sans pour cela compromettre, par une ambition mal entendue, l'avenir de mon fils, avocat comme moi. Mon fils me promet encore la consolation de mes vieux jours en les faisant bénéficier de son avenir.

— Pas moins, mon pauvre Fualdès, reprit Enjalran, un peu remis par les paroles de son collègue, pas moins que tes scrupules d'honnête homme ont compromis ta carrière. Tu es à la retraite avant l'âge, les sacrifices que tu as faits pour ton enfant, afin de lui conserver cette carrière dont tu ne veux plus, par scrupule de conscience, ont failli te mettre sur la paille. On pèche par trop de modestie comme par trop d'orgueil, mon vieil ami.

— Heureusement que j'avais pour me sauver de l'abîme, lui répondit-il, Jausion, un ami, mon banquier. Par son amour pour l'argent et pour moi-même, il m'a aidé de ses combinaisons. Grâce à son habileté de banquier, de manieur d'argent, comme tu le qualifies ! j'ai pu faire face à mes engagements, aux exigences qu'elles nécessitaient dans l'intérêt de mon fils. L'argent que j'ai touché par la vente de ma propriété de Flars, me permet, outre mesure, de rembourser Jausion, de lui rendre ses billets, à l'aide desquels j'ai pu payer tous les frais d'éducation de mon enfant. Tu vois, mon pauvre Enjalran, que Jausion n'est pas aussi noir qu'il paraît l'être !...

A ces mots, Enjalran hocha la tête, ce qui était pour lui un grand effort, tant il était engoncé dans les replis de sa grosse cravate.

Puis il s'esquiva sans mot dire, quittant avec une partie de la société le salon où l'avait reconduit le bon Fualdès.

Alors Bastide tenait affablement par le cou le perfide Jausion ; tous deux étaient très près du vieux jurisconsulte.

Jausion recevait de l'air le plus tendre les compliments de l'ancien magistrat, qui, en achevant ses paroles, avait caressé de la main l'épaule du banquier, qu'il considérait comme son plus vieil ami.

Mme Fualdès, derrière son époux, reconduisait comme lui sa société, groupée sur le seuil avec Enjalran ; mais elle ne partageait nullement la sympathie du vieux magistrat pour Jausion.

Elle connaissait trop le passé de cet homme.

Mme Fualdès, guidée par son tact féminin, semblait partager la répulsion du président de la cour prévôtale contre le banquier de la famille.

Enfin toute la société prit congé du magistrat.

Il ne resta dans le salon que Fualdès, sa femme, Bastide et Jausion, au bras l'un de l'autre, prêts à rejoindre les dames, prenant les devants avec la société disparue.

Il semblait que Bastide et Jausion eussent attendu ce moment pour causer seuls avec l'ancien magistrat.

— Monsieur Fualdès, lui dit Jausion, de son sourire le plus engageant et du ton le plus captieux, je suis heureux de connaître le résultat de votre vente de Flars. Quand échangeons-nous nos billets? Le plus tôt sera le mieux. A mon tour, je ne puis plus attendre. Vous ne voudriez pas ma ruine, après vous avoir sauvé de la vôtre.

— Je suis à vos ordres; choisissez votre jour! lui dit fermement Fualdès.

— Voulez-vous le 19 de ce mois, au rendez-vous que vous savez?

— Soit, le 19, reprit Fualdès d'un ton bref, pendant que Bastide écoutait d'un air anxieux chaque mot sorti de sa bouche comme une sentence de mort.

— Ainsi, répéta lentement et à dessein Jausion, je puis vous attendre le 19, à huit heures du soir, chez les Bancal?

— J'y serai. Mais, reprit-il en regardant sa femme qui lui faisait des signes d'appréhension, il faut avouer, mon cher Jausion, que vous avez choisi là une singulière maison, pour traiter d'affaires.

— On ne peut choisir, ajouta Jausion, une maison plus discrète. Après tout les Bancal sont des gens à nous. Mme Fualdès le sait bien! Et, reprit-il en regardant Bastide avec intelligence, pour vous-même, pour ceux que vous aimez, monsieur Fualdès, vous ne pouvez choisir un endroit plus mystérieux et plus sûr.

— Je t'entends, Jausion, dit le bon Fualdès en songeant à la situation embarrassée de Bastide et en souriant à son filleul. Je serai donc chez les Bancal, comme vous le désirez tous deux, pour me mettre en règle avec vous. Mais une fois quitte, à la grâce de Dieu! Avec ce qui me restera de la vente de Flars, après avoir fait mon devoir, après mes dettes acquittées et mon fils établi, je me retire avec Mme Fualdès loin de Rodez! Je n'ai plus qu'à attendre, avec ma femme, loin des hommes et des choses, le repos éternel!

Ce fut sur ces dernières paroles que Fualdès prit congé de ses deux parents, pendant que Jausion murmurait très bas à l'oreille de Bastide, sur la porte de la maison :

— Le repos éternel! il ne l'attendra pas longtemps.

Et les deux hommes, sans se rien dire de plus, coururent rejoindre leurs femmes pour les reconduire à la maison Jausion.

Le Géant, le banquier devaient, ce soir-là, la quitter pour retrouver les bandits qu'ils n'avaient pu rejoindre au pont de l'Aveyron, avec lesquels ils devaient s'entendre pour le meurtre du 19 mars, à la maison des Bancal.

CHAPITRE IV

L'ÉPÉE DE DAMOCLÈS

Pendant que M. Fualdès prenait congé de sa famille et donnait rendez-vous à Jausion et à Bastide, un mendiant se promenait de long en large devant sa maison.

Cet être mystérieux et déguenillé était enveloppé d'une limousine trouée et effilochée ; elle se collait par places et se balançait par d'autres, sur son corps long et étique, dont les os perçaient les haillons. Il était sinistre à voir, sa présence paraissait être une menace.

Toute la ville connaissait ce mendiant. Il se nommait Jean Laville. Il venait on ne savait d'où, on ne lui connaissait pas de domicile.

Lorsqu'il apparaissait à la porte d'un foyer pour y demander à coucher, son hôte tremblant se reculait de lui, comme s'il eût été menacé de l'épée de Damoclès! Bien plus par intimidation que par charité, on n'osait lui refuser un abri, pour la nuit, quand il ne préférait pas dormir à la belle étoile.

Jamais un agent de l'autorité n'eût osé le surprendre en état de vagabondage, il aurait eu trop peur que le mendiant Laville, ou le prétendu tel, ne le désignât au poignard de ses chefs, aussi ténébreux que redoutables.

A son apparition, chaque habitant de Rodez s'empressait de fuir comme venaient de le faire les gens de la société de M. Fualdès, en laissant derrière eux Bastide et Jausion causant encore avec l'ancien magistrat.

La physionomie de Jean Laville ne répondait que trop bien à ses haillons. Ses traits haves, au teint terreux, se dissimulaient sous une barbe blanche et inculte. Ils étaient éclairés par des yeux dont les éclairs s'échappaient des cercles noirâtres de leurs orbites.

Tout le monde avait peur du *mauvais œil* de Jean Laville. On cherchait à l'éviter, parce qu'on était persuadé que son regard lancé contre quiconque, était le précurseur d'un malheur certain, immédiat.

Lorsque Jausion et Bastide prenaient congé de Fualdès, sur le seuil de sa maison, Jean Laville, armé d'un bâton, caché sous sa limousine, errait de long en large dans l'Ambergue.

Quand les deux individus allèrent à lui, il se plongea dans la pénombre formée par un angle de maison, et les laissa passer.

Mais Jean Laville ne s'était pas retiré assez vite, des traînées de lumière parties des fenêtres éclairées de Fualdès, pour ne pas être vu du magistrat.

A l'aspect du mendiant, Fualdès se recula avec une certaine appréhension, au fond du vestibule. Il dit à son domestique, un ancien soldat, occupé à ranger les meubles du rez-de-chaussée, après le départ des invités :

— Guillaume, fermez tout, dans la maison. Il y a des rôdeurs aux alentours de la Cité. Il ne fait pas bon, ce soir, de laisser les portes ouvertes.

Guillaume, un garçon d'aspect et d'esprit un peu lourds, sous des allures soldatesques, s'empressa d'obéir à son maître. Il alla mettre la barre qui fermait, en dedans, la cloison extérieure de l'habitation.

Pendant que le serviteur opérait ce manège, M. Fualdès se jetait dans un grand fauteuil du salon, en face de Mme Fualdès, une dame encore jeune, dont la beauté placide était empreinte d'un air de bonté poussé jusqu'à la simplicité.

Alors elle lui dit, tout en regardant machinalement la tapisserie interminable d'une des sœurs de Bastide :

— Mon ami, est-ce que vous tenez beaucoup à vous rendre, le 19 au soir, chez les Bancal?

L'ancien magistrat tressaillit, cette question lui remit devant les yeux le mendiant Laville, elle lui sembla un nouvel et lugubre avertissement.

Il eut honte de cette superstition bonne tout au plus pour les gens du vulgaire, et Fualdès lui répondit en souriant :

— Certainement que j'y tiens, mais pour votre filleul, pour Bastide, votre Benjamin, je dirai presque notre enfant prodigue! Car j'ai bien peur que les dettes qu'il a contractées vis-à-vis de moi, pour satisfaire ses folies, ne soient pas payées! Enfin, qui ne risque rien, n'a rien! Jausion prétend qu'il a trouvé chez les Bancal un négociateur de ses billets. Jausion, après tout, est un homme de ressources, il me l'a prouvé plus d'une fois. Et sans lui, les billets de Bastide risqueraient fort de rester à jamais en souffrance !

— Mais, insista Mme Fualdès, pourquoi aller traiter d'une affaire de cette importance chez les Bancal?

— C'est aussi ce que je me demande? — fit Fualdès en écartant le bras d'un air aussi étonné que sa femme, — tout ce que je suppose, est que Bastide un assez mauvais sujet, c'est connu de la ville, a fait la connaissance, chez les Bancal d'un aussi mauvais garnement que lui, et par ses relations avec Bastide, dont profite Jausion, cet étranger consent à risquer, sur mon endos, la négociation de la dette de notre filleul.

— Mais à votre âge, mon ami, ajouta-t-elle, pourquoi vous prêter à ses habitudes, pourquoi vous risquer dans ce bouge?

— Oh! moi! — fit Fualdès souriant de nouveau, — je n'y vais que pour affaire, comme vous vous y rendez vous-même, conduite absolument par la charité.

— Ah! j'ai bien peur, fit-elle en hochant mélancoliquement la tête, que toutes nos bontés pour ces misérables, ne nous portent malheur, un jour ou l'autre!

— Pourquoi? lui demanda-t-il, d'un air impatienté, car l'image du mendiant lui revenait toujours.

— Je ne sais pas! acheva-t-elle en soupirant, mais j'ai peur.

Irrité de ce soupir, Fualdès répliqua :

— Ma chère femme, la peur vous fait déraisonner. Est-ce que les Bancal peuvent nous en vouloir du bien que nous leur faisons? D'ailleurs, je suis conseillé par Jausion et Bastide. Ils agissent aussi dans mes intérêts. Ils m'ont promis de me faire négocier en même temps mes valeurs qui représentent une partie du prix de la vente de mon domaine de Flars? Vous savez, chère amie, que je n'attends que ce recouvrement pour m'acquitter envers mes créanciers, pour aller m'établir loin de Rodez, une fois notre fils revenu ici, et vivre loin du monde, pour mon repos et pour le vôtre !

— Et c'est Jausion, fit Mme Fualdès, d'un ton de doute, que vous chargez du soin de notre bonheur? C'est sur lui que vous fondez toutes vos espérances, prenez garde, mon ami?

— Vous n'avez jamais aimé Jausion, vous?

— Parce que je me souviens de son passé !

— Mais vous savez bien, chère amie, reprit Fualdès en se renversant sur son fauteuil et en élevant les mains, que c'est par son passé que je le tiens! Après tout, les fautes de jeunesse passent... avec la jeunesse. Encore une fois, j'irai chez les Bancal, comme m'y appellent Jausion et Bastide.

Jean Laville, le carbonaro.

— Encore une fois, pourquoi ? répéta Mme Fualdès assez entêtée de sa nature... Pourquoi ?

— Pourquoi, ma chère femme, répliqua Fualdès d'un ton qui ne souffrait plus de réplique, parce que j'y suis forcé, par la nécessité. Parce que si notre filleul ne pouvait acquitter ses billets, souscrits à mon ordre, ils laisseraient des traces très préjudiciables à notre famille. Notre fils nous ferait un reproche de notre longanimité envers Bastide. Elles pourraient exciter leur jalousie. Je ne veux pas par amour pour mon fils, dans l'intérêt de notre filleul, qu'elles deviennent entre eux un prétexte de discorde. D'un autre côté, je puis **réaliser** plus vite chez les Bancal, ce qu'il me reste de fortune, grâce à ce **négociateur** complaisant, qui m'offre, en prenant mes billets, un moyen **d'étouffer** tous sentiments de discorde dans ma famille, dussé-je perdre même, chez les Bancal, les **dix mille francs** de Bastide ! Comprends-tu, maintenant, pourquoi il faut que j'aille chez ces gens-là ?

Mᵐᵉ Fualdès partageait **la sensibilité de son mari**. Elle fut touchée jusqu'aux larmes de la façon **désintéressée avec laquelle** il faisait un abandon d'argent, pour complaire à son **affection pour Bastide**.

Non seulement M. Fualdès pouvait se priver d'une somme de dix mille francs si Bastide ne le payait pas, **mais il allait risquer chez les Bancal**, lui, un ancien magistrat, sa **dignité**, par sa **double affection** pour sa femme et pour son fils.

Cette démarche, il la **faisait, inspiré par son jug**ement, son désintéressement et son cœur **généreux**.

Mᵐᵉ Fualdès comprit son mari. Il lui faisait la part de ses sentiments presque maternels pour Bastide ; il ne voulait pas, chez lui, exciter la jalousie de son fils ; il préférait, au risque de perdre son argent et de compromettre sa dignité, ménager toutes les affections de sa famille.

— Ah ! mon ami, lui dit-elle en se levant et allant l'embrasser, vous êtes le meilleur des hommes.

— Après ce sacrifice, ma chère femme, reprit gaiement M. Fualdès, avec ce qu'il nous reste de l'argent de Flars, nous pourrons nous permettre d'être heureux. Nous irons vivre loin de Rodez et des nôtres qui se souviendront peut-être ici, en les quittant, du bien que nous avons fait pour eux.

— A ce prix, monsieur Fualdès, reprit-elle sur le même ton de gaieté, je vous permets de vous rendre chez les Bancal.

Les deux époux en étaient là de leurs confidences et de leurs épanchements, lorsqu'un bruit insolite se fit autour d'eux.

M. et Mᵐᵉ Fualdès, dans les bras l'un de l'autre, se reculèrent plus surpris qu'épouvantés ; ils se virent en face d'un homme, enveloppé d'un grand manteau, qui, à leur insu, s'était glissé dans leur salon, et il était parvenu jusqu'à eux sans qu'ils l'eussent d'abord aperçu.

Comment ce personnage mystérieux avait-il pu pénétrer dans cette maison si bien fermée ? Comment était-il tombé inopinément, au milieu de ce salon, devant les époux Fualdès, se croyant en droit d'être seuls.

Fualdès s'expliqua cette apparition, lorsque l'homme se délivra de son manteau et montra son visage aux regards étonnés des époux.

— Jacques Bastide ! s'écrièrent-ils en se reculant.

— Oui, répondit-il en s'avançant vers M™ Fualdès et son mari qui ne revenait pas aussi de sa surprise ; oui, c'est moi, fit-il en souriant comme pour le rassurer; moi, le frère de votre filleul. Je me suis permis de lui emprunter le passe-partout de votre petite porte, que vous lui confiez quand vous avez ensemble à causer d'affaires ; j'ai choisi le moment où vous étiez seuls pour venir vous voir, et me voilà !

— Mais que voulez-vous? balbutia Fualdès, à peine remis de sa surprise et reprenant son ton glacial.

— Oui, pourquoi cette apparition ? l'interrogea aussi M™ Fualdès, se remettant à son tour.

— Pour rendre un grand service à votre mari, madame Fualdès, reprit imperturbablement le frère de Bastide.

— Un service, à moi ? fit l'ancien magistrat d'un air dédaigneux ; un service de votre part, de vous qui, depuis le nouveau gouvernement, vous êtes mis hors la loi, par vos relations avec des sociétés secrètes ; vous, un *carbonaro* ?

— C'est précisément parce que je suis carbonaro, fit Jacques Bastide en haussant les épaules, que je sais bien des choses, et que les portes, quelque fermées qu'elles paraissent être, s'ouvrent devant moi sur un ordre, un signe de mes frères.

— Ainsi, balbutia Fualdès, vous saviez que j'étais seul ?

— Sans doute, par mon frère, le carbonaro Jean Laville, le faux mondiant.

— Sainte Vierge ! exclama M™ Fualdès, si les Bastide, des gens de notre famille, fréquentent de pareils mécréants, que deviendrons-nous, un jour ?

— Oh ! tranquillisez-vous, madame, continua Jacques d'un revers de main protecteur, les *carbonari* ne sont pas aussi noirs que leur titre. Ils frappent dans l'ombre, c'est vrai, mais ils ne frappent que leurs ennemis.

— Enfin, Jacques, reprit Fualdès tout à fait remis, si c'est pour me rendre service que vous me faites espionner par ce misérable Laville, que vous pénétrez chez moi d'une façon si imprévue, si inconvenante, parlez, au moins ! Parlez, je vous écoute.

Jacques Bastide répondit à Fualdès, sans prendre le siège qu'il lui offrait :

— Monsieur Fualdès, je viens vous dire, et, au besoin, je viens vous supplier, de ne pas vous rendre le 19 dans la maison Bancal !

— Hein... comment, vous savez?... balbutia le magistrat regardant tour à tour Jacques et sa femme. Déjà, cette dernière, après le conseil du frère de Bastide, semblait l'approuver, guidée par ses appréhensions et ses pressentiments. — Vous savez, ajouta-t-il, que je dois aller chez les Bancal?

— Un carbonaro sait tout! répliqua Jacques, prêt à repartir et en reprenant son manteau, particulièrement ce qui se passe dans sa famille. Mais il doit garder pour lui ses secrets.

— Cependant, ajouta Fualdès, très intrigué du conseil de Jacques, très alarmé des inquiétudes de son épouse, cependant vous me direz bien pourquoi vous me donnez ce conseil?

— Je m'en garderai bien, fit-il en se reculant, seulement je vous dirai qu'il ne tient qu'à vous de le savoir.

— Comment?

— En vous faisant des nôtres.

— Jamais!

— Vous avez tort, monsieur Fualdès! riposta Jacques prêt à partir. Les demi-mesures sont toujours les pires! Puisque vous ne pouvez servir un gouvernement qui répugne à votre conscience, il est naturel que vous m'imitiez en rentrant dans les rangs de ses adversaires. En vous avertissant du danger que vous courez, monsieur Fualdès, c'est une avance que vous fait mon parti. C'est donc en son nom que je vous préviens! Maintenant il ne tient qu'à vous de déjouer les embûches que l'on vous tend, d'entrer dans notre armée mystérieuse, puissante et prête à vous protéger, à vous défendre... même contre les vôtres!

— Assez, Jacques, assez! s'écria Fualdès avec indignation. Un magistrat est fait pour appliquer la loi, jamais pour la combattre! La loi fût-elle sous l'égide d'un gouvernement en désaccord avec sa conscience! J'ai donné ma démission de magistrat, c'est vrai, mais ce n'est pas pour entrer dans les rangs des ennemis de la société; ce n'est pas une raison pour faire nuitamment comme vous des prosélytes de l'assassinat, en violant les domiciles privés, en me conduisant comme vous, presque comme des voleurs, avant d'agir comme des assassins!...

Fualdès, en achevant ces mots, lui avait fait un geste impérieux vers la porte; il lui indiquait qu'il ne voulait plus le voir ni l'entendre; car il considérait sa présence, surtout ses propositions factieuses, comme un outrage jeté à sa conscience.

Mᵐᵉ Fualdès n'était plus animée des mêmes sentiments depuis que Jacques était venu conseiller à son mari de ne pas aller à la maison Bancal.

Elle se disait dans son bon sens, dans l'affection qu'elle vouait à son époux, que si le frère de Bastide avait profité de sa puissance occulte pour se rendre en secret chez lui, surtout à l'insu de Jausion, c'était dans l'intérêt et le salut de Fualdès.

Au moment où Jacques, sur le geste et les paroles indignés du magistrat, se disposait à partir, Mᵐᵉ Fualdès, debout contre la porte, le somma de s'expliquer.

— Jacques, lui cria-t-elle, parlez, quoique je vous croie un peu fou ! car il faut l'être en effet, pour qu'un homme comme vous, presque un magistrat, vous un notaire, pour que dans votre position, dis-je, vous vous soyez fait carbonaro !

— Si le dévouement à un gouvernement déchu, dit-il sans répondre à sa question, écrasé sous la botte de l'étranger qui pèse sur la France, est de la folie, j'avoue, madame, que je suis le plus grand fou du monde ! En ce moment, il y a beaucoup de ces fous-là en France ; il y en a jusque sur les marches du trône dit du droit divin et imposé par les lances des Cosaques !

— Trêve de sarcasmes, Jacques, et expliquez-vous sur ce qui concerne mon époux, lui riposta Mme Fualdès très exaltée par le danger dont il était menacée.

Alors elle avait pris une contenance fort peu compatible avec sa nature si passive d'ordinaire, lorsqu'il ne s'agissait pas du bonheur ou du salut des siens.

— Madame, — répondit Jacques, — en écartant de la main Mme Fualdès. — je ne puis en dire davantage. J'en ai assez dit, dès que M. Fualdès ne consent pas à être des nôtres, après avoir été averti du danger qui le menace.

— Mais, quel danger, sainte vierge ! — insista-t-elle, en se frappant les mains avec désespoir, avec des sanglots dans la voix. — Quels dangers peuvent menacer M. Fualdès ? Il n'a fait du mal à personne, il n'a pas d'ennemis, il ne fait que du bien autour de lui. De quels dangers voulez-vous parler, Jacques, expliquez-vous, je vous en supplie ?

— Encore une fois, madame, ne m'interrogez pas — fit-il en se dégageant de Mme Fualdès ; tout ce que je puis vous dire, c'est, si vous avez une certaine influence sur votre mari, de l'engager à ne pas se rendre, au 19 mars, chez les Bancal.

— Mais, puisque c'est votre frère lui-même qui l'y entraîne ?

— Madame Fualdès, — s'écria avec force le carbonaro, bien résolu cette fois à quitter cette maison et à ne pas lui répondre, — j'ai bien l'honneur de vous saluer !

Et Jacques gagna le vestibule, séparant le salon, d'un autre corps de logis où se tenaient l'office et la cuisine au bas d'un premier étage occupé par le cabinet d'affaires de l'ancien magistrat. Une fois dans la cuisine, le carbonaro ouvrit, à l'aide d'un passe-partout confié d'ordinaire à son frère, une petite porte placée à quelques mètres de la grande porte, derrière laquelle les Fualdès avaient cru un instant être si bien à l'abri des importuns.

Mme Fualdès reconduisait le carbonaro, sans obtenir d'autre réponse de lui, depuis que son mari s'était refusé d'une façon si énergique à grossir les rangs de son armée mystérieuse, alors l'ancien magistrat s'était rejeté dans son fauteuil.

Il réfléchissait profondément, il répétait machinalement, d'un air inquiet, sans pouvoir s'expliquer le sens des paroles du carbonaro :

« — Tout ce que je puis dire, si vous avez de l'influence sur votre mari, madame, c'est de l'engager à ne pas se rendre, le 19 mars, chez les Bancal. »

Lorsque Mᵐᵉ Fualdès vit qu'il était inutile d'interroger plus longtemps Jacques partant par la petite porte de sa maison, elle revint sur ses pas ; elle retourna dans le salon où, pour la troisième fois, l'ancien magistrat, se répétait les paroles du carbonaro.

Mᵐᵉ Fualdès, plus alarmée encore que son mari, en partageait aussi la stupéfaction et la surprise.

Pour se rendre bien compte des émotions qu'avait produites dans l'esprit des époux, l'apparition si imprévue et si étrange de Jacques, le carbonaro, il faut se rendre compte de l'époque où ils vivaient.

Le carbonarisme venait de s'implanter en France, partant d'Italie, après la chute tragique de Murat, roi de Naples. Il s'armait contre la réaction royaliste qui suivait inévitablement la chute de l'Empire. Il répondait, sang pour sang, poignard contre échafaud, aux défis sanguinaires de la Terreur blanche qui envahissait le midi de la France.

Et M. Fualdès qui avait rompu franchement avec le royalisme, fidèle à ses traditions révolutionnaires, M. Fualdès, un bonapartiste avéré, devait donc être un objet de prosélytisme de la part des sociétés secrètes.

Mais son refus de s'associer à des assassins mystérieux, guidés par la passion politique, devait le livrer à une autre association plus monstrueuse et qui le menaçait dans l'ombre : c'était cette association d'intérêts et de vices, dont les chefs étaient ses parents, dont les soldats étaient des misérables, rebuts de la société recrutés dans les bouges les plus ignobles et les plus odieux !

Voilà ce que M. Fualdès ignorait, voilà ce que le frère de Bastide qui, à aucun prix, n'aurait voulu vendre son frère, savait en sa qualité de carbonaro, par des conjurés alliés comme lui à des soldats du vice et du crime, cherchant à pallier leurs forfaits derrière le manteau de la politique.

Alors, M. Fualdès, caractère très résolu, sans être ébranlé par l'avertissement de Jacques, se demandait quel danger pouvait être caché derrière sa résolution de se rendre chez les Bancal ?

Sa femme, revenue auprès de lui, épouvantée des paroles du frère de Bastide, lui dit, en lui frappant légèrement sur l'épaule :

— Eh bien, mon ami, n'avais-je pas raison, tout à l'heure, de vous conseiller de ne pas aller chez les Bancal ? Vous voyez que Jacques est de mon avis ?

— Jacques est un fou, — reprit-il en se levant, et en haussant les épaules. Vous l'avez dit vous-même, il aura appris mon rendez-vous par son frère ! Il veut m'épouvanter pour me forcer à faire de moi ce qu'il est, un conspirateur ; mais il n'y réussira pas plus que tu ne réussiras à m'ébranler dans ma résolution.

Et M. Fualdès, ce soir-là, pour couper court à un entretien plein d'inquiétudes pour tous deux, prit congé de sa femme, il alla se retirer, avant de se coucher, dans son cabinet de travail.

Peut-être, voulait-il méditer plus à son aise, en silence, sur la présence du carbonaro Jacques, averti par le mendiant Laville, la terreur de Rodez.

Mme Fualdès, bien plus inquiète encore, resta un instant, dans le salon, pour réfléchir sur les mêmes personnages qui lui avaient apparu tout à coup comme une double et vivante menace, armée contre le repos et le bonheur de sa vie.

— Oh ! ce Jean Laville ! s'écria-t-elle dans sa superstition de femme dévouée et aimante. Oh ! ce mendiant, on a bien raison de le craindre ; partout où il passe, c'est le malheur qu'il sème !

Puis, en soupirant, elle gagna sa chambre à coucher, où elle eut soin de déguiser ses larmes à son mari qui, lui aussi, s'était éloigné pour ne pas faire part à sa femme de ses appréhensions qui eussent augmenté les angoisses et les tristes pressentiments de Mme Fualdès.

Au moment où les deux époux étaient partagés entre ces alternatives d'inquiétudes et de craintes, Jacques, le carbonaro, rejoignait Jean Laville.

Il l'attendait dans l'angle d'une maison vis-à-vis, et lui disait en l'abordant :

— Le 19, il faut que tu couches chez les Bancal.

— Mais si le 19, répondait le mendiant, ils n'étaient pas là ?

— Alors, reprenait Jacques, tu iras, tu coucheras où ils seront. Tu m'entends ?

— J'ai compris.

Et les deux hommes se séparèrent.

A propos du rôle que jouait le frère de Bastide vis-à-vis de Jean Laville, les braves habitants de Rodez pouvaient bien se tromper sur le compte de ce mendiant.

Pour la maison Fualdès et pour son propriétaire, Jean Laville était peut-être une épée de Damoclès, mais moins pour frapper l'ancien magistrat que pour le protéger contre ses invisibles ennemis.

CHAPITRE V

UN MAUVAIS TABAC

Jausion et Bastide s'empressèrent de rejoindre leur société sur la place de la Cité. Ils regagnèrent la maison du banquier, où M⁽ᵐᵉ⁾ Bastide et ses sœurs séjournaient volontiers, lorsqu'elles accompagnaient en ville le Géant, châtelain de Gros.

Mais, ce soir-là, les deux complices avaient trop de choses à se dire pour ne pas se séparer de leurs familles, depuis qu'ils avaient manqué leur rendez-vous au pont de l'Aveyron.

Le véritable but de ce départ, pour Bastide, était d'interroger Jausion qu'il n'avait pas trouvé, avant de le revoir chez Fualdès; pour Jausion, c'était de rallier ses bandits décommandés par Colard, afin de s'entendre de nouveau sur la nuit du meurtre arrêté dès le principe, le 15 mars.

Les deux hommes, après avoir monté la place, s'enfoncèrent et se perdirent dans les méandres de la cathédrale, dans la petite rue du Touat, ruelle noire, étroite, fétide, étranglée par des maisons en saillie; Bastide demanda à Jausion :

— Pourquoi ne vous êtes-vous pas trouvé au rendez-vous de ce soir? Est-ce vrai tout ce que m'a dit Colard?

— C'est l'exacte vérité, répondit-il. Et sans le joueur d'orgue qui a failli me tuer, et que j'ai mis maintenant dans mes intérêts, nous étions sûrs pour ce soir, ajouta-t-il en ricanant, du transport à l'Aveyron de notre balle de tabac! Le gêneur nous fait tout recommencer; maintenant il s'agit d'avertir Colard que c'est pour le 19.

— Mais le 19, fit Bastide avec impatience, je ne serai plus en mesure vis-à-vis de Fualdès!

— Tant mieux! ajouta Jausion, avec le prix du renouvellement des billets, l'affaire ne sera que meilleure. Nous ne perdons rien pour attendre puisque ce retard nous donne encore de nouveaux renforts.

— C'est admissible, reprit Bastide en réfléchissant à la rencontre de M⁽ᵐᵉ⁾ Manzon, dont les intrigues devaient plus tard si bien le servir.

— En tous les cas, continua Jausion, pour rattraper le temps perdu, il s'agit de bien prendre nos précautions.

LES CRIMINELS CÉLÈBRES

La Bancal.

— C'est sans doute pour cela que vous m'avez conduit rue du Touat ?

— Précisément, répondit à Bastide Jausion, accoutumé à toujours guider le géant.

Alors Jausion désigna de la main la seule boutique éclairée de la rue. C'était un cabaret tenu par une nommée Rose Feral. Il fit approcher Bastide de la devanture du cabaret; il lui désigna à l'intérieur, dans un foyer de lumière dont les rayons filtraient des carreaux sur la place, deux buveurs qui semblaient s'inquiéter des bruits du dehors.

L'un de ces buveurs était Colard, il revenait du pont de l'Aveyron et buvait avec un homme habillé en paysan.

— Reconnaissez-vous le compagnon de ce paysan ? demanda Jausion à Bastide.

— Oui, répond le Géant, c'est Colard.

— Et l'autre ?

— C'est Bousquier, le porteballe.

— Eh bien ! continua Jausion, il s'agit d'avertir Bousquier par Colard, pour qu'ils tiennent leurs hommes prêts, le 19, à la maison Bancal.

Jausion, sans rien dire de plus à Bastide, frappa d'une façon particulière aux carreaux du cabaret.

Comme si Colard n'eût attendu que ce signal, il se leva devant Bousquier, il lui fit un geste de l'attendre à sa table; puis il se disposa à ouvrir la porte du cabaret.

Dès que Bastide et Jausion eurent surpris le geste de Colard, ils se reculèrent avec précaution sous les contre-forts d'une maison et ils attendirent.

Colard, après avoir quitté son compagnon de bouteille, se dirigea vers la maison où étaient blottis Jausion et Bastide qui lui faisaient des signes.

Une fois Colard à la portée de Jausion, pendant que Bastide se tenait à l'écart, il murmura à l'oreille du banquier :

— Eh bien ! est-ce fait, cette fois, depuis qu'on a vu le magistrat, après la reconduite de Briès ? Quand transportons-nous à l'Aveyron la balle de tabac, savez-vous ?

— Le 19, à huit heures, dit sentencieusement Jausion à Colard et en regardant Bastide impassible. Le rendez-vous n'est plus au pont de l'Aveyron, mais chez les Bancal.

— Pourvu, fit Colard en se grattant l'oreille, qu'il n'y ait pas encore contre-ordre.

— En tous les cas, reprit Jausion, s'il y a contre ordre, on sera payé en conséquence, et l'on n'aura pas fait le pied de grue pour rien.

— Suffit, reprit Colard d'un air humble, devant l'air revêche et arrogant de Jausion.

Le misérable comprit un peu tard, malgré l'œuvre criminelle l'unissant à Jausion et Bastide, qu'il était en face de deux notables qui, au milieu de la ville, ne tenaient pas à se compromettre avec un chenapan de son espèce.

Une fois instruit par Jausion, Colard reprit la porte du cabaret. Il se disposa à rejoindre Bousquier, qui, à l'exemple des autres camarades et bandits, l'avait attendu dans une des cavernes de l'Aveyron, au moment où Bousquier et ses acolytes faisaient si peur à Mme Manzon rencontrée avec Rose par le terrible Bastide.

— Maintenant, reprit Jausion, entraînant le Géant, dès que Colard rentrait au cabaret, il est urgent d'aller vers les Bancal. Ils nous attendent depuis notre rendez-vous manqué, ils ne peuvent encore s'expliquer le motif de notre absence. Venez.

Le Géant le suivit, comprenant fort bien les réflexions de Jausion et l'urgence de sa visite.

On sait ce qu'était la maison Bancal, une maison à *parties*, dont les locataires étaient principalement des proxénètes et des prostituées.

Le Géant, coureur de ruelles, ne s'échappait de sa propriété de Gros, que pour mener de front, à Rodez, les affaires et les plaisirs ! Il connaissait particulièrement le bouge de la rue des Hebdomadiers.

Vu l'urgence et le côté critique de la situation, il ne se fit pas tirer l'oreille pour obéir à son beau-frère.

Les deux hommes, après avoir débouché de la rue du Terrat, longèrent le pâté de maisons qui forment cette rue avec le coin *François de Valat*. Ils rentrèrent dans le Terrat pour descendre la rue des Hebdomadiers.

On connaît l'aspect de cette voie où s'élevait la maison Bancal, entourée de vieux murs ventrus, grillagés et surplombants ; voie sinistre entre deux ruelles : le *Terral* et la ruelle *Saint-Vincent*.

Cette rue des Hebdomadiers, comme le nom l'indique, était dès le principe, habitée par de paisibles ecclésiastiques, appelés à faire leur semaine de service à la cathédrale. Elle était devenue, depuis la Révolution, le vestibule du quartier infâme et abject de Rodez.

Les Bancal étaient les dignes locataires de ce coupe-gorge. Là, l'obscurité de la ville, à cette époque où le gaz était inconnu, était plus intense que partout ailleurs.

Par les capricieuses saillies de ses masures inégales, de ses murs à la diable, percés de fenêtres louches, la rue des Hebdomadiers semblait danser sur un sol hérissé de cailloux noirâtres, pavé par l'enfer, creusé d'ornières remplies d'abîmes.

Les deux hommes, une fois dans ce coupe-gorge où ils savaient rencontrer la famille Bancal, s'arrêtèrent au milieu de la voie pleine de pénombres et d'odeurs nauséabondes !

Ils étaient devant la maison des proxénètes, jadis une maison de gens recueillis, maintenant un lieu de misère et de prostitution où les Bancal avaient établi leur lupanar.

La façade conservait l'empreinte d'un caractère monacal. Sa porte principale, entre deux bornes, était flanquée de colonnettes supportant un petit plein cintre. Une fenêtre à contrevent, ronde comme la porte, s'ouvrait sur le rez-de-chaussée. La porte donnait sur un long vestibule allant à la cour et longeant la cuisine, c'était l'habitation des Bancal.

La maison avait deux étages, chaque étage avait deux fenêtres ; au premier elles rappelaient le style roman de la porte ; au second elles étaient surmontées d'un triangle qui s'élevait jusqu'au faîte, elles étaient dominées par une fenêtre en mansarde.

L'entrée s'ouvrant sur le vestibule donnait sur une cour. En regard de l'entrée était la fenêtre de la cuisine. La façade du rez-de-chaussée était percée d'un carré protégé par trois barres de fer en croix. C'était la petite croisée d'un cabinet placé entre le vestibule et la cuisine.

On sentait que cet aménagement avait été conçu au profit du service en commun d'anciens congréganistes ; vestibule, cabinet et cuisine occupaient tout le bas de la maison, ils indiquaient l'importance de ce rez-de-chaussée au profit des anciens locataires.

La distribution de la pièce principale remplie de coins et recoins, ne pouvait que satisfaire le service de cette vieille maison d'ecclésiastiques transformée en Paphos.

Au moment où Jausion et Bastide parurent devant la maison Bancal, sa porte était entre-baillée, les lumières du vestibule et de la cuisine filtraient avec discrétion de leurs ouvertures.

Lorsque le soir était venu, les Bancal et leur personnel attendaient toujours quelqu'un, attiré par le vice et par le crime. Ce soir-là, c'étaient Jausion et Bastide qu'ils attendaient.

A peine furent-ils en face de la maison que, sans qu'ils eussent parlé, la porte parut s'ouvrir d'elle-même. Ils s'avancèrent, ils virent derrière son panneau une femme de cinquante ans qui, évidemment, les épiait avant de les recevoir.

Cette femme, bien plus vieille par le vice que par l'âge, était le type de la hideur sournoise et sinistre. Son front, bas et ridé, était couvert d'un bonnet tuyauté, serré sur la nuque par un cordon noué en rosace. Son front s'en allait en fuyant comme celui des oiseaux de proie. Son nez s'avançait en bec-de-corbin sur une bouche édentée sans lèvres ; elle formait comme une raie qui coupait en deux son visage terminé par de larges maxillaires s'arrêtant sur son menton proéminent.

Nez et menton menaçaient de se rejoindre en donnant à sa physionomie une expression à la fois terrible, grotesque et narquoise.

Par le rictus de ses lèvres imperceptible, par l'éclat fiévreux de ses yeux fouilleurs dont la prunelle brillait dans la nuit comme la prunelle des fauves, on sentait que cette terrible mégère était embrasée de toutes les ardeurs du mal.

Les nombreuses rides qui sillonnaient sa face pointue par le haut, large par le bas, indiquaient qu'elle était habituée à prendre tous les masques cachant la véritable expression de sa physionomie : la férocité. Elle pouvait jouer avec le même bonheur, la bonhomie la plus stupide comme la colère la plus décidée, la cruauté la plus froide comme la sensiblerie la plus expressive ou la plus larmoyante. Au fond, cette femme ne tressaillait, comme l'hyène, qu'à l'odeur du sang et à l'amour du carnage.

Cette femme, c'était la Bancal.

— Arrivez donc, *moussus* Bastide et Jausion, — s'écria-t-elle une fois qu'ils furent dans le vestibule et après avoir fermé la porte derrière eux, — on vous attend depuis longtemps.

Les deux hommes, qui connaissaient les êtres, passèrent du vestibule par une porte latérale conduisant au petit couloir qui précédait la cuisine.

Une fois arrivés dans cette pièce, très éclairée pour la circonstance, ils aperçurent assis près de la cheminée un homme vêtu en maçon, à la figure vulgaire et stupide, causant avec deux femmes. Les habits sordides, presque en haillons, de ces femmes s'accommodaient mal du sans façon galant et provocateur qui encadrait leurs attraits.

L'une était Marianne Bancal, la fille aînée de ces criminels époux ; l'autre, Anne Benoist, la prétendue femme de Colard, les nymphes attitrées de ce Paphos.

Ces deux jeunes femmes ne manquaient ni d'éclat, ni de beauté. A l'heure où elles descendaient chez les Bancal, elles devaient faire valoir leurs charmes avec tout le débraillé, toute l'effronterie exigée par la maîtresse du lieu, car elles savaient qu'à cette heure-là leurs faveurs étaient à vendre ou bien près de l'être.

Lorsque Bastide pénétra le premier dans cette cuisine changée en prétoire de Vénus, le vaurien oublia un instant le motif qui l'y attirait avec Jausion.

Ses yeux flamboyèrent. Ils se portèrent avec avidité sur les deux femmes au sein presque nu, à l'attitude et au sourire de bacchantes.

Marianne et Anne Benoist frémirent de volupté sous leurs négligés peu faits pour déguiser des charmes déjà sous le pouvoir du Géant qui avait dans l'œil et le geste tout le soleil du pays des Ruthènes.

Mais Jausion, entièrement à son projet, se hâta de prendre les devants ; il poussa la Bancal qui revenait dans la cuisine, après avoir fermé la porte du vestibule.

Elle comprit Jausion ; lorsque Bastide s'apprêtait à serrer la taille d'une des nymphes, la Bancal leur dit :

— Allez-vous en, les filles ! Pour ce soir, l'affaire qui regarde ces *moussus* ne concerne pas les *femmes*. Remettez vos ceintures, les belles ! et allez-vous-en ! Toi aussi, Bancal !

— Mais moi, — reprit l'homme d'un ton étonné, ce qui lui donna un air encore plus stupide, — je ne suis pas une femme ?

— En tous les cas, — fit la mégère qui ne badinait pas lorsqu'on avait l'air de marchander son autorité et en prenant le langage de son pays, — en tous les cas tu n'es pas un *omme*, tu n'es même pas une *fumme*, tu es une *fumelette* ! Donc, va *bouyacher* [1] ailleurs, avec les filles ! C'est dit, n'est-ce pas ? Qu'on ne me le fasse pas répéter ?

— Allons, Pero [2], s'écria Bastide, rendu à la raison par l'attitude qu'avait prise Jausion vis-à-vis de lui et la Bancal, laissez-vous faire. Ce que nous avons à dire à votre femme n'est qu'en projet. Une fois l'affaire conclue et qui ne souffre pas de témoins, vous ne perdrez rien pour attendre ! Jusque-là, vous comprenez, Pero, pour vous comme pour nous, moins il y aura d'oreilles et plus il y aura de sécurité pour nous. Vous comprenez ?... Allez-vous-en !

L'homme et les deux filles, dont l'une se prétendait la femme de Colard, ne se le firent pas répéter, dès que le Géant, sur ce ton familier et captieux, particulier aux gens du Midi, avait dit à peu près la même chose que la virago.

Ils disparurent dans un cabinet d'à côté, dissimulé au fond de la pièce.

Une fois la Bancal bien seule avec Bastide et Jausion, elle leur demanda vivement :

— Ce n'est donc pas pour ce soir, puisque je ne vois ni Colard, ni les autres.

— Non, répondit Jausion, c'est pour le 19, à huit heures.

— Les autres sont-ils avertis ?

— Oui, reprit Jausion qui, dans les préliminaires du meurtre projeté, prenait toujours l'initiative, en attendant le moment de laisser agir le Géant.

— Et si le 19, reprit la Bancal en se passant la main sous le menton d'un air recueilli, si le 19, il y avait encore anguille sous roche, qui me préviendrait ?

— Colard, continua Jausion ; mais ce jour-là il n'y en aura plus.

— Pourquoi, insista la vieille femme, Colard n'est-il pas revenu pour m'annoncer que l'affaire était manquée ? Où est-il, le chenapan ?

1. Promener.
2. Père.

— Il est occupé ailleurs, continua Jausion. Nous venons de le quitter chez la Féral pour préparer ses hommes qui l'attendront, ce soir, loin de la ville, à venir prendre la balle de tabac qui n'est pas encore prête.

— Très bien ! fit la Bancal en hochant la tête et en dessinant sur ses lèvres blêmes un horrible sourire. Et si ce soir ils avaient reçu cette balle, ils n'auraient pas moins eu un fort mauvais tabac sur le dos !

— Ce n'est pas le moment de plaisanter, la Bancal ! lui riposta Jausion d'un ton sévère.

Je crois bien, murmura-t-elle en clignant de l'œil, et si ce cher M. Fualdès savait de quoi il en retourne dans sa propre famille, c'est lui qui ne plaisanterait guère ? Mais ce n'est pas tout ça, *moussus*... Vous ne me dites pas qui vous a fait manquer votre rendez-vous ?

— Parbleu ! tonna le Géant désappointé. C'est ce damné Briès.

— Le joueur d'orgue ? reprit la vieille. Je l'avais pourtant congédié, ce gêneur qui se met toujours dans nos jambes.

— Et c'est parce que tu l'as congédié, ce soir, que je l'ai retrouvé dans les miennes ? acheva le banquier. Mais, reprit-il, à l'heure qu'il est, il n'est plus à craindre, il est des nôtres. Le 19, à huit heures, il sera aussi à son poste.

— Encore un ! fit la Bancal avec un air de défiance. Prenez garde, *moussus*, vous mettez trop de cartes dans votre jeu ?

— Bah ! fit Bastide d'un mouvement de tête exprimant le dédain. Personne ne le connaît, notre jeu, pas même toi, la Bancal !

— Vous croyez ça ! mon colosse ? exclama-t-elle.

Bastide, à ces paroles, regarda Jausion. Il venait de lancer des regards courroucés à son beau-frère, défiant si imprudemment la perspicacité de la Bancal.

Cette femme, très astucieuse, continua :

— Vous croyez donc que je pense que c'est simplement pour faire signer des billets à M. Fualdès, que vous voulez l'attirer ici ? Des billets qui le dépouilleraient bel et bien de toute sa fortune ? Nenni ! il tient trop à ses écus, le cancre ? A la première injonction de votre part, il se regimbera. Alors, je vois d'ici la scène : *Colard, Bach, Missonnier* et *Bousquier*, que vous n'avez pas achetés pour rien, se rendront chez moi ou ailleurs pour le forcer le couteau sur la gorge à tout signer ! Encore une fois, il ne signera pas ! Alors le baquet, que vous m'avez commandé et qui, d'ordinaire, sert à recevoir le sang de mes cochons, servira à ce chrétien, ni plus ni moins. Et Bach, Missonnier, Bousquier et moi, sans compter mon personnel, s'emploieront, après la saignée faite, à transporter mon Fualdès, bel et bien empaqueté comme une balle de tabac, pour être jeté dans l'Aveyron comme un mauvais et très gênant paquet... Colard m'a tout dit d'ailleurs. Est-ce vrai ?

LES CRIMINELS CÉLÈBRES

On le voyait attendre une beauté facile ne demandant pas mieux de goûter avec lui
à tous les fruits défendus. (Page 56.)

Pendant que la Bancal débitait ces paroles avec une verve et une volubilité toutes méridionales, Bastide et Jausion détournaient la tête d'un air confus ; on eût dit que leur projet dévoilé par leur complice eût fait peur à eux-mêmes.

— C'est bon ! — fit Bastide, d'un air bourru à la Bancal, et se repentant d'avoir défié la perspicacité de cette terrible femme, moins instruite, peut-être, par Colard que par ses propres conjectures. Si tu nous as devinés, tais-toi. Contente-toi seulement de bien te souvenir du jour où nous viendrons chez toi, avec nos hommes et M. Fualdès, car nos hommes, excepté Colard, ignorent encore ce que tu n'as que trop bien deviné.

Et les deux complices, dans la crainte peut-être d'en entendre davantage, se disposèrent à quitter la Bancal, très disposée à les servir. Elle ajouta, avant de les reconduire :

— Mais parmi vos hommes, méfiez-vous de Briès, le joueur d'orgue, et de Bousquier, le porteballe.

— Pourquoi? pourquoi? lui demandèrent à la fois Jausion et Bastide.

— Parce que Briès est un imbécile et que Bousquier est un mouchard !

A peine avait-elle prononcé ces paroles que le bruit répété de plusieurs coups de bâton, frappés violemment à la porte du dehors, se firent entendre.

Jausion, Bastide, la Bancal s'arrêtèrent dans leurs confidences d'un air surpris, qui dégénéra en frayeur lorsqu'une voix, bien connue des trois personnages, accompagna ces coups de bâton.

— Ouvrez ! — criait-elle, — c'est moi, Jean Laville, qui viens chercher ici l'hospitalité de nuit.

— Oh ! le maudit mendiant ; — exclama la Bancal, en se signant, car cette horrible femme savait aussi bien jouer du capuchadou que du signe de la croix, car sa férocité instinctive n'avait jamais su se débarrasser de ses simagrées superstitieuses ! Oh! la peste que cet homme ! Il vient nous jeter ici son mauvais œil. Nous avions bien besoin de sa présence.

— S'il se doute de quelque chose, — balbutia Jausion plus terrifié encore que le Géant, — raison de plus pour nous cacher devant lui.

Les deux hommes, sans même attendre l'invitation de la Bancal, coururent à la porte où avaient disparu son mari et ses deux filles, Anne et Marianne.

Au moment où ils disparaissaient de la cuisine, la Bancal se rendait au vestibule, pour ouvrir au mendiant. Laville, on le sait, entrait partout, au nom de la crainte qu'il inspirait.

A peine fut-il entré qu'il s'élança du vestibule et du cabinet jusqu'à la cuisine où, sans aucun doute, il espérait trouver des figures de connaissance.

Son attente parut être trompée en voyant la salle vide.

— Ah ! ah ! — s'écria Laville, secouant sa limousine, et tourmentant son bâton noueux dans ses doigts, sans quitter de ses yeux creux et noirs la Bancal qui lui lançait en-dessous des regards sournois. Il paraît que tu manques de clients, ce soir, la Bancal?

— En tous les cas, ce n'est pas un client comme toi, — lui riposta-t-elle avec dédain, qui m'enrichira jamais !

— Pas plus que Briès que tu as chassé ce soir et que je viens remplacer cette nuit.

— Pour cette nuit seulement ? — lui demanda-t-elle avec avidité.

— Non, ajouta-t-il d'un air d'indifférence très affectée, — non pas seulement pour cette nuit. Car j'ai besoin d'un abri ici, jusqu'au 19.

— Ah bah ! — fit-elle en poussant un cri d'effroi qui trahit son émotion ; car la Bancal, toute dissimulée, toute fine qu'elle était, n'était pas préparée au coup porté par le mendiant.

Puis se remettant, elle reprit :

— Eh bien, va toi-même au gîte de Briès. Tu connais les êtres de la maison. Je pense que je n'ai besoin ni de t'y conduire ni de t'éclairer. Je suis trop peu de tes amies pour me déranger pour toi ; je suis trop pauvre pour te fournir de la lumière. Bonsoir, Laville !

Puis elle le reconduisit vers le vestibule et lui ferma la porte de la cuisine sur le nez.

Mais avant de revenir vers le fond de la pièce où se tenaient cachés Jausion et Bastide, elle eut le soin de regarder si le mendiant continuait sa marche dans la direction de la cour où était l'ancien gîte de Briès.

Elle vit que Laville s'arrêtait aux confins du cabinet donnant sur le vestibule, puis se cachait sous le tambour d'un escalier pour surprendre dans la maison ceux qui probablement, selon lui, y étaient encore.

Dès que la Bancal eut surpris le manège du mystérieux mendiant, elle eut son projet en ouvrant la porte de l'autre cabinet où s'étaient réfugiés Jausion et Bastide, après son mari et les filles Anne et Marianne.

Une fois revenue avec le Géant et le banquier dans la cuisine, la Bancal leur dit bien bas :

— Quoique j'aie congédié le mendiant, je ne suis pas sûre qu'il ne nous épie pas dans quelque coin. En tous les cas, s'il vient pour surprendre nos secrets, je vais le dérouter. Attendez-vous à entendre de ma bouche, une fois à la porte, tout le contraire de ce que nous sommes convenus.

Jausion et Bastide inclinèrent la tête d'un air d'assentiment. Depuis l'arrivée du mendiant, Jausion, surtout, n'était plus maître de lui. Il avait perdu sa présence d'esprit. Bastide n'était pas moins inquiet, quoique moins ému que son beau-frère.

Car tous les deux savaient, comme la ville entière, que le mendiant recherchait partout des secrets terribles dont il tirait partie au moment où l'on s'y attendait le moins.

Donc les deux hommes, au profit de leur salut, ne demandaient pas mieux que de se laisser guider par la Bancal dès qu'ils se trouvaient à la **merci du terrible mendiant.**

Et la Bancal leur dit avec intention, une fois parvenue avec eux sur le pas de la porte extérieure :

— Messieurs, le 19, à huit heures du soir, ne comptez pas sur moi. Allez chez Missonnier, à deux pas. C'est lui qui se chargera de votre affaire. Il m'est impossible, pour ma part, de l'accepter, puisque toute ma maison est prise ce soir-là. Je le regrette et je vous salue.

Pendant qu'elle refermait la porte sur le Géant et le banquier, le mendiant, se croyant suffisamment instruit, quittait le cabinet, longeait le vestibule, et gagnait la cour pour prendre possession de l'ancien taudis de Briès.

— Maintenant, — se disait la Bancal, prête à rentrer dans la cuisine et y rejoindre son mari qui l'y attendait après le départ du banquier et du Géant, — je suis certaine, mon Laville, que tu ne seras pas chez nous le 19. Je suis assurée que tu iras chez Missonnier croyant y surprendre, le 19, ce qui se tramera ici. A bon chat, bon rat !

Le tour était joué, le mendiant était dépisté.

La maison des proxénètes rentra dans le silence et dans la nuit. Personne ne vint la troubler pendant qu'y veillaient les futurs meurtriers de Fualdès, épiés par un homme qui travaillait peut-être à son salut ; le mendiant Laville !

CHAPITRE VI

LA TOILE D'ARAIGNÉE

Bastide, en sortant de chez les Bancal, était furieux. Jausion, assez maître de lui d'ordinaire, lorsqu'il n'était pas en face d'un danger imprévu, était sombre et inquiet.

La pénétration d'esprit de la Bancal, l'arrivée du mendiant mystérieux, préoccupaient les deux scélérats.

Une fois dans la rue et en se dirigeant vers le Terral, le Géant eut des gestes d'impatience qui se traduisirent par un juron énergique ; le petit homme le suivait la tête basse.

Bastide n'était qu'un très médiocre esprit dans un grand corps ; Jausion, une nature en apparence sans défense, était rempli d'intrigues ; mais il cherchait longtemps son but avant de le viser, et il prenait toutes ses précautions pour mieux l'atteindre.

Le grand Bastide aimait à frapper fort et vite; le petit Jausion, sous des allures craintives et embarrassées, mûrissait de larges et machiavéliques conceptions pour avoir raison de ses adversaires.

En ce moment le Géant était très en colère, parce que les dangers qui l'entouraient, le mettaient de plus en plus à la merci de Jausion, très capable de les surmonter.

— Ma parole d'honneur! exclama Bastide, c'est une gageure! Avec le retard que nous mettons dans cette affaire, tout Rodez la connaîtra avant la date de son accomplissement! Après le joueur d'orgue Briès, c'est au tour du mendiant Laville. Pourquoi pas avertir aussi le commissaire!

— C'est peut-être ce que je ferai, ajouta flegmatiquement Jausion, si j'ai un intérêt à le mettre dans nos confidences, comme pour le joueur d'orgue, comme pour ce mendiant.

— Mon cher Jausion, fit Bastide impatienté, en serrant le bras de son beau-frère à le broyer, en lui parlant dans les dents serrées par la rage, vous jouez trop avec le bagne et l'échafaud!

— Pas tant que vous, lui répondit le banquier alarmé et lui mettant la main sur la bouche, en parlant si fort et si haut.

— En tous les cas, se récria Bastide sur un ton plus radouci, nous perdons un temps précieux! Mes billets à Fualdès sont payables dans quelques jours, et je ne serai pas en mesure de les payer. Par ce rendez-vous manqué, je suis en vue dans Rodez, quand j'aurais tant intérêt à me tenir caché au fond de mon domaine de Gros. Encore une fois, pourquoi ces lenteurs, ces marches et contremarches?

— Vous en parlez bien à votre aise! fit Jausion haussant les épaules, on voit bien que vous n'étiez pas ce soir sur le pont de l'Aveyron aux prises avec Briès me terrassant et me menaçant de son capuchadou.

— Et c'est pour cela, le questionna Bastide avec humeur, que vous vous êtes cru très fort en lui dévoilant tous nos secrets?

— Sans doute, pour le mettre en même temps dans nos intérêts.

— Mais s'il parle?

— Il ne parlera pas, reprit Jausion avec impatience.

— Et ce mendiant, ajouta Bastide, qui maintenant nous épie, d'où vient-il? Que veut-il?

— Il peut vouloir tout ce qu'il voudra, ce Laville, reprit Jausion, il ne sera jamais plus à craindre que Briès. Je sais d'où il vient et je sais qu'il est dans l'impossibilité de nous nuire.

— Pourquoi?

— Parce qu'il appartient, comme votre frère, à une société de *carbonari* qui vise l'ordre établi. Si nous sommes inquiétés, il deviendra, au contraire, notre égide, par politique et dans l'intérêt d'un de vos frères, un Bastide comme toi.

— Hein ! exclama le Géant au comble de la surprise et en regardant curieusement le banquier. Vous savez donc tout, démon ?

— Oui, grand ignorant ! reprit-il d'un air de vanité satisfaite. Voilà pourquoi je n'en ai pas plus peur que du Bousquier dont la Bancal se méfie, parce que, prétend-elle, c'est un mouchard ! Il nous servira donc, bon gré mal gré, comme *Bach* le porteballe, comme *Colard*, comme *Missonnier*, tous appelés à devenir nos aides dans l'affaire du 19 mars ; car Bousquier, après tout, aura la bouche close par les frères ténébreux dont font partie votre frère, le notaire et le mendiant Laville. Ah ! la politique a quelquefois du bon.

— Il paraît, en effet, acheva Bastide, que vous avez tout prévu, excepté l'échéance de mes billets. Lorsque mon parrain saura, au détriment de sa caisse, que je ne puis le payer, il va devenir comme un crin ! Tandis que si l'affaire avait eu lieu ce soir, je n'aurais pas eu ce désagrément à redouter...

— Qui rendra votre parrain plus désireux de venir au rendez-vous du 19 mars, pour rentrer plus vite dans son argent.

— C'est bien possible ! s'écria Bastide en réfléchissant. Je vois de plus en plus que vous aviez tout prévu !

— Et plus nous attendons, plus notre trame se corse pour prendre notre homme dans ses mailles.

— Oui... mais gare au retour de son fils !

— Aussi ne l'attendrons-nous pas. Quand il viendra, il sera trop tard, l'affaire sera faite. Maintenant taisons-nous. Nous arrivons à l'endroit où je tiens à poster nos hommes pour le 19 ; taisons-nous. Regardez bien ce qui va se passer autour de nous. Vous pourrez vous convaincre que Colard, depuis que je l'ai quitté, du pont de l'Aveyron au Terral, a bien suivi mes instructions en vue de l'affaire.

Alors les deux hommes, en continuant de presser le pas, se turent ; ils se mirent à regarder autour d'eux.

Ils étaient arrivés à l'extrémité de la rue des Hebdomadiers, formée d'un côté par le coin des écuries de l'*hôtel des Princes*. De ce point ils virent successivement passer les hommes qu'ils avaient attendus en vain à la caverne du pont de l'Aveyron.

A la porte de l'écurie, ils distinguèrent un individu en vedette. Il semblait posté là pour les attendre. Il avait une figure presque idiote, il se nommait *Missonnier*. Il se découvrit en reconnaissant Bastide et Jausion.

Ceux-ci lui firent de la main un signe d'intelligence presque imperceptible ; cela lui suffit, Missonnier rentra à l'écurie.

Plus loin, au coin de l'impasse *Francon-de-Valat*, ils aperçurent trois hommes qui chuchotaient.

En les frôlant, le banquier et le Géant reconnurent Colard et Bousquier.

Ces derniers causaient avec un troisième personnage, à la figure grossière, fourbe et défiante. C'était *Bach*, le porteballe. Sa physionomie épaisse et rébarbative jurait avec l'air impertinent et goguenard de Colard et la figure pateline et sournoise de Bousquier.

Ces personnages, la plupart en veste de velours, les jambes emprisonnées dans de grosses guêtres, avaient les rudes allures des gens de la campagne, des mines patibulaires. Ils étaient bien dignes d'être les aides des futurs meurtriers que Colard postait déjà aux différents endroits qu'ils devaient occuper dans la nuit du 19 mars.

Jausion, accompagné de Bastide, son lieutenant, passa devant ces soldats du crime, comme un général d'armée devant sa troupe, à la veille de la bataille.

Dès que leurs hommes les eurent perdus de vue dans les ténèbres, dès que leurs chefs furent parvenus sur la place de la Cité, ces hommes disparurent, ils s'enfoncèrent dans les méandres qui entouraient la cathédrale.

Jausion dit à Bastide :

— Maintenant que tout est prêt, allons retrouver nos familles et dormir jusqu'au 19 sur nos deux oreilles.

— En attendant les rebuffades du parrain, soupira Bastide qui pensait à ses billets à échéances.

Ils étaient parvenus à l'extrémité de la place de la Cité, à la maison du banquier où Bastide et Jausion avaient laissé leur société, en quittant Fualdès, avant de se rendre à la maison Bancal et de reconnaître leurs complices postés au coin de la cathédrale.

Il est essentiel avant d'achever d'esquisser la physionomie sinistre de Jausion, le metteur en œuvre de cet épouvantable assassinat, de signaler la situation critique de son complice, Bastide.

Le filleul de M. Fualdès qui, à cette époque devait dix mille francs à son parrain, vivait d'un modeste revenu qu'il tirait de son domaine de Gros, aux environs de la ville.

Trop pauvre pour y posséder un domicile, il logeait volontiers avec sa famille, chez son beau-frère, lorsqu'il allait faire des affaires à Rodez.

Jausion n'avait eu qu'un but en s'attachant son beau-frère, en le captant, en flattant ses goûts pour la fille et pour la bouteille, s'attaquer à la fortune de Fualdès.

En entretenant les vices de son filleul, par son crédit, par ses tripotages d'argent, il avait rendu Bastide plus vicieux encore. C'était ce qu'on appelait un *beau dangereux de Province*, il l'engageait à plaisir dans les parties fines les moins avouables et les plus scabreuses; on le retrouvait toujours dans les endroits les plus suspects avec des filles de mauvaise vie.

Le bouge de la rue des Hebdomadiers le connaissait bien, et il connaissait tous les gens haut et bas placés qui le fréquentaient.

A la foire de Rodez, on le voyait traiter une affaire au profit de son domaine de Gros; mais on le voyait, surtout la nuit, grâce à l'argent fourni par son beau-frère ou extorqué à son parrain, faire embuscade, attendre à quelques coins de cabaret, une beauté facile ne demandant pas mieux de goûter avec lui à tous les fruits défendus.

Ces écoles buissonnières, faites en dehors du domaine de Gros et du giron matrimonial, avaient fini par le ruiner.

C'était là où Jausion avait attendu son beau-frère pour le forcer à l'associer à son criminel dessein, qui l'avait fait entrer dans la famille de son ancien bienfaiteur.

Qu'était dès l'origine ce Jausion, le manieur d'argent, comme le qualifiait le président de la cour prévôtale, le père de Mme Manzon, M. Enjalran?

C'était un ambitieux, sorti des rangs de la bourgeoisie pour profiter des avantages que leur avait offerts le renversement des anciens privilèges. Il avait étayé sa fortune de mauvais aloi sur les plus viles passions, il avait escompté tous les profits du mal, dans les affaires les plus véreuses; il en avait été puni, en voyant s'engloutir dans le gouffre de la faillite, l'argent qu'il avait amassé en pressurant la misère, en jouant trop avec l'usure à l'égard de créanciers complaisants et insolvables.

Sa fortune, basée sur le vice, était aussi problématique que sa vie, sa position ambiguë était aussi mal définie que son caractère. C'était un personnage double. Il formait un composé d'emportement et de réserve, de rudesse et d'hypocrisie, d'humeur chagrine et d'obligeance intéressée.

Jausion était inquiet sans raison, jaloux sans amour, passionné par jalousie. Il se révoltait contre tout ce qui paraissait être supérieur à sa nature basse, envieuse et rampante.

Il en voulait aux honnêtes gens qui se refusaient à croire à son honorabilité.

Il suffisait de se montrer désintéressé pour le rendre défiant. Bastide lui plaisait parce qu'il savait l'intimider, parce que Jausion n'avait qu'un mot à dire, en raison de ses intrigues, pour se jouer de ses intimidations.

Le petit homme pesait de toute la force de son génie du mal, sur les épaules de ce géant, qu'il faisait plier au gré de ses caprices et de ses volontés.

Il sourit d'un sourire hideux. (Page 80.)

Tels étaient ces deux hommes qui, à la longue, par caractère, par habitude, par intérêt, étaient arrivés insensiblement à ne plus pouvoir se passer l'un de l'autre.

Ils étaient unis par la même haine qu'ils professaient contre Fualdès, leur bienfaiteur; un honnête homme dont ils enviaient la fortune.

Le lendemain de tous ces préparatifs pour le meurtre du 19 mars, Jausion, l'un des agents de change et courtier en marchandises de la ville, était dans son cabinet de travail situé au fond, au rez-de-chaussée de sa maison.

Ce cabinet avait l'aspect sordide, froid et nu de tous les cabinets d'affaires. A l'un de ses angles se dressait un lourd coffre-fort, la caisse ; un grand bureau, surchargé de papier timbré, faisait face à la sortie du vestibule ; il était flanqué de grands livres perdus sous des liasses de billets à ordre. Jausion y travaillait, assis dans un grand fauteuil bas et à dos rond.

A l'un des bouts du bureau, à l'apposé de la caisse, on voyait une petite fenêtre qui s'ouvrait de plain-pied sur un grand jardin. Jausion avait à sa gauche cette fenêtre, derrière le dos, et une autre porte donnant sur le couloir, qui aboutissait à l'entrée de son habitation et séparait le cabinet du salon.

On était au 16 mars, le lendemain d'une échéance ; le banquier, agent de change et courtier, considérait d'un air consterné les billets impayés amoncelés sur son bureau.

Il envisageait, non sans une terreur voisine de la rage, cet amas de papiers qui représentait un déficit de plus en plus difficile à combler.

Il sentait que son crédit devait, un jour ou l'autre, être ébranlé par la débâcle qui se mettait dans ses affaires.

Cette considération, qu'il ne devait qu'à sa solvabilité encore incontestable, il était menacé de la perdre au premier protêt contre lequel il n'aurait pu parer.

Rien que cette pensée lui donnait le vertige, non qu'il tînt à l'honneur, mais parce qu'il songeait que la perte de son crédit lui ôtait le droit de recommencer une fortune qu'il avait péniblement amassée par l'usure et que l'usure menaçait de lui reprendre.

Ce que Jausion redoutait le plus au monde, c'était la misère dans laquelle, par ses exigences inhumaines, usuraires, il avait plongé la plupart de ses clients dont l'insolvabilité était son ouvrage.

Alors il leur en voulait de l'argent qu'ils ne pouvaient plus lui compter, parce qu'il leur faisait payer de plus en plus cher le prix de ses services intéressés.

Schyloc finissait par retourner contre lui-même le couteau qu'il avait mis sur la gorge de ses clients.

— Oh ! se disait-il en comparant avec effroi le doit et l'avoir de son grand-livre. — Il n'y a plus à se faire illusion. Par les non-revenus de mes clients insolvables, je suis arrivé à une perte sèche de 80,000 francs, juste la somme, — s'écria-t-il, en se ravisant et en portant avec avidité la main à son front, — juste la somme dont est détenteur Fualdès, depuis la vente de son domaine de Flars !...

Son front chargé de nuages se rasséréna à cette pensée. Il eut un sourire diabolique qui exprima toutes ses convoitises, puis il s'écria :

— Attendons jusqu'au 19. D'ici là, mes clients m'aideront de gré ou de force à faire marcher ma maison. Le 19, je serai couvert par l'argent de Fualdès. Une fois mon actif remis en équilibre avec mon passif, malheur à ceux qui essayeraient à creuser sous mes pas un abîme que je vais combler par le sang d'un membre de ma famille ! Malheur à eux ! Ils payeront plus cher que jamais la nécessité où ils me réduisent, car c'est leur faute plutôt que la mienne qui me pousse au crime ! La ruine pour eux, soit, pour toute la ville de Rodez, s'il le faut ! Mais pour moi, jamais, plutôt l'échafaud !

Il ferma son grand-livre avec impatience, car les chiffres lui faisaient voir de plus en plus tout en rouge. Il se tourna vers la porte-fenêtre, restée entr'ouverte, quoiqu'on fût au 16 mars.

Il faisait le plus beau temps du monde. Les arbres étaient en fleurs et se dessinaient sur un ciel uniformément bleu. Le jardin était plein de ramures et il retentissait de ramages.

Jausion, peu bucolique de sa nature, ne contempla pas longtemps ce tableau plein de gaieté printanière. Ses yeux sournois et clignotants s'arrêtèrent sur un arbuste qui touchait aux vitres de sa fenêtre. Ils se fixèrent entre deux de ses branches où se dessinaient les fils d'une large toile d'araignée.

Il regarda avec une persistance avide et curieuse l'insecte allant et venant de ses longues et mobiles pattes, de l'une à l'autre branche filant ses trames avec une rapidité vertigineuse.

Alors les traits bas et cupides de l'usurier s'épanouirent en suivant des yeux l'insecte courant d'une extrémité de sa toile à l'autre, et la fixant de plus en plus pour y prendre la mouche au passage.

Il sourit d'un sourire hideux, en la voyant enlacer de ses pattes homicides la mouche imprudente, qui trouvait un tombeau dans sa toile où l'enroulait l'araignée, en lui prenant jusqu'à son dernier souffle de vie.

Jausion jouissait avec un plaisir extrême du jeu atroce de l'insecte immonde.

Ah ! se disait-il, — voilà bien l'histoire de ma vie, l'image de ma situation ! Que suis-je moi-même pour cette ville de Rodez dont j'escompte jusqu'à l'existence de ses habitants ? Un fléau comme cette araignée qui ne vit que de l'existence de ses victimes ! Mais elle vit, elle, tandis que moi...

Il prit sa tête dans ses mains, puis il répliqua, en se soulevant, et en dessinant sur ses lèvres incolores un sourire plein de menaces :

— Mais patience ! Fualdès payera pour tous mes clients qui passent à travers mes mailles depuis qu'ils n'ont plus assez de surface pour s'y laisser prendre ! Patience ! après lui viendront les autres ! Il ne s'agit que d'attendre ! A vingt ans j'ai risqué l'échafaud pour devenir riche, en laissant deux femmes derrière moi ! A quarante ans, je reprendrai cette fortune si compromise par des clients déloyaux. Rodez m'a joué ! Je la jouerai ! C'est le plus simple des Aveyronnais qui payera pour les autres ; c'est précisément contre celui qui m'a préservé une première fois de la guillotine, que je vais la risquer une seconde fois ! Il faut avouer, — termina-t-il en dessinant son plus méchant sourire, — que le diable n'aura jamais joué, par mon entremise, un plus singulier tour à ce niais de Fualdès !

Le misérable était encore sur cette ignoble pensée, lorsque plusieurs petits coups secs et discrets se firent entendre à la porte du cabinet.

— Entrez ! cria brusquement Jausion en reconnaissant les coups timides de son domestique.

Un homme aux habits crasseux, aux allures humbles, serviles ouvrit la porte et présenta, avec le plus grand respect, une liasse de papiers jaunis que le banquier s'empressa de prendre avec une joie fébrile.

— Enjalran ! s'écria-t-il en reconnaissant sur ces anciens billets le nom et la signature du président de la cour prévôtale.

Puis, redevenant maître de lui, après avoir rejeté cet amas de vieux billets sur son bureau, il demanda à l'homme qui lui servait à la fois de clerc et de domestique :

— Est-ce qu'il n'y a personne, ce matin, qui demande à me parler ?

— Pardon, monsieur, répondit-il, deux militaires, deux officiers. Ils attendent dans la première salle.

— Leur nom ?

— Voici leur carte.

Et le clerc glissa de ses doigts longs et crasseux leurs cartes sur lesquelles Jausion lut les noms d'Enjalran et de Clémandot.

Le banquier poussa un soupir de satisfaction haineuse. Il s'empressa de dire à son clerc :

— Priez ces messieurs de passer ensemble dans mon cabinet pour les faire attendre le moins longtemps possible ; allez !

Une fois la porte refermée, Jausion bondit de joie. Il murmura :

— Ah ! l'enfer ne pouvait mieux inspirer ces jeunes gens ! Ils viennent pour renouveler leurs billets. Je vais bien les recevoir ! Précisément le fils d'Enjalran arrive lorsque je reçois les anciens billets de son père souscrit par lui à l'époque de la Révolution, lorsqu'il était ruiné par les jacobins ! Les voilà ces billets que je cherchais tant pour tenir dans mes mains cet orgueilleux magistrat qui, autrefois, cherchait un asile chez un ancien contrebandier dont il oublia plus tard de payer l'hospitalité. Plus tard encore, il le fit condamner sous l'Empire en oubliant de le solder. Ah ! son fils ne peut mieux arriver, surtout avec Clémandot, un rival qui rêve de lui soulever sa jolie Rose ! Si le bel Enjalran ne connaît pas aussi cette particularité que je connais par Bastide, il l'apprendra par ma bouche. Ah! il m'a insulté hier, le président de la cour prévôtale! Eh bien! je tiens maintenant toute sa famille. Hier, je n'étais maître que de sa fille et de son fils, maintenant je suis maître de lui. Ah! la nuit du meurtre du 19 mars peut venir, je défie tous les juges de Rodez! En vain leurs voix s'élèveront-elles, un jour, contre nous pour venger un des leurs!

Il n'avait pas achevé sa pensée que la porte s'ouvrit sur les deux jeunes officiers, Clémandot, l'amant de Mme Manzon, Enjalran, l'amant de la jolie Rose, dont les maîtresses avaient été surprises, la veille, aux portes de Rodez par le narquois Bastide.

Clémandot, aide de camp du général de Vautré, commandant à Rodez, pouvait compter trente-six ans; c'était un homme d'allure assez ordinaire, qui, même sous l'épaulette, ne rappelait en rien le type rêvé de l'officier d'opéra-comique. Il n'en avait que les défauts. Très brave militaire, blessé dans les campagnes de l'Empire, il avait traîné, de garnison en garnison, une vie délabrée, partagée entre le jeu, la fille et la bouteille. Partout où il casernait, il avait l'habitude de vivre en pays conquis.

Le capitaine Enjalran, beaucoup plus jeune que Clémandot, ne demandait qu'à suivre ses traces. Il avait beaucoup plus de race que l'aide de camp qui autrefois eût été qualifié d'officier de fortune. Moins bourgeois que l'aide de camp, le brillant officier se rapprochait par les traits et par l'élégance des Elleviou et des Lafeuillade.

A la vue des deux officiers, M. Jausion se composa un air digne. Il prit dans ses mains les billets impayés de ses clients; il leur dit brusquement sans leur offrir un siège :

— Vous venez, n'est-ce pas, pour un renouvellement! J'ai le regret de vous dire que je ne puis plus souscrire à aucun engagement de votre part, et ce soir vos billets partiront à la comptabilité militaire.

Les deux officiers qui, pour la circonstance, avaient pris un air piteux devant l'omnipotent homme d'affaires, eurent à la fois des mouvements de colère et d'indignation.

— Monsieur Jausion, — riposta Clémandot en se mordant la moustache, — ne craignez-vous pas, en agissant ainsi, de vous attirer les représailles du général dont je suis l'aide de camp? En déshonorant de gaieté de cœur nos épaulettes, en frappant avec moi M. Enjalran, prenez garde! vous vous attaquez à tout le corps des officiers. C'est dangereux!

— Ah! c'est curieux! — fit Jausion en le raillant. — Parce que je ne veux pas, par respect pour vos épaulettes, me mettre sur la paille, vous me menacez!... Je n'attendais pas mieux de votre loyauté, monsieur Clémandot.

— Vous êtes chez vous! — reprit l'aide de camp, — et je suis trop poli pour vous répondre de la même façon.

— Prenez garde! monsieur Jausion, — reprit à son tour Enjalran, — vous irriterez mon père, un président de la cour prévôtale, qui pourrait bien vous rappeler que vous avez aussi à compter avec la magistrature!

— Oh! je ne crains rien de monsieur votre père, — s'empressa de lui répondre Jausion; — tout ce qu'il pourrait dire de désobligeant pour moi, il me l'a dit hier chez mon parent Fualdès. Or, sachez que monsieur votre père n'entend pas plus payer vos dettes qu'il ne compte payer les siennes.

— Monsieur!... monsieur!... — exclama le jeune officier, les poings crispés, en menaçant l'homme d'argent qui recula effrayé, — je ne vous permets pas, vil usurier, d'insulter mon père... Vous ne voulez pas nous accorder du temps, soit, nous nous retirons! Mais n'insultez pas mon père, je vous en préviens! ou je ne réponds ni de vous, ni de moi! Venez, Clémandot, il n'y a rien à faire ici.

Et le jeune homme, prêt à entraîner l'aide de camp, jeta des regards pleins de mépris au perfide Jausion.

Celui-ci se contint parce qu'il savait qu'il possédait une arme à deux tranchants contre ces deux amis de plaisir, qu'il savait, par un mot, transformer en ennemis irréconciliables.

Alors Jausion prit un ton captieux et patelin qui fit plus peur aux jeunes gens que ses airs de menace.

— Messieurs, — leur répondit-il, — j'excuse vos emportements qui proviennent d'une fougue de jeunesse! Je comprends les déceptions que je vous cause. Que voulez-vous, ma caisse est vide, et les affaires sont... les affaires! Vous, monsieur Clémandot, je le comprends, vous vous faites fort de l'importance du général de Vautré, qui ne peut rien vous refuser. Il doit tant à votre bravoure! Mais moi, je ne lui dois rien! Et vous, vous me devez tout. Vous, monsieur Enjalran, vous ne voulez pas que je vous fasse connaître les dettes de monsieur votre père? vous avez assez des vôtres, je le conçois encore... Mais ce que vous ignorez, c'est qu'en vous refusant du crédit, je vous rends à tous les deux de très grands services.

— Vraiment! Vous raillez, monsieur le marchand d'argent? riposta Clémandot en sifflotant entre ses dents.

— Monsieur Jausion, — reprit Enjalran sur le même ton, — est adorable dans son rôle d'usurier moralisateur!

— Il ne lui manque plus que de concourir pour le prix de vertu! termina Clémandot.

— Vous raillez, messieurs, — continua Jausion de son sourire le plus méchant; — mais vous ne raillerez pas longtemps, lorsque je vous apprendrai ce que mon beau-frère Bastide a appris hier, chez M. Fualdès, que vous êtes amoureux de la même fille, Rose Pierret, qui vous trompe tous les deux!.. et en même temps!

— Hein! misérable! — exclama Enjalran, moins furieux contre Jausion qu'il apostrophait que contre Clémandot son ami, devenu pâle comme un mort en apprenant qu'on savait ce qu'il croyait n'être connu que de la maîtresse de son ami.

— Mais vous êtes un infâme coquin! monsieur Jausion, — reprit Clémandot, hors de lui.— Comment, vous ne vous contentez pas de ruiner les gens! vous calomniez les femmes et vous désunissez, à plaisir, deux amis de régiment?

— Qui, hier, — continua impitoyablement le banquier, — faisaient partie carrée avec Rose Pierret et Mme Manzon, quand, en réalité, les deux amis n'encensaient, à part eux, que la même idole. Voilà pourquoi, messieurs, je ne veux plus vous prêter mon crédit pour favoriser une intrigue devenue la fable de Rodez et la honte des honnêtes gens. J'ai bien l'honneur de vous saluer!

Si le perfide Jausion n'eût pas poussé les deux officiers par les épaules sous prétexte de les conduire vers la porte du vestibule, ils n'eussent pu rester maîtres d'eux à la suite de cette désespérante révélation. Excités l'un contre l'autre par cette méchanceté du banquier, ils eussent dégainé devant lui.

Bastide avait jeté autant de désespérances dans les cœurs des deux femmes, de Mme Manzon et de son amie, que Jausion en avait mis dans le cœur de leurs amants. Et tout cela, en prévision de l'assassinat du 19 mars!

Une fois les jeunes gens partis, Jausion bondit de joie, il riait aux éclats, jusqu'aux larmes, avant de se jeter dans son fauteuil.

Le misérable n'avait jamais été aussi heureux. Il venait, de son venin, d'empoisonner deux âmes ; et il se mit à regarder avec complaisance la toile d'araignée qui se balançait, à la fenêtre, entre deux ramures.

Sa bouche écumait, dans un rictus hideux ; ses yeux obliques sortaient de leur orbite, en suivant avec avidité l'araignée tressant sa toile de ses longues pattes, pour en faire un linceul aux mouches destinées à être cadavres!

— Oh! murmura-t-il en gesticulant plutôt qu'il ne parlait. Moi aussi je tends mes fils à tous les gens de Rodez! Mon centre d'opération, c'est la maison Bancal où j'y attirerai Fualdès, les Enjalran, Mme Manzon, Clémandot et tout le cercle des officiers! A moi, Rodez! Autour d'elle, gravitent des bandits commandés par Bastide et Colard! Vienne le jour du meurtre et la ville est à moi! Ah! Fualdès croyait se délivrer de mon étreinte, en vendant sa propriété de Flars! Il croit me tenir par mon passé, lorsque j'ai tout fait pour le tenir autrefois par ses dettes! L'imbécile! Mais le prix de la vente de Flars! ces 80,000 francs, je les aurai sans bourse délier. Fualdès est à moi, comme sa fortune! Malheur à ceux qui essayeront de le venger! Ils élargiront la traînée sanglante qu'y laissera son cadavre! Je ferai, si cela me plaît, autant de morts autour de lui, qu'en fait cette araignée sur sa toile. Ma toile d'araignée, c'est Rodez! Et Rodez est à moi, pour m'assurer l'impunité de la mort de Fualdès!

Jausion, après avoir murmuré ces mots, eut peur des murs qui l'entendaient, non parce que sa conscience lui reprochait ses infâmes pensées, mais par excès de prudence.

Alors le banquier retomba, comme épuisé, dans son fauteuil; on aurait dit qu'il tremblait devant les ruines sanglantes que préparait son génie malfaisant.

Cette nature envieuse, méchante en voulait à Fualdès, parce qu'il était heureux et parce qu'il puisait la source de son bonheur dans sa probité et sa conscience.

Il le détestait, parce qu'il lui devait de la reconnaissance et qu'il avait le droit d'en jouir, comme lui-même jouissait du mal qu'il répandait autour de lui par envie et par orgueil.

Tel était l'homme que Fualdès avait imprudemment introduit dans sa famille; son passé criminel, que lui jetaient souvent à la face les gens de Rodez, faisait pressentir ce que devait être son avenir.

CHAPITRE VII

LE ROMAN D'UN JEUNE HOMME PAUVRE

Avant de suivre la marche des événements qui tendent à la perte de Fualdès, il est essentiel, pour bien faire connaître son mauvais génie, de raconter le roman de jeunesse de Jausion. Il montre ce jeune homme, tel qu'il devait être à sa maturité, à quarante ans: le plus misérable des êtres, lâche et cruel dans l'amour, comme il le fut plus tard dans l'amitié!

Une grande ambition, une envie démesurée de faire fortune animent Jausion dès son plus jeune âge. Tous les moyens lui sont bons pour parvenir; sa pauvreté est à ses yeux l'excuse de ses infamies.

Jeune, il se sert de l'échelle des femmes pour arriver à l'aisance et la fortune. S'il n'atteint ni l'une ni l'autre du premier coup, c'est que les évé-

La jolie Marie Fraise.

nements sur lesquels il spécule, en jouant avec les passions de ses victimes, sont plus forts que sa volonté.

Cadet d'une famille nombreuse, Jausion est né dans un vieux château, à deux lieues de Rodez. Sa famille, trop pauvre pour le nourrir, l'envoie à la ville dans un collège où ses parents oublient de payer sa pension. Après des études assez incomplètes, il est envoyé chez les époux Brunet, négociants et amis de sa famille. Jausion entre chez ces derniers en sa qualité de commis marchand. Il y apprend les premiers éléments du commerce auquel on le destine.

Mais chez les époux Brunet, Jausion a le plus grand soin de s'attirer les faveurs de la dame. Tout pour lui est un moyen de faire fortune. Quoiqu'il soit loin d'être beau, à vingt ans, malgré ses regards en dessous, son nez fort, ses traits communs, il ne peut être positivement laid. Il rachète ses imperfections par une grande vivacité dans les regards et par un esprit aussi bizarre qu'original.

La femme le remarque moins par ses qualités physiques que par son âme fantasque qu'animent des yeux très expressifs. Il devient très précieux au mari par son activité, son intelligence et son zèle; et M. Brunet, sous l'influence de sa femme, prétend remplacer son père auprès de lui.

L'adroit Jausion avait déjà eu l'art d'inspirer un sentiment plus tendre à Mme Brunet.

Cette femme, plus aimante que sage, ne laisse concevoir de cette affection que ce que les convenances lui permettent d'en montrer.

Jausion a trop de tact pour ne pas imiter sa prudence; la délicatesse de Mme Brunet s'en accommode autant que de son affection, devenue de jour en jour plus vive, pour l'adroit commis.

Elle joue auprès de lui le rôle de mère et prétend la remplacer.

Jausion la laisse faire. Il sent très bien, le perfide, que sa seconde mère se prend au piège qu'elle s'est tendu elle-même. A vingt ans, le jeune homme pauvre s'étudie à plaire à tous ceux qui ne demandent qu'à s'intéresser à lui. Après avoir su capter, par son intelligence, l'esprit de M. Brunet, il s'épuise à s'emparer du cœur sensible de Mme Brunet.

Un soir, le commis serre d'une façon trop vive, trop significative la main de Mme Brunet; il la couvre de caresses, en l'arrosant de ses larmes et en lui demandant pardon du feu qui le dévorait.

Ce soir-là, Mme Brunet et le jeune commis se séparent en silence. Mais déjà Jausion a allumé de sa flamme, habilement entretenue, un cœur qui voulait encore s'illusionner. L'amour est une chose si puissante qu'éclairé par une étincelle, il enflamme tout. Le cœur le plus honnête, l'orgueil le plus soutenu par le devoir et le mieux préparé à se défendre, sont bientôt dévorés par ce flamboiement immédiat de la passion.

Mais Jausion ne se déclara que lorsqu'il eut eu l'art de prendre tout entier le cœur de sa belle maman. Elle fut effrayée elle-même des ravages qu'il avait faits en elle, par son affection exclusive, toute au détriment de son mari.

Alors elle prit une résolution énergique, celle d'éloigner l'objet de sa vive passion. Elle eut peur de son protégé, qu'elle avait d'abord considéré comme un enfant mutin, capricieux et jaloux. Elle en eut peur autant pour le repos de son ménage que pour l'honneur de son mari.

Elle jouissait auprès de ce dernier d'une autorité que lui avait value jusque-là une conduite irréprochable. Elle usa de cette autorité pour déterminer le départ de Jausion de la ville de Rodez.

Ce jeune homme avait trop abusé de son ascendant sur une femme plus aimable que coupable. M⁽ᵐᵉ⁾ Brunet, pour se protéger contre elle-même, représenta la nécessité de faire fructifier, dans une grande ville commerçante, les premières et insuffisantes notions que Jausion avait reçues chez eux.

Il part à Lyon. A cette époque la révolution entre dans sa phase la plus aiguë. Les royalistes, à l'abri des principes des Girondins, tournent la cité lyonnaise contre l'autorité jacobine.

Jausion, très irrité d'avoir été déçu dans son ambition amoureuse, cherche dans la politique ce qu'il n'a pu trouver dans l'amour. Il se lance dans la faction royaliste, opposée à Chalier. Il prononce son royalisme avec toute l'exagération de la cause contraire. Le siège se fait. Jausion, quoique très peu belliqueux, est obligé de se battre. Il est vaincu, traîné dans un cachot, où il reste oublié jusqu'à l'arrivée des délégués de la Commune : Couthon et Collot d'Herbois.

Mais Jausion veut bénéficier aussi de son rôle de héros et de martyr ; il fait avertir par une main officieuse M. et M⁽ᵐᵉ⁾ Brunet de ses revers.

Il sait à l'avance quel trouble il va jeter dans un ménage qui emploiera tous les moyens pour le sauver.

Il connaît les trésors de tendresse et de bonté de M⁽ᵐᵉ⁾ Brunet. L'amour lui reviendra par la pitié.

Il ne se trompe pas.

M. et M⁽ᵐᵉ⁾ Brunet partent l'un et l'autre pour Lyon. Tandis que le mari poussait sa route jusqu'à Paris, où ses relations avec quelques députés de l'Aveyron lui promettent des secours efficaces pour son protégé, la femme reste à Lyon, où elle le servira avec une ferveur plus intime, plus journalière et plus délicate.

C'était tout ce que rêvait Jausion. La politique se ligue avec l'amour pour contraindre M⁽ᵐᵉ⁾ Brunet à être sans partage à son protégé devenu son tyran.

Jausion parvient, à l'aide d'une intermédiaire, une sœur de charité, à établir entre M⁽ᵐᵉ⁾ Brunet et lui des relations fréquentes. Sa captivité l'a rendu malade, il est transporté à l'hospice ; c'est en intéressant à son sort la sœur de l'hôpital que celle-ci ménage entre le jeune Jausion et M⁽ᵐᵉ⁾ Brunet des relations qui n'ont qu'un but aux yeux de l'amant, forcer sa protectrice à ne vivre que pour lui.

Il y parvient sans peine. L'attachement de M⁽ᵐᵉ⁾ Brunet grandit en raison des périls. Elle obtient du député Bo, médecin à Rodèz, une lettre pour ses collègues Couthon et Collot d'Herbois.

Munie de ces passeports, Mme Brunet se présente d'abord chez Couthon.

Le farouche paralytique, qui n'entend pas raillerie avec les royalistes, la reçoit avec humeur, distraction, et finalement la renvoie à son collègue.

Collot d'Herbois, moins flexible encore, fronce le sourcil à la lecture de la missive de la dame.

Mme Brunet voit la perte de Jausion écrite sur le front du terrible proconsul.

L'anxiété, les circonstances, l'amour en alarme lui donnent une singulière inspiration. Elle aperçoit sur la cheminée de Collot d'Herbois un volume des tragédies de Corneille.

C'est *Cinna*. Elle ouvre le volume comme par distraction. Elle en parcourt les premières scènes, et, comme entraînée par la force de son sujet, autant que par le génie du poète, elle déclame les beaux vers du rôle d'Emilie.

Collot d'Herbois a été comédien, il se pique de littérature. Il est surpris de l'attitude imposante de Mme Brunet, de l'énergie de son organe, de la mobile expression de sa physionomie.

Dans sa jeunesse, elle avait contribué à des représentations théâtrales données à son couvent. Elle se souvient de son rôle de comédienne *pour rire*, lorsqu'elle était jeune fille.

Le talent de Mme Brunet obtient de l'ancien comédien ce que la justice de sa réclamation n'aurait pu obtenir du représentant.

Collot d'Herbois permet que Jausion, une fois rétabli, achèvera le temps de sa captivité dans une maison de santé.

Le calme dure peu entre les deux amants.

Couthon n'a pas oublié le royaliste Jausion sur la liste des suspects. Ce n'est pas sans un étonnement furieux que le farouche tribun, rendu plus atrabilaire par ses tourments physiques, s'aperçoit que le nom de Jausion y est effacé.

Collot d'Herbois tremblait toujours sous la colère de Couthon. Il savait que celui-ci était le grand exécuteur des maximes de Robespierre.

Pour avoir admiré Mme Brunet au point de vue de l'art dramatique, d'Herbois ne voulait pas qu'il fût dit avoir sauvé son protégé. Alors il abandonne Jausion à son collègue.

Mme Brunet a tout à recommencer en faveur de son amant. Mais de quoi l'amour n'est-il pas capable?

Elle sait qu'elle n'endormira jamais la férocité de Couthon par le charme des beaux vers et par son talent de comédienne. Elle sait aussi que sa férocité est d'autant plus à craindre qu'elle se cache sous la forme hypocrite de la plus simple modération et de la résignation la plus affectée.

Mais Mᵐᵉ Brunet est femme. Elle a recours à sa finesse; elle puise dans la sensibilité de son cœur des trésors d'adresse. Elle fait dire au médecin et député Bo que Jausion possède d'une dame de Lyon un spécifique pour la guérison de la paralysie, lorsque cette situation était la suite de la goutte.

Couthon ne manque pas d'en être informé par Bo, qui en parla d'abord à Robespierre. Jausion est épargné pour faire connaître les heureux résultats du spécifique dont l'auteur, gagné par Mᵐᵉ Brunet, était Bo lui-même.

Couthon se trouve bien de ce remède par procuration. Par reconnaissance de malade, Jausion est envoyé à Rodez.

Alors Mᵐᵉ Brunet est bien changée. Elle fait valoir au jeune commis, au nom de ses sacrifices, tous les droits qui lui sont acquis pour lui avoir sauvé deux fois la liberté et la vie.

Dans l'intervalle, les voyages des époux au profit de Jausion, les tourmentes de la Révolution ont compromis la fortune de ce protecteur.

Maintenant c'est le protégé qui a peur, par les imprudences de Mᵐᵉ Brunet, de s'aliéner l'esprit du mari.

La société, l'intérêt, la prudence, le forcent à être sur la réserve vis-à-vis de celle qui s'est tant employée pour lui. Mᵐᵉ Brunet s'aperçoit que sa passion n'est plus partagée.

Un autre motif que l'intérêt et la prudence l'ont refroidi auprès d'elle. La jalouse Mᵐᵉ Brunet ne tarde pas à le connaître.

Avec les époux Brunet et Jausion, était retournée à Rodez, cette sœur de charité qui avait été à Lyon la courageuse intermédiaire entre l'amante et l'amant.

Elle avait amené avec elle une jeune et intéressante novice; une nommée Marie Fraise, charmante enfant au regard d'azur, au teint rose comme le fruit purpurin dont elle portait le nom.

Fraise avait soigné aussi le jeune prisonnier qui, en attendant l'arrivée de Mᵐᵉ Brunet, n'avait pas perdu son temps auprès d'elle.

Tous les deux avaient vingt ans; Jausion avait anticipé sur le terrain du tendre, avant de recevoir de son ange protecteur les gages irrécusables d'une tendresse qui se traduisait par de l'héroïsme.

Il se faisait aimer de la novice.

Mᵐᵉ Brunet ne tarda pas à s'apercevoir que Marie Fraise n'était venue à Rodez, avec la sœur de charité, uniquement que pour continuer à l'aimer encore.

Cette découverte brisa le cœur de Mᵐᵉ Brunet qui n'avait fait succomber sa vertu que lorsque la vie de son amant était en danger!

Tant de sacrifices pour un ingrat qui en était si peu digne, mirent ses jours en danger. Avant de mourir, elle voulut connaître les secrets de ce nouvel amour. Elle fit appeler à son chevet les deux sœurs de charité ; elle apprit de la bouche de Fraise que si Jausion avait essayé de séduire la jolie novice, elle n'avait pas succombé aux tentations de l'homme qu'elle aimait.

Alors Mme Brunet se vengea ou crut se venger en chrétienne ; elle sollicita à son lit de mort la main de sa rivale pour son époux qu'elle allait laisser veuf. Elle n'exigea d'elle, en secret, qu'un serment, celui d'oublier Jausion.

« — A ce prix, lui dit-elle, je vous reconnais pour ma fille, je vous donne mon nom. »

Le mari de la première Mme Brunet qui, en sa qualité d'époux, ignorait les remords qui faisaient agir sa première épouse, accepta, des mains de sa femme mourante, la main de sa future.

Le mariage se fit. La nouvelle Mme Brunet crut de son devoir d'éloigner Jausion, la cause de la mort de sa rivale, la cause de son hymen avec l'époux cruellement trompé.

Avec des jours plus calmes, l'aisance, la fortune revinrent dans le ménage des Brunet.

Jausion évincé, Jausion qui voyait son avenir compromis par cet exil dont il ne soupçonnait pas l'auteur, fit tout auprès du mari pour revenir dans le giron matrimonial.

Tout l'y engageait, la fortune de M. Brunet, la jolie Marie Fraise.

Le mari eut l'imprudence d'imposer son ancien commis à sa seconde femme. Il lui était d'autant plus nécessaire que vieilli, en proie à des infirmités qui rappelaient celles du farouche Couthon, Brunet avait besoin du spécifique que possédait Jausion, par l'entremise du médecin Bo.

L'imprudent pour se guérir courait à tous les maux. Jausion, une fois revenu au logis, y recommença un nouvel adultère. Le principal employé de la maison, si indispensable au mari comme à la femme, refit la comédie du ménage à trois.

Cette fois, avec la nouvelle femme de M. Brunet, il tenait ce qu'il n'avait jamais pu obtenir de la première, la fortune du mari.

Mais il arriva qu'un jour, la nouvelle Mme Brunet s'aperçut qu'elle portait dans son sein le fruit de son adultère.

M. Brunet, vieux et infirme, ne pouvait plus donner d'enfant à sa femme. Comment lui dévoiler sa grossesse ? Il est vrai qu'en ce temps-là, le mari vieux et malade ne se traînait qu'à de rares moments jusqu'à l'appartement de son épouse.

Un médecin, ami de Jausion, l'âme de la maison, sauva les apparences.

Le mot fut donné aux serviteurs, et l'on parla d'un commun accord d'un commencement d'hydropisie.

Mais le moment approchait où un nouveau-né allait détruire ce mensonge salutaire.

Avant tout et par-dessus tout, il fallait sauver l'honneur de la femme.

La seconde Mme Brunet était placée entre un grand danger et un grand crime.

Ce fut par un grand crime inspiré par Jausion qu'elle échappa à un grand danger !

CHAPITRE VIII

L'INFANTICIDE DE 1809

Le terme fatal de la grossesse de Mme Brunet approchait ; grâce à la confiance aveugle de son mari infirme, rien n'avait transpiré, il croyait toujours à l'hydropisie de sa jeune femme.

Enfin le jour arrive, on éloigne le mari qui avait bien assez de soigner ses propres douleurs. Le médecin est prêt. Une servante toute dévouée à Mme Brunet, à Jausion et au docteur, est sur le *qui vive*.

Cette servante a pour amoureux un homme de peine de la maison. C'est Briès, celui qui, à bout de misère et d'infortunes, devait supporter tous les côtés funestes de cette tragédie ; c'est Briès devenu plus tard le joueur d'orgue et le locataire introuvable de la famille Bancal.

Briès était possédé d'un ardent désir, celui d'épouser la servante qui avait toute la confiance de sa maîtresse et qui était dans le secret de sa grossesse.

Elle promet sa main à l'homme de peine s'il consent à devenir son complice, s'il entre dans son projet pour sauver la mère coupable.

Briès consent à tout ce qu'elle veut par amour pour elle, et il attend aussi le moment fatal.

Lorsqu'il a lieu, Mme Brunet ne peut étouffer ses cris de douleur, provoqués par l'enfantement du nouveau-né.

Elle en remplit la maison. Le mari inquiet ne sait ce que cela veut dire, un terrible soupçon lui traverse l'esprit. Malgré ses infirmités, il se traîne jusqu'à la chambre de l'accouchée.

Jausion qui n'a du courage que pour la conception de ses infamies, tremble de peur en entendant le bruit des pas du mari. L'époux qui s'avance est pour lui une épouvantable menace.

Il va vivement à la servante qui a reçu le nouveau-né, il lui crie, les cheveux hérissés d'effroi, les dents serrées par la terreur :

— A quelque prix que ce soit, sauvez l'honneur de votre maîtresse !

M. Brunet est à deux pas de la porte, la servante se sauve en emportant l'enfant. Elle se cache dans une pièce voisine où l'attend Briès. Cette femme dit à son amant, en lui confiant le nouveau-né :

— Si tu m'aimes, fais disparaître l'enfant. Ma main est à ce prix.

Briès, tout à sa passion, n'a qu'un but, mériter la main de son amante, fût-ce au prix d'un crime. Il court au bout de l'appartement et jette le petit corps dans la fosse d'aisances.

Dans l'intervalle, M. Brunet chancelant, traînant ses membres engourdis par la paralysie, est entré dans la chambre de sa femme, tout en désordre. Il y voit deux hommes, autour de son épouse alitée, pâle comme une morte, blanche comme un linceul, les yeux fixes et hagards.

A la vue du sang qui inonde les draps du lit, les soupçons de M. Brunet se confirment. Mais le médecin poussé par Jausion lui affirme qu'une opération était nécessaire pour combattre l'hydropisie de sa femme.

Il prétend qu'elle vient de subir l'opération de la ponction, opération aussi difficile, aussi affreuse que nécessaire.

— Maintenant, termine le médecin, le repos le plus absolu est nécessaire à Mme Brunet.

Jausion et le docteur entraînent le crédule mari loin de sa chambre, très disposé à admettre ce mensonge dans l'intérêt de son repos et de son bonheur.

Mais les voisins ne se montrent pas aussi débonnaires. Ils ont entendu les cris de douleur de la mère, les vagissements de l'enfant.

Mille conjectures se forment, elles prennent corps avec les soupçons des gens du quartier. On requiert le commissaire. L'autorité intervient. On demande ce qu'est devenu l'enfant dont on a entendu les premiers cris. Mais la servante est loin. Elle n'est plus là pour répondre à la justice.

C'est Briès qui, dans l'espoir de mériter sa maîtresse, fait face à l'orage.

On découvre le nouveau-né expirant dans la fosse d'aisances ; et Briès s'accuse d'en être le meurtrier.

Tout cela a été l'œuvre de Jausion. C'est lui qui a fait sauver la servante. C'est lui qui la met hors de cause pour l'être lui-même ; et Briès devient l'auteur responsable et la victime de cet infanticide.

Quant à la malheureuse épouse, elle est abandonnée par Jausion ! Lorsqu'elle devrait être défendue par le véritable assassin de son

... Ils n'étaient plus que deux réprouvés, deux parias, unissant leur misérable destinée.
(Page 75.)

enfant, il s'éloigne. Il abandonne à la réprobation la femme adultère, la femme accusée d'infanticide.

Il agit vis-à-vis d'elle comme il agi à l'égard de la première femme de M. Prunet, victime de son amour vénal et fatal.

Ah ! si Jausion avait ressenti dans son âme le moindre sentiment d'humanité, il se fût démasqué rien que pour défendre cette pauvre Marie

Fraise, qui n'était coupable que par sa faute ! C'était son devoir le plus absolu.

Car la femme, sur le chemin du devoir comme sur celui du vice, reste toujours la créature nerveuse qui vit et frémit d'un souffle ! La nature la veut faible et désarmée, parce que la nature veut qu'elle soit toujours protégée, dans sa honte comme dans sa vertu ; parce que tout est fragile en elle, parce qu'il appartient à son mari ou à son amant de la défendre, ne pouvant se défendre elle-même.

Et c'était le cas de la malheureuse Mme Brunet. Sa rivale, dans sa présomption et par ses sacrifices, l'avait armée contre son amant. Mais le perfide, par ses lâches menées, avait eu le soin de la désarmer, pour lui prendre l'honneur et la vie, comme il les avait pris à sa rivale, mourant encore pour lui !

Tout ce qui se passait était donc l'œuvre de Jausion, qui employa sa jeunesse à se servir de l'échelle des femmes, uniquement pour parvenir à la fortune.

Une fois la seconde Mme Brunet accusée par l'opinion publique et par son mari, il l'abandonna à son tour, par peur de la justice.

La deuxième épouse de M. Brunet fut accusée, le 14 juin 1809, du crime d'infanticide ; elle fut écrouée à la prison des Capucins comme prévenue d'avoir voulu tuer son enfant, le 20 mai de la même année.

Lorsque Marie Fraise parut devant ses juges, sa servante, grâce à une complaisante et mystérieuse intervention, ne parut pas ; Jausion ne fut même pas inquiété.

Marie Fraise, dans des sanglots déchirants, demanda la mort comme remède à ses supplices et à ses douleurs.

Briès, uniquement par amour pour la servante que l'on dérobait à dessein à la justice, assuma seul le poids de cet infanticide. Il dit que c'était lui qui, sans ordre, en croyant sauver sa maîtresse, avait tué son enfant.

Marie Fraise fut déclarée innocente de ce crime, et on l'acquitta.

Mais l'acquittement du jury ne lui rendit pas tout ce qu'elle avait perdu : son mari, son enfant, son amant et son honneur.

Dieu lui donna la grâce de ne pas la faire souffrir trop longtemps sous ses immenses douleurs ; elle devint folle.

Elle ne tarda pas à succomber dans les bras de la sœur de charité qui, inconsciemment, l'avait lancée sur cette voie d'épreuves terribles où, par la volonté infernale de Jausion, deux femmes avaient été ses victimes et y étaient mortes.

Quant à Briès, il était traîné en prison. Après sa peine, il épousait la servante dont il avait endossé le crime. Il se consolait avec elle de sa réputation perdue ; il allait partager avec elle la misère et la réprobation qui devaient s'attacher désormais à leur existence maudite.

Mais ils n'étaient plus pour les habitants de Rodez que deux réprouvés, deux parias, unissant leur misérable destinée, pendant que Jausion, le principal auteur de cet infanticide, jouissait de l'impunité et d'une certaine considération relative.

Pourquoi ?

Parce que son astuce l'avait servi dans cette abominable circonstance où il aurait dû figurer au premier plan, sur le banc des accusés.

En 1809, Jausion était, depuis plus de dix ans, l'ami de M. Fualdès. A cette époque, ce magistrat était juge à la cour civile d'Aveyron. Il était à la veille d'être nommé procureur impérial ; il avait été bien aise, en ces temps difficiles et en raison de son parti politique, de rechercher l'amitié de Jausion, bien connu pour ses opinions modérées.

A cette époque, les deux amis avaient besoin l'un de l'autre. Jausion avait beaucoup à redouter de la magistrature, il cherchait par tous les moyens à la capter. Il ne pouvait mieux s'adresser, pour l'endormir, en recherchant l'amitié de Fualdès, un ancien jacobin, compromis avec la Révolution parce qu'il avait embrassé, avec toute l'ardeur de la jeunesse, ses idées subversives.

Ancien avocat au Parlement, la Révolution avait fait M. Fualdès président de l'administration centrale de l'Aveyron. Les esprits modérés ne lui pardonnaient pas d'avoir prêché autrefois l'égalité à outrance, d'avoir signé une motion supprimant le catholicisme à Rodez et d'avoir mis la cathédrale de sa ville natale sous le patronage de Marat.

Mais le bon sens lui était vite revenu. Il avait bien vite fait un retour sur le chemin de Damas. Sous la fin de la Terreur, il s'était employé pour son compatriote Jausion, lorsqu'il était tant inquiété par les proconsuls de la République.

Nommé accusateur public près le tribunal criminel, il n'exerça plus ses fonctions que pour faire oublier ses premiers écarts. Il servit ceux qu'il avait d'abord considérés comme les ennemis d'un pouvoir devenu trop despotique, trop inquiet et trop farouche. Il ne le servit plus parce qu'il ne servait plus la liberté !

Ceux qu'il avait sauvés sous la Terreur, l'en récompensèrent en travaillant, au 18 Brumaire, à le faire juge civil de l'Aveyron, avant de lui faire occuper, en 1811, les fonctions de procureur impérial.

Parmi ceux qui travaillèrent le plus à son ambition, se trouva son ami Jausion. Grâce à ses intrigues, il occupait une position importante dans le monde politique de Rodez, parce qu'il avait su, depuis longtemps, exploiter, au profit de ses affaires, ses anciennes folies Lyonnaises.

Lorsque Jausion faillit être inquiété à son tour dans l'affaire criminelle de Marie Fraise, Fualdès, par reconnaissance, usa de son influence en sa faveur, auprès du juge instructeur. Il fit mettre hors de cause celui qui l'avait tant aidé à faire oublier, auprès de l'autorité, son parti révolutionnaire.

Par cette réciprocité de protections et de bons offices, il s'ensuivit entre Jausion et Fualdès une intimité sans limites. Elle fut couronnée par le mariage du banquier avec une parente du magistrat.

Cette intimité, scellée par une alliance de famille, s'accrut par des liaisons d'intérêt, quand le vieux jurisconsulte se trouva aux prises avec la nécessité, après avoir donné sa démission, sous les Bourbons, de procureur général.

Alors les rôles étaient changés entre les deux amis. M. Fualdès devenait l'obligé de Jausion. Celui-ci cédant à sa nature jalouse, absorbante et tyrannique, lui faisait sentir parfois, avec acrimonie, les services d'argent qu'il lui rendait.

Quelque temps avant le nouveau crime que méditait le banquier sur celui qui, jadis, lui avait sauvé la vie et l'honneur, Fualdès ne put s'empêcher d'une certaine impatience vis-à-vis de son trop exigeant ami.

Il lui rappela qu'autrefois il n'avait pas été aussi intraitable lorsqu'il tenait sa position dans ses mains; il la lui rappela dans des termes assez vifs.

— Monsieur Jausion, — lui dit-il un jour d'un ton bref et cassant, vous devriez être plus circonspect et moins exigeant envers un homme qui, d'un mot, naguère, aurait pu vous envoyer à la guillotine !

Cette terrible menace dans la bouche de Fualdès avait été son arrêt de mort pour son perfide ami, dès que son intérêt se trouvait d'accord avec sa haine.

Jausion ne pardonnait pas à qui pouvait lui nuire. Toute sa vie, il avait poursuivi le malheureux Briès et sa femme qui, par leurs dévouements coupables, avaient détourné les poursuites qui auraient dû être dirigées contre lui, parce que leur existence seule lui portait ombrage.

Il savait trop qu'aux yeux des habitants de Rodez, ces malheureux n'étaient que les victimes de ses menées infâmes. Il n'aspirait qu'à leur mort, comme il avait travaillé à la mort des deux femmes sur lesquelles il avait étayé son avenir et sa fortune.

Pour ne cesser de se blanchir, il montrait à Fualdès les serviteurs de Marie Fraise comme les véritables auteurs de son infanticide.

Fualdès, soit par remords, soit par complaisance pour son ami, travailla à armer l'opinion contre ces mercenaires, jouets des fourberies du banquier, et trop malheureux, trop impuissants dans leur infortune pour pouvoir se défendre eux-mêmes.

Alors, toute la ville de Rodez s'éloigna de ces infortunés. L'ancienne servante de Mme Brunet ne tarda pas à mourir d'épuisement et de misère.

Briès le réprouvé, l'ancien forçat, réduit pour gagner son pain à l'état de joueur d'orgue ambulant, n'était pas qu'abandonné par sa faute, il était écrasé par la réprobation qui en était la cause. Jausion le poursuivait de toutes ses lâches calomnies, afin de se blanchir lui-même devant la ville de Rodez qui n'était pas dupe de ses manèges.

Cependant, ces manèges ne réussissaient que trop contre le malheureux Briès.

Fualdès, dans l'intérêt de son ami, s'accordait à noircir aussi l'instrument de son crime. S'il se reprochait parfois sa funeste condescendance en faveur de Jausion, il l'excusait, en voulant se persuader que Briès et sa femme avaient été les seuls meurtriers de la maîtresse de son ami!

C'était donc le pauvre Briès qui supportait la peine des intrigues de Jausion et les remords que son piteux état causait à l'honnête Fualdès.

Lorsque le joueur d'orgue, après la mort de sa femme, s'était vu sans asile et sans pain, chassé de chez les Bancal, sous prétexte qu'il ne pouvait plus payer son grabat, Briès, désespéré comme on l'a vu, n'avait plus eu qu'une volonté : faire payer cher au premier passant venu la misérable destinée qu'on lui avait faite.

Aussi sa joie fut-elle grande, dans son malheur, lorsque l'homme qui se présenta sous son couteau fut Jausion, l'un des auteurs de ses maux.

L'assassin ne pouvait mieux choisir sa victime.

Lorsqu'il était chassé par les Bancal, sous les instigations de Jausion, c'était Jausion qui se présentait à lui, et dans quel moment? Au moment d'en finir avec la vie, de faire payer sa mort à l'un des habitants de la ville de Rodez qu'il enveloppait dans sa haine.

Quel homme pouvait-il mieux rencontrer que ce Jausion méditant sur le pont de l'Aveyron un nouveau crime ?

Briès, en le tuant ce soir-là, ne se doutait pas qu'il aurait conjuré la plus horrible de toutes les catastrophes, rêvée par ce monstre!

On s'explique les paroles de Briès, lorsque le banquier, terrassé par lui, lui demandait grâce de la vie :

— Non, pas de grâce, lui répondit-il. M'as-tu fait grâce, après t'avoir sauvé l'honneur? As-tu épargné ma femme que tu as laissée mourir, après avoir fait disparaître, par moi, l'enfant de ta maîtresse? As-tu fait grâce aux malheureuses dont tu as pris la fortune, l'honneur et l'existence?

Mais Jausion n'était jamais à bout d'arguments. Dans les cas les plus difficiles, il savait se retourner, car son esprit était rempli de ressources.

Jusque sous le couteau de Briès, le banquier, comme on l'a vu encore, eut l'art de reporter la rage de ce désespéré sur Fualdès, en essayant de lui prouver que Fualdès avait été l'auteur de tous ses maux.

Alors, le perfide Jausion avait trouvé le moyen de faire de Briès, instrument de son premier crime, un instrument plus sûr encore dans le nouveau crime qu'il méditait, sept ans après, contre l'homme qui lui avait déjà sauvé l'honneur et la vie.

CHAPITRE IX

PÈRE ET FILLE

On connaît maintenant Jausion.

Laid au physique, plus laid au moral, son caractère dur, envieux et méchant, s'attaquait à toutes les supériorités du beau et du bien.

Son mauvais génie s'acharnait à tous les nobles sentiments pour s'en faire un piédestal de la fortune.

Il n'avait qu'une ambition, s'élever sur une hécatombe, en écrasant tout ce qui lui faisait obstacle.

Il n'avait qu'un but, s'attaquer, par la captation, à ses ennemis avant de les frapper, s'en faire des amis pour mieux les prendre en traître. Il ruminait ses haines et ses représailles.

A vingt ans, répétons-le, il spéculait sur l'amour, à quarante sur l'amitié.

A l'aide de ses intrigues infinies et déliées, il avait l'art de grouper autour de ses victimes de nombreux complices qu'il s'attachait par des trames patiemment ourdies. Il n'avait qu'un mobile, l'intérêt.

Pour lui les passions n'étaient que des faiblesses bonnes à satisfaire son égoïsme absolu, féroce et lâche.

A vingt ans, il tue une famille en prenant, à deux reprises différentes, l'honneur d'un mari, son protecteur. A quarante ans, il n'a qu'un but ; tuer celui qui l'a fait entrer parmi les siens, après lui avoir épargné l'échafaud.

Fualdès mourra de sa main, uniquement parce qu'il convoite son bien, il guidera le bras de son filleul pour le frapper. Il rêve la fortune de Fualdès comme il a rêvé la fortune des Brunet.

Un magistrat l'a sauvé une première fois de l'échafaud pour ses crimes dans l'amour et il l'en punira en l'immolant sur l'autel de l'amitié !

A vingt ans, Jausion englobe toute une famille dans ses infamies, à quarante il compromettra toute une ville, sa ville natale, par ses ignominies.

Comment s'y prendra-t-il ?

En s'assurant l'impunité, en faisant revivre autour de lui les scandales des notables de la localité.

Jausion possède l'art de corrompre tout ce qu'il touche. Il veut atteindre la magistrature pour faire trembler jusqu'à la Justice, lui, une des plus épouvantables figures de cour d'assises.

C'était dans ce but qu'il avait essayé de compromettre M. Enjalran en le mettant au courant, par Bastide, des intrigues de sa fille, Mme Manzon ; en facilitant, par son crédit, les scandaleuses amours de son fils, le capitaine Enjalran ; et, en dernier lieu, en se procurant des billets impayés du président de la cour prévôtale.

Avant de risquer les assises, il était armé contre ses juges !

Le lendemain de son entrevue avec Clémandot et le fils Enjalran, il se rendait chez le père de ce dernier. Il tenait à rendre injures pour injures au président de la cour prévôtale, depuis qu'il avait été si malmené par lui chez M. Fualdès.

S'il s'était contenu par prudence et par savoir-vivre devant Bastide, chez son parrain, Jausion ne tenait pas moins, en prévision de l'horrible drame qu'il préparait, à lui faire sentir son odieux pouvoir.

Enjalran, du reste, avait été bien imprudent, presque ingrat, en qualifiant Jausion du *manieur d'argent*, car en sa qualité d'agent de change, il avait fait autrefois valoir les fonds du président, sur la place de Rodez.

Au moment où il retenait les fonds de M. Enjalran père, un contrebandier était venu solliciter, auprès de Jausion, le remboursement d'une vieille créance qu'Enjalran avec contractée vis-à-vis de lui, dans les mauvais jours de la Révolution.

Lorsque le calme était revenu, cet homme, ce contrebandier, avait été condamné comme faussaire et ne jouissait plus de ses droits civils. Le président avait profité de la situation du condamné pour renier sa signature. Alors la victime d'Enjalran s'était offerte à Jausion, pour qu'il réclamât en son nom l'acquittement d'une dette qu'il ne pouvait plus faire valoir.

Dans l'intérêt de son client, l'agent de change s'était refusé à le satisfaire. Mais, une fois Jausion en compte avec le fils du président, et depuis la scène scandaleuse avec son père, chez M. Fualdès, Jausion avait changé de tactique.

Une fois muni des billets impayés par Enjalran, une fois maître de sa signature, il se disposa à se rendre chez le président pour compter avec lui et lui rendre l'offense qu'il lui avait faite devant M. Fualdès.

Le président de la cour prévôtale habitait une maison à deux étages, à fenêtres monumentales, aux environs de l'hôtel de la préfecture. Elle donnait sur une grande cour, ornée d'une porte cochère, surmontée d'une immense coquille. Ses murs latéraux reliaient deux pignons en avant-corps sur la rue.

L'herbe croissait dans les interstices des pavés de la cour où régnaient le silence, la solitude et l'abandon.

On entrait aux appartements du président par une porte ouverte dans un angle droit, sous un péristyle resté désert depuis plus d'une génération.

Les meubles, les ornements intérieurs des appartements de cet hôtel dataient de Louis XVI, ils n'avaient pas été renouvelés par leur dernier propriétaire. Tout était froid, solennel et poussiéreux dans cet intérieur d'un autre âge.

Cet hôtel construit en vue de l'élégance de xviiie siècle, avait été bâti sur les ruines du vieux domaine du comte, à l'époque où les carrosses de l'ancienne noblesse du Rouergue y portaient en foule, l'élégante et galante société d'une monde à jamais disparu.

Maintenant tout était dégradé, dévasté et grimaçant à l'hôtel de la présidence prévôtale.

On sentait que la Révolution, de son aile dévorante, en fustigeant une société charmante, inutile et caduque, avait condamné cet hôtel, son emblème, avant de le détruire.

Au moment où Jausion se rendait chez M. Enjalran, celui-ci était en conférence avec sa fille Mme Manzon. Il l'avait fait mander dans son cabinet, comme un juge d'instruction requiert un criminel soumis à son appel discrétionnaire.

Ce haut cabinet avait de vastes panneaux blancs, encadrés d'ornements rocaille, ils étaient coupés autour de la pièce par des casiers, à cartons verts, remplis de dossiers.

Il donnait à cet intérieur un aspect sépulcral, où la majesté du passé jurait avec l'ordre méthodique, méticuleux et sordide du présent.

Cette mesquine sévérité criait au milieu de cette opulente coquetterie du passé, comme le petit bureau surchargé de paperasses où se tenait le raide et compassé M. Enjalran.

Devant le bureau était assise, d'un air embarrassé, craintif, mais non résigné, Mme Manzon, la fille d'Enjalran, vieux débris d'une magistrature surannée, vivant diminutif d'une grandeur d'une autre époque, appelée aussi à s'éteindre !

Mme Manzon, séparée de son mari, était devenue un objet de scandale, depuis sa rencontre avec Bastide sur le pont de l'Aveyron.

On savait même ce qui n'était plus un secret pour son père, qu'elle ne se contentait pas de ses intrigues, qu'elle favorisait celles de ses bonnes

LES CRIMINELS CÉLÈBRES.

— Il n'appartient qu'à vous de garder votre enfant... (Page 85.)

amies, et qu'en dernier lieu, à Espalion, Mᵐᵉ Manzon, rivale de Mˡˡᵉ Pierret, était abandonnée pour cette jeune personne, par Clémandot, après avoir jeté la belle Rose dans les bras de son frère.

Tous les cancans qui couraient la ville, depuis que Bastide, poussé par Jausion, en avait instruit le salon de Fualdès, mettaient le comble à l'indignation de M. Enjalran.

Il ne la voyait presque plus depuis qu'elle était séparée de son mari. Elle n'était plus reçue que par sa mère. Elle ne fréquentait, en dehors de sa famille, que Victoire, sa mère nourrice, elle vivait dans des maisons meublées.

En ce moment, M. Enjalran n'avait voulu entretenir sa fille, que pour lui intimer l'ordre de faire cesser ses scandales. Il avait appris que Mᵐᵉ Manzon avait été trompée par Clémandot, et que celui-ci avait donné un rendez-vous pour le 19, à Rose Pierret, à la maison Bancal. Il avait appris aussi que sa fille y désirait surprendre ces amants infidèles.

Alors il lui signifiait de s'arrêter sur la pente fatale où elle glissait de plus en plus, sous peine de quitter la ville, de la faire enfermer, de lui retirer son enfant.

Tel était le pénible sujet de sa conférence avec Mᵐᵉ Manzon; en lui parlant autant au nom de son autorité de père, que de magistrat.

Était-elle aussi coupable qu'elle paraissait l'être?

En approfondissant bien son caractère, on sentait que son caractère même était une excuse à ses faiblesses. On connaît Mᵐᵉ Manzon au physique, par la rencontre qu'elle fit avec Bastide, ce n'était pas positivement une beauté ; ses petits yeux, sa grande bouche, son teint jaune avaient besoin de s'animer pour avoir de l'éclat. Mais dans ces moments d'animation, elle pouvait rivaliser avec la plus belle.

Ses formes avaient plus de hardiesse que de délicatesse, plus de gaucherie que de grâce. En revanche la tournure piquante et brillante de son esprit, l'impressionnabilité de sa personne, toujours en mouvement, donnaient à l'irrégularité de ses traits un charme indéfinissable.

Elle était vive, excentrique, aimable, variable jusqu'au caprice, sensible jusqu'à l'enthousiasme, aimable jusqu'à la coquetterie.

Plus *parleuse* que franche, elle arrivait à la franchise par l'indiscrétion.

Tout agissait sur ses nerfs mobiles, comme le souffle du printemps sur une harpe éolienne.

Elle pouvait être laide au repos, elle était entraînante et ravissante auprès de l'homme aimé.

Très impressionnable sous un aspect un peu rude, l'aveyronnaise gauche et guindée s'évanouissait sous le pouvoir de l'être qui avait l'art de l'émouvoir.

Le mot *impressible* fut créé pour elle, parce que c'était une nature toute d'impressions. La tendresse filiale, ou fraternelle, l'amour maternel comme les passions les plus ardentes la possédaient tour à tour. Elle éprouvait tous les sentiments et, pour ainsi dire, elle s'en absorbait.

C'était un cœur faible et tendre, ses nombreuses inconséquences ne provenaient que de sa trop grande sensibilité.

C'était une nature opposée à celle de son père sacrifiant tout à l'égoïsme, malheureux des désordres de sa famille, parce qu'ils compromettaient sa notoriété et le rendaient la fable de la ville.

Lorsque M. Enjalran eut achevé sa mercuriale et dicté son ultimatum, sans se départir de sa raideur, qui n'altéra pas plus ses traits, qu'il ne dérangea les plis de sa cravate, Mme Manzon impérieuse, colère, oublia jusqu'au respect qu'elle devait à l'auteur de ses jours.

— Monsieur mon père, s'écria-t-elle en se levant brusquement, les fautes que vous me reprochez et dont voulez me punir si cruellement, proviennent moins de mon inconduite que de l'abandon où m'a laissée ma famille, voudriez-vous augmenter mes maux par vos rigueurs ?

— C'est cela, madame ma fille, lui riposta M. Enjalran avec un haut de corps très comique qu'il essaya de rendre solennel, accusez-moi de vos fautes, maintenant.

— Elles n'eussent pas existé, si l'on avait eu plus de souci de mon avenir, si l'on eût écouté davantage mon cœur et mes instincts.

— Vous êtes une ingrate !

— En tous les cas je ne suis pas une indifférente !

— Non, mais une exaltée, qui poussez l'exaltation jusqu'à la folie, c'est ce dont se plaint votre époux que vous avez déshonoré comme votre famille.

— Si ma famille, s'écria Mme Manzon profondément blessée, eût eu plus de souci de mon bonheur, je le répète, peut-être ne m'eût-elle pas donné un mari que je n'aimais pas, elle eût su que j'aimais lorsque le devoir m'unissait à M. Manzon.

— Très bien ! fit Enjalran en hochant la tête, avec un sourire de mépris, sans égard pour ce cœur sensible, très bien ! ajoutez maintenant l'effronterie à l'ingratitude !

— Je ne suis ni effrontée, ni ingrate, lui répondit-elle avec ironie, en vous disant que le titre d'épouse, aux yeux de la femme qui n'aime pas celui qu'on lui destine, est d'autant plus odieux qu'il est sacré.

— Voilà bien les belles théories des temps présents ! De mon temps, madame, les enfants ne raisonnaient pas ainsi avec leurs parents ! Ils n'avaient pas ce laisser aller impie ! Voilà bien les fruits de la Révolution !

— Et ceux d'un cœur barbare comme le vôtre, riposta-t-elle avec impétuosité.

— Il ne vous manquait plus, reprit froidement Enjalran, rentrant le menton dans les plis de sa cravate et faisant une horrible grimace, il ne vous manquait plus que d'être irrespectueuse jusqu'à l'inconvenance, pour mériter les rigueurs dont pourtant vous osez m'accuser.

— Pardon, mon père! ajouta-t-elle, se radoucissant et baissant les yeux. En me menaçant de me prendre mon enfant, vous ne savez pas à quel point vous ulcérez mon cœur! Vous m'avez fait perdre la tête, j'ai oublié le respect qui vous est dû. Encore une fois pardon! car mon cœur trop sensible frémit à la moindre menace, et ma tête s'oublie au moindre choc!

— Alors, madame, répliqua froidement Enjalran comme s'il était au tribunal. Calmez votre tête, par respect pour votre père, par intérêt pour vous! Ne la mettez pas si souvent à la place de votre cœur accessible à tous les caprices, maîtrisez vos caprices qui excitent vos nerfs. Songez au tort que votre tête folle cause à votre famille! Si vous faites bon marché de votre considération, entraînée toujours par vos folies, songez aux représailles que vous amassez dans le cœur d'un père et dans celui d'un époux? Songez à votre enfant que nous serons en droit de vous reprendre, pour qu'il n'apprenne pas à rougir de sa mère, comme nous en rougissons nous-mêmes?

— Oh! père barbare! Epoux cruel! exclama Mme Manzon avec exaltation, en élevant les bras en l'air et en se tordant de désespoir, comme vous savez torturer le cœur d'une mère!

Mme Manzon était fanatique de son fils.

A la seule idée de s'en séparer elle avait le vertige.

Enjalran continua :

— Il n'appartient qu'à vous de garder votre enfant, de rester à Rodez, et de n'en être pas séparée par la prison, c'est de mesurer vos écarts. Voyons, me jurez-vous de ne pas aller, après-demain, chez les Bancal, dans ce bouge infâme, au mépris de votre famille et du nom que vous portez?

— Mais, mon père, je vous jure...

— Pas de sacrilège! on vous y a vue il y a deux jours, vous inquiétant auprès de ces misérables, si M. Clémandot, votre amant, n'y avait pas donné rendez-vous, pour après-demain, à une certaine Rose Pierret, vous voyez que je suis bien informé?

M. Enjalran avait prononcé ces paroles de ce ton sec et cassant dont il était coutumier à la cour prévôtale.

Mme Manzon ne revenait pas d'être si complètement démasquée, elle était confuse comme une coupable devant son juge.

Pour achever de l'accabler, M. Enjalran ajouta :

— J'ai appris ces détails de M. Constant, le commissaire de police. Sur mes instances, très peiné lui-même des bruits odieux qui courent sur vous et qui me déshonorent, il a bien voulu faire une enquête dans ce lieu de prostitution. Voici trop longtemps, pour ma réputation, que l'on jase sur votre conduite ! Or, je vous le répète : si après-demain, vous vous obstinez à vous rendre chez les Bancal, à me faire la fable de la ville, votre père ne se souviendra plus de vous, vous ne verrez plus que le magistrat. Pour son honneur, pour l'honneur de votre époux, il usera de toutes les rigueurs dont l'arme la justice, pour être à l'abri de vos scandales qui déshonorent deux familles. Maintenant, voyez, agissez et réfléchissez !

— C'est bien, mon père, après-demain, je vous le jure, fit-elle en roulant des yeux farouches, en regardant le parquet, les mains crispées, la voix enrouée par la rage, c'est bien, je n'irai pas chez les Bancal !

— Et songez-y, je le saurai ! termina-t-il en la menaçant avec un geste impératif.

Le père et la fille s'arrêtèrent, dans cet entretien si pénible pour tous deux. Ils ressemblaient à deux lutteurs qui prennent un temps de repos après une lutte acharnée.

La fille était moins accablée par la dureté de son père qui la frappait sans pitié, que pour son fils.

Ce que M. Enjalran n'aurait pas obtenu de l'amante outragée et jalouse, il l'avait obtenu de la mère, qui avait plus peur de l'abandon de son fils, que des menaces de son père, si indifférent ou si dur pour elle.

Ils allaient reprendre ce pénible entretien, quand un domestique ouvrit brusquement la porte et annonça, devant le père et la fille sur la défensive :

— Monsieur Jausion !

— Ah ! monsieur Jausion, exclama l'impitoyable Enjalran. Parbleu ! il arrive à merveille pour nous faire connaître les bruits scandaleux dont vous êtes l'objet, car c'est lui et son beau-frère Bastide qui m'ont fait connaître, les premiers, vos intrigues. Vous allez savoir par lui, si je n'ai pas raison d'user de rigueur contre vous.

Pendant que le magistrat s'exprimait ainsi, le banquier chapeau bas, l'échine courbée, la mine obséquieuse, s'avançait presque en rampant dans la pièce. Il dessinait sous des allures sournoises un sourire implacable devant la fille confuse et le père triomphant.

— Monsieur Enjalran, s'écria Jausion, en fermant avec précaution la porte derrière lui, en étalant devant les yeux du père de Mme Manzon, un de ses billets impayés à l'ordre du contrebandier faussaire, avant de proclamer par-dessus les toits les torts de votre famille, vous pourriez commencer par les vôtres !

— Monsieur Jausion ! vous êtes un insolent ! exclama Enjalran, d'un air de menace, se levant tout d'une pièce, prêt à jeter à la porte le banquier, mais le banquier se contenta de regarder tour à tour Enjalran furieux, Mme Manzon interdite, à ce changement de scène si imprévu.

— Monsieur le président, reprit-il sans s'inquiéter de son geste indigné ! Il ne s'agit pas ici de me dire des injures, comme vous l'avez fait, chez M. Fualdès. Il s'agit d'un fait très grave pour vous. Ce n'est pas dans le but de laver en famille votre linge sale, que j'ai l'honneur de me présenter devant vous, non, les scandales de Mme votre fille ne me regardent pas.

— Mais, exclama avec rage Enjalran et pour se rassurer lui-même, vous tenez, en homme d'affaires que vous êtes, à les exploiter dans l'intérêt de l'argent que vous avez prêté à mon fils, n'est-ce pas ?

— Pas davantage ! reprit-il d'un grand sang-froid, puisque vous m'avez formellement dit, chez M. Fualdès, que vous n'étiez pas responsable des écarts de M. votre fils. Non ; je suis simplement venu pour vous dire que, même avant de songer à payer les dettes de M. votre fils, vous devriez songer à payer les vôtres !

— Qu'est-ce à dire, monsieur ? riposta Enjalran en le regardant moitié indigné, moitié inquiet, pendant que Mme Manzon les considérait tous les deux d'un air très alarmée déjà pour son père.

— Lisez, se contenta de répondre Jausion en lui montrant le papier qu'il avait toujours à la main, lisez votre signature, au bas de ce billet, vous me comprendrez,

M. Enjalran n'eut pas plus tôt jeté les yeux sur le fatal billet que de pourpre qu'il était, il devint pâle comme un mort. Il se frappa le front, retourna à son bureau, en chancelant, puis retomba comme une masse à sa place. Affolé, désespéré, la tête dans ses mains, il s'écria :

— Ah ! ces billets !... ces billets au pouvoir de cet homme ? Je suis perdu ! Mon Dieu ! je suis perdu !

— Ah ! s'écria Jausion en ricanant, heureux de l'accablement de l'orgueilleux président qu'il tenait en son pouvoir, brossant avec acharnement son chapeau du revers de sa manche, et ne cessant d'accabler le malheureux Enjalran de ses regards de reptile.—Ah ! ah ! monsieur le président de la cour prévôtale, vous n'êtes plus aussi arrogant chez vous, à la présentation de ces billets, comme vous l'étiez, il y a trois jours, en me traitant chez M. Fualdès de *manieur d'argent !*... Oh ! je sais ce qu'il doit en coûter à un orgueilleux président, qui passe pour si intègre, de descendre tout à coup, par la volonté d'un pauvre être comme moi, du piédestal où vous place votre notoriété? Je sais qu'un manieur d'argent, comme moi, peut être impunément bafoué par vous, insulté et traîné sur la claie! Mais à un président de la cour prévôtale, habitué à condamner les autres! il en coûte d'être condamné par l'opinion. Hier, vous l'étiez par les fautes de M. votre fils, de Mme votre fille? Aujourd'hui, si je le veux, vous allez être condamné par vous-même!

— Assez! assez, misérable! hurla Enjalran à Jausion et regardant sa fille, honteuse des tortures de son père qui cependant ne l'avait guère épargnée, un instant auparavant.

Mme Manzon, nature généreuse et exaltée, oubliait alors sa délicate situation vis-à-vis de l'auteur de ses jours; elle ne souffrait que de l'accusation portée à son père par l'infâme Jausion.

— Ah! je comprends! exclama le banquier d'un sourire méchant, grinçant des dents d'un air satanesque, pendant que ses yeux sournois pétillaient d'un feu sombre, et allaient du père à la fille. — Ah! je comprends! Il vous en coûte, monsieur Enjalran, de rougir devant Mme votre fille? Faites-lui donc de la morale, à présent, comme à M. votre fils, au sujet de leurs folies amoureuses? Jetez-leur à la tête leurs dettes, leurs amants, leurs maîtresses, juge faillible? Vous qui avez abusé de la position criminelle d'un faussaire pour renier vos dettes et votre signature! Avouez, monsieur le président, que si je faisais connaître la vérité sur le coupable que vous avez fait condamner, ce serait vous qui prendriez sa place? Ce serait vous qui descendriez du fauteuil de la présidence pour aller vous mettre à la barre de l'accusé? Il serait dur pour un important personnage comme vous, de descendre d'aussi haut pour tomber aussi bas. Qu'en dites-vous, au manieur d'argent?

Mais Enjalran ne l'entendait plus. Cet homme, qui ne vivait que d'orgueil, ne s'attendait nullement à ce coup terrible préparé par l'astucieux Jausion, il se tordait de rage et de désespoir à son bureau.

Il articulait des sons rauques, il se mordillait les poings pour contenir les violences intérieures qui l'agitaient.

Mme Manzon, indignée eut pitié de son père. Elle se plaça tout à coup entre l'impitoyable usurier et M. Enjalran qui se démenait comme un damné.

— Et moi, je dis, exclama-t-elle d'un geste menaçant en montrant la porte au banquier, que c'est assez d'injures! Pour l'honneur de notre nom, c'est moi qui venge un père que vous insultez, c'est moi qui vous ordonne de sortir!

—Prenez garde, madame Manzon, reprit Jausion en s'inclinant jusqu'à terre, en reculant sous son geste plein de mépris, vous défendez là une mauvaise cause.

— En tous les cas, monsieur, je défends mon père, sortez!

La première personne était l'aide de camp Clémandot. (Page 90.)

Et de nouveau, Mme Manzon, frémissante de colère, lui désigna la porte.

Jausion sortit; mais en sortant, il murmura :

— Maintenant, vienne le 19 mars, je les tiens tous !

Pendant qu'il les quittait, M. Enjalran cherchait à combattre ses vives et poignantes émotions. Une fois Jausion loin de la chambre, il se remit tout à fait ; il sortit la tête de ses mains, il poussa un soupir de soulagement comme un homme que l'on arrache à un épouvantable cauchemar.

Il sourit d'un air de pitié; il secoua les épaules en songeant que sa haute position le mettait à l'abri des coups d'un misérable qu'il avait fait condamner, et qui était incapable, par ses odieux antécédents, de l'accuser.

— Il se contenta de dire à part lui :

— Que peut ce Jausion contre moi ? C'est un misérable allié, après tout, à un coquin de son espèce pour me perdre. Je n'ai rien à craindre de ces gens tarés et flétris.

Puis tendant la main à sa fille, il dit très haut, d'un air souriant et affable qu'elle ne lui avait jamais connu :

— Merci, ma fille. Tu peux être une femme légère. En tous les cas, tu viens de me prouver que tu es une très bonne et très aimante fille !

Pour que le sévère et dur magistrat parût aussi tendre envers Mme Manzon, il fallait qu'au fond il eût réellement peur pour lui-même.

Son égoïsme et l'intérêt de son salut le rendaient indulgent pour les siens.

CHAPITRE X

LES AUMÔNES INTÉRESSÉES

Dans la double intrigue où marchent de front les aventures de Mme Manzon et l'attentat de Fualdès, deux personnes sacrifiaient sur l'autel de la charité, l'une au nom de l'amour, l'autre au nom de la crainte ; l'une était inspirée par sa jalousie contre un rival, l'autre par les tortures que lui infligeaient les périls de son époux.

La première personne était l'aide de camp Clémandot. Il n'avait courtisé Mme Manzon que dans l'espoir de plaire à Mlle Pierret, la maîtresse de son ami.

La seconde était Mme Fualdès. Elle ne pouvait combattre l'obstination de son mari tenant à se rendre chez les Bancal pour régulariser sa situation ; et elle désirait interroger des misérables qui, depuis longtemps, étaient devenus les objets de sa constante charité.

Elle espérait connaître d'eux l'horrible danger dont elle avait été avertie par un frère de Bastide.

Avant de voir Mme Fualdès chez les Bancal le 18 mars, pour les interroger sur ce rendez-vous du 19, sous prétexte de leur apporter de nouveaux secours, il est utile d'expliquer, à propos de Mme Manzon, le motif de la mercuriale de son père, avant l'arrivée de Jausion.

On a vu dans le précédent chapitre comment cet entretien, si pénible pour le père et pour la fille, s'était tourné contre l'odieux banquier.

Pour bien entrer dans ces explications, il faut revenir à la rencontre de Bastide avec Mme Manzon et Rose Pierret. On se rappelle que le Géant rencontrait les deux femmes affolées, fuyant, près de l'Aveyron, les futurs et terribles auteurs du drame du 19 mars 1817.

Bastide, en quittant Colard, le soir du 15 mars, rencontrait donc Mme Manzon et Rose Pierret près des portes de la ville. Elles venaient de se séparer de leurs galants, Clémandot et Enjalran, au bas de la côte des Cordeliers, lorsqu'elles étaient surprises par des bandits soudoyés par Bastide, blottis au fond d'une caverne.

Elles avaient eu peur, mais leurs craintes s'étaient changées en terreurs à la vue du géant Bastide : un mauvais sujet qui, par sa triste réputation de débauché et de coureur de ruelles, connaissait tous les scandales de la ville.

Il le leur avait bien prouvé, en apprenant aux deux femmes ce qu'elles ignoraient elles-mêmes, qu'elles étaient rivales, et que Mme Manzon, en s'employant auprès de son frère pour lui jeter Rose Pierret dans les bras, ne s'était donnée que des armes contre elle !

Clémandot, courtisant depuis quelque temps Mme Manzon, avait eu affaire à une femme déclassée, séparée de son mari, chassée de chez son père ; vivant, depuis la séparation de son mari, en maison meublée, elle était une proie trop facile pour tous les libertins.

Son esprit excentrique, son allure indépendante et son caractère romanesque l'avaient fait exclure du monde puritain et bigot de Rodez, d'où elle était sortie par une conduite plus irrégulière que dépravée.

Cela suffisait pour la forcer à glisser de plus en plus sur la pente du libertinage où l'avait placé le malaise de son âme, qui, dans le monde étroit et régulier où elle se trouvait dépaysée, ne respirait ni assez d'air ni assez d'enthousiasme, ni assez de passion.

Elle croyait trouver l'homme qu'elle cherchait dans Clémandot. Elle ne pouvait plus mal choisir.

L'aide de camp du commandant Vautré, en la rencontrant une première fois à l'église, n'avait eu qu'un but, la connaître pour se rapprocher de son frère et de sa maîtresse, la jolie Rose Pierret.

Une fois la connaissance faite avec Mme Manzon, son galant de passage ne lui avait fait la charité de son cœur que pour le faire parler auprès de la jolie Rose.

Ses premiers rendez-vous avec Mme Manzon eurent lieu chez une marchande de modes, une dame Constans, où la fille du président se fournissait, où Mlle Rose Pierret, fille d'un officier de gendarmerie en retraite, était employée.

Clémandot n'avait qu'un but en se faisant agréer chez la *fournisseuse* de Mme Manzon, voir de plus près la jolie Rose, lui conter fleurette, derrière le plastron qu'il se donnait avec la trop confiante Mme Manzon.

Un jour que le père de Rose quittait la ville pour quelque temps, il fut convenu entre les deux officiers et leurs maîtresses qu'ils iraient passer toute une journée en parties fines aux environs d'Espalion.

La partie eut lieu comme il en avait été convenu entre les galants et les deux femmes. Mme Manzon l'avoue ainsi dans ses *Mémoires* :

« Je dis chez Mme Constans à Mlle Pierret que j'allais passer chez moi prendre un châle et que je ferais savoir à mon frère, à l'hôtel des Princes, que je l'attendrais chez elle, pour partir de là, avec Clémandot, pour Espalion. »

Mais ce que Mme Manzon ne dit pas, par amour-propre, c'était qu'elle était la dupe de Clémandot qui, à Espalion, devait faire en dehors d'elle et d'Enjalran, sa déclaration à Rose Pierret. Ce qu'elle ne dit pas, c'était qu'elle ne pouvait donner rendez-vous à la maison qu'elle habitait, chez les époux Pal, à son amant et à la maîtresse de son frère, car c'était une habitation tenue par des gens d'une moralité doublée d'une bigoterie très affectée.

Est-il bien sûr, toujours d'après ses mémoires, que dans la maison qu'elle habitait on ne se fût jamais douté qu'elle eût passé la nuit dehors.

Il est permis d'en douter, puisque après son équipée Mme Manzon quittait la maison Pal pour aller habiter la maison Lacombe, tenue par des gens moins rigides, n'exigeant pas, comme chez les Pal, qu'on rentrât chez eux, avant dix heures.

En tous les cas, Clémandot assez indiscret, assez vantard, avait tout fait, au moment de cette partie carrée, pour en dévoiler à l'avance les scandales.

L'avant-veille de cette partie, au café des officiers, à moitié gris, ce qui lui arrivait presque tous les soirs, il avait dit à l'un de ses camarades :

— Je vais à Espalion avec Mme Manzon, mais uniquement pour sa compagne la jolie Rose. J'espère la ravir à Enjalran qui n'y tient guère. Si la Rose regimbe, j'ai un moyen de faire avancer mes affaires. Je lui rappellerai le rendez-vous qu'elle a donné autrefois chez les Bancal, à son amant. Par peur d'un scandale, je la forcerai, à mon retour d'Espalion, à me donner le même rendez-vous chez ces Bancal! Dans toute cette intrigue, ce sont Mme Manzon et son père qui m'auront servi de pont.

Ces propos n'avaient pas manqué de courir Rodez, ils avaient trouvé de l'écho dans tous les coins de la ville, quand les deux femmes chevauchaient avec leurs amants, sur le terrain du tendre.

Et Bastide qui était instruit de cette équipée, n'eut garde de ne pas la faire savoir aux deux femmes, lorsque, par un hasard très heureux pour lui, il les rencontrait à la porte des remparts, lorsqu'il les reconduisait jusqu'au boulevard d'Estourmel pour ne leur faire grâce d'aucune de ses épigrammes.

On a vu précédemment ce que ces propos produisirent sur Mme Manzon et Rose Pierret, d'amies qu'elles étaient elles devinrent tout à coup deux ennemies irréconciliables.

Ce qu'avait ébauché Bastide, Jausion l'acheva, en instruisant Clémandot et Enjalran de leur rivalité dont Rose Pierret devait être, avec Mme Manzon, le jouet et la victime.

Alors Mme Manzon avait eu raison de dire :

— Ces Bastide sont mes mauvais génies, ils me tueront.

Dès que Mme Mauzon ne pouvait plus douter, par l'indifférence de Clémandot, des propos qu'il avait tenus, au café des officiers, elle alla s'informer auprès des Bancal de la véracité de ces propos. Elle acquit la certitude que Rose Pierret avait donné ses premiers rendez-vous à son frère chez les Bancal ; et qu'en recevant Clémandot chez Mme Constant où travaillait Rose Pierret, elle avait été la dupe de Clémandot qui lui faisait une aumône intéressée ; car Clémandot n'aspirait qu'au cœur de sa rivale. Enfin, elle avait appris en dernier lieu, depuis sa fameuse partie d'Espalion, que Clémandot avait donné rendez-vous à Rose, pour le 19, chez les Bancal, on la menaçant si elle ne venait pas de révéler ses intrigues à son père. Alors Mme Manzon fut en proie à une jalousie indescriptible. Furieuse d'avoir été jouée par Clémandot, dans son amour et dans son amour-propre, elle s'était promis de venir déranger, sous un déguisement quelconque, ces indignes amoureux !

On comprend si toutes les intrigues qui étaient appelées à se dérouler, le 19, dans la maison de la rue des Hebdomadiers devaient faire le compte de la Bancal qui, ce soir-là, pouvait recevoir des hôtes autrement sérieux, autrement dangereux.

Mais elle n'avait rien à refuser à des clients de cette importance ; aussi se contenta-t-elle, pour ne pas être dérangée le 19 mars, d'instruire ceux qui étaient les plus intéressés à ce que ces scandales n'eussent pas lieu.

Ce fut ainsi qu'elle on put avertir le commissaire de Rodez qui, par intérêt pour le père de Mme Manzon, lui apprit ce qu'il savait concernant les dangereuses démarches de sa fille.

On a pu juger de ce qu'il en advint par l'entrevue du père et de sa fille, jurant à son père qu'elle n'irait pas le 19, à la maison Bancal. Hélas! il en est des serments d'amoureux, comme des serments d'ivrogne; il ne faut pas plus se fier aux uns qu'aux autres.

On verra ce que fit Mme Manzon dans cette fatale soirée.

Une femme dont l'esprit n'était pas moins perplexe, que l'irascible et trop aimante Mme Manzon, c'était la bonne et charitable Mme Fualdès.

Depuis que le frère de Bastide lui avait fait pressentir le danger que courait son époux, elle ne dormait plus.

Elle entendait toujours les paroles de cet homme qui lui avait dit :

— Tout ce que je puis faire, madame, si vous avez de l'influence sur votre mari, c'est de vous conseiller d'user de cette influence pour engager M. Fualdès à ne pas se rendre le 19 mars chez les Bancal.

Alors elle revoyait le mendiant Laville à la porte de sa maison, dont la présence, à Rodez, équivalait à une menace de mort.

Ces apparitions, ces fantômes lui revenaient la nuit. Ils lui procuraient, dans un demi-sommeil rempli d'inquiétudes et de terreurs, d'affreux cauchemars.

En vain essayait-elle de les repousser du geste et de la pensée, ils revenaient avec les affreux pressentiments qui ne lui laissaient de trêve, ni le jour ni la nuit.

Elle rêvait dans le jour, elle rêvait dans la nuit. Elle voyait constamment dans ses rêves, son mari en lutte avec des meurtriers inconnus dont Jausion dirigeait les bras!

Et toujours les paroles du frère de Bastide lui revenaient à la pensée :

— Si vous avez de l'influence sur votre mari, conseillez-lui de ne pas se rendre le 19 chez les Bancal. »

En vain son mari, pour la rassurer, lui avait-il dit que le frère de Bastide était fou, sa mission occulte lui prouvait qu'il n'était pas seul à connaître la terrible destinée réservée à Fualdès. Sa raison lui disait que ce soir-là, un notaire, un homme sérieux ne s'était pas dérangé de ses affaires, rien que pour les effrayer.

En effet, Joseph-Louis Bastide, marié à la Montagne, près de Vazin, chargé des intérêts les plus graves dans sa localité, ne pouvait être, à cette époque, à Rodez, guidé uniquement par un danger imaginaire.

Il fallait qu'au nom des *carbonari*, inspiré par une affection de famille très prononcée, Jacques-Louis Bastide fût au courant de tout ce qui se tramait dans l'ombre contre Fualdès, au profit de son frère, engagé dans un complot dont Mᵐᵉ Fualdès ne pouvait saisir les fils.

Le silence de Jacques lui faisait soupçonner l'existence de ce complot. S'il n'en disait rien c'était autant pour ne pas trahir les carbonari que pour ne pas compromettre son frère.

Voilà ce que Mᵐᵉ Fualdès essayait de faire comprendre à son mari qui, dans l'intérêt des siens, ne voulait manquer de parole ni à Bastide, ni à Jausion.

Lorsque Mᵐᵉ Fualdès s'aperçut que ses remontrances, inspirées par ses inquiétudes, n'avaient aucune prise sur son mari, elle résolut d'aller au-devant de ses terreurs.

Elle prit une résolution énergique, celle de se transporter au domicile de la rue des Hebdomadiers, afin d'interroger les Bancal, sous prétexte de leur faire l'aumône.

Le 17 mars était, pour Mᵐᵉ Fualdès, un jour de cuisson. Elle prit deux pains qu'elle alla porter chez ses voisins, les Bancal, ses pauvres favoris.

Elle espérait par cette aumône les attendrir. Elle croyait, par reconnaissance, les placer sur la voie des révélations concernant le rendez-vous, qu'avait chez eux pour après-demain, son mari avec Jausion et Bastide.

Mais Mᵐᵉ Fualdès en fut pour ses frais de charité.

Elle ne trouva que la vieille Bancal, dans sa cuisine.

A peine la bienfaitrice eut-elle placé ses pains sur la table que l'horrible femme du maçon la reçut avec des gestes suppliants, la mine onctueuse, les larmes dans les yeux.

Elle prit cette figure pateline, caressante et pleurarde que savent si bien contrefaire les gens du Midi, qui veulent s'attirer la compassion de leurs dupes.

La Bancal lui embrassa le bas de sa robe, elle lui dit dans son patois :

— Ah ! moudame, vous êtes bé bonne, vous n'avez pas oublia à la michée, lo pastache do votre pé, avec do pauvre chens comme nous. C'hai la part de bon Dié, que vous pourta-la! au profit de pero et de la mé! nous vous ferons aussi votre pastacho dans nos priés [1].

— Eh bien, ma brave femme, lui répondit-elle en hésitant, en échange, rendez-moi un service ?

— Chent ! [2] si vous le voula !

— Dites-moi, continua-t-elle avec embarras, si réellement mon mari

1. Prières.
2. Cent.

doit venir le 19, avec son banquier Jausion et mon filleul Bastide. Et si vous avez connaissance de l'affaire qu'ils doivent y traiter, dites-moi à votre tour, de quelle nature est cette affaire.

— Ah ! ma bounne dame ! exclama la Bancal exprimant le plus grand étonnement, en agitant en l'air ses bras, qu'elle fit mouvoir comme des branches de télégraphe. Ah ! ma bounne dame, que me demanda-vous là ? Est-ce que c'est à de pauvres chens comme nous qu'on s'expliqua ? De grandes chens comme vous y viennent bé, mais sans y dire ce qu'on y *boi* [1]. Ici tout est *sacra* [2] pour nous, le bé ou le *débaouchos* [3] qu'on y *frusquet* [4].

Mme Fualdès ne put rien tirer de l'hypocrite créature qui avait appris à être sur ses gardes avec la femme d'un homme dont les jours étaient condamnés.

Mme Fualdès sortit de la maison de la rue des Hebdomadiers, plus triste qu'elle n'y était entrée.

Elle ne savait rien, ses doutes revenaient plus poignants dans son esprit.

Elle rentra chez elle le deuil dans l'âme, pendant que la Bancal, une fois sa bienfaitrice partie, en regardant les pains qu'elle avait laissés, murmura avec colère :

— Canaille de riches ! ça nous humilie de leurs aumônes ! Ça espère nous tirer les vers du nez par un morceau de pain ! Je t'ai vue venir, ma bonne dame, avec ta charité de contrebande. Je n'y ai pas mordu ! j'aurai mieux que ton pain, j'aurai la peau de ton mari.

Pendant que se passaient ces différentes scènes, tant chez Fualdès qu'à la maison Bancal et à l'hôtel du président de la cour prévôtale, Bastide s'était absenté de Rodez. Il avait quitté l'hôtel du banquier pour retourner à Gros, afin de ne pas éveiller les soupçons de la justice.

Dès que l'attentat contre Fualdès, arrêté d'abord le 15 mars, était résolu pour le 19, Bastide ne tenait pas à se montrer dans les rues de Rodez.

Ce ne fut que le 18, au soir, qu'il y revint pour retrouver Jausion qui l'attendait, afin de s'entendre avec lui pour le 19.

Avant d'aller le retrouver avec sa famille qu'il avait laissée rue de l'Ambergue, le Géant désirait s'assurer par lui-même si rien n'avait été changé à la maison Bancal.

Le 18, au soir, il y trouva l'horrible mégère causant avec sa Marianne, une belle fille de dix-huit ans, à la mine effrontée, aux regards provocants.

1. Voit.
2. Un secret.
3. Débauche.
4. Y fait.

... Il venait d'apercevoir un homme debout au-dessus de l'orifice d'un puits...
(Page 100.)

Dès qu'il entra dans le bouge, le Géant demanda d'un ton délibéré aux deux femmes :

— Ça tient-il toujours pour le 19 ?
— Toujours, répondirent les deux femmes.

En même temps, il donna une tape amicale sur l'une des joues de la belle Marianne, qui lui répondit par des regards pleins de volupté.

Pendant qu'il caressait les joues de la fille lubrique, le Géant demandait à sa mère :

— Est-ce qu'il y a longtemps que vous n'avez rien reçu de Mᵐᵉ Fualdès?

— Pas plus tard qu'hier, répondit la Bancal en le regardant d'un air narquois.—La sournoise se doute de quelque chose ! — Elle m'a donné ces deux pains. C'était pour me faire jaser. C'est une fine mouche. Mais moi, je l'ai *mouchée* en la dépistant.

— Ah bah ! exclama Bastide d'un air très inquiet ; et il se recula de Marianne, très indifférent, dans sa vive émotion, aux appas de la fille de la Bancal.

Il se remit bien vite pour ne pas faire partager ses craintes à ses complices; il reprit par manière d'acquit à la Bancal :

— Et le papa Fualdès est-il généreux ?

— *Coussi, coussi*, riposta la Bancal avec une grimace significative.

— Il y aurait peut-être un moyen de le rendre généreux, répondit le Géant en regardant la fille Bancal, ce serait de lui envoyer Marianne. Un vieillard ne sait rien refuser aux filles.

— Oh! moi, reprit la cynique créature, si j'avais eu affaire à ce vieux hibou, je ne lui aurai pas laissé une plume. Maintenant, il est trop tard, puisque c'est sa famille qui se chargera de le *déplumer*.

Mais Bastide ne voulut pas en entendre davantage. Il sortit du bouge de la rue des Hebdomadiers pour courir à la maison de son beau-frère.

Il songeait en frissonnant à l'échéance de ses billets, au grand nombre de complices connaissant l'arrêt prononcé contre son parrain. Tout cela ne permettait plus une heure de retard pour son exécution

Il tenait à en causer au banquier.

CHAPITRE XI

LES OMBRES !

A la tombée du jour, le 19 mars, le quartier noir, c'était ainsi que l'on désignait la rue des Hebdomadiers et ses abords, était rempli d'ombres.

Elles allaient, venaient, descendaient, remontaient du Terral à l'impasse Saint-Vincent.

Pendant qu'elles longeaient les maisons, un joueur d'orgue ne cessait de tirer des sons lamentables et criards de son instrument, le long de la chaussée. On eût dit qu'il suivait ces ombres ayant l'air d'opérer autour de lui la danse macabre.

Ce joueur d'orgue, c'était Briès. Il avait été sorti de la maison Saladin par Jausion, pour attendre aussi l'homme qu'il guettait : M. Fualdès.

Ces ombres qui l'accompagnaient, ressemblaient à des chauves-souris effarouchées, se cognant les ailes à certains points lumineux ; ces points-là paraissaient les dérouter de plus en plus.

Elles rampaient, inquiètes, effarées en sortant de la rue du Terral, où les fenêtres du cabaret de Rose Férat restaient éclairées.

Elles se traînaient jusqu'à la rue Saint-Vincent, fermant la rue des Hebdomadiers.

Elles glissaient, biaisaient le long des ruelles tortueuses et solitaires de leurs maisons bancales, en se blottissant sous leur capricieuses saillies.

Elles épiaient, écoutaient courbées en deux, ce qui se passait au dedans de ces intérieurs lumineux.

Elles semblaient se faire guider par ce joueur d'orgue, allant, venant au milieu de la chaussée.

Ces ombres répondaient parfois à ses sons par des toussements significatifs, par des *psits* plus significatifs encore.

Elles s'arrêtaient en se profilant dans des proportions fantastiques, en même temps que le joueur d'orgue devant les endroits éclairés.

Ces lumières rappelaient des feux follets absorbés, en temps d'orage, par de menaçantes pénombres dans des profondeurs inconnues.

A la rue des Hebdomadiers, l'un de ces points lumineux était l'écurie de l'hôtel des Princes ; l'autre, le bouge des Bancal.

Quelle était la cause de cette incertitude inquiète, de la part de ces ombres qui n'étaient autres que Missonnier, Bach, Bousquier et une femme plus effarée qu'eux, Anne Benoist, la maîtresse de Colard?

D'où provenait cet effarement, après que ces hommes et cette femme furent sortis, du bouge des Féral.

Pourquoi ces ombres, malgré les postes respectifs qui leur avaient été assignés depuis quatre jours, ne savaient-elles pas où prendre, où attirer leur proie, attendue de quart d'heure en quart d'heure, de la rue des Hebdomadiers à la maison de M. Fualdès?

Cette incertitude, cette inquiétude, cet affaissement provenaient de la volonté du mendiant Jean Laville.

Depuis le soir de son entrevue avec la Bancal, lorsqu'elle lui cachait Jausion et Bastide, le mendiant n'avait été berné qu'à demi par la vieille chouette. Se méfiant toujours d'elle, dans l'intérêt de sa victime, il avait logé tour à tour dans l'écurie de Misssonnier et dans le grabat occupé avant lui par Briès.

Il savait dérouter de cette façon les complices de Jausion et de Bastide. Depuis le 16 mars, il ne logeait pas deux nuits de suite chez les Bancal, couchant une nuit sur deux, soit à l'écurie de Missonnier, soit au bouge de la rue des Hebdomadiers.

La nuit du 19, d'après la présomption de la Bancal, et en suivant les allées et venues de Jean Laville, l'horrible femme s'était arrêtée avec Bastide et Jausion sur ce qui n'avait été d'abord qu'une feinte de sa part, en recevant le mendiant chez elle.

Jusqu'au dernier moment, la maison Bancal ne devait pas être le théâtre de l'assassinat de Fualdès. Les monstres, qui devaient se jeter sur lui, avaient pour mission expresse de l'entraîner dans l'écurie de Missonnier, faisant l'angle de la rue des Hebdomadiers.

Mais à ce moment-là, précisément, Jean Laville devait revenir chez Missonnier.

Comme on ne l'avait pas encore vu chez les Bancal, les guetteurs étaient dépistés, ils ne savaient où aller, où courir, où attendre, tant que le mendiant n'aurait pas reparu pour se décider, la nuit du meurtre, à coucher soit chez les Bancal, soit chez Missonnier.

Ils attendaient donc le retour du mendiant, avant de guetter plus sûrement l'arrivée de leur victime.

Où était alors Jean Laville?

Chez les Bancal; il s'était présenté, ce soir-là, de meilleure heure que de coutume, sous prétexte d'occuper son gîte de nuit dans le grabat du joueur d'orgue, le même qui faisait entendre les sons de son instrument dans la rue des Hebdomadiers.

Mais, ce soir-là, sa présence chez les Bancal n'était qu'une feinte, pour dérouter les complices de Jausion, pour mieux s'assurer de l'endroit où ils devaient arrêter Fualdès.

Une fois dans la maison Bancal, il traversait sa cour dont les derrières donnaient sur la maison Fualdès, entre les rues des Hebdomadiers et de l'Ambergue droite, mais le mendiant ne rentrait pas dans son taudis.

Au fond de la cour, il venait d'apercevoir un homme debout au-dessus de l'orifice d'un puits, dont la margelle touchait contre le mur de clôture. Il reconnut, tant ses yeux avaient l'habitude de voir dans la nuit, l'homme debout sur la margelle, les coudes appuyés sur le mur. Celui-ci fixait du regard une lumière partant d'une des fenêtres de l'habitation vis-à-vis.

Laville se fut bien vite rendu compte de l'ombre, debout sur la margelle, appuyée contre le mur.

Cette ombre, cet homme, c'était Colard. Il attendait probablement que la lumière eût disparu pour enjamber la clôture et aller avertir, en dehors, les hommes et la femme, allant et venant du Terral à la ruelle Saint-Vincent.

Colard, le chef des subalternes payés par Jausion et Bastide, guettait là le départ de leur proie.

Pour lui, comme pour eux, elle se faisait trop attendre.

Alors, le mendiant Laville se blottit sous la margelle et attendit comme lui.

Désormais, les deux ombres se guettaient; elles veillaient au dedans de la maison Bancal, comme les autres veillaient au dehors.

Décidément Laville ne s'était rendu, dans le principe, chez les Bancal que pour devenir la providence de l'homme qui courait à sa perte.

Ne pouvant le sauver directement parce que Fualdès s'était refusé à s'associer à la terrible et mystérieuse affiliation des *carbonari*, il tenait personnellement à le protéger parce qu'il était l'ami de Joseph-Louis Bastide, le frère du meurtrier, qui voulait épargner un des siens de l'échafaud.

Un quart d'heure s'écoula pendant lequel les deux ombres, l'une au-dessus du puits, l'autre au-dessous de la margelle, eurent le temps d'épier ce qui se passait, l'une, au-dessus d'elle, l'autre en dessous !

Que faisait durant ce quart d'heure M. Fualdès dans ce cabinet éclairé, que Colard n'abandonnait pas des yeux, les pieds sur le puits, les coudes sur le mur ?

Fualdès mettait de l'ordre dans ses affaires, avant de quitter son bureau pour se disposer à se rendre chez les Bancal où, à huit heures, devaient l'attendre Jausion, Bastide et tous les monstres soudoyés pour accomplir leurs exécrables forfaits.

Malgré les dernières supplications de Mme Fualdès, l'ancien magistrat s'était entêté à se porter à son fatal rendez-vous; car il avait revu Bastide, revenu de Gros, après avoir laissé en souffrance ses premiers billets représentant une partie des dix mille francs qu'il devait à son parrain.

Le jour où les billets de Bastide étaient retournés impayés à Fualdès, celui-ci avait vu son filleul sortir de chez Jausion. Il lui avait dit d'un ton de très mauvaise humeur :

— Eh bien ! *monsieur* Bastide, c'est un parti pris de votre part de ne pas payer votre parrain ?

— Croyez-vous, lui avait-il riposté, que je veuille de gaieté de cœur vous faire du tort; au contraire, avait-il ajouté avec un sourire perfide, je cherche tous les moyens possibles pour *vous faire votre compte ce soir !*

Alors le Géant, stylé par Jausion, se pénétrait de la situation que lui avait faite son beau-frère et qui lui avait dit quelques jours auparavant :

— Plus nous attendons, plus le drame se corse à notre profit, pour prendre notre homme dans nos filets.

Quelques jours auparavant, en effet, M. Fualdès avait reçu d'un nommé de Séguret des papiers de commerce pour une somme considérable, représentant, en partie, la valeur de la propriété de Flars. C'était aussi pour faire négocier les billets à Bastide et à Jausion qu'il devait se rendre à la maison des Bancal.

Les paroles à double sens de Bastide à son parrain étaient expliquées par ce sarcasme même :

« — Je cherche tous les moyens possibles pour faire votre compte ce soir. »

M. Fualdès était sur le pas de sa porte, lorsque son impitoyable filleul lui faisait entendre ce sarcasme.

Il n'osa lui répliquer.

Il ne tenait pas à faire connaître à tout venant qu'il s'était compromis avec le banquier de Rodez, en lui fournissant des signatures que Jausion négociait à son profit et au profit de Bastide.

C'était pour en finir avec cette situation équivoque, après le payement presque intégral de sa propriété de Flars, que Fualdès voulait solder ses véritables dettes et liquider une position dangereuse.

M. Fualdès s'était expliqué catégoriquement à sa femme, dans la soirée du 15 mars, avant d'être averti des dangers qu'il courait par le frère de son filleul, le *carbonaro*.

Malgré cet avertissement, malgré les supplications de sa femme, au nom de l'avenir de son fils, Fualdès tenait de plus en plus à liquider un passé dangereux où l'avait engagé le perfide Jausion.

A huit heures, il s'était fait donner une chandelle par son domestique Guillaume; il était monté dans son cabinet, après avoir pris une liasse de papiers, il en était ressorti pour descendre par le petit escalier de la cuisine, emportant deux portefeuilles sous le bras.

Vêtu d'une lévite, la canne à la main, les portefeuilles dissimulés sous le bras gauche, Fualdès, à l'insu de sa femme, sortait donc à huit heures quelques minutes de sa maison de la rue d'Ambergue.

Colard, sur la margelle du puits, toujours appuyé contre le mur, vit s'éteindre la lumière du cabinet de M. Fualdès.

Dès que tout rentra dans la nuit, Colard jugea le moment opportun pour s'élancer de l'autre côté du mur, en s'écriant :

— Enfin !

Une résistance imprévue l'arrêta sur le puits, au moment de franchir l'autre côté du mur.

Il se sentit la jambe prise par une main qui ressortait de la margelle.

Il se retourna avec effroi, il se baissa avec stupeur vers la main qui le retenait au puits.

D'un pied, il allait donner une ruade vigoureuse à la main qui le clouait à l'orifice du puits, quand se dressa l'homme à la limousine.

Il entrevit le visage ravagé, hideux, affreusement goguenard, de Jean Laville.

— Toi, encore toi, misérable vagabond. Va te coucher, si tu ne tiens pas à coucher ici pour l'éternité...

— Ah ! ah ! ah ! exclama le misérable avec un rire satanesque.

Puis le mendiant eut l'air de se diriger vers son grabat qui regardait, entre le puits, la porte du logis de Colard.

Les deux ombres, après s'être menacées, parurent se séparer.

Le Belge, une fois que le mendiant ne fut plus à sa portée, et comme s'il eût dédaigné sa présence, n'hésita pas à franchir le mur. Il sauta dans une ruelle séparant la cour de la maison des Bancal de la cour de la maison de Fualdès.

Colard s'engagea dans un boyau, clos de murailles, qui devait le conduire avec Fualdès à la rue des Hebdomadiers.

Laville ne l'avait pas perdu de vue, il l'avait rejoint en sautant aussi par-dessus la muraille. Il le suivait.

En ce moment, l'orgue de Briès faisait retentir ses sons avec plus d'acharnement, des cris d'appel, des coups de sifflet éclataient de la rue du Terral et de la rue Saint-Vincent.

Colard, en sautant de la cour, avait précédé M. Fualdès qu'il attendait au coin de la rue *Françon-de-Valat*, pendant que Missonnier était à son poste, entre la rue du Terral et la porte de l'écurie.

Alors, le joueur d'orgue arpentait toujours la chaussée en jouant de sa manivelle ; les ombres qui s'agitaient autour de lui se mouvaient avec plus de menace dans leur pénombre.

Jean Laville entendit tous ces cris, devina tous ces manèges ; il fila avec acharnement Colard, le conducteur de ces ombres.

Enfin, M. Fualdès parut.

Il venait de l'Ambergue droite pour tourner l'angle de la rue du Terral ; avant de parvenir au coin de la rue Françon-de-Valat. Là il s'arrêta.

Les sons sinistres du joueur d'orgue, les cris d'appel, les coups de sifflet qui se répercutaient dans la nuit, parurent un moment le terrifier.

Les pressentiments que les appréhensions de sa femme et l'avertissement du frère de Bastide avaient fait naître dans son esprit se réveillèrent. Tous les bruits qui se faisaient entendre autour de lui, furent comme des menaces de mort dirigées contre sa personne.

Immobile, indécis, il se gratta le front, parut réfléchir avant de s'engager dans la rue du Terral, qui le séparait de la place de la Cité à la rue où se tenaient les centres visés par ses meurtriers : l'écurie de Missonnier et la maison des Bancal.

Lorsque M. Fualdès s'arrêta, Jean Laville, rasant les murs, aperçut Colard qui rejoignait l'ancien magistrat, très indécis, avant de franchir le coin de la rue des Hebdomadiers ou de rétrograder vers sa demeure.

Fualdès avait-il enfin la conscience du danger qui le menaçait? Le joueur d'orgue arpentant la chaussée et ne cessant de faire chanter son instrument, ces cris, ces toussements, ces sifflets qui retentissaient autour de lui, tous ces bruits n'étaient-ils pas comme des avertissements qui l'engageaient à ne plus s'avancer dans ce coupe-gorge gardé par des assassins?

Avait-il vu durant son trajet, près de l'écurie de l'hôtel des Princes, deux ombres, deux hommes apostés, l'un au coin de la rue Françon-de-Valat, l'autre au coin de la rue des Hebdomadiers, deux hommes se repliant l'un sur l'autre et se répondant par des coups de sifflet.

Et les sons de l'orgue exhalés par Briès qui, à la vue de Fualdès, se rapprochait en ameutant de plus près les invisibles meurtriers, ses accords lamentables lancés à travers ces cris d'appel, n'étaient-ils pas en effet les précurseurs du danger au-devant duquel Fualdès allait se briser!

Alors l'ancien magistrat se rappelait de plus en plus les appréhensions de sa femme, l'avertissement de Jacques-Louis Bastide, le frère de son filleul.

Les paroles de ce dernier, lorsqu'il lui disait que le soir même il lui ferait son compte, tout cela lui revenait à la mémoire d'une façon trop significative.

Arrivé au coin de la rue Françon-de-Valat, avant de parvenir à l'écurie de Missonnier, Fualdès, mû par un avertissement providentiel, tourna les talons.

Au même instant les deux ombres, Missonnier, dans l'angle de l'écurie, Colard en face de lui dans l'angle formé par le Terral et le coin Françon-de-Valat, s'apprêtaient à fondre sur lui, entraînant les autres ombres qui le guettaient, et que ralliait le joueur d'orgue.

Maintenant, il s'agissait, depuis qu'on savait le mendiant Laville chez les Bancal, de traîner le malheureux Fualdès à l'écurie de Missonnier, dont Fualdès n'était plus séparé que de quelques pas.

Au moment où les ombres allaient l'envelopper, Jean Laville se présenta au milieu de la rue du Terral.

Il dit à Fualdès, en écartant les bras sous sa limousine comme pour en chasser les meurtriers :

Elle entrait vivement, furtivement... (Page 106.)

— Monsieur Fualdès, retournez chez vous, ne faites plus un pas vers la rue des Hebdomadiers, où vous êtes mort !

Fualdès trembla; et cependant il fit quelques pas encore vers le mendiant.

Après avoir prononcé ces mots, Laville s'était avancé vers la porte de l'écurie, il l'avait ouverte pour s'y renfermer, pour la défendre aux ombres qui y avaient préparé le lieu d'exécution de Fualdès.

Aux cris d'alarme du mendiant, Fualdès s'avança vers cette porte, derrière laquelle Jean Laville venait de se barricader.

Les ombres se rapprochèrent, une fois que Jean Laville eut jeté, en disparaissant, son cri d'alarme à l'ancien magistrat.

Fualdès frappa pour appeler le mendiant, pour connaître de lui ce qu'il ne pouvait plus lui révéler, sous peine de mort.

L'ancien magistrat, en perdant un temps précieux pour son salut, ne s'apercevait pas que les ombres se rapprochaient de lui, qu'il rendait inutile le cri sauveur de Jean Laville, parce que ces ombres redevenaient maîtresses de leur enfer!

CHAPITRE XII

LES RENDEZ-VOUS MANQUÉS

Pendant que se passait cette scène, au coin de la rue des Hebdomadiers, par l'effarement des misérables qui ne comptaient pas plus sur l'apparition du mendiant que sur la retraite de Fualdès, une autre apparition avait lieu dans l'intérieur des Bancal.

Une personne voilée, enveloppée d'un châle, déguisée sous des habits d'homme, se présentait à la porte entre-bâillée de la maison suspecte.

Elle entrait vivement, furtivement comme une biche effarée, par le vestibule où se tenait la vieille proxénète, écoutant les bruits du dehors.

Cette personne si étrangement travestie, c'était Mme Manzon.

Malgré le serment qu'elle avait fait à son père, elle se rendait, à huit heures, chez les Bancal.

La jalousie qui la mordait au cœur, avait été plus puissante que la foi du serment.

Elle avait appris le matin par son frère, le capitaine Edouard Enjalran, un étourdi comme elle, son compagnon dans son imprudente équipée, à Espalion, que Clémandot avait donné rendez-vous à Rose Pierrot, pour le 19, à huit heures du soir, au bouge de la rue des Hebdomadiers.

Pour éviter un malheur avec Clémandot, le capitaine Enjalran, avait chargé sa sœur de déjouer le perfide. Il était certain, lui avait-il dit, que Rose ne se rendrait pas à son rendez-vous, parce que c'était elle, pour ne pas être la fable de la ville, qui l'en avait averti. Mme Manzon, en retrouvant seul Clémandot, chez les Bancal, pouvait donc profiter de la déception de l'aide de camp. C'était à elle à en bénéficier.

En apprenant cette double trahison, Mme Manzon, trop certaine, d'avoir été la dupe des deux amoureux, était entrée d'abord dans une violente fureur.

Elle ne pardonnait pas d'avoir été trompée par Clémandot, pas plus qu'elle ne pardonnait à Rose d'avoir inspiré à l'aide de camp, une passion qu'il n'avait que faiblement ressentie pour elle.

Une femme ne pardonne pas à une autre d'être plus jolie qu'elle, surtout lorsque cette dernière ne se prétend son amie que pour la jouer.

Alors Mme Manzon oublia toutes les protestations, tous les serments faits à son père.

Plus que jamais elle était décidée à se rendre à la maison des Hebdomadiers, pour s'assurer de la vérité!

La rivale de Rose, abandonnée par Clémandot, presque aussitôt qu'elle en avait fait la connaissance, était décidée après l'aveu de son frère, à surprendre une fausse piste et un amant infidèle.

Avant cet aveu, Mme Manzon, ébranlée par les menaces de son père, par le respect pour le nom de son mari, surtout par son amour maternel, s'était demandé bien souvent :

— Irai-je ou n'irai-je pas, le 19, à huit heures, rue des Hebdomadiers, pour y surprendre un Clémandot, qui ne vaut pas les complaisances que j'ai eues pour lui, en lui sacrifiant mon père, mon mari et mon enfant.

Dans ces hésitations elle pensait à son fils, à son cher petit *Allah*, qui était, en effet, son Dieu.

En s'adressant d'abord ces questions, Mme Manzon ne prêtait qu'une oreille distraite aux bruits accrédités, par le méchant Bastide, elle doutait toujours du rendez-vous.

Une fois qu'elle en fut bien certaine par son frère, elle n'hésita plus à aller surprendre et confondre les coupables.

Le 19, elle s'était échappée de chez la famille Pal où elle logeait, pour se rendre chez sa nourrice, une nommée Victoire Redoutez, qui avait ses confidences. Par affection pour elle, cette servante excusait ses étourderies, elle les taisait à sa mère qui, malgré son mari, revoyait encore sa fille en cachette.

Et ce soir-là, Mme Manzon était venue chez sa nourrice pour s'y travestir.

Une fois munie de ses habits d'homme, d'un voile noir qui lui cachait la figure, d'un châle qui la dérobait des pieds à la tête, elle avoua à sa servante le but de son déguisement et de sa visite nocturne.

En vain, la complaisante nourrice essaya-t-elle de combattre son étrange résolution, Mme Manzon, en proie à la jalousie, ne voulut rien entendre.

Malgré le serment qu'elle avait fait à son père, elle s'échappait de chez sa nourrice pour se rendre chez les Bancal.

A huit heures, elle espérait déjouer des amants infidèles, elle ne se doutait pas qu'elle allait devenir le témoin d'un meurtre épouvantable dont elle était appelée à supporter les horreurs, parce qu'elle allait être contrainte à en garder les secrets.

Mme Manzon ne prévoyait pas les épouvantables conséquences de sa folie, conseillée par un amour déçu.

Elle en eut le pressentiment, en sortant de chez sa nourrice, au moment où Fualdès quittait sa demeure, dans la même direction où elle espérait rencontrer le trompeur Clémandot et la coquette Rose.

Dès qu'elle fut au Terral, elle fut enveloppée par des fantômes dont elle devina les mouvements insolites, aux bruits étranges qui la poursuivaient de toutes parts.

Plus morte que vive Mme Manzon, voilée, déguisée, pâle et tremblante, alla frapper à la porte du bouge de la rue des Hebdomadiers.

La porte était entr'ouverte, elle la poussa ; la porte céda sous sa main agitée et fiévreuse. Mme Manzon se trouva nez à nez, dans le vestibule, avec la vieille Bancal, fort désappointée à sa vue. Elle ne s'attendait pas à rencontrer cette dame, à cette heure décisive pour le malheureux Fualdès.

La vieille se recula avec stupéfaction.

Mme Manzon tremblait comme la feuille, en entendant les bruits qui se faisaient derrière elle.

Très anxieuse, aussi inquiète que la Bancal, elle oublia de s'envelopper de son voile pour dissimuler ses traits.

Partagée entre la peur et la jalousie, elle franchit d'un bond le vestibule et pénétra dans la cuisine.

La Bancal l'avait reconnue, elle n'en était que plus alarmée.

— Personne ! exclama-t-elle, en s'affaissant sur une chaise, pendant que la vieille, prévenue par l'émotion de Mme Manzon, s'empressa de revenir à elle, après avoir fermé la porte du dehors.

— Personne, lui répéta la Bancal, revenant sur ses pas et très contrariée de cette apparition.

— Pourtant, s'écria Mme Manzon, essayant de se remettre et montrant de plus en plus son visage à celle qui la connaissait aussi bien qu'elle la connaissait elle-même. Pourtant, j'en suis bien sûre ! C'est pour ce soir, huit heures, que Clémandot a donné rendez-vous à Rose.

— Ah ! çà ! exclama la Bancal, furieuse de ce contretemps ! Ils se sont donc tous donné le mot, pour avoir ici un rendez-vous, le 19 ?

Pendant qu'avait lieu cette scène dans l'intérieur de la maison, le bruit de la rue augmentait, il se rapprochait de plus en plus.

Les coups de sifflet, les sons de l'orgue ne cessaient pas.

Le mari de la Bancal, derrière sa femme, caché dans le vestibule, était resté à la porte, il venait de la refermer sur elle, pendant que sa mégère était retournée auprès de Mme Manzon.

Alors le tumulte du dehors se rapprochait. On se heurtait avec acharnement contre la porte fermée.

Mme Manzon effrayée, se leva de sa chaise, elle s'écria avec agitation :

— Ce sont eux, peut-être ?

La Bancal reconnut à travers les sons de l'orgue, le murmure des voix, elle reprit vivement.

— Non, madame, non, ce ne sont pas ceux que vous espériez surprendre.

Sans en dire davantage, elle prit le bras de la femme avec furie, elle l'entraîna, la bouscula, la poussa jusqu'à l'extrémité de la cuisine, dans le cabinet dont la porte faisait face au vestibule.

— Non, ajouta-t-elle en grinçant des dents, ce ne sont pas eux, mais ceux que je n'attendais pas depuis l'arrivée du mendiant !

Dans le mystère qui se tramait autour d'elle, Mme Manzon commençait à se repentir d'avoir écouté les conseils de la jalousie.

Elle se demandait dans quel traquenard elle s'était jetée, au moment où la Bancal la poussait avec violence vers le cabinet dont elle ferma bruyamment la porte.

Alors le drame où Fualdès devait perdre la vie, commençait.

Maintenant le mendiant Laville n'était plus là pour en arrêter les horribles péripéties.

La porte du dehors s'ouvrit.

Mme Manzon, meurtrie, à demi morte de frayeur, tomba haletante, dans le cabinet.

Avant d'expliquer ce qui s'était passé dans la rue des Hebdomadiers, après la disparition du mendiant, il est indispensable d'expliquer la cause de l'absence de Clémandot, chez les Bancal, lorsque Mme Manzon croyait l'y surprendre.

Il faut aussi noter en passant la facilité avec laquelle ce crime abominable, fut accompli avec autant d'impudence et en comptant d'aussi nombreux complices.

A cette époque, une famille puissante comme celle à laquelle appartenait Jausion, formait malgré la Révolution qui, avait aboli les castes, une société à part, dans une ville de province, aussi arriérée que l'était la ville de Rodez.

Il était facile à des gens influents, redoutant pour eux-mêmes le scandale, de circonvenir, à leur profit, l'autorité gênée dans son service par l'intérêt des uns et par la lâcheté des autres.

Jausion, en prévision du crime du 19 mars, n'avait pas hésité, en faisant valoir la grande notoriété des individus qui allaient devenir ses victimes, à compromettre jusqu'au commissaire de police, M. Constans.

Il l'avait prévenu que le 19, au soir, la fille du président de la cour prévôtale, pourrait bien par une démarche inconsidérée, compromettre le nom de son père.

L'adroit Jausion ne s'en était pas tenu là, il avait fait parvenir au commandant de la place un avis signalant la rivalité de deux officiers, sur le point de se battre pour la jolie Rose Pierret, au sujet d'un rendez-vous, donné par l'un d'eux à cette demoiselle à la maison des Bancal, dans la soirée du 19.

Le commissaire de police, par une condescendance dont il ne comprenait pas la gravité, avait relevé de leur poste, les agents chargés de veiller sur le quartier suspect.

De son côté, le commandant de la place, pour éviter un scandale, qui aurait fait tort au corps des officiers, sous prétexte de ne pas gêner la foire de la mi-carême, avait fait battre une heure plus tôt la retraite, dans la ville de Rodez.

De cette façon, les bandits étaient maîtres, du quartier noir.

Ils pouvaient aller, venir, pourchasser, prendre, reprendre leur victime, sans être inquiétés ni par l'armée, ni par la police.

Les assassins se trouvaient protégés par l'impunité que leur avait assurée l'adroit Jausion.

Ils pouvaient en toute sécurité, par l'insouciance coupable d'un commissaire, par le sans gêne plus coupable encore d'un commandant de place, commettre un abominable forfait, dont l'autorité allait devenir presque responsable.

C'était Mme Manzon, qui, par sa légèreté, par ses inconséquences, avait aidé Jausion à paralyser la justice et l'armée devant ses odieuses tentatives.

Jausion n'avait pas parlé en fanfaron, lorsqu'il avait dit quelques jours auparavant à Bastide son complice :

— Je puis compromettre toutes les autorités de Rodez, jusqu'au commissaire, pour mener à bien nos projets.

Comme on le voit, les intrigues de Mme Manzon avec l'aide de camp Clémandot, lui en avaient fourni les moyens. Les notables de la ville, qui gravitaient autour de Mme Manzon, ne se doutaient guère qu'ils travaillaient comme elle à ce guet-apens mortel, en tombant aussi dans les trames de l'infâme Jausion.

Maintenant il s'agit d'expliquer, au moment ou va se passer le meurtre de Fualdès, dont Mme Manzon a été malgré elle, la spectatrice, la cause de l'absence de Clémandot chez les Bancal, lorsque sa jalouse amante s'y rendait pour le confondre.

Lorsqu'on entraînait Fualdès, à la maison des Bancal, lorsque Mme Manzon était poussée dans le cabinet, Clémandot se trouvait au café des officiers. Il y attendait l'heure du rendez-vous avec la belle Rose pour aller avec elle au bouge de la rue des Hebdomadiers, à l'heure où devait se commettre ce mortel guet-apens.

Le café des officiers placé au centre de la ville, était le rendez-vous de la jeunesse de Rodez. Elle s'y amusait au détriment des beautés de la ville, des scandales dont cette capitale du Rouergue, très dévote et très collet monté, n'était friande qu'en ce café et dans les bouges du quartier noir.

A cette époque, la *petofie* du jour, ou le commérage aveyronnais, roulait sur la fameuse partie d'Espalion, dont Rose Pierret et Mme Manzon étaient les héroïnes.

Les indiscrétions de Bastide et de Jausion s'accordaient avec les prétentions hableuses de l'aide de camp Clémandot, qui se prétendait être le favori des deux dames.

S'il faut en croire les Mémoires de Mme Manzon, la description peu flatteuse qu'elle a laissée de Clémandot, ce n'était cependant rien moins qu'un *charmeur*.

La première rencontre qu'elle fit de lui au théâtre, son équipée à Espalion, l'imprudente démarche qu'elle entreprit chez les Bancal prouvent néanmoins que Mme Manzon ne le vit pas toujours avec les mêmes yeux.

— Il était *beffi*, disait-elle. C'était l'expression dont elle se servait pour désigner Clémandot qui avait la mâchoire inférieure trop saillante. Il avait la bouche grande, le nez tordu, le regard faux, la tête chauve. Il nasillait en parlant, son corps épais était soutenu par des jambes qui, ressemblaient, ajoutait-elle à deux canons de fusil.

Mais Mme Manzon en le caricaturant, n'agissait-elle pas par représailles, lorsque lui-même écrivait, après sa rupture avec elle.

« Ce qui me fit remarquer Mme Manzon, ce fut sa laideur, je désirai la connaître parce qu'on m'assurait qu'elle avait de l'esprit. Je lui pardonnai de n'être pas jolie, quoique j'eusse d'immenses efforts à faire;

malgré son teint cuivré, ses petits yeux, sa large bouche et sa voix d'homme, je commençai à la trouver supportable. »

Mais Clémandot ne l'avait pas toujours considérée ainsi, quand une première fois il l'avait aperçue à la galerie du théâtre de Rodez, comme une des merveilles des dames *indépendantes* de la ville, « plus piquante que belle, plus séduisante qu'élégante, vive, spirituelle, sensible et d'agréable commerce dans un pays où on le l'est guère. »

Alors Clémandot s'était enflammé pour elle. En tous les cas, il n'aurait certes pu l'être, pour sa laideur !

Et ce ne devait être que lors de la partie d'Espalion, en comparant sa maîtresse à Rose Pierret, que sa déesse était descendue de son piédestal !

De son côté, la sensible Clarisse, c'était le prénom de Mme Manzon, ne se fut laissée aller à faire avec lui, son frère et Rose, une partie carrée à Espalion, si elle n'eût trouvé dans le *beffi* Clémandot, un certain charme, rappelant ce qu'était Lovelace à la sensible Clarisse.

Le malheur voulut pour les trop courts amours de ce nouveau lovelace avec la sensible Clarisse, que Mme Manzon eut un frère, le jeune capitaine Enjalran, dont Clémandot enviait les bonnes fortunes.

Si les deux amants ne s'épargnent pas dans leurs mémoires, c'est que, aux débuts de leurs amours, Rose est venue les troubler, en faisant tout à coup de Mme Manzon, une dupe de Clémandot.

De son côté, Clémandot ne pardonnait pas à son ancienne maîtresse, d'avoir beaucoup plus d'esprit que lui, de savoir s'en servir, pour se venger de sa fatuité !

Voilà pourquoi, ils se dépeignent tant en noir dans leurs pamphlets, après s'être écrit tout en rose, aux débuts de leur liaison.

Le 19 mars, huit heures sonnaient au café des officiers, lorsque Clémandot en habit bourgeois, en habit vert à boutons de métal, en culotte courte, cravaté de blanc, dans la toilette d'un homme en bonne fortune, se levait de table.

Il avait l'air important d'un individu très préoccupé de lui-même. On devinait qu'il cherchait à pénétrer les autres de l'attitude affairée qu'il se donnait. Il sortait avec précipitation d'un groupe de jeunes gens, les uns en habit militaire, les autres en habit civil, il courait vers la porte, au risque de renverser ce qui se trouvait sur son passage.

— Dis donc, Clémandot, l'apostrophait alors un de ses camarades, en l'arrêtant d'un air goguenard, est-ce que c'est pour la fille du président que tu parais si pressé, tu n'as pas assez de ton voyage à Espalion, mon sybarite ?

— Oh ! fit Clémandot, en haussant les épaules d'un air de dédain, vous savez bien le contraire, mauvais plaisant ! M. Bastide a pris la peine d'ins-

Le malheureux n'avait plus ni canne, ni coiffure. (Page 118.)

truire la ville de mon indifférence pour cette pauvre Clarisse! Il faut avouer qu'il a été bien cruel à son égard, en la reconduisant à l'endroit où nous l'avions laissée, Enjalran et moi, il y a quatre jours.

— Et avouez aussi, reprit un autre camarade, que les cancans du Géant ont servi votre fatuité, en tachant la robe d'hermine de la jolie Rose.

— Après tout, fit en souriant Clémandot, ce n'est pas moi qui l'ai souillée, le premier.

— Mais, ajouta un autre, en la tachant à ton tour, par ta vanité, prends garde d'y laisser du sang, prends garde d'un coup d'épée d'Enjalran.

— En se battant avec moi, continua Clémandot se rengorgeant, Enjalran aura bien de la chance.

— Tu ne mourras que dans la peau d'un fat, Clémandot! lui riposta un autre camarade.

— Mes chers amis, s'écria-t-il d'un air d'importance. Quand on a eu comme moi la gloire d'avoir reçu cinq blessures sur tous les champs de bataille de l'Europe, quand on a subi deux ans de captivité en Russie, sans compter les blessures que m'ont faites les belles de tous les pays, on a le droit d'être fat. Et ajouta-t-il, la main sur le bouton de la porte, en se gonflant de plus belle, croyez-vous qu'un homme comme moi puisse se contenter des œillades des grisettes ruthénoises aussi stupides que bigottes, ou de quelques unes de ces femmes interlopes, prétentieuses et déclassées, comme cette Mme Manzon, dont l'esprit est aussi mûr que la beauté.

— Oh! oh! riposta le premier railleur, pour que Lovelace parle ainsi de sa Clarisse, il faut qu'il en soit bien rassasié! une fille de président ne suffit plus au glorieux Clémandot, il lui faut une Rose en bouton, comme la jolie Pierret! Son air pressé nous indique assez, que c'est Rose en effet qui lui tient maintenant au cœur!

— Vous pourriez avoir raison, messieurs, fit Clémandot se gonflant de plus belle, prêt à franchir le seuil de la porte.

— Bonne chance, Clémandot, reprit un autre camarade, nous ne t'arrêtons plus pour que tu ne nous accuses pas un jour d'avoir fait manquer ton rendez-vous!

— Et il n'est que temps, répliqua Clémandot en regardant à travers les vitres sur la rue, car je vois arriver Mlle Rose. Bonsoir... bonsoir, messieurs... Je cours la rejoindre... Il ne faut pas la faire attendre... cette chère belle petite. Vous m'excusez, n'est-ce pas?... Bonsoir!... Bonsoir!

Rien de plus vif dans une ville de province que la soif de médire, fut-ce dans une ville comme Rodez où la pruderie et la dévotion régnaient encore dans toutes les classes.

Ce soir-là, la fatuité de Clémandot avait fourni une occasion nouvelle aux officiers de s'amuser des maîtresses de leur camarade. L'apparition de Rose, en un pareil moment, donnait un aliment de plus à leur curiosité.

Surexcités par les vantardises de Clémandot que l'arrivée de Rose justifiait, les jeunes gens étaient collés aux vitres pour voir Rose au moment où Clémandot allait la rejoindre, la joie dans le cœur, dans les gestes et les regards.

Son triomphe fut de courte durée.

Avant d'ouvrir la porte pour courir au-devant de Rose, un autre individu l'avait prévenu et devancé.

C'était son ex-ami, devenu son ennemi mortel, c'était Enjalran.

Edouard Enjalran avait dit juste en avertissant sa sœur, Mme Manzon, de la mystification qui devait punir la fatuité de son rival. Rose, loin d'accepter le rendez-vous de Clémandot pour aller avec lui au bouge de la rue des Hebdomadiers, tenait à donner une cruelle leçon au traître.

Elle se montrait au bras de son ami, à l'heure de son rendez-vous. Elle le narguait de son poste d'observation, après avoir averti Enjalran de sa traîtrise; elle partait avec son amant pour une toute autre destination que celle que lui avait indiquée son rival.

Rose Pierret, menacée d'être la fable de la ville, en se donnant à Clémandot, lui rendait la pareille, en le narguant devant ses camarades, au bras d'Edouard qu'il avait cru tromper à Espalion.

Cette fois, le dupeur était dupé !

Les camarades de Clémandot riaient à se tordre. Clémandot, la bouche béante, resta comme pétrifié !

Les deux amants s'éloignaient, qu'on entendait encore du café les rires bruyants des officiers qui déliraient de joie !

Clémandot, une fois sorti de sa stupeur, se tordait de rage, il écumait, dépité, furieux, hors de lui, les poings crispés, prêt à s'élancer du café dans la rue contre le couple heureux et narguer.

Mais Enjalran, au bras de Rose, se tourna de son côté; il le menaça du poing, pendant que Rose, pendue à son bras, courbée en deux, riait à gorge déployée.

Pour ne pas mettre le comble à son ridicule, l'aide de camp opéra une retraite au fond du café; il se jeta sur une table, la tête dans ses mains, s'arrachant les quelques cheveux qui lui restaient.

Il murmura dans ses dents :

— Oh! j'aurai la vie à ce misérable, où il aura la mienne. Quant à cette Rose, à cette coquette! Elle me le payera... Oh! oui, elle me le payera !

Ses cris de rage furent étouffés par les rires et les quolibets de ses camarades. Ils ne faisaient que redoubler la fureur de l'aide de camp, blessé dans son orgueil, plus mortifié encore par les railleurs de son excessive vanité.

Tous répétaient en chœur d'un air de pitié gouailleuse.

— Ah! pauvre Clémandot!... Pauvre Clémandot.

Pendant que se passait cette heure au café des officiers, une double scène, autrement dramatique, avait lieu à la maison des Bancal.

Elle devait avoir pour témoin la même Mme Manzon se rendant chez les Bancal, le soir du 19 mars. Elle croyait y surprendre un amant infidèle, elle n'y vit qu'un drame horrible dont elle subit toute la peine, en lui donnant la plus étonnante, la plus singulière célébrité.

Mᵐᵉ Manzon, pendant que Clémandot était le jouet des railleries de ses camarades, croyait entrer chez les Bancal, dans un Paphos ouvert à ses rivaux; elle n'entrait que dans un lieu plein d'horreur où allait avoir lieu un spectacle épouvantable.

C'était acheter cher un serment violé, une amourette de passage; elle devait les payer de sa réputation, de son bonheur pour ne pas les payer de la vie !

Les principales causes de ces événements étranges, se passant dans la nuit du 19 mars, à tous les coins de la ville de Rodez, du café des officiers à la place de la Cité et au bouge des Bancal, étaient dues à des rendez-vous manqués.

Fualdès était attendu par ses assassins à l'écurie de l'hôtel des Princes. Par la faute du mendiant Laville, qui fit manquer ce rendez-vous, Fualdès fut immolé à la maison des Bancal.

Mᵐᵉ Manzon ne devait pas venir chez les Bancal, liée par le serment qu'elle avait fait à son père; elle y vint poussée par la jalousie.

Et Clémandot, que Mᵐᵉ Manzon devait y rencontrer, avec Rose, ne s'y trouva pas par une ruse de sa rivale.

De tous ces rendez-vous manqués, surgit une horrible et sanglante catastrophe, dont Mᵐᵉ Manzon fut obligée de garder le secret, pour ne pas perdre la vie !

CHAPITRE XIII

LE MEURTRE

Il faut expliquer, après avoir quitté le café des officiers, ce qui se passait, au même moment, dans la rue des Hebdomadiers.

La présence du mendiant, en face de l'écurie, lorsque M. Fualdès, faisait une retraite au Terral, avait d'abord dérouté les ombres qui le guettaient et l'entouraient.

Mais Laville, par sa situation, ne put prendre un rôle militant ou agressif vis-à-vis des meurtriers. Il se contenta de les inquiéter, occupant l'écurie où les misérables espéraient établir le théâtre de leur forfait.

Une fois le mendiant parti, les meurtriers s'enhardirent.

Anne Benoist, la compagne de Colard, fut la première à se jeter sur Fualdès, au moment où il s'apprêtait à retourner vers la cité. Elle appela à son aide Colard et Bach, prêts à cerner le magistrat du même côté où Missonnier était accouru, après l'apparition du mendiant.

Dès son arrivée, Missonnier avait abandonné son poste, il était descendu dans la rue de l'Ambergue droite, mais pour revenir sur ses pas, prêt à rejoindre Colard et Bach, afin de barrer le chemin à Fualdès.

Jausion et Bastide, dans la rue des Hebdomadiers, regardaient Anne Benoist, échevelée, les bras nus, animant comme une furie, Colard, Missonnier et Bach qui tombaient tous trois sur leur victime.

Bousquier était resté chez la Féral, attendant rue du Touat qu'on vînt le chercher pour donner la dernière main à ce guet-apens infernal.

Se réservait-il dans l'intérêt de la justice, comme l'avait soupçonné la Bancal? Après tout, que pouvait tenter ce faux frère, en supposant qu'il fût de la police, puisque Jausion espérait tenir la magistrature dans ses trames ?

En tous les cas, une autre police occulte, représentée par le carbonaro Laville, avait détruit le plan de Jausion, si patiemment dressé, depuis quatre jours, entre lui et le géant Bastide.

Cette première déception n'avait fait qu'augmenter la fureur des ombres, tournant d'un air farouche autour de leur proie, avant de la terrasser.

Dès que Laville fut retourné à l'écurie où les meurtriers, sous la conduite de Colard, sous l'inspiration de Jausion, avaient décidé d'attirer Fualdès, il entendit qu'on se débattait dans la rue.

Deux fois on poussa la porte.

A la deuxième poussée, les meurtriers s'assurèrent que la porte était fermée en dedans par Laville, et ils s'éloignèrent en emportant leur victime.

Le mendiant surprit la voix de Colard murmurant ces mots : *Vite chez la Bancal !*

Sa voix et les cris de la victime furent étouffés par l'instrument du joueur d'orgue.

Colard, depuis l'apparition du mendiant et l'arrivée de Fualdès, allait, courait, obéissant à Bastide et à Jausion, immobiles dans la rue des Hebdomadiers.

Alors Fualdès, arrêté par Anne Benoist près de la maison de Missonnier, venait d'être débarrassé de sa canne, on l'avait bâillonné d'un mouchoir fourni par Anne, pour étouffer ses cris.

La femme et les trois hommes l'entraînèrent vers l'endroit où se tenaient en sentinelles Bastide et Jausion, en face de la maison des Bancal.

Cependant cette maison, par la faute des allées et venues de Laville, n'était plus préparée, ce soir-là, pour l'exécution.

Mais où les bourreaux pouvaient-ils mieux traîner Fualdès que dans ce repaire infâme où le crime avait été médité, où l'habitude de la prostitution vénale ne pouvait être que l'avant-coureur de tous les crimes ?

D'ailleurs, le cloaque n'était qu'à deux pas de l'écurie.

L'affreux dessein des meurtriers, déjoué par le mendiant, devait trouver par cet obstacle même de nouveaux moyens d'impunité.

Jausion, d'accord avec Bastide, le pensait ainsi lorsqu'il ordonnait à Colard de transporter avec ses hommes Fualdès à la maison Bancal.

N'était-ce pas, dans le principe, à ce bouge que les deux beaux-frères avaient donné rendez-vous au magistrat.

Rien n'y était prêt pour le meurtre, il est vrai ; mais la maison Bancal n'était pas moins destinée à en rester le théâtre.

Là, du moins, ils pensaient n'être plus troublés par des témoins inopportuns ou dangereux.

Ils ne comptaient pas là sur la présence de Mme Manzon.

Au moment où la Bancal poussait la fille de M. Enjalran dans le cabinet, le bruit du dehors annonçait l'arrivée de Fualdès.

Il s'avançait, poussé, bousculé, entraîné par ses meurtriers, malgré ses résistances, malgré ses cris étouffés par le mouchoir qui le bâillonnait.

Ses violences se traduisaient par des jurons, des soupirs, des heurts dont le bruit était couvert par l'orgue de Briès, jusqu'à ce que ces violences se fussent arrêtées au seuil de la maison Bancal.

Dès que le groupe des assassins eut rejoint Bastide et Jausion les attirant du geste, le Géant prit la tête du groupe, le banquier se mit à pousser par derrière Fualdès.

Le malheureux n'avait plus ni canne, ni coiffure.

Sa cravate était dénouée, sa lévite déchirée au collet par le Géant qui lui tenait son chapeau ; ce dernier l'attirait avec brutalité vers la porte de la rue des Hebdomadiers.

Alors Colard avait pris les devants.

Le premier, il entra par la porte que l'époux de la Bancal avait rouverte, resté dans le vestibule.

Pâle, l'air égaré, Colard poussa la porte, sans s'inquiéter de l'homme qu'il rencontra ; il bondit dans la cuisine, au moment où la vieille y revenait, après avoir entraîné Mme Manzon dans le cabinet.

Au même instant, les plus jeunes enfants de la Bancal descendaient du premier étage dans la cuisine.

Hé ! Qu'avez-vous, Colard ? l'interrogea-t-elle, non moins émue que son complice.

— Pourquoi vos enfants ne sont-ils pas couchés ? demanda-t-il brusquement en roulant des yeux égarés.

Mais la Bancal, fort émue par le bruit du dehors, alla vers ses fils, et demanda encore à Colard :

— Ah çà ! c'est donc ici qu'ils viennent ?

Avant que Colard eût pu lui répondre, Bach s'était détaché du groupe où Fualdès était retenu par Jausion et Bastide.

Bach bondit à son tour du vestibule à la cuisine, en s'écriant :

Allons !... allons, faites retirer les enfants !

Puis Bach repartit vers la rue, pendant que Colard, les époux Bancal remontèrent les jeunes Alexis et Victor vers le premier étage pour les faire coucher, avec leur sœur Madeleine qui y reposait.

A peine la Bancal fut-elle redescendue avec Colard et son mari, que la porte de la rue se rouvrit pour se refermer aussitôt.

Missonnier, Bach, Anne Benoist entrèrent avec Fualdès qu'ils conduisaient, bousculaient et violentaient.

En route, il avait perdu son bâillon, mais ses cris étaient encore couverts par les sons de l'orgue.

Bastide le tenait par la cravate, il la tournait si fortement contre sa gorge qu'il étouffait ses cris. Il le forçait à venir à lui ; Jausion le poussait par derrière, il le portait presque ; ce dernier paraissait très essoufflé; il était aussi furieux que sa victime avait l'air terrifié, anéanti.

Ils arrivèrent dans la cuisine, au moment où la Bancal, son époux et Colard y reparurent.

A leur vue, les auxiliaires de Bastide et de Jausion se reculèrent près de la porte donnant sur le petit carré où se dressait l'escalier, avant d'arriver au vestibule.

Bastide et Jausion, une fois dans la grande pièce avec Fualdès, le jetèrent plutôt qu'ils ne le placèrent sur une chaise.

Aux signes de la Bancal et de Colard, on mit une grande table au milieu de la cuisine. Le mari de la Bancal se plaça à un bout, à l'opposé où se tenaient Fualdès, Jausion et Bastide.

Pendant que le Géant poussait son parrain contre la table, Jausion y étalait des billets tout préparés qu'il venait de sortir d'un portefeuille.

— Au nom de Dieu, que me voulez-vous ? exclamait le patient essayant de remettre de l'ordre dans ses idées, comme un homme qui sort d'un mauvais rêve.

— Ce que je veux, reprit Jausion sévèrement, pendant que Bastide retenait de ses fortes mains les mains suppliantes de la victime. C'est que vous écriviez votre nom sur ces billets. Il y a là pour la somme de 80,000 francs !

— C'est une indigne violence ! cria Fualdès qui essaya de se lever. Bastide lui avait quitté les mains, mais Jausion les lui avait reprises.

Alors Bastide avisait une mauvaise écritoire de plomb, il y mettait tranquillement un peu de vinaigre pour délayer l'encre figée dans l'écritoire poussiéreuse.

— Écrivez ! se contenta de lui répondre Jausion en lui quittant les mains ; puis il lui montra les billets, étalés sur la table où Bastide venait de poser l'écritoire, pendant que dans le fond de la pièce se groupaient, en se consultant, ses farouches mercenaires.

Deux femmes étaient parmi ces sicaires : Anne Benoist et Marianne, la fille aînée de la Bancal, qui venait de les rejoindre de l'étage supérieur.

Fualdès, contusionné, étourdi, ahuri, prit machinalement une plume placée à côté de l'encrier, il signa quelques effets, comme s'il n'eût pas conscience de ce qu'il faisait. Après avoir lu ce que contenait le corps des billets, il rejeta avec indignation plume et papier, il s'écria :

Non ! jamais, je ne déshériterai ma femme, mon fils, ma famille... jamais... jamais....

Alors, il se fit un mouvement dans le groupe des assistants sur un coup d'œil que leur lança Bastide.

Colard se détacha de ses compagnons, il s'approcha du Géant et lui montra un couteau.

Bastide lui dit en souriant, les regards sur son arme :

— *C'est bon !*

La Bancal se rapprocha de la table, poussa du pied un baquet placé au milieu de la chambre vers l'endroit occupé par Fualdès.

Le magistrat interrogea, avec des regards égarés, ce qui se passait autour de lui.

Il ne se méprit pas sur la nature de ces lugubres préparatifs, à la vue de Colard armé et parlant à Bastide.

Fualdès balbutia avec angoisse :

— Eh quoi ? Pourra-t-on jamais croire que mes parents et mes amis soient au nombre de mes assassins ?

Jausion ne répondit pas, d'abord. Il était trop occupé à réunir les quelques billets épars.

Une fois qu'il les eut mis dans sa poche, il lui répondit :

— Après ce que je viens de faire, je vous connais, vous me l'avez prouvé, vous me le reprocheriez toute votre vie ! Oui, je vous connais, vous ne m'épargneriez pas.

... Que Bastide poussa jusqu'à l'endroit où était le cadavre. (Page 128.)

— Vous savez bien pourtant, dans votre âme et conscience, riposta-t-il en souriant avec amertume, si je vous ai épargné.

— Vous en repentez-vous? lui cria l'infâme banquier s'avançant sur lui, la voix oppressée par la rage et grinçant des dents.

— Eh oui ! exclama Bastide se rapprochant à son tour ; vous voyez bien qu'il s'en repent.

Colard les avait suivis en brandissant son couteau, il s'écria sur un ton déclamatoire :

— Les voilà bien tous, ces gueux d'aristocrates ! Parce qu'ils sont riches et puissants, ils se croient tout permis.

Le couteau que brandissait Colard se rapprocha de plus en plus de Fualdès, il fit plus d'effet sur le malheureux et sur les bourreaux que la déclamation du sicaire.

Un profond silence succéda à cette menace. Les assassins se consultaient de nouveau.

Anne et Marianne, les deux femmes regardaient surtout la victime. Anne, la maîtresse de Colard, qui pourtant ne venait pas d'épargner le vieux juge, avait peur; mais c'était pour son amant qui, selon elle, se compromettait trop au profit de Jausion et de Bastide.

Ce fut Bastide, l'homme d'exécution, qui rompit le silence.

— Allons... allons, dit-il, il faut en finir !

A cette sentence prononcée par son filleul, Fualdès pousse un profond soupir ; il se lève et lui répond :

— Donnez-moi mon chapeau.

— Ton chapeau ? lui crie Jausion très pâle, encore sous le coup des reproches du magistrat, mais tu n'en as pas besoin !

Au même moment, le Géant le saisit de ses bras vigoureux. Il l'étend sur la table où Jausion venait de ramasser ses billets.

Il résiste.

Une lutte s'engage entre le filleul et le parrain. Les individus qui les entourent ne tardent pas à seconder les lutteurs.

Fualdès résiste encore.

Dans les efforts désespérés de la victime, la table est renversée. Fualdès profite de cet incident pour échapper des mains des assassins. Il se coule vers la porte. Un des témoins, Bach, y est placé. Il ne fait pas un mouvement pour arrêter la fuite de Fualdès.

Bastide s'en aperçoit, il lui donne un soufflet. Puis à l'aide de Colard et de Missonnier, ils resaisissent leur proie.

Durant cette scène, Jausion avec la Bancal redresse la table. L'horrible femme force son époux à y reprendre sa place, tandis que, à la place opposée, elle pousse le baquet à l'endroit où l'on doit coucher la victime.

Comme son mari hésite à se remettre à son poste, comme il est prêt à mettre le holà dans la bagarre, la mégère lui crie :

— Tais-toi et obéis ! Nous sommes payés pour faire les affaires de M. Jausion et non pour savoir qui a tort ou raison.

L'époux, habitué à ne faire que les volontés de sa femme, se tait et obéit.

Fualdès est reporté sur la table. Il se débat toujours ; mais épuisé par le nombre, il retombe en s'écriant :

— Décidément, vous voulez m'assassiner ! Ah ! Jausion ! ah ! Bastide !

De nouveau, par un suprême effort, il roule au pied de la table. En tombant, il bouscule un pain que, la veille, Mme Fualdès avait porté chez les Bancal.

Le pauvre homme le reconnaît.

Il soupire, il lève les mains au ciel. Il se rappelle, peut-être, les appréhensions de Mme Fualdès. Il se doute dans quel but elle a laissé chez de pareils misérables, un nouveau gage de sa charité.

Il pleure, il sanglote, il pense à celle qui avait si peur des gens qui complotaient sa mort en mangeant son pain !

Il ne la verra plus, parce qu'il n'a pas voulu croire aux avertissements de son cœur, en faisant l'aumône à ceux qui lui ravissaient l'objet de sa tendresse.

Il ne la verra plus, en prévision de sa douleur, c'est pour elle qu'il a peur de la mort.

Bastide devine les poignantes pensées qui le torturent, Il répète :

— Allons ! allons ! Il faut en finir.

Colard, féroce d'instinct, dépasse en brutalité le farouche Bastide.

Pour que Fualdès ne résiste plus, une fois qu'il sera placé sur la table, il s'élance sur lui, armé de son couteau.

Anne, qui craint toujours pour son amant, abandonne Marianne ; elle veut retenir le bras de Colard, en lui criant :

— Baptiste, que vas-tu faire ?

Le monstre, sans lui répondre, la repousse ; elle se sauve, il la poursuit en la menaçant.

Anne, effrayée, se blottit dans un coin, en sanglotant et répétant :

— Ah ! le malheureux, que va-t-il faire !

Pour la dernière fois, on prend Fualdès par la tête et par les pieds et on l'étend sur la table.

L'époux Bancal lui tient les jambes, Jausion s'est emparé du couteau, au moment où Colard en menaçait sa maîtresse. Les autres complices lui retiennent les membres ; la Bancal veille à ce que le baquet soit bien **au-dessous de la tête du patient.**

C'est Jausion qui, avec l'arme de Colard, lui porte le premier coup.

Mais il le porte si mal, entre la tête et la nuque, que le sang ne vient pas. Bastide, qui est pour les procédés prompts, arrache des mains de son beau-frère le couteau ; il frappe à son tour, mais la lame tourne, le sang ne vient pas encore.

Alors Colard, tout au moins aussi sanguinaire que les chefs, reprend son arme dont ils se servent si maladroitement, il s'écrie en haussant les épaules :

— Vous n'êtes que des *amateurs*, savez-vous ? Vous ne savez pas vous y prendre !

Il prend son élan, il frappe en homme expérimenté, juste et fort, à l'endroit des artères carotides. Le sang, ne vient qu'au second coup.

Le corps du malheureux Fualdès, fortement retenu sur la table, cramponné de la tête aux pieds par des mains impitoyables, tressaillit et fit de légers soubresauts.

Le patient poussa deux cris aigus.

Mais les sons de l'orgue qui retentissaient à la porte des assassins, les couvrit au milieu du silence qui régna bientôt autour de la victime et des meurtriers.

Enfin, le sang coula.

Il partit par saccades et jets impétueux du cou de la victime. Colard était, en effet, un homme expérimenté ; il plaça sa main sur la blessure, de façon à faire tomber le sang dans le baquet.

Au milieu du sang qui coulait, malgré le bruit persistant de l'orgue, on entendit Fualdès murmurer ces mots :

— Laissez-moi faire, au moins, mon acte de contrition !

— Tu le feras avec le diable ! lui riposta Bastide dédaigneusement.

Puis il ajouta à Jausion qui encourageait Colard à frapper encore :

— C'est égal ! c'est un rude mortel que cet homme-là !

Le sang coulait toujours.

La Bancal veillait avec attention à ce que le sang tombât bien dans le récipient. Son digne époux, au bout de la table, après s'être emparé des bas de la victime, éclairait avec une lampe la place où Colard devait élargir la blessure.

Les autres monstres, acharnés après lui, ne cessaient de retenir les membres du moribond.

Il se glaçait de plus en plus, inerte, immobile, incapable de faire un mouvement.

A mesure que le sang s'échappait de son corps, il retombait par saccades moins vives dans le baquet destiné d'ordinaire à donner à boire aux cochons.

Le corps de Fualdès, qui avait tressailli d'abord à chaque coup porté par Colard, ne remua bientôt plus.

Alors le Belge se recula; il essuya d'une main sanglante la sueur qui coulait de son front, par les efforts qu'il avait faits pour porter ses coups mortels.

Il regarda le corps livide, inanimé en homme fier de son ouvrage, il dit à tous ses compagnons :

— Maintenant vous pouvez le lâcher, c'est fini. Le B*** ne fera plus le *bonapartiste !*

En effet, le sang ne venait plus, le corps ne remuait plus, Fualdès était mort.

Une autre scène se passa, dès que Jausion se fût bien assuré par lui-même du trépas de sa victime.

Il dit à Bastide qui avait l'air d'attendre ses ordres :

— Qu'on transporte le corps près de la croisée, qu'on le déshabille.

Sur la volonté de son beau-frère, Bastide pousse Colard du coude, il lui coule quelques mots à l'oreille.

Le Belge engage les femmes à se joindre à ses complices pour opérer la funèbre opération.

Les monstres s'abattent comme des vautours sur le cadavre placé sur le banc, près de la croisée de la rue.

Jausion était tellement sûr de l'impunité promise par la police, grâce aux condescendances du commissaire Contans, qu'il ne redoutait aucun témoin de cette scène horrible, dans un quartier appartenant exclusivement à la misère, à la débauche et au crime !

Du reste, le joueur d'orgue, Bries, veillait, en ne cessant de jouer de son instrument.

En un instant, les sicaires dépouillèrent le cadavre; ils s'emparèrent de sa lévite, de sa douillette et de sa culotte, excepté de ses bas et de ses souliers déjà en la possession des époux Bancal.

Une fois la dépouille faite, les misérables voulurent se mettre à fouiller ses habits, Jausion s'y opposa.

Il alla vers eux, d'un geste impératif, il leur dit :

— Dès que ce n'est pas pour son argent que nous lui en voulons, nous nous opposons à ce que vous vous partagiez ses dépouilles, avant de les avoir visitées nous-mêmes.

Les hommes de Colard rapportèrent donc les dépouilles à Jausion; puis ils se retirèrent pour laisser faire l'odieux banquier.

Celui-ci, après avoir opéré une minutieuse inspection dans toutes les poches de l'assassiné, tira de sa culotte une petite clef. Il la donna à Bastide, en lui disant :

— Maintenant, allez chez Fualdès ramasser le tout.

Bastide, après avoir pris la clef, allait sortir de la cuisine lorsqu'un léger cri se fit entendre au fond de la pièce.

Les rideaux du lit où couchaient d'ordinaire les plus jeunes enfants de la Bancal venaient de remuer.

C'était de là qu'on avait entendu crier.

Les assassins se regardèrent d'un air de stupeur et d'effroi.

Étaient-ils découverts avant de jouir du bénéfice de leurs forfaits ? Ce rideau cachait-il un vengeur mystérieux ?

CHAPITRE XIV

LA DOUBLE ALERTE

Voici ce qui s'était passé pendant cette scène d'horreur, ce qui avait amené ce cri et ce remuement de rideaux à un lit qui, pour les auteurs du meurtre, aurait dû rester inoccupé.

La petite Madeleine, que sa mère avait entraînée au premier étage, à l'arrivée des meurtriers, y était redescendue, poussée par la curiosité. Elle avait franchi le vestibule, elle s'était glissée et replacée dans son lit pour tout voir.

La pauvre enfant, affolée de terreur, n'avait pas perdu une seule scène de cet épouvantable spectacle.

A la fin du crime, elle n'avait pu s'empêcher de pousser un cri d'angoisse, retombant dans son lit, à demi morte de frayeur.

Ce fut Bancal, le père de Madeleine qui fit remarquer d'où partait ce bruit qui avait ému les assistants.

Anne, la première, courut au lit de l'enfant, presque évanouie. A sa vue, elle feignit de dormir.

Aussitôt Anne revint dire à ses complices interdits :

— C'est Madeleine !

— Eh bien ! exclama Bastide avec sa brutalité ordinaire, qu'on s'en délivre ! C'est un témoin qui peut nous perdre. On payera davantage les Bancal et tout sera dit !

A ces mots, l'horrible femme eut un sinistre sourire. Elle regarda son époux et le consulta des yeux. Le maçon, moins odieux que la mégère, pâlit effroyablement. Il alla au lit de sa fille pour la protéger.

La petite Madeleine entendit, en frissonnant, ces sinistres paroles. Elle feignit encore de dormir. En retrouvant son père auprès d'elle, elle l'embrassa sans dire un mot et l'entoura de ses bras.

Puis le maçon revint vers ses complices, le dos contre le lit, il leur dit d'un ton singulier et peu rassurant :

— Elle dort, elle n'a rien vu. Donc, il ne faut lui faire aucun mal !

Jausion, toujours prudent, fit un geste à Bastide, afin de ne pas irriter un père qui ne partageait pas la férocité cupide de la marâtre.

Il pensait avec raison qu'en évitant un danger causé par cette première alerte, ils allaient au-devant d'un autre plus certain, en excitant les représailles d'un père qui, à aucun prix, ne voulait sacrifier son enfant.

Une seconde alerte, bien autrement dangereuse, vint répandre de nouvelles inquiétudes au milieu des assassins.

Elle eut lieu lorsque les sicaires, sur l'ordre de Jausion, remettaient au cadavre la culotte, la lévite et la douillette qu'il portait avant son trépas.

On entendit un nouveau bruit. Cette fois, il partait du cabinet où était enfermée Mme Manzon.

Bastide, muni de la clef de la victime, s'apprêtait à sortir ; à ce bruit, il s'arrêta, en proie à la stupeur.

Jausion et ses mercenaires reculèrent d'épouvante.

— Qu'est-ce que cela encore ? demanda le banquier à la Bancal, en regardant Bastide qui lui adressa la même question.

— Ah ! s'écria la Bancal en se frappant le front d'un air d'effroi, ce qui redoubla l'anxiété générale. Je l'avais oubliée, celle-là ! C'est la Manzon ?

— Hein ! la Manzon, ici ? exclama le Géant roulant des yeux farouches, pendant que Jausion et ses sicaires étaient plongés dans la consternation. C'est donc ainsi que tu es discrète, vieille procureuse ? C'est bon, ajouta-t-il en s'emparant du couteau de Colard, n'oublions pas nos sûretés.

Il s'élança comme un ouragan dans le cabinet.

Immédiatement il en ressortit, traînant un homme, ou plutôt Mme Manzon déguisée en homme, que Bastide poussa jusqu'à l'endroit où était le cadavre.

La malheureuse femme, à demi morte de frayeur, encore voilée, tremblait comme la feuille.

Elle tomba plutôt qu'elle ne se plaça contre la table où était étendu Fualdès, inanimé et livide.

Près d'elle, la Bancal, apostrophée par Bastide, se contentait de remuer

En un clin d'œil le bossu fit disparaître les hommes masqués, qui s'échappèrent comme une volée d'oiseaux. (Page 136.)

de la main, dans le baquet, le sang de la victime qu'elle destinait, disait-elle, à donner à boire à ses cochons, en guise d'eau grasse!

Devant Mme Manzon, déguisée en homme, un voile noir sur la figure, s'appuyant sur la table pour ne pas tomber, se dressaient les assassins frémissant d'épouvante et de colère.

En se voyant menacée de toute part, la femme déguisée s'écria:

— Je n'ai rien vu !... Je ne sais rien !... Epargnez-moi, je ne suis qu'une femme, épargnez-moi !

— Pour parler ainsi, répliqua Bastide en ricanant d'une façon farouche, c'est que vous savez tout, c'est que vous avez tout vu, tout entendu !

Puis, il lui déchira le voile qui lui couvrait la figure, il lui ouvrit ses habits, d'une façon brutale et cynique, pour bien s'assurer de son sexe.

La malheureuse chancelait et sanglotait autant par l'horrible spectacle qu'elle avait devant les yeux, que par les outrages de l'odieux Bastide.

Alors, les acteurs de cet horrible drame s'étaient divisés. Les plus obscurs se groupaient dans un coin de la cuisine, à quelques pas du cadavre, de Mme Manzon et du Géant.

Il s'établit entre les compagnons de Colard un colloque auquel Jausion, à un autre bout de la salle, ne prit point part.

Bastide, à une égale distance, ne dominait pas moins ses complices de la voix et du geste.

Il leur dit :

— Oui, c'est bien la Manzon, il faut nous en défaire.

— Si l'on se contentait d'exiger d'elle un serment ? osa proposer Bach qui, à l'exemple de Jausion, n'était jamais d'avis de commettre un meurtre inutile.

— Bah ? Un serment, reprit Bastide en haussant les épaules. Qu'est-ce que cela prouve ?

— C'est vrai ! riposta Colard très en verve de meurtres, depuis qu'il avait saigné Fualdès. Un serment ne prouve rien, savez-vous ? Pour s'assurer le silence des gens, il n'y a rien de tel qu'un bon coup de *capuchadou*.

Jausion, de son coin, avait tout entendu. Il répondit à ses complices réunis en conciliabule :

— Y pensez-vous ? Tuer encore ? Surtout la fille du président de la cour prévôtale. Autant nous mettre le cou sous la lunette du bourreau ? Vous arrangeriez bien vos affaires ! Pour ma part, je m'y oppose de toutes mes forces ! Et si quelqu'un touche Mme Manzon du bout du doigt, c'est à moi qu'on aura affaire.

Tous se regardaient d'un air interdit. Bastide, habitué à régler sa conduite sur celle de son beau-frère, se radoucit. Jausion se rapprocha du Géant et lui murmura :

— Malheureux, tu es déjà embarrassé d'un cadavre, que ferais-tu de l'autre ?

— Vous avez peut-être raison, répondit-il en secouant la tête ; mais cette fois, laissez-moi agir.

Et quittant Jausion, délaissant ses aides, il revint vers Mme Manzon, défaillante, attendant près du cadavre son horrible destinée!

— Madame, lui cria-t-il brusquement en la secouant avec force, la seconde rencontre que nous faisons ici est autrement sérieuse que celle où je vous vis, en entrant en ville, après votre équipée amoureuse. Il y a quatre jours, il n'y avait que votre réputation en jeu. Ce soir, il s'agit pour vous de la vie ou de la mort ?

— Qu'exigez-vous de moi, monsieur Bastide? s'écria-t-elle en attachant sur lui des yeux suppliants et tombant à ses genoux, sous la tête du cadavre.

— J'exige un serment, reprit-il en grossissant sa voix, en roulant des yeux farouches, en lui poussant les bras du côté du corps. Jurez-moi, jurez-nous de ne jamais rien dire de ce que vous avez vu, sinon vous périrez par le fer ou par le poison.

— Je le jure! s'écria-t-elle d'une voix défaillante, accroupie contre le mort sur lequel elle étendit la main où elle avait aux doigts plusieurs marques de sang.

— C'est bien, fit Bastide en la relevant avec brutalité, maintenant sortez! Souvenez-vous de votre serment. Rappelez-vous que le jour où vous le violerez, vous serez une femme morte. Allez!

La malheureuse Manzon était si troublée, si agitée, lorsque le Géant lui donnait l'ordre de partir, qu'elle ne savait plus où sortir de la pièce. Elle s'en retournait du côté du cabinet d'où l'on venait de la découvrir.

Alors, Jausion s'avança vers elle avec une sorte de déférence, il la prit tout à coup sous sa sauvegarde. Il la conduisit dans le vestibule pour la faire partir avec lui.

L'adroit Jausion sentait, en ce moment critique, qu'il avait besoin du silence de la fille du président de la cour prévôtale. Car son silence était pour les meurtriers une nouvelle planche de salut.

Jausion parti, Bastide, qui ne faisait rien sans son beau-frère, ne songea plus, avant nouvel ordre, à quitter le théâtre du crime, à profiter de la clef trouvée sur Fualdès.

Il n'eut qu'une pensée, se débarrasser du cadavre, comme cela avait été convenu, antérieurement, d'après les instructions prises entre les assassins depuis quatre jours.

A cette occasion, tout était à refaire; car, en dernier lieu, c'était chez Missonnier que Fualdès aurait dû être frappé; c'était là que définitivement les meurtriers avaient déposé leurs funèbres engins.

Il était neuf heures et demie, le temps pressait; car c'est à dix heures que la ville de Rodez est plus tranquille et plus déserte.

Alors Bastide s'écria :

— Maintenant, il s'agit de se défaire de ce mauvais paquet. Il y a assez longtemps que Bousquier attend chez la Féral pour le jeter dans l'Aveyron. Il s'agit de travailler, à ce que Bousquier ne puisse voir ce que contient le ballot, à l'œuvre !

Comme si la Bancal se fût attendue à cet ordre, elle apportait un mauvais drap sans marque, tandis que son époux la suivait avec une grande couverture de laine.

Bastide et Colard, les plus vigoureux de la bande, plièrent le cadavre dans le drap et la couverture. Ils l'attachèrent avec des cordes neuves dont Colard, l'ordonnateur de ses aides, s'était précautionné depuis quatre jours.

Les aides et les deux femmes regardèrent faire ces sinistres apprets, pendant que Jausion reconduisait Mme Manzon dans un double but : pour se faire bien venir d'elle en la protégeant et en lui recommandant un silence absolu ; pour aller avertir ensuite au cabaret de la Féral le commissionnaire Bousquier prêt à venir chercher le *paquet* qui l'attendait chez les Bancal.

Il était convenu, a ce sujet, que Jausion frapperait aux vitres de la fenêtre du cabaret; et qu'après ce signal, Bach viendrait rejoindre le banquier, afin d'emmener Bousquier à la rue des Hebdomadiers pour l'aider à porter le cadavre dans l'Aveyron.

Au moment où Bastide et Colard empaquetaient le corps, où Jausion reconduisait Mme Manzon et allait chercher Bousquier, d'autres ombres erraient aux alentours de la maison du crime.

Quatre inconnus, masqués, enveloppés de manteaux, le chapeau sur les yeux, cernaient les aboutissants du Terral.

Ils s'apprêtaient, sur le signal d'un individu conduit par Lavillo qui s'était échappé de son écurie, à pénétrer à leur tour dans la maison Bancal.

Ils y seraient entrés déjà pour y causer une troisième alerte, sans la sortie de Jausion, de Mme Manzon qu'ils laissèrent partir du côté où ils arrivaient.

Les assassins n'étaient pas au bout de leurs épreuves et de leurs inquiétudes.

L'arrivée de ces hommes masqués devait leur causer de nouvelles transes, après les découvertes qu'ils avaient faites, par la présence de la petite Madeleine et l'apparition plus dangereuse de Mme Manzon.

D'autres dangers allaient surgir.

A l'encontre de la police du gouvernement, une autre police, occulte et ombrageuse, veillait autour de la maison.

Devait-elle se tourner contre les meurtriers de Fualdès ou protéger leurs forfaits?

C'était ce que les assassins, en passant par de nouvelles phases d'inquiétudes et de terreurs, devaient bientôt connaître.

CHAPITRE XV

LA TROISIÈME ALERTE

Dès que Jausion était parti avec Mme Mansion et que Bach était prêt à les suivre pour aller quérir Bousquier chez les Féral, une autre scène avait lieu sur le théâtre du crime.

Les hommes masqués, en manteau ou carrick, rôdant autour de la maison des Bancal, surgissaient et tombaient comme un ouragan au milieu de la cuisine.

Comment avaient-ils pu forcer cette habitation, dont la porte était restée fermée après le départ du banquier et de la fille du président.

C'était un mystère, comme la présence de ces quatre hommes masqués.

A leur entrée, ils se mirent à fermer les issues de la grande pièce ; ils se rangèrent autour de la table où gisait le cadavre.

A leur vue, Bastide, les époux Bancal, Missonnier, Colard et les deux femmes se reculèrent. Ils se pelotonnèrent, se firent petits comme des fauves tenus en respect sous les armes des chasseurs.

Les gens masqués ne bronchèrent pas.

On eût dit qu'ils voulaient jouir de l'effet imprévu qu'ils produisaient sur ces misérables traqués dans leur repaire.

Cette troisième alerte mettait le comble aux terreurs des meurtriers.

Ils n'osaient broncher en face du cadavre, étendu dans le vide causé par leur propre frayeur.

Les inconnus ne cessaient de braquer leurs yeux sur les assassins ; ils les dévisageaient, pleins de pitié et de mépris pour ces coquins haletants et n'osant faire un pas.

Celui qui paraissait le chef des trois hommes se décida à montrer sa figure ; il rompit le profond silence qui régnait dans le groupe des misérables!

Cet individu cachait sous son long manteau une redingote brune, une culotte gris perle serrée par de larges bottes à retroussis ; il avait le chapeau sur les yeux.

Il s'avança contre Bastide qui, séparé de lui par sa victime, s'apprêtait, après avoir maîtrisé ses émotions, à le braver et à le défier.

Mais le Géant se recula, plus tremblant, plus pâle encore, devant l'homme qui, lentement, ôta son masque devant lui.

Cet homme, c'était Jacques-Louis Bastide, le *carbonaro*.

C'était le personnage mystérieux qui, trois jours auparavant, s'était rendu chez Fualdès pour l'engager à ne pas aller chez les Bancal, c'est-à-dire au-devant de la mort.

Bastide resta comme pétrifié, la tête basse, devant cette apparition ; enfin il balbutia :

— Louis, mon frère ! c'est mon frère !

Les trois associés de Louis Bastide, les nommés : *Yence*, *Bessière-Venac* et *René*, ne bronchèrent pas devant les deux frères en présence ; ils se contentèrent, au grand effroi des autres meurtriers, de garder les issues de la pièce.

La présence des frères Bastide ne faisait que compliquer le danger de cette troisième alerte.

Colard, en prévision d'un conflit, parvint à s'échapper du groupe de ses acolytes. Il gagna le vestibule à pas de loup, il alla chercher deux fusils qu'il tenait en réserve dans son logis.

Il tenait à disputer sa vie à ces inconnus qui, peut-être, en voulant venger Fualdès, étaient venus devancer chez les Bancal les représailles de la justice et la besogne du bourreau ?

Mais, comme l'avait prévu le perspicace Jausion, telle n'était pas l'intention des carbonari.

Ainsi qu'on l'a vu par la visite de Bastide chez Fualdès, par les menées de Jean Laville, les carbonari pouvaient bien engager l'ancien magistrat à fuir des ennemis qui en voulaient à sa fortune et à sa vie ; ils n'avaient ni le pouvoir ni l'intention de la combattre.

La présence du frère de Bastide chez les Bancal, après la perpétration de son meurtre, n'avait qu'un but : le sauver de l'échafaud.

Les paroles du frère du Géant devaient l'en convaincre, à la satisfaction des meurtriers, qui se voyaient déjà perdus, par cette troisième alerte.

— Mon frère, lui dit-il, vous avez été aussi téméraire que coupable en exécutant les conseils de votre beau-frère ! Il est heureux pour vous que la victime, sacrifiée par un gouvernement que nous combattons, ait refusé d'être des nôtres, comme c'était son devoir, comme c'est le devoir des bons patriotes et des véritables amis de la liberté ! Sans son refus de s'allier à nous, vous auriez eu contre vous tous les carbonari ; vous auriez eu jusqu'à votre frère !

— Et venez-vous encore pour nous menacer ? lui demanda Bastide, se rassurant avec ses complices, par cette déclaration de Jacques-Louis Bastide.

— Non, reprit celui-ci en se tournant vers ses associés, qui l'approuvèrent par un mouvement de tête, non, mais j'ai à vous dire, au contraire, que moi, personnellement, et mes amis, les ennemis d'une magistrature vénale, à genoux devant cette royauté de droit divin, nous nous armerons contre elle de tout notre pouvoir.

— Alors, fit Bastide avec joie, votre concours, ceux de vos associés nous sont acquis ?

— Notre devoir, continua son frère, est d'opposer notre poignard au glaive de la loi qui se lèvera sur vous. J'agirai ainsi parce que je suis votre frère. Mes compagnons m'imiteront, parce que leur devoir est de combattre par tous les moyens possibles un pouvoir détesté, imposé par l'étranger.

— Alors, ajouta Bastide avec inquiétude, qu'eussiez-vous fait si Fualdès eût consenti à être des vôtres ?

— Nous n'aurions pas hésité, liés par notre serment, à vous tuer plutôt que de laisser tuer Fualdès. Il serait vivant, et c'est vous, mon frère, vous et Jausion, que nous aurions immolés à cette place.

Il lui désigna le cadavre.

Bastide et ses sicaires ne purent s'empêcher de frissonner avec colère à cette déclaration du carbonaro.

Le Géant ne comprenait pas cette exaltation, qu'animaient cependant tous les conspirateurs de cette époque ; il haussa les épaules ; il grimaça un singulier sourire.

— Ne riez pas, mon frère, continua solennellement le fanatique, car, il y a trois jours, c'est moi qui, au nom de mon parti, ai averti Fualdès, chez lui, qu'il serait tué chez les Bancal.

— Vous ? vous, mon frère, vous avez fait cela ? balbutia le Géant avec terreur.

— Oui, moi, reprit Louis en dessinant sur ses lèvres un sourire de pitié. Mais rassurez-vous ! Je vous le répète, vous devez vous estimer très heureux que Fualdès ait refusé de répondre aux avances de notre parti. Maintenant nous espérons vous sauver de l'échafaud pour défier un gouvernement infâme qui aura le droit de vous poursuivre, mais contre lequel nous nous donnerons le droit de vous défendre. Au revoir, mon frère, comptez sur les carbonari ; remerciez la chance que vous a faite votre victime en se refusant d'être des nôtres ! Trop tôt, hélas ! vous entendrez parler de nous ! Au revoir !

Déjà les carbonari se disposaient à repartir par le chemin mystérieux qu'ils avaient pris pour tomber au milieu des meurtriers, déjà Louis Bastide avait remis son masque, entraînant ses affiliés, lorsqu'une voix, du vestibule leur cria :

— Alerte ! mes frères, voici Jausion avec Bach, le porte-balle. Il ne faut pas que le banquier nous voie.

En même temps un petit bossu, nain difforme, au visage blême et démesuré, aux cheveux hérissés en forme de brosse, aux bras ballants, et aux jambes en forme de serpe, bondit dans la salle.

En un clin d'œil le bossu fit disparaître les hommes masqués. Ils s'échappèrent comme une volée d'oiseaux.

Ce nain, bien connu de la ville de Rodez, était le marchand de tabac de la place de la Cité. Il était soupçonné d'entretenir des relations mystérieuses avec les sociétés secrètes, dont il était, avec Laville, l'indicateur et l'espion.

C'était ce marchand de tabac qui avait fait venir à Rodez Jean Laville, dès qu'il avait été question chez les Bancal d'un complot tramé contre Fualdès par l'infâme Jausion.

Les carbonari exploitaient, à cette époque, tous les dissentiments de famille pouvant être utiles à leur cause.

Les misérables soudoyés par Jausion n'avaient pas tous été d'une discrétion absolue. Quelques-uns appartenaient par Colard, en haine du riche, par Bousquier, Judas de profession, à des conspirateurs spéculant sur les plus mauvaises passions.

Laville avait été averti par le bossu et dépêché à Rodez par les carbonari, une fois le complot contre Fualdès éventé par les mercenaires de Jausion.

Les sociétés secrètes avaient espéré sauver Fualdès des griffes empoisonnées du banquier. Louis Bastide avait été chargé, au nom de ses frères, de faire des ouvertures à l'ancien magistrat, pendant que Laville, conseillé aussi par les carbonari, veillait sur le juge révoqué.

Comme on l'a vu, le vieux républicain avait rejeté avec indignation les propositions qui lui avaient été faites par des régicides.

Alors Fualdès avait été abandonné par ceux qui auraient pu le préserver de la mort.

Jacques-Louis Bastide n'avait eu qu'un espoir, une fois Fualdès tué par son frère sur les conseils de l'infâme Jausion, se servir des carbonari pour disputer son frère à l'échafaud.

Les carbonari, dans l'unique dessein de s'armer contre la royauté, s'étaient associés à la pensée du frère de Bastide.

Ne servait-elle pas la cause du carbonarisme, dût-elle entraîner le frère du Géant dans l'abîme où ce dernier s'était englouti par les conseils de son beau-frère ?

Les rues étaient noires et désertes. (Page 143.)

De leur côté, le bossu et le mendiant ne pouvant plus sauver Fualdès de la mort, avaient tout tenté pour faire tourner au profit de leur association, un crime qui n'avait qu'un but, la cupidité, un crime qui avait pour théâtre un bouge ignoble.

Jean Laville ne secondait en réalité qu'un frère malheureux du forfait d'un des siens ; le marchand de tabac ne s'employait que pour conduire sur le lieu du crime des carbonari exploitant la douleur d'un frère et la position si perplexe des bourreaux de Fualdès.

Au moment où l'ancien magistrat était perdu par sa faute, malgré les conseils de Laville, le mendiant n'avait pas tardé à sortir de son écurie et à diriger les carbonari rôdant autour de la maison de la rue des Hebdomadiers.

De concert avec le marchand de tabac, veillant aussi du dehors, Laville avait fait la courte échelle à Louis Bastide et à ses collègues, le long du mur de la maison des Bancal.

Tous les quatre, en sautant par-dessus la muraille, étaient parvenus sur le théâtre du meurtre.

On vient de voir le rôle qu'y prirent Louis Bastide et ses affidés dans l'intérêt de leur affiliation.

Une fois que Jausion revenait du Terral, le bossu se dépêchait d'aller avertir les carbonari.

Ces hommes mystérieux ne voulaient pas se compromettre avec le banquier qui tenait dans ses mains toute la ville de Rodez.

Désormais la double mission du marchand de tabac et du mendiant était remplie.

On ne devait plus entendre parler d'eux qu'au procès.

Encore le gouvernement jugea-t-il prudent de mettre hors de cause le marchand de tabac, pour ne pas exciter les haines des sociétés secrètes, ni les violentes palpitations du parti bonapartiste, un parti vaincu de la veille, mais un vaincu trop redoutable pour la nouvelle Restauration!

Le gouvernement tenait à se servir de l'affaire Fualdès pour exciter la curiosité et détourner l'opinion.

Car le bruit qui se fit à dessein autour de ces tristes héros devait étouffer un instant la lutte formidable de la France libérale avec la France du droit divin.

Cela dit, retournons chez les Bancal, au moment où s'en échappaient les carbonari, avertis par le marchand de tabac de la place de la Cité.

Bastide était encore sous le coup de l'apparition et des paroles de son frère ; ses aides restaient confondus par l'arrivée et la disparition des hommes masqués, lorsque Jausion rentra dans la cuisine.

Il précédait deux hommes : Bach qui venait de sortir après lui, Bousquier qui attendait Bach au cabaret de Rose Féral.

Lorsque Jausion revint le premier, il fut très étonné de l'air consterné répandu sur les visages des assassins. Il demanda vivement à Bastide.

— Qu'y a-t-il? Que s'est-il passé durant mon absence?

— Il y a, dit le Géant en l'attirant à part, que l'affaire est éventée! Mon frère est venu ici nous surprendre. Il sait tout par ces maudits *carbonari* qui sont partout et qui voient tout!

— Tant mieux, reprit Jausion, d'abord très ému comme son complice et se rassurant aussitôt. Tant mieux, si les sociétés secrètes sont dans notre jeu ! Votre frère deviendra notre sauvegarde. Il ne peut employer ses affiliés qu'à tromper la police, si jamais elle ose se mêler de nos affaires.

— C'est ce qu'il vient de me dire, ajouta Bastide un peu plus rassuré, la tête basse et l'air songeur.

— Alors, de quoi vous plaignez-vous ? Avisons au plus pressé, maintenant il s'agit de se débarrasser du cadavre.

Le banquier fit un demi-tour sur lui-même, il alla vers le groupe des assassins, très inquiets depuis l'arrivée et le départ des carbonari.

Jausion ne perdait pas de vue l'exécution de ses plans mûris depuis longtemps, modifiés dans leur exécution par les événements qui s'étaient succédé depuis que la politique et l'amour les avaient quelque peu modifiés.

Bach arrivait accompagné de Bousquier.

Ce dernier était un homme d'un certain âge, dont la mine chafouine, rusée accusait un grand fond de duplicité, déguisé sous un aspect débonnaire auquel il ne fallait pas se fier.

La Bancal l'avait bien deviné en le traitant de faux frère.

A son arrivée, Bach le montra à Bastide, à Jausion, à tous ses complices, en leur disant :

— Voici le commissionnaire.

Bousquier, sans regarder ceux qui l'entouraient, fixa des yeux louches et clignotants sur le paquet déposé sur la table, que les alertes de Mme Manzon et des carbonari avaient détourné de porter dans le cabinet.

— Est-ce là, demanda-t-il, la balle de tabac que je dois porter ?

— Oui, répondirent ensemble Bastide et Jausion en regardant leurs complices d'un air d'intelligence.

— Mais objecta Bousquier, avec un sourire significatif, je ne suis pas en état de porter à moi seul cette balle-là.

— On vous aidera, répondit Bach en regardant la Bancal qui ne cessait de dévisager Bousquier, en fixant sur lui ses petits yeux perçants et fouilleurs.

La Bancal, très *rangeuse* de sa nature, venait de replacer au mur la lanterne dont s'était servi son mari pour éclairer Colard frappant le malheureux Fualdès.

— Mais oui, on l'aidera, reprit la vieille. Après tout, Bousquier n'a pas besoin de faire des façons pour porter le paquet ; ces *moussus* sont là pour un coup ! Et il sait bien, comme les autres, que le paquet n'est pas si lourd, puisqu'il ne contient qu'un objet *ridél*

— En effet, s'écria Bastide en grossissant sa voix, pendant que Jausion se mettait prudemment à l'écart. En effet, ce n'est pas une balle de tabac ! c'est un *mort*.

Bousquier feignit la stupeur.

Il fit un mouvement de recul ; son mouvement d'effroi n'était qu'un calcul pour avoir l'air de se désintéresser d'un crime dont il enviait cependant les bénéfices.

— Tu trembles ! exclama Bastide en le menaçant, parce que cet homme de résolution n'aimait à s'entourer que des gens de sa trempe. — Tu trembles, tu as tort. Nous ne tremblons pas, nous !

Le Géant se tourna, comme pour faire honte à Bousquier, devant les Bancal, Missonnier, Bach et Colard revenu de son logis, armé de deux fusils.

Puis, il dit à tous :

— Au reste, je suis fort aise de vous dire que le premier qui s'aviserait de dire ce qui s'est passé, ce qui se passe ou ce qui se passera, prononcerait de lui-même son arrêt.

Bastide alla à Colard muni de ces deux fusils.

Il en prit un à deux coups ; il donna l'autre à Jausion qui parut fort embarrassé d'être armé comme son fougueux beau-frère.

— Maintenant, ajouta-t-il, j'exige de vous tous un serment. Avant de jeter le corps dans l'Aveyron, c'est de nous promettre le silence. Le silence ou la mort, jurez-le sur ce cadavre, je le veux.

Tous levèrent la main sur le corps ; ils répétèrent à haute voix le serment que leur faisait prêter le Géant.

Celui-ci, armé de son fusil, ne craignait pas d'en menacer ses complices, en exigeant leur silence par cet acte solennel.

Bastide avait pris ce ton d'autorité qui, jusque-là, avait été l'apanage de l'astucieux Jausion.

Bastide était, on le sait, un homme d'action. Dès qu'il avait un plan tracé, il le mettait en œuvre, avec une énergie qui répondait à son caractère déterminé et à son fougueux tempérament.

Alors Jausion le laissait faire, parce qu'il réalisait ses rêves.

N'agissait-il pas selon sa pensée cupide et cruelle, longuement élucidée par la haine et l'envie qu'il avait portées à Fualdès, devenu sa victime.

Une fois que les misérables eurent achevé leur serment, Bastide s'adressa à Bousquier, en lui mettant les canons de son fusil sur la poitrine :

— Toi, lui dit-il, tu es un traître ! Si jamais j'apprends que tu as violé ton serment, je te le répète, tu seras un homme mort !

Puis, se tournant vers toute la troupe, il ajouta d'un ton délibéré :
— Maintenant, en route pour l'Aveyron !

Sur l'ordre de Bastide, les mercenaires, excepté les Bancal et Anne Benoist, se disposèrent à emporter le cadavre.

On venait de glisser deux petites barres sous la couverture de laine qui l'empaquetait. Ces barres y avaient été adaptées pour l'aider à le porter. Les porteurs se mirent en devoir de le sortir de la maison ; Bastide et Colard étaient en tête, Bach et Bousquier aux pieds, Missonnier se plaçait au milieu.

Le Géant précédait le cortège ; il le dominait de sa haute taille, avec son fusil double ; Jausion restait par derrière, très embarrassé de son fusil simple.

Une fois les porteurs à leur place pour soutenir chacun d'une épaule le funèbre ballot, Bastide alla de l'un à l'autre ; il les observa, pour bien se rendre compte que pas un ne faillirait, avant de se diriger vers la rivière.

Ce ne fut pas sans un violent dépit qu'il s'aperçut que Jausion tremblait, se dissimulant derrière des scélérats que lui-même avait enrégimentés.

Le banquier était aussi lâche que le Géant était fanfaron.

Une fois ses aides prêts à entrer en marche, le cadavre chargé sur leurs épaules, le Géant dit d'un air de pitié gouailleuse à Jausion, indécis et tremblant :

— Ah çà ! Jausion, pourquoi êtes-vous là, derrière les autres ? Mais vous ne faites rien ?

— Que voulez-vous que je fasse, vous en faites bien assez pour votre part ! lui riposta-t-il se dissimulant davantage derrière le cortège dont il avait réglé l'itinéraire depuis plus de quatre jours.

Le banquier, à l'encontre du Géant, savait toujours profiter des événements dont il provoquait, au compte des autres, l'initiative, en attendant d'en obtenir les résultats.

Il prévoyait les conséquences de cet épouvantable assassinat. L'odieux banquier essayait de compromettre Bastide, en s'effaçant derrière lui dans ce drame sanglant dont il avait préparé les horribles péripéties.

Lorsque le cortège fut sorti de la maison des Bancal, les lumières de son foyer s'éteignirent.

Le joueur d'orgue n'était plus là pour étouffer de sa musique infernale les râles de Fualdès expirant.

Jausion allait réaliser son rêve : posséder la fortune de son bienfaiteur, par un assassinat.

Mais Jausion tremblait en pensant que, malgré son pouvoir diabolique, la justice pouvait l'atteindre.

Cette crainte-là était plus forte que l'horrible joie qu'il ressentait à la vue des assassins qu'il avait armés contre Fualdès.

Voilà pourquoi il avait peur, comme les fauves ont peur de leur ombre.

Jausion se méfiait de ces assassins ; il redoutait des misérables qu'il avait payés pour jeter sa proie au fond de l'eau et la cacher aux yeux des hommes.

Sa conscience ne le faisait pas trembler ; c'étaient ses complices qui lui faisaient peur.

CHAPITRE XVI

LE CONVOI ET LES TRANSES DE MADAME MANZON

Au moment où le funèbre cortège sortait encore de la maison de la rue des Hebdomadiers, en se dirigeant vers le Terral, l'époux Bancal était sur la porte pour le regarder partir.

Son horrible femme ne le laissa pas longtemps en contemplation devant la bande des assassins ; elle lui dit :

— Eh bien, fainéant! est-ce que tu vas rester là les bras ballants? Pourquoi ne suis-tu pas les camarades?

— Pourquoi faire? lui riposta le maçon dans son patois, d'un air rechigné, ils sont bien assez d'*oumes* pour porter le *poys*[1].

— Et notre couverture, perpayo! qu'ils *laboayauchet* avec le poys, est-ce que tu vas aussi en *fosquet* lou pastache avec ces oumes[2]?

Le maçon ne savait rien refuser à son odieuse moitié. Il courut rejoindre le convoi, qui montait le Terral, en longeant l'hôtel de la préfecture.

Par prudence, la Bancal avait vivement refermé la porte et éteint les lumières.

1. Le pays.
2. Et notre couverture qu'ils emportent avec le pays, est-ce que tu vas aussi en faire le partage avec ces hommes.

Le cortège, avec Bastide en tête, Jausion en queue, marchait sous le pas lourd et cadencé de Colard, de Bach, de Missonnier et de Bousquier. Il fut rejoint par l'époux Bancal au portail dit de l'Évêché.

Il était neuf heures et demie, les rues étaient noires, désertes ; à cette heure-là le convoi ne devait rencontrer aucune entrave.

Dans l'espace compris entre le Terral et la porte de la ville, on comptait à peine quelques rares boutiques qui se fermaient à la tombée de la nuit.

A partir de la cathédrale, dont les grands murs se profilaient jusqu'à la porte de l'évêché, s'ouvrant sur le boulevard d'Estourmel, les promeneurs étaient très rares.

Ils avaient trop à redouter les rencontres suspectes. Ce quartier désert, monotone, mystérieux ne leur disait rien de bon.

Si le convoi prenait le parcours le plus long pour arriver à l'Aveyron, il prenait du moins le parcours le plus sûr.

Le cortège eût pu directement descendre la rue des Hebdomadiers pour prendre l'Ambergue droite, mais il eût risqué, aux environs de la maison Fualdès, de se heurter à l'un de ses domestiques déjà inquiets de l'absence de leur maître.

A dix heures, tout le monde est rentré à Rodez. Un des voisins du magistrat eût pu se demander ce que voulait dire ce volumineux ballot porté par cinq hommes conduits le fusil à la main par Bastide, le Géant, et Jausion.

A aucun prix les porteurs du cadavre ne voulaient reparaître sur la voie d'où était sortie leur victime ; encore moins tenaient-ils à se rapprocher de son habitation.

Voilà pourquoi ils faisaient un long circuit par la porte de l'Evêché, lorsqu'ils n'avaient, en se dirigeant vers le nord de la ville, que quelques pas à faire pour arriver aux confins des deux Ambergues, c'est-à-dire à l'extrémité de Rodez.

Les assassins avaient peur, de ce côté-là, de passer pour ainsi dire sous le vent de leur victime. Ils partageaient les craintes de Jausion, ils tenaient à éviter tout ce qui pouvait leur demander compte de leur démarche nocturne.

Cependant ce fardeau-là pesait de plus en plus sur leurs épaules, ils avaient hâte de s'en débarrasser.

Mais, en passant par l'Ambergue, ils n'auraient pas manqué de rencontrer quelques passants attardés, dans ce quartier du vice et de la misère.

Ordinairement le vice et la misère veillent tard.

Quelques curieux eussent pu, dans un intérêt personnel, s'enquérir de l'étrange fardeau que ces misérables portaient avec autant d'efforts que de terreur.

Le Géant, à la tête du convoi, Jausion, par derrière, eussent fort intrigué ceux qu'ils auraient rencontrés; ils n'auraient pu s'empêcher de remarquer avec quelle prudence Jausion se dissimulait derrière le convoi, avec quelle prestance le Géant le dominait, dans une nuit sans lune, la main portée sur la gâchette de son fusil à deux coups.

Arrivés boulevard d'Estourmel, à l'embouchure d'un cul-de-sac séparant le jardin Bousquet du jardin Constant, les porteurs s'arrêtèrent. Ils fléchirent autant sous le poids de leur funèbre ballot que sous les terreurs que leur causait cet insupportable fardeau.

Ils le déposèrent près du cul-de-sac, pour se reposer.

Bastide, tout en maugréant, fut bien obligé de faire comme ses hommes. Il s'arrêta à son tour, le fusil en arrêt, prêt à fouiller dans la nuit, et à découvrir si, du boulevard d'Estourmel au cul-de-sac, une ombre ne les guettait pas.

Bousquier, toujours prudent, ne voulant participer qu'en curieux dans ce crime épouvantable, voulut s'enfuir avec discrétion.

Mais le Géant s'aperçut de son intention. Il lui remit le canon de son fusil sur la poitrine et lui murmura :

— Un pas de plus et je te tue!

Pendant que les autres porteurs posaient le mort, un homme passait sur le boulevard.

A la vue de ces cinq individus couverts de sueur, à la figure sinistre, accroupis contre un ballot dissimulant mal une forme humaine, l'homme s'arrêta frappé de surprise et d'épouvante.

Alors Bastide quitta Bousquier, il s'avança contre l'individu, il joua à dessein avec la gâchette de son fusil.

Et l'homme reprit sa course en prononçant un f... très énergique.

Une fois l'inconnu hors de portée, le Géant cria avec humeur aux porteurs :

— Allons, debout!

Les cinq hommes reprirent leur paquet, ils arrivèrent jusqu'au fond de l'Ambergue.

Jausion, toujours derrière, trébuchait à chaque pas; de plus en plus la peur le talonnait.

Les mercenaires suivaient très exactement l'itinéraire convenu avec eux entre Bastide, Jausion et Colard, depuis le 15 avril, à l'époque où la rencontre de Briès avait fait échouer le premier guet-apens tendu chez les Bancal contre Fualdès.

Une fois hors de la ville, dans la direction de l'Aveyron, les porteurs s'engagèrent dans un sentier étroit, plein de ravins; ils descendirent un escalier naturel, rempli de fondrières hérissées de cailloux et semées de trous.

Une fois le carbonaro parti, Mme Manzon tomba inanimée. (Page 149.)

Sur cette pente, les hommes du convoi firent de nombreux faux pas qui arrachèrent des jurons à Bastide, des soupirs de terreur à Jausion.

Tous deux, dans des sentiments bien différents, étaient impatients d'arriver à l'Aveyron.

Jausion, en ce moment critique, avait peur de tout : des rayons lunaires qui auraient pu s'échapper des gros nuages noirs cachant le ciel, de la grande taille de Bastide, dont la silhouette se profilait dans les ténèbres, du bruit des pas des porteurs peinant et soufflant.

Lorsqu'ils arrivèrent près de l'Aveyron, après avoir passé le pont, il n'était plus possible de marcher quatre de front.

La pente devenait trop rapide, le ravin trop étroit.

Colard, le chef des porteurs; Bancal, qui n'avait d'yeux que pour la couverture du cadavre, prirent en cet endroit le corps à eux deux.

Ils arrivèrent, avec des efforts inouïs, jusqu'à la rivière, au-dessous du moulin des Bresses. Là, les deux hommes déposèrent le ballot entre deux arbres, pendant que la troupe se mit à les entourer pour mieux les protéger et les masquer.

Bancal, fidèle aux ordres de sa femme, se mit à détacher les cordes qui liaient le drap et la couverture enveloppant le corps; Bousquier aida Bancal; il emporta une serpillière qui avait recouvert cette couverture pour donner plus de résistance aux cordes du ballot.

Une fois le cadavre entièrement découvert, il fut précipité dans l'eau, à un endroit qui formait tourbillon.

Jausion et Bastide, toujours armés de leur fusil, n'avaient pas quitté des yeux les manèges de leurs sicaires; une fois le corps à l'eau, Bastide, d'accord avec Jausion, s'écria en armant son fusil :

— Maintenant que tout est fini, rappelez-vous le bien, le premier qui dira un mot sur ce qui s'est passé sera puni de mort.

— Vous entendez? répéta Jausion, portant aussi la main sur la gâchette de son arme, et s'avançant d'un air de menace contre les bandits.

Ils baissèrent la tête et se turent.

Alors les assassins se séparèrent, une fois certains que le cadavre fût au fond de l'eau.

Jausion et Bastide quittèrent le terrain les premiers; le Géant s'en alla du côté de la Guioule, le banquier disparut vers le moulin des Bresses. Bancal, chargé du drap et de la couverture qui avaient servi d'enveloppe à Fualdès, reprit le chemin parcouru précédemment par la troupe. Il fut suivi par Colard et Missonnier, habitant également la rue des Hebdomadiers. Bach et Bousquier prirent la route conduisant au couvent de l'Annonciade.

Ils devaient rencontrer en passant la malheureuse Mme Manzon, qui, depuis qu'elle était sortie de la maison des Bancal, n'était pas au bout de ses terreurs.

En rentrant dans la ville, de onze heures à minuit, Bach et Bousquier avaient été très surpris de voir étendue, sous l'escalier de la maison de l'Annonciade, une femme enveloppée d'un châle, en habits d'homme.

En s'approchant de cette femme, Bach et Bousquier avaient reconnu Mme Manzon, que Jausion avait épargnée chez les Bancal, et que le banquier avait reconduite jusqu'au puits de la place de la Cité, pour la soustraire à la colère de Bastide.

Une fois délaissée par son sauveur intéressé, elle n'en avait pas été quitte avec ses craintes.

Jausion on s'en souvient, ne l'avait abandonnée que pour revenir avec Bach, rue du Touat, afin d'aller chercher le porteballe Bousquier, au cabaret de Rose Ferat.

Il l'avait alors délaissée en lui disant :

— Je vous ai sauvée ce soir, mais si demain vous parlez, vous périrez.

Mme Manzon, plus morte que vive, s'était reculée de Jausion sans oser proférer une parole.

Elle ne s'était pas aperçue, tant ses transes étaient extrêmes, que le banquier, dès son départ avec elle, avait été suivi par des hommes masqués, commandés par Louis Bastide.

Celui-ci, comme on l'a vu, devait, un instant après, profiter de l'absence de Jausion pour pénétrer avec ses acolytes sur le théâtre du crime.

A peine remise du trouble excessif où l'avaient mise le meurtre de Fualdès, les menaces de ses bourreaux et le serment qu'elle leur avait fait, de nouvelles transes devaient envahir Mme Manzon.

Elle n'était que médiocrement rassurée sur le sort qui l'attendait après ces épouvantables péripéties, lorsqu'elle se disposait à frapper chez son ancienne nourrice où elle s'était déguisée pour aller à ce fatal rendez-vous.

Elle avait à peine risqué quelques coups discrets à la porte qu'elle s'était sentie violemment pressée par le bras.

Elle s'était retournée et elle avait vu devant elle un homme masqué qui la dévisageait avec des yeux terribles.

Il était enveloppé d'un grand manteau ; il la couvrait de ses plis en la menaçant toujours. C'était Jacques-Louis Bastide, qui, au retour de Jausion, était sorti de chez les Bancal.

Une fois séparé de ses acolytes, il s'était mis à la recherche de Mme Manzon qu'il avait surprise précédemment avec Jausion, avant de se diriger vers la rue des Hebdomadiers.

Dans l'intérêt de son frère, le carbonaro tenait à s'assurer du silence de la malheureuse femme.

— Sais-tu, lui demanda-t-il, ce que tu allais voir lorsque tu te rendais cette nuit, chez les Bancal?

— Non, lui dit-elle en tressaillant, sans oser lever ses yeux sur l'homme masqué.

— Te repens-tu de ce que tu as vu ?

— Oui, ajouta-t-elle en balbutiant, sans chercher, tant sa frayeur était extrême, à reconnaître celui qui l'interpellait.

— Oublieras-tu d'où tu viens?
— Oui, reprit-elle.
— Tout ce que tu as vu et entendu ?
— Oui, continua la pauvre Mme Manzon, incapable de faire un mouvement ; oui, puisque je l'ai juré.
— Alors, souviens-toi de ton serment, où tu périras.

De nouveau, l'homme masqué lui serra le bras en l'entraînant loin de la porte de la maison où elle avait frappé.

— Pourquoi me forcez-vous, lui demanda-t-elle en se traînant à peine, à bout de forces et de terreur ; pourquoi me forcez-vous à m'éloigner de la demeure de ma mère nourrice ?

— Parce que, lui répondit l'inconnu, tu es encore trop émue. Ton trouble te trahirait. Donc, suis-moi.

Mme Manzon ne s'appartenait plus, elle le suivit machinalement comme le patient suit son bourreau.

En descendant l'Ambergue droite, les deux personnages se trouvèrent devant le bâtiment du couvent de l'Annonciade. L'homme masqué l'entraîna jusque sous l'escalier de pierre du couvent.

Là, dans la nuit noire, à l'abri de tous les indiscrets, le carbonaro lui dit encore :

—Est-il bien vrai que tu tiendras ton serment, si jamais Bastide est au pouvoir de la justice ?

— Pourquoi ne le tiendrai-je pas, puisque ma vie dépend de ma discrétion.

—Tu as raison, reprit en raillant l'inconnu et en retirant son masque, car une fois mon frère arrêté, il y aura encore moi, un Bastide, pour t'imposer silence.

— Oh! exclama Mme Manzon qui sentit redoubler ses terreurs, et en le dévisageant avec effroi, oh! j'avais bien raison de dire que les Bastide, un jour, me tueraient.

— Alors, vous me connaissez? lui rispota le carbonaro sur le même ton de raillerie amère.

— Non !
— Eh bien, moi, je vous connais !

— C'est possible, balbutia Mme Manzon qui sentait de plus en plus, tant ses transes redoublaient, qu'elle n'avait plus une goutte de sang dans les veines, c'est possible. Bien des gens peuvent me connaître de vue, sans pour cela que je les connaisse.

— Alors, apprenons à mieux nous connaître, reprit le carbonaro. Je suis venu dans la maison Bancal, sans être pour cela du nombre de ses assassins, uniquement pour écarter les dangers qui vont menacer mon frère, après cette exécution. A votre tour, répondez-moi franchement, pourquoi étiez-vous chez les Bancal ?

— Je croyais y surprendre quelqu'un qui me trompait. J'ai voulu m'en assurer, sans prévoir l'horrible spectacle qui devait s'offrir à ma vue.

— Dites-vous la vérité ?

— Je le jure.

Elle prêta au frère de Bastide un nouveau serment, de la voix et du geste.

Il lui arrêta le bras en disant :

— C'est bien ! Et s'il vous échappe quelque chose concernant cette affaire, vous savez par les Bastide le sort qui vous attend ; et rappelez-vous ceci : vous ne m'avez jamais vu, pas plus que mon frère.

— Je m'en souviendrai.

— Comme moi aussi, je me souviendrai de vos serments, ajouta-t-il en remettant son masque, et en s'enveloppant de plus en plus de son manteau.

Il termina, avant de la quitter :

— Par prudence, ne rentrez qu'au petit jour; pour votre sécurité ne me suivez pas.

— Mais vous voyez bien, ajouta la pauvre Mme Manzon, plus morte que vive, fléchissant sur ses jambes, prête à tomber, vous voyez bien que je n'en ai ni l'envie, ni le pouvoir.

— Tant mieux, et bonne nuit !

Et le frère Bastide remonta l'Ambergue droite, en disparaissant dans la profondeur de la nuit.

Une fois le carbonaro parti, Mme Manzon, accablée par les craintes qui n'avaient cessé de l'assaillir depuis son entrée dans la maison Bancal, tomba inanimée.

Elle resta longtemps sans connaissance sous l'escalier de pierre où l'avait entraînée le frère de Bastide.

Bach et Bousquier, en revenant de noyer le corps de Fualdès, retrouvaient à la maison de l'Annonciade le corps de la malheureuse Manzon.

Les assassins, pour ne pas renouveler une fâcheuse et dangereuse rencontre, se gardèrent de prêter secours à la fille du président.

Ils continuèrent leur chemin devant l'escalier du bâtiment de l'Annonciade.

Bach se contenta de dire à Bousquier :

— Si cette drôlesse n'est pas morte de frayeur, tant pis ! Si elle revient à elle, elle n'en vaudra guère mieux ! Car il est bien rare qu'une femme garde sa langue ! Après tout, qu'elle vive ou qu'elle meure, cela ne nous regarde pas. Allons-nous-en !

Les deux meurtriers poursuivirent leur chemin pour gagner un gîte que Mme Manzon, une fois revenue à elle, ne retrouva qu'au point du jour.

Elle ne s'appartenait plus ; elle tenait à se conformer aux prescriptions de ses bourreaux.

Dès le matin, Mme Manzon, à peine revenue de son évanouissement causé par ses transes mortelles, rentrait dans sa maison, tenue par les Pal. Elle profitait du moment où la servante de l'habitation, en vue du service du matin, avait laissé la porte extérieure entre-bâillée pour se glisser, sans être vue, jusqu'à ses appartements.

Mme Manzon se coucha, après avoir eu bien le soin de faire disparaître son déguisement taché du sang de Fualdès. Elle le déchira et le brûla ensuite dans la cheminée.

Grâce au mystère qui accompagna sa rentrée matinale, tout le monde ignora ou feignit d'ignorer qu'elle avait passé la nuit dehors.

Sa frayeur fut si grande, depuis cette nuit fatale, qu'elle fit toujours coucher un enfant avec elle lorsque son fils la quittait pour aller voir sa grand'mère.

Quelques heures après sa rentrée chez les Pal, la nouvelle de l'assassinat ne tarda pas à se répandre dans la ville.

Pendant que Mme Manzon s'apprêtait à tout cacher à la justice pour sa sûreté; Bousquier, pour le même motif, se préparait à vendre ses complices.

La politique, des dissentiments de famille se préparaient à protéger les meurtriers ; l'intérêt vénal d'un des leurs le conseillait à les démasquer.

Ce fut un des assassins de Fualdès qui répandit la lumière sur ce meurtre aussi ténébreux qu'épouvantable.

Ce fut un coupable, Bousquier, qui éclaira la justice. Ce fut une innocente, fille d'un président de la cour prévôtale, Mme Manzon qui l'égara!

CHAPITRE XVII

MENSONGES ET TERREURS DE JAUSION

En cette nuit fatale, de onze heures à minuit, régnaient les plus vives inquiétudes dans les deux maisons regardant les Ambergues.

A l'Ambergue droite, les serviteurs de la maison Fualdès allaient et venaient, cherchant à s'expliquer la cause de l'absence de leur maître, pendant que Mme Fualdès suffoquait, agitée par la crainte et le désespoir.

Depuis que son époux l'avait quittée, elle était allée de la cave au grenier, l'appelant à tous les échos. Personne ne lui avait répondu !

Les appréhensions redoublaient avec la succession des heures.

Lorsque sonna minuit, elle était persuadée de l'horrible catastrophe dont son mari avait été victime.

N'en avait-elle pas été avertie par ses pressentiments, par l'arrivée du mendiant Laville, par les conseils du carbonaro, par le frère du meurtrier de son époux ?

A minuit, Mme Fualdès, à bout de crainte et d'espérance, était tombée évanouie dans sa chambre à coucher. Elle était terrassée par les horribles appréhensions qui la torturaient.

Les rapports continuels que lui donnaient ses gens, en s'enquérant, auprès des voisins, des ombres qui avaient poursuivi son mari depuis sa sortie, donnaient plus de certitude à ses mortelles suppositions.

A l'Ambergue gauche, dans la maison de Jausion où résidaient temporairement Bastide avec les trois sœurs : Mme *Yense*, la femme du carbonaro, collègue de Louis Bastide, Mme *Pons*, la femme d'un magistrat, et Mme *Galtier*, le même effroi les dominait.

Les trois sœurs de Bastide, avec l'épouse du meurtrier, née Jausion, avaient vu partir avec autant de crainte le Géant et le banquier pour se diriger vers la maison des Bancal.

Mme Jausion, née Bastide, enviait comme son frère et son mari la position de Fualdès ; en ce moment, elle redoutait aussi pour sa famille le dénouement fatal de ce mortel rendez-vous.

Comme il a été dit précédemment, les Fualdès, Bastide et Jausion, ne vivaient qu'en apparence dans une cordiale intimité. Au fond, les familles Jausion et Bastide jalousaient la famille Fualdès. Elles ne lui pardonnaient pas les secrets que l'ancien magistrat possédait contre le banquier de Rodez; elles souffraient de la domination qu'exerçait sur elles l'ancien magistrat dont la probité, la notoriété se faisaient trop sentir sur Bastide et à Jausion : l'un, un débauché, couvert de dettes, l'autre, un manieur d'argent, sauvé jadis de l'échafaud par son ami.

Donc, en cette nuit funeste, les familles de Bastide et Jausion avaient tout à redouter de Fualdès qui, depuis sa vente de Flars, n'était plus à la merci de ses redoutables parents.

Elles tremblaient pour eux, autant que Mme Fualdès, tremblait pour les jours de son époux.

L'adroit Jausion, en se rendant avec Bastide chez les Bancal, n'avait pas négligé d'entretenir ces terreurs dans sa famille. Il l'avait fait à dessein pour mettre les siens dans son jeu, pour les transformer en complices, afin d'atténuer les effets de ses odieux complots.

Ce crime hideux, vulgaire par son exécution, n'eut en réalité que deux mobiles : l'intérêt vénal et la division de deux familles, fomentés par la vengeance et la jalousie.

S'il a amené un procès étrange que la politique, le mensonge et l'amour ont rendu si mystérieux, il ne doit son mystère qu'à deux causes: aux graves événements au milieu desquels ce meurtre s'est produit, aux incidents scandaleux qui s'y sont passés.

En 1817, la France envahie et le pouvoir nouveau, sorti de l'invasion, avaient besoin d'étouffer les haines politiques par tous les moyens possibles.

Le gouvernement avait intérêt à s'effacer devant les sanglants scandales du procès Fualdès, à exciter une curiosité malsaine qui, à son profit, mettait au second plan les adversaires du droit divin.

La police de cette époque travailla singulièrement, habilement, jusque sur les marches du trône, à ce que les héros ou les victimes du drame Fualdès eussent une popularité contre-balançant celle des ennemis de la Sainte-Alliance !

A minuit, lorsque Jausion et Bastide, après avoir pris un chemin différent, se présentèrent à leur maison, les femmes ne purent retenir des cris de soulagement mêlés de crainte.

L'air accablé, égaré des deux hommes, armés chacun d'un fusil, leurs vêtements en désordre, tachés de boue jusqu'aux genoux, les frappèrent.

Dès que les meurtriers eurent vivement fermé la porte derrière eux, Mme Jausion, la sœur de Bastide, prit la parole, elle demanda à son mari :

— Et Fualdès? Qu'est devenu Fualdès?

— Mort ! répéta énergiquement Jausion regardant d'un air sombre son beau-frère, au courant des nouveaux mensonges qu'allait dire le banquier pour forcer sa famille à entrer dans leurs complots.

— Ciel ! exclama Mme Jausion avec terreur et regardant ses parentes, aussi terrifiées qu'elle. Et c'est vous, peut-être, c'est vous, son meurtrier ?

— Oui, c'est moi, avec Bastide ! continua Jausion en poussant les femmes dans son cabinet de travail où il déposa, avec le Géant, les deux fusils. Oui, nous l'avons tué, il le fallait !

— Mais pourquoi, grand Dieu ! Pourquoi ? ajouta Mme Jausion élevant les bras au ciel et les abaissant pour joindre les mains, comme si elle eût obéi à un mouvement imposé par la prière.

Ses sœurs l'imitaient dans le plus grand silence, glacées de stupeur et d'épouvante, et n'osant comme elle interroger les meurtriers.

— Pourquoi, poursuivit le banquier avec un ricanement sinistre, tandis que Bastide l'observait, sachant à l'avance le but de ses mensonges; vous me demandez pourquoi? Parce que Fualdès nous avait attirés chez les Bancal, Bastide et moi, pour prononcer notre sentence.

... A l'aide d'une perche il retira bien vite le noyé. (Page 157.)

— Est-il possible! exclama Mme Jausion, très prévenue contre l'ancien magistrat.

— Demandez à Bastide, si ce n'est pas la vérité?

Le Géant, instruit par son beau-frère, inclina la tête devant ses sœurs, indignées et consternées.

Jausion continua :

— Le misérable, fort de la vente de la propriété de Flars, voulait me forcer à annuler nos billets de complaisance par une contre-lettre. Comme bien vous pensez, je n'ai pas consenti à ma ruine. Alors il m'a menacé de l'échafaud, en vertu des preuves d'un crime qu'il possède, disait-il, contre moi. A cette menace, je ne me suis pas contenu. Un conflit est survenu. Il croyait être le plus fort, parce qu'il avait fait venir chez les Bancal des hommes de son parti, des républicains affiliés à une société secrète. Heureusement que parmi eux se trouvaient un frère de Bastide, puis Yence. Ils se sont opposés à ce que nous en venions aux mains. Fualdès a paru consentir à ne pas vouloir notre ruine. Mais il s'est ravisé, quand, par d'autres billets, j'ai voulu le forcer à reconnaître ce qu'il nous devait. Devant l'obstination de Fualdès, nous n'avons plus été maîtres de nous. Les hommes de son parti, par son inhumanité à notre égard, n'ont plus osé le défendre. Nous nous sommes jetés sur notre bourreau ; il a été le plus faible. Le couteau sur la gorge, il a préféré mourir plutôt que de nous préserver de la ruine, nous l'avons tué ! Voilà la vérité sur notre rendez-vous chez les Bancal ! Il fallait qu'il mourût ou que nous y passions ! C'est lui qui est mort, par sa faute ! Voilà la triste vérité, n'est-ce pas, Bastide?

Le beau-frère, au courant de ce mensonge convenu entre eux, fit un nouveau signe de tête et continua de garder le silence.

Les femmes poussèrent des cris d'indignation contre la victime, tout en pensant aux terribles conséquences de cet épouvantable attentat.

Jausion jugea opportun d'exploiter leur haine contre Fualdès et leur pitié pour eux ; il leur dit encore :

— Ce n'est pas tout. Par la mort de Fualdès nous sommes sous les coups de la justice et d'une ruine immédiate. Ces billets de complaisance faits entre Fualdès et moi, c'est moi, par sa mort, qui vais être obligé de les rembourser. A tout prix il nous faut sa fortune pour rentrer dans notre argent. A tout prix il me faut les preuves qu'il a contre moi au sujet d'un passé qui peut me conduire à la mort. Demain Bastide et moi, nous nous rendrons chez Fualdès pour ravoir notre argent et un papier fatal. Bastide et moi, mes sœurs, nous avons compté sur vous pour vous rendre avec nous chez ce magistrat qui, mort, possède encore le moyen de nous envoyer à la misère et à l'échafaud !

— Eh bien ! exclama Mme Jausion, exaltée par le danger que couraient son frère et son mari, nous irons avec vous chez Fualdès ; nous serons toutes avec vous, n'est-ce pas, mes sœurs?

Celles-ci soupirèrent un oui plus résigné que convaincu ; Bastide et Jausion, heureux du résultat de ce mensonge, pressèrent avec effusion les mains des femmes qui, par sentiment ou par intérêt, se faisaient les complices de leur attentat.

— Maintenant, dit Jausion, prêt à monter avec sa femme et les sœurs de Bastide vers les chambres hautes, attendons le jour. Il viendra assez tôt pour nous et pour les Fualdès!

Comme on le pense, les deux meurtriers, leurs femmes et leurs sœurs ne passèrent pas le reste de la nuit à dormir. Mme Jausion se fit raconter, par son mari, les détails de ce mortel rendez-vous; Mme Bastide, de son côté, exigea de son époux les mêmes détails.

Les assassins furent forcés, bien malgré eux, de leur représenter les sanglantes péripéties qui ont été racontées précédemment.

Autant pour ne pas se faire horreur à eux-mêmes que pour épargner la délicatesse de leurs épouses, les misérables glissèrent sur les détails les plus sanglants, de leur crime aussi atroce qu'épouvantable.

Pour sa part, Jausion, tout en atténuant ses côtés les plus horribles, sentait redoubler ses frayeurs rien qu'en les racontant avec le plus de ménagements possibles.

Les terreurs que ce récit inspirait à Mme Jausion semblaient aussi le pénétrer.

A peine le jour était-il venu qu'un nouveau sujet de crainte vint troubler ses esprits.

A six heures du matin, le banquier, qui ne dormait pas, entendit vivement frapper à sa porte. A demi habillé, il se hâta de descendre dans le vestibule, en demandant avec inquiétude :

— Qui est là?

Il entendait déjà la voix du commissaire lui répondre :

« — Ouvrez, au nom de la loi! »

Mais il se rassura lorsque ce fut la voix de la Bancal qui lui répondit :

— Ouvrez! ouvrez vite, monsieur Jausion, c'est moi, la Bancal.

Depuis longtemps l'homme d'affaires était en relations avec la femme du maçon. Par elle, il connaissait les scandales de la ville, et elle le renseignait sur les clients plus ou moins véreux qui fréquentaient le bouge de la rue des Hebdomadiers.

Jausion, en apaisant ses craintes, s'empressa d'ouvrir à la mégère.

Il fut très surpris de la voir attifée dans ses habits du dimanche, avec un bonnet neuf et un tablier blanc.

Sans lui donner le temps de s'expliquer, il la poussa du vestibule dans son cabinet de travail. Il lui demanda sans songer, dans son anxiété, à la faire asseoir :

— Qui t'amène si matin? Il faut qu'il y ait quelque chose de nouveau. Voyons, qu'y a-t-il?

— Il y a, répondit-elle avec gravité, que le cadavre est découvert !

— Déjà! soupira Jausion avec une surprise mêlée de terreur, c'est impossible.

— Je l'ai vu comme je vous vois.
— Où ça?
— Mais sur la rivière, en face du moulin des Bresses.
— C'est là, en effet, que le corps a été jeté cette nuit. Et tu l'as vu, dis-tu, ce matin? Tu es donc retournée cette nuit à l'endroit où le corps a été précipité, toi?

— Comme vous dites, reprit la Bancal. Quand j'ai appris par mon benêt de mari, qui est bête comme un prunier, que c'était lui, avec Colard, qui avait jeté le corps dans l'eau, j'ai voulu m'assurer par moi-même de la besogne qu'il avait faite ! Ah! parlons-en, elle est propre, sa besogne!

— Mais il n'était pas seul à la faire ; nous étions là, nous!

— Eh bien, reprit la vieille avec son cynisme habituel, quand elle ne jouait pas l'hypocrisie, vous êtes aussi malins que mon mari ! Comment, vous jetez un corps vide, qui par conséquent ne peut aller au fond de l'eau, en face d'une habitation fréquentée, devant un moulin occupé jour et nuit par ses manœuvres ! C'est aussi adroit que Gribouille, qui se jette à l'eau de crainte d'être mouillé !

— Voyons, voyons! la Bancal, riposta sévèrement Jausion, la bouche sèche, les traits tirés par la peur, le moment est mal choisi pour plaisanter. Qu'as-tu vu et que s'est-il passé?

— Eh bien, il s'est passé, s'écria avec humeur la Bancal, ce qu'un monsieur, un savant comme vous aurait dû prévoir : Fualdès, allégé de son sang, a surnagé sur l'eau comme un bouchon de liège ! Le corps, entraîné par le courant, n'a pu aller au fond. Il a flotté jusqu'au moment de tourner sur lui-même dans la chute d'eau du moulin des Bresses ! Voilà ce que j'ai pu constater de mes yeux, en me rendant à l'endroit où mon benêt de mari et vous, vous avez fait ce beau chef-d'œuvre !

— Mais alors, répliqua Jausion en bégayant, glacé de terreur, tant le danger que lui signalait la Bancal lui paraissait grave, mais alors il faut réparer cette bévue. Il fait jour à peine, peut-être en est-il encore temps?

— Il n'est plus temps.

— Que dis-tu là?

— Je dis qu'il est trop tard; aussi est-ce pour cela que je suis venue vous avertir.

— Explique-toi, malheureuse, explique-toi! exclama le banquier qui ne se possédait plus, tant la peur le talonnait; dans son agitation désordonnée, il pressait les mains de la Bancal à les broyer.

— C'est pour cela que je suis venue, continua-t-elle, en sortant ses mains des doigts de fer de Jausion. Or, je n'avais pas plus tôt reconnu le corps de Fualdès, qui flottait sur l'eau, en y étalant sa grande diablesse de lévite, comme pour nous narguer, qu'une femme l'apercevait en même temps que moi. Elle paraissait venir du *Monastère*, à Rodez. Comme vous le pensez, je n'eus garde de me montrer, lorsque je la vis s'avancer vers la masse noire, flottant sur l'eau, de manière à inquiéter même un imbécile de gendarme! Je me hâtai de me cacher entre deux arbres ; je pus me convaincre que la maudite femme avait reconnu aussi le corps d'un homme. Et voici ce que j'ai vu de ma cachette : La femme, du bord de la rivière, appela un des garçons du moulin. Celui-ci parut aux cris de la femme. A l'aide d'une perche fournie par son patron, il retira le noyé. D'autres personnes accourues sur la berge l'aidèrent à l'y transporter. A l'heure qu'il est, les sauveurs, que le diable confonde! sont en train de prévenir les autorités. Donc je suis venue pour vous prévenir, monsieur Jausion, pour vous dire que cette découverte-là n'est guère faite pour équilibrer de longtemps notre tête sur les épaules. C'est mon avis, ce doit être un peu le vôtre, n'est-ce pas ?

— Raison de plus pour agir et vite, répondit Jausion à la Bancal, raison de plus pour défier les autorités comme nous l'avons fait cette nuit, sauf plus tard à ruser avec elles.

— Je ne vous comprends pas, monsieur Jausion, lui riposta la Bancal, très surprise du sang-froid du banquier, après lui avoir causé tant de frayeur.

— Tu n'as pas besoin de me comprendre, lui riposta-t-il avec un sourire étrange. Tu m'as averti, je t'en suis reconnaissant. Ton avertissement règle mon nouveau plan de conduite. Il te sera compté. Maintenant va-t-en, c'est moi, bientôt, qui te ferai donner des nouvelles.

Jausion, esprit très retors, très délié, quand la peur ne l'égarait pas, avait mûrement réfléchi, en apprenant la découverte du cadavre.

Il s'était dit qu'il n'avait pas un moment à perdre, après avoir risqué une seconde fois l'échafaud, pour ressaisir la fortune dans la caisse de l'homme qu'il venait d'assassiner. Coûte que coûte, il tenait à poursuivre son œuvre jusqu'au bout. Il avait tué Fualdès pour avoir sa fortune. Il tenait maintenant à la posséder, dût-il se compromettre davantage aux yeux de la magistrature, dont il savait plus d'un secret!

Depuis la découverte du cadavre de Fualdès, il n'y avait plus à perdre une minute pour arriver avec Bastide à son coffre-fort. Pour mieux en finir, il associait à son infamie sa famille; il la compromettait comme il espérait compromettre la magistrature.

Voilà ce que s'était dit Jausion, une fois que le calme lui était revenu avec le raisonnement, après les paroles de la Bancal qui l'avaient d'abord rendu incapable de juger sainement sa position critique.

Dès qu'il fut tout à fait maître de lui, il dit à la mégère, prêt à la reconduire à la porte de sortie :

— Maintenant que nous sommes avertis va-t-en! Attends-moi chez toi pour te dire ce qu'il faudra faire contre l'autorité si jamais elle ose nous inquiéter.

La Bancal, rassurée par le sang-froid qui était revenu au banquier, lui dit, en prenant un chemin opposé au vestibule, en lui montrant la porte-fenêtre de son cabinet :

— En attendant, pour ne pas donner l'éveil à l'autorité, il vaut mieux que je sorte par là, après être entrée par ici.

— Tu as raison, lui dit Jausion, en lui ouvrant la porte qui donnait sur les jardins. Tu es une femme de précaution, toi !

— Aussi, fit-elle en le quittant, si vous m'aviez écoutée, ce n'est pas moi qui aurais jeté à vide un corps dans l'eau, surtout en face d'un moulin. Quelle faute !... Ah ! quelle faute.

— On la réparera, fit Jausion qui essaya de sourire pour mieux inspirer de la confiance à la Bancal.

— Que le diable vous entende ! s'écria-t-elle, en disparaissant derrière les jardins.

Une fois la Bancal partie, les terreurs de Jausion redoublèrent. Ce n'était plus l'échafaud qui lui faisait peur, c'était la crainte de ne pas recueillir les fruits de son meurtre.

Dès que la Bancal eut pris congé de lui, Jausion se précipita dans les chambres hautes, il dit à Bastide, aux femmes avec des gestes de désolation :

— Le cadavre surnage ! On l'a vu ! On l'a vu !

Cette effrayante révélation qui expliquait la visite matinale de la femme du maçon, glaça d'épouvante Bastide et sa famille.

Le Géant s'écria avec accablement :

— Alors nous sommes perdus !

— Pas encore, dit Jausion avec autorité, mais il faut nous rendre à l'instant dans la maison Fualdès.

Puis se tournant vers le Géant stupéfait le banquier lui demanda :

— Vous avez la clef de son coffre-fort que nous avons trouvée hier dans une des poches de votre parrain ?

— Oui, répondit Bastide, elle nous devient inutile, depuis que le cadavre est retrouvé. Oserons-nous nous montrer devant ma marraine ?

— Au contraire ! Il faut s'y présenter à la minute ! De l'audace morbleu ! exclama Jausion qui, lorsque les calculs de son esprit étaient bien arrêtés, savait apaiser ses lâchetés, surtout pour faire agir les autres. Ah ! Bastide, je vous croyais plus de courage. Je vous dis moi, qu'il n'y a pas à négliger une seconde pour se rendre chez les Fualdès, pour reprendre l'argent qu'il nous doit, c'est-à-dire sa fortune.

— Mais Mme Fualdès, objecta Bastide, ne nous laissera jamais faire.

— Je la connais, cette Mme Fualdès, reprit Jausion, elle n'a aucune volonté. Et avec de l'audace on peut tout faire! En ce moment, cette nature craintive, sans énergie, doit être entièrement absorbée par la douleur. Venez donc! D'ailleurs, je compte sur ma femme, sur tes sœurs pour l'endormir! Venez tous, un à un, chez les Fualdès, afin de ne pas trop éveiller les soupçons! Vous, Bastide, vous vous présenterez le premier, parce que c'est vous qui avez la clef.

— Mais, balbutia le Géant encore sous le coup de la nouvelle de la découverte du cadavre. Si nous attendions pour agir que la première impression causée par le bruit de la mort de mon parrain soit passée, je crois que ce serait plus prudent?

— C'est cela, fit Jausion avec impatience, haussant les épaules, pour attendre à Rodez l'arrivée du fils de Fualdès, qui nous demandera compte de la mort de son père? Au contraire, il faut profiter de son absence, nous ses plus proches parents, pour reprendre notre bien, quand le fils de la maison n'est pas encore là.

— C'est juste, s'écrièrent les dames Jausion et Bastide qui éprouvaient toutes les alternatives de crainte et d'espérance de leurs odieux époux.

— Allons, cria Jausion, avec une énergie sauvage, allons chez les Fualdès. Bastide, partez le premier, vous qui avez la clef. Surtout allez droit au coffre-fort. Nous vous suivons. Il n'y a plus, aujourd'hui, une imprudence à commettre. A l'œuvre! hier nous avons gagné l'échafaud, aujourd'hui ne laissons pas perdre une fortune pour laquelle nous avons déjà risqué la mort.

Mais Jausion se ravisa, en songeant qu'il parlait à des femmes qu'il avait d'abord abusées par des mensonges. Il se reprit en terminant:

— Après tout, Fualdès l'a voulu. Sa mort est plus son ouvrage que le nôtre. Maintenant au coffre-fort.

Sur le dernier mot, la famille Jausion, qui ne savait qu'obéir à son chef, s'apprêta à se laisser guider et à le suivre.

Le 20 mars, sur les six heures du matin, Bastide et Jausion se dirigeaient à grands pas, de l'Ambergue gauche à l'Ambergue droite, vers la maison Fualdès.

Tous deux étaient vêtus en paysans, avec guêtres, souliers ferrés, culotte verte ou amarante. Ils étaient suivis de plusieurs femmes, la tête et le corps cachés dans des capuchons. C'étaient les sœurs et les épouses des meurtriers.

Elles partaient aussi du côté de la maison de la victime.

Ces hommes du monde, ces femmes qui composaient l'ornement de la société de Rodez, déguisés ou cachés sous des vêtements grossiers, rasant les murs pour éviter la curiosité de la populace, n'étaient pas moins des meurtriers ou complices de meurtriers.

Les femmes de ces assassins s'apprêtaient à les aider à dévaliser leur victime, comme l'auraient fait les plus odieuses compagnes des plus vulgaires escarpes.

Ces femmes élégantes et belles, l'élite de la société de Rodez, le type de la séduction et de la grâce, n'étaient plus en ce moment que d'épouvantables associées d'infâmes scélérats !

CHAPITRE XVIII

LE VOL APRÈS LE MEURTRE

Au moment où la famille Jausion et Bastide se préparait à consommer, par le vol, l'œuvre meurtrière des deux beaux-frères, la ville de Rodez était en émoi.

Le bruit de la découverte du cadavre courait dans la population ruthénoise.

De minute en minute, des groupes, composés de commères, d'individus de toute condition, se formaient aux principaux carrefours. Ils se répétaient à voix basse, d'un air mystérieux et craintif, les propos ayant trait à cet effroyable malheur.

Ces renseignements, venant du nord de la ville, s'accordaient à signaler le point de départ d'où était sorti le corps trouvé au bas de la colline.

Un individu avait apporté à l'hôtel de ville une canne trouvée dans la rue du Terral. C'était la canne de Fualdès.

Un autre personnage avait ramassé dans la rue des Hebdomadiers, à deux pas de la maison des Bancal, un mouchoir tordu à plusieurs endroits, mâchuré par places ; c'était le bâillon tombé dans la lutte de Fualdès avec les assassins, à la porte de la maison des meurtriers.

Après cette découverte, les serviteurs de la maison de l'ancien magistrat, composés de deux femmes et du domestique Guillaume, avaient cer-

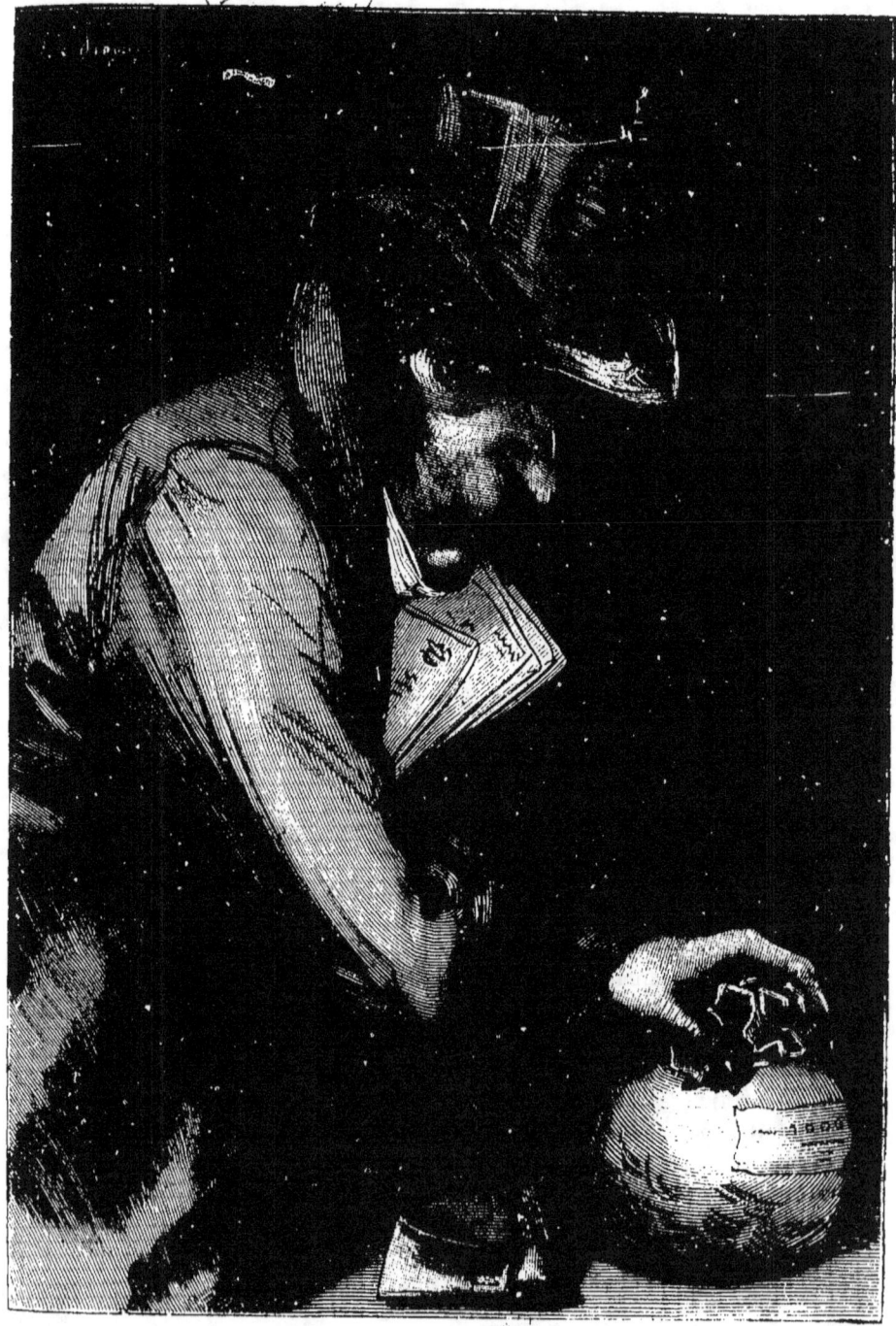

Pendant que Jausion forçait le secrétaire de Fualdès... (Page 163.)

tifié que les voisins, dans la nuit du 19, avaient surpris des ombres pourchassant leur maître.

Et ces voisins avaient entendu un joueur d'orgue ne cessant d'arpenter la rue du Terral et la rue des Hebdomadiers, pour étouffer les cris des auteurs de ce guet-apens mortel.

Ils constataient qu'à la suite de ce guet-apens, M. Fualdès, condamné par des ennemis invisibles, ne pouvait plus revenir ou ne devait revenir à Rodez qu'à l'état de cadavre !

Ces renseignements étaient bien faits pour signaler un piège infernal, dont la rue des Hebdomadiers et la maison suspecte avaient dû être le théâtre.

La justice attendait, pour agir, l'expertise des hommes de l'art; vers six heures du matin, ils s'étaient rendus au lieu même où gisait le cadavre.

C'était dans un pareil moment où la ville de Rodez frémissait d'épouvante et de colère à la nouvelle de l'assassinat, que les meurtriers osaient se présenter à la maison de leur victime pour s'en partager les dépouilles !

Il fallait l'autorité que Jausion exerçait sur Bastide pour que ce dernier se décidât, à une pareille heure, à se rendre chez sa marraine.

Le Géant, dont l'audace n'était surexcitée que par la méchanceté, l'amour des plaisirs ou l'amour du danger, n'était pas comme son indigne beau-frère, tout à fait exempt de remords.

Mme Fualdès, qui aimait Bastide comme son fils, malgré ses défauts ou peut-être à cause de ses défauts, exerçait sur lui une autorité qui contre-balançait celle de Jausion.

En songeant à la douleur mortelle que son horrible attentat devait lui causer, il fut pris d'un égarement subit; ce fut dans cet état qu'il vint frapper à la porte du défunt.

Une servante lui ouvrit.

Comme si la terrible nouvelle n'était pas le sujet de toutes les conversations, Bastide lui demanda :

— M. Fualdès est-il chez lui ?

La domestique, tout en larmes, le regarda d'un air chagrin, presque de reproches, et lui répondit :

— Que dites-vous là? Mais vous êtes donc le seul à savoir ce qui se passe ? Madame est au lit, elle ne reçoit plus depuis que M. Fualdès est mort assassiné, noyé ! Ne savez-vous pas tout cela?

— Ah ! c'est vrai ! Je me trompe ! exclama Bastide en passant convulsivement sa main sur la figure, comme pour en chasser l'expression égarée qui le trahissait.

Puis il fit appel à son énergie; il poussa vigoureusement le panneau de la porte que la servante tenait entre-bâillée, avant de le refermer sur le Géant.

Il entra malgré elle, il lui prit le bras, il lui dit, les yeux pleins d'éclairs, la voix saccadée :

— Suivez-moi. Puisque cette pauvre marraine est incapable de recevoir, il faut aller tout fermer.

Bastide, effaçant brutalement la servante, monta quatre à quatre l'escalier du premier étage ; il pénétra dans la chambre à coucher du défunt, faisant face, par un vestibule, à son cabinet de travail.

Une fois dans la chambre, ce fut Bastide qui repoussa la porte sur la servante ébahie.

Au même instant, on frappait de nouveau à la porte du dehors.

C'étaient Jausion, sa femme, Mmes Bastide, Yense et Galtier qui arrivaient à leur tour.

La servante, encore étourdie des brutalités de Bastide et de sa façon d'agir, descendit pour aller ouvrir au banquier.

Jausion fit passer devant lui les femmes qui s'étaient dissimulées dans leurs capuchons, rasant les murailles, avant de pénétrer une à une, dans l'intérieur de la maison de Fualdès.

Une fois arrivés au salon, le banquier et les dames s'informèrent, par manière d'acquit, de l'état de l'épouse de l'assassiné.

Dès que Guillaume, le domestique de confiance, apprit à la famille que Mme Fualdès, terrassée par la douleur, ne voulait recevoir personne et désirait rester seule avec son désespoir, Jausion poussa un soupir de soulagement ; il dit à Guillaume :

— Alors, il faut aviser au plus pressé. Mesdames, ajouta-t-il en se tournant vers ses compagnes, veuillez rester au salon ; moi, je monte au cabinet de Fualdès. En ma qualité de banquier de la famille, je dois régler les affaires du pauvre défunt. Après ce crime commis par des hommes capables de tout, on ne sait pas ce qui peut arriver !

Les dames firent un mouvement de tête approbateur ; Guillaume, un garçon assez naïf, ne trouva rien à répliquer aux prétentions de M. Jausion, l'homme d'affaires de son maître.

Du reste, Mme Fualdès avait formellement interdit à ses domestiques de la déranger, à quelque prix que ce fût et quelles que fussent les personnes désirant la voir.

Jausion avait le champ libre ; il s'empressait d'en profiter.

En quittant le salon, en passant dans le vestibule qui le séparait de la cuisine, Mme Galtier lui désigna une hachette dont il s'empara, en la cachant sous ses habits.

Comme Bastide, à la chambre vis-à-vis, Jausion s'enferma dans le cabinet de travail d'où Fualdès était sorti la veille pour ne plus y revenir.

Un fois seul, le banquier se mit à fouiller un placard où il savait que l'ancien magistrat y plaçait ses papiers les plus précieux.

Jausion en tira un manuscrit, le dossier criminel ayant trait à l'infanticide de 1809, il en parcourut à la hâte quelques lignes, poussa une exclamation de joie et le mit dans sa poche.

Puis armé de sa hachette il alla au secrétaire, les tiroirs étaient fermés; à l'aide de son arme, il en fit sauter les serrures et craquer le bois. Il y prit avec avidité les nombreux billets qui y étaient entassés, classés avec un soin méthodique, plus un sac d'argent.

Au bruit causé par la hachette sur le bois et sur le fer, Guillaume, très alarmé remonta, frappa à la porte d'un air inquiet.

Jausion paya d'audace. Le sac à la main, il s'empressa d'aller ouvrir au domestique, il lui dit en lui montrant les tiroirs forcés, brisés et son sac d'argent :

— Guillaume, je fais dans l'intérêt de la maison, ce que voudraient faire, les misérables qui ont tué ton maître pour le voler. C'est dans ce but, que je sauve ce sac de leurs mains. Jusqu'à l'arrestation des assassins, ne dis rien à personne dans l'intérêt de la famille.

Guillaume, garçon très borné, était à cent lieues de soupçonner les intentions coupables des deux beaux-frères, surtout de M. Jausion, le riche, l'homme d'affaires, le parent, l'ami de son pauvre maître.

Une partie de la famille de Fualdès n'était-elle pas là pour approuver la conduite du banquier.

Cependant la servante qui avait introduit Bastide, ne pensait pas tout à fait comme Guillaume. Elle se rappelait la façon brutale avec laquelle le Géant l'avait éconduite. Et elle remontait aux chambres hautes.

Pendant que Jausion, comme une vulgaire escarpe forçait le secrétaire de Fualdès, Bastide agissait avec moins d'esclandre.

Grâce à la clef qu'il avait trouvée la veille dans la poche de la victime, il avait pu fouiller sans la forcer l'armoire de son parrain. Il y avait pris, à son tour, tous les papiers qu'elle renfermait.

Après avoir visité tout ce qu'elle contenait, après avoir bien bourré ses poches, le Géant avait refermé l'armoire et rouvert la chambre à coucher qu'il referma presqu'aussitôt.

Alors il revit sur le palier la même servante qui le regarda d'un air interrogateur et méfiant,

Bastide la dévisagea de ses yeux fixes et brillants. La jeune fille sous le feu de ses yeux fauves, trembla de la tête aux pieds.

Bastide lui demanda en enflant la voix :

— Que faites-vous là ?

— Vous le voyez, monsieur, s'empressa de répliquer la servante, en lui montrant une paire de draps blancs qu'elle portait par contenance sur le bras gauche. Je reviens pour faire le lit à *monsieur !*

— Hélas ! reprit Bastide d'un air hypocrite et changeant d'allures, vous savez bien que mon pauvre parrain n'en a pas besoin ! c'est égal, — acheva-t-il, en ouvrant la chambre, faites toujours le lit, au besoin je vais vous aider.

Le Géant n'agissait ainsi, vis-à-vis de la servante que pour mieux s'assurer d'elle.

La fille obéit et se mit à déplier les anciens draps, pour y mettre ceux qu'elle portait.

Bastide tourna d'un air inquiet autour de la servante, il l'aida même dans son opération, en passant dans la ruelle.

Durant ce manège, ses yeux observaient la jeune fille qui ne cessait d'avoir les regards baissés, tout en plaçant la couverture.

Alors un objet tomba avec un bruit métallique.

Bastide se baissa, il s'aperçut que c'était une clef.

Le Géant pour chasser tous les soupçons qui auraient pu germer dans le cerveau de la servante, ramassa la clef d'un air étonné, puis la lui remettant il lui dit :

— Tiens ! c'est une clef? Il faut la remettre à madame avec les autres.

Une fois le lit fait, il fit partir devant lui la jeune fille, il referma la porte de la chambre et lui remit la clef avec celle qu'il avait trouvée au pied du lit.

Il reprit à la domestique :

— Il faut sur-le-champ remettre tout cela à ma marraine.

— Oh ! répliqua la servante, fort ébranlée par le jeu hypocrite du Géant ! Oh ! monsieur Bastide, je m'en garderais bien ! En ce moment madame veut, qu'on la laisse pleurer tranquille.

La domestique quitta Bastide pour aller mettre provisoirement les deux clefs dans un placard.

C'était tout ce que Bastide désirait savoir.

Par l'opiniâtreté de Mme Fualdès à se renfermer dans sa douleur, elle laissait aux assassins un champ ouvert à leurs manœuvres.

Jausion et Bastide avaient pu accomplir sans entraves, le dernier acte de leur drame sanglant.

Les meurtriers étaient possesseurs de la fortune de Fualdès.

Le banquier venu le dernier dans la maison de sa victime, en sortait le premier, muni des effets représentant une partie de la valeur de la propriété de Flars, avec tous ses carnets d'échéance. Il ne laissait pas même l'argent nécessaire aux besoins de la maison.

Bastide, distrait un moment par l'incident de la bonne, s'apprêtait après son beau-frère, à quitter le logis, en compagnie de sa femme, et de ses sœurs.

Bien certain maintenant que Mme Fualdès s'obstinait à ne voir personne de sa famille, il ne demandait qu'à abandonner le nouveau théâtre de ses exploits.

Un autre incident vint faire revivre les appréhensions de l'assassin.

Au moment où il se disposait à sortir, le juge d'instruction qui venait de reconnaître le cadavre de Fualdès sur la berge du moulin, se faisait annoncer chez la veuve.

Bastide surpris par l'annonce de la visite du magistrat, malgré l'émotion qu'il en éprouva, n'hésita pas à affronter ce danger.

Il savait que si le juge instructeur parvenait à faire une perquisition chez Mme Fualdès, s'il s'apercevait des tiroirs forcés, des placards vides, c'en était fait de lui.

Dès que le magistrat fut introduit par les serviteurs dans le salon du rez-de-chaussée que Bastide se disposait à quitter avec sa famille, ce fut le Géant qui le reçut.

Sans vouloir connaître l'objet de sa visite, il dit avec assurance au magistrat :

— Monsieur, je suis chargé par Mme Fualdès, au nom de la famille, de vous prier, de vous supplier, de respecter en ce moment, sa profonde douleur. Son deuil est trop récent pour que la justice ne respecte pas ses souffrances et ses larmes.

— Ah! fit le juge fixant ses yeux sur ceux de Bastide, qui soutint froidement l'expression inquisitoriale de ses regards. Ah! vous croyez, monsieur, qu'en ce moment, Mme Fualdès ne pourrait ni me recevoir, ni m'entendre?

— Elle est au lit, monsieur ; vous le voyez, elle ne reçoit même pas sa famille.

— Pourtant vous n'ignorez pas la gravité du sujet qui m'amène.

— Oui, monsieur, la mort de mon pauvre parrain, assassiné par des misérables que j'ai autant que vous intérêt à connaître.

— Alors, monsieur..., essaya de continuer le magistrat.

— Mais, répartit l'impudent Bastide, avant le devoir de la justice et l'intérêt de la vengeance, il y a l'existence de ma pauvre marraine, que la mort de son époux place aussi entre la vie et le trépas.

— Mme Fualdès est donc sérieusement alitée? interrogea le magistrat, sans s'émouvoir de son apparent chagrin.

— Je vous l'ai déjà dit, monsieur, ajouta Bastide, et dans un état tel qu'elle ne reçoit personne.

— Alors, monsieur, reprit-il, je dois respecter ce grand chagrin, sans entraver pour cela l'action de la justice.

— Si je puis vous aider, s'écria effrontément Bastide, parlez ; ne suis-je pas un des plus intéressés à venger mon pauvre parrain, moi son plus proche parent, après son fils ?

L'assurance du Géant parut confondre le magistrat.

Depuis le matin, le juge d'instruction avait écouté toutes les rumeurs qui s'étaient produites sur l'assassinat de Fualdès.

Elles n'étaient pas favorables à Bastide. Aussi le magistrat ne cessa-t-il de le regarder d'un air étrange.

Bastide ne broncha pas.

Le juge s'avança au milieu du salon avec solennité ; il prit un siège, il s'assit au milieu des femmes attentives et anxieuses groupées autour de lui et du Géant.

Le juge, après une pause qui inquiéta ceux qui l'écoutaient, s'exprima ainsi :

— Monsieur Bastide, vous n'ignorez plus de quelle façon la victime a été trouvée assassinée sur la berge du moulin des Bresses. Il est évident, d'après une expertise faite sur les lieux, que M. Fualdès a été tué, égorgé par guet-apens, puis porté par ses meurtriers à l'Aveyron pour y être noyé. L'énorme blessure qu'il a reçue, qui a amené une mort aussi prompte que cruelle, n'a pu être faite que dans un lieu choisi à l'avance par ses assassins. Nous avons à ce sujet des données certaines. Les misérables, après avoir assassiné M. Fualdès dans un lieu sûr, ont dû le transporter à la rivière pour le noyer, croyant y ensevelir leur victime. Eh bien, je venais ici m'enquérir auprès de gens intéressés à connaître les meurtriers de M. Fualdès ; je venais savoir s'ils sont bien ceux que me désigne déjà l'opinion. Aujourd'hui, dans quelques heures, le corps sera transporté dans une des salles de l'hôtel de la mairie. L'autopsie y sera pratiquée en présence des hommes de l'art et des personnes qui nous ont donné quelques indices sur les coupables. Comme sa famille est aussi désireuse que la justice de les connaître, je vous invite, monsieur Bastide, à vous présenter à quatre heures à l'hôtel de la mairie. Je ne doute pas que vous ne nous aidiez, en face du cadavre, à reconnaître la nature de ce meurtre et à nous signaler les misérables qui l'ont commis.

Le juge s'était levé en terminant ces paroles.

Il n'avait cessé d'attacher des yeux investigateurs sur Bastide impassible.

Intérieurement le Géant faisait des efforts inouïs pour conserver son sang-froid.

Il n'était pas dupe des attaques indirectes du magistrat. Il tenait à les parer en lui opposant une force d'inertie qui ne devait que le désespérer.

Cet homme était la trahison en personne, il était né Judas. (Page 176.)

La position de Bastide était d'autant plus critique que sa famille pouvait le trahir en face du magistrat.

Mais les femmes voyaient comme lui le danger qu'il courait; et elles se maîtrisaient à son exemple.

L'inexorable juge sentait autour de lui des coupables ; il reconnaissait qu'il était impuissant à les démasquer.

Il ne pouvait rompre leur silence accompagnant son discours, qui ressemblait presque à un interrogatoire.

Il cherchait en vain à lire la vérité sur ces figures composées et muettes; il essayait en vain à faire vibrer ces cœurs insensibles, préparés à ses attaques.

Autour de lui il ne voyait que des figures de marbre; il ne sentait que des cœurs de glace.

Bastide, heureux de prendre congé du juge, lui dit en le reconduisant :

— Croyez bien, monsieur, que, dans l'intérêt de la justice, par amour pour mon pauvre parrain, je serai le premier au rendez-vous que vous m'assignez, quelque pénible qu'il puisse être pour moi.

Le magistrat sortit, ne cessant de lancer à l'hypocrite des regards implacables, dont les flammes aiguës étaient pleines de défi et de colère.

Il sentait qu'il avait été impuissant à dompter, à confondre cet homme qui, à ses yeux, ne devait avoir que de criminelles pensées.

— Enfin! exclama Bastide une fois qu'il fut parti, en entraînant les femmes loin de la maison de Fualdès, dont l'atmosphère les tuait.

Il s'en retournait avec sa famille dans la maison de Jausion, se promettant bien de retourner le soir même à son domaine de Gros, pour vivre dans un autre milieu que celui de Rodez, où tout lui disait qu'il était un assassin, où tout lui rappelait son crime.

Alors Jausion, chez lui, incapable de remords, était loin de partager les craintes et les défaillances de son complice.

Une fois seul dans son cabinet de travail, il s'y enferma, étalant avec joie les effets de Fualdès, souscrits par l'acquéreur du domaine de Flars.

— Je tiens donc ses quatre-vingt mille francs, s'écria-t-il en contemplant avec avidité les précieux effets et le carnet d'échéance de Fualdès. Maintenant que j'ai reconquis la fortune, c'est à moi de ruser encore avec la justice pour esquiver l'échafaud, dussé-je pour cela sacrifier jusqu'à Bastide.

Il n'avait pas achevé sa pensée que le Géant revenait dans sa maison avec sa famille.

Bastide lui apprenait la visite qu'il avait eue du juge d'instruction.

Jausion lui fit prendre de nouvelles mesures pour aviser au moyen de dépister la justice en l'intimidant.

Toute la journée le Géant, sur les instructions du banquier, avant de retourner à Gros, avant de se rendre à la mairie, pour subir la présence du cadavre de son parent, ne fit que des allées et venues de la maison des Bancal à la maison de son parrain.

Le juge d'instruction ne cessait d'être au courant de ses manœuvres, avant de procéder à une instruction qui devait amener, malgré la duplicité de Jausion, l'arrestation des principaux coupables.

CHAPITRE XIX

L'EXPOSITION DU CADAVRE, LA CONFRONTATION, LES AVEUX DE BOUSQUIER

Dans la journée du 20 mars, le corps de Fualdès, par les soins du juge d'instruction, au tribunal de première instance, fut transporté dans une salle de la mairie.

Ce juge d'instruction était M. Teulat, le même que l'on a vu le matin, à la maison de Fualdès pour s'y rencontrer avec les auteurs présumés du meurtre, que les rumeurs désignaient déjà à l'opinion.

La canne de l'ancien magistrat, son bâillon trouvé aux environs du bouge de la rue des Hebdomadiers, les ombres qu'on y avait vues rôder dans la nuit, tout signalait à M. Teulat, l'endroit où Fualdès avait dû trouver la mort.

Si l'infatigable et clairvoyant magistrat n'hésitait pas sur les *on dit*, à soupçonner les Bancal comme les instruments de cet exécrable forfait, il n'osait soupçonner des gens intéressés à ce crime, appartenant à l'élite de la société.

D'heure en heure, les indices s'accentuaient pour éveiller les soupçons du magistrat. Avant que les représentants de l'autorité se rendissent sur la berge pour reconnaître le cadavre, on avait vu la Bancal, endimanchée, aller frapper à la porte de la maison Jausion.

« Pourquoi faire ? » pour l'avertir sans doute que le cadavre était découvert.

La veille on avait surpris Bastide, rôder toute la soirée autour du bouge, et parlant avec animation à M. Fualdès. Enfin le matin du 20 mars, la Bancal avait été rencontrée, sortant au petit jour, pour se diriger vers la rivière, au point où se trouvait le cadavre, puis elle était retournée à la maison du banquier.

Pourquoi ces allées et venues de la part de la Bancal? Pourquoi était-elle revenue, après sa course à la rivière, chez Jausion? Pourquoi était-elle endimanchée? On n'était pas à un jour de fête? Tout se remarque dans une petite ville.

Le juge d'instruction avait pris note de ces observations, en partant du lieu du sinistre où, au point du jour le cadavre de M. Fualdès avait été reconnu flottant sur l'eau, tournoyant dans le remous causé par la chute d'eau du moulin des Bresses.

Dès que le corps avait été repêché, un chirurgien, un commis greffier du tribunal, sous l'œil vigilant du juge d'instruction, reconnut que le corps étendu sur la berge, était M. Fualdès.

Durant les sinistres apprêts employés à transporter le corps à Rodez, le juge instructeur n'avait pas perdu une minute, il était rentré en ville pour découvrir les auteurs de l'attentat.

Comme on l'a vu par les objets trouvés aux environs du bouge des Bancal, par la visite du juge à la maison Fualdès, M. Teulat était sur la véritable voie où l'engageait son esprit investigateur, implacable devant la vérité et devant sa conscience.

Mais des obstacles de toute nature devaient entraver sa droiture et son désir de punir des coupables. De puissantes autorités étaient intéressées à l'égarer.

Cependant pour rendre la vérité plus éclatante autour de ce meurtre abominable, M. Teulat, de concert avec les autorités de la ville, avait ordonné que le cadavre de Fualdès fût transporté dans une des salles de la mairie.

Il voulait que cette mort qui émotionnait si profondément la population ruthénoise, fût rendue publique, en signalant de quelle façon elle s'était produite.

Alors le cadavre avait été porté sur une table, tel qu'il était vêtu au moment de l'assassinat, avec sa longue lévite, sa douillette et son pantalon de drap gris.

Sa cravate coupée mettait à découvert une large blessure qui avait pénétré très avant dans la gorge, une blessure transversale de trois pouces et demi de long.

La figure du cadavre, blanche comme sa cravate, indiquait que le corps égorgé, puis noyé, avait été graduellement amené à la mort par une complète évacuation du sang.

A côté du corps, était déposée la canne du magistrat et son bâillon trouvé à la porte des Bancal.

Une pancarte indiquait à dessein, au-dessus de la tête, les premiers résultats obtenus par l'autopsie.

Elle disait que les lobes du poumon, du cœur, les vésicules étaient vides comme le cœur par la saignée opérée dans la nuit, sous le couteau d'égorgeurs inconnus.

La foule frémissait d'indignation et d'horreur, dans la salle de la mairie, autour du cadavre, en lisant la note explicative qui avait causé sa mort.

Elle se désignait, à la vue de la canne et du bâillon trouvé à la porte de l'établissement des Bancal, ces infâmes proxénètes comme les auteurs de cet odieux et lâche assassinat.

Ils n'étaient donc pas si mystérieux, ces coupables, pour la population?

C'était ce qu'avait désiré conclure le juge instructeur, en provoquant l'exposition du cadavre. Son but était presque atteint, une puissance cachée presque insurmontable, devait le faire reculer.

M. Teulat allait voir réduites à néant ses promptes recherches en vue d'atteindre d'un seul coup les meurtriers de Fualdès.

Sitôt l'expertise faite, sitôt la visite à la maison du décédé, M. Teulat, avait invité le commissaire Constans à se rendre à la mairie, à l'heure où Bastide devait s'y rencontrer avec les Bancal, pour être confrontés avec le cadavre.

Après l'installation du corps, le juge d'instruction n'avait pas manqué de faire avertir la famille Bancal pour se trouver à la mairie, à l'heure où elle devait y rencontrer Bastide.

Le commissaire de police présent à cette double confrontation, avait reçu l'ordre, à la moindre parole imprudente d'un de ces derniers, de le faire arrêter sur-le-champ.

Quant à Jausion, que la rumeur publique désignait comme l'un des complices de Bastide, la magistrature n'osait faire agir la police contre lui; elle redoutait les embûches que pouvait tendre le banquier de la ville à toutes les autorités.

Pourtant dans la foule qui se succédait autour du cadavre, on disait très bas de Jausion, ce qu'on disait très haut de Bastide et des Bancal.

Les gens les plus désintéressés ou les plus sceptiques, se disaient en ne se méprenant pas sur les auteurs de ce meurtre épouvantable :

« — Ceux qui ont fait le coup sont des nobles ou des amis des nobles. »

Ou bien ;

« — Allez! on aura beau chercher, on ne saura jamais le fin mot de l'affaire, parce que c'est affaire d'opinion. »

Ou bien encore :

« — On peut être tranquille, les gens de la police feront semblant de rechercher la cause du meurtre, ils ne trouveront rien, » parce que les juges qui les feront agir, sont *dedans*, etc., etc.

A quatre heures du soir, devant une foule nombreuse, Bastide parut dans la salle.

A la vue du Géant, le public se recula en proie à la colère et saisi d'une profonde horreur.

Mais Bastide s'était préparé, en prévision de cette dangereuse confrontation. Il ne broncha pas, il ne sourcilla pas devant le cadavre, que la foule lui laissa bien voir, en se reculant de lui avec mépris.

Son émotion comme celle de la foule, ne put se contenir, lorsque de la porte opposée parurent les époux Bancal, accompagnés de leur fille Marianne.

Un frémissement d'indignation courut sur tous les spectateurs. Ils s'écartèrent des meurtriers, les laissant en face du cadavre.

Les Bancal avaient prévu sans doute le piège tendu par la justice.

Ils restèrent impassibles devant leur victime, ils feignirent ne voir, ni reconnaître le Géant.

Celui-ci pour dissimuler ses impressions, causées par le corps de sa victime et par la rencontre de ses complices, se contenta de cacher la tête dans ses mains.

Il s'écria, en feignant la douleur la plus désespérée :

— Ah ! pauvre parrain !... Pauvre parrain !

Les Bancal se firent l'écho de la douleur apparente du Géant ! L'horrible épouse du maçon, reprit à son tour, en se composant une mine pleurarde.

— Ah ! les coquins, ceux qui ont fait le coup, sont de fiers misérables ! Quelle entaille ! Jésus du bon Dieu ! Quelle entaille ! Il faut être perdu du ciel et des hommes, pour faire un coup pareil !

A ces paroles qui mettaient le comble à l'hypocrisie de la vieille femme, la foule ne put contenir des murmures d'indignation, elle cria vengeance.

Au moment où l'odieuse créature tirait un mouchoir à carreaux pour feindre d'essuyer de ses yeux des larmes absentes, le commissaire de police s'avança vers elle, vers son époux interdit, vers sa fille plus interdite encore, il leur dit :

— Bancal, au nom de la loi, suivez-moi. J'ai reçu l'ordre de faire une perquisition chez vous, en votre présence, pour connaître les misérables dont vous parlez !

— Chez moi ! Jésus du bon Dieu ! exclama-t-elle, en joignant les mains devant le commissaire, devant la foule de plus en plus irritée de l'hypocrisie de la mégère.

La multitude impatiente et furieuse aida le commissaire à pousser les misérables hors de l'enceinte, pour les traîner sur les lieux où ils avaient immolé le malheureux Fualdès.

Pendant qu'avait lieu cette scène, Bastide, pour ne pas paraître émotionné par ce premier agissement de la justice, se mit de nouveau à se couvrir le visage de ses mains.

Il s'agenouilla avec ostentation aux pieds du cadavre :
— Ah! pauvre parrain, exclama-t-il en faisant trembler sa voix dans d'apparents sanglots, si tu es vengé par la découverte de tes assassins, ma douleur de te perdre n'en est pas moins grande.

M. Teulat, dans l'intérêt de l'instruction, avait assisté aux scènes provoquées par cette confrontation. Une fois les Bancal partis, il se rapprocha de Bastide, à genoux ; il lui frappa sur l'épaule.

Bastide frissonna sous cet attouchement, comme s'il eût senti la main du gendarme.

Il se releva brusquement. Son visage, effaré, regarda M. Teulat qui lui dit d'un ton sarcastique :

— Ainsi, monsieur Bastide, vous êtes satisfait, dans votre douleur, de voir les meurtriers de votre parrain sous le coup de la justice ?

— En pouvez-vous douter, riposta le Géant avec un haut-de-corps, méprisant.

— Pourtant, ajouta le magistrat sur le même ton, vous ne pouvez être qu'à moitié satisfait; d'après les on-dit, les meurtriers de M. votre parrain ne sont pas tous pris ! La rumeur publique en désigne d'autres !

— Et vous croyez, monsieur le juge, exclama Bastide en haussant les épaules, vous croyez ce qu'on dit dans la populace?

— Le devoir de la justice est de tout entendre. Je suis sûr, pour mon compte, reprit M. Teulat en le regardant d'un air étrange, je suis sûr que le populaire ne se trompe pas.

— Monsieur le juge, répondit le Géant en évitant ses regards inquisitoriaux, je suis assez tourmenté par ma douleur, pour m'occuper des propos des mauvaises langues; et je vais de ce pas à Gros!

— Vous partez, monsieur Bastide, lui reprit-il d'un air d'ironie, bon voyage, au plaisir de vous revoir!

Le Géant, pour échapper à la fixité des regards du magistrat, pour ne plus entendre ses paroles à double entente, fit un mouvement de recul jusqu'à la porte.

En ce moment, le juge lui apparaissait comme la menace vivante de son crime. Il lui faisait plus peur que ses remords et les sourdes imprécations de la foule convaincue, avec M. Teulat, que Bastide était comme les Bancal, dans le meurtre de Fualdès.

Bastide n'était pas parti, qu'un huissier vint avertir le magistrat qu'un individu demandait à l'entretenir en confidence dans son cabinet.

Le juge d'instruction se douta, depuis qu'il avait fait mettre la police sur pied, qu'il allait recueillir de nouveaux renseignements sur les meurtriers de Fualdès ; aussi s'empressa-t-il de rejoindre celui qui l'attendait.

Lorsqu'il fut seul, en présence de l'homme qui l'avait fait demander, il se trouva en face de Bousquier, l'un des complices du crime, celui que la Bancal avait déjà traité de mouchard.

Qu'était en effet ce Bousquier ?

Un pauvre diable traînant sa vie au milieu des trahisons et des forfaits pour en tirer profit.

Surchargé de famille, déserteur en 1812, Bousquier, à cette époque, avait échappé à une sentence de mort, en se vendant à la police.

Depuis 1812, il se mêlait à toutes les conspirations pour les vendre à l'État qu'il avait fraudé une première fois, comme déserteur. Il continuait son double métier, en se faisant contrebandier et carbonaro. Bousquier, au besoin, vendait ses frères à l'État, sauf à le trahir encore.

Cet homme était la trahison en personne, il était né Judas.

Bousquier avait quarante-cinq ans, il en paraissait cinquante. Cet être, chétif et misérable, ne vivait que des turpitudes des autres ; il vivait de la boue pour y glisser et sans jamais s'y enfoncer.

Il était bien connu de la magistrature qu'il servait, en la trompant comme les contrebandiers et les conspirateurs.

Lorsque Bousquier parut devant M. Teulat, il reconnut cet homme, attaché à la police.

— Eh bien, *monsieur*, lui demanda le juge d'instruction en s'asseyant à son bureau, sans daigner faire asseoir Bousquier qui se tenait respectueusement debout devant lui, venez-vous m'apporter des détails concernant l'affaire Fualdès ?

— Et de très importants, répondit Bousquier en regardant avec inquiétude derrière lui, car cet homme avait peur de tout, même de son ombre.

— Ah ! fit le juge avec joie, les mains sur ses joues et les coudes sur son bureau. Est-ce que vous pouvez me désigner les auteurs du meurtre ?

— Je le crois bien, s'écria-t-il imperturbablement, j'en étais.

— Ah !... Quoi, vous ? exclama-t-il d'un air ébahi.

— Entendons-nous, reprit Bousquier en se rapprochant du juge, j'en étais pour éventer l'affaire au profit de la justice. Depuis huit jours, je me doutais qu'on machinait quelque chose contre M. Fualdès. Mais jusqu'au dernier moment, j'ignorais qu'on voulût l'assassiner. Enfin, c'était pour tout connaître que j'ai sollicité de Bach, le contrebandier, la faveur de me faire admettre parmi les compagnons qui devaient aider à lui faire porter en fraude une balle de tabac. Ce tabac n'était autre que le corps de Fualdès, destiné à être jeté dans l'Aveyron. Je ne sus tout cela qu'après l'affaire faite, lorsqu'on vint me chercher, une fois l'homme tué, pour le porter à la rivière.

Ce fut à la fin de mars que Jausion fut arrêté... (Page 182.)

En écoutant Bousquier, le juge suivait avec une avidité anxieuse ces détails du meurtre, détails qui allaient devenir si précieux pour la justice, après que l'homme de police lui aurait eu nommé les auteurs de l'attentat.

Mais le juge se ravisa. Il savait que cet homme était un traître. Il connaissait les ruses et les mensonges des gens de la police pour mieux se faire valoir auprès de leur supérieur.

Alors, M. Teulat lui répliqua sévèrement :

— Prenez garde! N'allez pas dans un but vénal m'indiquer de fausses pistes. En m'avouant que vous étiez de l'affaire pour mieux m'abuser, peut-être? vous risquez vous-même les galères?

— Et pour prouver, monsieur le juge, que je suis sincère dans mes aveux; tenez, fit-il en sortant de dessous ses vêtements la serpillière ensanglantée qui avait enveloppé le corps de la victime, tenez! voilà la toile qui servait à envelopper le ballot où les meurtriers ont mis le cadavre pour le porter à la rivière.

Devant cette preuve, M. Teulat ne pouvait douter de la véracité des paroles de l'agent Bousquier.

— Donnez! donnez! s'écria-t-il en portant les mains avec avidité vers la serpillière, preuve convaincante du crime. Maintenant parlez, nommez-moi vos complices! Avec cette pièce à l'appui, je puis vous croire.

— C'est bien pour cela, s'écria Bousquier d'un air triomphant, que je l'ai arrachée du paquet.

M. Teulat, très désireux d'entendre les révélations du misérable, ne s'arrêta pas à ses réflexions.

Comme toujours, Bousquier, fidèle à son caractère et à ses instincts, ne dit que la moitié de la vérité. Il nomma bien les Bancal, Missonnier et Bach comme faisant parti du convoi des meurtriers; il négligea à dessein de citer Colard, Jausion et Bastide ; Colard, parce qu'il faisait partie comme lui des carbonari; Jausion et Bastide, parce qu'il se rappelait le serment qu'ils lui avaient fait jurer, le canon du fusil sur la poitrine.

Lorsqu'il eut parlé, lorsque le juge d'instruction, en prenant de temps en temps des notes sur un carnet, eut fini de l'entendre, il lui dit, d'un air réfléchi, les yeux à demi fermés :

— Monsieur Bousquier, tout à l'heure, je doutais de la vérité de vos paroles. Maintenant que je vous ai entendu, je crains que vous ne m'ayez dit que la moitié du vrai.

— Pourquoi cela, monsieur le juge? lui demanda-t-il avec inquiétude.

— Parce que, dit M. Teulat d'un air songeur, comme s'il se parlait à lui-même, je vois bien dans vos compagnons les instruments d'un meurtre, mais je n'en vois pas la tête.

— Oh! la tête, dans un assassinat de cette importance, fit Bousquier avec plus d'assurance, ne se montre pas à de pauvres diables comme nous. Je ne la connais pas la tête, vu que je suis arrivé au dernier moment, une fois le meurtre accompli ; mais si mes faibles suppositions pouvaient, monsieur le juge, vous être de quelque utilité, m'est avis que cette tête-là est doublée de plusieurs autres? Et qu'elles pouvaient bien être, pour l'embarras de la magistrature, les principales têtes de la société de Rodez?

— Ah! fit M. Teulat feignant la surprise. Et qui vous fait supposer cela, monsieur Bousquier?

— D'abord, reprit l'agent reprenant son aplomb et devenant presque le confident du juge, d'abord un commissaire de police qui, cette nuit-là, oublie de poster les agents qui devaient être de service et de garde dans le quartier des Hebdomadiers; ensuite un commandant de place qui fait battre la retraite une heure plus tôt, dans la ville, pour laisser le champ libre aux assassins.

— Voilà des réflexions très judicieuses, monsieur Bousquier, reprit en souriant le juge, elles me font supposer de plus en plus que vous en savez plus long que vous n'en dites.

— Oh! je ne fais là, reprit le prudent agent, que des suppositions.

— Et que peut-être, riposta le juge, nous vous forcerons à changer en certitude, lorsque nous vous arrêterons comme les autres, vous qui étiez de l'affaire! Car vous serez arrêté, monsieur Bousquier?

— Pour la frime, je connais ça, monsieur le juge, termina-t-il, en reprenant son assurance et saluant profondément le juge d'instruction, avant de prendre congé de lui.

Enfin, M. Teulat était sur la trace des meurtriers. Bousquier, même en lui taisant les noms des complices qui avaient dirigé son bras et ceux de ses compagnons, lui en avait dit assez pour les deviner.

Par les démarches matinales de la Bancal chez Jausion, par les allées et venues de Bastide, les ordonnateurs du crime ne pouvaient être que le banquier et le fermier de Gros.

Du premier coup, M. Teulat tenait dans ses mains tous les fils de cet épouvantable complot, qui se terminait par le meurtre le plus lâche et le plus odieux.

Maintenant, le juge instructeur n'avait plus qu'à agir pour conduire sans encombre une instruction qui devait amener les meurtriers devant la cour d'assises.

Il croyait du moins les connaître tous, comme il croyait que l'instruction poursuivrait son cours sans obstacle.

M. Teulat s'abusait. Il dut s'en convaincre le jour même, par le rapport que lui envoya le commissaire de police Constans, à la suite de ses perquisitions, faites, en présence des meurtriers, dans le bouge de la rue des Hebdomadiers.

Voici ce que disait en substance le rapport du commissaire:

« Rien de suspect n'a été trouvé dans le domicile des Bancal, sauf, sous l'escalier, entre le vestibule et la cuisine, *une couverture de laine ensanglantée et du linge taché de sang*. Mais la femme Bancal, interrogée à ce sujet, a prétendu que ces taches provenaient d'un accident survenu à sa fille

Marianne. Sur les explications de la mère, on a continué les perquisitions sans obtenir d'*autre résultat*.

« On a interrogé les voisins, entre autres le nommé Colard, habitant la même maison, dans un logement situé au fond de la cour, et cohabitant avec la nommée Anne Benoist.

« Les Colard n'ont rien vu, rien entendu dans la soirée du 19; pourtant ils ne dormaient pas, empêchés, ce soir-là, par le bruit que faisait dans la rue un joueur d'orgue. »

Le rapport concluait :

« Après cette perquisition, il n'y a pas lieu de donner suite à l'arrestation des Bancal. »

En recevant ce rapport, après la dénonciation de Bousquier, le juge d'instruction le rejeta avec rage sur son bureau.

Devinait-il une résistance provenant de certaines influences contrariant ses actives recherches?

Il en eut un soupçon.

Pour lui, c'était un commissaire trop complaisant que ce Constans, qui ne s'alarmait pas de la provenance d'une couverture de laine ensanglantée, car M. Teulat savait que cette couverture accompagnait la serpillière que Bousquier venait de lui remettre.

Rien que cette preuve, n'aurait-elle pas dû justifier, de la part de l'officier civil, une arrestation immédiate?

M. Teulat, qui ne tergiversait jamais avec ses devoirs, pas plus qu'avec sa conscience, résolut d'agir contre le commissaire et de demander en haut lieu sa démission.

Il attendit, pour motiver sa plainte contre lui, le rapport qu'on lui fit, le lendemain, sur des propos tenus par Anne Benoist, la maîtresse de Colard, et par Colard lui-même.

L'imprudente, rassurée par l'impunité que lui promettait le commissaire, à la suite de son inutile perquisition, disait à des commères l'interrogeant à propos du meurtre :

— Figurez-vous qu'on a saigné le monsieur à la lévite sur une table; on lui a pris du sang comme à un cochon.

Et lorsqu'on lui parlait du mouchoir trouvé sur la chaussée :

— Ce mouchoir, répondait-elle, m'appartient. Le gueux, avec ses dents, l'a mis dans un bel état. Heureusement qu'il n'en mettra pas d'autres.

— Enfin, Colard répondait aussi à ceux qui l'interrogeaient sur ce meurtre :

— Bah! c'est un riche de moins, la belle affaire! L'année est mauvaise, savez-vous? Ces b... de riches ont trop pour eux. Les choses ne sont pas bien partagées. Si tout le monde était comme moi, on irait prendre où il y en a! Moi, si je savais qu'un homme eût de l'argent et qu'on ne me vît pas, je ne craindrais pas plus de lui f... un coup de fusil que de boire un verre de vin.

Deux jours après, lorsque M. Teulat eut consigné tous ces propos, il envoya à la préfecture une plainte taxant tout au moins de négligence, sinon de complicité avec les coupables, le commissaire Constans.

Il demanda sa démission, motivée par les aveux des coupables, donnant un démenti aux conclusions de son rapport.

En même temps il lançait des mandats d'amener contre Antoine Bancal, maçon ; contre Jean-Baptiste Colard ; Catherine, femme Bancal, et sa fille Marianne Bancal.

Il faisait ce que n'avait su ou n'avait voulu faire, une première fois, l'optimiste Constans, qui arrêtait, pour la relâcher, la famille Bancal, après sa confrontation avec le cadavre.

Mais, si le juge d'instruction tenait les bras ou une partie des bras qui avaient commis le meurtre, les têtes qui l'avaient conçu, se dérobaient encore.

Aucune preuve ne s'élevait contre Jausion et Bastide, que l'opinion générale désignait cependant comme les ordonnateurs du crime.

L'arrivée de M. Fualdès fils vint donner cette preuve matérielle tant recherchée par le juge d'instruction.

M. Teulat l'eût eue lui-même, cette preuve, si Bastide n'avait eu l'art de l'éconduire au moment où il se présentait chez Mme Fualdès, quand Jausion avait accompli le vol après l'assassinat.

Comme la mère, le fils était tombé malade en apprenant l'épouvantable catastrophe qui le frappait.

Ce ne fut que plusieurs jours après qu'il put se rendre à Rodez où il retrouvait sa mère malade qui, jusqu'alors, avait fait condamner sa porte à toute sa famille et qui ne la rouvrit qu'à son fils.

Mais son fils ne se doutait pas de l'immense malheur qui le frappait avec la mort de son père.

Sa stupeur fut grande en rentrant à son foyer, de découvrir les ravages causés dans l'intérieur de la maison. Dans le cabinet de travail, dans la chambre à coucher de M. Fualdès, les secrétaires, les placards, les meubles avaient été forcés et fracturés.

Mme Fualdès, au moment de sa suprême douleur, accablée par son désespoir, n'avait pas songé que les misérables qui l'avaient frappée dans son affection tenaient avant tout à consommer sa ruine.

M. Fualdès fils put se convaincre, avec un effroi mêlé de stupeur, que tous les papiers de son père avaient été soustraits, qu'il ne restait plus rien de sa fortune.

Qui avait spolié aussi effrontément, aussi brutalement sa famille, en la réduisant du jour au lendemain, après l'assassinat de l'auteur de ses jours, au dénuement le plus complet?

Qui?

Ce ne pouvaient être que Bastide et Jausion. Après le meurtre, ne s'étaient-ils pas présentés au domicile de leur victime, pour lui enlever par effraction tous ses titres et toutes ses valeurs?

Les domestiques, qui n'avaient osé ni parler, ni protester devant les plus proches parents de M. Fualdès, ni même porter plainte après leurs attentats, n'hésitèrent pas à tout raconter à M. Fualdès fils et à sa mère.

Leur simplicité avait été la seule cause de leur silence. L'immense douleur, la ruine complète qui accablèrent la mère et le fils leur firent ouvrir les yeux.

Les parents de l'ancien magistrat leur parurent tels qu'ils étaient, d'infâmes scélérats.

D'après la déposition des témoins de ce vol, M. Fualdès fils et sa mère portèrent une plainte en justice ; ils nommèrent Jausion et Bastide comme les auteurs de ce vol audacieux.

Deux mandats d'arrêt furent lancés contre le propriétaire de Gros et le banquier de Rodez.

Désormais M. Toulat tenait les voleurs de M. Fualdès, Jausion et Bastide, meurtriers probables du guet-apens des Hebdomadiers.

CHAPITRE XX

LES FAUSSES CONFIDENCES

Ce fut à la fin de mars, après le retour de M. Fualdès fils, que Jausion et Bastide furent arrêtés, l'un dans sa maison de la place de la Cité, l'autre en son domaine de Gros.

Les arrestations des principaux assassins ne tardèrent pas à faire naître des orages qui menacèrent la haute société de la ville.

C'était ce qu'avait prévu l'adroit Jausion.

Au commencement du mois suivant, la femme du banquier et Mme Galtier, qui le 20 mars, après le meurtre, avaient participé au vol opéré dans le domicile de Fualdès, furent conduites également à la prison des Capucins.

Ces arrestations suivirent de quelques jours celles de Missonnier et de Bousquier, celui-ci se faisait arrêter pour trahir encore quelques-uns de ses complices, jusque dans leur cachot.

Le scandale qui amena ces diverses arrestations, s'étendit sur la magistrature, forcée, par l'instruction criminelle, de laisser un libre cours à l'action de la justice.

Sur le rapport de M. Teulat qui consignait tous les propos des inculpés, le président de la cour prévôtale, M. Enjalran, fut contraint d'être l'organe de la loi.

En exerçant son pouvoir, M. Enjalran se trouvait aussi bien que les incriminés sur la sellette.

Ne tremblait-il pas pour son compte personnel, ce magistrat, autrefois en relations d'affaires avec Jausion, qui le tenait par les dettes de son fils, par les écarts de sa fille et par ses propres dettes ?

Il tremblait au moment d'ouvrir les assises, devant sa fille, la femme adultère, devant Jausion le meurtrier, il se demandait si son fauteuil ne se changerait pas, un jour, en banc des accusés.

Il n'était pas le seul à redouter des débats qu'il était pourtant appelé à diriger. Le commissaire Constans révoqué était sur le point d'aller en prison pour sa négligence coupable, dans la soirée du 19, et pour avoir tenté d'égarer la justice par un rapport complaisant.

M. de Vautré, le commandant militaire, qui avait fait battre la retraite, une heure plus tôt, le soir du crime, était obligé de prendre un commandement dans un autre département, pour éviter les représailles de la justice.

Son aide de camp, Clémandot, accusé d'être l'hôte trop assidu du bouge des Bancal, partageait la mauvaise fortune de son général. Déjà un ordre de la commission militaire le forçait à ne pas répondre aux provocations du frère de Mᵐᵉ Manzon, furieux contre lui de ses propos tenus contre sa sœur et sa maîtresse !

Avant l'ouverture des assises, la pensée infernale de Jausion se réalisait : la ville de Rodez, par ses personnages d'élite, devenait sa proie, il l'entraînait dans sa chute et dans son infamie.

Bien mieux, Jausion, depuis son arrestation, avait eu l'art de mettre l'opinion de son côté. Il avait laissé transpirer une partie des mensonges qu'il avait débités à sa famille pour s'en faire sa complice.

Selon les partisans plus ou moins intéressés du banquier, Jausion n'avait dévalisé Fualdès que pour sauvegarder ses intérêts.

Fualdès ne devait-il pas 20,000 francs à son banquier, qu'il allait lui payer sur la vente de sa propriété de Flars ?

M. de Séguret, lui-même, fut obligé de convenir devant le juge d'instruction que, deux jours avant la mort de Fualdès, Jausion avait fait une opposition entre ses mains pour la somme représentant cette dette !

C'était à ce propos que l'ancien magistrat s'était plaint amèrement à son ami, en lui disant :

« — Qu'il aurait dû se montrer plus circonspect, moins exigeant envers un homme qui, jadis, l'avait sauvé de l'échafaud. »

Peut-être était-ce cette terrible parole adressée à l'irascible banquier qui avait conduit Fualdès dans le bouge des Hebdomadiers, sous le couteau de Colard.

Rien que des *on dit*, rien que des ressemblances vagues, ne pouvaient prouver cependant que Jausion et Bastide, des voleurs se payant de leurs mains, fussent des assassins.

Un seul témoin eût pu les accuser et les confondre, Mme Manzon qui avait assisté à toutes les scènes de ce meurtre.

Ce témoin faisait défaut en laissant aller les conjectures. On savait bien qu'une ou plusieurs femmes avaient assisté à ce mortel guet-apens, on en nommait trop pour que l'instruction pût en saisir une seule.

Il y avait bien la petite Madeleine Bancal qui avait tout vu de son lit, par le trou de son rideau.

Mais si cette enfant avait pu donner des détails très précis sur les incidents du meurtre, elle n'avait pu désigner, avec autant de certitude, la femme surprise dans le cabinet, amenée par un grand monsieur, près du cadavre, pour lui faire jurer, sous peine de mort, de garder le silence.

Selon la petite Madeleine, il y avait eu trois femmes assistant à l'égorgement du monsieur *bien méchant et se remuant toujours sur la table !* L'une avait une plume verte, l'autre, une plume noire, et la troisième, un bonnet.

Ces propos tenus par la petite Madeleine à l'hôpital où elle avait été reléguée, après l'arrestation de sa famille, avaient couru la ville, avant d'être recueillis par l'instruction.

Clémandot, un habitué du bouge des Bancal, avait passé pour y avoir donné rendez-vous à l'une des inconnues.

On citait, entre autres, Rose Pierret, puis une Anglaise excentrique connue à Rodez par ses plumes vertes. Si le bonnet n'avait pu appartenir à l'Anglaise, il avait pu être porté par la sémillante Rose.

Quant à Mme Manzon, elle n'osait pas, par le serment qu'elle avait fait aux assassins, contredire l'opinion générale.

Clémandot, par fatuité, laissait courir les bruits malveillants, parce qu'ils le flattaient.

La fille du président les amplifiait en haine de sa rivale et pour sa sécurité.

... Il y tomba, s'y enfonça, bâilla et sommeilla... (Page 188.)

Quatre mois se passèrent ainsi, quatre mois consacrés à de vaines recherches pour découvrir la femme qui pouvait démasquer les deux meurtriers, et prouver que le vol de la rue des Ambergues se rattachait au meurtre des Hebdomadiers.

Lorsque Clémandot fut sur le point de quitter Rodez avec son général, il éprouva des remords en laissant supposer que trois femmes s'étaient compromises, pour lui, chez les Bancal.

Plus que tout autre, il savait que ce n'était ni une Anglaise, nommée Gipson, ni une nommée Avit, fille d'un greffier du tribunal, ni Rose Pierret, qui devait être en cause.

Il se doutait bien un peu que la jalouse Mme Manzon était pour quelque chose dans l'apparition de la femme à la plume verte ou à la plume noire.

A la veille de quitter Rodez, il tenait à revoir Mme Manzon, pour avoir la clef de ce mystère.

Très convaincu que ni Mlle Gipson, ni Mlle Avit, ni Rose Pierret n'était le 19 mars, rue des Hebdomadiers, il désirait savoir si ce n'était pas Mme Manzon qui s'y trouvait, pour lui ou pour un autre.

Il voulait avoir le mot de cette énigme dans l'intérêt de la justice et pour son repos.

Malgré la répugnance qu'il devait inspirer à Mme Manzon, depuis sa rupture avec elle et avec son frère, Clémandot osa venir lui faire visite, dans le but de lui demander des explications sur leurs situations respectives.

Mme Manzon se rappelait trop son serment, elle craignait trop l'homme qui avait été cause de ses nombreuses mésaventures et de ses continuelles terreurs, pour ne pas tout faire pour l'éviter.

A peine se fut-il présenté chez elle, que Mme Manzon, nature très impressionnable et n'obéissant qu'à son premier mouvement, lui dit aussitôt :

— Je vous trouve bien hardi, monsieur, de vous présenter chez moi, après les scandales dont vous êtes cause et qui me rendent un sujet de mépris pour ceux qui m'entourent.

— Madame, lui répondit l'aide de camp, de l'air le plus soumis, c'est pour réparer mes torts que je me permets de vous revoir, avant de quitter Rodez pour toujours.

— Monsieur, lui riposta-t-elle avec arrogance, je ne veux de vous, ni réparation, ni rétractation. Vous quittez la ville, j'en suis bien aise, c'est la première fois que vous m'offrez un gage de sécurité, après tous les désagréments que vous m'avez causés.

— Que le crime de Fualdès, riposta-t-il d'un ton piqué, a provoqués, par la faute de misérables assassins. Leur malignité nous a désunis par leurs propos infâmes !

— Et par votre fatuité, monsieur Clémandot, qui a prêté le flanc à ces odieuses médisances. Vous oubliez à Espalion vos prétentions sur Mlle Pierret.

— Qui n'ont existé que dans l'imagination de Bastide et de Jausion, répondit-il, c'est pour cela que je veux vous parler de cette pauvre Mlle Pierret. Je tiens à la disculper comme je tiens à me disculper moi-même. Oui, c'est pour cela que je suis ici.

— Assez, monsieur, riposta-t-elle avec violence, ne me parlez jamais de cette Rose Pierret.

— Cependant, je vous le répète, c'est pour vous entretenir d'elle que je viens vous importuner.

— Et comme je fuis tous les importuns, termina Mᵐᵉ Manzon qui n'aimait pas plus qu'on lui parlât de sa rivale que du crime de Fualdès, permettez-moi de ne pas vous entendre. Si vous m'y contraignez, j'ai un moyen d'éviter vos obsessions, c'est de vous céder la place.

Mᵐᵉ Manzon, très vive, devança sa menace, elle sortit.

Clémandot était aussi tenace que la fille du président était prompte. L'aide de camp se résigna à rester en face des meubles de son ancienne Clarisse.

Il prit une chaise qu'on ne lui avait pas offerte, il attendit l'irascible Manzon.

Il connaissait son caractère exalté. Il savait qu'on ne la touchait qu'en frappant sur cette nature sensible et colère, il n'ignorait pas qu'il fallait la confondre ou l'étonner pour la dominer.

Clémandot attendit patiemment le retour de la fille de M. Enjalran.

Mᵐᵉ Manzon revint chez elle, lorsqu'elle croyait que l'aide de camp s'était enfin décidé à partir.

Son indignation fut à son comble, lorsqu'elle le retrouva chez elle.

Mᵐᵉ Manzon lui dit :

— Décidément vous devenez trop compromettant, votre persistance à demeurer chez moi frise le ridicule.

— Alors, fit Clémandot décontenancé, vous tenez à ne pas m'entendre.

— C'est-à-dire, riposta-t-elle, que je ne tiens plus à me compromettre avec vous. Sortez, ou j'appelle au secours.

— C'est bien, madame, soupira l'aide de camp, très froissé. Je pars, mais je vous préviens que je ne suis nullement démonté par vos impertinences. Je tiens à vous prouver, avant de vous quitter pour toujours, que je n'ai pas démérité de vous, malgré les ennemis qui nous ont désunis.

Ces paroles de reproche, prononcées avec un accent de tendresse, firent plus d'effet sur la sensible Clarisse, que si Clémandot eût répondu par de la colère, à ses sarcasmes.

Le soir, au spectacle, Mᵐᵉ Manzon revoyait l'éternel Clémandot ; il s'approchait d'elle, à la sortie du théâtre, il lui offrait galamment le bras.

Elle fit un mouvement de dédain, prête à le repousser.

Mais Clémandot savait par expérience que ses impressions étaient aussi fugitives que les fantaisies de son humeur changeante et fantasque.

Il lui prit le bras d'un air de commandement. Mᵐᵉ Manzon courba la tête, en roulant des yeux furieux.

Il l'apaisa en changeant de ton et d'allures; il lui dit d'un air presque tendre :

— Je vous le répète, avant de vous quitter, je tiens à me disculper à vos yeux.

Il la quitta pour se rendre chez son général qui, cette nuit-là, offrait un souper à ses officiers.

Mme Manzon rentra chez elle, heureuse d'être débarrassée de l'importun; elle ne pensa plus à lui. Elle se coucha et s'endormit.

Mais à une heure du matin on frappait à sa porte. Mme Manzon n'habitait plus alors chez les Pal, mais dans une habitation dont les propriétaires étaient d'humeur plus facile.

Elle se levait et allait ouvrir.

Que voyait-elle encore ?

Clémandot ! toujours Clémandot qui revenait de souper chez son général.

Il était très ému.

Mme Manzon ne l'était guère moins, mais pas de la même manière.

Son émotion redoubla lorsque, après être entré, Clémandot ferma la porte à clef.

Il était une heure du matin, Mme Manzon ne pouvait plus appeler du secours sans provoquer un éclat.

M. Clémandot était gris.

Son entêtement d'ivrogne à rester chez elle, à pareille heure, n'aurait fait que provoquer un scandale qui aurait rejailli sur sa personne.

Mme Manzon n'avait pas besoin de cela; on ne parlait que trop d'elle à Rodez.

Elle se résigna à regarder avec commisération l'aide de camp qui, à jeun, malgré sa ténacité, n'eût osé se conduire d'une façon aussi malséante.

Excité par l'ivresse, Clémandot devient pressant; Mme Manzon le repousse, elle lui offre avec ironie un fauteuil; il y tombe, s'y enfonce, bâille et sommeille.

Durant ces combats d'amoureux dépités ou furieux, Mme Manzon a senti fondre sa colère.

L'opiniâtreté de l'aide de camp à avoir une dernière entrevue avec elle, a flatté son amour-propre.

De tout temps, elle a aimé les aventures; son cœur, avide de passion, a toujours été au-devant de l'imprévu.

N'aimant pas son mari, parce qu'il était son mari, un moment elle essaya de s'abuser sur l'indifférence qu'elle avait pour lui. Pour s'en faire aimer, elle avait exigé, à son retour d'Espagne, que son époux se transformât en amant. Elle le recevait en cachette, comme un ravisseur, sous le toit conjugal où il aurait pu régner en maître. Un instant, son époux, pour conquérir son amour, se prêta à ses folies. Il fallut l'autorité de M. Enjalran pour faire cesser le scandale de ces rendez-vous nocturnes entre une femme légitime et un époux dissimulé en amant.

Cet épisode prouvait jusqu'à quel point Mme Manzon, avide d'idéal, aimait les situations risquées, en donnant jusqu'au mariage un avant-goût d'adultère !

L'opiniâtreté de Clémandot à revenir à elle, flattait encore son humeur bizarre; elle satisfaisait sa vanité. Elle n'était donc pas tout à fait oubliée. Elle était friande d'aventures et de mystères la rehaussant à ses yeux et la transformant en héroïne de roman.

Après tout, ce galant *dangereux* ne la compromettait que parce qu'il ressentait pour elle une affection, que des ennemis de son bonheur avaient brisé.

Elle plaignit l'ivrogne qui, en se réveillant, devint plus pressant, parce qu'il avait un but intéressé. Ce fut les larmes dans la voix, le cœur plein de tendresse,— Clémandot, quand il avait bu, était très élégiaque — qu'il dit encore à sa Clarisse :

— Madame, je ne veux pas partir de Rodez sans savoir le nom de la femme du monde qui était chez la Bancal, lors de l'horrible scène du meurtre et qui a assisté, dit-on, à ses horribles détails.

— Eh, monsieur, lui répondit-elle en sentant revivre toute sa colère jalouse, vous le savez mieux que personne, c'est Rose Pierret ! C'est elle qui depuis longtemps a fait connaître à la ville des complices qu'on ne soupçonnait pas. C'est Rose qui, dit-on, dut la vie à l'un de ses complices. Pour ma part, je suis portée à croire que ce n'est pas à ce Jausion, comme on le dit, qu'elle doit la vie, mais au galant qui se trouvait avec elle à ce funeste rendez-vous.

Mme Manzon, en lui faisant cette fausse confidence, trahissait non seulement ses rancunes, mais elle piquait au jeu Clémandot qui n'était pas dupe du mensonge de sa Clarisse.

Cependant il eut l'air de donner dans sa fausse confidence, il lui répondit :

— Et quel était, d'après vous, le sauveur de Rose Pierret?

— Ne le savez-vous pas vous-même?

— Pas le moins du monde.

— Interrogez votre conscience ?

— Comment, c'est moi que vous accusez?

— Oui, répondit-elle en se pinçant les lèvres et en agitant les mains et les pieds avec un redoublement de dépit ! Convenez que je ne suis pas la seule à vous incriminer ?

— L'opinion se trompe, voilà tout, reprit froidement Clémandot. Mais je crois qu'elle se tromperait moins, si elle vous désignait!

— Moi, fit-elle vivement et en frissonnant, moi, j'aurais été chez les Bancal, dans cette nuit funeste? Et qu'y aurais-je été faire, grands dieux!

— Vous assurer peut-être si j'y étais moi-même? ajouta l'aide de camp. Pardonnez-moi cette suspicion ou cette présomption de ma part! Votre opiniâtreté à accuser Rose et à m'accuser, les justifie jusqu'à un certain point.

En disant ces mots, Clémandot avait pris un air suppliant. Loin de paraître agressif et de contester son mensonge, il était timide, soumis, presque aux pieds de sa Clarisse.

Et ses yeux humides de larmes lui disaient dans un muet langage :

« — Je n'accuse que votre jalousie! car votre jalousie, en pareil cas, est encore une satisfaction donnée à mon cœur qui ne bat que pour vous. »

Clarisse crut lire dans son âme et dans ses yeux. Elle était gagnée, c'était ce que voulait Clémandot.

Avant de parler, Mme Manzon frémit; elle eut peur, en se rappelant les serments qu'elle avait faits aux meurtriers de Fualdès et au frère de Bastide.

Elle dit au pressant Clémandot :

— Non, je ne puis rien vous révéler; c'est un secret qui ne m'appartient pas.

— Mais, madame, à côté de la joie suprême que me causerait cet aveu, songez que l'intérêt de la justice doit prévaloir sur toute autre considération.

— Que vous êtes impatientant, lui riposta-t-elle en luttant avec elle-même. Vous êtes plus curieux qu'une femme.

— Dites-moi seulement le nom de baptême de cette personne?

— Eh bien, il commence par un C.

— Je ne connais aucune des dames de la ville par cette initiale, du moins quant au nom de baptême; soyez plus explicite, dites-moi aussi la première lettre de son nom de famille.

— Vous le voulez!... Eh bien, c'est un E.

— Un C pour le nom de baptême, un E pour le nom de famille! Ah! c'est vous, Clarisse! c'est vous! Quoi! vous avez été présente à cette horrible scène. Ah! pauvre femme! comme cela vous rend intéressante à mes yeux; on dit que Bastide voulait vous tuer, et que Jausion vous sauva la vie. Si vous saviez l'intérêt que j'ai, malgré moi, dans cette affaire!... Si vous saviez... si vous saviez...

— Taisez-vous! oh! par grâce, taisez-vous!... exclama-t-elle en lui mettant les mains sur la bouche, comme si elle eût craint que les murs ne l'entendissent, et ne lui renvoyassent une sentence de mort qui pouvait punir son indiscrétion.

Mais le jeune officier, qui n'en savait pas assez pour se disculper auprès des autorités, s'obstina à faire parler Clarisse.

Cette fois elle se retrancha derrière de fausses dénégations, comme elle l'avait fait par de fausses confidences en accusant Rose Pierret.

Elle se contenta d'offrir à Clémandot une tasse de chocolat et de terminer ainsi ses aveux :

— Je vous en ai assez dit pour mettre votre responsabilité à couvert ; maintenant ne m'interrogez plus, je ne sais plus rien.

— C'est impossible, reprit Clémandot hochant la tête, vous avez trop fréquenté autrefois la famille Fualdès pour ne pas connaître Bastide.

— Je ne sais s'il était chez les Bancal, je ne le connais pas.

— Et Jausion?

— Je le connais encore moins.

— Comment! vous ne connaissez pas des personnes aussi en vue à Rodez?

— Oh! fit-elle avec un sourire. Je ne suis pas de la ville, moi. Je ne suis qu'une paysanne à peine dégrossie! *Laissons cela*, ne m'interrogez pas, car je ne vous répondrais que sur des conjectures, vous savez s'il s'en fait au sujet de ce crime.

— Mais vous, au moins, vous avez tout vu, vous pourriez tout dire. Pourquoi vous taire?

— Ne m'interrogez pas! s'écria-t-elle avec terreur. En me taisant, je rends service à la magistrature, à l'armée, à l'élite de la société ; car, je le crains fort, il y a encore des coupables inconnus à la justice ; et ce serait rendre un très mauvais service à la société de Rodez que de les faire connaître.

— Au moins, reprit Clémandot en se démasquant, ce serait un devoir de votre part de les nommer.

Mme Manzon regarda l'officier d'un air étrange, elle eut des soupçons ; elle eut peur d'en avoir trop dit à un homme qui n'avait fait peut-être appel à son cœur que pour spéculer sur ses affections.

— Monsieur Clémandot, lui dit-elle, je vous crois trop galant homme pour divulguer à la justice un secret qui n'est pas le mien. Si vous n'aviez agi que par ruse en me faisant parler, vous seriez non seulement un lâche, mais un assassin sans le savoir!

— Madame, exclama Clémandot, la regardant d'un air effaré et se reculant, je ne vous comprends plus?

— Et moi, fit-elle, je me comprends. Encore une fois, laissons tout cela. Si cet aveu ne pèse que sur votre cœur, je vous excuse ; si vous ne l'avez arraché que par ruse, au profit de la justice, je vous plains!

— Oh ! pouvez-vous, lui dit-il en se troublant, pouvez-vous me supposer l'âme aussi noire ?

— Non, car si je le supposais, vous ne vous douteriez pas du mal que vous causeriez à une pauvre femme qui a mis sa confiance en vous ! Et, j'en suis sûre, vous vous reprocheriez toute votre vie ce mal que vous lui auriez causé.

— Encore une fois, madame, reprit Clémandot interdit, vous me parlez par énigme ?

— Rien n'est plus clair cependant, les coupables dont je parle tiennent aux plus hautes familles de Rodez ; voilà pourquoi on ne peut les atteindre sans atteindre la justice !

Par ces réticences, par ces demi-aveux, Clémandot parvenait à en savoir plus long qu'il n'espérait en tirer de l'inconséquente Clarisse. Il démêlait le vrai du faux dans ces confidences à bâtons rompus.

Lorsque l'insidieux aide de camp avait nommé Jausion, le *laissons cela* de Mme Manzon lui en avait dit plus qu'il ne lui en demandait.

Désormais Clémandot n'avait qu'à parler pour déchirer le voile qui dérobait les inspirateurs du meurtre de Fualdès.

Il avait découvert le témoin qui pouvait désigner les meurtriers et faire rouler leur tête sur l'échafaud.

Tel avait été le but de Clémandot en se déguisant de nouveau en amoureux auprès de la trop confiante Clarisse, qui, plus tard, ne devait plus lui pardonner ce nouveau guet-apens.

Mme Manzon, malgré tout son esprit, devait tomber dans toutes les embûches.

En amour, elle n'avait recherché toute sa vie que désintéressement, abnégation et adoration, et elle ne s'était heurtée qu'à toutes les insultes, à toutes les infamies et à tous les crimes !

Dès que Clémandot, inspiré par l'intérêt, savait ce qu'il voulait connaître, peu lui importait de sacrifier encore une fois Mme Manzon.

Il ne l'interrogea plus, dès que ses confidences lui devenaient oiseuses. Il acheva la nuit à lui faire à son tour de fausses confidences, à propos de Rose Pierret. Il prétendit à sa rivale qu'il ne lui avait jamais parlé ; il lui dit qu'en quittant Rodez il ne laissait qu'un regret, celui d'abandonner Clarisse au moment où elle se débattait dans un drame terrible.

« Sa situation critique, ajoutait-il, à propos du meurtre de Fualdès, le rendait perplexe, il quittait Rodez le cœur chagrin, en laissant derrière lui une femme si exposée par la faute de leurs ennemis. »

Mais, le lendemain matin, le fourbe changea d'allures et de paroles en se rendant à la pension des officiers.

Au déjeuner, on vint à parler encore de ce funeste rendez-vous du 19 à la maison des Bancal, le soir du meurtre.

— Je ne sais ce que monsieur veut dire, et je ne le connais pas. (Page 195.)

C'était le sujet de toutes les conversations du moment. Comme d'ordinaire, on vint à citer plusieurs dames de Rodez, en donnant toujours à Clémandot le bénéfice de ce terrible rendez-vous.

L'aide de camp, jusqu'alors, par fatuité, avait pris l'attitude du sphinx ; cette fois il parla.

— Messieurs, dit-il à ses camarades, il est de toute convenance, de toute justice, de ne pas incriminer des personnes dont la conduite, un peu légère peut-être, ne mérite pas cette compromettante célébrité. Je demande grâce pour le mal que vous leur causez.

— Alors, lui répondit un de ses camarades, c'est que tu reconnais la fausseté de nos suppositions, c'est que tu sais quelle était la personne présente à ce meurtre épouvantable?

— Oui, messieurs, tonna Clémandot, en enflant sa voix et en se rengorgeant : c'est la fille du président appelé à prononcer l'arrêt des coupables ; c'est la sœur de mon ami, de notre camarade Enjalran. En un mot, c'est Mme Manzon !

Clémandot n'hésita pas à raconter, séance tenante, l'entretien qu'il avait eu la nuit précédente avec la fille du président.

Une heure après, le bruit de cette révélation, de ce nouveau scandale, courait par la ville. Il parvenait jusqu'aux oreilles des magistrats.

Le témoin qui pouvait accuser les voleurs de la maison Fualdès, transformés en assassins, était enfin trouvé.

Le jour suivant, Mme Manzon était assignée pour répéter devant le juge et le préfet de l'Aveyron les propos qu'elle avait tenus à Clémandot ; l'aide de camp était aussi appelé pour être confronté avec Mme Manzon.

Les noms des criminels, que Mme Manzon avait toujours tenus cachés par la crainte, l'amour l'avait forcée à les divulguer.

Clémandot était parvenu à ses fins ; il pouvait être un brave officier, mais c'était le plus lâche des amants.

Il croyait se sauver en trahissant sa maîtresse ; il ne faisait au contraire que se perdre de plus en plus avec elle, en embarrassant aussi la justice !

CHAPITRE XXI

ENTRE UN PÈRE, UN FILS, UN AMANT ET DEUX PRÉFETS

Le juge d'instruction Teulat, en apprenant quel était le témoin des meurtriers de Fualdès, éprouva un mortel embarras.

Pouvait-il appeler sans danger auprès de lui, Mme Manzon, la fille de son président? Les bruits qui couraient sur M. Enjalran, au sujet des rapports qui existaient entre lui et Jausion ne pouvaient-ils pas le compromettre? Et quelle était, par respect pour son père, la personne la plus intéressée à taire le nom du meurtrier?

La fille du président de la cour prévôtale.

Jausion avait bien su ce qu'il faisait en préparant, avec si peu de réserve, les moyens de tuer Fualdès, dans un grossier guet-apens et dans un bouge infâme. Pour le meurtrier le but était tout, les moyens peu, car il savait à l'avance que ceux qui devaient le frapper, au nom de la loi, seraient les premiers à hésiter à prononcer une sentence les atteignant eux-mêmes.

Jausion s'était assuré l'impunité par le scandale.

Il avait eu raison de dire autrefois :

— Toute la ville de Rodez est à moi et je l'envelopperai dans un réseau d'infamie.

Voilà ce que le juge d'instruction vit de plus clair après les révélations de Mme Manzon à son amant. Elles donnaient au profit de la malignité, un épouvantable intérêt à ce crime atroce. Elles faisaient rejaillir son opprobre sur ceux qui étaient appelés à en avoir raison.

Cependant M. Teulat, esclave de son devoir, fort de sa conscience, n'hésita pas à interroger l'officier Clémandot.

Tout en secouant l'oreille et en balbutiant, l'indiscret amoureux fut bien obligé de répéter au magistrat ce que lui avait dit Mme Manzon.

Un pareil secret lâchement arraché à l'amour et livré à la justice, devenait de la part de Clémandot un acte odieux.

S'il ne le comprit pas, Mme Manzon, obligée par le juge d'instruction à se présenter devant lui, le lui fit comprendre.

Lorsque M. Teulat mit en confrontation Clémandot avec Mme Manzon, la pauvre Clarisse comprit encore une fois qu'elle avait été la dupe de ce traître.

Elle le toisa des pieds à la tête, elle répondit au juge, en le regardant d'un air de hauteur méprisante :

— Je ne sais ce que monsieur veut dire, et je ne le connais pas.

M. Teulat ne fut pas plus dupe du mensonge de la fille du président qu'il ne le fut de l'aide de camp, lorsque celui-ci ajouta pour atténuer le côté odieux de sa situation :

— Madame prétend ne pas me connaître, cependant elle m'a reçu chez elle, il y a deux jours, après minuit. Je dois confesser cependant qu'elle ne m'a parlé ni de Jausion, ni de Bastide, comme étant les meurtriers de Fualdès.

— Ce n'est pas, ajouta le juge d'instruction en se pinçant les lèvres, ce que vous disiez, hier, au café des officiers. Vous savez comment se punissent les faux témoignages?

Clémandot s'était trompé en croyant servir ses intérêts par une lâche indiscrétion. Au moment de partir avec son général, il se voyait acculé par la justice, sous le coup d'une arrestation, et sous la honte d'avoir abusé du secret de sa maîtresse.

Tous les malheurs dont sa trahison était cause, ne devaient pas s'arrêter en si mauvais chemin. Ils frappaient un président jusque dans la personne de sa fille.

M. Teulat le comprenait.

Ce dernier coup atteignit directement M. Enjalran. Celui-ci, menacé dans son honneur par ses rapports avec le meurtrier, par les écarts de ses enfants, n'hésita pas, par prudence, à retirer à M. Teulat la conduite de l'affaire Fualdès.

Dans un intérêt personnel, dans l'intérêt de la magistrature, le président de la cour prévôtale usa de son pouvoir discrétionnaire, pour que l'instruction se continuât, en dehors de la justice.

L'affaire Fualdès, avant de paraître au tribunal, devint l'objet d'une enquête faite par l'administration du département de l'Aveyron et du Tarn, représentée l'une, par M. d'Estourmel, l'autre, par M. de Cazes, le parent d'un ministre.

L'affaire Fualdès, par les indiscrétions de Mme Manzon, prenait les proportions d'une affaire d'État.

M. Enjalran, afin de se mettre à l'abri du scandale, et de s'épargner l'affront d'un tête-à-tête avec sa fille, chez un juge d'instruction, exigea, dans son entrevue avec elle et son amant, l'intervention du préfet de Rodez.

Celui-ci pour se décharger d'une responsabilité illégale, dans un interrogatoire qui ne regardait que la justice, s'assura le concours du préfet du Tarn.

M. d'Estourmel avait fait plus encore, afin de forcer Mme Manzon à avouer son secret; il avait mandé M. Fualdès fils, aussi avide de rechercher les meurtriers de son père, que Mme Manzon était intéressée à les cacher.

Mme Manzon ne sortit de chez un juge d'instruction que pour se rendre dans le cabinet du préfet, pour subir un nouvel interrogatoire. Clémandot et le père de Clarisse ne parurent pas au début de son entretien; ils assistèrent avec M. Fualdès fils et le préfet de Cazes, dans une pièce à côté, lorsque M. d'Estourmel accueillait d'abord la fille du président.

Mme Manzon l'avoue dans ses mémoires. L'air froid quoique affable du préfet de Rodez l'intimida toujours. Son sourire, sans chaleur, la glaçait bien plus que ses menaces; elle y découvrait toujours un piège que sa nature, pleine d'expansion, ne savait éviter.

Lorsqu'elle se préparait à répondre vertement à M. d'Estourmel, elle fut démontée par son ton caressant, aimable qui l'invitait à la confiance. Mais ce ton-là cachait aussi un piège.

— Madame, lui dit-il en s'empressant de lui offrir un siège, si je vous ai fait appeler dans mon cabinet, ce n'est plus comme un juge, mais comme l'ami de votre famille. Au nom de votre père, je viens vous demander un secret que vous n'avez pas voulu confier à la justice, mais que vous devez à la vérité !

— Monsieur le préfet, répondit-elle, la vérité, je l'ai dite à M. le juge d'instruction. Que peut-on croire de plus que je n'ai dit? Pourquoi veut-on écouter contre moi un misérable qui, après m'avoir déshonorée, atteint par ses calomnies toute ma famille ?

— La question n'est pas là, madame, lui répliqua M. d'Estourmel reprenant un ton d'autorité. Elle est dans ces seuls mots : avez-vous été, oui ou non, chez les Bancal, le 19 mars, à huit heures du soir? Connaissez-vous les meurtriers de Fualdès, Jausion et Bastide? Êtes-vous en mesure, d'après ce que vous avez vu, de témoigner en justice?

— Mais, mon Dieu ! riposta-t-elle avec impatience, pourquoi veut-on absolument que je témoigne? Je n'ai rien vu, rien entendu. Je ne connais personne chez les Bancal; je ne sais rien de cette affaire, quoi qu'en puisse déclarer M. Clémandot !

— Je comprendrais, répliqua le préfet, je comprendrais jusqu'à un certain point votre réponse, s'il ne s'agissait que des paroles imprudentes dites à M. Clémandot. Par malheur pour vous, elles s'accordent trop à ce que vous avez avoué autrefois à Mme Redoutez, votre nourrice.

Mme Manzon ne s'attendait pas à cette riposte du préfet.

Elle se rappelait, en effet, qu'avant de se rendre chez les Bancal, elle avait avoué à la nourrice le but de son déguisement en se rendant dans la rue des Hebdomadiers.

Elle frissonna et pâlit.

— Ne disiez-vous, pas à Mme Redoutez, ajouta le préfet en consultant un cahier, son dossier, ne disiez-vous pas que vous vous rendiez chez les Bancal pour confondre deux traîtres qui vous avaient mortellement offensée ?

Mme Manson fit un geste et poussa un soupir qui ressemblait à une dénégation.

— Vous voudriez en vain nier ce propos, Mme Redoutez elle-même l'a répété au juge d'instruction. Donc il s'accorde avec les propos tenus par vous à M. Clémandot! Puisqu'il est bien entendu que vous êtes allée chez les Bancal, le 19, à huit heures du soir, vous savez tout ce qui s'est passé, la nuit du meurtre.

— Mais, monsieur le préfet, riposta-t-elle avec assurance, il est bien permis à une femme qui ne veut pas se compromettre de faire à une servante des contes à dormir debout ! Ce qui fait tort à l'intelligence de M. Clémandot, c'est d'avoir accepté pour une réalité un conte que j'avais fait à ma nourrice et qu'il a cru naïvement, lui, comme mot d'évangile.

Cette fois, M. d'Estourmel était outré du nouveau mensonge de Mme Manzon. Alors il ouvrit la porte avec colère, du côté où se trouvaient réunis M. Enjalran, l'aide de camp Clémandot et M. Fualdès fils.

Puis il s'avança vers la fille d'Enjalran, pendant que son père les rejoignait le premier, il s'écria :

— Eh bien ! osez soutenir devant M. votre père qui connaît aussi vos intrigues, osez soutenir ce que vous me dites.

M. Enjalran, frémissant, indigné, pâle de honte, se plaça les bras croisés devant sa fille, pendant que s'avançaient de chaque côté M. Fualdès fils, suppliant, et Clémandot, contrit.

Le président savait, en effet, ce dont sa fille était capable, au sujet de l'affaire Fualdès, il lui dit en la menaçant :

— Madame, c'est assez de mensonges ! Vous ne m'abuserez plus comme vous l'avez fait chez moi, la dernière fois. Sinon, craignez mon indignation. Si vous avez oublié tous vos devoirs, n'offensez plus la vérité. Vous dites, malheureuse, continua M. Enjalran en se tournant vers l'aide de camp, vous dites que vous vous êtes moquée de M. Clémandot ? Mais à qui voulez-vous persuader que vous avez pu faire un badinage de ce genre ? Qui le croira ?

— Que m'importe ! exclama-t-elle en regardant d'un air méprisant l'aide de camp. Après tout, l'on dira que M. Clémandot, en écoutant les contes absurdes d'une femme abusée et en les vendant à la justice, a été le dernier des hommes !

— Madame, riposta Clémandot avec dignité, je ne suis pas le dernier des hommes ! Tout au plus suis-je un indiscret ! Je ne l'ai été que par devoir, pour ne pas laisser sous le coup de la honte publique plusieurs dames de Rodez qui ne connaissent pas comme vous la maison des Hebdomadiers ! Ne me l'avez-vous pas avoué vous-même dans la *nuit* du 20 juillet dernier ?

— Vous pourriez dire, monsieur, dans la *soirée* du 20 juillet ! Mais, riposta-t-elle avec dédain, je suis habituée à vos indélicatesses. Vous me l'avez prouvé chez le juge d'instruction.

— En tous les cas, madame, reprit Clémandot fustigé, repentant et baissant les yeux, ce n'est pas moi qui ai dit que vous connaissiez Jausion et Bastide.

— Vous l'entendez, messieurs, s'écria vivement Mme Manzon, M. Clémandot, qui ne peut être de mes amis, hésite à m'accabler ! Je le répète, malgré l'histoire absurde que j'ai faite à monsieur, je n'ai point été chez les Baucal ; et, ajouta-t-elle imprudemment, dans le cas contraire, la mort même ne m'en ferait pas convenir.

Le préfet de Rodez s'empressa d'ajouter, sur le mot dangereux de la véhémente Manzon :

— Prenez garde, madame, voilà une parole qui équivaut à un aveu.

— Malheureuse! exclama Enjalran hors de lui, si vous persistez à vous jouer de la vérité, j'irai me jeter aux pieds du roi pour obtenir de Sa Majesté le droit de vous faire enfermer toute votre vie. Alors, je vous en préviens, vous direz un éternel adieu à votre patrie et à votre fils.

— Eh bien, riposta Mme Manzon en défiant son père, j'irai jusqu'à la mort, s'il le faut!

— Infâme, s'écria Enjalran qui ne se possédait plus de rage, vous tuez, en attendant de vous faire justice, toute votre famille. Votre mère, depuis vos derniers scandales, agonise sur un lit de douleur; votre frère, incapable de nous venger, se livre au désespoir, et vous léguez, par vos débordements, un nom déshonoré à votre fils.

Mme Manzon haletait.

Elle était à bout de honte devant les assistants qui la regardaient avec pitié.

Elle était honteuse surtout des outrages de son père, qu'elle avait pourtant défendu contre Jausion, qu'on lui ordonnait d'accuser.

Elle s'écria, en faisant appel à toute son énergie et en regardant avec hauteur le président de la cour prévôtale :

— Au moins, mon père, en me taisant, j'épargne votre honneur!

— Vous l'attaquez, au contraire, misérable, riposta Enjalran hors de lui, par vos odieuses suppositions.

M. Fualdès fils, qui avait assisté jusqu'ici en spectateur attentif et muet à cette scène de famille, s'avança entre le père et la fille.

Il dit à Mme Manzon :

— Je comprends votre silence, madame, parce que, dit-on, le principal assassin de mon père a eu des relations avec M. votre père. Votre conduite mystérieuse, trop légère, qu'une indiscrétion coupable a mise au jour, votre obstination à nier la vérité s'explique maintenant. Ne venez-vous pas de dire que la mort même ne vous ferait pas arracher votre secret? Sans doute une autorité puissante et respectable vous empêche de parler ; mais, si vous vous taisez, par respect pour votre père, vous tairez-vous devant la douleur d'un fils? Par grâce, madame, nommez-nous les assassins. L'un d'eux vous a sauvé la vie, dit-on, mais est-il moins scélérat? Jausion, comme voleur, sera condamné aux galères. Mais ce n'est pas assez! Il faut que sa tête tombe. Il est plus coupable que Bastide. C'est Jausion l'auteur du complot. Et vous, qui étiez présente à son exécution, vous avez pour devoir de dénoncer Jausion.

— S'il est coupable, riposta-t-elle, il sera puni! Mais je n'en ai jamais parlé! J'en prends à témoin, ajouta-t-elle effrontément, mon accusateur lui-même.

Elle regarda fixement Clémandot, qui balbutia sur un ton mal assuré :

— J'atteste, en effet, que madame ne m'a jamais dit le nom des coupables.

Pendant qu'avait lieu cette scène où Mᵐᵉ Manzon était à la torture, le préfet de Cazes sortait de la pièce entr'ouverte où il était resté le dernier.

Il faisait observer à M. d'Estourmel, placé près de lui, et comme lui à l'écart, certains signes d'intelligence que s'étaient faits les amants ennemis, pour avancer leurs mensonges.

Le préfet d'Estourmel, en les remarquant à son tour, eut un geste d'indignation.

De son côté, le préfet de Cazes eut un mouvement de menace dirigé contre Clémandot et Mᵐᵉ Manzon.

Alors M. de Cazes s'avança lentement entre M. Fualdès fils, l'aide de camp et la fille de M. Enjalran.

M. d'Estourmel, pendant ce temps-là, parlait à voix basse à un garçon de bureau. Alors la porte du fond, donnant sur le péristyle, s'ouvrait doucement, des gendarmes paraissaient à son ouverture.

M. de Cazes regardait bien en face Mᵐᵉ Manzon, qui parut interdite, à la vue de ce nouveau témoin.

Celui-ci qui, par son parent le ministre, avait l'oreille du roi, dit avec autorité à la fille du président de la cour prévôtale :

— Madame, vos réticences, vos fausses assertions, déposent contre ceux que vous voulez défendre. De trois choses l'une, ou vous serez arrêtée comme leur complice, comme faux témoin, ou bien vous serez enfermée comme folle !

— Folle, moi ? exclama-t-elle en se frappant le front avec désespoir. Ah ! je crois en effet que je le deviens à la suite de vos cruelles obsessions !

Clémandot, qui était aussi accusé par le sous-préfet, ajouta :

— Mais, monsieur, pour m'accuser aussi de fausseté, il faudrait des preuves.

— On en possède déjà contre vous, monsieur, répliqua M. de Cazes en le regardant dans les yeux.

Clémandot se troubla et baissa la tête.

Alors le sous-préfet de Tarn fit un nouveau signe à M. d'Estourmel, placé contre la porte où se massaient les gendarmes.

— Oui, monsieur, continua-t-il en regardant l'aide de camp, de plus en plus confus, on en a par les nombreuses attestations de vos camarades, qui ont certifié que Mᵐᵉ Manzon vous avait dit les noms des meurtriers de M. Fualdès. Tous vous confondront par le faux témoignage que vous avez fait à la justice.

— Ce sont des calomniateurs, exclama Clémandot hors de lui.

LES CRIMINELS CÉLÈBRES

En ce moment il fallut emporter Mme Manton. (Page 203.)

— Vous aurez à répondre devant la justice !

Puis, se tournant vers la porte où se tenait le sous-préfet de Rodez masquant les soldats :

— Gendarmes, ajouta-t-il, emparez-vous de cet homme, conduisez-le au fort !

Les témoins de cette scène ne s'attendaient pas à ce brusque dénouement.

Clémandot, entre deux gendarmes, poussa un cri de stupeur et de désespoir.

Mme Manzon, qui redoutait le même sort, eut un cri désespéré. Il devint l'écho de la voix de son lâche amant.

Alors M. de Cazes se rapprocha d'elle en invitant MM. d'Estourmel, Enjalran et Fualdès fils à rester auprès de Mme Manzon, atterrée et défaillante.

Il lui dit, une fois entourée par ses accusateurs :

— Madame, veuillez nous accompagner à la rue des Hebdomadiers, à la maison des Bancal. Là nous saurons si vous connaissez, oui ou non, ce lieu infâme ; si vous y étiez, oui ou non, dans la nuit du 19 mars.

— Ah monsieur ! exclama-t-elle en se tordant, abîmée dans sa douleur, pendant que Clémandot était entraîné par les gendarmes, ah monsieur ! que vous êtes cruel ! En m'entraînant chez les Bancal vous voulez donc ma mort ?

— Non, madame, reprit froidement M. de Cazes, nous voulons simplement connaître la vérité.

Mme Manzon, à demi évanouie, escortée de son père, de Fualdès et du préfet de l'Aveyron, fut obligée de les suivre, derrière Clémandot emmené en prison.

Maintenant le gouvernement du roi se mêlait à la justice pour tirer de Mme Manzon des éclaircissements que la justice n'avait pu lui faire avouer, malgré l'indignation d'un père et la douleur d'un fils.

L'affaire Fualdès devenait, répétons-le, une affaire d'État

CHAPITRE XXII

L'APPEL AU SERMENT

S'il était un moyen de faire tout avouer à Mme Manzon, c'était de la contraindre à se rendre dans le bouge de la rue des Hebdomadiers.

En revoyant cette sinistre cuisine dont les locataires étaient sous les verroux, la malheureuse femme eut le vertige.

Elle se rappela l'horrible spectacle dont elle avait été témoin, et qui avait failli lui coûter la vie ; mais elle se rappela aussi le serment que les meurtriers lui avaient arraché et que l'amour lui avait fait violer.

Elle s'écria devant ceux qui s'étaient intéressés à lui demander la vérité.

— Oh? par grâce ! Faites-moi sortir d'ici ! Emmenez-moi, emmenez-moi ! Ici, je le sens, je mourrais !

Dans ses supplications et dans son effroi, elle détournait les yeux des recoins mystérieux qu'on lui désignait, elle s'arrachait les cheveux de désespoir.

— Avouez donc ! lui cria M. de Cazes, sans pitié pour ses tortures.

— Avouez, au nom de mon père, répéta M. Fualdès fils, en la suppliant.

— Parlez ! au nom de mon honneur! ajouta l'inflexible président de la cour prévôtale.

— Vous le devez, répliqua M. d'Estourmel, vous le devez au nom de la loi.

— Mais je ne peux pas, mon Dieu ! exclama Mme Manzon, en proie à une surexcitation nerveuse. Si vous saviez que c'est ma vie que vous me demandez-là?

Puis passant de la crainte à une énergie sauvage, elle ajouta :

— Non, je ne peux pas, je ne peux pas!

M. d'Estourmel après avoir curieusement dévisagé Mme Manzon, finit par la deviner.

— Madame, lui dit-il presque d'un ton paternel. Pour vous faire taire, on vous a peut-être fait ici de terribles menaces ? Que craignez-vous de gens qui sont aujourd'hui en prison. Ne sommes-nous pas auprès de vous pour vous protéger et vous défendre ?

— Mais monsieur, lui répondit-elle avec une douloureuse expression. Tous ceux dont vous parlez, ne sont pas dans les fers.

C'était une nouvelle imprudence qu'elle commettait en parlant ainsi à des juges si intéressés à surprendre ses moindres gestes, à scruter ses moindres accents.

Elle le comprit aux soupirs de satisfaction qui s'échappèrent de toutes les poitrines.

Si elle savait que tous les meurtriers n'étaient pas dans les fers, c'était sans aucun doute, parce qu'elle n'ignorait pas les véritables ordonnateurs du crime, c'était parce qu'elle avait été au courant de toutes ses péripéties.

Cet aveu donnait une plus grande importance au témoignage de Clémandot.

Mme Manzon se rendit compte de son imprudence. Elle s'en révolta, elle regarda avec une effrayante fixité ceux qui l'entouraient.

— Messieurs, leur dit-elle, prenez en pitié une malheureuse qui ne sait ce qu'elle dit. Pourquoi voulez-vous que je m'accuse d'une chose que je n'ai pas faite ? pourquoi ne connaissant pas cette maison, m'y avez-vous conduite ? Non, je n'y étais pas le 19 mars, pas plus que les jours précédents ! Encore une fois, je ne puis avouer que j'aie été une prostituée et une criminelle ! Je nie tout !

— Oh ! exclama M. Enjalran, hors de lui. Nierez-vous, fille indigne, ce que vous avouiez il y a quatre mois à votre père, souvenez-vous de ce que vous me disiez, lorsque je vous défendais de vous rendre chez les Bancal ? Nierez-vous ce que vos remords vous font avouer, malgré vous ?

— Je nie tout, mon père ! lui riposta-t-elle, en le regardant d'un air étrange.

— Oh ! la malheureuse ! soupira M. Fualdès fils.

— Madame, prenez garde, reprit M. d'Estourmel avec sévérité, nous allons vous retirer notre confiance.

— En mettant notre patience à l'épreuve, continua M. de Cazes, ne craignez-vous pas de partager le sort de M. Clémandot ? Vous voilà déjà dans la situation d'un faux témoin, prenez garde de passer à l'état de complice.

— Et en torturant ainsi une femme, se récria-t-elle, ne craignez-vous pas à votre tour, de prendre devant elle le rôle de bourreaux ?

En ce moment il fallut emporter Mme Manzon. A bout de luttes, folle, défaillante, elle ne pouvait que se souvenir dans ce lieu funeste, du serment fait à ses premiers justiciers.

Et n'étaient-ils pas préparés à la sacrifier, si elle les avait dénoncés ?

Les témoins de cette scène sortirent de la maison Bancal, plus persuadés, par la frayeur de Mme Manzon, qu'elle connaissait jusqu'aux moindres détails de l'assassinat.

Quoiqu'à demi-morte de frayeur, elle fut abandonnée par son père et par les deux préfets.

Ils étaient fatigués de ses réticences, de ses démentis à travers lesquels ils devinaient une volonté, un instant ébranlée par la peur, mais que la peur rendait plus forte, au moment de faillir.

Elle fut accompagnée chez elle par M. Fualdès fils qui la pria, la supplia de revenir à ses aveux à Clémandot.

Touchée par la douleur d'un fils pleurant un père qui avait été un modèle d'abnégation et de bonté, un père si différent du sien, Mme Manzon parut céder à ses supplications.

Elle se compromit encore en le quittant; elle lui dit :

— Il n'y a qu'un moyen de connaître la vérité, c'est de me faire enfermer comme M. Clémandot ! Mais au nom du ciel, qu'on ne me ramène pas à la rue des Hebdomadiers, si l'on a quelque pitié pour moi.

Cette parole arrachée moins à la crainte que par la compassion qu'elle éprouvait pour M. Fualdès fils, était aussi un aveu.

A peine rentrée chez elle, Mme Manzon reçut une lettre anonyme. Elle vint augmenter ses appréhensions et sa perplexité.

Cette lettre était ainsi conçue :

« Si vous tenez à remplir vos engagements, venez demain à la maison
« où logeaient les Galtier, cette maison se trouve à droite en allant de la
« cathédrale au lycée. On sera bien aise de vous voir. »

L'écriture de ce billet sans signature fut cependant reconnue par Mme Manzon. Elle devina qu'il avait été tracé par main de femme. Elle était de Mme Pons, une des sœurs de Bastide, qu'elle avait connue chez M. Fualdès, à l'époque où elle n'était pas encore séparée de son mari.

Elle connaissait, comme toute la ville, le rôle que Mme Galtier avait joué avec Jausion, dans la maison de Fualdès, le lendemain de son assassinat. Elle savait que Mme Pons, à l'encontre des dames Jausion et Galtier, n'était pas en prison.

C'était elle qui lui écrivait pour la forcer peut-être à se taire comme l'engageait son fatal serment.

Mme Pons était-elle au courant de sa conduite incohérente, pleine d'incertitudes causées par ses terreurs ?

Ce billet en était la preuve. En tous les cas, il lui prouvait qu'elle ne s'appartenait plus.

Elle se rendit donc le lendemain au rendez-vous donné par celle qui possédait son secret et qui était en mesure de le lui faire tenir.

Lorsqu'elle pénétra dans cette maison déserte, à la tombée de la nuit, à l'heure indiquée au bas du billet, Mme Manzon éprouva de nouvelles terreurs.

La servante qui l'avait introduite dans une chambre du premier étage l'avait prié d'abord d'attendre la personne qui lui avait écrit. Presque en même temps, elle s'esquivait en fermant la porte à double tour.

Restée seule, Mme Manzon éprouva un pressentiment subit. Elle se vit la victime d'un mortel guet-apens.

Son serment, violé par ses confidences à Clémandot, lui fit entrevoir le péril qui devait être la punition de son indiscrétion.

Elle se rappela la menace du Géant.

Plus de doute, malgré ses récentes dénonciations, on l'avait amenée dans un lieu d'exécution, et cette exécution ne devait pas se faire attendre.

A cette pensée, une sueur froide inonda son visage ; elle se leva, elle se tint aussi immobile qu'une statue contre le dossier du fauteuil où elle s'était assise. Elle attendit avec stupeur l'inconnue ou les inconnus qui l'avaient faite venir.

Affolée, éperdue, ne doutant plus de la mort qui l'attendait, elle se précipita vers une fenêtre ; elle l'ouvrit avec une agitation fiévreuse, prête à appeler du secours.

En se souvenant de ce qui s'était passé depuis la lâche trahison de Clémandot, elle ne doutait plus que son indiscrétion, connue de la ville et des magistrats, n'eût trouvé des vengeurs parmi les nombreux parents et amis des meurtriers.

A peine se fut-elle élancée vers la fenêtre, espérant y appeler un protecteur, qu'elle aperçut dans le jardin un homme sorti d'un taillis.

Le cri qu'elle allait exhaler s'arrêta dans sa gorge. Elle fut suffoquée de terreur à la vue de cet homme marchant dans sa direction et la menaçant d'un couteau.

Elle le reconnut. C'était celui qui l'avait reconduite sous l'escalier de l'Annonciade, c'était Louis Bastide, le carbonaro, le frère de l'assassin.

Mme Manzon, à son aspect, se recula de la fenêtre, elle retomba pâle et tremblante dans le fauteuil qu'elle venait de quitter.

Plus de doute, elle était destinée, dans cette maison, à être une victime immolée à la vengeance des meurtriers.

N'ayant su tenir son serment, ils allaient accomplir le leur.

Lorsqu'elle retomba presque évanouie, elle entendit le bruit d'une clef grincer dans la serrure. La porte s'ouvrit.

C'était peut-être le bourreau qu'elle avait vu dans le jardin et qui venait accomplir son œuvre.

Elle ferma les yeux.

Elle mit la tête dans ses mains, plutôt accroupie qu'assise, elle entendit, la mort dans l'âme, le bruit des pas se rapprocher d'elle.

Terrassée par les émotions de plus en plus violentes, Mᵐᵉ Manzon se laissa glisser du fauteuil sur le parquet. Elle tomba à genoux, puis sortit sa tête de ses mains pour regarder qui se rapprochait d'elle.

Quelle ne fut pas sa stupeur de se trouver aux pieds de deux femmes, deux dames du monde qui l'examinaient d'un air plus douloureux que menaçant.

C'étaient Mᵐᵉ Bastide, la femme du Géant ; Mᵐᵉ Pons, l'auteur du billet anonyme.

Cette dernière prit par la main la femme accroupie et défaillante ; elle lui dit d'une voix qui avait l'accent de la pitié :

— Madame, rassurez-vous. Il ne vous sera fait aucun mal. Si je vous ai mandée, c'est pour que vous écoutiez la voix de la prudence et de la commisération ; c'est pour vous supplier de ne pas dire en justice ce que vous avez dit à M. Clémandot ; voilà ce que je tenais à vous faire entendre au nom de mes frères et de M. Jausion.

— Mais mesdames, exclama-t-elle en regardant les deux femmes d'un air mal assuré, mais mesdames, un de vos frères ne vient-il pas de me menacer ? Quelle créance dois-je prêter à vos paroles, quand la présence ici d'un des Bastide vient les démentir ?

— Vous pouvez nous croire, madame, reprit Mᵐᵉ Pons, car notre position est tout aussi critique que la vôtre. Vous êtes mère, madame, ayez pitié, au nom de votre fils, de nos enfants. Songez que la condamnation de Bastide entraînerait bien des victimes. Vous êtes mère et vous aimez tant votre fils !

— Pas moins, reprit-elle en se rassurant, que vous voulez priver une mère de son enfant, en la menaçant par un des vôtres. J'ai tout vu de cette fenêtre : un Bastide m'a menacée de son couteau. Expliquez-moi le sens de vos prières, qui deviennent le démenti de ses menaces ?

— Madame, reprit Mᵐᵉ Bastide, mon beau-frère ne vous a menacée que pour vous faire souvenir de votre serment. C'est un appel qu'il adresse à votre esprit. Un dernier appel, si vous n'avez pas pitié de nos larmes.

— Je dois sans doute cette indulgence à vos cœurs de mères ? leur répondit-elle en regardant les deux dames avec défiance.

— Vous l'avez dit, madame, répliqua Mᵐᵉ Pons, et, comme le disait aussi ma belle-sœur, mon billet est un dernier appel fait à votre serment. Si vous l'oubliiez, nous serions les premières à être d'accord avec lui pour venger un époux, et venger nos enfants ! Encore une fois, loin d'être ici sur un terrain d'expiation, vous êtes sur un terrain neutre, presque ami. Il ne tient qu'à vous d'y rester ! Je vous supplie, de concert avec Mᵐᵉ Bas-

Il vit un malheureux, à la figure décharnée. (Page 210.)

tide, de vous mettre de notre côté contre les gens de votre famille, déjà vos bourreaux. Entre nous et eux, choisissez vos sacrificateurs? Eux le sont déjà; nous, nous ne le sommes pas encore!

— Madame, répondit Mme Manzon plus tranquille, malgré la perplexité de sa double situation, mon choix est fait depuis que j'ai tout nié chez le juge d'instruction, chez le préfet, jusque dans la maison de la rue des Hebdomadiers!

Elle n'avait pas achevé ces mots que Louis Bastide entrait. Il s'écriait derrière les deux femmes, en s'adressant à Mme Manzon :

— Et c'est pour cela que vous êtes encore vivante !

La fille du président se recula de celui qui s'approchait de plus en plus d'elle ; car elle le voyait toujours dans le jardin, armé de son couteau.

— Le carbonaro, sans tenir compte de ses frayeurs, continua :

— Nous connaissons, par l'un de nos coreligionnaires, tout ce que vous avez tenté pour nier votre aveu à Clémandot. Voilà pourquoi, madame, nous vous épargnons ! Mais prenez garde, reprit-il en portant la main à son couteau caché sous sa ceinture, c'est la dernière fois que nous nous montrons indulgents, bien plus indulgents que les gens de votre famille, qui, en vous forçant à parler, vous condamnent à la mort ou pire encore, à la privation de votre enfant si vous ne parlez pas !

— Comment, monsieur, vous savez... balbutia-t-elle.

— Je sais que, pour vous enlever votre enfant, votre père a déchaîné votre mari contre vous.

— Eh quoi ! s'écria-t-elle, plus effrayée de la perte de son fils que d'une menace de mort, eh quoi ! mon mari, qui ne s'est jamais occupé de mon enfant, qui est venu vingt fois à Rodez sans jamais venir le voir, imaginerait de me l'arracher au moment où il m'est le plus précieux ?

— Vous n'avez qu'à choisir entre l'enlèvement de votre fils ou la mort.

— Ah ! exclama-t-elle, en se frappant le front de désespoir, juges ou meurtriers, vous devenez également mes bourreaux.

— Maintenant, reprit Louis Bastide, prêt à la faire sortir de la chambre d'où les deux femmes venaient de disparaître, maintenant réfléchissez.

Le carbonaro lui offrit le bras.

— Je vais savoir votre réponse, termina-t-il, en vous reconduisant à votre domicile.

Alors le carbonaro la reconduisit, songeuse et la tête basse, ou plutôt il la traîna loin de la maison des Galtier, pour la forcer à désavouer à tout jamais son premier entretien avec le dangereux Clémandot.

Mme Manzon, en sortant avec Louis Bastide de la maison déserte, fut surprise par deux agents. L'un d'eux était Bousquier, prisonnier sur parole à la prison des Capucins.

La fille du président s'appuyait sur le bras du frère du Géant comme une victime préparée à la mort.

Elle voyait sa prophétie se réaliser, lorsqu'elle disait, sans y croire, « qu'un jour ou l'autre les Bastide deviendraient ses assassins. » Le jour était venu.

Les deux agents suivirent l'homme et la femme jusqu'au domicile de cette dernière. Ils devinèrent que l'homme ne quittait sa compagne qu'après l'avoir endoctrinée.

Le lendemain de ce mystérieux entretien dans la maison des Galtier, Mme Manzon allait subir de nouvelles épreuves. MM. d'Estourmel, Enjalran et un nommé Jullien, juge à la cour prévôtale, la faisaient revenir à l'hôtel de la préfecture.

Cette fois un lieutenant de gendarmerie assistait à cet interrogatoire.

On parla à Mme Manzon du billet qui lui avait été porté la veille par Mme Pons.

Cette Mme Pons était une des sœurs de Bastide dont le mari avait fait des affaires avec Jausion. On ne tarda pas à constater qu'elle s'était rendue à son invitation.

Mme Manzon fut bien obligée de signaler quelques particularités ayant rapport aux gens habitués à connaître de longue date, l'habitation des Galtier et la maison Bancal.

Mais elle nia l'appel au serment qui lui avait été fait en dernier lieu. On lui prouva le contraire.

Elle fut forcée de convenir qu'elle avait des accointances avec les voleurs-assassins; mais elle nia toujours l'appel qui lui avait été renouvelé. Elle eut une longue conversation avec le préfet au sujet de son entretien avec le carbonaro et les deux sœurs de Bastide.

Dans l'affaire Fualdès, Mme Manzon n'était plus considérée comme témoin, mais presque comme complice.

La présence du lieutenant de gendarmerie l'attestait.

Mme Manzon, au risque de perdre son fils et sa liberté, recula devant la sentence de mort qui la menaçait.

Pour ne plus se rétracter, elle avait formulé une déclaration avant de se rendre à l'invitation du préfet. Elle la lui remit. Elle était écrite avec cette assurance mensongère qui caractérisait la fille d'Enjalran.

En voici la teneur :

« Je déclare que mes dernières dépositions sont les seules qui puissent faire foi. Tous les aveux que j'ai faits précédemment m'ont été arrachés par la violence et par la crainte d'occasionner d'autres meurtres.

« Je le répète à tous risques pour moi et les miens : Je nie formellement de m'être trouvée dans la maison Bancal le 19 mars, jour de l'assassinat de M. Fualdès, mais même antérieurement à cet attentat.

« J'ignorais l'existence et la position de cette maison.

« Je désire autant que personne que les coupables soient punis ; si je les connaissais, s'il était en mon pouvoir d'éclairer la justice, nulle considération ne pourrait m'arrêter. »

Il était évident que cette rétractation lui était suggérée par la pression qu'exerçaient sur elle les protecteurs mystérieux des meurtriers de Fualdès.

Le préfet de Rodez ne répondit pas à cette déclaration qui prouvait que cette femme ne s'appartenait plus.

Après la visite du préfet du Tarn au préfet de l'Aveyron, M. d'Estourmel ne s'appartenait pas davantage.

Il était dans la situation de Mme Manzon et de son père, le président de la cour prévôtale.

Toutes les familles intéressées s'agitaient dans l'ombre pour paralyser les recherches de la justice et les actes des deux préfectures.

Sur l'invitation de M. de Cazes, parent du ministre de la police, M. d'Estourmel adressa un long rapport au ministre sur l'affaire Fualdès.

Par ce rapport, le travail du consciencieux juge d'instruction, M. Teulat, et l'intervention du conciliant préfet de l'Aveyron, ne suffisaient plus pour avoir raison des assassins.

Tout servait les meurtriers jusqu'aux tergiversations de Mme Manzon qui, par crainte de la mort ou par sa manie de mentir, donnaient un rôle curieux, sinon intéressant à ces scélérats.

Mme Manzon ne les protégeait-elle pas, à son détriment, par son silence inexplicable sur un secret dont elle ne pouvait nier l'existence, ou par ses mensonges plus inexplicables encore.

Lorsque le juge d'instruction, M. Teulat, continuait son instruction, en dehors de l'intervention des préfets, il fut bien forcé, par cette intervention même, d'arrêter le cours de ses investigations et de ses poursuites.

Ce fut au moment où Mme Manzon était vue avec le frère de Bastide, en sortant avec lui de la maison des Galtier.

Bousquier et un autre de ses collègues étaient venus témoigner qu'on avait vu la fille du président, bras dessus bras dessous avec un inconnu, après avoir conféré avec deux sœurs de Bastide-Gros.

Le collègue de Bousquier, qui n'avait pas comme lui à ménager les hommes des sociétés secrètes, avait désigné cet inconnu comme étant Jacques-Louis Bastide, le carbonaro.

M. Teulat, d'abord très heureux d'être sur la piste de nouveaux meurtriers, ne put s'empêcher de faire une grimace, en apprenant que des ennemis du roi étaient mêlés à ce drame de famille.

— Si la politique, se dit-il, se mêle de cette affaire, si le carbonarisme y est en jeu, c'est un atout de plus dans les mains de Jausion et de Bastide. Alors Mme Manzon ne parlera plus. Elle sera bâillonnée comme son père, le président de la cour ; la justice pourra courir le risque d'être impuissante devant le crime!

Tout en se faisant cette réflexion, le juge, après avoir entendu ses agents, s'apprêtait à préparer des mandats d'amener contre Jacques-Louis Bastide, la femme de Bastide-Gros et Mme Pons.

Au moment où il prenait cette détermination, où il se mettait en devoir de l'accomplir, on frappa à la porte.

Un gendarme, une estafette se présenta devant le magistrat, il portait une grande lettre au sceau royal; elle venait de Paris.

M. Teulat s'empressa de l'ouvrir, elle était datée des Tuileries; elle émanait, d'après son en-tête, d'un conseil de ministres; elle ne contenait que ces mots, dont le caractère impératif cachait une pensée suprême :

« Prière à monsieur le juge d'instruction de Rodez de suspendre, *jusqu'à nouvel ordre*, toutes poursuites concernant l'affaire Fualdès. »

Pour le ministre de la police générale,

Son secrétaire,

B*** DE V***.

— Oh! exclama M. Teulat grinçant des dents, froissant le papier au timbre royal, jetant avec violence sa plume sur les mandats d'amener qu'il était en train de préparer.

— Ce que je redoutais arrive : la loi cède à l'arbitraire.

Les prévisions du perfide Jausion se changeaient en réalité. Ses mailles, en vue de protéger ses crimes, enveloppaient dans des fils invisibles les honnêtes gens, plus ou moins préparés à venger ses forfaits.

Le banquier, jusqu'au fond de son cachot, faisait agir tous ses comparses; la ville de Rodez, comme il l'avait prévu, se trouvait dans l'impuissance de le condamner, lui et sa bande.

Il la tenait par le président du tribunal, par sa fille, par les amis du roi intéressés pour occuper la France, à rendre son crime plus mystérieux, afin de la distraire de sa situation critique.

Après l'invasion, après la chute de l'empereur qui faisait encore tant peur à son royal vainqueur, tout servait les meurtriers de Fualdès contre leurs vengeurs, défenseurs de la loi.

CHAPITRE XXIII

LA MORT DE BRIÈS

Bousquier, répétons-le, pour bien dessiner son caractère, et mieux accentuer la marche de l'affaire Fualdès, trompait ses complices et les magistrats.

Pour M. Teulat, ce fut une grave imprudence d'improviser cet agent en prisonnier sur parole. Libre d'aller et de venir dans sa prison, et d'en sortir pour les besoins du service, Bousquier ne faisait que faciliter les manœuvres des coupables.

Jausion et Bastide ne tardèrent pas à trouver en lui un trait-d'union nécessaire pour relier des rapports avec ceux qui avaient intérêt à dérouter la justice.

Du fond de son cachot, comme lorsqu'il jouissait de sa pleine liberté, le perfide banquier faisait manœuvrer Bousquier par l'intermédiaire de ses dangereux complices, le Géant et la Bancal.

Dès qu'il fut enfermé aux Capucins, Jausion se servit de Bousquier qui l'aida à faire réussir ses infernales machinations.

Bousquier ne se rendait donc en ville qu'afin de tromper la magistrature et de servir des scélérats contre lesquels elle était appelée à sévir.

Dès leur captivité, deux hommes étaient condamnés par eux parce qu'ils redoutaient leur simplicité ou leur pusillanimité : Briès, le joueur d'orgue et le maçon, mari de la Bancal.

Bousquier profitait de sa liberté relative, pour aller du juge d'instruction à Louis Bastide, le frère du Géant. Il s'acquittait chez le carbonaro de la mission que les prisonniers lui avaient confiée. Il en tirait de nouveaux profits.

Louis Bastide, par l'intermédiaire du mouchard, consentit à devenir l'exécuteur de son frère et du banquier.

Briès était une nouvelle victime désignée par ces scélérats.

Pourquoi?

Parce que le joueur d'orgue, plus faible, plus démoralisé que coupable, éprouvait de violents remords depuis qu'il avait servi Jausion et Bastide dans leur exécrable forfait.

Briès au fond de sa solitude, à la maison Sarrazin, voyait toujours Fualdès râlant sur une table de cuisine, et saignant sous les coups de ses assassins. Il ne cessait d'entendre ses derniers soupirs étouffés par le bruit de son orgue.

Il ne demandait qu'à en finir avec cette vision, le supplice de tous ses instants, il ne cherchait qu'à s'échapper de la maison Sarrazin, pour aller se livrer à la justice.

D'après les volontés du Géant et du banquier, il fallait à tout prix que Briès n'en sortît pas.

Bousquier fut chargé de porter à Louis Bastide les ordres meurtriers concernant Briès et conçus par Jausion;

Comme on l'a déjà vu en maintes circonstances, le carbonaro allait encore agir pour entraver les poursuites de la justice, pour sauver son criminel frère, au point de devenir aussi criminel que lui.

Quelques jours avant son apparition à la maison des Galtier, pour agir contre M⁽ᵐᵉ⁾ Manzon, il s'était présenté à la maison Sarrazin où Briès était retenu de force, depuis le meurtre de Fualdès.

Qu'était-il venu y faire ?

Exécuter la pensée des meurtriers de l'ancien magistrat, s'assurer par un nouveau meurtre, du silence de Briès.

Le joueur d'orgue ne se possédait plus, depuis que la rumeur publique l'accusait d'avoir étouffé par les sons de son instrument, les derniers cris de l'agonisant.

Souvent la rumeur publique grossit, dénature où amplifie les moindres choses ; aussi prétendait-elle que deux joueurs d'orgue ou de vielle se trouvaient, le soir du crime, dans la rue des Hebdomadiers.

Il en était pour le joueur d'orgue ce qu'il en avait été pour M⁽ᵐᵉ⁾ Manzon : une seule personne ne suffisait plus à jouer son rôle, dans l'imagination du populaire ; il avait fallu la doubler, la tripler même, pour répandre plus de mystère sur cette terrible scène du 19 mars.

Cette erreur entretenue par l'imagination surexcitée de la foule, détournait la police de sa vraie piste ; les assassins en profitaient.

Briès n'avait pas l'âme d'un malhonnête homme, malgré son crime de 1809, conseillé aussi par Jausion.

Depuis le 19 mars, le joueur d'orgue était dans une agitation, une anxiété continuelles.

Sans un serviteur du banquier qui gardait toujours Briès dans la chambre où il était cloîtré, il se fût livré à la justice, pour avouer la part qu'il avait prise dans l'horrible guet-apens de la rue des Hebdomadiers.

Les meurtriers connaissaient ses intentions par le serviteur épiant toujours le joueur d'orgue, par Bousquier qui rendait compte de ses terreurs à ses complices.

Il fallait en finir avec lui.

Dans ce but, Jacques-Louis Bastide, lui fut dépêché par le Géant, son frère.

Lorsque le carbonaro fut introduit par le serviteur qui gardait Briès, jour et nuit, il s'avança dans la chambre où on le retenait prisonnier.

Il vit un malheureux, à la figure décharnée, aux yeux caves, dont les membres tremblottants, étaient en proie à une fièvre continuelle : la fièvre de la peur.

— Briès, lui dit le frère de Bastide, je suis envoyé par vos complices, pour vous annoncer que vos maux vont finir.

— Alors, je vais donc être libre? lui demanda-t-il d'un air égaré.

— Oui, continua-t-il avec un sourire terriblement significatif, oui, vous serez libre de mourir!

— Expliquez-vous, lui répliqua le joueur d'orgue, sans le comprendre, mais non sans une certaine appréhension, dès que le carbonaro lui avait dit qu'il était le frère de Bastide.

— Je n'ai pas à m'expliquer, lui dit-il froidement, avant de vous avoir entendu.

— Alors, reprit Briès avec un soupir qui trahissait son accablement, interrogez-moi pour que je puisse vous répondre.

— Soit, fit Louis Bastide, en affectant l'indifférence, que feriez-vous de votre liberté, si vous sortiez de cette chambre, pour aller traîner vos misères et vos chagrins à travers la ville de Rodez?

— J'irais tout droit, répondit-il avec résignation, j'irais tout droit à l'expiation.

— Comment l'entendez-vous ?

— J'irais me dénoncer!

— C'est-à-dire, reprit Louis en se pinçant les lèvres, que si vous étiez libre, vous iriez livrer vos complices à l'échafaud.

Briès regarda d'un air étrange Louis Bastide, puis il lui répondit sur le ton du dépit et de la rage.

— Eh bien, oui !

— Vous tenez donc à vous venger de ceux qui vous ont employé contre Fualdès?

— Oui, répéta-t-il, en courbant la tête d'un air sombre. Je veux me venger surtout de Jausion! Oh! que ne l'ai-je tué le soir où je le tenais pour la première fois sous mon poignard? Pourquoi l'ai-je épargné à cette époque, puisque c'était pour me faire commettre un nouveau crime! Oui, je veux être libre pour faire connaître ce misérable à la justice!

Louis Bastide lui répondit, de plus en plus décidé à agir.

Ce ne fut que vingt-quatre ans après qu'on retrouva son squelette dans le jardin...
(Page 221.)

— Il fallait faire cela, six mois plus tôt. Alors vous auriez épargné Fualdès, dont la mort est aussi votre ouvrage.
— Si je ne l'ai pas fait, s'écria Briès avec désespoir, c'est que son ennemi, l'infâme Jausion m'avait abusé, comme en 1809. Oh! cet homme est un serpent! Il tue tout le monde de son venin. C'est lui qui m'a rendu doublement criminel. Je n'ai plus qu'un désir, après lui avoir fait grâce de

la vie, c'est de me venger, de porter sa tête avec la mienne sur l'échafaud.

— Et qui vous fait supposer, lui demanda Louis Bastide, en se renforçant dans son idée meurtrière. Qui vous fait supposer que vous ayez été la dupe de Jausion, comme il y a huit ans, comme il y a six mois.

— L'agonie de M. Fualdès, répondit-il avec un accent farouche. Ah! je le vois toujours, cet homme, râlant, baigné dans son sang, se débattant sous le couteau de ses assassins! Je le vois, comme si c'était hier. Il demandait pardon à ses parents qui le tuaient! Ses prières ne pouvaient partir que d'un cœur honnête. Ses reproches étaient ceux d'une dupe abusée par d'infâmes scélérats! Ces misérables se vengeaient sur lui du bien qu'il leur avait fait, comme Jausion s'est vengé du service que je lui ai rendu en 1809, en le sauvant de l'échafaud. Il m'en a récompensé, le misérable, comme il a récompensé M. Fualdès. Il nous a tués, je le tuerai à mon tour. Oh! oui je le tuerai!... La liberté!... La liberté!... Monsieur, termina Briès, en se jetant aux genoux du carbonaro, pour que je puisse avoir la suprême joie de mourir avec lui!

— Pourquoi, lui demanda encore Louis Bastide, en le repoussant, pourquoi n'avez-vous pas fait ces réflexions, avant d'aller étouffer à votre poste, les derniers cris de Fualdès expirant.

— Est-ce que je sais, moi! exclama-t-il, avec des gestes désespérés. Alors j'étais fou! J'ai cru jusqu'au dernier moment que Fualdès et Jausion, avaient été les auteurs de mes maux. Jausion, sur ces derniers temps, me l'avait fait entendre pour détourner ma vengeance contre lui. Et puis que vous dirai-je encore. Sur le lieu du meurtre, la vue du sang me grisait. J'étais avide d'en finir avec tous ceux qui passaient pour m'avoir ravi ma femme, ma seule affection dans ce monde. Je voulais tuer ceux qui passaient pour m'avoir précipité de chute en chute, de la misère dans le mépris et du mépris dans le crime! Mais aux derniers moments de Fualdès, j'ai vu clair, trop tard! J'ai reconnu que cet ancien magistrat était le bienfaiteur de ses assassins; que M. Fualdès que l'on tuait pour s'emparer de sa fortune, ne pouvait avoir été mon bourreau. Je le sais, maintenant, mon bourreau c'est Jausion. N'est-ce pas lui, pour que je ne parle pas, qui, me retient ici prisonnier? Maintenant le lâche a jeté le masque. Il ne peut plus m'abuser comme lorsque je le tenais sous mon couteau au pont de l'Aveyron. Maintenant qu'il m'a fait assassin, je veux être libre, pour mourir comme lui, avec lui, de la mort des assassins!

Louis Bastide l'avait écouté dans le plus profond silence.

C'était à dessein qu'il l'avait interrogé pour qu'il lui exposât bien ses griefs, afin de moins se repentir de ce qu'il allait tenter contre lui, pour le salut de son frère et de ses complices.

Déjà le supplice réservé à Briès commençait à s'apprêter pendant qu'il finissait de parler.

A la fenêtre de la chambre où se tenait le joueur d'orgue, des hommes parmi lesquels on reconnaissait le mendiant Laville, montaient des pierres. En moins d'une heure, ces pierres posées du dehors allaient une à une, boucher la croisée.

Déjà elles obscurcissaient la pièce, interceptant une partie du jour.

Briès, lorsqu'il eut fini de s'expliquer, s'aperçut à l'obscurité qui se faisait autour de lui, du travail qui s'exécutait en dehors de la fenêtre.

Tout surpris, tout alarmé, il voulait se précipiter vers l'ouverture où l'on montait des pierres.

Louis Bastide se plaça entre le joueur d'orgue et la fenêtre.

Briès demanda avec anxiété :

— Que signifie cela ?

— Cela signifie, maître Briès, répondit le carbonaro en se croisant les bras et en l'empêchant d'avancer, cela signifie que vous venez de prononcer votre sentence, en voulant dicter celle de Jausion et de mon frère.

— Je ne comprends pas encore, balbutia le joueur d'orgue qui craignait au contraire de l'avoir trop deviné, à la vue des moellons qui s'amoncelaient de plus en plus contre la fenêtre.

— Comment ? ricana affreusement Louis Bastide, comment vous ne comprenez pas qu'en ce moment des gens à moi sont en train de faire de cette chambre un tombeau où vous serez enterré vivant ?

— Mais c'est une infamie, exclama-t-il, prêt à se ruer contre Louis Bastide.

— Comme d'étouffer les cris d'un mourant, pour le laisser égorger, à la rue des Hebdomadjers.

Briès courba la tête, en se rappelant son crime.

Le carbonaro lui montra la croisée où les pierres montaient toujours, il continua :

— On scelle cette fenêtre, bientôt on scèllera la porte. La mort que vous vouliez donner à Jausion et à mon frère, ce sont eux qui vous la donnent, et c'est moi qui suis leur exécuteur.

— Misérable ! exclama Briès en se jetant sur Bastide, en espérant passer sur son corps pour fuir cette chambre qu'on lui destinait comme sépulcre.

Mais le carbonaro lui barra le passage en sortant un pistolet de sa ceinture ; il lui mit le pistolet sur le front, après l'avoir terrassé, étendu à ses pieds.

Briès accroupi était haletant.

Bientôt Louis Bastide se recula de lui, le pistolet en joue, il alla à reculons jusqu'à la porte.

Pendant qu'avait lieu cette scène, les pierres bouchant l'ouverture de la croisée étaient arrivées jusqu'à son faîte. Le malheureux Briès se retrouva dans une nuit complète.

Avant que la dernière pierre fût posée par des gens du dehors, maçons improvisés, avant que la dernière lueur du jour se fût éteinte dans ce lugubre intérieur, Louis Bastide gagna la porte et la referma tout à coup à double tour.

Dix minutes après, le même travail s'opérait par les mêmes maçons à la porte qu'ils muraient, à l'instar de la fenêtre.

Les travailleurs de ce tombeau anticipé étaient, indépendamment du mendiant Laville, les trois hommes qui avaient assisté à la dernière scène du meurtre de Fualdès; c'étaient *Yence, Bessières-Venac* et *Rond*, les frères en carbonarisme de Louis Bastide.

Il serait impossible de décrire le désespoir de Briès, en se voyant enterré vivant dans cette chambre, où à dessein il était resté prisonnier, depuis le 19 mars.

Il rugissait de rage, il tremblait de peur.

Il allait, il venait, tendant les mains avec désespoir, s'accrochant les ongles à la fenêtre et à la porte! En vain cherchait-il à remuer les pierres, qui lui marchandaient à la fois l'air et la lumière, ses efforts étaient impuissants, il se heurtait contre des obstacles insurmontables.

Car les maçons homicides, en posant leurs pierres à peine cimentées, les avaient solidement maintenues par des barres de fer qui, de distance en distance, en soutenaient la hâtive élévation.

En moins de quelques heures, la fenêtre et la porte avaient été hermétiquement fermées.

Le malheureux payait sa dernière pensée de vengeance contre ce Jausion qui, l'avait rendu deux fois criminel, sans avoir pu lui faire payer le sang qu'il avait versé pour le banquier.

C'était un nouveau crime mis à l'actif de Jausion; ses complices, comme la plupart du temps, le commettaient pour lui.

Le banquier, cette fois, avait exploité pour s'assurer le silence de Briès, l'affection fraternelle que Louis Bastide vouait au Géant.

Il en avait donc profité pour se sauvegarder lui-même, contre Briès, Louis Bastide n'avait pas hésité à exécuter le joueur d'orgue, pour le salut de son frère ; car le carbonaro était aussi jaloux de la vie du Géant qu'il pouvait être soucieux lui-même de sa propre conservation.

Huit jours après, Briès affamé, épuisé, dans une nuit complète, essayait encore avec les mains, avec les dents, avec les ongles, d'échapper là cette nuit, à cet isolement mortels.

Il tombait, torturé aussi par la faim, puis il succombait, à bout de luttes, de souffrances et d'efforts.

Il retombait d'une nuit relative, dans la nuit éternelle.

Il succombait en maudissant son bourreau qui, depuis huit années n'avait cessé de le sacrifier, avant de l'entraîner au tombeau.

Bribs ne fut pas le seul acteur qui, après le drame sinistre de Fualdès, ne put figurer au procès. Il ne fut pas le seul témoin ou complice écarté par la mort, de l'instruction de cette ténébreuse et sanglante affaire.

Une fois mort, Bribs fut enterré mystérieusement dans les caves de la maison Sarrazin. Ce ne fut que vingt-quatre ans après, qu'on retrouva son squelette dans le jardin de cette habitation qui jadis avait appartenu au banquier de Rodez.

CHAPITRE XXIV

LES VICTIMES

D'autres victimes que Bribs, furent prises entre les trames ourdies par le cruel Jausion.

L'œuvre de l'infernal banquier se continuait au fond de sa prison.

Dans sa chute, son énergie n'était pas tombée.

Elle se sentait soutenue par la honte préparée de longue date contre tous ceux appelés à être ses juges.

La Bancal était devenue la confidente du banquier ; elle disait un jour à l'une de ses compagnes de geôle :

— Si les juges me demandent ce qui s'est passé chez nous ou ailleurs, je saurai bien leur répondre : « Vous devez le savoir puisque vous y étiez vous-mêmes ? »

Depuis qu'il était en prison, Jausion ne mettait plus autant le Géant en avant, il y mettait la Bancal.

Pour le banquier, le rôle du propriétaire de Gros était fini.

Il s'était servi suffisamment de sa fanfaronne brutalité.

Maintenant il ne s'agissait plus de prendre l'offensive.

Jausion, pour la défensive, se servait d'une créature non moins dangereuse, bien plus déliée d'esprit que le filleul de Fualdès : la Bancal.

Bastide, la Bancal et Jausion se communiquaient sans relâche, dans l'intérieur de leur cachot, par l'intermédiaire de Bousquier. Celui-ci n'avait-il pas le privilège de circuler partout? et Jausion employait cet homme à double face pour le faire agir à son gré.

Le monstre avait le secret de travailler à la perte de quiconque pouvait lui nuire.

La mort de Briès avait été son ouvrage. Il avait facilement exploité, contre lui, le dévouement du carbonaro pour son frère. Briès, l'homme que Jausion redoutait le plus, avait payé de la vie le crime de sa jeunesse.

Après Briès, ce devait être le tour de l'époux de la Bancal.

On redoutait aussi les indiscrétions du maçon.

Comme le joueur d'orgue, n'était-ce pas aussi un meurtrier malgré lui, dont les aveux arrachés par le repentir auraient pu être funestes à la bande de Bastide et de Jausion ?

Le banquier tenait à la mort du maçon, comme il tenait pour sa sécurité, à la vie de la fille du président de la Cour.

L'époux de la Bancal était une nouvelle victime désignée à la vindication de tous ses complices.

Ce fut son horrible épouse qu'on fit agir contre lui.

Dans l'intervalle, la mère de Jausion succombait, c'était une honnête femme. En apprenant l'arrestation de son fils, accusé d'être le principal assassin de Fualdès, elle ne put survivre au déshonneur de son nom.

Elle tomba malade, prit le lit et ne tarda pas à succomber en s'écriant :

— Que ne suis-je morte, deux jours avant cette arrestation, je ne saurais pas que mon fils est un assassin !

Mais que faisait à ce monstre la mort de sa mère, lui qui dès l'âge d'homme avait sacrifié le repos, la fortune, l'honneur, la vie des familles à sa détestable ambition ?

La Bancal, dans les bas-fonds de la société, était ce qu'était Jausion à son sommet ; elle se souciait fort peu, en se débattant dans son ignominie, de la vie de ses enfants et de son époux, quand ses intérêts se trouvaient en jeu.

Il ne fut pas difficile au banquier de tourner la Bancal contre son époux. Au moment du meurtre, ce dernier ne lui avait-il pas fait perdre quatre cents francs, par son refus de tuer la petite Madeleine, témoin de l'assassinat du 19 mars ?

Les actes de faiblesse de l'époux Bancal, ne s'étaient-ils pas fait sentir, puisque, dans l'instruction, Madeleine encore vivante, par sa faute, avait tout dit au juge ?

Ces aveux, elle ne les aurait pu faire, si son père, dans la nuit du 19 mars, ne se fût pas opposé à la mort de son enfant !

On se rappelle à ce moment, les protestations tacites du maçon, alors la mort de sa fille avait été remise au lendemain du meurtre.

La Bancal toujours absolue et omnipotente avait arraché à son époux le consentement d'un marché ignoble.

Pour quatre cents francs, l'époux Bancal devait égorger sa fille et lui préparer sa fosse dans un champ de vigne.

Mais lorsque l'enfant parut, en lui apportant sa soupe, en lui recommandant de la part de sa mère, *de faire ce qu'il savait*, le père n'eut pas la force d'exécuter un pareil forfait.

Loin d'égorger son enfant, avant de la précipiter dans la fosse, il lui dit en pleurant :

— Sois toujours bonne fille et va-t'en.

Le trou creusé par le maçon pour y enterrer son enfant, servit à son cochon qui en guise d'eau grasse, avait bu le sang de Fualdès et en était mort.

Le refus de l'époux Bancal à ne pas sacrifier Madeleine, était pour son ignoble moitié un sérieux grief contre lui.

Jausion n'eut pas de peine à persuader à la Bancal qu'un pareil complice devenait aussi dangereux que Briès, et qu'il fallait s'en débarrasser, parce que ses faiblesses pourraient les perdre.

Ses tardifs repentirs devenaient un épouvantail pour tous ses complices. Le maçon devait donc être sacrifié comme le joueur d'orgue.

Le frère de Bastide s'était employé contre Briès, c'était au tour de l'horrible Bancal à se charger de faire disparaître son époux;

Elle n'y manqua pas.

Sous prétexte de voir Bancal, dans l'intérêt de la justice, elle obtint de l'administration de la prison, la faveur de converser avec son époux, aux heures des repas.

Chaque fois que l'épouvantable mégère sortait du cachot de son époux, elle le laissait malade. A la suite de longues conférences avec sa femme, le malheureux maçon était pris d'une fièvre qui ne lui laissait de trêve ni le jour, ni la nuit.

Lorsque son époux alité se plaignait à sa femme, de l'état où il se trouvait, après avoir partagé son repas avec elle, la Bancal lui répondait :

— C'est l'air de la prison qui en est cause ! C'est si malsain ici !

Elle n'avait garde d'avouer que chaque fois qu'elle dînait avec lui, elle glissait de l'arsenic dans ses aliments.

Comme elle ne pouvait avoir une dose de poison assez forte pour le faire mourir, elle usa un jour d'un nouveau stratagème afin d'en finir avec son gênant époux, elle lui demanda:

— Est-ce que tu ne trouves pas comme moi que la vie que nous traînons est insupportable. Un peu plus tôt, un peu plus tard, il faut en finir! Pour ma part, pour ne pas aller à l'échafaud, j'ai résolu d'en finir tout de suite, veux-tu faire comme moi ?

— Par quel moyen ? lui demanda le maçon qui, depuis longtemps, dévoré de remords, ne demandait qu'à échapper par le suicide, au bourreau.

La vieille femme connaissait sa pensée intime. Et l'exploitant au profit de sa sûreté, elle lui répondit :

— Par un moyen bien simple, j'ai des gros sous que je vais faire infuser dans du vinaigre. Ce soir, à huit heures, je boirai cette infusion qui ne manquera pas de me donner la mort désirée, veux-tu faire comme moi, pour nous délivrer de la vie et nous retrouver là haut !

Bancal d'un air farouche, fit un signe d'assentiment, la Bancal en le quittant partagea avec lui les gros sous qui devaient, sensément, leur donner la mort, ensemble, à la même heure.

En cette circonstance fatale, le maçon devint encore la dupe de sa femme. Lui seul fit infuser, dans le fond d'un soulier, les gros sous apportés par la Bancal.

Il n'en mourut pas, les effets du vert-de-gris ne firent qu'augmenter ses douleurs.

Au moment de son agonie, Bousquier allant toujours de l'un à l'autre prisonnier, eut le soin de lui dire que sa femme s'était bien gardée de se servir de cette boisson empoisonnée ; il lui apprit qu'elle ne lui avait conseillé de prendre du poison que par ruse, parce qu'elle redoutait les effets de sa confession et les révélations de sa conscience troublée.

Le moribond qui n'avait pas vingt-quatre heures à vivre, eut cependant assez de force, pour entrer dans une violente fureur. En apprenant qu'il mourait, en étant comme toujours la dupe de sa femme, il résolut de déjouer ses projets et de se venger.

Autant par remords que pour avoir raison de sa femme, il fit la confession complète de son crime et du crime de ses complices.

Il rendit sa confession publique comme l'atteste un écrit du temps dans un ouvrage intitulé : *Les intrigues de Rodez, les aveux de l'époux Bancal*, publié en 1817.

Ces aveux recueillis par un député de l'Aveyron qui assistait avec un prêtre, l'abbé B...., à la confession de l'époux de la Bancal, n'ont jamais été démentis.

Ce sont les aveux du maçon, qui ont fourni tous les détails concernant le crime commis sur la personne de Fualdès, dans le bouge de la rue des Hebdomadiers.

« *Quoique je n'y suis pour rien*, répétait-il avant de mourir à l'abbé B...., *quoique, je vous le jure, je n'y suis pour rien, j'ai toujours devant les yeux le brave homme de Fualdès !* »

« Il y a deux causes à tous les maux qui ont amené tant de victimes. ici et ailleurs ! La misère et ma femme. Avec une mauvaise femme beaucoup d'enfants et pas de pain, on n'est pas aussi honnête qu'on voudrait

— Vous allez mourir ! (Page 228.)

Il y a des rusés qui sont à l'affût de vos larcins et qui profitent de votre faiblesse.

« Alors on devient méchant, ou plutôt on fait des méchancetés sans le vouloir, et presque sans le savoir. »

Tout en avouant dans sa confession qu'il a commis un crime énorme, Bancal en rejette la responsabilité sur Jausion qui, avec sa femme, l'avait pressé à attirer M. Fualdès, soit dans sa demeure, soit à l'écurie de Missonnier.

Il signale avec un soin particulier, les agissements de Bastide, poussé par Jausion, pour préparer le 19 mars, ce guet-apens mortel.

Il décrit la scène du meurtre, telle qu'elle a été dépeinte précédemment en évitant à dessein, pour ne pas s'aliéner l'esprit de certaines gens, de dire le nom de la femme que l'on découvrit dans le cabinet de la cuisine.

Lorsque l'abbé B... lui demande si le vol a été le mobile de l'assassinat, Bancal hésite à lui répondre :

— Je vous ai expliqué, lui répondit-il, comment le crime s'est emmanché, est-il bien nécessaire, à présent, de vous dire si M. Fualdès fut volé avant, pendant ou après sa mort, faut-il tout dire ?

— Sans doute, répond l'ecclésiastique, si vous voulez trouver miséricorde devant Dieu et grâce devant les hommes.

— Eh bien ! ajoute Bancal, voici encore la vérité sur le vol comme sur l'assassinat. J'hésitai, parce que, quoique incapable de participer à l'assassinat, je n'ai pas eu assez de force pour ne pas partager le vol. Après qu'il fut *saigné*, on ôta au patient sa douillette, sa redingote, sa cravate et son gilet ; ses souliers s'étaient défaits dans le débat, et ses bas m'étaient venus dans la main.

— Eh bien ! monsieur l'abbé, termina-t-il, c'est de ces malheureux bas que j'ai eu envie ; j'ai des crevasses aux pieds, et j'allais m'imaginer que les bas qui sont pluchés, les adouciraient !

Après cette réflexion singulière en un pareil moment, Bancal avoue :

« Qu'après avoir dépouillé le corps avec lui, Jausion exigea qu'on remît les effets au mort, en faisant sentir que ses dépouilles dans les mains des meurtriers, auraient pu les vendre. »

Bancal complète sa confession, en indiquant, comme Bousquier, la marche du convoi jusqu'au moulin des Bresses.

« Je crois, dit-il, que Bousquier qui était venu le dernier, empocha une mauvaise serpillière, qui servait de première enveloppe. Pour moi, j'eus soin de la couverture et du drap, ce que ma femme m'avait recommandé. De retour à la maison, je jetai le drap sous l'escalier, attendu qu'il était rempli de sang. »

C'étaient le drap et cette couverture ensanglantés qui n'*étonnaient pas* le commissaire Constans, en les signalant au procès-verbal, lorsqu'il n'avait qu'à interroger le maçon pour en connaître la provenance.

Le lendemain, Bancal mourait empoisonné.

C'était une victime de plus, à l'actif des meurtriers de Fualdès. Quoique la confession publique de Bancal n'eût aucun caractère religieux, la magistrature n'osa y puiser des renseignements précieux pour son instruction.

Peut-être ces renseignements étaient-ils trop précis aux yeux de certains magistrats ?

En tous les cas, ils laissaient bien des lacunes. Ils respectaient avec intention la fille du président. Elle n'était pas nommée dans la confession de Bancal, pas plus que le frère du Géant, ni ses acolytes, derniers témoins de ce meurtre, afin d'en défendre plus tard les auteurs.

Une autre victime de l'affaire Fualdès, trop laissée dans l'ombre, ce fut la jolie Rose Pierret, la rivale, malgré elle, de la fille du président.

Lorsque le bruit public, avant l'arrestation de Clémandot et les indiscrétions de Mme Manzon, la fit aussi l'héroïne de la rue des Hebdomadiers, sa honte rejaillit jusque sur son père.

Cet ancien officier de gendarmerie, obligé de s'absenter souvent de Rodez, en sa qualité de percepteur, devint un objet de raillerie aussi bien que sa fille.

Son enfant si mal gardée par son père paya cher le tour qu'elle avait joué à Clémandot, en se moquant, avec le frère de sa rivale, de la fatuité de son amant.

Toute la ville le lui donna comme séducteur. Clémandot n'eut garde d'aller contre l'opinion générale ; il fit vis-à-vis d'elle par vanité ce que faisait contre elle Mme Manzon, par rancune.

L'administration n'osa conserver un fonctionnaire qui avait une fille dont la moralité était si suspecte.

Mlle Pierret qu'on disait avoir été surprise chez les Bancal, la nuit du meurtre, était une fille déshonorée ; l'administration, malgré la probité, la conduite irréprochable de M. Pierret, ne pouvait tolérer un père possédant une fille qui tenait si peu à l'honneur.

Le scandale de la fugue d'Espalion avait fortement écorné la réputation de la famille Pierret ; le guet-apens criminel des Bancal avait achevé de la ternir.

Une première fois, le père Pierret, par sa fille, n'avait été frappé que par le ridicule, une seconde fois, il était frappé dans sa modeste condition.

Révoqué, à la veille d'être sans pain par la faute de Rose, devenue la fable de la ville, M. Pierret ne se posséda plus.

En recevant sa révocation M. Pierret entra dans une violente fureur. Il fit venir sa fille, au moment où elle venait, de son côté, d'être chassée de chez Mme Constans, il lui dit en la menaçant de mort :

— Malheureuse! non-seulement vous souillez mes cheveux blancs, mais par votre conduite éhontée, vous me réduisez à la misère ! Mourir pour mourir, autant que ce soit moi qui devienne votre justicier.

Ivre de fureur, le père hors de lui s'arma d'un fusil, il l'épaula, prêt à le diriger contre sa fille haletante, se traînant à ses pieds !

En vain elle lui criait :

— Mais, mon père, je vous le jure. Ce n'est pas moi qui suis allée le 19 mars, chez les Bancal ! Je ne connais pas cette maison! Un jour ou l'autre, la vérité se fera jour, vous vous repentirez d'avoir tué votre enfant !

— Mensonge ! criait le vieux soldat. Mensonge ! vous m'avez trompé ! une première fois en vous rendant clandestinement à Espalion avec M. Enjalran, vous pouvez bien avoir été une seconde fois aux Hebdomadiers, dans ce lieu infâme, avec un autre amant, M. Clémandot ! Puisque mon nom est mêlé à celui des meurtriers de Fualdès, je puis, à mon tour, me faire le meurtrier de mon enfant, pour venger mon honneur, vous m'avez déshonoré, perdu de réputation ! Je n'ai plus de fille ! Je ne veux plus en avoir ! Vous allez mourir !

— Grâce, mon père, grâce ! exclama-t-elle en se traînant aux pieds de son père, en proie à la terreur et à la douleur. Je vous jure que je ne suis pas allée chez les Bancal, je vous jure que je suis la victime des représailles de Mme Manzon !

— Que vous n'auriez jamais dû connaître, exclamait le vieux soldat, hésitant cependant à frapper sa fille, que vous n'auriez jamais dû fréquenter pour ne pas vous associer à ses dérèglements. Ils sont riches, vos amis, ils peuvent racheter leur honte, nous nous sommes trop pauvres, pour cela ! N'ayant plus pour leur garantie personnelle, cette réputation sans tache, notre fortune, qui sauvegarde la leur, nous n'avons plus qu'à mourir ! Autant que vous mouriez de ma main, que si vous succombiez de misère, frappée par la vindicte publique !

Le malheureux père, le fusil toujours à la main, se reculait de sa fille pour la viser.

Tremblante, éplorée, elle s'accrochait à ses habits, elle lui demandait sans cesse grâce de la vie.

L'ancien soldat, aussi ému, aussi désespéré qu'elle, détournait la tête au moment de frapper.

Rose Pierret devina ce combat, elle redoubla ses supplications, en pressant son père ébranlé, prêt à laisser tomber son fusil des mains.

Pourtant il ne doutait pas de la culpabilité de sa fille, mais il doutait de son courage, au moment de s'en faire le bourreau.

Cette scène déchirante aurait duré longtemps encore, si un homme, au courant des drames qui se déroulaient autour du meurtre de Fualdès, n'eût paru, aux yeux du père et de sa fille suppliante.

Cet homme, c'était encore Louis Bastide, le frère du Géant.

Depuis longtemps il avait les yeux sur le père de Rose Pierret.

En mettant cet homme dans son parti, lui qui avait aussi à se plaindre des vengeurs de Fualdès, il espérait trouver en lui un défenseur de la vie de son frère.

Au moment de cette scène, il s'était fait introduire dans la maison par un de ses acolytes, il avait dit à M. Pierret stupéfait, à son enfant non moins étonné de sa présence :

— Monsieur Pierret, vous avez tort ! votre fille n'a pas été chez les Bancal ! justice lui sera rendue ! Donc ne vous rendez pas deux fois criminel en la châtiant injustement.

— Mais pas moins, balbutia le malheureux qui ne demandait qu'à être convaincu de l'innocence de sa fille. Mais pas moins que je suis ruiné, déshonoré à cause d'elle !

— Attendez la justice, ne la devancez pas, en vous faisant justice vous-même.

Répondit Louis Bastide, en lui arrachant le fusil des mains qu'il rejeta loin de lui.

Il regarda le père confondu, la fille heureuse de ce sauveur inespéré, il ajouta :

— Et pour le crime que je vous épargne, monsieur Pierret, pour la position que je vous ferai rendre, après l'avoir perdue injustement, je ne vous demande qu'une chose, celle d'être avec moi, contre ceux qui veulent perdre mon frère, Bastide Gros.

— L'assassin de Fualdès...? exclama le vieux soldat avec terreur.

— Réfléchissez, lui riposta-t-il. Moi, j'ai été plus généreux que vous, en ne réfléchissant pas, pour vous arrêter quand vous alliez commettre un meurtre inutile et devenir le bourreau de votre enfant !

— Eh bien, soit, fit le père Pierret, heureux de voir encore quelqu'un qui ne suspectât ni son honneur ni celui de sa fille. Je serai avec vous, je serai au besoin avec le diable, s'il me rend ma réputation et ma position perdues.

— Alors, fit Louis Bastide en prenant congé du père et de la fille. Alors comptez sur moi.

Le carbonaro disparut, fidèle à sa mission, depuis que son frère était entre les mains de la justice : perdre ceux qui pouvaient lui nuire, protéger ceux qui consentiraient à s'associer avec lui pour le sauver.

Louis Bastide était mêlé à une affiliation mystérieuse, dont les principaux chefs se reconnaissaient à tous les échelons de la société. Il jouissait d'un pouvoir très étendu dont personne ne soupçonnait l'existence.

C'était parce que M. Fualdès avait méconnu son pouvoir, qu'il était tombé dans un infernal guet-apens d'où Louis Bastide eût pu l'arracher, en se faisant son néophyte.

Il prouvait de nouveau sa puissance, en imposant un mutisme absolu à Mme Manzon, en promettant à Pierret de lui rendre sa position, en frayant, par la mort de Briès, une route de larmes et de sang à qui pouvait nuire à la vie si compromise de son frère, Bastide Gros, complice de Jausion.

CHAPITRE XXV

LE PROCÈS : LES COUPS DE FOUDRE DANS LE PRÉTOIRE

L'affaire Fualdès, par l'intervention de l'administration départementale, par les ordres des Tuileries, prit une importance que n'eurent et que n'ont jamais eue depuis, les affaires criminelles de notre siècle.

Le bruit qui se fit autour de ce drame épouvantable, devint un salutaire dérivatif dans le mouvement d'opposition qui s'accentuait contre l'ancien régime.

Le ministre de la police générale savait ce qu'il faisait en retirant des mains de la justice une cause criminelle que les mensonges de Mme Manzon, les manœuvres des *carbonari*, embrouillaient de plus en plus.

La haute police, par le tapage des nombreux acteurs de ce drame lugubre, battait en brèche l'opposition et faisait oublier les droits octroyés par la nouvelle Charte.

Avant les débats de ce procès à jamais célèbre, les mystères de la mort de Fualdès, dont Mme Manzon devenait l'héroïne, dont Jausion serrait de plus en plus le nœud de l'intrigue, occupaient la France et commençaient à émouvoir l'Europe.

Lorsque le 6 mai 1817, cette affaire criminelle passa de la justice ordinaire, entre les mains des gens du roi, comme on disait à cette époque, l'émotion grandit dans l'opinion publique.

On a vu précédemment comment par un ordre royal, émané du ministre de la police générale, le juge d'instruction, M. Teulat, fut obligé de suspendre ses poursuites contre les coupables.

Le 6 mai, ce fut la cour prévôtale dont le président était le père de Mme Manzon, qui mettait en accusation les détenus pourchassés auparavant par le consciencieux M. Teulat.

Maintenant ce juge n'était plus le maître de la marche de la procédure.

Redoutait-on la grande clairvoyance et l'inexorable équité de ce magistrat?

En rendant M. Enjalran maître de ce procès, espérait-on en étouffer les scandales qui menaçaient la société de Rodez?

En satisfaisant la curiosité, en mettant en présence, l'un sur un fauteuil présidentiel, l'autre sur le banc des accusés, un père et sa fille, espérait-on faire diversion aux rancunes politiques?

Si par un machiavélisme bien digne d'un ministre de la police, on jouait ainsi avec l'opinion, on ne pouvait mieux agir au profit de l'abominable Jausion.

Le banquier par les créatures qu'il s'était faites dans sa prison, apprit la juridiction extraordinaire appelée à le condamner.

Il bondit de joie à cette nouvelle. M. Enjalran, dont il possédait les secrets, ne pouvait mieux tomber pour devenir sa nouvelle victime.

Il se rappela la dernière entrevue qu'il avait eue avec ce magistrat en le menaçant de faire revivre ses vieilles dettes contractées à un pauvre diable qu'il avait fait condamner.

Immédiatement, le perfide Jausion fit appeler dans son cachot Me *Romiguières*, l'avocat célèbre du barreau de Toulouse, le défenseur des principaux accusés, Bastide et lui.

Dans l'entrevue qu'il eut avec ce défenseur, il lui remit les billets impayés du président de la cour prévôtale. En les lui confiant, il lui insinua de son sourire le plus méchant.

— Maître Romiguières, quand je dis que je suis innocent du crime dont on m'accuse, quand je soutiens que je n'ai jamais été chez les Bancal, je dis la vérité. Ceux qui m'accusent, même au sein du tribunal, ne sont que des ennemis personnels, des intéressés à me nuire, je les connais trop, et j'ai trop de preuves criminelles contre eux.

A l'appui de ces insidieuses paroles, le perfide remit à l'avocat les billets impayés du président de la cour prévôtale; il ajouta avec une satisfaction haineuse :

— Vous pensez quel effet l'existence de ces pièces produirait dans le prétoire; l'effet d'un coup de foudre, qui pourrait bien changer les situations du juge et de l'accusé, et mettre l'un à la place de l'autre? Mais ce n'est pas tout, termina-t-il, M. Fualdès que l'on pose comme un homme aux mœurs rigides, si loyal et si digne d'intérêt, que l'on m'accuse d'avoir égorgé, quand sa mort me ruine, n'a peut-être eu d'autre bourreau que lui-même! Est-il admissible qu'un homme comme moi, un banquier, connu, *estimé* de toute la ville, ait pu attirer dans un guet-apens odieux, dans un bouge infâme, ce magistrat, mon parent? N'est-il pas plus probable qu'il y soit venu de lui-même, attiré par cette dame que je ne *connais pas*, par cette Mme Manzon qui n'a d'autre intérêt, à se défendre, que celui de cacher ses intrigues avec feu Fualdès ! Ce que je sais, monsieur Romiguières, c'est que Mme Manzon, avant sa séparation d'avec son mari, était reçue chez Fualdès, que ce magistrat la citait, avec enthousiasme, comme une huitième merveille des dames de Rodez. Une passion sénile a pu être la base de ce crime. En tous les cas, la présence de Mme Manzon et celle de M. Fualdès dans la nuit du 19 mars peuvent plus s'expliquer, par l'attrait d'un amour clandestin, que ma présence et celle de Bastide, provoquée par l'appât d'une affaire d'argent, qu'on ne traite pas d'ordinaire dans un lieu de débauche.

Les insinuations du perfide Jausion ne paraissaient pas dénuées de vraisemblances.

A cette époque les témoins qui auraient pu prouver la présence de Jausion et de Bastide chez les Bancal étaient morts.

Bries avait été tué par le carbonaro, Bancal par son odieuse épouse.

Toutes les conjectures étaient permises au sujet de cet assassinat, dès que ses complices ou témoins étaient décidés à se taire ou à ne dire que la moitié de la vérité.

Jausion, passé maître dans l'art de feindre, avait trouvé une fable qui avait plus l'apparence de la vérité que la vérité même.

Me Romiguières, ainsi qu'on le verra dans le procès, n'omit pas un argument si habilement trouvé par l'un des assassins.

Puisque le banquier ne pouvait mentir au sujet d'Enjalran, il pouvait bien dire la vérité au sujet des amours de Fualdès.

La présence de Mme Manzon, chez les Bancal, à l'heure du crime, se trouvait expliquée.

Les armes fournies par Jausion à Me Romiguières furent terribles contre la magistrature.

Lorsque les juges de la cour prévôtale connurent les pièces compromettantes que Me Romiguières possédait contre leur président, ils redoutèrent un scandale qui eût rejailli sur eux.

Ils n'osèrent poursuivre l'instruction pour ne pas faire rougir leur président devant les coupables.

Les juges furent récusés à leur tour, comme l'avait été M. Teulat, mais dans un but contraire.

Il fallut porter l'affaire devant la cour de Montpellier. Sur l'examen de pièces aussi compromettantes pour certains juges que terribles pour les accusés, la cour n'osa exercer sa juridiction. Elle se contenta d'un acte d'accusation dressé par le procureur général.

Le 18 août 1817, l'affaire, étudiée pour la *cinquième* fois, fut remise en état et portée devant la cour d'assises de l'Aveyron.

L'ouverture des assises est signalée par l'affaire Fualdès.

Elle lève tragiquement le bras du côté de Louis Bastide et de ses collègues... (Page 210.)

Elle inaugure au mois d'août la nouvelle session. Dès son début, elle prend une importance caractéristique qui dessine tous les rôles des accusés et des magistrats.

Les nombreuses récusations ou abstentions des juges la situation si délicate que leur ont faite les accusés, ont vivement surexcité la curiosité publique.

Le prétoire est, pour ainsi dire, changé en salle de théâtre. L'intérêt n'est pas seulement concentré que sur les accusateurs et sur les accusés.

Aussi, les gens du monde de Rodez et des environs envahissent-ils en foule les tribunes qui sont louées comme au spectacle.

Partout on se désigne dans la vaste salle d'audience des acteurs encore inconnus du public, très intéressés à ce drame aussi sanglant que scandaleux, son mystère grandit par l'autorité supérieure appelée à éclairer ou à obscurcir certains points au profit de quelques privilégiés qui figurent dans l'enceinte réservée.

Les tribunes regorgent de brillantes et élégantes toilettes, mais plus d'une figure est impatiente et inquiète dans l'attente des débats.

La cour est présidée par M. Grenier; à cette époque, les privilégiés ont déjà envahi les côtés de son hémicycle.

A leur côté se trouvent le préfet du département, le comte d'Estourmel, et son secrétaire.

On remarque l'absence de M. Enjalran, le président de la cour prévôtale, quand sa fille va être citée comme témoin, pour déposer contre les accusés.

Les onze accusés sont disposés par rang de culpabilité, sur des bancs en gradins, Jausion et Bastide les dominent.

Colard, la Bancal et Bach sont séparés d'eux sur un rang inférieur où sont placées MM^{mes} Jausion et Galtier.

Elles se distinguent par leur toilette, encore élégante quoique défraîchie, par leur visage distingué, sympathique, quoique très altéré par un long séjour dans les prisons.

Elles aussi sont séparées des vulgaires scélérats qu'on leur donne pour complices : Bousquier, Missonnier, Anne Benoist et Marianne Bancal.

On s'aperçoit que ces derniers s'écartent avec mépris de Bousquier, le faux frère, qui les a vendus et menés, à tour de rôle, en cour d'assises.

Avant les débats, l'émotion des spectateurs est tendue par les manifestations des dames Jausion et Galtier.

Séparées par cinq mois de prison préventive de leur frère et de leur époux, le tribunal vient de les placer à leurs pieds, pour les confondre dans la même accusation.

Elles se retournent. Bastide et Jausion les pressent convulsivement dans leurs bras, en mêlant leurs larmes aux leurs.

Le public ne peut se défendre d'une grande compassion pour des malheureuses dont le plus grand crime a été le dévouement absolu aux volontés de ces scélérats.

Le public cherche ailleurs que sur les bancs des accusés, dans l'enceinte du tribunal, des complices de Jausion et de Bastide, moins estimables que cette épouse et cette sœur dévouées.

Jausion est le même sur le banc des accusés que dans son cabinet d'affaires. C'est toujours l'homme trapu et remuant, à l'œil qui tourne, à la mine sournoise et au sourire diabolique ; seulement son œil est plus inquiet, sa mine plus sombre, son sourire plus sinistre.

Bastide, au contraire, est devenu plus impertinent, en face de ses juges. Il développe avec arrogance sa gigantesque encolure. Ses yeux perçants, hardis, fulgurants comme l'éclat du diamant, ne cessent de se braquer sur les juges. Il sourit, mais d'un sourire dédaigneux ou provocateur.

Les autres accusés, sauf les dames Jausion et Galtier, sauf Anne et Marianne qui ont l'éclat de la jeunesse, ont tous des visages qui portent l'empreinte de l'hypocrisie, de la vulgarité et de la misère.

A peine les criminels sont-ils installés en face de leurs défenseurs, qu'un nouveau personnage vient, par sa présence, vivement émotionner l'auditoire.

C'est M. Fualdès fils.

Rien de plus touchant, de plus poignant que l'intervention inattendue du fils de la victime dans cette sanglante affaire où, en perdant son père, M. Fualdès fils a perdu sa fortune, doublement frappé par les gens de sa famille.

Il devient pour ainsi dire le fantôme vivant de leurs remords. Sa présence crie : Vengeance !

Il faut la modération du président des assises pour calmer l'irritation de la foule. Il y parvient en donnant la parole au greffier, qui fait la lecture de l'acte d'accusation rédigé à Montpellier.

Il se résume par l'accumulation des preuves du meurtre de Fualdès conçu de longue main par ses parents, exécuté dans la maison des Bancal, le soir de l'horrible guet-apens.

« L'intérêt du crime, dit le procès-verbal, est une double dette que les meurtriers ont voulu payer en tuant son créancier. Le vol commis chez l'ancien magistrat après son assassinat, indique les intentions des accusés et leur guet-apens constaté par de nombreux témoignages. »

Ce procès-verbal est élucidé avec une logique, une simplicité qui ne sont pas ordinaires à cette époque où la déclamation et la redondance étaient si en faveur.

Il relate un à un les faits produits depuis le départ de M. Fualdès père de son domicile jusqu'à son arrivée à la maison Bancal, puis l'itinéraire du convoi funèbre et le transport du cadavre à la rivière, etc., etc.

Après la lecture de ce procès-verbal, en forme d'acte d'accusation, les premiers témoins sont entendus. M° Romiguières ne tarde pas à s'interposer entre les témoins qui viennent donner raison au procès-verbal :

— On veut circonscrire le crime, en lui donnant, dans l'intérêt de certaines personnalités, des horizons bornés, s'écrie-t-il en forme d'aparté : *Le mot de l'énigme n'est pas là.*

Il ajoute avec force :

— Lorsque le moment sera venu, j'emploierai des moyens d'une telle force qu'ils feront cesser à la fois « et *l'intérêt qu'on porte au sieur Fualdès et les préventions du public* contre les accusés.

C'est un premier coup de foudre dans le prétoire.

Il bouleverse toute l'assemblée. Les juges se regardent avec stupéfaction; les spectateurs font entendre des murmures approbateurs ou désapprobateurs.

Dans le désarroi général, Jausion a un sourire sinistre, Bastide une attitude insolente.

A tous les points de la salle, on cherche M. Enjalran, le président qui, le premier, a instruit l'affaire, il est absent !

On cherche sa fille, Mme Manzon, qui peut seule donner le mot de l'énigme concernant le meurtre de l'ancien magistrat, elle n'est pas encore à l'audience.

Le secret du meurtre de Fualdès est donc encore à trouver, malgré les détails circonstanciés de l'acte d'accusation rédigé, non à Rodez, mais à Montpellier, sur le rapport du préfet de l'Aveyron, et d'après les ordres de l'autorité ministérielle.

Le public dans ses chuchotements divers, amenés par les scandaleuses paroles de Me Romiguières, se remet à penser que le procès sera soumis à une subordination suprême.

Il se dit que dans l'intérêt des privilégiés de la naissance et de la fortune, on a circonvenu les juges, les jurés, et le président, intéressés à étouffer la lumière sur un meurtre, qui restera inexplicable.

Le nom de M. Enjalran est lié de plus en plus à celui de Jausion ; le nom de sa fille, Mme Manzon, est lié à celui de Fualdès. Le ridicule Clémandot ne devient qu'un plastron cachant de séniles et inavouables passions. Le bouge des Bancal est le point de repère de sanglantes infamies où se rejoignent les gens d'élite et les plus ignobles scélérats.

L'œuvre perfide de Jausion recommence en plein tribunal.

Il sait ce qu'il a fait, ce qu'il a dit en instruisant, dans sa prison, Me Romiguières. Il tient M. Enjalran par les scandales de sa famille, il tient la famille de Fualdès par toutes ses faiblesses.

Dans une nouvelle séance, M. Enjalran est obligé d'expliquer son absence et son silence, par une lettre que lit publiquement le président des assises.

« Je viens d'être informé, écrit M. Enjalran, que je suis en butte à
« toutes les calomnies enfantées par la rumeur publique.
   « Puisque la présence de Mᵐᵉ Manzon, devant le tribunal, me force,
« moi, son père, à la cruelle nécessité d'une justification, je vous déclare,
« monsieur le Président, je déclare à la cour, que mes démarches près
« d'elle, n'ont été dirigées que par ce sentiment de l'honneur et de la
» délicatesse comme père et comme magistrat, je n'ai cessé de représen-
« ter à ma fille que cet honneur lui faisait un devoir sacré de rendre hom-
« mage à la vérité, d'éclairer la justice sur l'assassinat horrible commis
« sur un magistrat distingué, *recommandable par ses talents et par ses vertus*;
« que taire un crime aussi affreux, serait se rendre *complice des assassins...*»

Après la lecture de cette lettre, on attend avec impatience l'arrivée de Mᵐᵉ Manzon, appelée comme témoin, mais que la gendarmerie *protège* ou garde pour la sauver de ses ennemis, si elle parle ; pour l'emprisonner, si elle ne parle pas.

On entend quelques témoins qui déposent sur les faits racontés précédemment, à propos des incidents du crime, dévoilés en partie par l'agent Bousquier, l'inculpé pour la forme.

Enfin Mᵐᵉ Manzon paraît.

Un frémissement parcourt la foule de l'auditoire, qui se compose de deux mille personnes.

Tous les visages sont tournés vers l'héroïne du drame de Rodez.

Son apparition, si vivement attendue, est un nouveau sujet d'émotion.

Mᵐᵉ Manzon n'est ni belle, ni laide, mais elle possède un charme attractif que l'analyse ne saurait détailler. Sa taille est bien prise, la perfection de ses formes contraste avec l'irrégularité de ses traits. Ils ont une vivacité d'expression qui s'accorde mal avec sa gaucherie provinciale.

Elle est mise simplement, sans recherche, ce n'est ni la mise d'une paysanne, ni celle d'une grande dame. C'est la mise d'une femme indépendante dont la hardiesse est corrigée par une certaine gaucherie.

L'esprit pétille dans ses traits, la sensibilité dans ses yeux. Tout est contresens en elle, ce qui donne un attrait indéfinissable à cette créature étrange, amoureuse d'aventures, avide de sentiments. On ne sait qui l'emporte en elle, de son cœur ou de son esprit. Elle a trente-deux ans, les ravages de son esprit et de son cœur lui donnent bien son âge. Toute sa beauté est intérieure. Elle provient des sentiments qui la dévorent, de l'idéal qu'elle poursuit. Si elle ment toujours, c'est que le monde est en désaccord avec son imagination.

Dès que le calme s'est établi, à l'aspect de cette femme aussi inexplicable que le drame dont elle tient le secret, M. le président Grenier l'interroge à peu près ainsi :

— C'est au nom de votre père, de la justice, de l'humanité que je vous conjure de dire tout ce que vous savez. Pourquoi trahir la vérité ? Si vous aviez une faiblesse à vous reprocher, il suffirait de ce moment pour vous réhabiliter dans l'opinion publique. Parlez, fille d'Enjalran, fille de magistrat, parlez.

Il était impossible de circonscrire avec plus de partialité les débats que ne le faisait le président des assises.

En s'exprimant ainsi, c'était faire tourner les accusations du drame de Rodez, aussi bien contre les inculpés que contre la magistrature.

Un incident vint faire ressortir cette situation anormale.

Lorsque Mme Manzon passa devant le banc des accusés, Jausion pour la faire souvenir de ses engagements pris dans la soirée du 19 mars, lui fit un petit signe de tête, trahissant le respect et la déférence.

Il y avait donc entre eux une certaine connivence ? Cela n'échappa pas plus au public qu'au président.

Celui-ci après son exorde plein de sollicitude, montre Mme Manzon à la Bancal, il lui demande :

— Connaissez-vous cette dame ?

Mais Mme Manzon, sans attendre sa réponse, relève résolument son voile et dit d'un ton d'autorité :

— Jamais je n'ai vu cette femme !

La Bancal se tait et baisse la tête.

Le président ajoute en s'adressant à Jausion et à Bastide.

— Et vous connaissez-vous cette dame ?

Bastide hausse les épaules, avec une expression sardonique qui voulait dire :

— Qui ne la connaît pas dans Rodez ?

Jausion plus circonspect répond d'un air soumis et très respectueux aux juges :

— Je ne connais madame que pour l'avoir entrevue quelquefois chez moi et chez M. Fualdès, par l'entremise de Mme Pons, ma belle-sœur.

Bastide qui se calquait, mais avec plus d'impertinence, sur la conduite de son beau-frère, s'écrie à son tour :

— Moi, je ne la connais que pour l'avoir rencontrée sur les grands chemins.

Mme Manzon dont les nerfs sont très excités à la vue des meurtriers qui lui ont fait jurer de se taire sur le corps de leur victime, ne se possède plus, après cette insolence.

Elle s'écrie imprudemment :

— Ils ne me connaissent pas ! Et ils ont l'audace, l'un de m'apostropher, l'autre de me saluer en plein tribunal ?

Puis elle ajoute avec agitation, les yeux égarés, les membres convulsionnés devant Bastide qui la menace.

— Qu'on m'ôte de la vue, ces assassins !

En proie au délire, elle ne tarde pas à tomber comme une masse inerte. C'était le nouveau coup de foudre qui éclatait, en anéantissant la sensible Clarisse, en avertissant le public du mystère qui l'enveloppait.

Un maréchal de camp l'entraîne hors de la salle, pour la faire respirer et reprendre connaissance sur la terrasse qui domine le palais.

La foule est interdite, comme frappée de stupeur.

Si M%ne Manzon cherchait à nier la vérité, sa nature irritable, accessible à toutes les émotions, démentait ses paroles et son attitude.

On la reporte, à peine remise, en face des criminels, elle dit, en agitant ses mains, en se débattant dans le vide.

— Oh ! que je ne les revoie jamais !

Puis prenant l'épée du maréchal de camp, pour l'arme homicide qu'elle avait vue dans les mains de Jausion, Bastide et Colard, elle reprit avec égarement :

— Vous avez un couteau ! un couteau comme eux !

Elle retombe évanouie.

Le maréchal de camp s'empresse de détacher son épée, on lui fait respirer des sels, la femme revient à elle, porte vivement la main sur ses yeux, et elle attend qu'on l'interroge de nouveau.

Le président l'engagea à se remettre, à reprendre du courage et à calmer son imagination.

Par condescendance pour elle, le président donne la parole à M. Fualdès fils qui, de nouveau, a rappelé ce qu'elle lui avait dit chez le préfet, le comte d'Estourmel ; il la presse de parler et termine de cette façon :

Madame, c'est un fils qui vous demande la vérité, pour venger la mort de son père.

M%ne Manzon, ébranlée par la douleur de M. Fualdès mais se souvenant de son serment, répond par un moyen détourné pour faire l'aveu si pénible qu'elle n'ose avancer elle-même. Elle demande au président qu'on interroge un de ses parents, M. Rodat, qui connaît les confidences qu'elle a faites à sa nourrice, M%me Redoutez !

— Elle n'a jamais été chez les Bancal, reprend-elle, mais elle sait à peu près ce qui s'est passé dans la nuit du 19 mars.

Alors, M. Rodat raconte ce qui s'est passé, depuis le départ de M%me Manzon, chez sa nourrice, pour se rendre à la maison des Bancal ! Il n'oublie rien, jusqu'au serment que lui ont fait jurer les assassins !

C'est un nouveau coup de foudre !

Cette fois, il peut éclater aussi sur la tête de M%me Manzon, par la faute du trop sincère Rodat.

Aussi Mme Manzon à la fin du récit de son confident se hâte d'ajouter :

— Ce n'était pas moi qui étais chez les Bancal, mais je sais par la femme qui y était, que Bastide voulait la tuer, que Jausion la sauva, en la reconduisant jusqu'à la place de la Cité.

— Comment, lui riposte le président, pouvez-vous savoir tant de choses, si vous n'avez pas été dans la maison des Bancal ?

— Ce sont des conjectures, d'après les billets que j'ai reçus, et les démarches, répond-elle, que les accusés ont faites auprès de moi.

— Comment se fait-il, lui oppose le président, puisque vous n'êtes pas la dame qui était chez les Bancal, qu'on vous adresse des billets anonymes et qu'on vous donne des rendez-vous? Pourquoi s'adresse-t-on à vous, plutôt qu'à tout autre. Vous gardez le silence?...

En effet, Mme Manzon se tait. Elle ne répond qu'après avoir longtemps hésité, elle s'écrie en désespoir de cause :

— Que voulez-vous que je dise!... J'ai fait un serment!

Tout à coup en levant les yeux du côté de la salle où se place le public, elle aperçoit un homme qui la fait trembler.

Sauf sa grande taille, c'est le portrait de Bastide.

C'est son frère Louis, le carbonaro. Il est entouré, dans l'enceinte réservée au public, par trois de ses collègues *Yence*, *René* et *Bessière-Veynac*, les mêmes qui assistaient à la dernière scène du meurtre de la rue des Hebdomadiers.

Louis a l'œil en feu et le geste menaçant, dirigés sur Mme Manzon. Ses trois collègues imitent son attitude en regardant aussi la fille d'Enjalran.

Après s'être arrêtée, au moment de parler, Mme Manzon, les cheveux en désordre, le voile rejeté en arrière, s'écrie avec dessein :

— Vous voulez donc qu'on me tue, en me forçant de tout vous dire?

Elle lève tragiquement le bras du côté de Louis Bastide et de ses collègues qui s'effacent prudemment derrière la foule.

Son anxiété gagne le public. Au mouvement de la malheureuse femme, on comprend que tous les complices du meurtre ne sont pas arrêtés, que Mme Manzon a la parfaite connaissance de tous les auteurs du crime.

Le procureur général a vu le geste du carbonaro qui, avec ses complices, s'est dérobé à tous les regards, il dit à la femme éplorée et tremblante :

— Je requiers qu'il soit donné sur-le-champ à Mme Manzon une sauvegarde d'hommes armés, capable de la rassurer contre tout danger.

Sur l'ordre du président, une haie de soldats est placée entre le témoin et les accusés.

Le sanctuaire de la justice devient un camp retranché.

Elle était en prison... (Page 240.)

Les accusés sont donc aussi à craindre devant les témoins et les juges, que s'ils étaient sur le théâtre du meurtre?

L'auditoire frémit comme Mme Manzon.

C'est une terreur générale; le président, une fois Mme Manzon et le prétoire protégés par la force armée, adjure la fille d'Enjalran de dire la vérité.

— Je ne puis pas la dire, répond-elle d'une voix sourde et en courbant la tête.

Cette séance se termine sur l'impression pénible causée par la crainte et les rétractations de Mme Manzon. Cette crainte a gagné les magistrats et les auditeurs.

On sait que Mme Manzon, malgré la magistrature, malgré la force armée, est circonvenue par les vengeurs inconnus de Bastide et de Jausion.

Le maréchal de camp a entendu la fille d'Enjalran, qui lui a dit, en revenant de son évanouissement :

— Sauvez-moi de tous ces assassins! Restez près de moi pour me protéger contre des hommes qui, redevenus libres, seraient capables de saigner tous les honnêtes gens du département!

Dans la séance suivante, paraît un autre témoin passé à l'état de complice; c'est l'aide de camp Clémandot, payant de sa liberté sa lâche trahison à l'amour.

Après les violentes émotions produites par les vengeurs invisibles des meurtriers de Fualdès, le faux Lovelace n'inspire qu'un médiocre intérêt.

Il raconte avec sincérité la nuit qu'il a passée avec Mme Manzon pour la forcer à lui livrer son secret. Par un manque de tact qui caractérise cet homme de caserne, il veut même définir les relations qui ont existé entre lui et sa Clarisse.

Mme Manzon lui répond dédaigneusement pour rendre son rôle aussi odieux que ridicule :

— Parlez toujours, monsieur Clémandot, je ne vous démentirai pas.

Heureusement le président s'interpose.

La veille, le tribunal était menacé de dégénérer en théâtre de drame. Aujourd'hui, il tourne à la comédie.

Après les allégations de Clémandot, Mme Manzon répète au tribunal les démentis qu'elle a donnés à la préfecture.

Le président lui oppose :

— Ce que vous avez dit à la préfecture ne s'accorde plus avec les aveux que vous avez faits à M. Rodat dont les paroles s'accordent cependant avec votre confession à M. Clémandot et à Mme Redoutez. Aujourd'hui ne gardez-vous pas le silence pour épargner Jausion?

— Peut-être, reprit-elle.
— Et n'agissez-vous pas par son ordre?
— Non!
— Alors par quel ordre?
— Je ne le dirai pas.

Impatientée par le président qui la presse, par les accusés qui la menacent du regard, Mme Manzon dévisage Bastide. Celui-ci se contente de hausser les épaules.

La fille d'Enjalran ne tombe plus en syncope, parce qu'elle est protégée par des soldats.

Alors le président interpelle le Géant :

— Vous voyez, Bastide, à quelle extrémité vous réduisez Mme Manzon ; pour ne plus vous accuser d'être le complice de la Bancal, elle se tait. Elle a peur de tous ceux que vous avez armés contre elle. Avouez donc, puisque vous prenez tant de précautions pour qu'on ne l'avoue pas, avouez donc que vous étiez dans la maison des Bancal, au moment de l'assassinat.

— Je n'ai jamais eu, répond Bastide, des rapports avec cette maison, quoi qu'on puisse dire Mme Manzon.

Il la regarde en la défiant.

La fille d'Enjalran quoique étant le mensonge incarné, a horreur d'une imposture frisant la lâcheté ou l'impertinence.

Elle crie à Bastide, en frappant du pied avec force.

— Mais avouez donc, malheureux! Avouez donc!

A ce défi, porté par celle qu'il considère comme sa complice, Bastide dessine avec arrogance sa grande taille, il enveloppe Mme Manzon du feu de ses yeux noirs, profonds, aux reflets d'acier.

En même temps, Jean Laville, le mendiant, qui vient de déposer comme témoin sur les agissements des subalternes de Bastide, se lève en se tournant du côté de la salle.

Alors quatre individus *Louis Bastide, René, Yence* et *Bessière-Veynac* se dressent à leur tour. Ils lancent des regards terribles, ils font des gestes impératifs à la fille de M. Enjalran.

Elle se recule épouvantée, en face de ces fantômes, dominant le prétoire.

L'effet est si saisissant que les deux mille spectateurs qui l'encombrent, se courbent sous ce nouveau coup de foudre.

Le tribunal est anéanti.

Le président se remet. Il fait un signe au commandant des hommes de garde, en désignant les quatre individus défiant le tribunal et Mme Manzon.

— Gardes, s'écria-t-il, emparez-vous de cette femme!

Il désigne la malheureuse Clarisse, et ajoute :

— Emparez-vous aussi de ces hommes, qui déshonorent le sanctuaire de la justice.

Il montre les carbonari.

Au même instant, le commandant donne un ordre aux cent hommes, qui séparent l'hémicycle de la salle. Les uns vont aux carbonari qu'ils empoignent, les autres à Mᵐᵉ Manzon qu'ils entraînent.

L'effet est si puissant, si terrible, que le commandant, craignant après cette double arrestation un danger pour la foule, s'écrie sourdement :

« — *Soldats, apprêtez armes !* »

La séance est interrompue.

Elle recommence le lendemain.

Après les incidents dramatiques qui se sont produits, on comprend que le procès est à recommencer.

Malgré la délibération du jury, malgré les condamnations à mort de la Bancal, de Jausion, Bastide, Bach et Colard, le dernier mot du procès n'est pas dit.

Mᵐᵉ Manzon, qui a toujours refusé d'avouer qu'elle était à la maison des Bancal, qui maintenant est prisonnière, va donner un tout autre dénouement au crime de Rodez ; les carbonari arrêtés en font un crime politique.

La cour suprême casse l'arrêt du tribunal de Rodez ; l'affaire sera portée à Alby. La cour prend pour prétexte que le président des assises de Rodez a laissé passer des négligences de forme dans le texte du procès-verbal.

Quand la cour de Cassation veut rechercher et revoir le procès-verbal, il n'existe plus. Il a disparu avec le commis-greffier qui en avait la garde.

Ce dernier est mort subitement.

La rumeur publique a accusé les parents des meurtriers d'avoir empoisonné le gardien qui avait fait disparaître les pages consignant leurs crimes,

« Sa mort, dit l'opinion publique, est devenue pour les coupables, — juges ou jugés, — un nouveau gage de son éternel silence ! »

CHAPITRE XXVI

TENTATIVES D'ÉVASION

On sait ce qu'avait dit Jausion quelques jours avant le meurtre de Fualdès, pendant qu'il regardait une araignée tressant sa toile au bord de sa fenêtre :

« — Moi aussi je tends mes fils à tous les gens de Rodez. Mon centre d'opération, c'est la maison Bancal où j'attirerai pour les perdre : Fualdès, Enjalran, Clémandot, Mme Manzon, la magistrature et l'armée.

L'horrible menace de ce monstre s'était réalisée. Jusque dans le fond de son cachot, l'assassin avait ourdi ses trames où s'étaient laissé prendre tour à tour les gens qui devaient devenir successivement ses victimes, après Fualdès.

Enjalran, le président de la cour, était à jamais compromis ; sa fille, Mme Manzon,. était perdue de réputation, elle était en prison comme son amant Clémandot ; le commissaire de police, Constans, était révoqué, il était sous les verrous pour avoir fermé les yeux sur ce meurtre, à la suite d'un procès-verbal complaisant ; le commandant de la place était exilé de la ville pour avoir laissé battre la retraite, une heure trop tôt, dans la soirée du meurtre.

La magistrature, l'armée étaient compromises par ce mystérieux assassinat. Le crime de Jausion devenait un crime collectif ; le crime Fualdès devenait le crime de Rodez !

La population ruthénoise était indignée de ces drames scandaleux et sanglants qui gravitaient autour de ce meurtre épouvantable.

Elle en était humiliée et furieuse ; lui, Jausion, en était heureux !

Chaque péripétie de ce drame, qui amenait une surprise non moins épouvantable, telle que la disparition du greffier, celle du joueur d'orgue, le prétendu suicide de Bancal, était un stigmate marqué au front de l'ancienne capitale du Rouergue.

Rodez devenait, à cette époque où les villes du Midi étaient travaillées par la *terreur blanche*, la capitale du meurtre et de l'infamie.

Tel avait été l'ouvrage de ce Jausion. Pourtant il n'avait agi contre son bienfaiteur, son ami et son parent que dans un but de vengeance personnelle et une pensée de lucre.

La plupart des maux qui terrorisaient Rodez ne fussent pas arrivés si, au début de son arrestation, Jausion, dont les ressources dans le mal se multipliaient avec les difficultés, eût pu réussir à s'évader de prison.

Vers le milieu du mois de juin, un nommé Burg, dit Canard, s'était trouvé dans le même cachot où était renfermé Jausion. Il devait en sortir quelques jours après, il finissait son temps.

La prison étant pleine, ledit Canard achevait sa peine avec ce dangereux captif. Celui-ci profita du peu de jours qu'il avait à rester avec lui, pour acheter sa coopération dans un projet d'évasion.

Canard devait avertir, une fois en liberté, un nommé Causit, un misérable très connu de Colard, de Missonnier et des Bancal, à propos de certains méfaits qu'il avait avec eux sur la conscience.

Une fois Canard libre, il alla trouver Causit pour lui faire part du plan d'évasion conçu par Jausion. Celui-ci, de son côté, se rendit chez la femme de Bousquier pour s'entretenir du projet du banquier et de ses acolytes.

Mais Causit, comme Canard, comme ses autres camarades de chaîne, se méfiait du mouchard Bousquier.

Cette fois il fit entendre à sa femme que si jamais son mari les dénonçait, il aurait le sort réservé à tous les traîtres ; il lui dit qu'on le ferait se souvenir du serment qu'il avait juré naguère à Bastide sur le cadavre de Fualdès.

— Maintenant, termina l'envoyé de Canard à la femme Bousquier, ce sera le frère de Bastide qui se chargera de son exécution.

La femme de Bousquier vivait aussi bien de la police que des prouesses des malfaiteurs, elle écouta les menaces de Causit, par l'entremise de Canard ; mais elle n'osa se prononcer avant de voir son époux.

Bousquier qui, comme il le voulait, allait et venait de la prison à la ville, vint voir sa femme le lendemain ; elle lui apprit ce qui se passait.

— Je sais tout, répondit l'homme à double face. Aussi bien le projet d'évasion de Jausion que les idées de vengeance conçues contre moi par les camarades. J'ai tout prévu. Le frère de Bastide, qui veille au salut du Géant, saura par moi à quoi s'en tenir sur le complice de son parent. Avec un mot, il sera pour moi contre ceux qui ont juré ma perte. Sois tranquille!

Bastide, qui en effet ne cessait de travailler au salut de son frère, vint à son tour trouver les époux Bousquier.

A peine leur eut-il appris le sort qui les attendait s'ils s'ébruitaient auprès de la police les préparatifs d'évasion des meurtriers de Fualdès, que Bousquier lui répondit :

— Monsieur Bastide, si je sers en effet la police, ce n'est que pour vous servir en l'égarant. Jamais je ne lui ai dit autre chose que tout ce que tout le monde savait. Je n'ai vendu ni votre frère, ni M. Jausion. Je ne commencerai pas au moment où vous travaillez à leur liberté. Si les Bancal, Missonnier, Bach et Colard ont à se plaindre de mes délations, c'est leur faute! Pourquoi m'ont-ils fourré, par surprise, dans un meurtre où je ne suis pour rien! Ils m'ont trompé, je leur ai rendu la monnaie de leurs écus. Quant à ce qui regarde de *gros moussus* comme vous, je n'ai pas soufflé un traître mot de vos affaires. Je suis resté reconnaissant, malgré la justice, de ce que vous avez fait pour moi. On ne pourrait en dire autant de M. Jausion, vis-à-vis de votre frère.

Le perfide Bousquier savait ce qu'il faisait en fomentant la division entre les chefs de la bande des meurtriers dénoncés par lui.

De cette division dépendait son salut.

Louis Bastide pressa l'homme de la police de s'expliquer.

Alors Bousquier lui apprit ce qu'il avait découvert depuis que Jausion délaissait son complice Bastide, pour faire de la Bancal son âme damnée.

Le traître fit connaître à Louis Bastide que Jausion, pour se blanchir, était disposé, comme il l'avait fait entendre à son défenseur, à reporter tout son crime sur le Géant.

Le perfide avoua qu'il tenait cette opinion des on-dit qui couraient la prison, par les indiscrétions de l'avocat du banquier.

A cette révélation, le carbonaro tourna toute sa fureur contre Jausion : il ne pensa plus au traître.

Celui-ci s'abrita derrière cette division.

Elle lui permit de nager entre deux eaux, dont la source provenait aussi bien des intrigues de Jausion que des perfidies de Bousquier.

Alors Louis Bastide abandonna Jausion à son projet d'évasion. Il se réserva à une autre fois pour faire évader son frère de la prison où son complice tenait au contraire à le retenir.

Bousquier, par cette division habilement entretenue entre les deux meurtriers, put en toute sécurité avertir la police des tentatives d'évasion conçues, au mois de juin, par Jausion et les inculpés.

Sans cet avertissement, le banquier était sûr de s'échapper de prison.

Il avait gagné les principaux employés, jusqu'au portier ; il savait, par les secrets qu'ils tenaient sur les juges de la cour prévôtale, que la magistrature n'aurait pas été fâchée de son évasion ; la tirant d'embarras.

Que reconnaît-on ? (Page 250.)

Or, le jour choisi pour son évasion était un jour où la garde nationale était de service à la prison.

Le concierge qui s'était entendu avec le banquier et ses geôliers, dit ce soir-là au sergent-major de la garde milice :

— Je me sens fatigué, je vais me coucher. La garde de la prison devient votre affaire, vous devenez responsable de ses prisonniers.

L'air narquois avec lequel le concierge avait dit ces paroles au sergent l'avait mis en éveil.

Il conseilla à ses hommes de redoubler de vigilance, de l'avertir des moindres incidents qui se passeraient dans la nuit.

Bientôt un factionnaire annonce qu'on lui jette des pierres.

Vite le sergent-major appelle des soldats et se met à faire sa ronde dans les corridors.

Il s'aperçoit en effet que des mains invisibles sèment de petits cailloux le passage conduisant aux cachots de Jausion et des autres prisonniers impliqués dans l'affaire Fualdès.

Le sergent s'avance avec ses hommes dans le couloir du cachot de Jausion. Il y voit une forme blanche qui tranche dans la pénombre. Il lui crie :

— Qui vive !

Le fantôme ne répond pas.

— Qui vive ! réitère-t-il en avançant avec ses soldats, la baïonnette au bout de son fusil.

On ne répond pas encore.

Ses hommes, qui ne sont pas des soldats bien aguerris, veulent faire une retraite, ce silence leur paraît très inquiétant.

Mais le sergent-major n'est pas de la trempe de ses hommes. C'est un soldat de Napoléon Ier, de l'*autre !* Il était à la campagne de Russie.

Ce silence et cette forme blanche l'irritent.

Il fait plusieurs pas en avant, pendant que ses soldats en font plusieurs en arrière.

Il pique de sa baïonnette le fantôme muet. Il sent que, à l'encontre des fantômes de la légende, il n'est pas impalpable.

Le fer pénètre dans quelque chose, la forme blanche tombe comme une masse au pied du mur du couloir.

Une fois la masse par terre, les soldats accourent ; on arrive avec une lumière pour la reconnaître.

Que reconnaît-on ? Le concierge, sans culotte, en chemise et n'ayant conservé que sa veste.

Il tient à la main la clef du cachot de Jausion.

Si la ronde avait passé outre, sans faire attention au signal ou au concierge, Jausion était délivré, les employés lui auraient fait la conduite sur le chemin de la liberté.

Heureusement que la baïonnette du sergent n'avait fait qu'effleurer la veste du concierge. Il n'eut pas la peine de souffrir d'une blessure qui ressemblait plutôt à une piqûre. Il fut par la suite destitué, mais ce fut tout.

Quant à Jausion, lorsqu'on ouvrit son cachot, après s'être assuré du portier, on le trouva tout habillé dans son lit, il attendait.

A la vue des soldats qui lui annoncèrent que sa tentative d'évasion était avortée, il se contenta de leur répondre :

— La ville de Rodez tient à me garder, tant pis' pour elle.

Le lendemain, lorsque le rapport du sergent au commandant amena la destitution du concierge, on se garda bien d'inquiéter le personnel de la prison.

Le portier était un ancien soldat du commandant qui, le soir du meurtre, avait avancé l'heure de la retraite ; on ne le livra donc pas, par peur du scandale, à la justice prévôtale.

Quant à la dernière menace de Jausion, traqué dans sa prison, au moment de la fuir, elle eut son exécution par les meurtres qui suivirent, dans les personnes du greffier, de Briès et de Bancal, l'assassinat de Fualdès.

La ville de Rodez, qui tenait à garder ce monstre, payait cher sa capture !

Six mois après, à la fin du premier procès, au moment où ce procès était cassé pour être repris à Albi, la population de Rodez était de nouveau mise en émoi par une autre tentative d'évasion.

C'était la troisième depuis six mois. Bousquier par l'arrestation du frère de Bastide et de ses associés, croyait n'avoir plus à craindre leurs représailles. Aussi rendait-il de plus en plus des services à la justice. Il se tournait contre ses anciens complices, serrés de près par la police.

Après l'évasion avortée de Jausion, une autre tentative avait été conçue par les carbonari et Bastide-Gros ; cette fois Jausion n'était pas du complot.

Depuis les perfides avertissements de Bousquier, le banquier était abandonné par son beau-frère.

Le propriétaire de Gros se méfiait de lui, dès qu'il l'avait chargé pour mieux se blanchir.

Mais Bousquier était parvenu à faire avorter encore cette seconde tentative, en se défendant de fuir avec les prisonniers et en dénonçant celui qui, pour faciliter les moyens de fuite, s'était emparé des clefs de la porte intérieure.

Pour que les meurtriers de Fualdès eussent tant d'occasion d'éviter leurs juges, il fallait que les gens du dehors travaillassent à leur procurer des moyens d'évasion ?

Bousquier était toujours à l'affût des sauveurs du dedans et du dehors. D'autres personnages, non moins influents, dans la magistrature, que ces sauveurs mystérieux, rendaient efficace la surveillance de leur agent.

Ce furent les magistrats, esclaves absolus de l'équité et du devoir, parmi lesquels se comptait M. Teulat, qui voulurent, une fois pour toutes, avoir raison des meurtriers.

A la seconde tentative d'évasion, ils séparèrent les inculpés. Jausion et Bastide furent transférés à la prison des Cordeliers, tandis que leurs sicaires, la Bancal, Bach, Missonnier et Colard, retournèrent aux Capucins.

En laissant ensemble Jausion et Bastide, on ne redoutait plus leurs menées, puisqu'ils étaient divisés par leur méfiance réciproque.

Encore une fois, le Géant fut sur le point de se jouer de ses juges ; encore une fois, Bousquier tendit à réduire à néant les tentatives de ses libérateurs mystérieux.

Bastide, pour occuper, disait-il en décembre 1817, les loisirs de la prison, se faisait apporter par sa femme de la paille, de la corde et de l'osier qu'elle lui faisait passer par la lucarne de son cachot.

Lorsqu'on lui demanda ce qu'il voulait faire de ces ingrédients apportés du dehors par son épouse, il répondit à son gardien :

— Je fais des nasses pour aller à la pêche, lorsque mon innocence, proclamée à la face du tribunal, me fera sortir de prison.

— Lorsque le concierge, qui n'était plus celui qui avait facilité l'évasion de Jausion, s'aperçut qu'il travaillait avec acharnement à ses nasses, il s'en inquiéta.

Il vit que ses compagnons s'occupaient en même temps que lui, à des ouvrages de paille et d'osier, et qu'ils en employaient une quantité vraiment inquiétante.

Le concierge dressa un rapport qui faillit provoquer une perquisition.

Mais Bousquier conseilla au contraire le concierge et le gardien de laisser faire Bastide et ses acolytes.

— C'est bien, s'écria-t-il, j'aurai l'œil !

— Et moi aussi, lui répondit Bousquier.

Alors, de concert avec le concierge, l'agent fit placer de distance en distance des gendarmes déguisés, le long des murs extérieurs de la prison.

Ils ne tardèrent pas à voir appendue à la fenêtre du cachot de Bastide, une échelle de corde.

Aussitôt les gendarmes à l'affût accourent de tous côtés, pour se répandre dans les galeries, jusqu'aux chambres des prisonniers.

Ils découvrent le Géant, debout, prêt à se mettre sur l'échelle de corde, qui avait près de quarante pieds de long et déjà accrochée contre le mur.

Bastide était équipé pour le départ, il avait sur les épaules son portemanteau.

Lorsqu'on pénétra sans le cachot de Jausion, il était couché, souffrant ;

il ne se doutait de rien. Il était évident que ces deux hommes ne s'entendaient plus.

Le plan de cette fugue, dans lequel étaient intéressés les carbonari, Louis Bastide et ses associés, avec vingt autres prisonniers, était habilement prémédité.

On découvrit au bas de la muraille, où aboutissait l'échelle de corde, une ouverture qui autrefois avait été rebouchée et qui récemment avait été rouverte.

Par qui ?

Sans doute par les mêmes hommes qui avaient aidé les maçons de la maison Sarrazin, à en fermer les issues et en faire un tombeau à Bries.

Lorsque les gendarmes, éclairés par Bousquier, découvrirent cette ouverture, ils s'aperçurent que par elle on pouvait communiquer à un toit voisin, franchir le mur de clôture donnant sur la campagne, dans l'endroit le plus désert et le plus mal gardé de Rodez.

Le Géant parut ne pas s'affecter de cette découverte qui, une fois de plus, lui marchandait la liberté; il dit aux gendarmes avec un air de gouaillerie qui n'était pas exempte de dépit :

— Ce n'est que partie remise! Je suis contrarié de ce contretemps qui nuit à mes affaires. Voilà trop longtemps qu'elles souffrent de mon absence. Je m'ennuie ici, et ma fortune périclite.

Lorsque le concierge lui reprocha sa conduite, il ajouta :

— Vous serez responsable du mal que vous me faites pour *si peu de chose!* Après tout je ne m'échappais que pour aller à Gros voir ma femme, Je me serais rendu à Albi pour le jugement.

Mais lorsque d'autres agents conduits par Bousquier se furent répandus autour de la prison, ils aperçurent des gens suspects, conduits par Laville, le mendiant, prêts à attendre le retour du Géant et de ses frères, les carbonari.

Alors, tous les prisonniers avec le Géant furent mis aux fers, ils devinrent l'objet d'une surveillance qui ne cessa ni le jour, ni la nuit.

A la porte de la prison, on suspendit extérieurement l'échelle de corde.

Elle devint un objet de terreur pour les habitants de Rodez, en témoignant de quelle audace étaient susceptibles les meurtriers de l'ancien magistrat, toujours disposés à se jouer de leurs juges, et à donner un défi à la magistrature.

La population qui avait frémi d'indignation et de colère, après l'accomplissement du meurtre de Fualdès, était maintenant accablée par l'impunité qui semblait le protéger, par les secours qui lui permettaient d'éterniser cette sécurité même.

Elle avait peu de complices puissants s'entourant d'une nuit mystérieuse qui avait si bien voilé jusqu'ici leur exécrable forfait.

L'infamie, l'audace de ces prisonniers soutenus par des mains invisibles, pleines de vengeance, pesaient sur la ville de Rodez ! Elle ne demandait qu'à en être délivrée !

CHAPITRE XXVII

LE STÉNOGRAPHE PARISIEN

Après les arrestations de Louis Bastide et des carbonari Yence et Bessière, l'affaire Fualdès prenait un caractère politique qui ne pouvait qu'alarmer le gouvernement de Louis XVIII.

En faisant surgir ses ennemis, c'était étendre dans le midi de la France le tableau déjà trop menaçant de la *Terreur blanche*, faire de Rodez la capitale de cette terreur !

L'administration comprit le péril qui pouvait provenir de ces nouvelles arrestations. Elle prit des mesures nécessaires pour éviter ce danger.

L'excentrique Mᵐᵉ Manzon lui en fournit les moyens. Par ses intrigues, par leurs incidents aussi originaux que romanesques, le procès Fualdès prenait des proportions qui dépassaient les limites de l'Aveyron.

Paris, la France, l'Europe avaient les yeux fixés sur la ville de Rodez où gravitaient autour du cadavre de Fualdès, victimes ou témoins. Leur nature sauvage ou leur position distinguée en faisaient des héros que l'éloignement, le mystère achevaient de rendre plus épouvantables ou plus intéressants.

Tout le monde s'en occupait ; la mode s'en emparait. Mais il ne fallait pas cependant que l'affaire Fualdès devînt une machine de guerre dirigée contre le gouvernement.

En 1817, répétons-le, la France envahie et la royauté, issue de l'invasion, avaient intérêt à étouffer des haines trop récentes, des récriminations trop légitimes. Le gouvernement eut l'adresse de s'effacer, en excitant la curiosité devant les scandales de ce drame sanglant.

M. de Cazes, ministre de la police générale, eut l'art de servir l'administration en écartant de l'affaire Fualdès son élément politique.

Ce fut dans ce but que le juge d'instruction, M. Teulat, reçut l'ordre de Paris d'arrêter les recherches lorsqu'elles dépassaient les limites de la justice ordinaire.

Pour qu'on ne découvrît dans le meurtre de Fualdès que des assassins vulgaires et non des assassins politiques, il fallut, en dernier lieu, transporter dans un département voisin un tribunal qui, à Rodez, ne pouvait rendre son jugement sans faire trembler les juges, sans trouver des coupables jusque dans son aéropage.

M. de Cazes le comprit, en recevant les deux rapports dressés sur l'affaire Fualdès : l'un du préfet de l'Aveyron, M. d'Estourmel; l'autre de M. de Cazes, préfet du Tarn et frère du ministre.

Le ministre dut s'apercevoir, par ces rapports, que les plus grandes familles de Rodez s'agitaient à l'ombre des sociétés secrètes, pour paralyser les actions de la justice.

Pour trancher ces difficultés, M. de Cazes eut recours à deux moyens : renvoyer à la cour d'Albi l'affaire Fualdès étudiée à Rodez, donner à Mme Manzon une importance qui flattait sa vanité, en l'offrant en spectacle au monde entier.

De cette façon, c'était elle, et non les carbonari, qui avait les honneurs du procès, et la politique en était bannie.

Nul, mieux que le frère du ministre, le préfet de Tarn, n'était placé pour remplir ce programme; nulle, mieux que l'excentrique Mme Manzon, n'était posée pour le bien remplir.

Mme Manzon, la captive par amour, la martyre des assassins, qui en disait trop pour les absoudre, pas assez pour les condamner, piquait la curiosité. A côté d'elle, le meurtre était oublié; son procès, par Mme Manzon, était détourné de la voie dangereuse où l'engageait l'arrestation des carbonari.

Aussi M. de Cazes, aidé de M. Bertin de Vaux, son secrétaire général, de M. Villemain, chargé de la direction de la presse, s'empressa-t-il de dépêcher un homme de lettres, recommandé de ses deux employés supérieurs, pour aller à Rodez. Ce fut lui qui fut chargé de rendre compte de son procès, si fécond en surprises, et que l'Europe suivait de plus en plus avec anxiété.

Ce fut cet homme, désigné sous le titre du *sténographe parisien*, qui a été, dans la presse française, la première individualité des *reporters*. Il en est resté depuis l'incarnation.

Il avait nom *Latouche* ; il voyageait au compte de son éditeur Pillet ; auteur et éditeur étaient payés, dit-on, sur les fonds secrets pour faire de Mme Manzon l'héroïne de Rodez et pour effacer, à côté des meurtriers de Fualdès, le frère de Bastide et ses carbonari.

En formant avec Mme Manzon un type curieux, énigmatique, plus grand que nature, Henri de Latouche était chargé, par M. de Cazes, d'écarter d'autres héros autrement dangereux.

Sa tâche fut facile, car les carbonari recherchaient la nuit avec autant d'avidité que Mme Manzon recherchait le bruit et le grand jour, dès qu'elle était protégée par la prison contre les Bastide, ses ennemis acharnés.

M. de Latouche servit à souhait Mme Manzon, en servant le gouvernement.

Le sténographe parisien était alors un homme de trente ans. Il était sorti des rangs de l'opposition pour mieux se vendre aux partisans du nouveau régime. Il avait débuté dans le journalisme libéral par forcer la note des lamentations agressives, dans l'intention de se faire payer cher son retour sur le chemin de Damas.

Il suppléait à l'esprit par son amour du scandale. Mendiant d'un nouveau genre, il avait remplacé l'escopette par la plume ; il était prêt à viser une proie facile, dès qu'il était abrité par le pouvoir.

C'était l'homme qu'il fallait aux secrétaires de M. de Cazes, pour diriger l'opinion, au sujet de l'affaire Fualdès, et la détourner de la voie politique.

L'auteur Henri de Latouche et son éditeur Pillet eurent pour mission d'aller tenter Mme Manzon.

Latouche se rendit de Paris à Rodez pour décider la fille d'Enjalran à poser ailleurs que devant son tribunal, depuis que la sténographie avait commencé à la populariser à tous les points cardinaux de la Presse.

Le sténographe parisien n'eut pas de peine à se faire présenter à Mme Manzon, captive, par l'aumônier des Capucins. Le serpent tentateur la prit à la fois par l'orgueil et par la sensibilité.

Il lui demanda ses mémoires ; il lui offrit, connaissant son cœur sensible, de les dédier à sa mère.

Mme Manzon, très flattée de l'offre du sténographe parisien et de la tournure délicate qu'il donnait à son offre, par cette dédicace à sa mère, lui confia les quelques pages qu'elle avait écrites pour sa justification et pour répondre à M. Clémandot.

Le lendemain, de Latouche revint dans sa prison, ayant entre les mains les quelques pages de l'intéressante captive.

Elle lui demanda :

— Est-ce que ma prose vaut quelque chose ?

Bousquier rencontrait Jean Laville se dirigeant vers la demeure de la femme Ginesty.
(Page 262.)

— Elle a de l'esprit à revendre, reprit l'adroit sténographe, et avec quelques retouches, elle vaudra de l'or.

— Alors, fit Mme Manzon en souriant, et qui était payée pour être incrédule, vous m'en offrirez bien un petit écu ?

— Madame, lui répondit-il galamment, voici ma bourse, prenez-la, il y a vingt-cinq louis.

— En vérité, je ne savais pas que mon stylo valût aussi cher que cela.

Mᵐᵉ Manzon était ravie et flattée de la proposition de Latouche.

Celui-ci n'était pas moins heureux de son marché qu'il devait vendre trois fois plus cher à son éditeur.

L'aubaine n'était pas dans les quelques pages confiées à de Latouche par son auteur ; elle était dans l'affaire par elle-même. Pour le gouvernement, c'était un moyen de satisfaire encore la curiosité en faisant surgir, à la place des carbonari, une femme tourmentée par un secret imposé par la terreur, arraché par l'amour ! Pour l'éditeur et l'auteur des mémoires de Mᵐᵉ Manzon, c'était une affaire d'or.

Mᵐᵉ Manson n'avait confié que quelques pages au sténographe parisien, celui-ci en fit tout un volume qu'il intitula :

Mémoires de Mᵐᵉ Manzon, explication de sa conduite dans l'assassinat de M. Fualdès, écrits par elle-même et adressés à Mᵐᵉ Enjalran, sa mère, avec portrait, vignettes et fac-similé.

Dans ces mémoires sont relatées les paroles de Mᵐᵉ Manzon à M. Clémandot, à la nuit du 20 juillet, avec des restrictions qui laissent à supposer qu'elle ne contait que des mensonges à l'indiscret aide de camp.

Ils ont surtout pour but d'accuser Mˡˡᵉ Rose Pierret, en la posant comme la femme trouvée dans la cuisine des Bancal, au moment du meurtre de Fualdès.

La publication de cette fausse confession ne fit qu'irriter le père et le mari de Clarisse.

Livrés au ridicule et au scandale publics, le père, l'époux, l'amant de Mᵐᵉ Manzon protestèrent. Le mémoire en question n'en eut que plus de succès ; l'auteur et l'éditeur s'en frottèrent les mains, la police aussi ; ce fut encore Mᵐᵉ Manzon qui en fut la mauvaise marchande.

On va le voir, une fois que nous aurons résumé les mémoires de Mᵐᵉ Manzon, revus, augmentés et corrigés par l'adroit Latouche, le compère des secrétaires du ministre de la police générale.

Dans ces mémoires confectionnés pour détourner l'attention du public sur les menées des protecteurs mystérieux des meurtriers de Fualdès, Mᵐᵉ Manzon se pose en femme calomniée ou martyre.

Son livre n'est, au fond, qu'une longue diatribe contre M. Clémandot qu'elle pose en personnage ridicule, ce n'est qu'un réquisitoire en règle contre sa rivale, Rose Pierret.

Tout ce qu'elle a dit, tout ce qu'elle a su chez les Bancal, elle les met sur le compte de la fille du percepteur.

Son livre amena la scène tragique que nous avons racontée, lorsque la vie de l'infortunée Pierret était menacée par son père !

Il était dit que tout ce que le sténographe parisien toucherait, au compte de l'État et au profit de son métier, devait tourner contre Mme Manzon.

La sensible Clarisse s'en aperçoit trop tard, elle ne dupe plus personne. A travers ses angoisses et ses larmes transpire le fiel de l'écrivain.

L'obligeance intéressée de son secrétaire finit par lui coûter cher, elle la fait la complice inconsciente des politiques du Château.

Elle est célèbre, il est vrai ; mais à quel prix achète-t-elle ses lauriers ?

Elle avait un enfant, on le lui avait conservé jusque dans le fond de son cachot, parce qu'on plaignait l'ange déchu de Rodez.

Mais en calomniant Clémandot, en flétrissant Rose Pierret, en déshonorant les gens les plus respectables de la ville, on n'éprouvait plus aucune pitié pour l'odieux et perfide folliculaire.

Tout l'intérêt qui s'attachait à ses malheurs, à sa position intéressante s'évanouissait. On se retirait d'elle et on lui retirait son enfant pour ne pas le souiller à son contact !

Ses mémoires ou plutôt ce pamphlet de Henri de Latouche appellent de nombreuses réponses pour défendre les mensonges recueillis de la bouche de Clarisse par la plume enfiellée de son secrétaire.

La sensible Clarisse devient pour tout le monde, Mme *Manzon-Mensonge* ou la *folie* Manzon !

Son époux confus, plein de honte et de mépris pour elle, lui arrache son enfant dans sa prison ; il demande à l'État à ce qu'elle ne porte plus son nom !

C'est le dernier coup porté à la tendre Clarisse, écrivant dans ses mémoires par la plume du *sténographe parisien* :

« J'ai le malheur d'être fataliste. Je me suis persuadée que la présence de mon fils devait me préserver de tous les maux ; il avait le talent de les adoucir et de les faire supporter. »

Dès qu'elle reste seule, reniée de sa famille, privée de son fils, vouée au mépris, elle n'a plus peur de la mort.

Alors elle défie ses bourreaux et s'écrie :

— Je me suis tu à Rodez, mais je parlerai à Alby.

Cette parole lui donne un regain de célébrité. Pour appeler l'attention publique sur elle, elle écrit sans le secours de personne un autre pamphlet intitulé :

« — Mon plan de défense adressé à tous les cœurs sensibles. »

Mme Manzon, qui n'a jamais dit la vérité, adresse cependant son livre à la bonne foi et à la sensibilité des autres.

Cette fois encore, elle ment et elle se compromet de plus en plus. Elle va contre le gré de ses désirs, en avançant que son premier mémoire n'avait qu'un but : sauver l'honneur de son père en se faisant arrêter comme faux témoin et en faisant casser un arrêt injuste.

C'était presque s'avouer la complice de l'âme de cette sanglante affaire : l'énigmatique Jausion.

Le sténographe parisien, qui se voit démenti par ce plan de défense, ne perd pas une nouvelle occasion d'être agréable au gouvernement. Il s'empresse d'y répondre par un nouveau mémoire qui déroute une fois de plus l'opinion.

Il attaque maintenant celle qu'il a tant louée ; il lui reproche toutes ses fautes jusqu'à ses fautes de grammaire :

— Sans moi, lui écrit-il, que seriez-vous ? Nous vous avons tout donné : la gloire et le profit que recherche l'écrivain dont vous avez usurpé le titre ! Vous n'avez pas plus le droit de le porter, que de porter le nom honorable que vous avez souillé par les fautes dont nous avons expurgé votre confession et qui ne seront jamais du domaine des honnêtes femmes ! N'oubliez pas ce que nous avons fait pour vous, et faites-vous oublier?

Mais Mme Manzon ne pouvait faire oublier ce qu'elle disait du fond de sa prison :

— « Qu'elle parlerait à Alby !

Tous les yeux de la France et de l'Europe étaient fixés sur elle. Le cadavre de Fualdès, ses meurtriers, leurs vengeurs, les *carbonari* étaient presque hors de cause.

C'était ce que voulait de Latouche et le ministre de la police, M. de Cazes.

Aussi lorsqu'une nouvelle instruction sur l'affaire Fualdès se fit à Alby, Jacques-Louis Bastide et René ne tardèrent-ils pas à être élargis et ne purent figurer au procès.

La politique avait un intérêt puissant à ne pas exciter les représailles de la *Terreur blanche* dans cette partie de la France, au moment des élections générales.

Avant tout, ne fallait-il pas retirer de l'affaire Fualdès l'élément d'opposition qui s'y était introduit, pour ne pas donner une nouvelle force aux adversaires de la Sainte-Alliance et aux partisans du régime déchu.

Les souffrances, les tortures, la situation étrange de Mme Manzon servaient à la fois, les intérêts des *carbonari*, les intérêts de l'État, et la vanité de Clarisse.

Tout cela, en dernier lieu, avait été l'ouvrage du sténographe parisien qui, pour mieux complaire à M. de Cases, avait inventé pour ainsi dire : l'*impressible charmeuse*.

Elle payait cher les services du sténographe ; elle les payait en risquant sa vie, entre les mains de Bastide ; elle les payait par la malédiction de son père, la réprobation de son époux et la perte de son enfant.

Si sa sensibilité en souffrit, sa renommée la consola.

Dès qu'elle devait parler à Alby, le monde avait les yeux fixés sur elle.

La politique, si tendue de cette époque, qui s'était glissée jusque dans l'affaire Fualdès, était à jamais oubliée par la figure intéressante et énigmatique de Mme Manzon.

C'était ce qu'avait voulu le gouvernement.

CHAPITRE XXVIII

L'ATTITUDE DES PRISONNIERS

Les traînées de sang que laissait le meurtre de Fualdès, s'étendaient de plus en plus par l'arrestation et l'attitude menaçante des assassins.

La ville de Rodez ne cessait d'être dans une véritable terreur.

Des crimes partiels se greffaient sur l'épouvantable attentat dont l'Aveyron avait été le théâtre.

A chaque procès qui donnait lieu à une nouvelle instruction provoquée par la découverte d'autres coupables, on signalait de nouvelles victimes.

Aussi le mendiant Jean Laville, considéré comme le mauvais génie du département, errait-il avec plus d'acharnement autour de la cité fatale.

Dès l'arrestation des *carbonari*, on l'avait vu pourchasser comme une ombre le faux frère Bousquier.

Après avoir fait échouer un second projet d'évasion combiné par les *carbonari*, le porteballe ne pouvait plus se blanchir comme il l'avait fait une première fois, auprès de Louis Bastide, désormais il se plaçait sous les coups de sa vengeance, Jean Laville, on le sait, était le serviteur le plus actif de ses représailles.

Du jour où Bousquier fut reconnu pour un traître par tous les auxiliaires du frère de Bastide-Gros, de ce jour-là, Bousquier appartint corps et âme au mendiant.

En vain essaya-t-il de se soustraire au pouvoir de *son mauvais œil*. Il le poursuivait partout.

Le porteballe ne pouvait pas rencontrer Jean Laville, sans lire dans ses regards, l'arrêt terrible dont il était frappé par ses coreligionnaires.

A chaque pas, lorsqu'il sortait de prison pour accomplir une nouvelle traîtrise, Bousquier retrouvait l'homme à la limousine et au gourdin.

Bousquier, très couard de sa nature, cherchait bien à lui parler pour se disculper ou lui donner le change, Jean Laville s'esquivait avec autant de précautions qu'il en avait employé pour l'épier.

Il parlait en se contentant de le regarder d'un air de pitié, de hausser les épaules ou de ricaner d'une façon sinistre.

Lorsque Bousquier s'aperçut de son manège, il tenta après s'être fait suivre par des gendarmes déguisés, de le jouer au même. Il voulut connaître le motif, les causes particulières qui l'excitaient à agir vis-à-vis de tous les gens qui avaient joué un rôle plus ou moins important dans l'affaire Fualdès.

Une fois il surprit le mendiant qui se dirigeait vers le boulevard d'Estourmel, au bord de la côte donnant sur la rivière, près d'une maison isolée appartenant à la femme Ginesty.

Cette femme était celle qui, la première, avait vu le cadavre de Fualdès flotter sur l'eau, en revenant du monastère ; c'était elle qui avait signalé son apparition à un nommé Foulquier, un serviteur du moulin des Bresses.

Elle n'avait pas tardé à être rejointe par une autre femme, nommée Puesch. Toutes deux avaient devancé la Bancal se rendant à la même heure, pour apercevoir le noyé ou plutôt l'assassiné de la rue des Hebdomadiers.

Plus tard, après l'arrestation des meurtriers, la femme Ginesty, avait fait entendre d'imprudentes paroles ; elle avait dit à la femme Puesch :

— Je me doute de ceux qui ont fait le coup. C'est un malheur pour M. Bastide de ne pas m'avoir avertie, la dernière fois qu'il est venu chez moi, me confier son portemanteau, pour se rendre chez son beau-frère. Je l'aurais engagé à ne pas partir de Rodez avant de m'avoir parlé. Maintenant il est trop tard, si la justice m'appelle, je serai obligée de dire ce qu'il ne m'a pas défendu de cacher.

Ces paroles étaient revenues aux oreilles de Bastide-Gros, par Bousquier qui les tenait de la femme Puesch.

Alors Jean Laville fut dépêché par Louis Bastide et Yence pour empêcher la Ginesty de parler et employer contre elle, au besoin, les moyens dont on avait usé vis-à-vis de l'époux de la Bancal et de Briès.

C'était à ce moment, c'est-à-dire après les premières tentatives d'évasion de Jausion, que Bousquier *rencontrait* Jean Laville se dirigeant vers la demeure de la femme Ginesty.

Cette fois ce n'était plus le mendiant qui épiait le porteballe, c'était lui qui épiait le mendiant.

Ce dernier tenait de Louis Bastide des instructions formelles contre la femme appelée à disparaître comme témoin à charge de son frère.

Aussi Jean Laville tenait-il moins que jamais à être suivi.

En apercevant Bousquier, un soir qu'il montait la côte, vers la maison de la Ginesty, le mendiant se retourna contre son fileur.

Il lui dit en lui montrant son gourdin qui ne le quittait pas plus que sa limousine.

— Si tu fais un pas de plus, mouchard, tu es mort.

Bousquier toujours prudent, malgré le renfort qui l'accompagnait, se le tint pour dit.

Prêt à rebrousser chemin, il entendit encore le mendiant qui en ricanant acheva ainsi sa menace :

— Du reste, tu es *marqué* comme les autres, tu ne perdras rien pour attendre !

Huit jours après cette rencontre, la femme Ginesty donnant le gît et la nourriture au mendiant succombait à la suite de violents vomissements. Ils ne l'avaient pas quittée depuis que Jean Laville avait choisi chez elle un séjour temporaire.

Bousquier se rappela par prudence les menaces du sinistre vagabond. Il eut soin de ne pas faire remarquer la coïncidence de cette mort avec l'hospitalité que Jean Laville avait reçue de cette nouvelle victime des meurtriers de Fualdès.

Quoique prisonniers, sous le coup, après le procès de Rodez, d'une peine capitale, l'attitude des assassins, ne cessa d'être menaçante, ni d'être un objet de terreur dans le chef-lieu de l'Aveyron.

Après l'arrêt de mort qui frappa une première fois, en cour d'assises, les principaux meurtriers de Fualdès, ils perdirent une partie de leur assurance. Mais ils ne faibliront pas dans leurs moyens d'exécution pour déjouer la justice.

Ils étaient tacitement encouragés par l'administration supérieure qui n'osait à Rodez frapper les coupables, parce qu'il s'en trouvait partout, parce qu'ils menaçaient à la fois l'honneur et la sécurité des habitants.

Malgré les trames sanglantes, ourdies par ces coupables, ils n'étaient pas moins pris dans leurs propres filets.

Jausion l'âme de toutes les intrigues du crime de Rodez, était devenu sombre. Il ne parlait plus, il ne mangeait plus, il se défiait de ses complices qu'il trompait à tour de rôle.

Bastide qui se trouvait dans le même cachot que Jausion, n'avait plus pour lui la même déférence, depuis qu'il connaissait ses trahisons à son égard. Sa violence s'exhalait par des paroles plus acrimonieuses que menaçantes, ses yeux profonds lançaient de sombres éclairs à Jausion qui en avait plus peur que des crimes qu'il faisait toujours commettre pour se blanchir.

Maintenant le banquier l'évitait.

Ce n'était pas sans dessein que la justice, par les soins de Bousquier, laissait Jausion conférer avec la Bancal ; mais sa digne complice restait impertubable dans sa méchanceté et dans sa duplicité, Elle conservait le même masque de stupidité cruelle, d'hébétement sournois.

Quant à Colard, le beau Belge, l'assassin agréable, il avait perdu son entrain et sa hardiesse goguenarde. Ses couleurs s'étaient pâlies, ses joues s'étaient creusées, ses cheveux blonds avaient blanchi.

Lui qui, autrefois, ne proférait que des blasphèmes et des menaces, il ne marmottait plus que des prières. Il demandait un prêtre, il ne proclamait que les douceurs de la confession et de l'absolution.

Le cynique était passé à l'état d'hypocrite, il en était de même du farouche il Bach, ne cessait de se mettre en rapport avec Bousquier, embauché autrefois par lui au Terral ; il le flattait pour mériter, par toutes sortes de révélations, les bonnes grâces du mouchard et l'indulgence de la justice.

Quant à Missonnier, idiot vrai ou simulé, il continuait de rester dans son caractère ou dans son rôle. Il demandait après le premier arrêt qui le frappait.

— Pourquoi me fait-on rester ici ? Pourquoi me mettre les fers ? Avec ça je ne pourrai plus aller à Albi ?

Quant à Anne Benoist, elle était folle de douleur, non par la punition du tribunal, mais par la peine capitale qui menaçait Colard, son amant. Elle l'aimait d'un amour insensé, pendant que Colard, tout à sa condamnation, ne songeait qu'à lui-même.

Il n'y avait que Mme Manzon qui, depuis la séparation de son enfant, se sentait dégagée des terreurs qui accablaient les prisonniers.

Lorsqu'on lui arracha son fils de la prison, un moment elle faillit devenir folle. Elle aimait ou plutôt elle croyait aimer plus qu'elle-même son petit *Allah !* Pour ne pas succomber à la douleur maternelle, elle se livra à toutes les ardeurs de sa vive imagination, à tous les caprices et à toutes les fantaisies de son orgueil.

A l'abri des poignards des assassins, par la prison qui la protégeait, elle joua tout au long son rôle d'*ange* de la maison Bancal. Lorsqu'elle parlait des magistrats et des assassins de Fualdès, elle disait à qui voulait l'entendre :

— Ces gens-là sont plus embarrassés que moi.

Entrée de Mme Manzon à Albi. (Page 266.)

Pour étourdir son cœur ulcéré, son esprit humilié, pour oublier son enfant et le mépris de son époux, elle entassait *mémoires* sur *factums*. Elle attaquait Clémandot qu'elle démentait. Elle attaquait son biographe Latouche et jusqu'à la haute société de Rodez intéressée à la confondre avec les assassins de Fualdès.

Elle se consolait du mépris de sa famille par l'immense popularité qu'elle donnait à son nom.

De Rodez à Paris, son portrait et sa biographie étaient partout. Ils faisaient diversion aux graves agitations politiques qui tourmentaient le pays et faisaient peur à la Restauration.

L'ange de la maison Bancal, l'intéressante Clarisse, par la popularité qu'elle se faisait à elle-même, et en comédienne consommée, entrait encore dans les vues du ministère de Cazes.

L'administration supérieure l'aida, dans un intérêt politique, à jouer jusqu'au bout son rôle d'héroïne.

Il existe une gravure du temps représentant Mme Manzon au moment où elle est transférée, par ordre du parquet, de la prison de Rodez à la prison d'Albi.

S'il faut s'en rapporter au burin et au crayon de l'artiste, la fille du magistrat est à cheval, dans un riche costume d'amazone, ayant à sa gauche Bousquier, déguisé en gendarme, elle entre à Albi comme une souveraine qui y serait ardemment attendue et désirée.

Son escorte de gendarmes, et qui la suit comme Bousquier pour ne pas la perdre de vue un seul instant, vaut une escorte de reine. Partout où passe son imposante cavalcade, elle est saluée par des cris d'enthousiasme qui ne sont pas exempts d'ironie.

C'est là un des inconvénients de la gloire !

A Albi, le peuple l'acclame comme si elle était la souveraine ! Des maisons s'illuminent, c'est le triomphe de la sensible Clarisse, martyre des meurtriers de Fualdès et de leurs vengeurs ! C'est l'arrivée tant désirée de celle qui tient dans ses mains les destinées de la magistrature et des inculpés.

Ses mains ne sont pas encore ouvertes à la vérité, mais loin du berceau de sa famille, loin des intéressés, ses mains s'ouvriront.

N'a-t-elle pas dit que « si elle s'était tue à Rodez, elle dirait la vérité à Albi.

Elle joint à l'attrait imposant de son cortège, au prestige de son nom, l'intérêt de sa situation placée entre l'honneur de la magistrature et le danger où l'ont mise les justiciables ?

Une naïve estampe du temps rend donc la scène de son entrée triomphale à Alby. Elle galope côte à côte avec Bousquier, le faux gendarme. On la voit, suivie d'une escorte bien digne de l'importance attachée à cette curieuse et énigmatique Egérie !

L'infortuné Fualdès est presque oublié pour la triomphante Mme Manzon. Elle-même fait diversion aux divisions politiques qui partagent les royalistes des libéraux.

C'est tout ce que veut l'administration au moment où sont arrêtés les carbonari.

L'entrée triomphale de Mme Manzon fait perdre de vue les deux carbonari arrêtés à Rodez, dans une prison ignorée, devenus l'objet d'une juridiction spéciale qui ne se manifestera plus tard que par une ordonnance de non-lieu.

A tout prix, il ne faut pas attiser le feu qui couve à côté du foyer royaliste. Mme Manzon est la bien venue pour détourner l'attention publique, pour tempérer au profit du gouvernement, l'ardente imagination du peuple du midi de la France.

A Rodez, on avait tout à redouter de ses sauvages habitants dont la lourdeur et l'indolence cachent souvent un fond de cruauté. A Albi où l'habitant rappelle la sérénité de son ciel, la grâce innée de la Provence, on n'avait plus à redouter les scènes scandaleuses, scènes de brutalités, qui avaient déshonoré les assises des rudes et sombres Ruthenois.

Cette brutalité contre laquelle l'autorité se mettait en garde, se traduisait à Rodez parmi les meurtriers, commettant d'autres crimes dans l'espoir de se décharger du meurtre de Fualdès. Elle amenait un redoublement de rigueurs contre les accusés qui, seize jours après, entraient à Alby, ayant un cortège d'un caractère tout différent de celui de Mme Manzon.

Les huit autres accusés, les fers aux pieds et aux mains, arrivaient dans de lourdes voitures, escortés par cent hommes de ligne et un fort détachement de dragons et de gendarmes.

L'escorte de Mme Manzon avait été une escorte de reine; celle des meurtriers de Fualdès fut une escorte de guerre.

On éloignait de Rodez les auteurs de son drame sinistre pour qu'ils n'eussent plus d'attaches capables de les défendre et de les protéger. On les envoyait à Albi, parce que ce chef-lieu du Tarn n'avait qu'à jouir du spectacle de ces héros sanguinaires, à jamais délivrés de leurs mystérieux alliés.

Rodez s'était inquiété de leur importance, Alby n'avait qu'à se repaître de leurs tortures, à jouir de leurs infortunes. Ils n'étaient plus sur le théâtre de leur crime.

Mme Manzon délivrée de ses ennemis était libre de parler; elle dominait de son innocence tous les coupables.

Quelques jours après l'incarcération de Jausion et de Bastide dans la prison d'Albi, le Géant ne se possédait plus de rage contre son complice, aussi accablé que lui.

Les deux beaux-frères, dans un département où ils ne comptaient plus d'alliés, où ils n'avaient plus de témoins à capter ou à tuer, se livrèrent au plus violent désespoir.

La douleur du brutal Bastide dégénéra en colère féroce. Elle se manifesta contre celui qui l'avait chargé auprès de son avocat. Il lui reprocha en termes énergiques, le crime qu'il lui avait fait commettre, il lui reprocha surtout sa félonie.

Jausion toujours lâche, s'excusa auprès de son beau-frère. Mais Bastide ne pouvait plus être sa dupe.

Les excuses de Jausion le mirent hors de lui. Malgré les chaînes qui lui liaient les pieds et les mains, il tenta de se jeter sur son beau-frère.

Le banquier proféra des cris d'alarme. Ils avertirent le concierge de la prison. Celui-ci suivi de plusieurs gendarmes, se rendit dans son cachot, au moment où Bastide lui criait :

— Misérable! tu n'as parlé que pour m'accuser? Quand c'est toi qui es cause que je suis dans les fers!

Il était temps qu'on intervînt.

Bastide, de sa force de titan, avait brisé une partie de ses chaînes. Il était prêt à se ruer sur Jausion qui, au moment d'être terrassé lui demandait grâce de la vie.

On les sépara.

Désormais les deux alliés étaient devenus deux ennemis ; ils se sentaient perdus en face de l'échafaud qu'ils avaient affronté à Rodez, Mais qu'ils ne pouvaient plus éviter à Albi.

CHAPITRE XXIX

LE SECOND PROCÈS

L'affaire Fualdès étant devenue affaire d'État, ses assises eurent lieu à Albi. C'était une intention bien arrêtée du gouvernement de ne plus les faire tenir à Rodez, où tant de gens avaient été intéressés à entraver ou à dénaturer sa juridiction.

Dans le Tarn, l'affaire Fualdès devait être mieux conduite, débarrassée d'entraves, sous l'aide puissant du préfet d'Albi, frère du ministre de la police générale.

C'était avec une intention non moins secrète qu'on avait laissé dans le département voisin, les carbonari, sous le coup d'une détention préventive qui ne devait avoir par la suite aucun effet.

Alors, il est convenu, d'accord avec la préfecture et le gouvernement, que le voile de la politique ne serait pas déchiré dans cette partie du Midi où régnaient, sur une trop grande étendue, la *Terreur blanche* et ses vengeurs.

Aussi l'épouse Jausion et la dame Galtier, sœurs de la dame *Yence*, ont-elles été mises en liberté.

On craint leurs révélations qui feraient du crime de Rodez un nouveau crime social.

C'est dans le même but que le gouvernement a déplacé les débats de cette cause déjà célèbre, et que la ville d'Albi doit donner en spectacle au monde entier.

C'est au mois de mars 1818 qu'a lieu le second procès.

Le président des assises est M. de Feydel. Il dirige les débats avec une attitude convenue à l'avance entre le préfet et le ministre de Cazes.

Cette fois, le président se trouva bien plus à l'aise avec les accusés et les juges, que le président du tribunal de Rodez. M. de Feydel n'était plus entouré de magistrats formant, en partie, un personnel intéressé dans cette affaire criminelle.

Comme à Rodez, mais en plus grande quantité, la foule accourt de tous les points de la France pour assister aux débats. Elle est composée de l'élite de la société.

Aux noms les plus fameux, dans l'élégance parisienne, se mêlent des noms accrédités dans le journalisme et les arts.

A côté d'un célèbre compositeur, on cite un dramaturge accrédité qui figure près du sténographe parisien, Latouche, remplissant, au compte du *Moniteur* l'emploi que l'on désigne aujourd'hui sous le titre de *reporter*.

Lorsque les accusés sont introduits, on s'aperçoit qu'ils ont perdu beaucoup de leur assurance depuis qu'ils ne sont plus sur leur terrain.

Jausion est pâle et paraît indécis : Bastide est affaissé sur lui-même. Ce n'est qu'à la réplique qu'il reprend son ton arrogant. Quant à Mme Manzon, l'habitude de paraître en public l'a mise au niveau du laisser aller des femmes à la mode. Elle n'est plus empruntée et sait maintenant, à l'instar des comédiennes, régler ses émotions sur l'attitude de son public.

Les autres accusés gardent l'air morne ou sournois des premiers jours.

Le greffier, qui lit les actes d'accusation, n'apprend plus rien à l'assistance, sinon que Mme Manzon, par ses réticences, ses tergiversations et ses déclarations mensongères, a tout à coup changé de rôle ; de témoin, elle est passée à l'état d'accusée.

« En conséquence, dit le procès-verbal, la femme Manzon est accusée d'avoir, avec connaissance de cause, aidé ou assisté les auteurs de l'assassinat dans les faits qui l'ont préparé, facilité, ou dans ceux qui l'ont consommé. »

Mme Manzon sourit en entendant la fin de la lecture de cet acte d'accusation.

Elle ne pouvait parler à Rodez, mais elle parlera à Albi pour prouver tout au moins qu'elle n'est pas la complice des coupables.

Elle ne dira pas toute la vérité, dans l'intérêt de celui qui lui sauva la vie.

Mme Manzon mentira encore, car, entraînée par sa nature chevaleresque, elle n'oubliera pas la parole donnée.

Si elle l'oubliait, à Albi comme à Rodez, les accusés la lui rappelleraient.

Au début des assises, on interroge un témoin qui a eu les confidences de la première femme apercevant le cadavre de Fualdès flotter sur l'Aveyron, près du moulin des Bresses.

« — Quand on trouva le cadavre, dit-elle, je me rappelai que j'avais vu M. Fualdès avec Bastide, la veille, et j'allai m'informer si ce dernier avait passé la nuit à Rodez. La femme chez laquelle il mettait ordinairement son portemanteau me répondit d'une manière évasive. Si M. Bastide est encore à Rodez, me dit-elle, engagez-le à ne pas partir sans m'avoir parlé. »

A ce nouveau témoignage qui paraît d'abord inquiéter l'accusé, Bastide répond d'un air triomphant :

« — Monsieur le président, la femme dont il s'agit est morte, et une personne respectable a reçu d'elle, au lit de mort, une déclaration formelle qui dément l'affirmation de ce témoignage.

« — Oui, répond sévèrement le président, je sais que cette femme est morte à la suite de vomissements. »

Il se produit un mouvement et des murmures d'horreur dans l'auditoire ; le président continue :

« — J'ai, à cet égard, des renseignements authentiques. »

Un autre témoin vient appuyer l'affirmation du président, en ajoutant :

« — La veuve Ginesty, — c'est le nom de l'empoisonnée, — m'a dit bien souvent, avant sa mort, que si elle voulait parler, elle ferait perdre Bastide, tant elle en savait. »

Bastide retombe affaissé sur son banc en écoutant ce nouveau témoignage, puis il se remet et affecte la plus profonde indifférence.

C'est au tour de Jausion à répondre au président et à ses témoins. Il prend un air contrit et piteux. Son attitude, malgré son apparente humilité, n'est pas exempte d'inquiétudes.

— Accusé Jausion, lui demande le président, avant de vous demander compte de l'assassinat de M. Fualdès, par guet-apens, veuillez vous expliquer sur votre visite dans sa maison pour forcer et briser le tiroir de son bureau ?

R. — J'ai ouvert le bureau, mais je ne l'ai pas enfoncé.

D. — En tous les cas, vous avez employé un moyen *énergique* pour l'ouvrir ?

R. — Oui, monsieur le président, une hache que Mme Galtier me procura, mais ce n'était pas pour opérer une effraction.

D. — Comment appelez-vous le bris du tiroir ?

R. — Un coup malheureux ! J'ai frappé trop fort, en voulant assujettir la planche au-dessus du tiroir que j'avais soulevé.

D. — Voilà une compromettante besogne, après l'événement tragique qui venait d'avoir lieu.

R. — C'était pour cela que, moi, parent de M. Fualdès, je voulais m'assurer s'il avait été assassiné pour être volé ; c'était précisément par intérêt pour la famille que je fis cette démarche.

D. — Alors, pourquoi recommandâtes-vous de n'en rien dire à Mme Fualdès ?

R. — J'aurais craint de l'affliger !

On procède ensuite à l'interrogatoire de deux témoins qui donnent une idée de la mauvaise opinion qui frappait Jausion et Bastide, et qui dessine nettement leur situation vis-à-vis de Fualdès. L'un est M. Sasmayous, l'autre M. de Séguret, le récent acquéreur de la propriété de Flars.

Le président demande à M. Sasmayous :

— Savez-vous si M. Fualdès prêtait des signatures à Bastide.

R. — Il en prêtait à Bastide et à Jausion. Je le savais et je lui disais un jour au coin du feu : J'ai lieu de m'étonner que vous ayez de telles liaisons avec Bastide. Vos caractères sympathisent si peu ! Vous êtes doux, il est brutal ! Vous êtes honnête... Je crains bien autre chose, dit Mme Fualdès en m'interrompant, depuis qu'il ne quitte plus Jausion, j'ai peur que mon filleul ne fasse arriver à mon mari quelque mauvaise affaire. Fualdès ne répondit rien, mais il se retira un peu en arrière, se croisa les bras et nous regarda d'un air qui voulait dire : « mes bons amis, vous êtes fous ! »

Interrogé à son tour, M. de Séguret confirme la déclaration de M. Sasmayous sur les relations d'affaires de Jausion et de Bastide.

Alors Jausion prend la parole et demande à M. de Séguret s'il ne jouissait pas à Rodez d'une réputation de moralité incontestable.

M. de Séguret garde le silence.

Le président répète à M. de Séguret la réponse que lui a faite le banquier :

— Je suis fâché, dit M. de Séguret, que l'accusé provoque ma réponse. On dit sur lui tant de choses !

— Depuis que je suis en prison, ajoute Jausion. Mais avant !

— Avant, répond-il, on n'osait pas parler contre un agent de change qui tenait entre ses mains la fortune des gens les plus honorables de Rodez ; avant, vous étiez fort actif, fort exact, ce qui n'empêchait pas de jaser sur un passé qui vous liait à Fualdès, un passé sur lequel il y avait beaucoup à dire.

Jausion se relève. Il prétend que le passé, qui a trait à l'infanticide de 1809, est une histoire calomnieuse entretenue par M. Fualdès :

— Il voulait, dit-il, me tenir par ce prétendu passé, parce que je le tenais, moi, par une créance de 80,000 francs ! Cette créance est établie par mes livres et mes carnets...

— Vos livres et vos carnets ne sont pas réguliers, lui riposte le procureur général. Ils ne méritent aucune confiance.

M. Fualdès fils proteste contre les prétentions du banquier ! Il dit que si M. Fualdès, son père, a été assassiné, c'était de la part des assassins un moyen d'avancer cet énorme mensonge pour s'approprier la fortune de leur victime. Jausion et Bastide protestent énergiquement contre les assertions du fils de M. Fualdès : le président les arrête, en les prévenant qu'un de leurs complices, d'accord avec Bousquier, va les confondre. Il doit raconter tout ce qui s'est passé chez les Bancal, depuis l'assassinat jusqu'au moment de précipiter le corps de Fualdès dans la rivière.

C'est Bousquier qui, entre les deux instructions faites à Rodez et à Albi, a gagné Bach, son embaucheur. C'est lui qui le fait parler. Une fois sur la voie des aveux, Bach en dit plus long que la justice ne lui en demande.

Jausion avait eu bien raison autrefois d'avoir peur de ses complices. Il ne les a pas tous réduits au silence par la mort. Bach, avant de continuer ses aveux devant le tribunal d'Albi, il regarde encore Bousquier qui, à la barre, l'encourage du geste ; Bach s'exprime à peu près en ces termes :

— C'est le 15 mars 1817 qu'on m'a parlé à Rodez d'une affaire de tabac. C'est Colard qui, le premier, m'a proposé d'acheter ce tabac passé en France. Le soir du 15 mars, à sept heures et demie, Colard nous réunit, Missonnier, Bousquier et le père Bancal, dans un endroit désert, en dehors de la ville, au bord de l'Aveyron, pour aller chercher en ville la balle de tabac.

Mais, ce soir-là, il se trouva que la balle de tabac n'était pas prête ; ce fut Colard qui nous donna rendez-vous, quatre jours après, à la même heure. Plus tard, le rendez-vous n'était plus fixé au même endroit. Ce soir-là, je me rendis chez Rose Féral, où je trouvai Colard et Missonnier qui buvaient ensemble. A huit heures, on me dit que le tabac était prêt, je quittai le cabaret avec les autres camarades pour me diriger vers la rue de Hebdomadiers.

Avant de prendre le paquet à la maison Bancal, il fallut faire le guet aux environs par précaution contre les employés des droits réunis ; comme Colard se méfiait un peu de Bousquier, on le laissa attendre chez Rose

Il y a un bon coup à faire dans la maison voisine. (Page 275.)

Féral, jusqu'au moment où il n'y avait plus rien à craindre de la part de gens de l'octroi ou de la police.

Ce ne fut que vers les dix heures que Bousquier, embauché après coup, nous rejoignit chez les Bancal; ce fut moi qui l'introduisis, après l'avoir été chercher chez Rose. Quand je le fis entrer par un corridor qui conduit de face, dans une cour, de côté, dans la cuisine, il y avait beaucoup de personnes rassemblées. A notre arrivée, d'autres en étaient sorties, c'étaient le marchand de tabac de la place de la Cité, *René*, *Louis Bastide*, *Bessière-Veynac*. Jausion revenu avec moi, Bousquier, Bastide-Gros, Bancal, Colard et trois femmes étaient dans la cuisine.

Je vis un cadavre étendu sur une table, tourné sur le côté; il était vêtu d'une lévite de couleur sombre, d'une culotte étroite et de bas noirs; j'aperçus un baquet, mais j'ignore ce qu'il contenait. L'un des hommes a fouillé dans les poches des vêtements; il a remis une clef à un autre en lui disant :

— *Allez ramasser le tout !*

La femme Bancal voulut à son tour fouiller dans les poches, mais un autre homme s'y opposa en s'écriant :

— Nous ne tuons pas ici pour de l'argent !

En cet instant, on entendit du bruit dans le cabinet.

Les graves déclarations de Bach font une vive impression sur l'auditoire et sur les juges. Quoique ces faits soient connus par l'acte d'accusation et les pièces antérieures, ils n'ont pas moins une importance de première ordre dans la bouche d'un des complices de Jausion et de Bastide.

Lorsque Bach, encouragé par Bousquier dans ses aveux, arrive à parler de la femme trouvée dans le cabinet, il s'arrête. Il n'ose nommer Mme Manzon; mais elle s'est trahie d'elle-même par son mouvement de honte et d'effroi.

Le président presse Bach de continuer; il lui dit, en montrant Mme Manzon qui se cache toujours la figure :

— Et pouvez-vous nommer la personne que l'on a tirée du cabinet ? Si elle est ici, pouvez-vous nous la désigner ?

— Je ne l'ai fait qu'entrevoir, je ne pourrais la reconnaître et encore moins la désigner, ajoute Bach qui a reçu la leçon de Bousquier. Du reste, je sortis sitôt après cette découverte pour aller chercher Bousquier chez Rose Féral. En revenant avec lui vers la rue des Hebdomadiers, j'avais sur les talons René et Bessière-Veynac; ils me dirent que si je les suivais pour voir où ils allaient, j'étais un homme mort. Je m'empressai de continuer mon chemin avec Bousquier. Revenu à la maison des Bancal, je demandai avec mon compagnon où était la balle de tabac ?

Ce fut Bastide qui nous répondit, en nous montrant le cadavre de M. Fualdès :

— Ce n'est pas une balle de tabac, c'est un corps mort qu'il faut porter.

Bousquier et moi fîmes un mouvement pour nous reculer. Aussitôt Bastide nous porta le canon d'un fusil sur la poitrine, il nous annonça, à son tour, que nous étions morts si nous faisions un mouvement pour reculer.

Il n'y avait plus qu'à obéir, et nous nous mîmes en marche, Bousquier et moi, avec le cortège dont Bastide prit la tête.

Ici, le président l'arrête pour demander à Bach :

— Que vîtes-vous pendant le trajet ?

R. — Un homme qui venait par le boulevard d'Estourmel et qui se dirigeait droit sur nous. Alors, Bastide nous fit arrêter dans un cul-de-sac.

D. — Quand vous fûtes arrivés au point où le terrain baisse, portâtes-vous toujours à quatre le cadavre ?

R. — Non, Colard et Bancal le portaient seuls.

D. — Que s'est-il alors passé ?

R. — On nous mit en cercle. Jausion et Bastide braquèrent leurs fusils sur nous ; ils nous dirent que si jamais nous parlions de ce qui s'était passé, nous étions morts.

D. — Et que s'est-il passé, le lendemain ?

R. — Le 20 mars, au soir, je rencontrai Bancal au fond du faubourg. Il paraît que le meurtre de M. Fualdès *l'avait mis en goût !* Il me dit, je suis chargé par Bastide de te faire souvenir de ton serment. Je lui répondis qu'on pouvait être sûr de ma discrétion, tant que je ne serais pas arrêté. Il ajouta, une fois arrivé avec moi derrière la cathédrale : « La semaine prochaine, il y a un *beaucoup à faire* dans la maison voisine où nous nous trouvons. Bastide-Gramont, Colard doivent être de la partie. L'expédition est conduite par la politique, les profits seront gros et tu n'auras rien à craindre. Je rejetai les propositions de Bancal, en lui disant que la politique n'était pas ma partie et que j'étais déjà trop compromis.

Le président, qui voit le danger où conduit le témoignage de Bach en mettant en jeu les *carbonari*, s'empresse d'interrompre l'affidé de Bousquier, il lui dit :

— On me fait observer que lorsque vous avez parlé du bruit du cabinet, vous n'avez pas dit tout ce que vous pouviez dire.

R. — J'ai cependant avancé que je ne pouvais rien dire à ce sujet, puisqu'à ce moment je sortais de la cuisine des Bancal.

D. — Combien y avait-il de femmes ?

R. Trois, mais je les ai à peine entrevues.

D. — Au moins l'une d'elles devait vous être connue, Anne Benoist par exemple ?

R. — C'est possible ; mais toutes les trois me tournaient le dos.

Jausion, qui a deviné que, dans le témoignage de Bach, celui-ci l'épargnait, s'adresse au président, et il lui dit :

— Je supplie monsieur le président de demander s'il me connaissait avant le procès ?

Bach, avant de répondre, regarde Bousquier qui le laisse parler sans plus s'inquiéter de lui, depuis qu'il se fourvoie dans la politique en signalant les manœuvres des carbonari.

Alors Bach, sans boussole, s'écrie au hasard :

— Je n'ai pas à m'expliquer devant vous, M. Jausion. J'ai dit la vérité, et je crois vous avoir reconnu dans la soirée du 19 mars. Je sais bien que ceux qui pouvaient faire aussi de pareilles révélations sont morts depuis. Mais la mort ne m'effraye pas ; et je voudrais qu'elle eût déjà terminé mes maux.

Jausion baisse les yeux ; il dit, en regardant tour à tour l'auditoire et le tribunal :

— Ces paroles ne m'atteignent pas! Vous savez, monsieur le président, que je vous ai écrit, avant de savoir si Bach avait parlé ou non. Maintenant qu'il se ligue avec Bousquier pour m'accabler, c'est à vos lumières, monsieur le président, c'est à votre ministère à arracher la vérité de son sein. Si j'avais craint quelque chose de ses aveux, me serais-je déterminé à les provoquer? Je ne le sais que trop aujourd'hui, des ennemis acharnés en veulent à ma tête et à ma fortune.

Bastide s'écrie à son tour avec véhémence :

— Laissons les calomnies, tout cela s'éclaircira, patience.

Mme Manzon qui était restée la tête cachée dans ses mains, la redresse brusquement ; elle s'étonne de l'audace de Bastide et le regarde presque avec défi.

Le président, qui craint un scandale comme aux assises de Rodez, s'empresse de demander à Bastide :

— Et vous, Bastide, qu'avez-vous à répondre à Bach?

— Eh! monsieur le président, s'écrie-t-il avec mépris, que voulez-vous que je réponde à un *misérable* qui se livre à tuer un homme pour vingt francs!

Bastide se tait en se renfermant dans un dédaigneux silence.

Maintenant, c'est au tour de Mme Manzon à parler.

L'intérêt redouble. L'auditoire et le tribunal se souviennent des paroles de Mme Manzon qui a dit en quittant Rodez :

— J'ai gardé le silence dans ma ville natale, mais je parlerai à Albi.

Cette fois, ses paroles seront-elles l'expression de la vérité? Un profond silence se fait autour d'elle ; partout, dans la salle comme dans le prétoire, on écoute ses paroles avec un recueillement anxieux.

Elle débute ainsi :

— Dans la soirée du 19 mars, vers huit heures du soir, je passai dans la rue des Hebdomadiers. J'entendis plusieurs personnes qui me suivaient et je me réfugiai dans le passage d'une maison que je sus depuis être la maison Bancal.

A ce premier aveu, un ah! significatif s'échappe de toutes les poitrines. La curiosité est excitée au plus haut point dans l'assemblée. Enfin Mme Manzon tient parole. Elle avoue qu'elle était dans la maison Bancal, au moment du meurtre.

Désormais, les dénégations des meurtriers deviendront inutiles.

Jausion est livide, Bastide est fou, menaçant. La foule, attentive, attend avec impatience la fin de ses aveux.

Mais il semble que Mme Manzon, elle-même, a conscience de la gravité de ce qu'elle va dire ; aussi n'ajoute-t-elle qu'en balbutiant :

— Je fus saisie... on m'entraîna dans cette maison... Je suis une femme... je n'ai pu résister... on me fit entrer dans un cabinet. J'entendis du bruit, des gémissements, la frayeur me gagna, je m'avançais... j'entendis bientôt une nouvelle rumeur, il me semblait qu'on m'entraînait. Je vis beaucoup d'hommes... mais je n'ai... reconnu... *personne !*

Au dernier mot de personne, sa voix s'est tellement affaiblie qu'une partie de l'auditoire ne l'a plus entendue.

Balbuciante et chancelante, elle s'est affaissée, au grand désappointement de la foule suivant avec anxiété ses moindres mots qui deviennent de plus en plus inintelligibles.

Elle tombe.

Sa chute était si peu prévue, que les gendarmes qui l'entourent, n'ont pu amortir ses coups.

Une exclamation de pitié et de terreur s'échappe de toutes les poitrines; on se lève avec anxiété pour chercher la malheureuse étendue sur le plancher.

On la relève, et l'on s'aperçoit qu'elle s'est faite de fortes contusions. Ce n'est que quelques minutes après, entourée des soins d'un officier de santé, que Mme Manzon peut reprendre connaissance.

Le président se mord les lèvres; son impatience est exempte de compassion. Il ne tient pas à voir se renouveler à Albi les scènes de Rodez, qui sont plus du domaine du théâtre que d'un tribunal.

Une fois qu'elle paraît à peu près remise, le président lui dit assez sèchement :

— Madame, vous sentez-vous assez de force pour continuer votre déclaration ? Puisque vous vous défiez de vous-même, ne restez plus debout. Faites votre déclaration, en restant assise.

Mme Manzon répond d'une voix encore éteinte.

— Je vais essayer de continuer, monsieur le président.

— Je vous écoute, madame.

Un silence attentif règne de nouveau dans la salle.

Mme Manzon, devenue très habile dans la manière de ménager et de rendre ses effets, demande au président :

— Où en étais-je, monsieur ?

— Vous en étiez lorsque vous vîtes beaucoup de monde... Alors vous avez entendu des gémissements, dites-vous ?

— C'est cela, j'ai entendu des gémissements... c'était comme des cris étouffés... J'ai entendu le sang couler dans un baquet.

A cette révélation, un frémissement de dégoût et d'effroi parcourt l'auditoire ; le président s'accoude pour prêter un oreille plus attentive à Mme Manzon qui continue au milieu de l'émotion et du recueillement de tous.

— Alors, je craignais sérieusement pour ma vie. J'avisai une fenêtre pour m'échapper de cette scène d'horreur ; mais dans les ténèbres où j'étais, je me heurtai le front et le nez contre la muraille. Je saignai et je m'évanouis. Le bruit de ma chute troubla l'esprit des assassins. Un homme s'empara de moi, me fit sortir du cabinet. Il me demanda si je le connaissais. Je lui répondis non. Du reste, étais-je en état de reconnaître quelqu'un ? Cet homme m'entraîna aussitôt loin de cette maison ; sur la place de la Cité, il m'abandonna en me disant qu'il ne voulait pas être vu. J'allai frapper chez Victoire, ancienne femme de chambre de ma mère ; le même homme me suivit et me rejoignit. — Il ne fait pas aussi noir ici, me reconnaissez-vous ? me dit-il encore. — Non, et je ne chercherai jamais à vous reconnaître. — Je passai la nuit sous le vestibule de l'Annonciade, et je rentrai chez moi sans que l'on pût se douter que j'en étais sortie.

A ces premières révélations qui font espérer que Mme Manzon va tout déclarer à la justice, un murmure de satisfaction se fait entendre dans le public.

Le président, sur ses gardes, le réprime aussitôt et il continue d'interroger Mme Manzon.

— Un témoin affirme, dit-il, que vous avez été en danger de perdre la vie.

R. — Je me suis évanouie, je n'ai rien entendu.

D. — Bastide a pourtant dit à ce témoin, que sans Jausion, *vous y passiez !*

R. — Si M. Bastide a dit cela, je ne le contredirai pas.

D. — Et votre devoir, madame, est de répéter à la justice ce que vous savez de Bastide. N'a-t-il pas dit en prison, dans une altercation avec Jausion, qui vous l'a répété : Sans Jausion, Mme Manzon ne déposerait pas contre moi, parce qu'elle ne serait plus en vie.

R. — Ce sont des cancans, des propos de prison !

A cette réplique, le procureur général se lève d'un air déterminé, il s'écrie en s'adressant à Mme Manzon impassible :

— Allons, madame, parlez, dites la vérité, ne la déguisez plus, comme à Rodez. Vous venez de la dire en partie, achevez de la dire tout entière. Vous le devez aux magistrats, à Dieu, au nom duquel ils vous interrogent et auxquels vous rendrez compte un jour de l'accomplissement ou du mépris du devoir qui vous est imposé.

— Je ne relève que de ma conscience, s'écrie avec exaltation la fille d'Enjalran, je sais les devoirs qu'elle m'impose.

— Alors, reprend le procureur général, presque avec mépris, vous savez ce qu'elle vous conseille sur les ordres de la plus tendre des mères, sur son autorité, sur celle des lois et de Dieu même, qui vous ordonnent de parler.

Mme Manzon courbe le front, le procureur général continue :

— Vous avez à parler pour réparer les rigueurs de la destinée qui vous a conduite à connaître le crime et les coupables, vous avez à parler pour sortir avec honneur de l'épreuve à laquelle vous êtes soumise. Une triste célébrité pèse sur vous ! sachez-vous la faire pardonner, que dis-je, faites-la honorer, en disant tout ce que vous savez ?

Elle balbutie :

— Je n'ai reconnu personne.

Le président reprend avec instance :

— Au moins dans le cabinet, vous avez entendu parler ?

R. — Je ne distinguais pas ?

D. — Traversâtes-vous la cuisine ?

R. — Oui.

D. — N'aperçûtes-vous rien sur la table ?

R. — Non.

D. — Pourtant quelqu'un, Bancal, y tenait une lampe ?

R. — Elle n'éclairait que *faiblement*.

D. — Et lorsque vous sortîtes, vous avez bien reconnu au moins celui qui vous a fait prêter serment ?

R. — Je n'ai prêté aucun serment.

D. — Pourtant ailleurs, vous avez dit : « J'ai fait un serment sur le sang de la victime. »

R. — Je n'ai parlé que du sang que j'ai perdu, que du sang répandu dans le baquet.

D. — Comment savez-vous qu'il y avait du sang dans ce baquet ?

R. — Par les gémissements que j'ai entendus et qui m'ont fait supposer qu'on égorgeait quelqu'un.

D. — Celui qui vous fit sortir était-il jeune ? comment était-il vêtu ?

R. — Je n'en sais rien ! Je vous le répète, monsieur le président, je n'ai reconnu personne.

Le président emploie la prière pour faire sortir Mme Manzon du silence qu'elle tient à garder sur les coupables, et il s'écrie :

— On vous le dit, madame, la loi veille sur vous et sur votre fils, vous n'avez donc rien à craindre, parlez ?

Mme Manzon d'un air impatienté :
— Je n'ai plus rien à dire.
— C'est bien, riposte le président avec sévérité. Les jurés apprécieront votre silence, veuillez vous asseoir !

Alors il se tourne vers la Bancal et procède à son interrogatoire.

Avant de lui répondre l'affreuse femme lui fait trois saluts, elle prend un air paterne qui n'en impose à personne.

Le président lui demande :
— Femme Bancal, que fîtes-vous le 19 mars au soir ?
R. — J'allai au four, puis de là à l'auberge, chercher ma fille ; de retour chez moi, *je fis faire la prière aux enfants*, puis je les mis au lit. Cela se passait vers sept heures et demie.
D. — A cette heure, votre porte restait ouverte et c'était au moment où vous couchiez vos enfants ?
R. — J'avais dit à Anne Benoist de ne pas fermer parce que ma fille aînée devait venir coucher à la maison.
D. — Et après que fîtes-vous ?
R. — Je me mis au lit.
D. — Toujours la porte ouverte ?
R. — Oh ! non, j'avais trop peur des voleurs qui rôdaient dans la rue, et j'allai fermer avant de me mettre au lit.
D. — N'avez-vous vu personne entrer chez vous ?
R. — Personne !
D. — Pas même Mme Manzon ?
R. — Je n'ai jamais vu Mme Manzon, je l'atteste devant Dieu et devant la sainte justice qui m'entend. Mme Manzon n'a rien vu, elle ne peut pas dire ce qu'elle ne sait pas !
D. — Et comment si vous n'avez jamais vu Mme Manzon, comment si vous ne la connaissez pas, comment pouvez-vous nous garantir son silence.

La Bancal se tait pour ne plus se compromettre, le président ajoute :
— Peut-être ne la connaissez-vous pas comme Colard qui était avec vous dans la soirée du meurtre ?
R. — J'atteste le ciel et les hommes que je n'ai pas vu Colard, de la soirée ; du reste il était fâché avec mon mari.

Un témoin, une jeune fille, soutient de son côté, que ce soir-là, elle a vu, en passant dans la rue du Terrail, le joueur d'orgue Bach, accompagnant Colard, près de l'hôtel des Princes.

— Et je les vis tous les deux, termine-t-elle, qui regardaient dans l'Ambergue, du côté de la maison de M. Fualdès.

Le président demande à Colard :
— Qu'avez-vous à répondre ?
— Moi, dit Colard qui a perdu beaucoup de son assurance d'autrefois,

... — J'ai travaillé jusqu'au soir dans le pré Chabert. (Page 283.)

je ne sais rien ! tout cela c'est des *menteries*. Les témoins sont payés pour inventer cela, savez-vous ?

D. — Enfin, où étiez-vous, qu'avez-vous fait dans la soirée du 19 mars.

R. — Je vais parler franchement, et pas du tout comme des témoins payés ! J'ai travaillé jusqu'au soir dans le pré Chabert. Après ça, j'ai été retrouver ma prétendue, c'est Anne Benoist que voilà.

— Et, s'écrie Anne, en se levant, j'en suis fière !

— Taisez-vous, s'écrie sévèrement le président, et laisser parler Colard.

— Celui-ci ajoute avec bonhomie :

— Le soir, je suis allé sans malice sur la place de la Cité. J'ai vu Missonnier qui se promenait là, de long en large, comme moi, sans trop savoir comment. Je l'ai accosté, — Comment va ? que je lui dis. — Pas mal, me répondit-il, à part que j'ai bien soif. — Moi aussi, lui dis-je, alors, allons chez la Feral. — Je n'ai pas le sou. — Ça ne fait rien, elle nous fera crédit. — La parole fut donnée et accomplie, voilà toute la chose, je ne peux pas dire le contraire.

Le président l'interrompt :

— Cependant Missonnier dit que c'est vous qui l'avez entraîné au cabaret.

Colard fait un geste de dénégation et Missonnier riposte :

— La preuve, c'est que je ne vais jamais de mon chef au cabaret. Après tout, dit-il d'un air niais, je ne sais pas pourquoi je suis ici.

Cette séance se termine sur la réponse de Missonnier.

Le tribunal et l'auditoire ne sont que médiocrement renseignés devant les nouvelles réticences de Mme Manzon et les désaveux des complices du meurtre, vendus par deux faux frères : Bach et Bousquier.

CHAPITRE XXX

L'INTERVENTION DES CARBONARI ET DE ROSE PIERRET

La nouvelle séance du procès Fualdès devenait très difficile, très délicate pour le président. Il s'agissait, après l'intervention des assassins ou des témoins qui avaient surpris leurs manœuvres, d'interroger les carbonari présents à la soirée du 19 mars.

Les assises implantées à Albi, après avoir été déplacées à Rodez, pour un prétexte spécieux, n'avaient qu'un double but, comme nous l'avons dit : détourner l'attention de la pensée politique impliquée dans le procès, mettre hors de cause les sociétés secrètes qui sapaient, dans le midi de la France, les bases du nouveau gouvernement.

Il ne fallait à aucun prix que le procès Fualdès devînt une nouvelle arme dans les mains des carbonari. C'était dans cette intention que le procès en dernier ressort avait lieu dans un département dont le préfet était le frère du ministre de la police générale.

Or, M. de Feydel, le président des assises, avait l'oreille du roi et de la cour pour ne pas éveiller l'attention publique sur les agissements des carbonari.

Pour satisfaire cependant l'opinion, après leur arrestation aux assises de Rodez, il fallait adresser un semblant d'interrogatoire à ces nouveaux inculpés.

Mais on avait eu soin de ne pas arrêter le marchand de tabac de la place de la Cité, on avait rendu à la liberté le chef des carbonari, un moment sous la main de la justice, Louis Bastide, le frère de Bastide-Gros.

Yence et Bessière-Veynac sortirent seuls des prisons de Rodez, pour aller répondre devant les assises d'Albi ; encore furent-ils interrogés avec le commissaire Constans, qui avait fait un procès-verbal complaisant avant d'arrêter, malgré lui, la famille Bancal.

L'arrestation de ce fonctionnaire et celle des carbonari se firent sans fracas, les prisonniers furent délivrés du menaçant appareil qui accompagna les meurtriers de Fualdès, après leur tentative d'évasion. Ils ne furent pas chargés de chaînes ; ils furent entourés d'une certaine sollicitude qui trahissait par des égards non équivoques, la crainte qu'inspirait leur capture.

L'exorde que le président des assises d'Albi adressa à l'auditoire, témoigne de la crainte qu'il éprouvait en prévision de nouveaux scandales dont cette séance menaçait comme à Rodez, les magistrats de la nouvelle localité.

— Je rappelle à l'auditoire, dit M. de Feydel, que dans le sanctuaire où se rend la justice, au nom du roi, tous signes d'approbation ou d'improbation, sont irrévérencieux et que les huissiers ont ordre de faire sortir de l'auditoire ceux qui oublieraient le respect dû aux magistrats qui sont l'organe de la loi.

Sur les bancs des accusés, on voit trois nouveaux personnages : Yence, Constans et Bessière.

Yence est un bel homme, dont l'attitude est digne, sans effronterie ; il a le visage impassible et le regard ferme. Le commissaire Constans paraît très ému, son attitude et son regard sont suppliants.

Celui des trois qui inspire le plus d'intérêt, est le jeune Bessière-Veynac. Sa physionomie très douce, son air distingué sont rehaussés par une expression de mysticisme qui anime aussi Yenco, son frère en carbonarisme.

Avant de procéder à l'interrogatoire des trois nouveaux inculpés, le président continue de faire parler les témoins des meurtriers qui n'ont pu être entendus dans la précédente séance.

M. de Foydel, après son exorde, interroge un nommé Théron, garçon de moulin. En se livrant la nuit à une pêche prohibée sur les bords de l'Aveyron, il a reconnu Jausion et Bastide, qu'il a désignés comme étant les conducteurs du convoi de Fualdès.

— Tous les deux, dit-il, étaient armés de fusils, je reconnus Bastide, quoiqu'il eût sur son chapeau rond, une espèce de mouchoir qui lui tombait sur les yeux. Lorsque les individus qui composaient le cortège, s'arrêtèrent pour respirer, au bord de la rivière, je pris mes souliers à la main et je détalais au plus vite.

D. — Vous affirmez avoir bien reconnu Jausion et Bastide?

R. — Je l'affirme.

D. — Depuis que vous avez fait votre déclaration, n'a-t-on pas cherché à vous intimider?

R. — Oui, monsieur, on m'a apporté une lettre en me donnant rendez-vous à la rue des Hebdomadiers, mais je me suis méfié. J'ai esquivé le rendez-vous.

D. — Oui, je sais que vous avez eu des craintes à Rodez et que vous en éprouvez encore ici?

R. — Je suis payé pour ça, après les témoins qu'on a fait manquer à l'appel.

D. — Vous avez toujours des craintes, pourtant vous êtes sous la sauvegarde des lois.

Le témoin regarde le carbonaro Yence qui fuit ses regards et il répond :

— M. Yence pourrait vous dire si la sauvegarde des lois a toujours protégé ceux qui ont dit la vérité à la justice. A moi aussi on a voulu faire retirer ma déposition. Mais on me couperait plutôt la tête que je n'en retirerais pas un mot.

Le procureur général intervient en demandant à Théron :

— Pourquoi avez-vous tant tardé alors à faire cette déposition?

R. — Mais je vous l'ai dit, parce que j'ai eu peur. Je craignais que les Bastide ne me traitassent comme ils ont traité M. Fualdès et tant d'autres.

Mᵉ Romiguières, l'avocat de Bastide, demande à Théron si quelqu'un l'a vu tendre ses filets sur l'Aveyron.

Il répond :

— Cette pêche étant défendue, je n'avais pas envie de me faire voir.

Bastide l'interroge à son tour :

— Avec quoi amorcez-vous vos hameçons ?

Il lui réplique d'un air étonné :

— Vous le savez bien, avec des vers.

Le président tout aussi surpris demande à Bastide :

— Vous avez entendu cette réponse toute naturelle, où voulez-vous en venir ?

Bastide se contente de répondre, en inclinant la tête.

— Patience ! tout cela s'éclaircira.

Théron ajoute :

— C'est tout éclairci. Un homme du cortège, M. Bach, que j'ai aussi reconnu, peut dire si je mens.

Le président interpelle Bach qui répond :

— Oui, monsieur, le cortège était conduit tel que l'a indiqué le témoin.

Colard intervient, en demandant à Théron :

— Demandez un peu, monsieur le président, à ce témoin s'il m'a reconnu. Me connaissez-vous, savez-vous ?

Théron, interpellé par Colard, répond en se tournant vers le Président.

— Oui, monsieur, *très* parfaitement.

Colard s'emporte et dit :

— Ce n'est pas vrai. Je ne suis pas du crime. *J'en ai l'âme sacrée et les mains aussi*

Puis se tournant vers M. Fualdès fils, appelé en témoignage à Albi, comme il l'avait été à Rodez, il ajoute :

— Monsieur Fualdès soyez sûr que *je ne suis pas la victime de votre père*. C'est moi, plutôt, qui aurais donné mon sang pour lui.

Anne Benoist à Théron :

— Mon pauvre ami, vous êtes un faux.

Jausion. — Je ne crains pas la mort, mais je m'afflige d'une fausse accusation payée par mes ennemis, de la part de gens que je ne connais pas et que je n'ai jamais vus.

Théron. — Je le crois bien, j'avais autant d'intérêt à me cacher de vous que vous en aviez, vous, à vous cacher de tout le monde.

Le président. — Vous conviendrez au moins, accusé Jausion, qu'il est bien extraordinaire que la déposition de cet homme se rapporte en tous points à celle de Bach et de Bousquier.

Jausion. — On sait qui les inspire.

Bastide, avec exaltation. — Tous sont salariés, payés pour nous perdre. Pour ma part, je suis innocent.

Anne Benoist. — Quand la terre entière dirait que mon Colard a porté le corps, moi, je dirais toujours *non*.

Colard, regardant Anne. — Oui, monsieur, qu'elle le dise si je suis coupable, qu'elle le dise.

Le président fait cesser les protestations inutiles aux débats et procède à l'interrogatoire de Yenco, de Constans et de Bessière-Veynac.

Ainsi chaque séance de ce second procès amène une lumière nouvelle sur ce meurtre entouré de ténèbres et de sang.

S'adressant au commissaire Constans, le président lui demande :

— Accusé Constans, à quelle heure, le 19 mars, avez-vous quitté la mairie ?

R. — Entre cinq et six heures.

D. — En sortant de la mairie où êtes-vous allé ?

R. — Je suis rentré chez moi.

D. — Le lendemain de l'assassinat, à quelle heure avez-vous été informé ?

R. — Vers six heures et demie du matin.

D. — Vous avez arrêté une première fois la femme Bancal, son époux et sa fille aînée, à la suite d'une confrontation provoquée dans son domicile, sur l'ordre du juge d'instruction. A quelle heure eut lieu cette première confrontation ?

R. — Vers les quatre heures, mais selon moi, cette confrontation étant sans conséquence, j'ai laissé libres les époux Bancal et leur fille.

D. — N'est-ce pas sur votre ordonnance que, le 19 mars, la retraite fut battue plus tôt qu'à l'ordinaire ?

R. — Non, monsieur le président.

D. — Croyez-vous n'avoir rien à vous reprocher ?

R. — Le seul reproche que j'aie à me faire, c'est de n'avoir pas eu le talent de deviner.

Le président lui réplique :

— Vous avez trop de modestie. Asseyez-vous !

Alors un témoin déclare que lorsque le commissaire Constans fut obligé d'emmener les époux Bancal pour faire une perquisition, il était ce le commissaire. Celui-ci s'approcha très près de M. Constans qui dit à la Bancal.

— Je suis obligé de fouiller chez vous, cachez ce que vous pouvez avoir de dangereux.

Et la Bancal lui répondit :

— Soyez tranquille, il n'y a rien. Cependant ne cherchez pas trop au fond.

Le commissaire met ses mains sur son visage, paraît confus et ne répond pas.

La Bancal veut répondre, mais le président l'arrête en s'adressant tout à coup à Yenco, à Bessière-Veynac et au commissaire Contans. Il s'exprime ainsi :

— Il résulte par la nouvelle instruction que dans le crime du 19 mars 1817, vous êtes au nombre des assassins qui se trouvaient dans la maison Bancal. Vous vous trouviez autour de la table où gisait la personne du sieur Fualdès, ancien magistrat. Déjà la justice a frappé de son glaive terrible la tête de plusieurs coupables. Vous Constans, Yenco et Bessière-Veynac, vous êtes accusés d'être sinon les auteurs, du moins les complices de cet assassinat.

Puis M. de Feydel expose ce qui s'est produit à ce moment-là autour de la table.

Les carbonari Yenco et Bessière-Veynac disent qu'il ne se sont présentés dans la maison Bancal que lorsque le crime était accompli, ils n'ont été, disent-ils que les témoins du crime.

Bousquier, depuis qu'il a compromis les carbonari, ne tient plus qu'à les perdre, il demande à s'expliquer sur l'attitude de Yenco :

— Qu'on n'oublie pas, s'écrie-t-il, qu'au 19 mars et postérieurement, plus d'un homme de bien de l'Aveyron fut menacé du sort de Fualdès, par des personnes de la secte de M. Yenco ; déjà plus d'un avait subi ce sort déplorable dans le département et dans quelques autres du midi. Si je mens qu'on interroge Bach.

A cette révélation Yenco et Bessière-Veynac lancent des regards pleins de menace à Bousquier.

L'embarras du président est très grand, par cette déclaration de Bousquier, il est bien obligé de donner la parole à Bach, son compère qui dit à son tour :

— En effet, le 18 mars 1817, vers dix heures du matin, les nommés Yenco, Bessière-Veynac, Louis Bastide et René m'abordèrent sur la place de la Cité. Ils m'invitèrent à aller avec eux au Foiral, disant qu'ils avaient quelque chose de particulier à me confier.

Je les suivis. Il s'agissait de prendre part au sac de la maison de M. France, dans la même soirée.

Ce M. France, un royaliste zélé, se trouve précisément dans la salle d'audience ; il pousse une exclamation de surprise et de frayeur qui est vite réprimée par le président.

Bach continue.

— Et ce fut précisément M. Yenco qui m'offrit une somme de mille francs, si je voulais les seconder dans l'accomplissement de leur projet.

— C'est faux ! s'écrie avec indignation M. Yenco. Nous ne sommes pas de vulgaires assassins ; nous ne nous commettons pas avec de pareils hommes qui tuent... pour de l'argent.

— Voulez-vous donc me rendre assassin ? (Page 295.)

Le président se hâte d'ajouter :

— Ces imputations sortent du cadre du procès. Elles concernent la politique, nous n'avons rien à y voir. Elles ne pourraient que faire naître une procédure nouvelle. M. de Feydel, qui, à dessein, avait confondu les carbonari avec un agent infidèle du gouvernement, ne tenait pas, par les imprudentes paroles de Bousquier et de Bach, à changer la nature de ce procès.

Il se hâte de mettre au dernier plan les carbonari ; ils donneraient une couleur politique à l'affaire Fualdès qui, au contraire, par ses péripéties étranges, doit détourner la France de ses graves préoccupations du moment.

Le gouvernement le veut, le ministre de la police générale l'a fait entendre à son frère, le préfet de Tarn. La magistrature du département n'a qu'à obéir.

Le président accorde la parole à Mlle Rose Pierret, la rivale de Mme Manzon, si malmenée par la fille Enjalran, dans ses mémoires rédigés par Latouche.

C'est ce même Latouche, brouillé alors avec Mme Manzon, qu'inspire Mlle Pierret.

Elle va dire au tribunal ce qu'elle a écrit au *Moniteur* de cette époque, sous la plume de son sténographe.

Mlle Pierret, amenée aux assises par un pouvoir discrétionnaire, est accompagnée de son père, ancien officier en retraite et percepteur.

La rivale de Mme Manzon tient à se venger publiquement des outrages qu'elle a reçus d'elle pour se couvrir.

M. Pierret, qui a repris sa place de percepteur, grâce à l'influence de Louis Bastide, a inspiré sa fille pour ne pas accabler les meurtriers.

Il se souvient de la parole qu'il a donnée au carbonaro.

Le public, très friand de scandale, est d'abord agréablement surpris de la présence de la jolie Rose.

A la vue de Mme Manzon, elle lui lance des regards provocateurs qui rappellent l'ancienne inimitié des rivales, depuis leur partie d'Espalion.

Encore une fois, ce sont les meurtriers de Fualdès qui la font agir.

Comme Mme Manzon, Rose Pierret et son père ne s'appartiennent plus.

Le président l'interpelle ainsi :

— Ne craignez rien, mademoiselle, votre père est près de vous pour vous protéger et encourager vos réponses. Connaissez-vous les accusés, Jausion et Bastide ?

Mlle Pierret balbutie en rougissant :

— Je ne les... connais pas !

D. — Après la mort de M. Fualdès, quelqu'un vous a-t-il instruite des détails relatifs à l'assassinat ?

R. — Non.

D. — Y a-t-il longtemps que vous avez fait connaissance avec Mme Manzon ?

R. — Il y a à peu près deux ans chez Mme Constans, dont Mme Manzon était la cliente.

D. — N'est-ce pas de là que vous êtes partie pour vous rendre avec elle, avec son frère et M. Clémandot à une campagne, aux environs d'Espalion?

R. — C'est une histoire inventée à plaisir, dans les mémoires de Mme Manzon, pour me calomnier et se disculper elle-même.

D. — Avez-vous fait, dans vos relations avec Mme Manzon, les confidences dont parle cette dame?

R. — Jamais! Je n'avais aucune confidence à lui faire.

Toutes ces réponses ont été faites avec une candeur, un accent de vérité où perce un peu d'acrimonie.

L'auditoire se rappelle l'ancienne rivalité des deux femmes, il est très impressionné par la lutte qui existe entre ces deux créatures, si divisées par l'amour et par l'amour-propre blessés.

Le président partage les impressions de son auditoire. Mme Manzon, sur les démentis de sa jolie ennemie, se contente de temps en temps de hausser les épaules. C'est sa manière de protester.

Le président, en regardant les deux femmes, ne peut s'empêcher de dire à Rose Pierret :

— Il est bien extraordinaire qu'étant liée particulièrement avec Mme Manzon, vous ne lui ayez fait aucune confidence.

Rose Pierret répond avec aigreur :

— Il n'est que trop vrai que j'ai connu particulièrement Mme Manzon chez Mme Constans, mais je ne lui ai jamais fait de confidences, je ne possède pas, comme elle, celles de Mme Pons.

A ces mots, Mme Manzon, blessée, se lève avec colère et s'écrie :

— Si vous n'étiez pas si instruite, vous ne connaîtriez pas mes relations avec Mme Pons; comment voulez-vous que l'on croie maintenant que vous ne m'ayez pas fait de confidences?

Rose riposte :

— Vous continuez, madame, vos calomnies! Ne vous suffit-il pas du mal que vous m'avez fait dans vos mémoires?

— En vous prétendant calomniée, répond Mme Manzon avec dédain, vous voulez vous rendre intéressante?

— Je vous imite, madame, réplique-t-elle, vous qui ne faites rien comme les autres et qui vous forgez des fers pour vous rendre plus intéressante encore.

Le président arrête Rose Pierret; il lui fait observer qu'elle n'est pas au tribunal pour s'entreprendre avec sa rivale, mais pour déclarer si elle était dans la soirée du 19 mars 1817, dans la maison Bancal.

Rose s'écrie :

— Cette maison m'est inconnue. Je ne suis pas femme à connaître un pareil endroit, malgré ce qu'on a pu écrire à ce sujet. Après tout, termine-t-elle avec agitation, il vaut mieux bien se conduire que bien écrire!

— Alors, réplique Mᵐᵉ Manzon à Rose, si vous n'êtes pas allée chez les Bancal, pourquoi tremblez-vous ? Pourquoi êtes-vous si émue en en parlant ?

— Madame, intervient sévèrement le président en s'adressant à Mᵐᵉ Manzon, pâle de colère, vous êtes accusée, vous ne pouvez accuser les autres, surtout vos témoins !

— En tous les cas, répond Mᵐᵉ Manzon en s'apaisant, je ne pouvais me laisser sacrifier sans protester; et je croyais Mˡˡᵉ Rose plus généreuse.

La séance est levée sur cette dernière riposte de Mᵐᵉ Manzon.

Avant d'apostropher sa rivale, elle avait laissé échapper un nouveau lambeau de vérité, en avouant qu'elle avait été dans la maison Bancal.

Comme toujours, le public allait de surprise en surprise, lorsque Mᵐᵉ Manzon cherchait à insinuer que sa rivale se trouvait dans le même lieu qu'elle, au moment du terrible guet-apens.

Cette fois, ce n'était plus la recherche de la vérité qui se poursuivait dans la lutte de ces deux femmes, c'était la lutte de deux rivales blessées et qui éclatait jusqu'aux pieds du tribunal.

Lorsque le père de Rose sortit de l'audience, un inconnu lui glissa dans la main un billet, en lui faisant un signe particulier qui l'engageait au plus profond mystère.

Le percepteur devait, on le sait, son retour de fortune à des protecteurs inconnus, dont le carbonaro Louis Bastide venait de lui faire sentir la puissance.

C'était donc par reconnaissance, en se souvenant de la parole donnée au frère de Bastide, qu'il avait obligé sa fille à mentir au tribunal, en lui conseillant de dire qu'elle n'avait connu ni Bastide, ni Jausion.

Pierret ne douta pas que le billet qu'on lui mettait dans la main ne fût une invitation formulée par celui qui le contraignait à la reconnaissance, depuis qu'il lui avait rendu et sa fille et son emploi.

Le percepteur ne se trompait pas.

Une fois à l'abri des curieux, il lut le billet ; il était sans signature et était ainsi conçu :

« Prière au *frère* Pierret de se rendre pour après-demain, à la tombée du jour, à Milhau, et de demander dans cette ville le notaire Louis Bastide. On l'attendra à huit heures à son étude, située derrière la mairie, contre les anciens remparts.

« Les frères comptent sur sa présence et le prient surtout de déchirer le billet, après en avoir pris connaissance. »

Quoique ce billet ne fût pas signé, Pierret n'eut pas de peine à reconnaître les nouveaux agissements de Louis Bastide.

Ne lui avait-il pas dit, en sauvant les jours de son enfant :

— Pour le crime que je vous épargne, pour la position que je suis en mesure de vous rendre, je ne vous demande qu'une chose, celle d'être avec moi contre ceux qui veulent perdre mon frère?

Maintenant que le percepteur avait commencé à s'exécuter dans le sens des exigences de Louis Bastide, en faisant dire à sa fille qu'elle ne connaissait pas les assassins de Fualdès, Louis Bastide exigeait plus encore.

Le *frère* Pierret, par devoir, peut-être par crainte, s'empressa de répondre à l'injonction de ses protecteurs inconnus. Il partit pour Milhau.

Lorsqu'il arriva dans cette ville, il fut bien vite renseigné sur son notaire, très connu et très estimé de ses nombreux clients, depuis Milhau jusqu'à Vazin, sa terre natale.

Personne, pas même ses clients, ne se doutait qu'il faisait partie de l'affiliation du carbonarisme qui, depuis l'assassinat du maréchal Brune, s'étendait sur le midi de la France, battant en brèche la royauté des Bourbons et faisant partout justice de ses partisans.

Lorsque M. Pierret fut introduit chez le notaire Louis Bastide, son serviteur crut lui-même qu'il avait affaire à un client de son maître.

Avant de l'introduire dans son cabinet, il laissa M. Pierret, vu l'heure avancée, dans l'étude. Ce serviteur ne savait encore si son maître était disposé à le recevoir.

Dès qu'il eut fait connaître son nom, ce fut le notaire qui pria le valet d'introduire au plus vite le percepteur, de le laisser seul avec lui.

Une fois introduit dans le cabinet de Louis Bastide, le percepteur se trouva dans une pièce froide, aux rares meubles, dont l'extérieur caractérisait l'esprit sévère et magistral de l'officier civil.

Le carbonaro, d'apparence aussi guindée, aussi correcte que tout ce qui l'entourait, ne lui donna pas le temps d'étudier ce qu'il avait sous les yeux. Il lui prit la main d'une façon particulière, mettant son pouce de la main droite contre le pouce de son visiteur, ce qui était le signe de reconnaissance de la secte de Louis Bastide.

Aussitôt, il le poussa au fond du cabinet, à l'endroit où se dissimulait une porte secrète.

Et l'ouvrant brusquement, le notaire dit au percepteur:

— Entrez, mon frère, la *vente* vous attend!

Un spectacle aussi extraordinaire qu'inattendu, frappa les regards de Pierret.

Il se vit dans une grande salle, plus longue que large, au fond de laquelle se trouvait une table en hémicycle où étaient groupés dix personnages, debout, aux figures impassibles, sinistres ou austères.

Deux lampes au plafond, une lampe sur la table projetaient sur un tapis vert des lumières douces, dont les reflets se projetaient d'une façon mystérieuse sur des personnages silencieux, immobiles et paraissant presque inanimés.

A chaque place occupée par les individus, étaient placés des poignards dont les pointes se regardaient; deux poignards disposés en croix à l'endroit du président, dont le fauteuil était vide.

Ces poignards sur la table, ce tribunal improvisé n'étaient pas faits pour rendre ce spectacle moins solennel et moins lugubre.

Ce qui acheva de mettre en émoi le percepteur, ce fut de reconnaître la plupart des personnages qui composaient l'aréopage; il reconnut, dans deux d'entre eux, des gens qui avaient fait partie du jury du tribunal de Rodez, lorsqu'on jugeait en premier ressort l'affaire de Fualdès; tous étaient des habitants de Rodez ou des environs, quelques-uns ses voisins.

Aux bouts de la table se tenaient assis, à l'encontre de ces carbonari, deux individus qu'il connaissait particulièrement et devenus pour le département des objets de crainte ou de mépris : l'un, le Bossu, le marchand de tabac de la place de la Cité; l'autre, le mendiant Laville, enveloppé de son éternelle limousine, le gourdin entre les jambes.

A peine Louis Bastide avait-il introduit Pierret, placé en face de la table, qu'il prit la place vide, marquée pour la présidence.

Pierret se trouvait vis-à-vis d'une phalange de carbonari, composée d'ordinaire de dix ou vingt membres, faisant partie d'un groupe nommé : *Vente*.

Selon ses règlements, l'affiliation envoyait, après chaque délibération, un député à la *Vente suprême* dont le siège central n'était jamais fixe.

Dès l'origine, les ventes avaient leur siège central en Italie; maintenant il avait lieu en Corse, depuis que les bonapartistes y étaient en majorité.

— Mes frères, s'écria Louis Bastide en s'asseyant et en engageant ses néophytes à en faire de même, pendant que Pierret, debout, les regardait d'un air ébahi. — Mes frères, je vous ai convoqués, ce soir, ainsi que notre frère Pierret, pour nous venger des traîtres qui nous ont vendus! Encore une fois, Bach et Bousquier nous ont dénoncés. Est-ce vrai, répondez, frère Pierret, ne les avez-vous pas entendus comme moi, ces misérables, aux assises d'Albi ?

— C'est vrai, balbutia le percepteur, sans se rendre compte de la mission qu'on allait lui imposer, ni des attributions terribles que s'imposaient ces nouveaux francs-juges.

— Eh bien! mes frères, ajouta Louis-Bastide, vous savez la peine que nous infligeons aux traîtres ?

— La mort! répétèrent d'une voix unanime les hommes réunis, les yeux fixés sur le poignard placé en face d'eux.

— Oui, ajouta Louis Bastide, la mort sans rémission. Vous, Pierret, qui ne pouvez plus douter de notre importance depuis que nous vous avons rendu votre position, nous vous chargeons du soin de rendre notre vengeance utile à la cause de la liberté; nous vous chargeons de la défendre devant les séides armés contre nous, au nom du despotisme.

— Que dois-je faire? interrogea Pierret en balbutiant.

— Vous le saurez, lui riposta Louis Bastide, lorsque les misérables tomberont sous les coups de nos poignards, lorsque vous vous serez associé à l'exécution de notre sentence.

— Voulez-vous donc me rendre assassin?

— Un murmure de colère se produisit au milieu des juges improvisés. Le président s'empressa d'ajouter :

— Non, mais seulement justicier; oui, le justicier d'infâmes scélérats, au service d'un gouvernement inique, ayant deux poids et deux mesures pour les infâmes qui les soutiennent, pour les âmes généreuses qui le combattent !

— Mais moi-même, osa ajouter le percepteur, moi, un ancien soldat, esclave de la hiérarchie, ne suis-je pas, par mes fonctions, un des soutiens de ce gouvernement? Le combattre, n'est-ce pas le trahir ?

Louis Bastide haussa les épaules, sourit et reprit :

— Vous êtes fou ou stupide ! Que suis-je moi-même? Un notaire qui devrait être aussi, par sa notabilité, un des défenseurs du régime actuel? Mais un gouvernement qui règne à l'abri des baïonnettes étrangères, un gouvernement qui dispose de la nation contre le gré des citoyens, qui s'impose au nom de l'arbitraire, un gouvernement pareil ne doit-il pas s'attendre à être combattu par ses propres armes : par le parjure et par l'arbitraire ? Souvenez-vous de nos paroles, Pierret, ou la Vente vous en fera souvenir.

— Je m'en souviendrai, murmura le percepteur courbant la tête, moins convaincu par les arguments du fanatique que par la reconnaissance qu'il lui devait.

Louis Bastide devina sa pensée, à son attitude; il s'adressa à lui, tout en regardant ses collègues, il ajouta :

— Croyez-vous que tous ceux qui se sont employés en votre faveur ne sont pas aussi attachés à ce gouvernement infâme? Mais comme nous, comme vous, ils déplorent cet état de choses ! Comme nous, ils sapent les bases d'un pouvoir qui règne par l'astuce, la défaite et la trahison : aussi les *carbonari* se retrouvent-ils, se reconnaissent-ils partout, jusque sur les marches du trône. C'est pour cela, frère Pierret, que vous êtes lié à nous par nos bienfaits. Vous les devez à de prétendus amis de la royauté qui ne se servent de son pouvoir que pour le tourner contre elle-même. La preuve, Pierret, la preuve, mes frères, c'est que je suis encore parmi vous, malgré les juges des meurtriers de Fualdès. Ils m'ont rendu à la liberté, par peur, comme ils la rendront à nos frères : Yenco et Bessières ! Ah ! si Fualdès m'eût écouté autrefois, au nom de ses légitimes rancunes, il serait encore vivant !. Si Bastide, au lieu d'écouter les conseils criminels d'un infâme royaliste comme ce Jausion, nous eût écoutés aussi, il ne serait pas avec son beau-frère sur la route de l'échafaud ! Voilà l'œuvre de la Restauration ; elle ne marche que par le fer et par le sang ! elle ne s'arrêtera qu'au jour où les patriotes lui infligeront une honte, une chute aussi éclatantes que celles qui l'ont placée sur le trône ! Patience ! Entre le trône et l'échafaud, sont placés les carbonari, les exécuteurs des Bourbons ! Notre devise est: mort au roi et à ses sicaires, mort aux traîtres qui les servent. N'est-ce pas, mes frères, qu'elle doit être celle de notre nouveau frère Pierret ?

Tous répondirent à la fois :

— Elle doit l'être !

— Maintenant, ajouta le président prêt 'ever la séance, prononcez vous-même la sentence de ceux qui nous trahissent.

— La mort ! répétèrent les carbonari.

Louis Bastide regarda Pierret, toujours interdit.

— Mon frère, vous avez entendu ? C'est à vous de réfléchir !

Puis s'adressant de nouveau aux carbonari :

— Vous avez auparavant à vous prononcer sur le sort de Bach et de Bousquier, accusés par la *Vente* d'avoir fait avorter l'exécution de l'évasion de mon frère Bastide et de nos associés, accusés de nous avoir dénoncés au tribunal d'Albi. Or, délibérez.

Il se fit un moment de silence, durant lequel les carbonari prirent chacun le poignard déposé à leur place. Puis ils mirent une boule noire dans une urne que leur présentèrent tour à tour le mendiant Laville et le Bossu, marchand de tabac de la place de Rodez.

Une fois les poignards pris, une fois les boules dans l'urne, le président écrivit sur une grande feuille de papier, ces mots qui résultaient du dépouillement des votes :

Bach et Bousquier condamnés à mort par la vente de l'Épingle noire.

L'*Épingle noire* était le nom de la Vente à laquelle appartenait le frère Bastide-Gros, Louis Bastide, le notaire.

— Pierret, lui dit Louis Bastide, vous êtes chargé de donner le change à la justice sur les causes de la mort des traîtres, lorsque notre justice aura frappé ces coupables. Je vais en instruire la *Vente suprême*. J'envoie dès maintenant cette sentence de nos frères au tribunal de Corse. Songez-y, Pierret, si jamais vous oubliez votre mandat, vous

... Elle était en train de prier. (Page 301.)

serez frappé comme ceux qui nous trahissent. Mes frères, la séance est levée !

Sur ces derniers mots, les dix hommes s'éclipsèrent par deux portes de sortie donnant sur les remparts. En une minute, Louis Bastide se trouva seul avec le percepteur. On eût dit que les carbonari s'étaient fondus dans la muraille.

Quant à Louis Bastide, il reconduisit Pierret dans son cabinet comme s'il ne s'était rien passé entre eux, comme s'il eût affaire dans son étude à un client retardataire.

Lorsque Pierret fut dans la rue, prêt à rejoindre sa fille, prêt à reprendre avec elle le chemin de Rodez, une fois son témoignage donné au tribunal d'Albi, il comprit ce qui s'était passé depuis le meurtre de Fualdès.

Les carbonari lui avaient donné la clef du mystère qui pesait sur cette affaire. Il s'expliquait les victimes et la traînée sanglante qu'elle laissait derrière elle. Ne s'imprimaient-elles pas jusque sur les murailles de sa ville natale, jusque sur les physionomies de ses habitants, en les condamnant tous à une honte éternelle?

Lui-même n'était-il pas atteint par les éclaboussures du sang de Fualdès que les carbonari lui jetaient à la face?

L'honnête percepteur, compromis à son tour par les vengeurs des meurtriers de l'ancien magistrat, comprenait que la *Terreur blanche* avait amené dans la ville de Rodez les représailles de la *Terreur rouge!*

CHAPITRE XXXI

COMMENT ON TUE SES ENNEMIS A L'OMBRE D'UN MEURTRE

Pendant que se passaient ces derniers événements, en dehors du procès, les séances se continuaient à la cour d'assises d'Albi.

M° Romiguières, le défenseur de Bastide, était armé pour couvrir à un moment donné les deux principaux coupables, par une fausse confidence donnant à la victime une attitude immorale.

D'un autre côté, M° Dubernard, le défenseur de Jausion, attendait l'avis du gouvernement pour soutenir, au profit de son client, la thèse de Romiguières. Il se préparait à montrer feu Fualdès, attiré par M™° Manzon dans un rendez-vous galant; rendez-vous dont auraient profité les *carbonari*, conduits par le frère du Géant, pour égorger et dépouiller le vieux magistrat.

Il va sans dire que les défenseurs voulaient à tout prix écarter la politique du procès; ils ne tenaient à viser les *carbonari*, — tous amis ou parents de la victime, — qu'au nom d'une passion sénile conduisant Fualdès et Mme Manzon dans un bouge infâme.

Le sujet était délicat. Il ne s'appuyait sur aucune preuve plausible; mais il était vraisemblable. Car la malignité publique ne pouvait expliquer autrement la présence de Mme Manzon, une femme légère, et celle de M. Fualdès, un juge révoqué, un vieillard à la conduite ambiguë.

Encore fallait-il que des témoins donnassent quelques indices sur ce que les défenseurs allaient avancer en attaquant la moralité de M. Fualdès et l'honneur des Enjalran, c'est-à-dire l'honneur de la magistrature.

Sans le témoignage d'un des nombreux accusateurs des meurtriers de Fualdès, cette défense tombait d'elle-même; elle devenait aussi inconvenante que criminelle en face de M. Fualdès fils! N'était-il pas assez malheureux et par la mort de son père et par la perte de son patrimoine?

Jusqu'alors, les preuves manquaient; d'un autre côté, il ne fallait pas mettre trop en lumière les intrigues souterraines des carbonari. Il ne fallait pas compter les autres victimes qu'ils avaient faites autour du cadavre de Fualdès.

Sinon, c'eût été répandre l'alarme dans le pays, donner aux carbonari une importance qu'ils n'avaient que trop, vis-à-vis des serviteurs de la royauté.

Me Romiguières et Me Dubernard attendaient les nouveaux incidents de ce procès, si plein d'entr'actes, pour lui donner un dénouement imprévu, fourni par l'ingénieux et subtil Jausion.

Le gouvernement ne s'endormait pas pour circonscrire cette épouvantable affaire occupant le monde entier, et pour qu'elle ne sortît pas du domaine de la vie privée.

Il fallait, répétons-le, que le procès Fualdès ne servît pas d'armes de guerre à l'opposition; il fallait pour cela en écarter Jacques-Louis Bastide, un notaire, dont le mystérieux pouvoir se faisait sentir dans toutes les *Ventes* du Midi.

Son action, dans l'intérêt du Géant, ne s'était que trop appesantie sur des témoins qui auraient pu être funestes à son frère.

On a vu par ses manœuvres avec Yence, René, Bessière-Veynac, que Louis Bastide n'hésitait pas à faire bon marché de la vie de ceux qui pouvaient à jamais compromettre celle de Bastide-Gros. Tous les quatre, depuis leur arrivée à la maison Bancal, le soir du meurtre, tous les quatre, guidés par le fanatisme politique ou par des intérêts de famille, n'avaient pas reculé à commettre de nouveaux crimes.

Malgré les forfaits dont s'était couvert Jacques-Louis Bastide, ce dernier n'avait pas moins été remis en liberté. Le gouvernement avait peur de son attitude. Il savait le pouvoir qu'il exerçait dans toutes les *Ventes*

Yence et Bessière-Veynac avaient été seuls frappés par la justice, seuls appelés à répondre devant la cour d'assises d'Albi, à propos du crime de Rodez.

Par leur âge, par leur position personnelle vis-à-vis de la victime, Yence et Veynac n'étaient pas aussi à craindre que Louis Bastide.

Les traces de sang qu'ils laissaient derrière eux, après l'assassinat de Fualdès, ne devaient être mises au grand jour que pour être confondues avec le sang versé par les meurtriers de l'ancien magistrat.

Tel était le programme du ministre de la police générale.

Si Louis Bastide était écarté du procès, c'était parce que la société légale avait à compter avec sa société occulte.

A cette époque, nous ne cesserons de le dire, le Midi s'agitait, travaillé par les partis vaincus, appartenant soit à la première révolution, soit à l'Empire; ils étaient dirigés par des chefs puissants, donnant l'impulsion à toutes les affiliations démagogiques, n'hésitant pas à s'armer du poignard contre le glaive de la loi.

Les *Ventes* des carbonari et les loges des francs-maçons fournissaient le contingent de révolutionnaires s'agitant à l'ombre des Manuel, des oncles de Napoléon II ou du général Lafayette.

Des bourgeois appartenant à l'élite de la société, des notaires tels que Louis Bastide, Yence et Bessière, alliés à des familles de magistrats, n'hésitaient pas, par ambition ou par patriotisme, à faire partie des *Ventes*, patronnées par la famille Bonaparte ou les loges de francs-maçons illustrés de régicides !

La justice n'osait traduire à sa barre certains conspirateurs ; elle risquait de leur faire déployer sur un terrain trop préparé à la lutte la bannière sanglante de la révolte.

L'affaire Fualdès a prouvé et va prouver encore cette timidité ; timidité coupable, parce que le gouvernement prenait des biais jésuitiques pour avoir raison de ses ténébreux ennemis.

La situation nouvelle, que donnaient au procès Fualdès les arrestations des carbonari, Yence et Veynac, avait grandi l'importance du mouchard Bousquier.

De mouton, il était passé espion au profit du gouvernement.

Latouche ne négligeait, dans l'intérêt de sa mission de journaliste aux gages de l'État, aucun détail intéressant la politique du jour, et il avait jeté les yeux sur Bousquier.

Il était devenu pour lui un précieux intermédiaire. Le folliculaire, dînant du scandale et soupant de l'injure, avait bien trouvé son homme dans ce mouton à la piste de toutes les trahisons.

Tour à tour prisonnier et gendarme, confident intéressé de tous les partis pour les trahir au profit du plus fort, Bousquier, le mercenaire, était le digne pendant du journaliste.

Aussi de Latouche n'hésita-t-il pas, une fois au courant de son métier, de lui faire part de l'intention de la police, à l'égard des carbonari gardés par la magistrature. Il lui apprit que Yence et Veynac n'avaient été livrés à l'instruction judiciaire que pour être confondus avec les meurtriers de la rue des Hebdomadiers et en devenir les principaux acteurs !

De Latouche savait bien ce que voulait l'administration : tuer les ennemis du roi à l'aide des assassins de Fualdès, gagner, pour accomplir ce détestable dessein, un mouchard comme Bousquier qui n'était pas difficile à gagner à toutes les mauvaises causes.

Bousquier était, depuis quelque temps, embauché à la police générale. C'était en son nom qu'il avait fait parler Bach, lorsque ce dernier, par ses délations, changeait les carbonari, des assassins politiques, en assassins vulgaires.

Aussi les carbonari, en voyant se dessiner de plus en plus l'attitude de Bach et de Bousquier, n'avaient pas hésité à les juger à leur tribunal suprême. Ils étaient condamnés à mort, et le mendiant Laville avait jeté sur eux son mauvais œil.

Il s'agissait pour Bousquier, toujours conduit par de Latouche, de faire entrer aussi Mme Manzon dans les vues du gouvernement.

Cela n'était pas difficile en s'adressant à sa vanité, en lui donnant encore le premier rôle dans le drame de Rodez.

Bousquier, depuis qu'il s'était fait l'ange gardien de Mme Manzon, sous le costume de gendarme, était devenu le confident de l'intéressante prisonnière.

Du reste, il lui fallait un confident ; et la superbe Clarisse s'accommodait assez bien des servilités obséquieuses de l'humble Bousquier.

Sa vanité et ses intérêts en étaient satisfaits.

Un jour, le mouchard vint la trouver dans son cachot à Albi. Elle occupait précisément dans sa prison le cachot de Chabot ; elle était en train de prier.

Lorsqu'elle l'aperçut, Mme Manzon, toujours disposée à jouer au martyre, dit à Bousquier :

— Je prie dans le cachot d'un athée, cela le purifie.

— Et il serait mieux purifié, lui répondit l'adroit fripon, si vous faisiez à Dieu, aux hommes, à la justice votre confession tout entière.

— Que voulez-vous dire ? lui répondit-elle sévèrement.

— Ce que le gouvernement souhaite de votre franchise : la vérité sur le crime de Rodez et sur ses meurtriers qui, là-bas, vous le savez comme moi, n'étaient pas *tous dans les fers*.

— Je sais ce que vous voulez dire, monsieur Bousquier, ajouta

Mme Manzon, déjà gagnée dès qu'elle se sentait appuyée par le gouvernement. Vous vo[ule]z parler des Bastide, mes ennemis acharnés, particulièrement de Lo[uis] Bastide qui m'a pourchassée à l'Annonciade, dans la maison des Galtier par Mme Pons, la sœur de Louis?

— Oh! non! fit l'insidieux personnage, ce n'est pas de celui-là qu'il est question, mais des deux autres qui maintenant sont en prison : de Yence et de Veynac!

— Ah! fit Mme Manzon d'un air réfléchi, parce qu'elle se doutait que l'espion ne parlait qu'au nom de l'autorité. — Ah! l'instruction a donc découvert, que parmi les hommes masqués se trouvant à l'heure du meurtre, dans la maison Bancal, étaient Yence et Veynac? Je l'ignorais, puisqu'ils étaient masqués. Mais Louis Bastide qui, plus tard, s'est découvert à moi, en était aussi?

— Peut-être vous êtes-vous trompée, répliqua le mouchard d'un air insinuant en clignant des yeux, car l'instruction n'a pas donné lieu aux poursuites dirigées contre le frère de Bastide-Gros. Peut-être avez-vous mal vu en prenant à l'Annonciade, ou auprès de Mme Pons, Louis Bastide pour Yence ou Veynac?

— C'est bien possible, répliqua-t-elle en entrant à dessein dans son jeu, j'étais si troublée dans ces moments-là que j'ai bien pu prendre un visage pour un autre et induire en erreur l'instruction judiciaire. Elle a été plus clairvoyante que moi, voilà tout.

— Aussi la justice, dit Bousquier, d'inductions en inductions, a-t-elle corrigé ses erreurs et les vôtres; elle a rendu libre Louis Bastide, retenu dans les fers Yence et Veynac. Maintenant, madame, pour être utile à la justice et agréable à l'État, il ne dépend que de vous de répandre la lumière sur tous les meurtriers. Vous avez dit que vous parleriez à Albi, on attend votre parole. La justice et le gouvernement vous en seront éternellement reconnaissants.

Mme Manzon devina la pensée du traître. Sa susceptibilité, quoiqu'elle fût une nature assez chevaleresque, ne s'en affecta pas. En désignant à la justice Yence et Veynac, elle était persuadée, par ses relations avec la famille Fualdès, que des quatre carbonari masqués, autour du cadavre, Yence et Veynac étaient du nombre. Peu lui importait de désigner plutôt ces derniers que Louis Bastide et René.

A ses yeux, ils étaient également coupables. En les accusant, elle ne devait mentir qu'à demi.

Peu lui importait de mettre sur le compte de Yence et de Veynac ce qui revenait à Louis Bastide, frère du Géant. Elle préférait même accuser ses complices dans l'intérêt de sa vie menacée par les Bastide.

En faisant cette autre révélation, dans l'intérêt de l'État, ne grandissait-elle pas dans l'opinion?

Son rôle d'héroïne n'en était que plus brillant ; elle devenait l'objet de la curiosité publique qu'elle satisfaisait de plus en plus. Elle répondait à de Latouche qui l'avait vouée à l'oubli.

Mme Manzon ne vivait que par l'orgueil, depuis que de Latouche l'avait fait mordre au fruit de la vanité. Elle se grisait du bruit qu'elle répandait autour d'elle.

Elle était heureuse et fière de l'importance qu'on lui donnait pour attirer l'attention du monde entier.

Bousquier s'était bien acquitté de sa mission. Mme Manzon, de son côté, s'apprêtait à bien servir l'administration en perdant Yence et Veynac, en les présentant aux assises comme les meurtriers de Fualdès !

Dans une nouvelle séance consacrée presque tout entière à l'interrogatoire de Yence, de Veynac et du commissaire Constans, la direction de la cour est tournée de façon à faire de ces derniers les complices d'un commissaire de police infidèle ou négligent.

C'est Bousquier qui, dans l'instruction, a signalé l'arrivée de Yence et de Veynac masqués, à la rue des Hebdomadiers, juste à l'heure du meurtre.

C'est Bach qui a complété ces aveux, disant qu'ils étaient autour de la table, au moment où il allait chercher Bousquier pour l'aider à porter le cadavre dans l'Aveyron.

Enfin, c'est Mme Manzon qui viendra, en dernier lieu, mettre sur le compte de ces carbonari, le rôle sanguinaire de Louis Bastide, leur chef.

La mort de la femme Ginesty, celle qui, la première, a vu flotter le cadavre sur l'eau, près du moulin des Bresses, est imputée aussi à Yence et à Veynac ; elle devient contre eux une preuve accablante.

Le président leur demande :

— Est-il vrai, Yence, est-il vrai, Veynac, que la femme Ginesty a dit à son lit de mort : Pour trois charretées de blé, le crime se serait fait chez moi. C'était convenu avec Yence, mais Bastide n'a pas voulu payer. Aujourd'hui, je paye par ma mort le secret qu'ils m'ont livré ?

Yence répond avec énergie :

— C'est faux, tout cela est faux ! C'est une fable inventée par nos ennemis pour nous perdre. Du reste, quel intérêt eussions-nous eu à tuer M. Fualdès ?

— Oui, ajoute Veynac, cette accusation est un odieux et lâche mensonge. Nous ne connaissons pas la femme Ginesty. Et nous n'avions que d'excellents rapports avec M. Fualdès.

Mme Manzon saisit avec avidité cet aveu pour prendre l'attitude que lui a conseillée le gouvernement, elle s'écrie :

— Vous étiez en très bon rapport, en effet, avec M. Fualdès, Veynac, et vous aussi, Yence? car il vous prêtait à chacun une somme assez forte pour payer votre charge de notaire.

Yence et Veynac courbent la tête. Ils paraissent accablés par cette révélation inattendue.

Mᵐᵉ Manzon triomphe.

Son triomphe est de courte durée, lorsque Mᵉ Romiguières se lève et dit à Mᵐᵉ Manzon :

— Je ferai observer à la cour et au jury que Mᵐᵉ Manzon, pour connaître si bien l'état des affaires de M. Fualdès, devait avoir des relations intimes avec la victime. C'est un point qui s'éclaircit de plus en plus sur le guet-apens criminel reproché aux accusés.

A son tour, Mᵐᵉ Manzon baisse le front. Jausion sourit.

Ces nouveaux coupables qui surgissent en cour d'assises d'Albi, découverts en dernier lieu, deviennent pour les véritables meurtriers une nouvelle planche de salut.

M. le président profite de l'attitude de Mᵐᵉ Manzon qui tient à dénouer le nœud gordien du drame de Rodez et qui la met de nouveau en scène.

Il lui ordonne, puisqu'elle est en veine de révélations, de dire toute la vérité sur cet épouvantable forfait, de revenir sur les premières déclarations.

Cette fois encore, Mᵐᵉ Manzon va mentir, non plus pour obéir à sa nature ou pour sauver sa vie, mais ce qui est bien moins méritoire, pour accuser des innocents.

Sa réponse ne peut être mise en doute, elle se retrouve dans le compte rendu de cet interminable procès, on peut lire sa déposition dans les journaux *la Quotidienne* et *le Moniteur* de 1819.

Elle ne pourrait opposer qu'une seule excuse à ce nouveau mensonge : le ministère de Cazes, qui le lui inspirait.

C'est en vain qu'avant de parler, M. le président lui dit :

— Madame, vous avez promis de dire la vérité. Aujourd'hui il ne s'agit plus de mentir pour sauver votre père, votre réputation et votre vie. Vous tenez entre vos mains l'existence de deux hommes, j'espère qu'en vue de leur salut ou de leur position, vous ne vous exposerez pas à un nouveau parjure, que vous direz enfin la vérité, et que vous nous la ferez connaître tout entière.

Un silence absolu accompagne cet exorde. On entend avec anxiété les paroles qui doivent sortir de la bouche de l'héroïne de Rodez. Elle débute, en relatant les faits déjà connus, lorsqu'elle se présentait à la maison des Bancal. Pour la première fois elle explique et dépeint son déguisement:

— Comme j'avais le plus grand intérêt à ne pas être reconnue, dit-elle, je m'étais travestie. Je portais un pantalon et un spencer bleus, sous ce

LES CRIMINELS CÉLÈBRES 305

... J'aperçus un homme vêtu d'une lévite. (Page 303.)

déguisement je ne laissais pas que de trembler. Je n'imaginais pas encore tout ce qui m'attendait, et de quelle horrible scène j'allais être témoin. Arrivée près de la maison Verlnes, habitée par les Bancal, j'aperçus un homme vêtu d'une lévite. Sa taille était haute. Je crus que c'était Yence d'Istournet. Je sus plus tard que je ne m'étais pas trompé.

Yence l'interrompt, avec un geste de menace, il lui crie :

— C'est une imposture !

Mᵐᵉ Manzon continue :

— Le bruit que faisaient M. Yence et plusieurs de ses acolytes marchant très près, derrière moi, m'effraya au point que je me réfugiai dans la maison. Cette maison, je ne l'appris que plus tard, était louée aux Bancal. La porte était ouverte. On me passa dans un passage obscur, puis dans une cuisine aboutissant à un cabinet noir. J'ignorais le sort qu'on me destinait... Je me sentis défaillir lorsque j'entendis une troupe de gens qui entrait dans l'appartement voisin de celui où j'étais. Une sorte de pressentiment m'avertit de leur dessein homicide. Je tombai sur la terre et je m'évanouis.

— Quand je repris mes sens, le tumulte avait cessé dans la cuisine.

Elle détaille ensuite la scène du meurtre, telle qu'elle a été décrite précédemment ; elle avoue qu'elle a été préservée du poignard de Bastide par l'intercession d'un des meurtriers de Fualdès, devenu son sauveur.

Elle termine par ce nouveau mensonge :

— Parmi les meurtriers de Fualdès, je remarquai deux ou trois femmes du commun, dont je ne distinguai pas les traits. Mais je pus reconnaître l'homme en lévite que j'avais rencontré dans la rue, c'était effectivement Yence. Non loin de lui était un jeune homme que je n'avais jamais vu, mais que j'ai parfaitement reconnu depuis à Rodez, lorsqu'il a été confronté avec moi, il a dit s'appeler Bessières-Veynac.

— C'est faux ! exclama Veynac avec indignation, vous ne m'avez jamais connu !

Mᵐᵉ Manzon riposte très froidement :

— Et moi, je vous déclare l'un des assassins de Fualdès.

La stupéfaction de l'auditoire est à son comble, Mᵐᵉ Manzon continue :

— Si j'ai feint de ne pas vous reconnaître, lorsque vous me menaciez à un autre tribunal, c'était par un effet de la fatale dénégation qui me fut suggérée et dont je reconnais maintenant l'abus.

Yence lui riposte avec mépris :

— Vous mentiez en ne parlant pas, vous mentez encore en parlant !

Mᵐᵉ Manzon avec hauteur :

— Mentirai-je encore en disant que vous étiez amené chez les Bancal, la nuit du meurtre, par Louis Bastide, le frère de Gros ?

Le président voit le danger où s'engage Mᵐᵉ Manzon en forçant le redoutable carbonaro à parler, il s'empresse de la remettre dans une autre voie. Il lui demande :

— Êtes-vous bien sûre de ne pas confondre les deux frères ?

Elle se ravise et reprend :

— Il me semble avoir entendu la voix de Louis Bastide pendant l'assassinat. Mais son organe ayant du rapport avec celui de Bastide-Gros, je ne puis rien affirmer à cet égard.

Le président laisse ce sujet. Il ajoute, en désignant à Mme Manzon les deux carbonari.

— Ainsi vous reconnaissez bien Yence et Bessières-Veynac? Ce sont les mêmes individus que vous avez vus dans la cuisine, autour de la table, où était étendu le corps de la victime?

R. — Je déclare à la justice que je reconnais Yence et Bessières-Veynac, ce sont les mêmes personnes que j'ai vues autour de la table, le soir du 19 mars, dans la cuisine des Bancal, je le jure.

Yence. — Madame ajoute un nouveau parjure à ses parjures précédents.

Bessières-Veynac, avec ironie. — Comment voulez-vous que l'on vous croie! Précédemment vous avez aussi prêté serment de dire la vérité; et autrefois vous ne m'aviez pas plus reconnu que mon ami Yence.

R. — Autrefois j'avais adopté, je vous l'ai dit, un système de dénégation absolue. Aujourd'hui, j'ai juré de dire la vérité, je la dis.

Bessières-Veynac avec mépris :

— Autrefois comme aujourd'hui, vous n'agissiez que par un système intéressé, un système de duplicité. Oui, monsieur le président, Mme Manzon en impose à la vérité. Elle a juré devant Dieu, mais Dieu la jugera.

Le procureur général oppose à l'insaisissable Clarisse ses contradictions avec elle-même. Il lui demande de s'expliquer, lorsqu'au mois de novembre dernier, les noms de Yence et de Bessières-Veynac n'étaient pas sortis de ses lèvres.

Mme Manzon répond :

— J'avais d'autres motifs de conviction qui me démontraient la participation de Yence et Bessières-Veynac au crime. Des propos m'avaient été tenus à cet égard par Mme Pons. Ils ne me laissaient aucun doute sur leur culpabilité, était-ce ce motif ou celui de détourner les regards de celui à qui je devais la vie, qui m'ont déterminée dans un moment où j'étais pressée de m'expliquer, à ne pas nommer Yence et Bessières-Veynac? Je persiste donc à affirmer qu'ils étaient au nombre de ceux qui entouraient la table sur laquelle Fualdès venait de rendre le dernier soupir.

Le président. — Ainsi vous affirmez une dernière fois avoir vu Yence et Veynac autour de la cuisine des Bancal?

Mme Manzon. — Oui, monsieur le président, ils y étaient, je l'affirme.

Bach. — Et moi aussi je reconnais positivement Yence et Bessières-Veynac ; je ne dis que la vérité. Je parle comme si j'allais mourir.

Yence, avec désespoir. — C'est le comble de la perversité.

On entend dans la salle une exclamation de terreur et de douloureuse surprise. Elle est poussée par le fils de Fualdès, il ne peut croire à la culpabilité de Yenco et de Veynac, ses amis.

Seraient-ils les assassins de son père ? Ce doute est trop affreux pour lui. Aussi s'écrie-t-il à Bach qui a reçu sa leçon de l'infâme Bousquier :

— Bach, je vous demande la vérité pour moi-même. Je suis le fils de celui que vous avez égorgé. Parlez franchement, parlez ! Yenco et Bessières sont-ils les assassins de mon père ? si vous devez retrancher quelque chose en faveur de ces accusés, hâtez-vous de le retrancher. Je vous en prie, dites la vérité, rien que la vérité !

Bach répond d'un air sombre :

— Oui, monsieur, Yenco et Bessières-Veynac y étaient. Je vous dis la vérité.

Fualdès se retire en cachant sa figure dans son mouchoir pour y dérober ses larmes.

Alors l'impitoyable Bancal se lève pour les accuser à son tour.

— Si je n'ai pas dit leurs noms à l'instruction, s'écrie-t-elle, j'avais déjà dépeint leur visage et leur costume, quoiqu'ils fussent masqués et déguisés.

Elle aussi a été travaillée par Bousquier pour sacrifier les carbonari à l'ombre du meurtre de Fualdès.

Puis elle ajoute d'un air effrayant de menace :

— Après tout, ils peuvent bien avoir saigné Fualdès, ils en ont saigné bien d'autres ; ce n'est pas nous, je suppose, qui avons occis Briès, mon époux, la femme Ginesty et le greffier de Rodez, alors qu'ils étaient libres, eux, et que nous, nous étions sous les verrous !

Le procureur général cite, en effet, le procès-verbal de confrontation de la femme Bancal avec Yenco. Il demande si, dans cette confrontation où les nouveaux co-criminels sont dépeints, il n'y a pas là toute une accusation en règle et recommande son observation à l'attention des jurés.

La séance est levée sous le coup de ces poignantes et douloureuses émotions qui frappent le public d'une nouvelle terreur.

CHAPITRE XXXII

LES NOUVEAUX COUPS DE FOUDRE

Tout est singulier, étrange dans l'affaire Fualdès. A mesure que les mystères de cet horrible forfait s'éclaircissent, ils donnent à leurs lamentables héros une situation de plus en plus anormale.

Ainsi M. Fualdès fils qui est venu de Paris pour venger à Rodez la mort de son père, qui a employé son talent de légiste et ses dernières ressources pour rechercher les meurtriers, est, à son tour, poursuivi pour dettes; il est sur le point d'être mis en prison.

Que rencontre-t-il, au nombre des prétendus meurtriers de son père? Des hommes de son âge, ses amis intimes, compagnons de plaisir et enfants prodigues comme lui : Yence et Bessières-Veynac.

Cette découverte, on l'a vu dans un précédent chapitre, est aussi pénible à M. Fualdès fils, que la triste mission que lui impose sa piété filiale.

Ce n'est pas tout : depuis que les *carbonari* ont été placés par la police sur un échafaudage perfide, Yence et Veynac, des jeunes gens du monde, n'ont cessé d'être accouplés à d'ignobles scélérats comme Bach et Bousquier.

Ce dernier n'est plus l'humble mouchard d'autrefois, il a conquis avec son importance grandissant sur les scandales de ce procès, une aisance et un aplomb insupportables. Il faut maintenant que tous ses complices comptent avec lui, pour espérer des faveurs qu'il s'est acquises, à force de duplicité et de scélératesse.

Maintenant Bousquier est à même de promettre mystérieusement à ses anciens compagnons de chaîne l'indulgence du pouvoir, s'ils entrent avec lui dans de sourdes manœuvres en vue de l'apaisement des partis.

Jausion, depuis que les carbonari sont mêlés à l'affaire Fualdès, reprend aussi de l'espoir. Il pense que ses opinions royalistes lui seront comptées, il espère que la peine capitale dont il est frappé, sera détournée pas ses adversaires qui, de plus en plus, prennent sa place, en endossant la reponsabilité de son épouvantable forfait.

N'a-t-il pas réussi à mettre la ville de Rodez hors de cause, quand il s'est agi de lui faire expier son crime, parce que son crime atteignait toutes les classes de la région? Encore une fois, comme en 1809, il se jouera de l'échafaud. Ce ne sera plus l'amour qui l'en préservera, ce sera la politique.

Partout ce sont des innocents ou des fanatiques, qui sont menacés de payer pour les véritables coupables : ce sont Fualdès fils, Yence, Bessières-Veynac.

Si la justice, en cette circonstance, devient aussi aveugle que la fortune, de nouveaux coups de foudre vont éclater dans le prétoire pour remettre en lumière les criminels.

Du choc des nuages amoncelés par les orages réactionnaires, jaillira la foudre, elle mettra à nu l'épouvantable vérité.

Le devra-t-on à la justice ou à la rancune des partis qui, dans les rangs de l'opposition, ont recruté des vengeurs, aussi sourds à la voix de la vérité que les justiciers du gouvernement?

Ce sera à ces mystérieux vengeurs que Jausion et ses infâmes complices devront la punition de leur odieux forfait; ce sera peut-être à ces mêmes hommes que Yence et Veynac, à l'exemple de Louis Bastide, devront d'être absous d'un crime qu'ils n'ont pas commis, mais qu'ils ont laissé commettre.

Aussi Mᵉ Royer, le défenseur de ces deux carbonari, fait-il habilement ressortir, au profit de ses clients, la terrible situation que leur a faite le gouvernement. Il les tire adroitement de la fange, où, à dessein, la police les avait plongés, pour les perdre dans l'opinion.

Leur avocat les pose comme des hommes d'une vertu austère, d'une rigidité de mœurs et de principes, qui sont un démenti jeté à leurs adversaires.

Mais si ces adversaires n'étaient pas eux-mêmes, pour la plupart, le rebut de la société, l'avocat de Yence et de Veynac n'aurait pas eu si facilement raison d'eux.

Yence et Veynac n'étaient-ils pas, dans la rue des Hebdomadiers au moment du meurtre? N'avaient-ils pas sacrifié, sur l'ordre de Louis Bastide, des témoins trop dangereux pour son frère : Briès et la femme Ginesty?

Dès que les témoins à charge ont parlé contre Yence et Veynac, Mᵉ Royer prend la parole, il s'exprime en ces termes :

« Est-il admissible que Yence, puis Veynac, sur l'ordre de Louis Bastide, aient cherché à circonvenir, par l'intermédiaire d'un mendiant, la veuve Ginesty? Est-il bien sûr qu'elle ait tenu le propos qu'on lui prête? Elle est morte presque à l'improviste. Ce ne sont que d'autres témoins qui prétendent tenir de la bouche de cette femme des paroles compromettantes contre Yence et Veynac. Aussi que croire de leurs témoignages surtout lorsqu'ils viennent de Bach et de Mme Manzon? »

Alors M° Royer discute les allégations de Bach et de la fille d'Enjalran. Il s'indigne de la variation de cette femme inexplicable. Il demande qu'elle *explique*, si elle le peut, toutes les circonstances de sa déclaration.

Il ajoute :

— Quant à Bach, c'est un condamné que la justice *craint de présenter comme témoin*, tout en attendant de lui, comme de Bousquier, les renseignements dont elle a besoin.

Il dit encore :

« Levez les yeux, messieurs, voyez l'honorable réunion qui m'a si glorieusement accompagné à cette audience ; voyez la tourbe, à quelques exceptions près, que nos accusateurs ont si péniblement traînée à leur suite.

« D'un côté, des témoins désintéressés, sans liaison, sans habitude avec les accusés. De l'autre, des témoins pour qui de nouvelles révélations ont été un brevet de vie, ou qui, du moins, leur doivent la prolongation de leur coupable existence, des témoins qui, liés par des déclarations arrêtées, ont dû craindre que la plus légère hésitation devînt un titre pour la recherche de leurs anciens parjures, dont ils n'ont dû l'impunité qu'à des motifs de haute sagesse, *qu'il n'est permis à personne d'approfondir.*

« D'un côté tout ce que nous connaissons de plus respectable dans la société, d'estimables habitants dans les campagnes, des notaires, des magistrats, des militaires, enseignes de bravoure et de loyauté, remparts de la société et de la royauté.

« D'un autre, pour principaux témoins une foule de créatures dont le registre de la geôle atteste les vertus.

« Pour plus de précision, les dames Galtier, Pons, les délices de leurs époux, l'exemple de leurs enfants, l'orgueil de leur famille, l'admiration de la contrée et l'ornement de leur sexe.

« De l'autre Mme Manzon, avec Bach, la veuve Bancal et son horrible suite. »

Puis, M° Royer termine en se tournant vers les accusés :

« Yence, Bessières-Veynac, mes chers clients, rassurez-vous. Mais, que dis-je, je n'ai pas à vous rassurer, parce que le calme est l'apanage de l'innocence. Yence, vertueuse épouse, votre mari vous sera rendu. Veynac, vous allez tomber dans les bras d'une mère qui n'a jamais douté de votre honnêteté, retrempée dans vos malheurs.

« J'anticipe, messieurs les jurés, sur votre décision, mais je ne la préjuge pas.

« Vous êtes en face de l'innocence *calomniée*. D'où vient la calomnie? Je ne veux pas *en découvrir la source*. J'aurais trop peur de la découvrir. Je craindrais de faire honte à mes adversaires. »

M. le président Feydel se hâte d'arrêter Me Royer dans sa péroraison. Avant de lever la séance il veut laisser à la partie civile le temps de répliquer.

Il comprend que cette péroraison est un nouveau coup de foudre que peut atteindre le tribunal et menacer jusqu'à l'administration. La partie civile entre dans les vues secrètes du président des assises, elle remet sa réplique au lendemain.

Du reste la séance est troublée par un incident qui peut compromettre par son scandale tout le barreau.

Des recors se sont présentés au prétoire. On a averti le tribunal, qu'ils sont prêts à arrêter M. Fualdès fils, en vertu d'un jugement consulaire.

Cela produit un effet pénible. Arrêter un avocat, le fils de Fualdès, au moment où il demande justice pour son père. Ce serait trop odieux!.Pour l'honneur de l'humanité, pour l'honneur du barreau, il faut qu'un procès scandaleux n'ait pas lieu, M. Fualdès fils au moment de quitter le banc des avocats, est reconduit par ses collègues en robe et il passe devant les recors protégé par une haie de soldats.

M. le président Feydel, qui redoutait à Albi les scandales qui avaient eu lieu à Rodez, voit la magistrature frappée par les mêmes coups de foudre.

L'affaire Fualdès devait lui en ménager bien d'autres.

Le lendemain après la réplique de la partie civile qui renvoie les carbonari devant une autre cour de justice, c'est au tour de Mme Manzon à recommencer ses effets de théâtre.

Le président interroge de nouveau Mme Manzon qui est devenue l'arbitre de la destinée des meurtriers de Fualdès. Il lui demande :

— Madame, n'avez-vous pas dit un jour à un certain M. des Bousines, en parlant du silence que vous avait imposé Mme Pons :« On m'empêche de faire ma déposition, je le crois bien, *ma déposition* tuerait les accusés. »

Mme Manzon acculée par cette demande du président, se recueille et épilogue sur la question du président.

Elle répond :

— J'aurais au moins dit ma déposition *tout entière*.

D. — Vous pensiez donc que votre déposition, *tout entière*, pourrait confondre les accusés?

R. — *C'est bien possible*, monsieur.

D. — Alors vous avez donc tout vu chez les Bancal?

R. — Confusément.

D. — Au moins, vous ne pouviez ne pas voir ceux qui vous pressaient

On l'emporta encore à demi évanouie. (Page 315.)

de trop près, vous faisaient mettre à genoux pour prêter serment sur un cadavre ?

Sur un signe affirmatif de tête de Mᵐᵉ Manzon, la rude nature de la Bancal ne se possède plus ; elle se lève et s'écrie avec emportement :

— Eh bien, madame, si vous étiez chez moi, malgré ce que j'en ai dit, vous auriez été aussi coupable que nous. Allons, soyez franche une bonne fois et dites la vérité à ces messieurs.

Sur les invectives de la femme Bancal, Mme Manzon lui jette un regard d'écrasant mépris, et garde le silence.

Me Dubernard, le défenseur de Jausion, veut tirer parti de la confusion qu'on peut lire sur le visage de Mme Manzon, il l'interpelle à son tour :

— Oui, madame, dites toute la vérité. On prétend que la Bancal a dit à un témoin que deux dames tenaient la porte et que Mme Manzon, l'âme du meurtre de Fualdès, y faisait sentinelle.

Mme Manzon réplique avec véhémence :

— Cela n'est plus de la calomnie, c'est de l'indignité poussée jusqu'à la lâcheté.

— Allons, madame, répond avec chaleur Me Dubernard, je vous supplie, au nom de Dieu qui vous voit et vous juge, dites-nous enfin la vérité tout entière.

Et Me Dubernard élève les bras vers le Christ placé au-dessus des magistrats.

Bastide réplique, en se tournant vers Mme Manzon :

— Oui, qu'elle dise la vérité !

A la vue de Bastide qui risque encore une fois, sa vie contre ses aveux, Mme Manzon entre dans une violente indignation.

— *Malheureux!* exclame-t-elle sur un ton qui fait frémir tout l'auditoire. Malheureux !

Mais Bastide ne bronche pas. Il lui dit avec un profond dédain :

— Oui, madame, parlez? Le temps des monosyllabes est passé. Parlez donc?

Outrée, hors d'elle-même, Mme Manzon s'élance entre deux gendarmes, qui veulent la retenir.

Elle marche résolument contre Bastide impassible.

Elle écarte les bras des deux autres soldats prêts à contenir Bastide, s'il eût agi contre Mme Manzon, elle s'écrie :

— *Malheureux!* Regardez-moi bien! me reconnaissez-vous *pour la personne que vous avez voulu égorger ?*

Un frémissement parcourt l'auditoire. Les accusés courbent la tête, quelques-uns pâlissent. Bastide lui-même a perdu son audace fanfaronne, Mme Manzon, est frémissante, hors d'elle-même.

Jausion est devenu stupide, ses yeux ronds tournent en s'agrandissant effroyablement.

La garde qui forme la haie devant et derrière les accusés se resserre contre eux, prête à dégainer.

C'est un désordre indescriptible.

L'auditoire devant l'indignation fiévreuse de l'énergumène l'acclame de la voix et du geste.

L'accent pathétique, l'allure menaçante de la fille d'Enjalran, ont électrisé l'assemblée ; elle est prête à couvrir d'applaudissements la tragique Clarisse, c'est encore la foudre qui éclate.

Le président a peur de ses ravages. Pour la dignité de l'aréopage, pour la sauvegarde de la magistrature, il réprime des élans inspirés par une légitime indignation, mais très intempestifs dans le temple de la justice.

L'énergie dont a fait preuve la nerveuse Mme Manzon, en décuplant un moment ses forces, a fini par les lui faire perdre tout à fait.

On l'emporte, à demi évanouie, la séance est levée.

A la séance suivante, les coups de théâtre ou les coups de foudre se succèdent dans l'enceinte de la justice, malgré le président qui tient à la faire respecter.

M. Feydel interpelle Mme Manzon.

— Madame, lui demande-t-il, vous avez dit hier une partie de la vérité, maintenant dévoilez-la tout entière : on voulait vous égorger, disiez-vous. Quelqu'un vous sauva-t-il ?

Le procureur général ajoute, en joignant ses instances à celles du président :

— Oui, madame, vous devez à la justice toute la vérité ; quelqu'un s'interposa-t-il en votre faveur ?

Mme Manzon répond avec assurance.

— Oui, quelqu'un me sauva.

Le président avec vivacité :

— Et cet homme est parmi les assassins ?

R. — Je ne puis pas le dire.

D. — Au moins pourriez-vous nous dire si l'homme qui vous fit sortir du cabinet était le même que vous rencontrâtes à l'Annonciade ?

R. — Pas davantage.

D. — Alors vous ne vous rappelez pas les traits de cet inconnu ? Pourtant vous prétendiez, il y a quelques jours les reconnaître.

R. — Eh bien ! non, je ne me les rappelle pas.

D. — Ne serait-il pas parmi les accusés ?

R. — C'est possible.

A ces mots qui compromettent très fort Jausion, il a pâli ; son défenseur Me Dubernard se lève et regarde Mme Manzon.

Il s'écrie avec une inflexion de voix menaçante :

— Madame, voilà trop longtemps que vous vous jouez du tribunal, vos réponses évasives, vos paroles ambiguës, sont mille fois plus meurtrières qu'une franche accusation.

Mme Manzon, hausse les épaules et réplique au défenseur de Jausion :

— Je n'ai rien à dire !

Mais Jausion comprend que son silence équivaut à un aveu de sa part. il lui dit à son tour :

— Madame, ce ne peut être pour moi que vous dites cela. La mort ne me fait pas peur. Mais j'ai peur pour ma malheureuse femme et pour mes enfants. Veuillez parler. Ma vie est entre vos mains ?

Le défenseur de Jausion ajoute :

— Parlez, au nom de votre généreux père qui, pour sauver son honneur, vous suppliait aussi de dire la vérité. Parlez pour sauver la vie d'un accusé.

Mme Manzon s'écrie dans une contrainte douloureuse :

— Monsieur l'avocat, pas plus à mon père qu'à M. le président, je dirai : *Je ne puis ni sauver ni faire condamner Jausion.*

Le banquier pousse un soupir désespéré et courbe le front. Bastide au contraire, relève la tête et dit d'un air de défi à la fille d'Enjalran :

— Madame, vous amusez le public, nous ne sommes ici ni à la comédie ni à la tragédie, ne faites pas du théâtre à deux pas de l'échafaud. Il y va de nos têtes, songez-y.

Encore une fois, le prudent président coupe court aux invectives de Bastide, il lui répond :

— Arrêtez-vous ! n'appelez pas théâtre le banc où vous êtes assis ! Vous avez voulu, vous, Bastide, égorger Mme Manzon ; peut-elle vous reprocher cela de sang froid ?

Bastide reprend :

— Je ne puis pourtant pas admettre la fiction comme une réalité. Confessez, monsieur le président, que Mme Manzon joue avec moi une tragédie bien terrible, *puisque ma conscience ne me reproche rien !*

Mme Manzon lui riposte, au comble de l'exaltation :

— Votre conscience ne vous reproche rien !

Puis se tournant vers le public, elle ajoute, en faisant un geste solennel :

— Que M. Bastide prouve donc son innocence, et *je monterai sur l'échafaud à sa place.*

Bastide dit avec dédain :

— Non, ces grandes phrases ne prouvent rien ! Elles ne me touchent pas. Je suis innocent. Je n'étais pas chez les Bancal, elle y était.

Puis il reprend d'un air fin :

— Et je voudrais bien savoir, moi, ce qui attirait Mme Manzon, chez les Bancal ?

A ces mots, Me Romiguières se lève brusquement, il s'écrie d'un air inspiré :

— S'il faut en croire l'aveu d'un accusé aussi maltraité que mon client, c'était M. Fualdès père qu'on attendait, oui, c'était la victime des sicaires de la rue des Hebdomadiers ! Et qui avait attiré ces hommes ?

Peut-être la femme qui faisait sentinelle, à huit heures du soir, à la porte...

Cette réplique de l'avocat déchire un nouveau voile sur ce drame mystérieux, elle est interrompue vertement par le président.

Il voit l'émotion qu'elle cause sur l'auditoire, et l'effet pénible qu'elle produit sur le fils de la victime.

— M° Romignières, lui riposte le président. — Vous n'avez pas la parole. La demande de Bastide est assez pénible pour Mme Manzon, sans rien ajouter à sa honte et à sa douleur! Si vous ne la respectez pas, respectez du moins la magistrature! Ne préjugez pas de la cause que vous avez à défendre par le scandale, en jouant avec la douleur d'un fils, en calomniant un père qui ne peut, lui, se défendre.

Puis se tournant vers Mme Manzon confuse et troublée par l'interruption de M° Romiguières :

— Madame, quelle que soit l'inconvenance de la question de l'accusé, vous être forcée d'y répondre et je suis forcé de vous y engager.

Mme Manzon dit très bas et d'un air embarrassé :

— J'épiais quelqu'un et j'en avait le droit.

Bastide toujours sur le ton de l'ironie :

— Et pourrait-on savoir le nom de ce quelqu'un ?

R. — Monsieur Bastide me permettra bien de ne pas répondre à sa question, et je crois que j'en ai assez dit.

Mais M° Romiguières, malgré la mercuriale de M. Freydel, se relève, puis montrant son dossier :

— Peut-être, madame, en avez-vous assez dit pour votre réputation, mais nous ne vous avons pas assez entendue dans l'intérêt de la vérité. Vous avez fait la part de la reconnaissance, il est temps de faire celle de la justice. Malgré votre réputation de femme et d'épouse, malgré celle d'un ancien magistrat, dont l'honneur tient à celui du barreau, la Justice parle avant l'honneur des nôtres. Voilà, madame, ce que je répondrai pour vous, afin d'arracher à l'échafaud ceux que votre perfide silence tient à livrer.

— Maître Romiguières, s'écrie le président en l'arrêtant encore de la voix et du geste, parce qu'il s'aperçoit du pénible effet produit par ses paroles, je vous ferai observer que vous anticipez sur le domaine de la plaidoirie. Vous aurez bien le temps, plus tard, de dire vos dures vérités !

Mais Bastide réplique avec violence, pendant que M° Romiguières se rassoit d'un air piqué :

— Mme Manzon, doit-elle jouir de plus de privilèges que nous? Elle attaque tout le monde pour se défendre et l'on n'aurait pas le droit de l'accuser ! Elle qui ne vise cependant à la célébrité, qu'en se jouant de notre vie, elle qui emploie tous les moyens pour y arriver : le crime ou la vertu ! Elle qui à dessein confond tout le monde, moi ou mon frère, Yence ou Veynac ! Une femme enfin qui, dans l'intérêt de sa vanité abjure tout sentiment d'honneur et de pudeur...

Le président qui, durant le cours des invectives de Bastide, a reçu un grand pli cacheté, arrête l'accusé en s'écriant :

— Taisez-vous ! vous n'avez pas le droit d'injures contre celle que vous avez voulu égorger ! Laissez à votre défenseur le soin de préjuger de ses actes chez la Bancal ! La séance est levée... Taisez-vous !

Ce qui avait fait précipiter la clôture des assises, c'était la lettre au cachet royal, reçue par le président.

Elle contenait ces mots :

« *Cabinet des Tuileries — Ordre du roi.*

« Prière à M. le président des assises d'Albi de faire parvenir à Sa Majesté, la plaidoirie de Mᵉ Romiguières, avant qu'elle soit rendue publique au tribunal. »

Cette lettre était signée du ministre de Cazes, c'était le dernier coup de foudre dans le prétoire. Il paralysait encore une fois tous les membres de l'aréopage.

CHAPITRE XXXIII

CHEZ LE ROI

La politique avait fait monter le procès Fualdès jusqu'au ministère de la police ; les scandales qui devaient s'y produire par les agissements des carbonari, par les révélations intimes de Mᵉ Romiguières, le faisaient aller plus haut encore : jusqu'au palais des Tuileries.

Le roi Louis XVIII, sur les recommandations de son conseil des ministres, avait suivi les péripéties de cet horrible et interminable procès depuis qu'il était devenu un procès d'État.

Mᵉ Romiguières ne s'était pas caché pour attaquer ce que le gouvernement tenait à mettre dans l'oubli : la vie privée de Fualdès à laquelle était a taché l'honneur de la magistrature, et les manœuvres des sociétés secrètes ; et le roi s'était sérieusement inquiété de l'attitude du défenseur de Bastide.

Comme on l'a vu dans un précédent chapitre, un ordre du château avait été donné pour enjoindre au président de la cour d'assises d'Albi de faire connaître à Sa Majesté le plaidoyer de Mᵉ Romiguières.

Le temps de donner à un courrier extraordinaire la facilité de faire parvenir le plaidoyer au roi, avait suffi pour que Sa Majesté en pût connaissance.

C'était le roi qui avait eu la primeur de la défense de Bastide.

Trois hommes se trouvaient dans le cabinet des Tuileries. Ils assistaient à la lecture du plaidoyer de Mᵉ Romiguières.

Le duc de Cazes, le duc de Richelieu et Sa Majesté.

Le duc de Cazes lisait, le roi écoutait, le duc de Richelieu prêtait une oreille très attentive à la lecture du ministre de la police générale.

Le duc de Richelieu, président du conseil des ministres, présentait, par la correction rigide de ses traits, une opposition frappante aux portraits si différents des deux personnages placés à ses côtés.

Ses traits sévères formaient un vivant contraste avec à la figure fine et un peu louche du duc de Cazes, avec la face débonnaire et souriante de Sa Majesté.

Le roi, par son costume traditionnel, mi-guerrier, mi-civil, avec ses épaulettes, son grand cordon, sa petite épée battant ses grosses jambes, représentait bien l'épicurien couronné, sacrifiant à sa nature matérielle et sceptique l'auguste et mystique tradition de sa race.

Le duc de Richelieu, par sa prestance aristocratique, pleine de recherche, était l'incarnation de l'honneur poussé jusqu'au puritanisme. Les malheurs de la patrie et de son roi avaient transformé en lui sa vieille noblesse, représentation autrefois de la galanterie chevaleresque.

Véritable libérateur du territoire envahi, à l'encontre d'un autre ministre qui, cinquante ans après, sauva aussi la France de l'étranger, le duc de Richelieu n'encourut pas le reproche d'avoir abandonné ses princes.

Quand la France se montra également reconnaissante pour lui qui nous épargna la honte de l'occupation, le duc de Richelieu n'accepta la donation de son pays que pour doter la ville de Bordeaux d'un hôpital; lorsque les ennemis du roi voulurent saper les bases de son trône, il compromit jusqu'à sa popularité pour le défendre.

Tel était le président du conseil des ministres de Louis XVIII. Quant à M. de Cazes, tout aussi dévoué à son roi que le ministre des affaires étrangères, il mettait sa police, son ministère occulte à la dévotion des ministres et du château.

Sa Majesté n'avait qu'une politique : la temporisation dans la fermeté.

Louis XVIII se défiait plus des fervents adorateurs du trône et de l'autel que des iconoclastes régicides qui les avaient anéantis autrefois.

Indulgent pour tous les partis, le roi ne réservait ses rigueurs que contre les apostats. Il ne se fiait aux hommes que sur leurs actes, il se défiait de leurs paroles. Il pardonnait à tous ceux qui n'avaient pas pour but d'amoindrir la patrie, fussent-ils les ennemis de la monarchie.

Éclectique en politique comme en religion, il admettait tous les partis excepté le parti de la trahison !

Aussi le prince de Talleyrand avait-il eu beau travailler par ses intrigues, et sous tous les régimes, au retour des Bourbons, c'était le duc de Richelieu qui occupait la droite du trône, comme le duc de Cazes, en place du régicide Fouché, en occupait la gauche.

Louis XVIII est le prototype de cette époque de transition et de restauration, il se peint doublement par la physionomie et le costume : l'homme du passé et l'homme de l'avenir.

Janus couronné, vu de face, avec sa figure rubiconde et impassible, son habit marron, ses épaulettes d'or et son grand cordon, Louis XVIII regarde l'avenir : la France chevaleresque régénérée par la charte.

Vu de dos, avec sa perruque poudrée, ses épaules voûtées, ses grosses jambes vacillantes, Louis XVIII représente cette royauté qui s'en va et qui ne revient un instant que par la lassitude des vainqueurs de la vieille monarchie !

Lorsque le duc de Cazes eut achevé la lecture du plaidoyer de Mᵉ Romiguières, il se fit un moment de silence.

Les deux courtisans attendirent l'opinion du roi pour se prononcer.

Après avoir mûrement écouté cette lecture, Sa Majesté s'écria :

— C'est un beau morceau d'éloquence, ce plaidoyer, mais ce n'est pas une défense proprement dite. Elle sort du cadre de l'affaire. C'est d'après mon examen, un factum contre la royauté, un réquisitoire contre la vie privée et publique de la victime.

Le duc de Richelieu et le duc de Cazes inclinèrent la tête en signe d'assentiment.

L'esprit très judicieux, très fort en analyse de Sa Majesté ne l'avait pas trompé.

Ses deux ministres n'étaient pas de vulgaires flatteurs. Ils manifestaient à leur souverain une adhésion qu'ils partageaient avec lui le plus sincèrement du monde.

Le roi, portant la main à sa joue, et s'accoudant contre la table où tous trois étaient assis, continua en ces termes :

— D'après le dire de cet avocat, Fualdès aurait été assassiné par des carbonari qui ne cessent d'entretenir la terreur dans le Midi, Fualdès

... — Il doit tomber sous la main du bourreau. (Page 325.)

aurait été égorgé par des misérables qui ne lui pardonnaient pas, depuis la première révolution, de s'être rallié à l'Empire.

Alors, le duc reprit :

— Or, Votre Majesté, d'après la version de Mº Romiguières, ne peut laisser agir impunément de pareils bandits. Il faut faire cesser leurs exactions sanglantes qui répandent la terreur dans tout le Midi.

— Vous parlez, de Cazes, fit le roi en souriant, en homme de métier. Mais qui vous prouve que cette version n'est pas une version inventée à plaisir pour innocenter ce misérable Jausion ?

— Qui est un fidèle royaliste, Sire, s'empressa d'ajouter le duc de Cazes, et qui, autrefois au siège de Lyon, a risqué, dit-on, sa vie pour la bonne cause.

— Ce sont, riposta le roi, ces fidèles-là qui perdent la royauté ! Pas moins que ce misérable a sacrifié deux femmes à son amour intéressé. Autrefois, il a tué deux créatures au moyen de l'amour qu'il avait su leur inspirer. Aujourd'hui, il a tué un homme, un magistrat qu'il exploitait, par l'amitié qu'il avait eu l'art de lui inspirer. Royaliste ou jacobin, ce Jausion n'est pas moins un misérable. Il mérite d'être frappé par la loi ! N'est-ce pas votre avis, monsieur de Richelieu ?

— C'est mon sentiment absolu, Majesté, répondit froidement le ministre.

Le duc de Cazes s'inclina, ne répondit pas et le roi continua :

— Maintenant du factum je passe au réquisitoire. Mº Romiguières dépeint M. Fualdès comme un homme qui aurait été attiré chez les Bancal par cette fille, cette Messaline, Mme Manzon. C'est tout simplement inconvenant. Il ferait volontiers de cette rusée commère, une Circé qui aurait dirigé les coups des assassins. C'est scandaleux et ce n'est pas bien prouvé.

— En effet, dit à son tour le duc de Cazes, qui avait à se faire pardonner sa première opinion. — En effet, je saisis bien la vraisemblance du dire de Mº Romiguières, mais je n'aperçois aucune preuve à l'appui.

— Cette fois, répondit le roi, vous êtes dans le vrai, de Cazes. Cependant, je me rangerais presque de l'avis de Mº Romiguières, mais il est inutile, scandaleux d'étaler au grand jour les faiblesses d'un honnête homme; car M. Fualdès, après tout, était un honnête homme. Nous ne sommes plus au temps où le père des Bourbons, Henri IV, disait à un ambassadeur lui reprochant son amour pour Gabrielle : « Il est des hommes qui n'ont pas assez de qualités pour pouvoir avouer ouvertement leurs faiblesses. » Dans l'intérêt de la magistrature, par pitié pour un fils habitué à respecter la mémoire de son père, il faut écarter aussi bien le réquisitoire de Mº Romiguières que son factum. Il le faut absolument.

Voilà, de Cazes, ce que vous allez écrire, au nom du roi, au président des assises d'Albi.

A ces derniers mots, le duc de Richelieu se recula de la table en opérant un haut-le-corps significatif.

Plus familier avec le roi que le ministre de la police, et se targuant de son dévouement à Sa Majesté, il s'écria :

— Y pensez-vous, sire! Permettre l'impunité à d'infâmes conspirateurs? Je passe sur Fualdès, sur son rendez-vous, vrai ou faux, avec Mme Manzon. Cela ne regarde que la vie privée.. Mais épargner les carbonari, des hommes qui se croient assez forts pour faire justice de ceux qui ne veulent pas entrer avec eux dans leurs conspirations, ne pas les punir, les flétrir, c'est avouer tacitement leur puissance?

— Duc, fit le roi en baissant les yeux et sur un ton chagrin, vous parlez comme parlerait un de vos ancêtres, au temps de la conquête du Hanovre! Mais vous oubliez que, depuis, vous et moi, nous avons été à Gand, après la défaite de Waterloo. Tous nos ennemis n'ont pas été couchés dans les plaines des Flandres. Les Chambres ne sont que trop disposées à venger leurs cadavres! N'irritons pas nos ennemis, laissons-les dans l'ombre où ils se cachent.

— Et d'où nous les surveillons! riposta le duc de Cazes ; c'est ce que j'ai fait, sire, en n'arrêtant pas le carbonaro, Louis Bastide, un des chefs de nos ennemis.

— Et vous avez très bien fait, s'écria le roi. Puis, donnant une autre tournure à la conversation, il ajouta : ce plaidoyer, ainsi corrigé et réduit, remettrait l'affaire Fualdès à sa véritable proportion. Il restera dans les crimes ordinaires, crime monstrueux, atroce peut-être, mais qui n'offrira aucun danger pour la royauté, bien au contraire.

— Cependant, ajouta le duc de Richelieu, ce plaidoyer, ainsi mutilé, sera-t-il accepté favorablement par l'auteur?

— Il est possible, répondit le roi, que l'orgueil de l'auteur en souffre, on mettra un baume sur sa blessure.

— Ah! reprit Richelieu qui, tout diplomate qu'il était, ne comprenait pas ce genre de compromis de la part de son souverain. Quel baume, sire?

— On écrira à Romiguières ce que je pense de son plaidoyer ; on lui dira que c'est un très beau morceau d'éloquence, très remarquable comme style, quoiqu'il soit entaché de deux fautes de latinité. Oui, duc, j'en ai la preuve par mon Horace que j'ai là, sous la main.

En même temps, Louis XVIII frappait sur un livre qui ne quittait pas sa table. Horace était l'auteur favori du roi. Il le lisait plus souvent que son bréviaire. D'ordinaire, il ne l'abandonnait que pour entendre la messe, en sa qualité de roi très chrétien, et pour faire imprimer au *Moniteur* :

Le roi a entendu, ce matin, la messe dans ses appartements.

— Mais, sire, répondit à son tour M. de Cazes, très indifférent à Horace et revenant à l'affaire Fualdès, M° Romiguières ne se payera peut-être pas de cette monnaie-là, s'il connaît la fable des Raisins et du Renard ?

— Bah ! bah! fit joyeusement le roi, les avocats ne sont pas si pointilleux et si chiches de leurs paroles. D'ailleurs, nous lui donnerons une fiche de consolation. J'en parlerai à Villemain. Nous ferons couronner son plaidoyer, malgré ses fautes de latinité, par l'Académie française. On le proclamera comme le modèle du genre noble, M° Romiguières sera content et nous aussi.

— Encore une fois, insista le duc de Richelieu, assez entêté, laisser dans l'ombre les carbonari, les épargner, c'est leur donner plus de force contre le trône et l'autel.

— Je le déplore comme vous, Richelieu! riposta le roi, aussi entêté que lui et cette fois d'un ton sec qui ne permettait pas d'observation. — Mais Machiavel l'a dit : « Lorsqu'on ne peut plus tuer son ami, il faut le capter. »

— Sire, exclama le duc emporté malgré lui, par son zèle pour le roi, Henri III avait peur aussi de la Ligue, il espéra l'adoucir en s'en faisant le chef et la Ligue l'emporta ?

— Que voulez-vous-y faire, duc? continua le roi, très tenace dans ses résolutions. Si le flot de l'Océan, qui monte sur nous, est plus fort que la digue que nous lui opposons! Prenez-vous-en au chef de vos illustres ancêtres ! Prenez-vous-en au cardinal de Richelieu qui, en abattant autrefois les plus forts remparts de la royauté par la tête de la noblesse, a été le premier à ouvrir sur la France l'écluse des révolutions?

Le duc de Richelieu courba la tête sous cet affront trop direct. C'était de la part de Louis XVIII, une leçon donnée à l'irrespectueux entêtement de son ministre.

M. de Cazes crut urgent d'intervenir, il ajouta, espérant plaire au roi :

— Alors, Majesté, Jausion pourra-t-il espérer grâce devant elle? car Jausion est et a toujours été un fidèle royaliste?

Le roi se leva brusquement. Il fit quelques pas, en vacillant sur ses grosses jambes. Il lança au ministre de la police un regard dur, dont les reflets d'acier juraient sur sa face rebondie et rubiconde :

— Jausion! exclama-t-il, Jausion ! un voleur et un assassin. Il doit tomber sous la main du bourreau! Que nos ennemis nous combattent et cherchent à nous vaincre par tous les moyens, c'est leur droit, ils sont les plus faibles et ce sont des vaincus? Mais le roi doit sa justice et ne pas dépenser sa clémence devant des misérables qui se targuent d'être avec nous pour commettre les crimes les plus lâches et les plus abominables ! Jausion, dites-vous, est royaliste, c'est une raison de plus d'être puni par un roi dont la mansuétude à son égard serait une infamie ! Ah ! c'est pour le coup que sa grâce donnerait beau jeu à nos ennemis ! Je blâme la *Terreur blanche*, monsieur de Cazes, précisément parce qu'elle attire la *Terreur rouge*. Jausion mourra, telle est ma volonté !

Le duc de Cazes s'inclina profondément. En lançant un regard en dessous au duc de Richelieu, il vit que la fureur du roi était partagée par son premier gentilhomme.

Alors il reprit, espérant reconquérir les bonnes grâces de Sa Majesté.

— En tous les cas, sire, il ne mérite pas plus d'indulgence que cette Bancal, cette femme odieuse et sanguinaire qui a préparé tout cet horrible guet-apens.

Le roi s'était calmé, il avait repris dans son fauteuil sa place accoutumée. Son visage avait son calme et sa placidité ordinaires. Il répondit, en souriant à de Cazes :

— Malgré l'indignité de cette condamnée, peut-être lui ferai-je grâce de la vie ! Cette horrible créature doit tenir plus d'un secret dans son sac. En la faisant causer, peut-être atteindrons-nous d'autres coupables dans le genre de ce Jausion. Allons, messieurs, c'est assez nous occuper de cette odieuse affaire. Le conseil des ministres vous réclame.

Le roi se leva, les deux mains appuyées sur la table pour mieux se soutenir sur ses genoux tremblants.

Les deux ministres s'inclinèrent, en saluant à reculons Sa Majesté très chrétienne et surtout très sceptique.

Deux heures après, M. le duc de Cazes faisait renvoyer le manuscrit de Mᵉ Romiguières au président des assises d'Albi, avec les corrections, annotations et suppressions faites de la main royale, sur une seconde lecture de la part de Sa Majesté.

Le procès Fualdès devenait, de procès d'État, un procès de roi.

CHAPITRE XXXIV

LES AVEUX DE LA BANCAL

Lorsque M° Romiguières reçut de Paris et du cabinet des Tuileries, son plaidoyer, revu, corrigé et retranché de la main royale, il en éprouva un violent dépit.

Malgré les éloges des éminents secrétaires du duc de Cazes, citant son plaidoyer comme un chef-d'œuvre d'éloquence judiciaire, M° Romiguières ne fut pas satisfait de cette eau bénite de cour.

Il ne vit que sa défense qui, mutilée par la main du roi, devenait stérile d'arguments, par les dures vérités qui en étaient bannies. Il s'écria aussitôt qu'on lui eût retourné sa plaidoirie :

— Eh bien ! je ne plaiderai pas !

En effet, comme on le verra, ce ne fut plus M° Romiguières qui prit la parole au nom de Bastide. Ce fut Bastide lui-même, qui lut cette plaidoirie, revue et corrigée.

C'était de la part de son défenseur une manière de protester contre un tribunal partial qui, dans le but de plaire au roi, avait trahi les secrets professionnels, laissant à Bastide le soin de dire des vérités qu'on avait défendues à son défenseur d'exprimer.

Lorsque M° Romiguières eut fait connaître au tribunal sa résolution, il reçut une lettre anonyme d'un des frères de *l'Epingle noire*, elle ne contenait que ces mots :

« Votre initiative est celle d'un honnête patriote. Merci de votre réponse à des juges prévaricateurs. L'opinion libérale en tient bonne note.»

Au moment où se passait dans les coulisses du tribunal cette nouvelle lutte engagée par le défenseur de Bastide avec le gouvernement, il s'en passait une autre non moins importante entre les accusés.

Cette fois, c'était la Bancal, la nouvelle alliée de Jausion, qu'on cherchait à détacher de lui, comme on en avait détaché son beau-frère Bastide.

C'était le traître Bousquier qui était chargé par la police, de cette vilaine besogne.

Il dépeignait à la Bancal, Jausion comme le plus fourbe des hommes ;

et il le lui prouvait, en lui annonçant que pour se blanchir il l'avait dénoncée au gouvernement, comme ayant été la principale coupable du meurtre de Fualdès, et comme elle s'en était vantée à lui-même.

Le fait était vrai.

La Bancal fut d'autant plus disposée à croire Bousquier que celui-ci répéta mot pour mot sa délation au gouvernement écrite dans la défense de M⁰ Dubernard, son avocat.

Elle disait que la Bancal, soudoyée par ses ennemis, l'accusait du crime dont elle était le principal auteur avec Bastide.

En apprenant la perfidie de Jausion de la bouche de Bousquier, un mouton, qui par sa situation, avait l'oreille de la police, la Bancal entra dans une violente fureur.

Lorsque ce fut à son tour à parler à l'audience, elle ne ménagea plus son complice comme elle l'avait fait jusqu'alors.

La Bancal, décidée à tout avouer, amena à l'audience de nouvelles péripéties.

— Mes bons *moussus*, dit-elle, aux juges, de sa voix traînarde et pleurarde, clignant des yeux vers Bastide et Jausion, comme un chat qui guette sa proie, sans avoir l'air de les regarder, — mes bons moussus, je dois vous dire la franche vérité, si je l'ai dissimulée tout d'abord, c'est par amour pour mon mari, mon pauvre défunt.

Elle tire un mouchoir de sa poche, elle s'arrête pour feindre de pleurer.

Le président la presse de faire ses aveux qui tiennent en suspens l'auditoire. Il lui dit :

— Nous vous dispensons de cette feinte douleur. Continuez :

R. — Les sentiments les plus naturels ne peuvent être une *feinte*.

D. — Bref parlez et ne vous jouez plus de la justice.

R. — A huit heures et demie ; était-ce bien huit heures et demie ? Enfin c'était vers cette heure-là. Je vis entrer, le 19 mars, six personnes qui forcèrent mon domicile. Ces personnes s'acharnaient après un *moussu* que je reconnus bel et bien pour être le bon Fualdès. Il aimait mon domicile, le brave homme, parce qu'il y trouvait ses aises, mais pas ce soir-là, par exemple !

D. — Nous vous dispensons de ces détails. Achevez.

R. — Alors il était bâillonné, et on l'entraînait avec un mouchoir qu'on lui avait passé autour du cou. Parmi ces individus, il y avait quatre gens, mais il n'y en avait que deux que je reconnusse. C'étaient mes clients : Bastide et Jausion.

Bastide, s'écrie : — C'est un mensonge !

Jausion. — C'est une fable inventée par mes ennemis !

La *Bancal*. — La vérité la plus pure sort de ma bouche ; si je n'en sais

Bastide hausse les épaules d'impatience, Jausion lève les bras au ciel... (Page 330.)

pas davantage. c'est que mon mari, mon pauvre défunt ne m'a jamais dit quels étaient ceux que je ne reconnus pas. Cependant on m'assura que l'un d'eux était Yence, parent de Bastide. Bach et Colard étaient du nombre des autres personnes qui entrèrent comme un ouragan dans ma cuisine. Ils étaient six. M. Jausion n'y resta pas longtemps. Il rentra et j'entendis M. Fualdès prononcer quelques mots, entre autres ceux-ci : *Que vous ai-je fait ?* C'est Bastide, je crois qui a répondu.

Bastide. — On ne pourra jamais vous croire, puisque vous mettez sur le compte des autres, le rôle que vous avez joué chez vous.

R. — Et que vous connaissiez si bien! Aussi lorsque vous y êtes entré avec M. Jausion, nous n'avons pas hésité, mon mari et moi, à vous faire les honneurs de notre domicile. Mais il paraît que cela vous gênait, car vous nous menaçâtes de nous tuer, si moi ou mon mari nous faisions un pas pour sortir.

A ces mots, Bastide hausse les épaules d'impatience, Jausion lève les bras au ciel en signe de protestation. La Bancal continue :

— Résignée comme une brebis, je retombai sur une chaise, la tête appuyée sur mes mains. Mon mari qui s'aperçut que j'étais indisposée me fit sortir par l'escalier, j'y perdis connaissance.

Bastide, avec ironie. — C'est-à-dire que vous répétez en cette circonstance le rôle et l'attitude que vous fîtes jouer à Mme Manzon.

La Bancal continue :

— Quand je sortis de la cuisine, Missonnier y était encore. Il est probable qu'on l'avait laissé là comme un benêt qui n'avait pas conscience de ce qu'on lui avait fait faire. Bousquier n'arriva que bien longtemps après, lorsque la besogne était faite. Je n'y ai pas vu du tout Anne Benoist. Lorsque je fus sur l'escalier on ferma toutes les portes. Ce qui fait que je ne puis dire ce qui se passa. Il me semble cependant qu'il y avait du monde au dehors.

Bastide, avec dédain. — Vous répétez mot pour mot, la leçon de Mme Manzon, et qu'elle a débitée avant vous au tribunal.

La *Bancal*, froidement. — Probablement parce que c'est la vérité qui se rencontre par ma bouche. Je continue : Le soir dans la cour, quand je fus libre, je demandai à Magdeleine ce qu'avaient fait les messieurs qui étaient entrés chez nous. Ah! *Maman*, me dit la petite, le monsieur qu'ils ont tué était *bien méchant : on l'a tué comme un cochon*. Mon mari que je questionnai là-dessus, me dit qu'on avait reçu le sang dans un pot. Il fut porté, je crois, sur un tas de fumier.

Le président ajoute à la Bancal.

— Et voilà tout ce que vous savez?

— Je le jure sur les plaies du Christ!

D. — Pourquoi n'avez-vous pas découvert plus tôt la vérité?

R. — J'avais peur de nuire à M. Jausion, qui avait été autrefois si bon pour moi. Mais depuis...

Elle courbe la tête d'un air sombre et se tait.

Jausion se récrie :

— J'ai été bon pour vous, comme M. Fualdès qui s'intéressait à vos malheurs, je n'avais d'autre mobile que la charité. Vous m'en faites repentir en servant mes ennemis.

Le président continue en s'adressant à la Bancal :

— Votre reconnaissance ne devait pas aller jusqu'à altérer la vérité. Encore une fois pourquoi ne pas l'avoir dite plus tôt?

R. — On m'avait dit que nous partirions pour Montpellier et qu'on nous délivrerait en route. Je vivais dans cette espérance.

D. — Voilà du moins de la franchise! Combien y avait-il de femmes chez vous. Bach et Bousquier prétendent qu'il y en avait trois.

R. — Il est très possible qu'il y en ait eu trois.

D. — Répondez catégoriquement, combien en avez-vous vu?

R. — Je crois n'en avoir vu entrer qu'une et encore je n'ai pas même aperçu celle que je soupçonne être entrée.

D. — Et vous n'avez pas même aperçu Mme Manzon?

R. — Non, monsieur le président.

D. — Pourtant vous avez bien vu et reconnu MM. Bastide et Jausion.

R. — Oh! ceux-là sont cause de tous nos malheurs! Sans eux, mon pauvre mari ne serait pas mort dans les prisons. Je n'y serais pas, moi, depuis un an, et mes enfants ne seraient pas à l'hôpital.

Sous un regard foudroyant de Jausion, la femme Bancal courbe la tête. Elle comprend que tout en accusant celui qui est entre les mains de la justice, elle doit compter avec un esprit aussi vindicatif et aussi retors.

Elle réfléchit sur son air de menace. Cependant, Jausion se possède assez pour ne pas répliquer à son accusatrice. Bastide, moins fin, éclate en invectives :

— Je ne conçois rien, s'écria-t-il, à l'effronterie de cette femme. Je ne l'ai jamais vue. Je ne suis jamais entré chez elle. Vous voyez bien, messieurs, qu'elle fait sa fable comme les autres. Elle n'a même pas le mérite de l'invention! Je voudrais bien qu'elle me dise où, comment, en quelle circonstance, elle m'a connu.

La Bancal. — Ce serait trop long à dire ; tout ce que je puis dire, c'est que je vous connais intimement et mes filles aussi depuis deux ans! Je vous ai vu cent fois dans les rues de Rodez!

Bastide, impatienté. — Pourquoi pas cent fois dans votre maison?

La Bancal, sur un ton pleurard :

— Hélas, Jésus! si l'on avait su que vous y vinssiez cent fois de suite, les gendarmes auraient fait leur caserne de ma maison!

Le président. — Puisque vous paraissiez ignorer que les assassins dussent commettre le crime chez vous, comment se fait-il que précisément vous ayez écarté, ce soir-là, un soldat qui y logeait d'ordinaire.

R. — Ce garçon-là faisait trop de tapage chez moi. Je n'aime pas le bruit, cela me dérangeait. Je l'ai éconduit.

D. — Je comprends cela. A quelle heure vîtes-vous entrer le prétendu cortège ?
R. — Monsieur le président doit bien le savoir ?
D. — Entrèrent-ils isolément ou avec les autres ?
Bastide. — Oui, répondez, Bancal? répondez franchement?
La Bancal. — Vous étiez tous ensemble !
Bastide. — Et tout à l'heure, Bancal prétendait n'avoir rien vu, rien reconnu !
La Bancal. — Excepté vous et Jausion.

M⁰ *Dubernard*, défenseur de Jausion. — Je prie, monsieur le président, de demander à la femme Bancal si Jausion ne l'a pas suppliée de dire la vérité?

La Bancal. — Si, une fois dans la charrette. Mais j'étais si mal à mon aise, il faisait si chaud, que je ne prêtais pas une vive attention à ses paroles.

Le procureur général prend la parole, il demande à la Bancal :
— Avez-vous vu, après le meurtre, qu'on remît une clef à l'une des personnes présentes, en lui disant *va ramasser le tout?*
R. Oui, c'est Jausion qui dit cela à Bastide.

Le procureur général reprend :
— Avez-vous demandé qu'on vous remît la chemise de M. Fualdès; parce qu'elle était si fine, disiez-vous, *qu'elle ressemblait à une aube?*
R. — Non, monsieur, je ne me serais pas servi d'une pareille expression qui aurait été une profanation !

Le président. — Femme Bancal, vous convenez maintenant que votre fille a dit la vérité?
R. — Tantôt en allant à droite, quand il fallait aller à gauche! Tantôt bien ! tantôt mal.

Le procureur général. — Il est évident que c'est la femme Bancal qui altère la vérité, avec Bach et Bousquier. Elle retranche des aveux que leur arrache la force de la vérité; elle laisse dans l'ombre certaines circonstances qui tendraient à établir leur participation au crime.

R. — Pour être si instruit que cela, il faudrait y avoir été pour son compte.

Le procureur général. — Puisque la femme Bancal a commencé à dire la vérité, il faut qu'elle la fasse connaître tout entière. Est-il vrai que Bastide lui ait offert une somme pour tuer sa fille?

R. — Il en est bien capable, le brigand! Mais la vérité est que s'il ne m'a pas offert d'argent, il a dit à mon pauvre mari : « Si ta fille parle, on la tuera ! »

Le président. — Pourquoi Bancal, à cette époque, feigniez-vous toujours de ne pas reconnaître Jausion?

La Bancal regarde le banquier qui lui lance de terribles regards. Elle paraît en être affectée et répond au président :

— Peu de temps après l'affaire, il me semblait dans mon trouble que je ne pouvais affirmer la présence chez moi de M. Jausion. Mais ce dont j'ai toujours été sûre, c'est de la présence de Bastide !

Bastide, furieux. — Demandez-moi un peu pourquoi, c'est moi justement qui suis la *bête noire* de cette femme ?

La Bancal, reprenant son ton pleurard. — Parce que c'est vous qui êtes la cause de nos malheurs ! Sans vous, nous ne serions pas où nous sommes ; j'aurais encore mes enfants et mon pauvre défunt ! Si je n'ai pas parlé plus tôt, c'est que j'avais peur de vous !

Bastide, d'un air dédaigneux. — Je vous demande un peu de quoi peut avoir peur une femme déjà condamnée à mort ? Qu'est-ce qui peut lui arriver de pis ?

R. — De mourir en votre compagnie ! D'ailleurs, mon avocat, à Rodez, m'avait conseillé de ne pas dire la vérité.

M° Boudel, le nouvel avocat de la Bancal, se lève et dit au président :

— Je ferai observer que la Bancal parle de son avocat de Rodez ; je vous prie de lui demander si son défenseur d'Albi a agi de la sorte ?

Le président, sans interroger la Bancal. — Vous avez fait tout ce qui dépendait de vous pour obtenir la vérité. La cour vous en remercie, tout en vous devant cet hommage.

La séance est levée sur la fin des aveux de l'odieuse hôtesse de la rue des Hebdomadiers.

CHAPITRE XXXV

FUALDÈS FILS DEVANT LES ASSASSINS DE SON PÈRE

Malgré les usages de la procédure criminelle, l'intervention de M. Fualdès fils, en face des assassins de son père, se manifeste dans ces divers procès. Il en est même l'instigateur.

L'activité qu'il déploie jure avec sa douleur. La partie civile laisse trop voir, au début, la piété filiale aux prises avec les regrets d'un patrimoine perdu.

M. Fualdès, par des accents énergiques, un peu déclamatoires, atténue le côté trop intéressé sur lequel s'est appuyée la partie civile. Tout en abusant de la faconde sonore, à la mode à cette époque et qui ne choque pas les contemporains, l'avocat s'écrie au tribunal de Rodez :

« — Si j'ai pour moi, d'un côté, l'aspect consolateur de la justice, n'ai-je pas à supporter, de l'autre, la présence affreuse des assassins *présumés* de mon malheureux père ? Ce n'était pas assez de me voir privé du meilleur comme du plus vertueux des hommes ? Ce n'était pas assez de savoir qu'une douleur mortelle me menace à tout instant de me ravir une mère infortunée ? Ce n'était pas assez que le patrimoine de la victime fût devenu la proie de ses bourreaux ? Non ! les partisans de l'impunité n'ont pas trouvé mes afflictions assez grandes ! Leur intrigue coupable a voulu m'enlever le seul bien qui me reste : l'honneur !

« Heureusement que cette nature de richesse est hors des atteintes de la cupidité des pervers. »

Il termine en protestant contre cette idée de cupidité élevée contre lui.

Cependant, dans le cours de cet interminable procès, il y revient trop souvent. Aux regrets cuisants que lui laisse la perte d'un père vénéré se mêlent aussi les regrets de la perte de sa fortune.

Au procès d'Albi, lorsque les assassins *présumés* sont bien pour lui, les voleurs de sa fortune, M. Fualdès fils ne cesse d'éveiller l'attention des magistrats sur les détenteurs de son patrimoine.

Pour lui, l'intérêt du crime est dans la dette contractée par Jausion et Bastide, dette urgente qu'on a supprimée avec le créancier, son père, avec l'héritage qu'il était en droit d'attendre.

M. Fualdès fils ajoute à Albi, devant les assassins :

« Il n'est pas moins vrai que depuis que je n'ai plus en ma possession les papiers de ma famille, les renseignements que j'y devais puiser, je me trouve dans un vague d'idées absolu, où tout est confus pour moi.

« Tous les documents que j'aurais pu compulser parmi les effets de mon malheureux père m'ont été enlevés par Jausion ; il reste donc juge et partie. Il a pu à loisir combiner sa dette et la présenter à son avantage. Durant les assises de l'Aveyron, je croyais devoir prouver que Jausion était le meurtrier de mon père, parce qu'il était le ravisseur de sa fortune ; ici, je crois devoir prouver que Jausion est le ravisseur de la fortune de mon père, parce qu'il en est le meurtrier.

« Nul doute à cet égard, messieurs, je le demande à vous tous, s'il est possible qu'un forfait aussi inouï ait été commis sans qu'il en résultât de grands avantages.

« Ici, je rétorque l'opinion de l'accusé qui se prétend ruiné par la mort de mon père, je la rétorque contre l'accusé lui-même, et je dis : le crime n'a été commis que pour en activer de grands profits. »

Dans une autre séance, lorsque la discussion est ouverte et que la cour accorde la parole à la partie civile, M. Fualdès fils reprend :

« Examinons, dit-il, les calculs de ces misérables! pour parvenir à l'impunité. Si l'on n'avait pu découvrir aussi vite le corps de mon malheureux père ses indignes parents n'auraient pas manqué de dire :

« — Avant de succomber à son désespoir, Fualdès a voulu effacer jusqu'aux moindres traces de l'épouvantable chaos de ses affaires! Le bruit du suicide qu'on préparait, pour couvrir le crime, se serait accrédité.

« Heureusement la Providence était là pour épargner de si grands maux, pour préserver de cette tache la mémoire de l'homme intègre.

« Les tigres furent trop avides de son sang; les gouffres de l'Aveyron se refusèrent de participer à un pareil forfait. Que dis-je ? Ils s'empressèrent de le dévoiler.

« Pendant que se commettait le plus épouvantable des crimes, j'étais au sein de la plus douce sécurité. Je fêtais par avance le moment fortuné qui devait me réunir à mon père. J'allais être heureux sans partage, lorsque j'apprends que mon père m'est ravi pour jamais, qu'il a été cruellement assassiné.

« Je faillis perdre la vie à mon tour en apprenant cette effroyable nouvelle, je ne la conservai que par les soins de ma nouvelle épouse. A peine ai-je quitté l'habitation de mon beau-père qu'on me signale, en tous lieux, Bastide comme l'auteur de mes maux! Je n'osais y croire quand j'arrivai à Rodez! Mais l'implacable justice me força à voir clair dans l'horreur de ma situation. J'aimais à croire que Bastide, que Jausion se justifieraient, que mes bourreaux ne seraient pas ceux que j'appelais mes amis, au sein de ma famille!

« Je me trouvai dans cette incertitude qui devenait chaque jour plus cruelle, plus accablante, quand des révélations tardives, des aveux positifs de la veuve Galtier me firent saisir le nœud de cette trame épouvantable!

« Dès lors, ce mystère d'iniquité n'en fut plus un pour moi, les choses jusque là les plus incompréhensibles furent faciles à concevoir.

« J'interrogeai la conduite de Jausion, le passé comme le présent; tout en elle m'avertit que cet homme était profondément immoral. J'eus la conviction de sa culpabilité, j'eus la certitude que c'était lui qui avait médité ce crime de longue main, pour cacher jusqu'aux moindres traces de sa situation vis-à-vis de sa malheureuse victime, pour prendre sa part de la vente de Flars qui n'était plus affectée aux créanciers.

« Pour faire disparaître une fortune, pour laisser croire qu'elle était absorbée au profit de Jausion, il fallait faire disparaître M. Fualdès.

« Voilà comment Jausion devint le principal instigateur de cet horrible guet-apens; Bastide n'est que le lieutenant de ce vétéran du vice et du crime.

« Dès lors, je n'hésitai plus à me ranger du côté de l'opinion qui accusait ces deux hommes; je me joignis aux vengeurs de la justice, je réunis mes efforts aux leurs pour activer autant que possible la manifestation de la vérité.

Eh bien, messieurs, c'est une pareille conduite, c'est le zèle d'un fils voulant venger par les lois, le meurtre commis sur l'auteur de ses jours, qui m'ont valu les scènes si injustes, si souvent renouvelées de la part de plusieurs membres des familles Bastide et Jausion et de leurs adhérents.

« Ils espéraient, en me créant mille tribulations, que je fléchirais enfin sous le poids du malheur. Les insensés! combien ils s'abusaient. Ah! que la piété filiale inspire de courage! Plus ils ont cherché à m'abattre, plus j'ai senti mes forces se ranimer. »

Alors M. Fualdès fils expose la perfidie de Jausion qui fit insinuer que, très embarrassé d'argent, il n'aurait pas été éloigné à s'en procurer par les moyens qui ne répugnaient pas à son complice Bastide.

Il découvre le dernier voile dont s'enveloppaient, pour le perdre, Jausion et Bastide; il les désigne comme s'attaquant à son honneur, après s'être attaqués à la fortune et à la vie de son père.

Il montre jusqu'où peut s'étendre leur basse perfidie; il signale leurs dernières manœuvres une fois le meurtre accompli, une fois que leurs mains ensanglantées ont récolté le fruit de leur criminel guet-apens.

L'orphelin continue son acte d'accusation, en montrant au grand jour Jausion, un homme qui possède l'art de se couvrir en couvrant les autres :

« — Savez-vous, en dernier lieu, s'écrie Fualdès fils, ce qu'a laissé insinuer Jausion? Il a dit, il a fait dire par les gens de sa famille : ce n'est pas le désir d'une vengeance légitime qui m'anime. Le mobile de mes actions, c'est la cupidité. Et les monstres ont osé accréditer *que j'ai reçu de leurs mains une rançon pour le sang versé de mon malheureux père!* »

A cette révélation qui met à nu l'esprit retors, délié et cruel de Jausion, un frémissement d'indignation court dans l'auditoire.

M. de Feydel, n'aime pas les coups de théâtre, il se hâte de calmer l'émotion générale produite par l'accusation de Fualdès fils.

Cependant le coup est porté, encore une fois l'infâme Jausion est démasqué. Il jette des regards obliques, implacables de haine au fils de sa victime.

Fualdès continue disant, tout ce qu'ont employé de ruses infernales les gens appartenant de près ou de loin à la famille de Jausion et de Bastide.

« Ils ont d'abord fait courir le bruit que le meurtre était une vengeance

... Mme Manzon a paru verser quelques larmes. (Page 343.)

de nobles; puis lorsqu'il a été bien prouvé que la noblesse n'y était pour rien, et qu'elle s'entendait avec tous les honnêtes gens pour flétrir et condamner les meurtriers, ils ont influencé d'autres personnages d'une opinion contraire à celle de l'aristocratie?

« Qu'ont-ils dénoncé comme les meurtriers de mon père? Presque mes proches, mes amis! Ils ont tourné contre moi la vengeance légitime que je dirigeais contre eux en s'attaquant aux gens de ma famille.

« Enfin, pour me réduire à l'impuissance, après m'avoir livré au désespoir, ils ont abusé de ma position précaire faite par leur vol et par leur crime pour me priver de la liberté. Au nom de dettes contractées pour l'accomplissement du plus saint des devoirs, hier encore, sans la protection de la justice, j'étais menacé de la prison. C'était un moyen de me faire taire. Il ne leur suffisait plus de m'avoir privé de mon père, de ma fortune, de m'avoir pris l'honneur, ils voulaient jusqu'à me ravir la liberté ! Voilà leur œuvre. Sans vous, encore une fois, l'innocence eût été vaincue par le crime, Jausion sortait de cette lutte sanglante, abominable, tout triomphant comme autrefois ! Ah ! il se vengeait bien sur moi du mal que je ne lui permettais plus de faire, lorsque je le dénonçais à Rodez comme à Albi ! »

Les allusions de l'infortuné Fualdès fils sont comprises de l'auditoire ; elles confondent de plus en plus Jausion. Quant à Bastide, il se tait, parce qu'il n'est plus en cause, et que brouillé avec son complice, le sort de Jausion lui importe peu.

Bastide n'a rien à gagner à entrer en lutte avec le fils de sa victime. Il se rappelle avec quelle violence il a apostrophé autrefois Jausion aux assises d'Albi ; c'est peut-être cette violence qui amena, quinze jours plus tard, les représailles du banquier, car la haine de ce reptile a toujours été funeste à la famille Fualdès.

Voici ce que disait, quinze jours auparavant, Fualdès à Jausion :

— Ce fut, comme par enchantement que j'acquis la conviction de la culpabilité de Jausion.

A cette époque, c'est-à-dire dans la séance du 9 avril 1818, Jausion avait dit d'abord au tribunal :

— Je dois mon arrestation à la dénonciation de M. Fualdès fils, d'un parent, d'un ami, à qui j'avais rendu tant de services, *ainsi qu'à son père*.

Et Fualdès répondait à cette ancienne prétention :

— Oui, je le répète, ce fut comme par enchantement que je devinai le coupable. Mon domestique me dit qu'il avait enfoncé le bureau, et je fus alors en prévenir la justice. Je n'en voulais pas à Jausion, je n'en voulais qu'aux assassins de mon père :

« Dès le principe, je n'ai pu me défendre, il est vrai, de quelques soupçons sur le compte de Jausion. Ayant reçu sa visite dans les derniers jours de mars, un matin, lorsque j'étais encore couché, je tremblai, j'éprouvai un frisson et je m'enfonçai dans mon lit pour ne pas le voir. Définissez, s'il est possible, ce pressentiment ; c'est la nature, c'est la Providence qui me l'inspira. Je n'en tire, du reste, aucune conclusion. J'ai éprouvé les mêmes sentiments quelques jours après. Je me rendais au tribunal pour y remplir le devoir rigoureux que m'imposait ce crime abominable, pour donner quelques éclaircissements à la justice, je vis dans la rue un homme que je pris pour Jausion et je me trouvai mal ! Comment expliquer ces pressentiments ?

« L'accusé a tort de dire, pour laisser supposer que je le craignais, que j'ai longtemps balancé à le dénoncer. Il est vrai, le domestique de mon père, me fit à ce sujet des révélations tardives ; mais cela tient à son intelligence bornée !

« Ma mère ne se possédait plus de douleur ; elle ne pouvait croire, tout en se méfiant de Jausion et de Bastide, à un crime aussi horrible commis par ses proches ? Je lui demandai si elle avait donné quelques ordres à Jausion, à sa femme ou à Mme Galtier pour ouvrir le bureau et visiter les appartements ?

« Elle me répondit que non.

« Alors, avec un témoin, M. Sermayous, nous montâmes ensemble au cabinet. Et je vis son bureau enfoncé.

« Le lendemain, j'en fis donner avis pour que la justice fît, à cet égard, ce qu'elle jugerait à propos de faire.

« Est-ce là, comme le prétend l'accusé, cette affreuse dénonciation dont il fait retentir l'enceinte de ce tribunal ? »

Jausion répondait à l'interpellation de M. Fualdès fils, dans la séance du 7 avril :

— Je ne prétends pas contester les démarches faites en vue de ma dénonciation ; mais je prétends qu'elles n'avaient qu'un but : se débarrasser d'un confident gênant, d'un trop obligeant ami ou ennemi, comme vous l'entendrez.

Toujours perfide, Jausion fait payer cher à Fualdès sa dénonciation par des malheurs dont se plaint, quinze jours après, le fils de sa victime.

Il est toujours dangereux de s'attaquer à Jausion.

Après les dernières paroles de Fualdès fils, confondant les perfidies de l'assassin, il se retire, déclarant qu'il ne veut pas assister à des débats qui ont pour but de lui faire rendre sa fortune. Il ne veut pas vendre le sang d'un père ; il n'a souci que de l'intérêt des créanciers dont le gage a disparu après le vol et l'assassinat !

CHAPITRE XXXVI

LE RÉQUISITOIRE

L'affaire Fualdès qui provoqua tant de juridictions successives, tantôt à Rodez, tantôt à Montpellier, tantôt à Albi, dura près de deux ans.

Trois cent cinquante témoins furent appelés à la barre, en provoquant des incidents toujours nouveaux, des surprises de plus en plus poignantes.

Enfin le 29 avril, le procureur général prononça son réquisitoire sur l'audition des témoins, qui n'avaient osé dire la vérité à Rodez, ayant pour ainsi dire, dans leur ville natale, le couteau sur la gorge.

Lorsque, imitant M⁽ᵐᵉ⁾ Manzon, ils dirent à Albi ce qu'ils n'avaient osé dire à Rodez, le procureur général résuma les débats avec l'impartialité que lui permettait cette scandaleuse et sanglante affaire.

N'était-elle pas soumise avant tout, à l'approbation du roi et aux exigences de M. de Cazes, ministre de la police générale ?

» Messieurs, s'exprimait ainsi le procureur général, nous touchons au terme de ces assises memorables dont les travaux ont fixé l'attention publique. Les concours nombreux que vous avez remarqués dans vos séances, l'avidité avec laquelle les détails ont été recueillis au dehors, montrent que ce n'est pas ici une de ces affaires ordinaires destinées à se perdre et à mourir dans le livre des perversités humaines.

« Les nouvelles révélations que les débats ont produites, ont fait connaître le caractère immoral de Jausion et de Bastide. Le caractère insidieux, perfide et cruel du premier, le caractère violent et féroce du second. Vous avez connu les habitudes anciennes de l'un et de l'autre dans la maison Bancal, quoiqu'ils eussent déclaré l'un et l'autre, n'avoir jamais mis les pieds dans cette maison. On vous a démontré enfin, dans le temps antérieur au 19 mars, que le complot déjà formé, organisé contre la vie et la fortune du sieur Fualdès, était prêt à recevoir son exécution.

« Dans la deuxième époque, dans la journée du 19 mars, vous avez vu des subalternes tout disposés par Jausion et Bastide pour l'horrible sacrifice, vous en connaissez le prétexte, une négociation de lettres de change préparée par Jausion et Bastide.

« Dans la troisième époque, encore dans la journée du 19 mars, Fualdès est attiré dans l'infâme maison des Bancal, pour y être égorgé au moment de conclure les prétendues négociations. Vous voyez : 1° le guet-apens dans la rue des Hebdomadiers ; 2° Fualdès égorgé par les siens ; 3° la conduite du cadavre dans le chemin qui est parcouru, depuis la maison Bancal jusqu'à l'Aveyron. Tous les pas des assassins, Jausion et Bastide à leur tête, sont suivis et marqués ; on ne les perd pas de vue un instant.

« Dans la quatrième époque, vous avez vu Jausion et Bastide acharnés à leur proie, s'introduisant le lendemain du meurtre, de six à sept heures du matin, dans la maison Fualdès, consommant la spoliation totale de leur victime, enlevant soit d'un placard, soit d'un tiroir brisé par le secours d'une hache, tous les papiers qu'ils trouvent sous leurs mains.

« De nombreux témoins ont signalé ces faits, en dernier lieu, des révélations importantes sont venues les confirmer.

« Ces nouvelles révélations de la part de trois accusés, les accents terribles qui se sont fait entendre, les formes quelquefois dramatiques avec lesquelles ces accents si pleins de vérité ont retenti au milieu de nous, l'audace des principaux coupables, dont l'un a semblé jouer avec l'accusation comme il avait joué avec le crime, ont accru l'intérêt et ont fourni un nouvel aliment à la curiosité.

« Les annales du crime n'offrent peut-être pas tant de barbarie, une si froide et si longue préméditation, un si grand nombre de coupables pour le même délit (car vous savez que la justice cherche encore des complices.) Jamais peut-être on ne vit des combinaisons si profondes, un système de corruption et de terreur envers des témoins si profondément conçu, si constamment suivi, et nous n'hésitons pas à le dire, autant de crimes et de tentatives de crimes pour détruire les preuves du premier.

« Ce sont des parents, de prétendus amis qui ont surpris la confiance et l'amitié d'un vieillard, pour l'entraîner dans l'abîme que leur cupidité avait ouvert sous ses pas ; qui se sont associés à ce que l'espèce humaine a de plus abject, pour égorger celui dont la main s'ouvrait sans cesse pour répandre sur eux ses bienfaits. Aucun d'eux ne sentait les atteintes du besoin : ils ont tué pour envahir sa fortune. Le même coup a dépouillé le jeune Fualdès des biens de ses pères ; et, ce qui lui est bien plus sensible, lui a enlevé avant le temps marqué par la destinée, un père tendre, son appui, son meilleur ami. L'expression déchirante de ses regrets, dans une discussion si pénible pour lui, a souvent fait couler vos larmes.

« Grâces vous soient rendues, messieurs ; l'indignation contre le crime ne vous a rien ôté du calme et de l'impartialité nécessaires pour connaître, pour discerner les coupables.

« Vous avez écarté cette opinion redoutable, nous ne parlons pas de celle qui se forme dans les premiers moments du crime, et qui peut trop souvent égarer les magistrats et le public; mais cette opinion, telle que vous l'avez vue se manifester dans cette affaire, mûrie et consolidée par le temps, éclairée par la réflexion ; cette opinion si hautement exprimée, quelque intérêt qu'elle paraisse mériter, n'aura et ne doit avoir aucun empire sur votre décision. La justice, lorsqu'elle prononce sur le sort des hommes, ne reçoit point la loi de l'opinion ; c'est à l'opinion de recevoir celle de la justice.

« Vous n'avez pas partagé les préventions qu'ont pu faire naître les efforts des accusés dès l'ouverture de cette assise, pour éloigner leur jugement : ils ont usé du droit naturel et légitime d'épuiser tous les degrés de juridiction pour faire réussir cette demande, et la justice, toujours une, l'a constamment repoussée. On a dit peut-être que, redoutant le jour de la justice, ils cherchaient à l'éloigner, alors qu'ils ne pouvaient plus espérer de l'obscurcir; que ce n'est pas ainsi que marche l'innocence ; qu'au contraire elle appelle et provoque son jugement ; que tout ce qui peut éloigner la décision est un nouveau malheur pour elle, comme ce serait une faute grave de la part des magistrats.

« Mais cette prévention n'est point arrivée jusqu'à vous. Dans cette épreuve solennelle, dans ce spectacle imposant d'accusés qui défendent leur vie contre la société qui l'attaque, en soumettant leur conduite à un examen rigoureux et nécessaire, l'attaque et la défense, l'accusation et la justification ont marché du même pas, ont été également soutenues et écoutées.

« Grâces encore une fois vous soient rendues? C'est à votre attitude ferme, au soin religieux que vous avez pris de tout entendre, de tout voir, de tout apprécier, que sont dues, et les révélations de quelques accusés, révélations d'autant plus considérables qu'elles ne peuvent changer le sort de ceux qui les ont faites, et les résultats de ces mêmes débats que nous allons mettre sous vos yeux.

« Pour vous les présenter dans l'ordre le plus convenable et qui nous paraît le plus propre à les graver dans vos esprits, nous avons distingué les quatre époques, qui comprennent :

« 1° Les faits antérieurs à la journée du 19 mars 1817;

« 2° Les faits qui se sont passés dans la journée du 19 mars, jusqu'à l'heure où le sieur Fualdès est parti pour le fatal rendez-vous;

« 3° Ceux qui ont eu lieu depuis sa sortie jusqu'au moment où son cadavre a été jeté dans l'Aveyron;

« 4° Les faits postérieurs.

«Tous ces faits, je les ai précédemment analysés sur les preuves résultant de la procédure contre chacun des accusés. Je ne reviendrai pas sur cette analyse.

« Mais je rappellerai encore les menaces dirigées contre Mᵐᵉ Manzon, les terreurs qui ont saisi les témoins, après la mort violente de la veuve Ginesty, et les soupçons du même genre de mort à l'égard de Bancal, qui déjà avait nommé l'un des principaux accusés.

« Que prétendaient-ils donc ces misérables, avec ces tentatives homicides ? Que prétendaient-ils en semant l'or aux témoins qu'ils ne pouvaient plus intimider ? Ont-ils pensé que l'or et le sang feraient fléchir la puissance de la loi et la conscience publique ?

« Tels sont, messieurs les jurés, les idées auxquelles vous vous élèverez dans la décision que vous allez rendre.

« Cédant au sentiment de notre profonde conviction, nous fixons nos regards sur l'intérêt de la société, de la nature et de l'amitié successivement confondues par un horrible assassinat.

« La confiance est bannie de la terre, s'il faut craindre désormais de trouver des assassins parmi ses parents et ses amis.

« Il nous reste à remplir un ministère plus consolant et plus doux. Ce bonheur que nous éprouvons, nous vous le faisons partager. Nous aimons à provoquer la cessation des rigueurs que la dame Manzon s'est attirées dans cette affaire par son refus de dire la vérité. Ce n'était pas à elle d'examiner si son témoignage était nécessaire, il suffisait qu'il lui fût demandé pour qu'elle se fît un devoir de le rendre.

« Si entraînée par un *sentiment exagéré* dont nous lui avons représenté l'abus, elle n'a pas satisfait entièrement à ce que sa conscience exigeait d'elle, elle en a dit assez pour satisfaire la justice.

« Qu'elle oublie ses malheurs ! qu'elle les fasse oublier ! qu'elle renonce à cette célébrité que les femmes n'obtiennent jamais qu'au dépend de leur bonheur ! Leur considération est dans l'estime de ceux qu'elles aiment; leur gloire est dans la pratique de la vertu modeste, inhérente à leur sort. Quelle qu'ait été la rigueur de sa destinée, Mᵐᵉ Manzon la surmontera en honorant et embellissant sa vie par l'accomplissement de ses devoirs. »

Ce discours, écrit l'*historien du procès des assassins de Fualdès,* — a été entendu avec recueillement. La péroraison a produit un grand effet sur les accusés. Mᵐᵉ Manzon a paru verser quelques larmes.

Le procureur général ne s'est pas trompé dans son réquisitoire, lorsqu'il a dit que le principal auteur du meurtre de Fualdès a joué avec l'accusation comme il avait joué avec le crime.

Évidemment, il a visé Jausion qui, jusqu'au fond de son cachot, a fait agir à son profit les hommes que le ministère de la police employait au sien.

En effet, Bousquier, Bach, la Bancal, en devenant les instruments du pouvoir, ne devenaient-ils pas aussi ses auxiliaires ?

Il espérait, en se les rattachant par l'intérêt, retourner contre les vengeurs de sa victime les coups légitimes qu'on lui portait. Jausion faillit réussir même contre Fualdès fils, en le frappant jusque dans la personne de ses amis, Yenco et Veynac? Il vit le pouvoir entrer dans son jeu, dès que les amis de Fualdès devinrent, en apparence, les complices de meurtriers qui l'avaient privé d'un père adoré et de la totalité de son patrimoine.

D'une autre part, le magistrat, dans son réquisitoire, écartait avec intention le reproche que pouvait adresser l'opinion publique au tribunal d'Albi; car le procureur général sentait aussi que la justice n'agissait que sous la pression du ministère de Cazes, il sentait qu'il obéissait à une volonté suprême plus puissante que la volonté du roi, celle de ses conseillers intimes.

Ce n'était pas sans intention que le procureur général avait dit :

« Vous avez écarté du procès cette *opinion redoutable* qui s'est formée dans ces premiers moments du crime et qui trop souvent a égaré le magistrat et le public. »

En pénétrant dans les coulisses de l'histoire de ce procès fameux, tantôt avec Louis Bastide et ses carbonari, tantôt en montrant le roi en tête-à-tête avec ses ministres, il est facile de reconnaître que toutes les puissances humaines devaient se liguer contre cette opinion tant redoutée.

Dans l'intérêt de la royauté, comme le faisait si habilement remarquer le procureur général, *c'était à l'opinion de recevoir celle de la justice!*

Voilà ce qu'on lit à travers les lignes du réquisitoire de ce magistrat.

Une fois ce réquisitoire prononcé, les principaux meurtriers se sentaient une fois encore perdus et condamnés dans l'esprit des jurés.

Le jour de cette mémorable séance, les amis des parents de Jausion et de Bastide leur fournissaient les moyens de se dispenser d'une mort infamante.

Au-dessous de la chambre qu'ils occupaient, dans la prison Sainte-Cécile, il y en avait une autre qui renfermait des prisonniers arrêtés pour des délits peu graves. On s'était servi de leur intermédiaire pour faire parvenir dans une pomme de terre creuse, attachée à un fil de soie, du poison aux accusés Jausion et Bastide.

Le stratagème fut découvert par Bousquier; il signala cette manœuvre au directeur de la prison, qui en arrêta les effets au moment où elle allait être exécutée!

Des patrouilles la parcourent en tous sens... (Page 350.)

CHAPITRE XXXVII

LA DÉFENSE DE MADAME MANZON

On a vu, depuis le commencement du procès, avec quel art Mme Manzon était entrée en scène, et avait ménagé les gradations de l'intérêt, qu'elle s'efforçait de prêter encore au plus lugubre et au plus atroce des drames.

On l'a vue suivre avec le même art, une marche bien réglée, quoique paraissant fort accidentée, coupant, d'acte en acte, les émouvants incidents de cette longue action.

Elle ne pouvait laisser à son avocat le mérite d'un dénouement si bien préparé, et que l'indulgence du tribunal, conseillée par le pouvoir, lui rendait facile.

Encore une fois, elle devait parler, elle parla.

Elle prit un défenseur pour la forme.

Après avoir usé l'ardeur et la patience de plusieurs jeunes avocats désirant grandir à l'ombre de sa réputation, elle se contente de l'assistance d'un vieux patricien, M° Esquilat.

Celui-ci se charge d'un rôle modeste, que lui assigne la brillante héroïne de Rodez, il fait une plaidoirie anodine, uniquement pour lui donner la réplique,

M° Esquilat, en se chargeant de défendre Mme Manzon, sur des on-dit ayant trait à des calomnies de Clémandot, et aux représailles de Bastide, se résigne à servir de cadre au tableau.

La tâche est simple, elle n'est gênante que pour l'avocat, absorbé, comme l'avait été le journaliste Latouche, par sa capricieuse et ardente cliente.

M° Esquilat ne prend la parole que pour relater des faits connus.

C'est l'acteur confident, chargé de faire valoir l'éloquente tragédienne.

A peine a-t-il fini de parler, à peine a-t-il rempli la tâche ou la corvée imposée par sa cliente, que M° Esquilat s'efface tout à coup en s'adressant à Mme Manzon :

— Madame, lui dit-il, si *vos forces* vous le permettent, présentez vous-même à la cour les observations que vous voulez ajouter à votre défense. Je ne doute pas que la cour et messieurs les jurés ne vous entendent avec beaucoup d'intérêt.

Mme Manzon ne perd jamais une occasion d'entrer en scène et elle s'exprime en ces termes :

« Messieurs,

« Mon défenseur vient de développer d'une manière claire et précise la preuve évidente de ma non-culpabilité ; cette preuve il l'a puisée dans les discussions mêmes de la procédure, et dans la déposition des témoins ; en est-il un seul qui m'accuse...

« Reconnaissant mes faibles moyens, je n'oserais me flatter de captiver longtemps votre attention, après mon conseil, qui s'est exprimé avec tant de feu et d'énergie. Je n'ajouterai donc rien pour ma défense. Je vais me borner à vous retracer rapidement le tableau de mes souffrances.

« Captive depuis sept mois, j'ai supporté le poids d'une injuste accusation. Mais qu'est-ce encore, comparativement à l'horrible soirée du 19 mars !...

« Une imprudence me conduisit dans la rue des Hebdomadiers, le *hasard* me jeta dans la maison Bancal, le plus affreux malheur m'y *retint* malgré moi.

« Je vis *tout*, j'entendis *tout*.

« Le sang du malheureux Fualdès coula près de moi. Je m'attendais à subir un pareil sort, il m'était réservé, mais le ciel qui veillait sur moi, et qui ne permet pas que les grands crimes restent impunis, voulut me conserver pour éclaircir celui-ci.

« C'est donner ici même une preuve éclatante de la divine Providence.

« Vous savez, messieurs, qu'en cherchant les moyens de fuir les assassins, j'attirai leur attention. Un d'eux s'élança sur moi. Ses mains fumaient encore du sang qu'il venait de répandre, il m'en parut couvert... Son air affreux me glaça d'épouvante. Je ne vis plus rien qu'un cadavre et la mort.

« Un être, dirai-je bienfaisant? m'a sauvé la vie !

« Sans lui, j'eusse été la proie d'un tigre, sans lui, mon fils n'aurait plus de mère !

« Pour mon enfant et liée par un serment que je croyais irrévocable, qu'on me faisait renouveler sans cesse, sous peine de mourir, accablée de cette idée que mes aveux, non seulement me coûteraient la vie, mais encore l'honneur et l'honneur de ma famille?... ne m'était-il pas permis d'hésiter... Je me suis tue, est-ce un crime? J'en appelle à ceux qui respectent le nom qu'elle porte, à tous ceux qui aiment la vie pour leurs enfants, j'en appelle à toutes les âmes délicates.

« Le ciel m'est témoin qu'après le fils du malheureux que je vis massacrer, personne ne désira plus vivement que moi la découverte et la punition de ses meurtriers. Aussi n'ai-je pu contenir la juste indignation qu'il m'avait inspirée, mais j'étais convaincue que mon témoignage n'était pas indispensable.

« Mon plus grand malheur a été d'avoir mis ma confiance en M. Clémandot, lorsque, bien malgré moi, je lui fis des aveux tacites.

« Alors cinq mois après l'assassinat, des soupçons planent sur moi. On me croit un témoin essentiel et je me défends mal.

« Pressée par le premier magistrat de l'Aveyron, une partie de la vérité s'échappe de mon sein. Je la désavoue bientôt; si je me rétracte, le motif n'en est pas équivoque et il est bien connu.

« Une puissance mystérieuse et oppressive, mille craintes, mille terreurs s'emparent de mon âme égarée. Je perds toute énergie. Je promets de me rétracter, et cette promesse, je crois la devoir à l'amitié et à la reconnaissance.

« Mais au tribunal même, vous l'avez vu, messieurs, mes actions me trahissent, elles démentent involontairement mes assertions orales. J'espérais concilier tous les intérêts, je mécontentai tout le monde et je me perdis.

« Depuis, constamment menacée de voir terminer mes jours, l'exemple de Fualdès sans cesse devant les yeux, frappée de cette effrayante image, qui me poursuivait jour et nuit, craignant pour les jours de mon fils, l'objet de toutes mes affections, j'adoptai ce funeste système de dénégations qui me rendit l'horreur des gens de bien, qui me priva de ma liberté, de mon enfant et qui me conduisit jusque sur le banc du crime !

« Je suis revenue de ma fatale erreur ! Trop longtemps j'ai eu à lutter avec ma conscience, qui me reprochait de refuser à la justice la part qui lui était due.

« Vainement on argumenterait aujourd'hui sur ma déclaration tardive, la vérité qui l'a dictée saura lui donner du crédit.

« Voilà, messieurs, une faible esquisse de ce que j'ai souffert pendant un an.

« Ne pensez pas que je m'adresse à votre pitié ! non, messieurs, ce sentiment avilit trop celui qui en est l'objet. Vous me rendrez justice, j'en suis sûre, et j'en trouve la garantie dans le choix que le *digne chef de ce département* a fait de vous et dans l'hommage que vos concitoyens se plaisent à rendre à vos lumières et à vos vertus.

« Je demande justice à la *justice* de mon pays, j'en appelle à tous les magistrats de l'Europe entière dont je fixe malheureusement l'attention.

« Mais si je m'abusais, mais si je vous paraissais coupable, que nulle considération ne vous arrête.

« Oubliez que j'appartiens à un père très respectable, qui remplit depuis longtemps une place dans la magistrature ; oubliez que mon frère porte l'uniforme français, couvert de glorieuses blessures ; oubliez ma mère infortunée qui gémit sur un lit de douleur !

« Fermez aussi l'oreille aux cris de mon fils... Frappez, messieurs ! Il est un bien qu'on ne peut me ravir, mon innocence, la force de supporter le malheur.

« Et c'est de vous que dépend mon sort ; messieurs, si j'en crois le témoignage de ma conscience, vous allez m'absoudre et me rendre à la vie en me rendant l'honneur et la liberté.

« Cependant il n'est pas dans la nature de l'homme d'être infaillible, et je puis devenir encore une fois la victime de l'illusion ?

« Dans ce cas, je saurai me résigner et me taire ; je me consolerai dans l'espoir que Dieu seul voit le fond des cœurs, que ses arrêts sont irrévocables et qu'on doit me juger un jour. »

Ce discours est prononcé par Mme Manzon avec une assurance, une fermeté qui causent une profonde impression sur l'auditoire.

Il faut se reporter à l'époque où ce discours est entendu pour se rendre compte de l'énorme effet qu'il produit sur tous les assistants.

Le tribunal et le public restent un moment confondus sous les coups oratoires de cette femme énergique dont la *sensiblerie*, plutôt que la sensibilité, est habilement réglée par les gens puissants qui la faisaient agir.

Après avoir écouté les conseils de la prudence, après s'être soumise, par le silence, aux ordres des adversaires du gouvernement, Mme Manzon parlait. Elle se tournait contre ceux qui l'avaient obligée de se taire par serment ; elle parlait, dès qu'elle avait trouvé à Albi un abri sûr contre ses nombreux ennemis.

Alors, elle écoute la voix de sa conscience ; elle laisse échapper de ses lèvres la vérité, lorsqu'elle n'a plus à craindre le poignard de ceux qui l'ont forcée à se taire.

Elle regagne l'estime des honnêtes gens ; c'est ce que désire ardemment sa popularité. Elle peut être bonne mère, mais elle s'en vante trop pour n'être pas avant tout une grande vaniteuse.

Elle sert surtout qui sert son intérêt et son orgueil. Inspirée par les perfides conseils de Bousquier, elle frappe des innocents, dans les personnes de Véynac et de Yenco ; mais en femme habile, elle a bien le soin d'écarter Louis Bastide, car elle redoute le poignard mystérieux du frère de Gros ; elle ménage Jausion dont la duplicité surtout lui fait peur !

N'écoutant que la vengeance personnelle contre le beau-frère du banquier, elle ne le ménage pas en plein tribunal, parce qu'il ne l'a jamais ménagée. Son habileté ne va pas jusque-là. Avant tout, elle est femme. Elle hait qui la hait !

Elle est aussi diplomate. Une fois avec le pouvoir qui la protège, elle le flatte dans sa défense. Elle rend hommage au préfet d'Albi, frère du ministre de la police générale. N'a-t-elle pas tout à attendre de l'administration pour se soustraire à la vengeance des *carbonari*, pour se faire bien venir auprès de l'autorité, en raison des services qu'on attend d'elle ?

Elle ne l'oublie pas et elle ne s'oublie pas.

Elle est avec le tribunal, parce que le tribunal a l'oreille du roi.

Mais ce n'est pas sans terreur qu'elle dessine avec une véritable éloquence sa situation malheureuse, intéressante, en butte à tous les mépris, à toutes les colères, à tous les martyres.

Si sa vanité est satisfaite des suffrages qu'elle a su reconquérir, elle sait que cela peut lui coûter très cher.

Ses ennemis, les ennemis du gouvernement, veillent au dehors ; elle peut les retrouver, une fois rendue à la liberté.

Un graveur du temps rend la curieuse physionomie de la cour d'assises, au moment où Mme Manzon fait entendre sa défense.

Le prétoire, l'enceinte réservée sont coupés par une ligne de soldats, gendarmes et vétérans de tous les corps d'armée.

Le tricorne, l'épaulette et l'épée se confondent avec la robe noire et la toque des avocats.

On ne sait encore à Albi comme à Rodez, si l'on est devant un tribunal ou devant un camp.

Ce n'est pas tout : la ville a la même physionomie. Des patrouilles la parcourent en tous sens. Pas un, au tribunal, dans la ville, comme à son propre foyer, n'est rassuré, chacun tremble comme Mme Manzon.

De toute part, on redoute un coup de main! On se demande, du côté de ceux qui veillent pour protéger la justice, comme du côté de ceux qui essayent à la braver, si toutes ces juridictions successives n'ont pas un but secret : dérober les coupables à la vengeance des lois?

Les royalistes et les sociétés secrètes se méfient de l'issue de ce procès. L'élément politique en est banni, mais il est transparent à tous les yeux.

On ne se méprend pas sur le rôle de Mme Manzon. Il n'a qu'un but, pour les amis comme pour les ennemis des Bourbons : égarer l'opinion publique.

Ce qui donne plus de créance à cette version, c'est l'acquittement de Yenco et de Veynac; c'est le frère de Bastide dont le témoignage n'est pas même consulté ; c'est l'impunité assurée à Mme Manzon, l'oracle du procès; c'est surtout l'impunité accordée à l'infâme Bousquier qui en est le Judas.

Maintenant Bousquier est libre, il est hors de cause ; cependant, n'a-t-il pas été mêlé au drame sanglant de la rue des Hebdomadiers?

Pourquoi est-il libre? Précisément parce qu'il a réussi à faire parler Bach et la Bancal! A quoi doit-il les bénéfices de l'impunité? A ses trahisons, en décidant Bach et la Bancal à entrer, par leurs aveux, dans les vues du gouvernement, du procureur général qui est parvenu à détourner le courant de l'opinion publique.

Le procureur général, grâce à ces aveux, a donc pu dire dans son réquisitoire

« Il n'appartient pas à la justice d'écouter l'opinion, c'est à la justice de la faire. »

Avant toutes ces intrigues, ne disait-on pas en principe à Rodez :

« Fualdès a été immolé par ses frères, au nom de leurs rancunes politiques ; Fualdès a été sacrifié par sa famille, parce que deux des siens, d'un royaliste, l'autre frère de républicain, s'étaient mis à l'affût derrière une passion sénile pour assouvir leur vengeance et contenter leur cupidité.

« Le drapeau rouge et le drapeau blanc avaient enveloppé, à la fois, le meurtre de Fualdès. » C'était le dire de tous ceux qui avaient primitivement appris la nouvelle de ce crime épouvantable.

Pour les gens de sa famille, Fualdès n'était pas assez révolutionnaire, ou il l'était trop ; et la cupidité s'était servie de ces rancunes intestines pour sacrifier le magistrat révoqué.

Maintenant que le crime était accompli, maintenant que, de jour en jour, on découvrait de nouveaux complices, à côté de Jausion et de Bastide, personne ne croyait à la punition des coupables.

Tout le monde avait peur.

On avait peur d'un arrêt qui pouvait soulever de nouvelles et terribles représailles ; on avait peur d'une clémence inqualifiable de la part du gouvernement et qui aurait irrité tous les partis.

Voilà pourquoi le procès Fualdès, en touchant à sa fin, avait presque mis la ville d'Albi en état de siège !

CHAPITRE XXXVIII

LA DÉFENSE DE BASTIDE

Lorsque ce fut au tour de Bastide à répondre à ses juges, M° Romiguières, qui avait sur le cœur sa plaidoirie mutilée, raccourcie par la main royale, laissa la parole à son client.

Il ne plaida pas, il tint sa promesse surexcitée par la vanité blessée. C'était une manière de protester contre l'arbitraire et la partialité des juges. C'était une façon tacite de plaire à l'opposition, de montrer au public qu'il ne se faisait pas le complice de l'administration du département, conduite par le ministère de Cazes.

Du reste, la plaidoirie de Romiguières, dans la bouche de Bastide, permettait de dire de rudes vérités que le barreau ne pouvait faire sentir au pouvoir.

Encore une fois, M° Romiguières, par sa façon d'agir, mettait le tribunal d'Albi sur des charbons ardents. Le président, M. Feydel, eut bien de la peine à les éteindre, ils furent ravivés par la réplique du procureur général.

Pour s'en convaincre, il suffit de citer, à propos de la défense de Bastide, le texte tout entier de cette réponse dans l'*histoire du procès complet des assassins de Fualdès*, par le *sténographe parisien*.

Bastide, écrit Latouche, lut le discours de M° Romiguières avec une grande exaltation, en forçant ses gestes et sa voix ; il le déclama ainsi :

« Messieurs,

« Je n'ai pas de défenseur ; l'innocence n'en a pas besoin. Durant le cours de ce malheureux procès, mon avocat ne m'a aidé que de ses conseils.

« Pour le moment, je n'exige plus rien.

« Nul ne peut avoir aussi bien que moi la conviction de mon innocence : il n'appartient qu'à moi de l'exprimer.

« S'il est des crimes dont les auteurs restent inconnus, parce que la Providence se réserve leur punition, il en est d'autres où son impénétrable volonté se joue de la faiblesse humaine, jette dans les esprits ces aveugles préventions qui expliquent les erreurs judiciaires et donnent à l'innocent, en apparence, de la culpabilité.

« Toutefois, elle n'abuse pas les mortels au point de refuser aux plus sages ces rapides clartés qui signalent l'erreur commune.

« Quelle cause, si féconde en indices accusateurs, ouvrit un champ plus vaste à la défense ?

« Les points généraux seront traités par les conseils des autres accusés : *on ne m'a pas permis ici de les développer*. La justification de ces accusés fera la mienne.

« Quant aux faits qui me sont personnels, je n'examine pas ma vie. Peu d'hommes ont fourni, à mon âge, moins d'appât à la malignité.

« Cependant, on m'accuse d'avoir égorgé mon vieil ami, l'homme auprès duquel l'affection la mieux sentie pouvait seule faire oublier la disproportion des âges.

« On prétend que c'est moi qui l'ai attiré dans le bouge de la rue des Hebdomadiers.

« Mais un ami commun, parent de la partie civile, a fait connaître dans la séance du 19 mars, que M. Fualdès est bien venu de son plein gré dans la maison des Bancal. Ce 19 mars, M. Sesmayous était dans le cabinet de M. Fualdès ; celui-ci lui demandait : *Est-il huit heures ?* — *Moins dix minutes*, lui répondait M. Sesmayous ; et si vous avez affaire à huit heures, il n'y a pas de temps à perdre. — Bah ! disait M. Fualdès, *il ne faut déranger personne*. Et prenant congé de M. Sesmayous, ce fut alors que M. Fualdès,

— Ah! messieurs, condamnez-moi comme Colard... (Page 360.)

à l'insu de sa femme, se disposa à gagner furtivement la rue des Hebdomadiers.

« Cependant, le 19, on prétend que c'est moi qui ai donné rendez-vous à Fualdès pour huit heures ?

« Trois témoins attestent le même fait; ils ne sentent pas que plus leur nombre va croissant, plus l'absurdité est complète.

« A qui persuader qu'à trois reprises différentes, en trois heures différentes, presque à la même minute, j'aurais assigné à haute voix l'heure d'un si fatal rendez-vous ?

« Qui m'accuse ?

« *Bousquier*. Un accusé qui ne doit sa grâce qu'aux dépens des autres, un imposteur dont on connaît la source des révélations.

« *Bach et la Bancal*. Des créatures de Bousquier qui ne travaillent à ma perte que pour s'assurer l'impunité. Ah! si les murs du cachot pouvaient parler, ils diraient toutes les trames ourdies pour porter ces viles créatures à faire du mensonge la sauvegarde de leur vie. »

M. le président. Faites connaître les trames et les pratiques que vous supposez avoir été ourdies dans les cachots, dites ce que ces murs ont pu entendre.

Bastide ne peut répondre et continue de lire la défense de M° Romiguières :

« Aujourd'hui, il suffit de l'exemple de Bousquier pour mettre à néant les déclarations intéressées de Bach et de la Bancal sur les causes, les préparatifs et les circonstances du crime.

« Qui m'accuse encore ? *Clarisse Manzon !* Ah ! ma défense contre cette femme, témoin, accusée, accusatrice, dont la présence chez les Bancal n'a pas été expliquée ; contre cette femme qu'on humilie sans pitié, qu'on exalte sans mesure ; qui, pour n'être pas dégradée par la justice, força la justice à se dégrader par elle. »

M. le président. Bastide, la défense écrite que vous lisez est-elle votre ouvrage ?

Bastide fait un mouvement d'impatience et répond :

— Le fond des idées m'appartient.

M. le président. N'aggravez pas vos torts, n'ajoutez pas à l'indignation.

Bastide continue :

« Ma défense est toute dans ces mots, que Clarisse Manzon convient avoir *menti à Rodez*. Quelle garantie vous offre-t-elle, quand elle ajoute : *A Albi, je dis la vérité ?*

« Et pourquoi, en dépit des faux témoins qui viennent se grouper autour de Mme Manzon ; Bach, la Bancal et Bousquier, pourquoi me serais-je décidé à assassiner Fualdès ?

« Fualdès n'était pas mon ennemi, et sa mort signale l'accomplissement d'une profonde vengeance.

« Fualdès n'était pas mon créancier, car un propos dénaturé ne deviendra pas un titre d'obligation ; et vous ne croyez pas que celui qui empruntait sans cesse à Jausion eût pu prêter *dix mille francs* à un ami qui lui prêtait son crédit.

« Si la cupidité m'avait égaré, aurais-je réclamé l'appui de sicaires plus dangereux qu'utiles ? Aurais-je attiré ma victime dans une maison publique ? moi que Fualdès invitait à sa table, moi qu'il recevait en toute sécurité ?

« Ces hommes, ces femmes qu'on me donne pour complices, mais je ne les ai jamais connus. Ils furent coupables sans moi, ou je fus coupable sans eux.

« Faut-il une victime ? Me voici ; mais ne m'associez pas à des Bach et à des Bancal !

« Il y a trois de mes parents qui sont morts victimes de leur amitié pour moi, au moment de mon malheur ; trois autres ont gémi dans les cachots, victimes de la fatalité qui me poursuit.

« Voilà les manœuvres des Bousquier, des Manzon et des Bach !

« Jugez maintenant si, jeté dans cet océan d'infortunes, je peux m'attacher à la vie. J'en atteste le ciel qui me juge mieux que les hommes, je ne dispute ici que mon honneur ! *Les entraves mises à ma défense*, la vérité qu'on *me défend de faire connaître*, prouvent qu'on veut *me livrer* sans armes à mes persécuteurs.

« Mais avec les lumières et la conscience de vos devoirs, vous imiterez la rare et singulière prudence des anciens juges donnés en exemple par l'orateur romain :

« *Vous jugerez les témoins, avant de juger l'accusé.*

« Et s'il me fallait éprouver l'injustice des vivants, j'en appellerais à un prochain avenir ; et l'avenir graverait sur ma tombe :

« *Bastide est innocent !* »

Lorsque Bastide finit de lire sa défense, M⁰ Dubernard prend la parole pour Jausion.

Par prudence, dès que la main royale a mis son veto sur les suppositions formulées par son collègue, au sujet des relations de M. Fualdès avec Mᵐᵉ Manzon, M⁰ Dubernard imite son silence. Il ne fait que réfuter Bach, Bousquier et la Bancal ; il nie le meurtre, il nie le vol. Il établit qu'il n'y a pas eu de vol, par conséquent pas d'assassinat de la part de Jausion.

Il discute toutes les révélations de Madeleine Bancal et de Théron ; il termine en répétant ce que disait M⁰ Romiguières dans la bouche de Bastide :

« Jausion pouvait-il dévaliser celui qui avait tant besoin de son crédit ? Il montre Jausion en butte aux calomnies de la famille Fualdès. »

M⁰ Dubernard ayant terminé son plaidoyer, on pensait que la séance allait être levée, mais le procureur général, dans l'intérêt du gouvernement, reprend la parole en ces termes :

« Messieurs, nous ne devons pas laisser finir cette audience sans rappeler votre attention sur la défense écrite qui vous a été lue par l'accusé Bastide.

« Est-elle bien de Bastide, cette défense qui laisse à dessein des points obscurs, pour incriminer la victime, pour laisser supposer que la justice a intérêt à déplacer les coupables ? »

A ce début, M. Feydel fait la grimace. Le procureur continue :

« On n'a pas craint de dire que la dame Manzon *avait forcé* la justice à se dégrader pour elle.

« Fait-on violence à la justice et qui a le pouvoir sur la terre de la forcer à se dégrader ? »

Cette dernière attaque était maladroite. Elle était peut-être nécessaire, vu l'antagonisme qui existait entre le tribunal dévoué au ministère de Cazes et aux défenseurs des accusés qui se servaient de l'affaire Fualdès, pour se rallier aux adversaires du gouvernement.

Le procureur général continuait :

« On a ajouté, dans ce même écrit : que des entraves ont été mises à la défense de l'accusé Bastide ?

« Y a-t-il une seule formalité prescrite par les lois en faveur des accusés qui ait été négligée ?

« Qu'on la fasse donc connaître ! »

Il était évident, au moment où les débats sur l'affaire Fualdès allaient être terminés, que l'intervention du roi et du ministère de Cazes avait placé, dans un camp opposé, un nouveau piédestal à ses adversaires.

Mᵉ Romiguières, en répondant à la politique du château, en relevant le gant qu'on avait jeté aux carbonari pour les mettre ensuite hors de cause, se posait sur ce piédestal dressé par les amis du roi.

Et le procureur général, pour être agréable au gouvernement, tenait à débusquer Mᵉ Romiguières placé aussi derrière Bastide pour attaquer la magistrature.

Il terminait :

« On a allégué, en dehors de la défense de Bastide, le refus de *joindre deux* procédures essentiellement indivisibles : celle de Yence et de Veynac et le meurtre de Fualdès. C'est un nouvel outrage fait à la cour d'assises et à la Cour de cassation qui a confirmé cette décision.

« Nous ne chercherons pas à expliquer des mots qui ont été dits en aparté par Mᵉ Romiguières abandonnant la défense ; ces mots prononcés par lui à cette tribune :

« *Une détestable ambition a créé des dangers, pour supposer des services*

« Rien ne prouve l'explication de cette dangereuse parole ; mais ce qui est plus certain, c'est que tous les termes de la défense de Bastide sont étrangers à son style; ils seraient, de sa part, trop peu convenables à sa position pour que nous puissions les regarder comme son ouvrage.

« Cette défense a été tracée par une main étrangère, par une main aussi audacieuse que coupable, il faut que cette main soit connue! »

C'est un défi que le procureur jette à M° Romiguières pour le forcer à sortir de son incognito.

Maintenant l'affaire Fualdès est oubliée, ce ne sont plus que les *libéraux* et les royalistes qui sont en cause. Ils se battent sur le dos des criminels.

Le tribunal voit le danger. Alors M. Feydel, le président, demande à Bastide :

— Accusé Bastide, qu'avez-vous fait de la défense que vous avez lue?

Bastide. Je viens de l'envoyer à mon père.

M° *Romiguières* ajoute : Et moi je l'ai remise à l'un des rédacteurs des Notices.

Cette pièce, ayant été donnée par le rédacteur à un des huissiers de la cour, est présentée au président.

Le dépôt en est fait au greffe.

Toutefois, le président croit devoir demander à Bastide s'il désire en parapher et coter toutes les feuilles.

— C'est inutile, s'écrie-t-il, elle est dans mon cœur.

M. *le président* lui demande :

— Qui a écrit cette défense?

Bastide. Je n'ai rien à vous dire !

Le roi et ses ministres, par précaution, s'étaient dérobés, dans l'affaire Fualdès, derrière le tribunal d'Albi. Les adversaires de la royauté en faisaient autant en se dérobant derrière les meurtriers de Rodez. Le président d'Albi presse M° Romiguières à se découvrir ; il faut qu'il avoue qu'il est l'auteur de la défense corrigée par les amis du château, M° Romiguières voit le danger, l'évite et ajoute:

— Les avocats ne doivent compte à la justice que des plaidoyers qu'ils prononcent et des mémoires qu'ils signent. Le discours dont il s'agit a été lu et écrit par Bastide !

Personne ne croit à ce mensonge.

CHAPITRE XXXIX

LE DERNIER JUGEMENT

Les assises d'Albi fourniront trente-quatre séances pour infliger, par deux fois, aux mêmes coupables les mêmes peines.

A l'unanimité, le jury déclara :

La Bancal, coupable de complicité de meurtre avec préméditation ; Jausion et Bastide, coupables de meurtre avec préméditation, et de vol avec effraction ; Colard et Bach, coupables de complicité de meurtre sans préméditation ; Anne Benoist, coupable sans préméditation ; Missonnier, non coupable de meurtre ni de complicité dans le meurtre, mais coupable d'avoir noyé le cadavre ; Bach, Colard, Bastide et Jausion, coupables de la noyade du corps ; Mme Manzon, non coupable.

Quant à Bousquier, il est hors de cause, quoique aussi criminel que Bach, son embaucheur. Il est vrai que Bach, qui a suivi les perfides conseils de Bousquier, l'homme de police, va être recommandé par la cour à la clémence royale.

La justice doit tenir compte des aveux du porteballe ; elle n'oubliera pas aussi la Bancal, elle a droit à la clémence du roi, dès qu'elle a servi la justice contre Jausion et Bastide.

Mais ce n'est pas à Albi que la Bancal sera graciée. On craint trop à Albi comme à Rodez les représailles de la population.

M. Feydel lit l'arrêt qui frappe, sans rémission, les principaux accusés.

En conséquence, la Bancal, Jausion, Bastide, Colard et Bach sont condamnés à la peine de mort ; Missonnier à deux ans de prison, Mme Manzon est acquittée.

Les accusés ne sont plus aussi maîtres d'eux, en attendant leur arrêt, que lorsqu'ils figuraient à l'audience pour se défendre. La plupart ont perdu leur audace. La Bancal n'est plus hypocrite et goguenarde ; elle paraît abattue, presque stupide. Jausion qui jusqu'au dernier moment, grâce aux efforts de son imagination, comptait sur l'impunité, Jausion est désespéré. Il fait peine à voir. On ne reconnaîtrait plus Colard ; il a perdu son audace. Bastide cherche bien à être ferme, à faire parade d'une arrogance qui est dans ses allures. On sent que son arrogance fléchit sous ses souffrances.

Quant à Anne Benoist, elle est folle de chagrin non pour elle, mais pour son Colard qu'elle va perdre ; elle ne supporte pas la pensée qu'elle pourra lui survivre !

Missonnier, qui a conservé son rôle de niais, ne peut s'empêcher de faire cette réflexion, après être condamné à deux ans de prison par la cour d'Albi :

— Bah ! on me donne mon écot ! Je n'avais à Rodez qu'un an de prison, et voilà qu'à Albi on m'en donne deux. Tout le monde *ne gagne pas son voyage*. Ce qui me chagrine, c'est que ma patente va toujours et que je ne travaille pas.

Sans doute, Missonnier faisait allusion, en disant que *tout le monde ne gagnait pas à Albi son voyage*, à Bach et à Bousquier ? A Bousquier devenu toutà fait libre à Albi, à Bach [déjà recommandé à la faveur royale, comme allait l'être la Bancal.

Jausion, nature lâche, qui n'avait de hardiesse que dans l'ombre et lorsqu'il était masqué par un homme d'action, comme Bastide, Jausion ne se possédait plus, une fois condamné sans rémission.

Il était si faible que les gendarmes étaient forcés de le soutenir.

Il ne craignait pas devant le tribunal, en public, de donner un libre cours à sa douleur. Ses phrases entrecoupées n'avaient en elles aucun sens :

— Ah ! messieurs ! s'écriait-il, vous n'avez pas voulu connaître la vérité... Je suis innocent. C'est cette femme ! c'est Mme Manzon qui est la coupable !... Je suis innocent. Il fallait demander à M. Fualdès fils quels étaient les coupables... Mme Fualdès vous aurait aussi éclairés !... Quand je suis arrivé ici, on a juré ma perte... c'est pourquoi l'on m'a fait quitter Rodez !.. Quand je serai sur l'échafaud... je parlerai comme à présent... on veut mon argent... qu'on le prenne... Je suis innocent ! Pauvres enfants !... Que vont-ils devenir ? sans honneur, sans fortune, ils mourront à l'hôpital !... Je veux qu'on creuse une tombe pour y mettre ma femme et mes enfants avec moi et qu'on y écrive : *Jausion était innocent !...* Que Bach, puisqu'il est condamné, dise maintenant aux juges la vérité, qu'il dise si j'étais chez la Bancal ?

Bach, qui sait par ses aveux qu'il a droit à l'indulgence du tribunal, se lève, il répond avec assurance à Jausion :

— Oui, vous y étiez ! Si cela n'était pas vrai, je ne l'aurais pas dit.

Cet entretien, entre Jausion et Bach, a lieu entre la lecture de la déclaration du chef des jurés et la lecture de l'arrêt de la cour.

Lorsque la cour rentre en séance, elle ratifie la délibération des jurés, le président prononce l'arrêt suprême :

La Bancal, Bastide, Jausion, Colard et Bach sont donc condamnés à la peine de mort.

Mme Manzon est sur-le-champ mise en liberté ; elle reçoit les premières félicitations de l'infâme Bousquier, rendu également à la liberté par ses services au gouvernement.

L'arrêt de mort n'a produit aucune altération sur la figure de Bastide. Jausion a continué de crier qu'il était innocent ; Colard et Anne Benoist ont offert un spectacle vraiment affligeant.

L'arrêt qui frappait l'un, semblait accabler l'autre.

Anne Benoist s'écriait avec un accent douloureux qui déchirait l'âme :

— Ah ! messieurs, condamnez-moi comme Colard ; je veux la mort ; s'il meurt, je veux mourir !

Cette éloquence du cœur, écrit le sténographe du procès Fualdès, a produit sur l'auditoire une impression difficile à rendre.

Des larmes ont répondu aux larmes de cette infortunée !

Colard, déjà ébranlé par la peine capitale qui le frappe, a paru l'être davantage par la douleur de sa maîtresse. Il n'a pu s'empêcher de faire éclater les marques d'une profonde affliction.

Bach, comme il s'y attendait, a écouté avec une vive satisfaction la supplique de la cour qui le recommandait à la clémence du roi.

Bousquier lui a serré la main, en lui donnant bon espoir.

La Bancal a souri à l'homme de la police et à Bach, sa satisfaction a l'air de dire :

— Mon tour viendra bientôt !

Aussitôt après le prononcé du jugement, — termine le sténographe du procès Fualdès, — les courriers partent. Ils sont dirigés sur plusieurs points de la France, surtout sur Paris.

Après le prononcé du jugement, Mme Manzon, qui tient toujours à ne pas se faire oublier, dit à plusieurs membres du jury se trouvant près d'elle :

— Messieurs, vous avez bien jugé ; vos consciences peuvent être tranquilles. *Vous n'avez pas condamné l'innocent ?*

Le lendemain, un autre arrêt se prononçait en faveur de la partie civile ; il adjugeait 60,000 francs sur les biens des condamnés comme dommages et intérêts des spoliations occasionnées sur la succession Fualdès.

Jausion apprit cet arrêt qui ne faisait que restituer au fils de Fualdès une partie des biens qu'il avait perdus, et Jausion s'écria :

— C'est un nouveau coup du procureur général ! Il m'en veut personnellement et il a juré ma ruine avec ma mort !

L'exécution de Jausion, Bastide et Colard fut décidée pour le 3 juin ; Mais l'exécution de Bach et de la Bancal fut suspendue.

Une arrière-pensée se cachait derrière ce délai ; on prenait pour prétexte que Bach et la Bancal devaient déposer dans un troisième procès dont l'instruction n'était pas terminée et ne devait jamais aboutir.

LES CRIMINELS CÉLÈBRES

Le géant en tint deux d'entre eux en respect... (Page 303.)

C'était le procès des carbonari Yenco, Bessière-Veynac et du commissaire Constans.

Mais les amis de Fualdès fils, la famille de Louis Bastide s'employèrent si bien auprès de ces accusés qu'ils furent acquittés.

Depuis la condamnation à mort de Jausion, de Bastide, de Colard et de la Bancal, l'opinion générale était satisfaite.

Cependant on doutait encore.

Jusqu'au dernier moment, on craignait qu'une influence mystérieuse, qu'une puissance inconnue ne vinssent suspendre le jugement dans son exécution.

N'importe, l'autorité royale avait contenté l'opinion.

Les coupables n'avaient plus qu'un espoir pour sauver leur tête; il gisait dans le défi jeté par les *carbonari* aux défenseurs de la loi.

Jusqu'au fond de leur cachot, Colard et Jausion partagèrent cet espoir.

Mais Bastide, qui avait été à même de constater les efforts impuissants de son frère pour le sauver, ne conservait plus d'espérance.

Il disait, dans son cachot, en montrant Jausion redevenu plus calme :

— Vous voyez ce cafard? Il espère encore s'en tirer, mais il y passera comme moi !

Les prisonniers rentrés à leur cachot, une fois l'arrêt rendu, ils furent surveillés de plus près.

En dedans et au dehors, des soldats ne cessaient de garder les murailles de leur prison, qui ne comptaient pas moins de neuf pieds d'épaisseur.

Lorsque Bastide fut réintégré dans son cachot, il demanda à Mᵉ Romiguières :

— Nos épouses savent-elles nos condamnations?

— Oui, répondit-il. Il a été impossible de leur rien cacher.

Puis Bastide, toujours orgueilleux, demanda pour confesseur un évêque.

Lorsqu'on lui fit observer qu'il n'y en avait pas dans le département, il répondit :

— Eh bien ! je me contenterai du grand vicaire !

A la dernière séance d'Albi, après la rentrée des condamnés dans leur cachot, le maire d'Albi rendit une ordonnance, datée du 4 mai, pour défendre à tout individu de circuler dans les rues, là où les accusés devaient passer ou sortir.

Les pelotons de poste reçurent l'ordre de charger leurs armes dans la cour même du palais; deux compagnies de la garde nationale furent commandées pour occuper les avenues des deux prisons, Sainte-Cécile et des Carmes, occupées par les prisonniers.

Ces précautions n'étaient pas superflues, depuis que de nouvelles tentatives avaient eu lieu dans l'ombre, au profit des condamnés, pour leur disputer pied à pied l'échafaud prêt à se dresser devant eux.

Jausion avait peut-être raison d'espérer. Bastide avait peut-être tort de mépriser le dévouement de son frère.

Car le carbonaro travaillait toujours à leur salut, de concert avec la *Vente de l'Épingle noire.*

CHAPITRE XL

LES COMPLOTS

Plus le moment du dénouement du procès Fualdès approchait, plus le nombre des victimes augmentait.

Les vengeurs des assassins ne désespéraient pas de faire passer les prisonniers sur une mer de sang, pour les conduire au port qui leur promettait la liberté.

Un mois s'était passé depuis l'arrêt suprême ; le pourvoi était à peine rejeté pour les condamnés à mort, que les carbonari tentaient un dernier effort pour délivrer Jausion, Bastide et Colard, renfermés dans la prison de Sainte-Cécile.

A cette époque, Bastide était désespéré, il ne comptait plus sur son salut.

Il se lamentait sur son triste sort, lorsque, deux jours avant son exécution, il vit venir dans son cachot un serrurier de l'établissement, sous le prétexte de s'assurer du bon état de ses chaînes et des barreaux qui garnissaient l'étroite fenêtre de sa prison.

Cet ouvrier était vendu aux carbonari ; il était dépêché par eux auprès de lui pour l'avertir que, depuis quinze jours, Louis Bastide et ses collègues, Yence et Veynac, rôdaient autour de son cachot afin de travailler à sa délivrance.

Bastide l'accueillit assez froidement, il était trop étroitement gardé pour croire au pouvoir de ses libérateurs ; il doutait d'eux depuis qu'il était si bien enchaîné et surveillé.

Alors l'ouvrier s'ouvrit à Jausion et à Colard, enfermés dans le même cachot. Ils accueillirent ses propositions avec plus de confiance.

Quoique Jausion fut en froid avec Bastide depuis que celui-ci doutait de lui, le Géant n'hésita plus, dans le salut commun, à se rapprocher du banquier, à travailler ensemble à leur fuite.

Avant tout, il fallait éviter la mort. Quant à Colard qui ne demandait qu'à vivre, il entra du premier coup dans le plan de l'émissaire des carbonari.

Deux jours avant l'exécution des condamnés qui devait avoir lieu à Albi, sur la place du Manège, Bastide, Jausion et Colard étaient donc avertis par le serrurier de la prison, que des veilleurs mystérieux travaillaient à leur délivrance.

Tous trois étaient enfin pleins d'espoir. Le soir convenu pour leur fuite, ils firent un copieux repas auquel ils convièrent leurs gardiens.

A neuf heures, tout était concerté et prévu pour effectuer leur fuite.

A la fin du repas, Jausion, Bastide et Colard, malgré leurs lourdes chaînes qui paralysaient leurs mouvements, étaient parvenus à s'en délivrer par la lime que leur avait laissée le serrurier.

Lorsque leurs gardiens, qu'ils avaient invités avec intention, s'aperçurent que les prisonniers étaient libres, ils voulurent se précipiter sur eux et appeler du secours.

Mais les trois condamnés les prévinrent. Ils se jetèrent sur eux. Comme eux ils étaient au nombre de trois.

Le Géant en tint deux en respect ; il fut facile à Jausion et à Colard, grâce à la force herculéenne de leur complice, de leur donner les chaînes dont ils s'étaient débarrassées.

Tous les trois attachèrent à la muraille, où ils avaient été rivés, les gardiens déjà ivres.

Ils les bâillonnèrent pour étouffer leurs cris.

Dès qu'ils furent bien assurés de leur silence, ils se mirent en mesure d'opérer leur ascension vers la fenêtre.

A l'heure où ils se préparaient à fuir, quatre hommes se faisaient la courte-échelle au bas de la prison.

Le dernier était presque à l'ouverture du cachot pour y recevoir le premier fuyard.

Ces quatre hommes masqués, enveloppés d'un manteau couleur de muraille, c'étaient Jean Laville, Louis Bastide, Yence et Veynac récemment acquittés.

Bastide parut le premier à la fenêtre.

Au moment où son frère Louis, le quatrième personnage collé contre le mur, lui tendait les bras; au moment où il était prêt à le recevoir, un coup de feu retentit dans la cour. Il éclata dans la direction où se tenaient le prisonnier et ses libérateurs !

La gendarmerie de ronde avait été avertie, elle surprenait les fuyards à l'instant où ils se croyaient délivrés.

Ce dernier plan d'évasion avait été pourtant aussi habilement conçu qu'il avait été hardiment exécuté.

Mais il devait échouer comme tous les autres, parce que son complot avait encore été éventé par un traître.

Voici l'origine de ce complot :

Dès que la peine capitale avait été prononcée pour la deuxième fois contre Bastide et ses complices, le frère du Géant s'était de nouveau remis en campagne.

Il avait quitté Milhau, il s'était rendu à Albi, accompagné des carbonari qui avaient le plus à se plaindre de la justice, de Yence et de Veynac, récemment sortis de prison.

Grâce aux agents de leur affiliation répandus dans tout le département, un de leurs avant-coureurs, Jean Laville, n'avait pas tardé à se mettre en rapport avec le concierge de la prison Sainte-Cécile.

Ce dernier était un ancien soldat, il avait servi sous l'empire. Le mendiant se fit connaître, pour nouer tout de suite des relations intimes avec le concierge, comme un ancien frère d'armes. Il lui parla de ses campagnes ; il lui exprima les regrets que laissait dans l'esprit des vieux soldats ; l'exilé de Sainte-Hélène, il lui fit part des efforts que l'on tentait pour ramener l'ancien régime.

Jean Laville avait frappé juste dans l'esprit du vieux soldat ; il s'attira sa confiance. Il en profita pour peindre sous des couleurs favorables la situation des condamnés à mort ; c'étaient, selon lui, des gens sacrifiés comme Yence et Veynac à la rancune du gouvernement.

Il n'en fallut pas davantage pour faire entrer le concierge de la prison dans le complot des carbonari, dont Jean Laville était l'émissaire et le représentant.

Lorsque le mendiant employa son dernier argument, c'est-à-dire lorsqu'il fit briller l'or qui payait ses services, ce subalterne était préparé à servir ces conspirateurs.

Voici en quoi consistait ce complot, dont le programme ne fut qu'exécuté à demi.

A huit heures du soir, à la nuit tombante, le concierge donnait les clefs de la première porte de la prison à Jean Laville, suivi de trois carbonari tout préparés à entrer dans la cour.

La veille, le serrurier de la prison, gagné aussi par le concierge, avait travaillé intérieurement les prisonniers pour les préparer, comme on l'a vu, à leur évasion.

Lorsque les carbonari traversaient la première porte, ils se mettaient en mesure, pour la forme, de garrotter dans sa loge le gardien, car il fallait faire croire que c'était par violence qu'ils s'étaient emparés des clefs de ce subalterne.

Une fois le concierge garrotté, bâillonné, les carbonari ouvraient la porte de la deuxième grille intérieure et pénétraient dans la cour.

Cette cour était bornée à droite par une galerie supportée par des piliers ; elle conduisait à une grosse tour où étaient enfermés les prisonniers.

Dans l'intérieur de la cour, leurs sauveurs, de distance en distance, se blottissaient derrière les piliers pour voir venir les soldats de ronde.

Une fois la ronde passée, les quatre hommes s'élançaient au bas de la tour, ils se faisaient vivement la courte échelle jusqu'à la fenêtre des condamnés.

Il fallait que cette manœuvre fût exécutée en moins de dix minutes, le temps d'aller et de retour de ces soldats de garde ; en dix minutes, il fallait enfin que les trois condamnés fussent entre les bras de leurs sauveurs.

L'endroit était bien choisi pour l'exécution de leur manœuvre. La vieille tour Sainte-Cécile était adossée à un monument au fronton rectangulaire, dont l'ombre se projetait sur la cour et sur la tour.

Les quatre hommes, hissés sur les épaules les uns des autres, étaient noyés et dissimulés dans la pénombre. Aucun n'aurait pu les apercevoir dans l'angle qui les protégeait jusqu'au toit du monument carré.

Ils avaient dix minutes pour opérer leur ascension, pour recevoir les prisonniers, gagner la galerie où les portes de la prison étaient restées ouvertes pour faciliter cette évasion.

Bastide-Gros faisait voir sa tête par l'ouverture de la fenêtre, veuve de ses barreaux. Louis Bastide, hissé sur les épaules du troisième carbonaro, tendait déjà les bras à son frère, lorsqu'un rayon de lune les éclaira malencontreusement. Au même instant, un coup de feu partit ; il atteignit à la main le frère libérateur.

Le ciel et les hommes se liguaient contre Louis Bastide !

Un cri de douleur et de rage s'arracha de sa poitrine ; il faillit tomber dans la cour, mais celui qui lui servait de cariatide, le poussa vivement sur le toit du monument s'adossant à la tour.

Au coup de feu, une grande rumeur, un fracas d'armes se fit entendre au bas de la prison.

Deux carbonari, dont l'un était Louis Bastide, n'eurent que le temps de s'échapper par le toit ; les deux autres, filèrent par la galerie pour gagner en moins de quelques secondes les portes ouvertes de la prison.

En moins de quelques secondes aussi, la cour était pleine de gendarmes cherchant, à la fois, les carbonari en fuite et se montrant l'ouverture de la fenêtre de la prison où Bastide s'était empressé de rentrer après cet insuccès.

Quel avait été le préparateur de cette alerte? Qui avait fait échouer ce plan si hardiment improvisé? Un gendarme, ou plutôt un mouchard déguisé en gendarme.

Encore une fois, c'était Bousquier!

L'infâme espion avait dirigé la patrouille, au moment de la manœuvre des carbonari; c'était lui qui, en dernier lieu, avait tiré le coup de fusil dirigé sur l'un des sauveurs de ses anciens complices!

Comment le traître avait-il eu vent de ce complot, en vue de l'évasion de ceux qu'il trahissait après avoir travaillé à leur crime?

Par un moyen bien simple, surtout pour un Judas comme Bousquier, toujours épiant, toujours furetant autour de ceux dont il s'était fait le *mouton*, ou pour mieux dire le loup!

Il avait surpris le concierge de la prison causant mystérieusement avec Jean Laville. Immédiatement son flair l'avait mis sur la trace d'une trahison au profit des prisonniers, ourdie de nouveau par les carbonari dont Laville était le vigilant émissaire.

Dès qu'il sut que ce gardien de prison était en relation avec le représentant des ennemis de l'autorité, Bousquier n'eut pas de cesse de surprendre leurs secrets.

Il ne fut pas longtemps à savoir ce que voulait Jean Laville du concierge, après avoir écouté dans sa loge leur entretien mystérieux.

Dès qu'il eut possédé le secret de ces deux hommes, il résolut de jouer dans leur jeu pour mieux avoir raison de leurs machinations inspirées par les carbonari, jouant toujours un rôle si important, si terrible dans le procès Fualdès!

Aussi insinuant que lâche, Bousquier, tour à tour faux gendarme, faux témoin, vendant accusateur et accusés, n'eut pas de peine à tromper le confiant concierge.

Il commença par l'intimider, en lui disant qu'il possédait le secret de sa trahison, qu'il le savait vendu à l'émissaire des carbonari.

A cette révélation, le concierge trembla de tous ses membres; il se jeta aux genoux de Bousquier, en le suppliant de ne pas le perdre.

C'était où voulait en venir l'adroit et perfide espion, pour mieux posséder les secrets des hommes auxquels l'avait vendu Laville.

Dès que le concierge était à sa merci, loin de le menacer, il lui dit, au contraire, qu'il ne servait, en apparence, l'autorité que pour la vendre à ses légitimes vengeurs; comme lui, prétendait-il, ancien soldat de

... — Je désire que la justice ait bien son compte... (Page 371.)

la grande armée, il ne vivait que pour les partisans de *l'autre*, il était prêt à servir ceux qui travaillaient au renversement des Bourbons.

A ce préambule auquel ne s'attendait pas le confiant concierge, il n'hésita plus à lui faire part du plan d'évasion compris par Louis Bastide et ses acolytes.

On a vu comment le secret de ce plan était bien placé; une fois confié à Bousquier, il s'en servit pour prendre au traquenard les carbonari. Ils n'évitèrent le piège où ce naïf concierge les avait fourvoyés malgré lui, que par leur promptitude à en éviter les dangers.

Quant au concierge, il paya pour ceux qui l'avaient fait agir.
Ce fut le traître Bousquier qui, le premier, le dénonça. Il prévint la justice qu'il avait été l'introducteur des gens prêts à sauver les condamnés ; il le dénonça comme s'étant lui-même fait bâillonner, nouer les poignets pour mieux en imposer à ceux qui auraient recherché les auteurs de cette évasion.

Bousquier perfectionnait l'art de la trahison. C'était un traître sans vergogne.

Il devait payer un jour ou l'autre le coup de fusil qu'il avait dirigé sur Louis Bastide, au moment où il espérait arracher son frère à l'échafaud.

Le mouchard jouait gros jeu depuis que, comme Bach, il était condamné à mort par le tribunal suprême des carbonari.

Aussi redoutait-il personnellement Jean Laville qui avait l'œil sur lui, qui ne cessait de l'espionner depuis que Bousquier espionnait les siens.

Étrange époque que cette première période de la Restauration où la société légale avait peur d'une société occulte conspirant contre elle ; où un roi n'osait frapper dans l'ombre ses adversaires, où ces adversaires condamnaient à mort ceux qui entravaient leur dessein d'arracher un des leurs à l'échafaud ! Fussent-ils des coupables tout à fait dénués d'intérêt, comme Bastide, Jausion et Colard.

Bousquier se doutait du péril qui le menaçait, en s'attaquant à ces terribles ennemis, il avait, en cette circonstance, pris les mesures pour ne pas assumer la responsabilité de sa nouvelle trahison.

Il avait mis Bach et la Bancal dans son jeu, parce qu'ils étaient disposés à servir le gouvernement pour éviter l'échafaud.

Avant de signaler cette autre manœuvre du mouchard, il est essentiel de bien faire connaître les faits et gestes de cet ancien complice de Jausion et de Bastide, dont ces derniers s'étaient toujours méfiés.

Comme le dit un des mémoires de cette époque, Bousquier, dans le principe, ne reconnut d'abord pour ses complices, dans l'attentat de Fualdès, que les pauvres, il ne voulut pas dénoncer les riches.

Dans une conversation qu'il avait eue précédemment avec Louis Bastide, non-seulement il ne l'avait pas desservi, mais il s'était arrangé de façon à ne pas nuire à des gens qui tenaient entre leurs mains, sa vie, sa mort ou sa fortune.

Plus tard, il ne les desservit que lorsqu'il se crut bien sûr qu'avec l'aide de l'autorité, il n'avait plus rien à craindre de leurs représailles ; encore s'abrita-t-il derrière Mme Manzon, lorsqu'il fut dans la nécessité de les trahir.

Mme Manzon, elle-même, ne se décida, tant étaient forts les ennemis du gouvernement, à parler que lorsqu'elle fut protégée par la prison, contre les poignards des vengeurs des assassins de Fualdès.

A l'occasion des nouvelles délations que Bousquier était dans la nécessité de faire, pour déjouer ces complots d'évasion, Bousquier usa de la même prudence.

Tout en se réservant d'être une partie active dans la surveillance à exercer contre leurs libérateurs, il usa de stratagèmes pour ne pas être leur délateur.

Une fois instruit des menées des carbonari, il alla trouver Bach, prisonnier avec la Bancal, dans la maison des Carmes.

Il dit à ce dernier qui, déjà, avait su mériter l'indulgence du pouvoir par ses révélations, ce qu'il savait sur le projet d'évasion de ses complices. Il engagea Bach à en faire part à la Bancal, il insinua qu'en faisant connaître tous deux à la justice ce nouveau plan des ennemis de la société, ce serait une bonne note pour eux, afin de mériter la clémence royale.

Bach était en passe d'indulgence, la Bancal désirait ardemment être dans la situation de Bach et de Bousquier, elle entra avec ardeur dans les vues de ces misérables.

Ce fut elle qui, pour mieux se mettre en évidence, auprès de gens dévoués à M. de Cazes, alla dénoncer au directeur de la prison des Carmes ce qui allait se passer à la prison de Sainte-Cécile.

De cette façon Bousquier, il le croyait du moins, couvrait, par Bach et la Bancal, sa nouvelle traîtrise ourdie contre le frère de Bastide et ses acolytes.

La Bancal, en dénonçant à son directeur le complot des carbonari, dit hypocritement à ce fonctionnaire :

— Mon bon moussu, si je me permets de vous parler de ce complot, pour que vous en fassiez profiter l'autorité, c'est que je désire que la justice ait son compte. La justice est la justice ! Elle doit avoir toutes nos têtes, ou ne pas en avoir du tout. J'ai mérité l'échafaud, je veux y monter, mais il ne faut pas que les plus coupables s'en garent, quand des innocents comme moi et Bach, coupables tout au plus par ignorance, y monteraient sans compagnons.

Puis elle ajouta perfidement :

— En cela, je rends service au gouvernement, si Jausion, Bastide et Colard, les vrais meurtriers de M. Fualdès, n'allaient pas à la guillotine on ne dirait pas que ce sont les ennemis du roi qui les ont arrachés à l'échafaud ; on dirait que les amis du pouvoir n'ont pas osé frapper les vrais coupables et qu'ils les ont sauvés!

La Bancal était une fine mouche, en parlant ainsi au directeur, elle pensait se faire valoir. Elle s'assurait l'indulgence de l'autorité ; elle disputait de plus en plus sa tête à l'échafaud.

Immédiatement après cette révélation, le directeur des Carmes en avertit le directeur de Sainte-Cécile et le parquet d'Albi.

Toutes les mesures furent prises, pour traquer, à l'heure dite, les prisonniers au moment de se lancer dans des bras sauveurs.

Encore une fois, ce fut l'espion, déguisé en gendarme, qui dirigea la patrouille chargée de surveiller ceux que le concierge avait introduits dans la prison.

Ce fut lui, qui, à la tête de ses soldats, dirigea son fusil sur le frère de Bastide, au moment où il tendait le bras au Géant, prêt à franchir la fenêtre de son cachot.

Bousquier, forcé de filer le premier, pour donner le signal à tous les hommes de garde, blessa donc à la main le frère de Bastide.

Cette blessure devait lui coûter cher.

La main sanglante du carbonaro ne pouvait d'un moment à l'autre que se tourner contre lui.

N'était-il pas, comme Bach, condamné à mort? Son arrêt prononcé par Louis Bastide, chef de l'Epingle noire, n'avait-il pas été envoyé à la *vente suprême*?

Il ne pouvait éviter sa destinée!

CHAPITRE XLI

LES TACHES DE SANG !

Sitôt les carbonari dépistés par les gendarmes, ils retournèrent à leur point de départ qui, dès leur arrivée à Albi, avait été un premier centre de réunion : à la *place du Manège*, servant d'ordinaire de lieu d'exécution.

Louis Bastide et Veynac, qui avaient fui par les toits de la prison, ne tardèrent pas à rejoindre Yence et Jean Laville. Ceux-ci avaient pris un chemin opposé, moins périlleux. Ils s'étaient sauvés par la cour dont les portes avaient été laissées entr'ouvertes par le concierge garrotté.

Les quatre carbonari se retrouvèrent : les uns sautant par le mur de la prison dans une petite rue adjacente, en forme de cul-de-sac; les autres en courant les rejoindre dans ce boyau sombre, profond et inégal.

Comme bien des rues de Rodez, cette ruelle était hérissée de maisons capricieuses, en saillie, dont les étages supérieurs envahissaient jusqu'à la voie.

Louis Bastide et Veynac allèrent du toit de la prison au toit d'une des maisons de l'impasse; ils la descendirent comme s'ils descendaient d'un escalier suspendu sur un ravin.

Bastide, blessé à la main, laissait partout des traces de son passage par des gouttelettes de sang; il était assisté dans sa pénible ascension par Veynac, celui-ci ne lui laissait pas une minute de répit pour fuir avec lui.

Il est vrai que grâce aux méandres qui les entouraient, à leurs nombreux circuits qui les dérobaient dans la nuit, les gendarmes, occupés du reste ailleurs, les perdirent bientôt de vue.

Pour l'inégalité des constructions, Albi vaut Rodez.

Si les campagnes et la rivière du Tarn n'ont pas le triste et sauvage aspect du noir Aveyron et de ses campagnes volcaniques, les rues d'Albi sont presque aussi escarpées, aussi tortueuses que celles de Rodez.

Un voyageur sceptique a dit : « Il faut s'être exercé à se tenir en équilibre sur les cailloux pointus de Rodez pour ne pas s'étendre à chaque pas sur le pavé d'Albi. On se perd dans le labyrinthe de Rodez, on s'égare dans les dédales d'Albi. »

Il fallait la force d'énergie, la volonté, la soif de vengeance de Louis Bastide pour suivre son compagnon. Malgré le sang qu'il perdait de sa main blessée, malgré les forces qui l'abandonnaient, il se cramponnait aux interstices des murailles, il s'aidait du bras de son compagnon pour revenir à la place du Manège.

Trébuchant à chaque pas, porté par les trois carbonari, c'était lui, cependant, qui les excitait encore à gagner les quartiers les plus déserts et les plus mystérieux, pour retourner à la place qu'ils venaient d'abord de quitter, afin de se rendre à la prison de son frère où, encore une fois, ils avaient tenté une évasion infructueuse.

Sur leur route, les quatre carbonari ne rencontrèrent pas une âme.

De temps en temps, une patrouille débouchait d'une rue solitaire; mais au bruit cadencé de ses pas, les quatre hommes se blottissaient sans bruit, sous les saillies des maisons, ils laissaient passer la patrouille.

A cette heure, la garde nationale, qui veillait sur la ville terrorisée, avait plus peur de rencontrer les vengeurs des meurtriers de Fualdès, que les carbonari n'avaient envie de les affronter.

La ville d'Albi, répétons-le, ne s'appartenait plus. Elle redoutait un coup de force de la part des adversaires de la justice, sa solitude témoignait de son état anxieux. On se barricadait chez soi; la ville était en quarantaine, comme à une époque d'épidémie.

A force de sentir dans l'ombre les coups d'auxiliaires invisibles battant en brèche l'arsenal des lois d'où s'abritaient les magistrats et l'armée, la ville avait peur. Elle qui avait cru d'abord pouvoir assister en curieuse spectatrice du drame de Fualdès, elle devenait à son tour le théâtre criminel des vengeurs de ses meurtriers.

Donc, comme Rodez, Albi tremblait; les carbonari, qui n'avaient cessé de poursuivre les justiciers de Bastide, étaient maîtres du chef-lieu de Tarn, comme ils l'avaient été du chef-lieu de l'Aveyron.

Quatre hommes intimidaient toute sa population et ses classes privilégiées. Sans des traîtres pris parmi les assassins, comme Bousquier, Bach et la Bancal, peut-être eussent-ils délivré Jausion, Bastide et Colard, peut-être se fussent-ils moqués de la justice !

En tous les cas, ce n'était ni la ville d'Albi, ni les autorités qui auraient pu les entraver. La peur qui y régnait, rendait plus forts les carbonari que le ministère de Cazes.

La ville d'Albi leur appartenait; ils avaient moins à compter avec la justice qu'avec des traîtres.

Lorsque Louis Bastide et ses collègues arrivèrent sur la place du Manège, elle était déserte comme ses rues.

Ils s'arrêtèrent sur la place où étaient marquées les pierres destinées à soutenir l'échafaud qui, le surlendemain, devait s'élever pour faire tomber quatre têtes.

Le frère du Géant, la main ruisselante de sang, se plaça entre ses collègues, groupés autour des pavés désignant les futurs étais de la guillotine.

Un d'entre eux, Jean Laville, après s'être bien assuré de la solitude qui les entourait, alluma une torche de résine pour mieux montrer à ses frères les pierres de l'échafaud.

Une fois que la lumière, en éclairant la place solitaire, se fut abattue sur les pavés, une fois qu'elle eut léché de sa flamme les pierres funèbres, Louis Bastide étendit à dessein sa main blessée sur la plus grosse pierre, y dessina une large tache de sang.

— Mes frères, s'écria-t-il d'un air farouche, la menace aux lèvres, le feu dans les yeux. — Ce sang, le sang des Bastide vous représente celui que nous devons verser sur leurs bourreaux. On nous dispute la vie des nôtres; mais ceux qui vont les envoyer à l'échafaud, périront comme ceux qui en ont tracé le chemin, par leurs délations ! Sang pour sang ! Voilà ce que nous imprimons sur la pierre où nos ennemis vont exécuter ceux que nous vengerons par la même exécution ; dès demain, ils liront leur sentence écrite sur cette place. Ils croient y venger la royauté et la société, ils ne feront, au contraire, que s'y décapiter !

Et Louis Bastide, dans sa rage farouche, dans son douloureux désespoir, ne se contenta pas de teindre la pierre principale de son sang, il fit de ses doigts rougis, une croix de sang sur toutes les dalles marquant les étais de l'échafaud.

Lorsqu'il eut achevé de tracer son épouvantable hiéroglyphe sur les pierres ensanglantées, en face de ses compagnons, recueillis et attentifs, Jean Laville vint à lui, et lui demanda :

— Maintenant, veux-tu savoir qui t'a frappé, frère Bastide ?

— Oui, lui répondit-il, pour qu'il meure le premier, celui-là ?

—!Eh bien, continua-t-il, c'est Bousquier. Je l'ai reconnu au bas de la tour, lorsque tu tendais les bras à ton frère ; il guidait les gendarmes ; c'est lui qui t'a visé.

— Bousquier ? répétèrent avec rage les trois carbonari.

— Bousquier ! continua le frère du Géant dans un affreux rictus; lui déjà condamné à mort par la Vente suprême? Alors, mes frères, vous voyez sa sentence écrite par le sang de sa victime ? Il faut que Bousquier succombe le premier, le jour de l'exécution de mon frère. Ce sang l'indique, ce sang répandu par lui réclame le sien. Il sera frappé par la *Vente*, autant de fois qu'il a frappé de victimes. Vous m'entendez. Le jour où tombera la tête de mon frère, Bousquier tombera! Les Bastide seront vengés, la Vente le veut. Laville va se charger, ce soir même, de lui faire connaître notre sentence. Maintenant partons, Albi est avertie, les bourreaux seront aussi notre proie. Nous laissons à Laville le soin de les avertir. Il a nos instructions, partons !

A peine avait-il achevé ces paroles, que Louis Bastide, Yence et Veynac quittèrent la place marquée du sang de leur président.

Il était temps.

Le bruit des pas d'une patrouille se faisait entendre. Elle était attirée par les lueurs de la torche éclairant les individus qui se dérobaient.

Avant que la patrouille parût, les carbonari s'étaient enfuis, laissant près des pierres sanglantes le tronçon de la torche fumeuse.

Les fuyards se glissaient dans l'ombre, filant le long des maisons, pendant que la force armée s'approchait. Jean Laville restait à son poste; il était prêt à défendre l'endroit marqué du sang de ses frères, un pied sur la torche en tenant son gourdin d'une manière très significative.

Mais la force armée n'était, en réalité, rien moins que redoutable. Elle était composée de soldats miliciens tremblant aussi bien pour leur foyer que pour les dangers qu'ils couraient en ville. Elle ne cherchait pas les aventures. Elle parut heureuse de ne rien trouver sur la place, après que la torche se fut éteinte, et que les hommes se furent enfuis.

Alors la patrouille disparut du côté opposé où étaient partis les carbonari ; Jean Laville en fut pour son attitude menaçante, il n'eut pas besoin de faire usage de son gourdin.

Il y avait à peine quelques minutes qu'il était seul lorsqu'un homme qui paraissait l'attendre, parut après le départ de la patrouille.

Ce rendez-vous entre lui et cet homme était convenu, avant le départ de ses frères pour courir à la délivrance de Bastido.

Il concernait Bousquier, dont l'arrêt de mort, prononcé depuis un mois, devait être exécuté par les frères de l'*Epingle noire*, au nom de la vente suprême.

L'homme qui allait à Jean Laville avait été prévenu, dès l'arrivée des quatre carbonari à Albi. Il lui avait été enjoint de se trouver à l'heure indiquée à la place du Manège. Il savait que c'était Jean Laville, le mendiant, qu'il devait retrouver. Comme toujours, il ignorait ce que les carbonari attendaient de lui.

Cet homme, de longue date, bien avant d'être un *initié*, connaissait de vue Jean Laville. Il ne tarda pas d'un air très inquiet à aller à sa rencontre, lorsqu'à dessein, l'homme à la limousine et au gourdin se fit connaître à lui. Le premier, le mendiant, se découvrit dans l'ombre, au reflet de la lune, à la lueur de la torche se mourant à ses pieds.

— Frère Pierret, lui dit-il, car celui qui venait à lui était bien le père de la rivale de Mme Manzon, vous êtes exact au rendez-vous, c'est bien !

— Pourquoi, lui répondit-il d'un air assez contrarié, m'avez-vous fait quitter mon département ? Qu'exigez-vous encore de moi ?

— L'exécution de votre promesse, lui répondit laconiquement le mendiant.

— Que faut-il faire ? demanda l'ancien soldat, habitué à l'obéissance passive.

— Ce que vous avez juré d'entreprendre, devant notre tribunal de Milhau, répondit Laville, donner le change à la justice sur la cause de la mort des traîtres dont la sentence a été prononcée naguère devant vous.

— Je serai fidèle à mon serment ! répondit Pierret d'un air sombre, courbant la tête sous les regards étincelants de Laville, regards qui brillaient dans la nuit, comme les yeux du chat-tigre.

— Alors, continua-t-il, voici ce qu'il faut faire pour le remplir. Demain au plus tard, il faut inviter Bousquier, le *condamné à mort*, sous un prétexte ou sous un autre, à se rendre à la grotte de Salles. Il faut l'y attirer pour après-demain à quelque prix que ce soit. Là, nous y serons tous.

... — Voyez plutôt. (Page 378.)

— Voulez-vous donc décidément le tuer! exclama l'honnête percepteur, en proie à une visible terreur.

— Oui, fit le mendiant avec un horrible sourire, nous le *tuerons autant de fois* qu'il a tué de gens se fiant à sa parole de renégat et de mouchard.

— Et c'est moi, s'écria l'honnête homme, c'est moi que vous avez chargé de cette horrible mission?

— N'étiez-vous pas averti? N'avez-vous pas juré de nous servir? Il nous faut un homme dont Bousquier ne peut se méfier, voilà pourquoi nous avons compté sur vous.

— C'est bien, soupira le pauvre percepteur, je serai au jour et à l'heure indiqués, avec Bousquier, à la Grotte de Salles.

— Nous y comptons, termina le mendiant, et rappelez-vous les paroles de notre président, lorsqu'il vous fit notre affilié : *Si jamais vous oubliez votre mandat, vous serez frappé comme ceux qui nous trahissent !*

— Cependant si je n'étais pas assez sûr de moi, pour exécuter vos lois implacables?

— Alors, reprit Laville haussant les épaules, secouant son gourdin, d'une façon fébrile et s'accompagnant d'un sourire sinistre, alors mon pauvre monsieur Pierret, nous serions implacables pour vous; nos arrêts sont irrévocables, toujours ils s'impriment avec du sang. Voyez plutôt.

Laville se recula de quelques pas, devant Pierret interdit. Il ramassa le reste de la torche qui brûlait encore. Il lui montra sur les dalles les taches de sang, qui les marbraient.

A son tour, Pierret eut un mouvement de recul, et poussa un cri de terreur.

Laville continua sans s'émouvoir, en lui indiquant de son bâton la place ensanglantée.

— Ceci, c'est le sang des Bastide, il a coulé aujourd'hui et coulera demain avec plus d'abondance. Il faut donc que tout ce sang se paye!

— Mais balbutia Pierret, je suis innocent de ces crimes, moi. Pourquoi m'y mêlez-vous?

Laville haussa les épaules, il regarda autour de lui, pour s'assurer si personne ne l'entendait, il s'écria, une fois certain d'être seul avec Pierret :

— Vous êtes innocent de ce qui se passe, honnête Pierret? Mais un peu comme Ponce-Pilate, lorsqu'il se lavait les mains des crimes de Judas! Vous êtes innocent du mal qui se fait, comme les Hébreux l'étaient du mal commis en leur nom sur la personne de leur Sauveur. Ah! honnêtes gens que vous êtes, race égoïste, race de trembleurs! N'est-ce pas vous, au contraire, qui faites le mal, en le laissant commettre? Et nous qui essayons de venger ceux qui vous tyrannisent, qui vous exploitent, qui vous tuent! nous sommes encore accusés par vous! Pourquoi? parce que nous avons le courage de résister à l'audace des malfaiteurs qui vous oppriment! Sans nous, Pierret, votre fille n'existerait plus. D'où proviennent vos malheurs? D'infâmes coquins, dont l'audace, grâce à des trembleurs comme vous, provoque tous les despotismes! Vous êtes de ces gens, Pierret, qui, sans faire positivement le mal, le laissez se propager, écrasés tour à tour, au gré de vos intérêts ou de votre lâcheté, sous le talon rouge d'un prince de droit divin, ou sous la botte éperonnée d'un général s'improvisant empereur ! Vous faites partie, gens du vulgaire, de ce nombreux troupeau que tout tyran, mène à l'abattoir, avant de le noyer dans son sang ! Sans des timorés comme vous, un Jausion n'eût pas tué son ami Fualdès, il n'eût pas rendu Bastide meurtrier et son frère assassin ; Jausion n'eût pas répandu la terreur dans deux villes ; en ce moment nous ne baignerions pas nos pieds dans le sang répandu par un traître dont vous et moi, dans l'intérêt de l'humanité, nous allons devenir les justiciers. Voilà, termina Jean Laville en se calmant, ce que vos scrupules d'honnête homme me forçaient à vous dire pour vous mettre en garde contre votre égoïsme et votre manque de reconnaissance. Vous êtes averti. On vous viendrez avec Bousquier, le jour de l'exécution, à la Grotte de Salles, ou nous irons vous trouver pour vous punir de votre ingratitude ou de votre lâcheté ! Réfléchissez !

Jean Laville en achevant ces paroles partit, laissant Pierrot tout songeur sur la place.

Celui-ci n'aurait jamais supposé qu'un pauvre diable comme Jean, vivant d'aumônes, en apparence, eût une aussi grande profondeur de vue.

Il comprit que Laville n'était un mendiant que pour la forme. Il devina que son rôle était un déguisement, un masque comme celui qu'il portait, lorsqu'il dictait ses arrêts, en compagnie de ses nombreux collègues.

Il fut persuadé que son pouvoir comme celui de tous ses frères s'étendait sur toutes les classes de la société.

Et ce pouvoir était terrible, puisqu'il menaçait l'autorité jusqu'aux pieds de l'échafaud, puisqu'il terrorisait deux villes, rendant arrêt pour arrêt, sang pour sang, dans un tribunal occulte, insaisissable, aussi omnipotent que la magistrature officielle, aussi puissant qu'un roi, que combattaient les mystérieux collègues de ce mendiant.

CHAPITRE XLII

LE CHAT GUETTE LA SOURIS

Pendant qu'avaient lieu ces événements sur la place du Manège, d'autres incidents non moins émouvants se passaient dans l'intérieur de la **prison de Sainte-Cécile**.

Bousquier, qui ne se doutait pas qu'il était devenu le point de mire des vengeurs des Bastide, ne perdait pas de vue ceux dont il venait de faire manquer encore une fois l'évasion.

Après avoir confié à un gendarme, placé à côté de lui, le fusil qui avait blessé Louis Bastide à la main, dont le coup, une fois tiré, avait fait partir en sens opposé les carbonari, il se mit en devoir de monter au cachot des condamnés.

Avant de jouer un tour infernal à Bastide, à Jausion et à Colard qu'il venait de surprendre dans leur ascension, il donna ses renseignements aux gendarmes qui l'avaient accompagné.

— Vite, camarades, leur dit-il, rendez-vous à la loge du concierge, cernez-la, pendant que d'autres soldats vont fermer les portes. C'est en vain que vous trouverez le concierge garrotté, pour faire croire qu'il n'a obéi qu'à la violence. Tout cela était entendu entre lui et les sauveurs dépistés. Cachez-vous et opérez! Pendant ce temps-là, je monte à la prison. Mais pas d'esclandre! Ayez l'air de croire au guet-apens de ce gardien. Cachez-vous bien, en prenant des mesures de sûreté pour que cette évasion ne se renouvelle pas. Moi, je vais là-haut; je vais m'y prendre de telle façon que le concierge, devant les condamnés, sera bien obligé, d'accord avec un autre subalterne, d'avouer sa participation dans cette évasion. Agissez sans bruit, jusqu'à mon retour! Croyez-moi, je guette les prisonniers, comme le chat guette la souris.

Les gendarmes avaient reçu des ordres pour suivre de point en point les instructions de l'agent Bousquier. Ils lui tournèrent donc le dos, en rampant vers l'angle de la cour, jusqu'au péristyle, pour aller dans la loge du concierge et fermer les deux portes extérieures.

Pendant ce temps-là, Bousquier se dirigeait vers l'extrémité opposée, conduisant à la tour par la galerie à piliers, par l'un des côtés latéraux des bâtiments de la prison.

Tout en se disposant à aller rejoindre les prisonniers, effarés par son coup de fusil, le traître se demandait comment il s'y prendrait pour duper Jausion, Bastide et Colard.

Cependant, le perfide avait son projet. Il voulait se rendre auprès des condamnés pour leur faire accroire que la partie n'était pas tout à fait perdue, et que les gendarmes cherchant au loin les fuyards, laissaient la porte ouverte, encore libre pour eux. Mais croiraient-ils à son mensonge?

Il pensait se présenter comme remplaçant les carbonari pour leur faire profiter de l'absence des soldats, et les conduire à la liberté.

Le concierge n'était-il pas dévoué à leurs intérêts? n'était-il pas disposé à leur donner la clef des champs?

En réalité, Bousquier n'avait imaginé ce stratagème que pour mieux confondre le concierge avec les condamnés, pour prouver aux gendarmes que concierge et condamnés étaient d'accord entre eux.

Cependant Bousquier hésitait, en gagnant la galerie, à se présenter au Géant. Depuis qu'il avait fait avorter un de ses plans d'évasion, il savait n'avoir plus la confiance des Bastide.

Il craignait que sa proposition, cachant un nouveau traquenard, ne fût accueillie comme elle le méritait. Bastide était violent. Maintenant qu'il n'avait plus ses chaînes, il aurait pu profiter de sa liberté pour accomplir les menaces de mort suspendues sur la tête de ce perfide.

En s'avançant à pas lents jusqu'à l'extrémité de la galerie qui donnait sur le soubassement de la tour, il poussa une exclamation de surprise et de joie.

Il venait d'y rencontrer le serrurier qui le premier, depuis la veille, avait préparé cette évasion. Celui-ci attendait à son poste les prisonniers pour les aider à sortir par l'intérieur de la prison, si l'ascension ne leur eût pas réussi.

En effet, comme on l'a vu, l'ascension n'avait pu réussir. Le serrurier, plus mort que vif, se demandait s'il était prudent de tenter l'autre genre d'évasion, dès que la garde était sur le qui-vive.

L'ouvrier, trop compromis après avoir scié les barreaux du cachot des condamnés, avait rejeté loin de lui son trousseau de clefs ; il ne demandait qu'à fuir, lorsque Bousquier vint l'acculer au bout de la galerie qu'il n'avait que trop bien gardée.

A la vue de Bousquier, déguisé en gendarme, le malheureux se jeta à ses pieds, en lui demandant grâce.

L'agent, d'un sourire captieux, d'un geste engageant, le rassura ; il lui dit à voix basse :

— Loin de vous en vouloir de travailler au salut des captifs, moi aussi je vous rends grâce ! Vite, conduisez-moi près d'eux, comme vous, comme celui qui a reçu de moi ses instructions je viens rendre à mes frères la liberté et la vie. Il n'y a pas une minute à perdre, depuis l'alarme donnée. Vite, conduisez-moi au cachot où l'on nous attend, vous et moi.

Le serrurier, se sachant découvert, voyant dans ce faux gendarme un complice très disposé à se perdre comme lui, n'hésita plus à le seconder.

Il ne pouvait supposer dans l'âme de Bousquier tant de duplicité.

De son côté, l'habile mouchard se servait du serrurier pour inspirer plus de confiance à ses dupes que sa présence n'aurait pu donner, surtout dans ce moment critique. Car ce n'était pas la première fois qu'il les trompait.

Bousquier et lui montèrent à la tour.

Les gendarmes, fidèles au programme du mouchard, ne bronchaient pas ; ils gardaient toutes les issues de la prison. Ils étaient disséminés au dehors, dans la cour, dans les escaliers, aux abords de la loge.

Deux d'entre eux avaient fermé les portes des grilles, en se rendant maîtres des clefs que le serrurier avait en double.

Quant au concierge, depuis le coup de feu de Bousquier, il était dans l'état d'anxiété où le mouchard avait trouvé le serrurier.

N'entendant plus âme qui vive, il attendait toujours que l'on vînt à lui, pour débiter sa fable : « Qu'il avait été garrotté par les sauveurs des prisonniers, » s'il avait été en présence des gendarmes ; ou bien pour aider les captifs à se sauver, s'ils venaient à sa rencontre, malgré la chasse des gendarmes.

Comme on le voit, la partie était très tendue ; il n'y avait que Bousquier et les soldats maîtres de la situation.

Et cette situation représentait bien celle du chat jouant avec la souris.

Les mauvais instincts de Bousquier étaient satisfaits ; sa victoire présumée ne le laissait pas sans une vague appréhension. Il n'était pas sans connaître le pouvoir occulte des carbonari. Il ne se méprenait pas sur les conséquences de cette victoire dont il allait endosser la responsabilité.

Après le dernier tour qu'il allait jouer à ses anciens complices, il soupçonnait qu'il tomberait un jour ou l'autre sous les coups de leurs mystérieux vengeurs.

Il ne s'illusionnait pas sur leur terrible puissance, puisque la magistrature, le gouvernement comptaient aussi avec elle ! Et lui, un serviteur obscur de la police, un agent infime du gouvernement, il ne se méprenait pas sur les dangers qu'il courait, après les énormes services qu'il rendait à la justice et à l'État.

Mais Bousquier était forcé de marcher pour plaire à ses maîtres. Après avoir caressé tour à tour tous les partis, sa situation était devenue trop tendue ; il était forcé de se tourner contre Bastide, Jausion et leurs redoutables protecteurs ?

Ne pouvant plus éviter leur vengeance, après les services qu'on exigeait de lui, il osait tout pour avoir personnellement raison de ceux qui se promettaient de lui faire payer de la vie ses infâmes services.

Bousquier, couard et servile, était devenu audacieux, il était presque un héros, guidé uniquement par l'instinct de la conservation.

Il n'y a rien de tel qu'un poltron pour faire preuve de témérité, quand sa témérité peut lui répondre du salut que ni la ruse ni la lâcheté ne peuvent plus lui promettre.

Tel était le cas de Bousquier.

Il était franchement avec la justice; il la défendait avec acharnement pour qu'elle pût le protéger contre ses adversaires; et il n'ignorait plus qu'il était traqué comme la justice qu'il servait de toutes les manières.

Bousquier et le serrurier, que l'espion trompait aussi, arrivèrent sans encombre jusqu'au cachot des condamnés. Il était situé au deuxième étage de la tour; cette tour dominait, comme on l'a vu précédemment, un monument, au faîte triangulaire, datant du xviii° siècle, il s'adossait à cette vieille tour Sainte-Cécile; une tour romane, aux murs de neuf pieds d'épaisseur.

Le mouchard, par prudence, après s'être fait ouvrir le cachot de Bastide, de Jausion et de Colard, poussa son introducteur dans l'intérieur. Il se masqua derrière lui.

Après le coup de fusil qui avait fait envoler les sauveurs des prisonniers, qui avait anéanti leur dernière espérance, ce n'était pas le serrurier que les captifs espéraient encore retrouver.

Déjà les prisonniers, désespérés, se lamentaient avec violence; Bastide, qui en voulait de plus en plus à Jausion, l'apostrophait, après lui avoir fait espérer en une nouvelle chance de salut. Colard blasphémait; il s'en prenait à Bastide qui, prétendait-il, l'avait perdu; à Jausion qui n'avait que le courage, disait-il, de se servir du courage des autres!

Les gardiens, enchaînés à la place des prisonniers, se disposaient à rompre leurs entraves. Ils se démenaient comme des dogues furieux. Les condamnés, avant de redevenir en leur pouvoir, se disposaient par des jurons, par des gestes énergiques, à leur faire payer leurs dernières déconvenues.

En ce moment parut le serrurier, dissimulant derrière lui le perfide Bousquier.

— Vite! vite! s'écria-t-il aux détenus, fort de la leçon que lui avait faite le mouchard. — Il en est temps encore. Partez avant que la garde, qui nous a surpris et qui cherche loin d'ici vos libérateurs, ne revienne de ce côté. Le concierge attend, les portes sont ouvertes; venez!

Bastide, très incrédule, regarda un moment le serrurier et ses gardiens qui, derrière lui, se démenaient comme des dogues.

Mais Jausion, qui une fois ses calculs détruits se livrait imprudemment à tous les hasards, entraîna le Géant; quant à Colard qui avait soif de vivre, il joignit les efforts du banquier aux siens pour entraîner aussi l'incrédule Géant.

Ce dernier, trop habitué à voir ces plans d'évasion manquer, redoutait un piège. Il ne doutait pas de la bonne foi du serrurier; mais il se demandait, à juste raison, si depuis que leur complot était découvert, si depuis le coup de feu tiré par leurs gardiens, ceux-ci ne cherchaient pas à les endormir dans une fausse sécurité, pour mieux connaître les auteurs de cette nouvelle tentative.

Il hésitait à suivre ses compagnons, lorsque Bousquier se démasqua derrière l'ouvrier et se montra à ses anciens complices.

A sa vue, les trois condamnés poussèrent des exclamations de dépit et de rage.

Pour sa part, Bastide s'écria :

— Ah! je savais bien qu'il y avait là-dessous quelque trahison. Dès que Bousquier nous offre le salut avec ce brave homme, c'est qu'il y a sous roche un nouveau piège !

— Mes compagnons, s'écria Bousquier avec force sur un ton peiné, très décidé à jouer le tout pour le tout, vous me faites de la peine, en me supposant l'âme aussi noire. Si, à votre dernière évasion, j'ai paru vous desservir, c'était pour mieux tromper mes chefs. Votre plan était mal conçu. Je vous aurais nui davantage, si j'avais eu l'air de l'approuver, et surtout d'y participer. Je me réservais pour une autre occasion. L'occasion est venue, je me démasque! Croyez-moi ou ne me croyez pas, le serrurier et moi, nous ne travaillons qu'à votre salut. Du reste, qu'avez-vous à perdre, en nous écoutant, en vous laissant guider par nous? Tandis que, en ne nous écoutant pas, en restant, vous êtes perdus à tout jamais? Venez... venez... les portes sont ouvertes, les gendarmes peuvent revenir de leur ronde; ici, vos gardiens enchaînés, peuvent briser leurs chaînes pour vous les rendre. Venez mes compagnons, mes amis, oh! je vous en supplie... vous n'avez pas une minute à perdre, et vous n'avez peut-être que trop perdu de temps!...

— Au fait, c'est vrai ! s'écria Jausion, si Bousquier nous trompe, nous ne serons pas plus perdus qu'en restant ici ?

— Et s'il ne nous trompe pas ! nous avons la vie sauve, exclama Colard avec vivacité.

— En vérité, exclama le Géant, en se résignant, en regardant Bousquier d'un air de mépris, en vérité, tout ce que vient de me dire cet homme est trop beau pour que j'y croie ! Pour vous faire plaisir, pour que vous ne me reprochiez pas d'avoir négligé une occasion de vous sauver, je vous suis ! Mais, je le répète, je regrette maintenant de n'avoir pas tué à bout portant autrefois ce mouchard. Vous allez voir qu'il nous joue encore un tour de sa façon !

Malgré ses paroles, le Géant se laissa entraîner par ses compagnons. Du reste, il n'y avait plus à hésiter. Les gardiens enchaînés étaient sur le point de briser leurs entraves, et de se jeter sur eux. Menacés par derrière, menacés par devant, les captifs n'avaient plus qu'à suivre la route indiquée par le serrurier et le mouchard cette route ; dût-elle n'aboutir qu'à une nouvelle défection.

— Bousquier, tu as raison d'avoir peur! (Page 388.)

Hélas! Louis Bastide avait vu juste, la défection ne se fit pas attendre.

Une fois que les prisonniers eurent descendu, avec leurs prétendus sauveurs, les marches de la vieille tour, une fois dans la galerie aboutissant à la loge du concierge, il n'éprou... ent une nouvelle joie que pour la voir dégénérer en une immense désespérance.

Ils retrouvèrent, en effet, le concierge encore garrotté, encore seul et qui les attendait.

A la vue des prisonniers accompagnés de Bousquier et du serrurier, le concierge qui ne connaissait pas plus que l'ouvrier la duplicité du mouchard, se débarrassa de ses liens, il s'écria :

— Enfin, vous voilà. Les gendarmes ne sont donc pas revenus, puisqu'ils n'ont pu réussir à vous rendre à vos gardiens, pas plus qu'à avoir raison de vos libérateurs ! Alors suivez-moi et partez si les portes sont encore ouvertes !

Les prisonniers ne revenaient pas de ce qu'ils voyaient et entendaient. Bousquier avait-il dit vrai ?

Le mouchard n'était-il un traître que pour la justice ? Leur était-il sérieusement dévoué ? Ne paraissait-il les avoir joués, dénoncés, vendus, que pour mieux les sauver au moment suprême ?

Hélas ! ce retour des condamnés en faveur de leur ancien complice, ne dura que quelques secondes.

A peine se disposaient-ils à suivre le concierge et le serrurier prêts à rouvrir les portes, avec les clefs en double; à peine les cinq personnages quittaient-ils la loge pour s'évader par le péristyle, qu'une voix cruellement railleuse, affreusement sardonique, la voix de Bousquier, cria tout à coup :

— Gendarmes ! Emparez-vous de ces hommes !

Aussitôt vingt soldats fondirent comme une volée d'oiseaux sur les cinq individus. Ils furent enveloppés, traînés au fond de la loge, avant d'aller les uns dans leur cachot respectif, les autres dans un cabanon que jusqu'alors, ils n'étaient chargés que de surveiller !.

Bousquier heureux et fier de son infamie s'esquiva au plus vite, riant aux éclats du tour qu'il avait joué à ses anciens compagnons.

Cet homme répétons-le, ne vivait que de lâchetés, la trahison était son élément ; il ne respirait à l'aise que dans une atmosphère empoisonnée.

Il ne vit pas Bastide qui, empoigné comme ses malheureux compagnons par quatre gendarmes, lui lança un coup d'œil terrible, lui montra le poing en lui criant :

— Je le disais aussi, Bousquier, ce dévouement était trop beau ! Il devait cacher de ta part une nouvelle scélératesse. Elle ne te portera pas bonheur ! Nous aurons notre revanche, lâche ! Et tu ne perdras rien pour attendre !

Bousquier tout à son ignoble triomphe, n'entendit pas les menaces du Géant, ni les lamentations de ses autres dupes.

Il s'était fait ouvrir la grille pour sortir de la prison et pour courir à de nouveaux exploits.

Il avait appris par le concierge le point de réunion des *carbonari*, à la veille de délivrer les prisonniers. Il désirait les surprendre pour en aviser la justice.

Plus que tout autre, plus ardemment que l'autorité, il désirait l'arrestation des vengeurs des meurtriers de Fualdès. Il avait su par le mendiant Laville, surtout par les victimes de ses coreligionnaires, qu'il ne faisait pas bon de se jouer de leurs manœuvres et surtout de les contrarier.

En ce moment, le guetteur ne se doutait pas que lui-même était guetté, qu'il jouait vis-à-vis de ces hommes ténébreux, le rôle qu'il avait joué avec les condamnés.

De ce côté, les rôles étaient renversés, ce n'était plus lui qui était le chat guettant la souris.

Courant comme un fou, heureux de son nouveau succès, il arriva en quelques minutes sur la place du Manège.

C'était à l'heure où le mendiant Laville venait de prendre congé de Pierrot, après s'être concerté avec lui sur ce qui le concernait personnellement.

La place était déserte. Pas un bruit, pas une âme ne s'y trahissaient. Aucune lumière aux fenêtres, la ville terrorisée, semblait reposer dans un silence absolu, mortel. Ce silence était aussi menaçant que le ciel qui roulait de gros nuages noirs, bas et lourds.

L'atmosphère était pesante, tout sentait l'orage. Un vent froid qui glaçait les os, traversait cet air de plomb, sur cette place déserte et morne.

Bousquier revenu de sa joie, après sa course folle, sentit la peur l'envahir, il tressaillit dans ce silence, au milieu de la place de la guillotine.

Bousquier était lâche ; il se dit que s'il était surpris par les carbonari, il passerait un mauvais moment.

Il se repentit d'être venu à leur lieu de rendez-vous.

Une fois au centre de la place, à quelques pas de l'endroit où était marqué l'espace indiqué pour l'érection de la guillotine, il voulait rebrousser chemin.

Au moment où il allait fuir, un éclair zébra le ciel noir. Il éclata en inondant le carrefour d'une lumière aiguë, qui lui fit voir les marques de sang sur les cinq pierres de l'échafaud.

A la vue du sang, Bousquier frémit de la tête aux pieds.

Une sueur froide inonda son visage, il lui sembla que c'était son sang, qu'il voyait sur les pierres, et payant le sang que le traître avait fait verser.

Bousquier frémissant poussa un cri terrible.

Au moment de fuir, un autre éclair illumina la place d'une façon plus sinistre encore.

Bousquier, cette fois, exhala un cri plus effrayant encore.

Il accusait les angoisses de son âme et le trouble de ses sens.

Il venait d'apercevoir dans un angle du carrefour le mendiant Laville, le corps blotti dans sa large limousine.

Tout à coup, il se dressa devant lui, lui désignant de son gourdin la place marquée par le sang de Bastide.

En se développant sous son manteau, en prenant dans la nuit des proportions de géant, et lui montrant de son gourdin les pierres ensanglantées, il lui cria :

— Bousquier tu as raison d'avoir peur! Car ce sang sur les pierres, ce sang de Bastide, c'est l'image du tien qui va bientôt payer le leur. Au revoir !

L'éclair passé tout rentra dans la nuit.

Bousquier, pour ne plus voir ce sang, pour ne plus voir cette ombre, s'enfuit comme un fou.

Cette fois ce n'était plus la satisfaction exagérée du mal qui l'animait, c'était la terreur de la mort !

Jean Laville lui était apparu, comme le fantôme de ses remords. Maintenant il était prêt à venger ses crimes. Pour lui l'heure avait sonné, comme la dernière heure de don Juan, en présence de la statue du Commandeur.

CHAPITRE XLIII

LA RENCONTRE INTÉRESSÉE

Albi avait hérité de Rodez.

La terreur, qui avait régné dans l'ancienne capitale du Rouergue pendant le cours du procès Fualdès, s'était répandue, disons-le encore une fois, dans cette première ville du Languedoc, dès que ce procès touchait à sa fin.

Son dénouement devait amener des épisodes aussi sinistres.

Les mêmes faits, produits par ce dénouement, avaient attiré à Albi les mêmes héros, les mêmes vengeurs : tenaces, implacables, terribles.

La ville d'Albi avait cru longtemps pouvoir se désintéresser d'un drame dont elle n'avait pas été le théâtre. Elle se voyait maintenant mise en demeure par ces vengeurs de l'ancien magistrat de l'Aveyron.

Elle avait pensé n'assister qu'en spectatrice aux débats d'un drame du département voisin, n'intéressant ni l'honneur, ni la sécurité des habitants.

Elle avait espéré, dès le début, s'amuser de l'héroïne de Rodez, Mᵐᵉ Manzon, se montrant en spectacle aux Albigeois gouailleurs, entrant avec son étonnante cavalcade dans ses murs, aux applaudissements de la foule plus sociable, moins farouche que les revêches et sombres Ruthénois.

Mais à la longue, la terreur avait fait place à la joie ; le sang menaçait de couler sur les bords du Tarn comme sur les bords de l'Aveyron.

Les mêmes vengeurs tenaient en respect la magistrature et l'armée, dans ce nouveau chef-lieu.

Le 2 juin, la veille de l'exécution, lorsque les Albigeois connurent la tentative d'évasion exercée par les audacieux *carbonari*, la panique s'accrut dans la ville.

Elle était aussi intense qu'elle a ait été à Rodez, lorsque Bastide et ses complices étaient sur le point de s'échapper de la prison, lorsqu'ils défiaient à Rodez leurs gardiens, leurs juges et leurs bourreaux ; lorsque ces derniers, pour répondre à leur audace, faisaient placer à la porte de leur cachot l'échelle de corde qu'ils avaient tressée, dans l'espérance de leur évasion.

La ville d'Albi n'avait plus assez de soldats pour garder les prisonniers, assez de gardiens pour les contenir. D'une minute à l'autre, la magistrature n'était plus sûre de ses condamnés. Elle redoutait de tous les côtés de mystérieux vengeurs surgissant de jour en jour pour les disputer à la justice.

Le 2 juin, l'épouvante redoubla. Dès l'aube, les marques de sang, déposées par le frère de Bastide sur les pierres de la place du Manège, apprirent aux habitants le défi des carbonari. La ville d'Albi s'aperçut qu'ils la rendaient responsable de l'arrêt suprême qui condamnait définitivement les assassins de Fualdès.

Alors la ville se porta en foule sur la place pour regarder avec effroi ces marques terribles.

A ce sujet, Latouche, l'historiographe privilégié du procès de Fualdès, s'exprime ainsi :

« Le matin du 2 juin, au point du jour, on a trouvé sur la place des exécutions, entre les pierres destinées à soutenir l'échafaud, *une large tache de sang*, et sur chacune des pierres *une croix de sang* avait été tracée.

« La foule, amassée sur la place à l'annonce de ce défi sinistre, se regardait avec stupeur. Elle faisait mille conjectures ; elle maudissait l'initiative des magistrats d'Albi qui, par leur arrêt, avait attiré sur la ville de si épouvantables pronostics.

« Immédiatement, les abords des carrefours furent gardés. De toute part, des soldats furent disposés à protéger les aides du bourreau qui s'apprêtaient à transporter sur la place du Manège les bois de justice.

« Le tribunal avait été un camp; la place d'exécution devenait une place d'armes! »

Voici ce que se chuchotaient alors, entre eux, les honnêtes habitants qui n'étaient plus les terribles Albigeois du XII° siècle, raccourcis jadis par l'épée trop chrétienne de Simon de Montfort.

— C'est une indignité! s'écriaient les uns. Notre préfet, pour être agréable à son frère, M. de Cazes, et pour gagner les faveurs royales, a donné à notre ville le spectacle du drame Fualdès et a il attiré sur nous la foudre! Voyez ce sang? Il dit qu'il va inonder les bords du Tarn, comme il n'a que trop inondé les bords de l'Aveyron!

— Et pourtant, répondaient les autres, nous sommes innocents du meurtre de Fualdès! Nous n'en sommes pas responsables comme les gens de Rodez!

— Oui, répliquaient des ennemis de la Sainte-Alliance, mais il faut bien que la *Terreur blanche* s'étende de la montagne sur la plaine, dans l'intérêt des nobles. M° Romiguières l'a dit: Cette affaire-là est une affaire de police; c'est un coup de filet qui part de Rodez pour s'étendre jusqu'à Albi!

— Et le mot d'ordre, ripostaient d'autres gens affolés, a été donné depuis longtemps par la police de Paris; elle veut renouveler ici, comme à Rodez, comme à Avignon, le massacre du maréchal Brune.

— Chut! terminait un individu plus timoré que les autres, et désignant un homme qui, dans la foule contemplait avec plus de terreur encore les taches de sang; chut! taisez-vous! Je reconnais un agent provocateur; il n'est là que pour exciter, sans doute, les massacres dont vous parlez!

Cet homme que l'Albigeois montrait à ses concitoyens mécontents, c'était Bousquier.

Le malheureux agent, que toute la ville connaissait depuis son attitude plus que suspecte vis-à-vis du tribunal et de ses complices, était en effet venu, dès l'aube, sur la place des exécutions.

Ne se possédant plus depuis la menace du mendiant, lorsqu'il était accouru la veille sur la place de l'échafaud, marquée par le sang de Bastide, il tenait à s'assurer s'il n'avait pas été le jouet, la nuit dernière, d'un rêve ou d'une hallucination.

Hélas! Bousquier ne s'était rendu que trop compte de la navrante réalité.

Ce qu'il n'avait fait qu'entrevoir dans la nuit précédente, n'était pas un mirage de son imagination surexcitée ou en délire.

Le sang était bien là ! il était marqué à ses pieds. C'était le sang du frère de Bastide que lui-même avait fait couler.

Il se recula, craignant d'en sentir sur la face les éclaboussures.

Il s'en sentait menacé aussi par la terreur de la foule qui l'entourait.

Jean Laville n'était plus là il est vrai. Mais les paroles qu'il lui avait adressées, mais la sentence qu'il lui avait fait entendre, bourdonnaient toujours à ses oreilles.

Elles glaçaient son cœur, elles égaraient sa raison.

Et la peur de la foule avait, pour lui, une logique implacable. Il savait bien, lui, ce que voulait dire cette foule amassée autour de ce ruisseau sanglant.

Les paroles qu'elle prononçait, avaient à son sens une signification épouvantable; la peur dont elle était pénétré, le pénétrait par tous les pores.

Il absorbait les terreurs collectives de la ville; il en était pour ainsi dire écrasé.

Bousquier, tremblant, livide, la bouche sèche, les genoux chancelants, essaya de sortir des groupes babillards, menaçants et affolés.

En se communiquant leurs craintes, les groupes ne faisaient qu'accroître sa fiévreuse anxiété.

Et précisément, le désordre de sa physionomie, son attitude piteuse, son effarement avaient fini par fixer l'attention de la foule.

Au danger imaginaire qui l'absorbait, succéda un danger réel auquel il faillit ne pouvoir se soustraire.

Un individu, comme on l'a vu, avait fini par reconnaître le traître Bousquier.

Le rôle infâme qu'il avait joué vis-à-vis de ses complices, son caractère d'espion qui ne s'était que trop dessiné dans les débats, ne l'avaient que rendu plus odieux au public.

Lorsqu'il fut désigné à la foule, elle entra tout à coup dans une sourde fureur.

La peur rend féroce.

En retrouvant dans Bousquier l'agent provocateur qui devait être pour beaucoup dans le trouble qui agitait la ville, qui menaçait sa sécurité, les groupes l'entourant, ne se possédèrent plus de rage.

Bousquier reconnu, désigné par les uns par les autres, se sentit poussé, bousculé, pressé par la multitude aux yeux menaçants, dont les éclairs le dardaient de toute part.

La colère et la menace prenaient autour de lui et contre lui des proportions alarmantes ; il entendait murmurer par mille bouches grimaçantes, prêtes à le mordre :

— Le voilà le gredin qui nous a attiré tous ces dangers; à l'eau, le mouchard !

— Oui, criait une autre voix enrouée par la colère, jetons-le dans le Tarn, comme il a jeté le cadavre de Fualdès dans l'Aveyron, ce Judas, ce vendeur de sang !

— A l'eau ! à l'eau ! répétaient en chœur les groupes qui se resserraient contre le malfaiteur, prêts à le soulever comme une plume.

Encore quelques secondes de cette exaltation farouche dans cette foule en délire, et Bousquier se sentait porté par ces flots humains et entraîné au pont du Tarn.

Pour avoir voulu s'assurer d'un mal imaginaire, il était allé au-devant d'un danger certain.

Au moment d'être emporté par des bras vengeurs, il tourna les yeux autour de lui, comme pour implorer la pitié de quelques âmes compatissantes, comme pour reconnaître un ami dont la voix miséricordieuse ou charitable aurait combattu son nouvel arrêt de mort.

Tout à coup il poussa un cri de surprise et de joie. Il était sauvé, il le croyait du moins.

Il venait de reconnaître un homme qui le cherchait, mais ce n'était pas pour le même motif !

Cet homme c'était Pierret.

Depuis qu'il avait eu l'ordre de rejoindre Bousquier pour le conduire à la Grotte de Salles, où l'attendaient ses exécuteurs, Pierret n'avait plus un minute à perdre.

Ce matin là, le percepteur avait voulu rejoindre Bousquier à la prison de Sainte-Cécile où le mouchard était en permanence, sous le costume de gendarme; il s'était arrêté d'abord à la place du Manège.

Lui aussi avait voulu se rendre compte de ce qui s'était passé dans la nuit, lui aussi croyait encore à un rêve de son imagination ; mais les taches de sang qu'il avait retrouvées sur la place, la foule qui y était amassée, tout lui prouva qu'il n'avait pas rêvé !

Lui, l'honnête homme, l'employé du gouvernement, il était chargé par une société occulte de mener un homme à la mort, de servir des sectaires armés contre l'Etat dont il était redevenu l'employé, par l'influence de ses ennemis !

Il n'y avait pas à hésiter, il fallait servir les carbonari ; remplir le serment qu'il leur avait prêté, sinon tout ce qu'ils avaient fait en sa faveur, ils pouvaient le défaire.

Ne le lui avaient-ils pas prouvé, en lui rendant et sa place et sa fille ? Ne

Bousquier aussi pressa le pas. (Page 290.)

le prouvaient-ils pas encore en traînant à la mort ceux qui les trahissaient ou ceux mêmes qui se refusaient à les servir ?

Bousquier n'en était-il pas un exemple ? N'avait-il pas à redouter son sort, s'il ne servait pas ces bourreaux mystérieux ?

De son côté, Bousquier, très heureux de rencontrer Pierrot, n'eût pas été aussi empressé à lui tendre les bras, s'il s'était douté qu'il ne s'échappait des mains d'une foule homicide, que pour tomber dans celles d'un nouvel instrument de sa mort.

Au moment où l'espion se sentait pris par cent bras invisibles qui allaient diriger son corps vers le Tarn, Pierret fendit la foule, il s'avança sur cette victime.

Bousquier, pâle, tremblant, avait à peine crié grâce, à la masse inhumaine se riant de ses efforts stériles, que Pierret répondit à la foule, d'une voix impérative :

— Laissez cet homme ! il m'appartient !

Les habitants d'Albi connaissaient Pierret.

Ils savaient le rôle qu'il avait rempli, devant les assises, lui, victime, avec sa fille, des machinations des héros sanguinaires de Rodez ; cela l'avait même rendu intéressant.

Pas un ne douta que Pierret, calomnié avec son enfant, par les agents de police, ne réclamait Bousquier que pour se réserver le droit de le châtier, comme il le méritait.

Du reste, les paroles que venait de prononcer le percepteur le prouvaient encore.

La multitude s'écarta de l'espion ; Pierret profita de l'hésitation de la foule, du vide qu'elle laissa entre elle et lui, pour s'échapper de cet enfer humain.

Une fois Bousquier entraîné par Pierret à un carrefour voisin, loin des groupes qui s'étaient emparés du mouchard, pour le jeter à l'eau, l'espion n'eut pas assez d'expressions pour remercier le charitable percepteur.

L'honnête homme souffrit des remerciements, des manifestations de basse reconnaissance de Bousquier.

Le vieux soldat était à la torture. Il recevait avec contrainte les remerciements exagérés de ce poltron. Ne savait-il pas qu'il n'était sauvé d'un premier danger que pour entrer, par l'ordre de ses bourreaux, dans un danger prochain, bien plus effrayant encore ?

Ah ! si Bousquier avait connu le but de sa rencontre intéressée ; loin de lui manifester, en termes hypocrites, les plus chaleureux remerciements, il se fût empressé de fuir avec acharnement.

Car Pierret, en sauvant ce misérable, n'avait que ces paroles de Jean Laville dans les oreilles :

« — Il faut attirer, pour demain, Bousquier à la grotte de Salles, il faut l'y attirer à quelque prix que ce soit. Là, nous y serons tous pour le juger et le condamner.

Loin de se douter du sort qui l'attendait avec l'honnête Pierret, Bousquier lui disait avec force gestes de reconnaissance :

— Ah ! monsieur Pierret, je vous dois la vie ! Si j'ai bien saisi le sens de vos paroles, vous n'avez dit que je vous appartenais, uniquement que pour m'arracher des mains de ces brutes!

— Oui, monsieur Bousquier, lui répondit le percepteur, sans oser le regarder, — et pour faire mieux encore, pour vous forcer, en ami, à quitter sur-le-champ cette ville, où vous n'êtes plus en sûreté.

— Moi, je ne demande pas mieux!

— Et dans votre intérêt, continua Pierret, dissimulant son embarras, je vais vous conduire jusqu'à Rodez.

— On n'est pas plus généreux, lui répondit l'espion avec joie.

— En échange de ma générosité, reprit le percepteur avec intention, j'ai aussi un service à vous demander.

— Parlez! parlez, mon sauveur! s'écria-t-il, il n'est rien que je ne fasse pour répondre à celui qui vient de me sauver la vie.

Alors les deux hommes marchaient à grands pas vers le faubourg.

Si Bousquier n'eût pas été aussi pressé de quitter la foule d'où l'avait arraché Pierret, il eût vu l'émotion pénible dont était empreint le visage de son interlocuteur.

Peut-être ne lui eût-il pas adressé de si obligeante épithète qui lui faisait tant de mal.

Il ajouta, en étouffant un soupir :

— Voici le service que j'attends de vous. Quoique percepteur, j'ai fait comme vous de la contrebande, j'ai donc à me rendre, sitôt arrivés à Rodez, à une lieue de route de la ville, à la grotte de Salles. J'ai compté sur vous pour que nous nous y rendions ensemble, afin d'y aller chercher mes marchandises prohibées. Vous voyez que ma rencontre avec vous, sur la place du Manège, avait un but intéressé?

— Et je suis heureux, continua joyeusement Bousquier, qu'il en soit ainsi, pour m'acquitter envers mon généreux sauveur.

La joie de Bousquier faisait encore plus de mal au loyal percepteur.

Les deux hommes étaient aux portes de la ville.

— Et quand partons-nous?

Lui demanda l'espion.

— Tout de suite, lui répondit Pierret. Si vous n'avez pas toutes vos commodités pour vous transporter dès à présent de ce département dans le nôtre, je me charge, après votre arrivée, de vous faire retrouver tout ce qui vous manque. Songez que vous êtes ici en danger de mort, songez que plus que moi, vous avez intérêt à ne plus vous y montrer?

— En vérité, on ne saurait prendre, continua Bousquier sur un ton affectueux, plus d'intérêt à ma personne. Je serais un monstre d'ingratitude, en ne vous rendant pas le service que vous réclamez de moi. C'est égal, s'écria-t-il en veine de gaieté, depuis qu'ils avaient passé la porte de la ville, depuis que Bousquier se croyait à l'abri du danger — convenez que pour un percepteur, pour un employé de l'Etat, faire de la contrebande, c'est très audacieux!

— Ce qui est plus audacieux, ajouta Pierret essayant, pour étouffer ses remords, de le prendre sur le ton de Bousquier. C'est de prendre pour complice un homme chargé de surveiller, dit-on, tous les fraudeurs ou malfaiteurs du département.

— Oh! reprit l'hypocrite, ce mal n'est pas grand, dès que vous ne faites que de la contrebande, dès qu'il n'y a pas là-dessous un cadavre comme pour l'affaire Fualdès...

— Dont vous étiez! maître Bousquier! lui riposta sévèrement le percepteur.

— Au dire de mes ennemis!... riposta le mouchard, mais Bach a fait tomber ces calomnies. Avant tout, comme lui je ne suis qu'un pauvre porteballe, un mercenaire, qui quelquefois, dans ses excursions indépendantes, rend compte au gouvernement de ce qu'il voit, de ce qu'il entend autour de lui. Voilà ce que je suis, ni plus, ni moins! Encore aujourd'hui, monsieur Pierret, je vous le prouve en vous servant.

— Et cette fois, reprit Pierret pour lui donner le change, j'espère que vous ne me livrerez pas, en disant à l'administration des Droits réunis, que vous m'avez servi?

— A moins, repartit l'audacieux Bousquier, qu'il n'y ait, comme pour l'affaire Fualdès, un cadavre caché sous la marchandise.

Pierret frissonna.

Le malheureux Bousquier ne savait pas, en le raillant, qu'il parlait si juste, il ne se doutait pas qu'il était lui-même le cadavre auquel il faisait allusion!

En dépassant les portes de la ville d'Albi, ces deux hommes y virent entrer les voitures portant les bois de justice, destinés, pour le lendemain, aux trois condamnés à mort.

Pierret passa vite, il songea qu'il entraînait avec lui celui qui devait payer de sa vie le trépas de ses trois complices.

Bousquier aussi pressa le pas.

Il n'aimait pas voir de près l'échafaud destiné à ceux qu'il n'avait cessé de trahir!

Le malheureux ne se doutait guère, comme le savait son compagnon, qu'en laissant la mort derrière lui, il allait au-devant d'une autre mort bien plus cruelle et bien plus certaine.

CHAPITRE XLIV

LE DERNIER JOUR DES CONDAMNÉS

Depuis leurs tentatives d'évasion, à la tour Sainte-Cécile, les condamnés étaient gardés plus rigoureusement encore par leurs surveillants.

Ils tenaient à avoir leur revanche!

Étroitement enchaînés aux pieds et aux mains, Jausion, Bastide et Colard ne pouvaient faire un mouvement, sans être suivis par leurs impitoyables argus.

Leurs fers avaient été reforgés, les barreaux avaient été remis à leur étroite fenêtre. Ses embrasures s'ouvraient vers un pan du ciel, en rappelant l'intérieur d'une bouche de canon.

Quelques rayons de soleil y filtraient à peine, coupant brusquement la pénombre de cet intérieur humide, dorant la poussière ombrée, teintée de lumière de ce cachot profond et sourd, aux angles noirs.

Les condamnés s'y promenaient, sans se parler le plus souvent, en traînant leurs chaînes rivées aux murs. Ils tournaient sur eux-mêmes, à l'exemple des tigres enchaînés dans leur cage.

A quoi songeaient-ils dans leurs sombres méditations? Sans doute à la liberté, à cette liberté dont ils avaient horriblement mésusé pour assouvir leur férocité.

Ils rêvaient peut-être à tout ce qu'ils avaient tenté au fond de leur cachot, pour continuer leur meurtre, pour échapper, à l'aide de nouveaux crimes, au châtiment réservé à leur épouvantable forfait!

Parfois, lorsqu'ils se rencontraient dans l'étroitesse de leurs parcours, ces tigres enchaînés se lançaient de menaçants regards.

— Monstre! criait Bastide à Jausion, ce sont tes scélératesses et ta cupidité qui m'ont perdu!

Jausion se contentait de lui répondre par un regard oblique, se garant du Géant et haussant les épaules, puis le banquier reprenait le cours de ses pensées douloureuses, il s'écriait:

— Oh! ma pauvre femme!... mes malheureux enfants!

Quant à Colard, affolé de douleur et de peur, à mesure que la dernière heure approchait, il passait de la résignation la plus chrétienne à l'exaltation la plus farouche.

Alors il montrait les poings à Bastide, en lui criant :

— Infâme coquin! si je ne t'avais pas connu, je ne serais pas où je suis !

Mais les trois condamnés ne faisaient entendre qu'entre eux ces paroles accusatrices, lorsque leurs gardiens quittaient leur cachot, dans l'intérêt du service.

Devant eux, ils s'observaient, ils gardaient le silence, ils tenaient toujours à avoir le bénéfice de l'attitude énigmatique qu'ils avaient conservée durant le cours de leur procès.

Mais au 2 juin, c'est-à-dire au dernier jour qui leur restait à vivre, les condamnés sentirent s'éteindre leur fureur! Ils n'eurent plus qu'une pensée, la mort qui allait les frapper.

Il n'est pas de peine plus grande, plus insupportable, que celle qu'endure un condamné, la veille de son supplice!

La pensée d'être retranché du nombre des vivants, quand il est plein de vie, comme les gens qui se font une fête d'assister à sa mort, est pour lui une torture de tous les instants.

Elle réagit sur son organisme d'une façon aussi cruelle que dégradante.

La plupart sont fous, au moment de monter sur l'échafaud. Les quelques rares suppliciés qui ont monté sur la guillotine, en désirant la mort, étaient devenus fous à force de terreur. La démence les possédait, elle ne leur permettait pas d'avoir la conscience de leur état.

Ordinairement le condamné qui possède sa raison jusqu'à sa dernière heure, vieillit de vingt ans en un jour. Il est paralysé par cette terreur, qui, si elle ne frappe pas sa raison, l'anéantit, le conduit, tout au moins, à l'hébétement ou à l'idiotisme.

Il n'y a que l'innocent qui peut braver l'échafaud et se livrer sans peur, à son fatal couperet.

Et certes ce n'était pas le cas de Jausion, de Bastide et de Colard.

Le 2 juin, Bastide ne se promenait plus avec véhémence dans son cachot! Il était morne, abattu comme ses complices.

Et comme eux, il se roulait sur son lit, en mordillant de rage les draps de sa paillasse; il essayait d'y étouffer ses sanglots, puis il restait un instant inanimé, et ses convulsions finissaient par épuiser toutes ses forces.

Avant de succomber, il s'éteignait de peur. Les bêtes féroces sont lâches.

Chose extraordinaire, le plus poltron des trois, Jausion, semblait reprendre un peu de sang-froid, depuis que sa dernière heure approchait.

Cet empire sur lui-même, qu'il semblait reconquérir à sa dernière heure, était le résultat de son esprit analytique.

Se sentant perdu, Jausion voulait garder son sang-froid pour sauvegarder les intérêts de sa famille. Cet être cruel aimait sa femme comme il en était aimé. Il aimait aussi ses enfants comme les félins aiment leurs petits.

A la veille de perdre une partie qu'il avait engagée avec autant de cruauté que d'audace, en ne voyant autour de lui que des lâches se laissant aller au désespoir, Jausion se secoua! Il étouffa ses terreurs; il réfléchit avec lui-même pour dominer la situation, quelque désespérée qu'elle fût.

Lorsque, à l'exemple de Bastide et de Colard, il retombait dans une torpeur voisine de l'hébétement, Jausion n'était pas comme ses complices, tout à fait paralysé par la peur.

Jausion réfléchissait! Il se demandait comment ses projets si audacieusement combinés avaient échoué? Ses plans, il est vrai, avaient été mieux conçus, qu'habilement exécutés; mais s'il avait commis une faute, en faisant jeter à l'eau sa victime, lorsqu'elle devait aussitôt surnager, il avait, depuis, réparé sa faute. N'avait-il pas fait disparaître tous les témoins de son crime? Et Mme Manzon, par reconnaissance, n'avait-elle pas feint de ne pas le connaître? Le fils de sa victime, n'avait-il pas été mis, par lui, dans une situation difficile, en le traquant par ses dettes? En désespoir de cause, ses opinions royalistes n'auraient-elles pas dû attirer sur lui les faveurs de Sa Majesté, dont bénéficiait Bousquier, dont allaient profiter Bach et la Bancal?

Mais ce que Jausion ignorait, c'était l'entrevue du roi avec M. de Cazes et le duc de Richelieu, où Sa Majesté s'était prononcée contre ce criminel, parce qu'il se targuait précisément au nom d'un passé odieux, de sa fidélité aux principes monarchiques.

Ce que Jausion ignorait encore, c'était que la terreur qu'il avait répandue dans deux villes; à Rodez comme à Albi, était précisément une arme meurtrière dirigée contre lui.

Le Gouvernement n'aurait pas osé faire grâce à l'homme fatal qui avait médité le crime de Rodez, qui avait fait graviter autour de lui tant d'autres crimes, répandant la panique dans deux départements.

Le roi, en faisant grâce à ce monstre, le fléau de la magistrature, l'assassin d'un magistrat intègre et l'épouvante de deux villes, le roi et son gouvernement auraient été condamnés avec la magistrature interprète de leur inspiration.

Jausion en frappant trop fort pour se faire absoudre, s'était donc frappé lui-même.

Ce que Jausion ignorait aussi, ce qu'il pressentait cependant, c'était que l'un des siens lui avait barré continuellement le chemin du salut.

Cet homme était l'infâme Bousquier ; car Bousquier avait été le caillou placé sur sa route de sang. C'était la pierre qui l'avait fait tomber, à mesure qu'il avait élargi cette route pour y passer plus librement.

Oui, Bousquier chaque fois l'arrêtait au passage, en même temps qu'il y arrêtait Bastide.

En vain Jausion avait-il calculé que son frère ferait tout pour sauver Bastide avec lui, Bousquier, à chaque tentative d'évasion, s'était dressé devant eux pour faire échouer ces évasions, comme il avait fait crouler tous les échafaudages de la duplicité du banquier de Rodez.

Jausion pouvait braver le gouvernement du roi, mais non l'homme de la police, qui mettait en mesure le Gouvernement à agir contre Jausion, parce que cet agent était trop libre de ses mouvements, pour ne pas paralyser ceux du banquier.

C'était ce qui était arrivé. Jausion en avait été pour ses efforts de cruauté et de diplomatie ; il était battu par ses propres armes.

A la veille de mourir, c'étaient des subalternes, Bousquier, Bach et la Bancal, qui profitaient de la situation qu'il s'était faite en vue de son salut !

Voilà ce que Jausion, ce génie du mal qui, pour sauver ses jours, avait remué deux provinces, ne pouvait s'expliquer.

Cet homme se disait que ce qui avait réussi à quelques-uns de ses complices, grâce aux ressources de son esprit délié, perfide et cruel, pouvait bien lui réussir.

Malgré le rejet de son pourvoi fermant à son espoir toute issue, malgré le renversement de tous ses calculs, il comptait sur un hasard heureux pour éviter l'échafaud.

Du reste, il entrait dans le caractère de cet homme, si habile en intrigues, de compter sur le hasard, lorsque ses calculs se trouvaient détruits par une puissance supérieure à la sienne.

Donc Jausion espérait encore. Voilà ce qui lui donnait une apparence de courage, à l'encontre des deux autres ; ceux-ci n'espéraient plus ; ils souffraient de toutes les tortures que donne l'approche de la mort !

Telle était la situation des condamnés, le dernier jour qu'il leur restait à vivre, quand, par une tolérance de l'administration, ils reçurent la visite de leur épouse.

On se rappelle que Jausion, esprit insinuant et captieux, avait eu l'art de faire de sa famille la complice de ses infamies. Mme Jausion n'avait-elle pas participé à son vol, en croyant qu'elle ne faisait que de travailler avec lui à une légitime restitution ? Mme Galtier, une autre parente, n'avait-elle pas donné au banquier une

Bousquier se retourna avec terreur. (Page 408).

hachette pour fracturer le meuble où se trouvait la fortune de Fualdès?

On s'étonnera peut-être que des dames du monde, l'élite et l'ornement de la société de R...dez, aient pu descendre aussi bas, sur les bancs de la cour d'assises où elles se retrouvèrent, en compagnie de Jausion et de Bastide, pour répondre aussi de leur crime?

Mais la femme, aux instincts les plus honnêtes, reste toujours subordonnée au milieu dans lequel le hasard ou l'attachement la porte. Nature aimante et faible, elle s'incruste pour ainsi dire dans l'amour qu'elle inspire et que, plus tard, elle subit.

Elle restera toujours l'esclave de l'objet de son affection, se nommat-il *Monthyon* ou *Fra-Diavolo*.

Les épouses de Bastide et de Jausion en sont un exemple. Honnêtes gens ou bandits, avant tout, ces femmes les aimaient!

A ce moment suprême, l'entrevue des épouses avec leurs maris, qu'elles revoyaient pour la dernière fois, fut des plus déchirantes.

Bastide était tellement absorbé par la pensée qu'il allait mourir, qu'il fut moins expansif avec sa femme, sœur de Jausion, que ne le fût son beau-frère.

Lorsque Mme Bastide supplia son mari de se réconcilier avec son frère, il répondit brusquement, en secouant la tête:

— Non, ce monstre m'a déshonoré; aujourd'hui, il me tue! Ma dernière parole sera contre lui une malédiction!

Quant à Jausion, il était redevenu presque courageux, presque libre de lui-même. Il retrouvait sa femme qu'il aimait! Ce monstre aimait encore sa famille; et c'était encore pour elle qu'il s'était rendu voleur et assassin.

Cet ambitieux, à force de monter au faîte de la fortune, par l'échelle des femmes, avait fini par être dominé par son épouse, après en avoir dupé tant d'autres.

Dès qu'ils eurent échangé entre eux leurs témoignages de tendresse, Jausion, esprit très positif, très inquiet, demanda à sa femme, à voix basse et à l'insu de ses gardiens:

— Et la fortune de Fualdès?

Mme Jausion, sur le même ton, lui répondit:

— Elle est en lieu sûr.

Puis, comme tous deux, s'aperçurent que les gardiens les espionnaient, en rôdant autour de leurs talons, Mme Jausion sortit de son corsage un petit papier sur lequel était écrit un nom; le nom, sans doute, du dépositaire de son larcin.

Jausion le prit vivement, il le lut avec avidité.

Presque en même temps, un gardien voulut lui arracher des mains le papier révélateur; le banquier le porta à sa bouche et l'avala.

C'était encore un secret que la justice n'avait pas; c'était un mystère de plus dans l'affaire Fualdès, affaire qui resta toujours aussi ténébreuse qu'inexplicable par la position inexpliquée de ses tristes héros.

Devant cet acte de Jausion, les gardiens, furieux, résolurent d'abréger cette scène de famille.

Jausion, séparé de sa femme, lui cria dans un dernier embrassement :

— Adieu ! épouse sensible et chère ! Redis bien à nos enfants, que leur père meurt innocent !

Quant à Bastide, il reçut comme une masse inerte les dernières caresses de sa femme. Une fois qu'elle fut partie, le Géant retomba tout-à-fait dans sa torpeur et dans son insensibilité.

La nuit vint; Jausion se recueillit et se fortifia dans l'idée qu'il laissait une fortune mal acquise à sa famille. Bastide ne pensait plus à rien, abattu, terrassé par la peur. Quant à Colard, il ne cessa de maudire Jausion et Bastide qui étaient, prétendait-il, la cause de sa perte. A chaque instant il ne cessa de demander un prêtre.

Lorsque le lendemain matin, le prêtre vint, précédant le bourreau et ses aides, pas un des trois ne convint de ses crimes. Tous jurèrent de leur innocence!

A trois heures, Jausion, Bastide et Colard descendirent de leur cachot pour qu'on procédât à leur dernière toilette; il fallut descendre Colard et Bastide. Ils ne pouvaient marcher, tant ils étaient faibles et craintifs. Jausion, au contraire, quoique n'ayant plus aucun espoir d'être sauvé, s'avança d'un pas assez ferme vers le dernier endroit qui le séparait de l'échafaud.

Il était rassuré sur le sort de sa famille et de ses enfants, cela le consolait. Jausion possédait jusqu'à outre-tombe l'amour de la propriété et l'amour de la famille.

Répétons-le, les bêtes féroces aiment leurs petits.

A trois heures et demie, les condamnés étaient préparés à franchir la porte de leur prison, pour être conduits à la place du Manège où se dressait la guillotine.

A la même heure, deux prisonniers, tout aussi coupables que les patients, avaient une autre attitude dans la prison où ils étaient renfermés; ils narguaient l'échafaud qu'ils avaient si bien mérité. Ils jouaient tranquillement aux cartes, raillant ensemble la justice, le bourreau et la guillotine.

Ces deux personnages, c'étaient Bach et la Bancal. Leur exécution, on le sait, venait d'être suspendue; ils attendaient une commutation de peine octroyée par Sa Majesté et qui devait être ratifiée, en séance solennelle, à la cour royale de Toulouse.

Lorsque trois heures sonnèrent à l'horloge de la prison, la Bancal s'arrêta de jouer aux cartes; elle dit à Bach, préoccupé sans doute par la même pensée :

— J'en connais qui, en ce moment-ci, jouent une partie autrement sérieuse que la nôtre.

— Oui, répondit Bach en souriant mélancoliquement, Jausion, Bastide et Colard ! Ils ont joué la belle; et, à cette heure, ils l'ont perdue; ils n'ont pas eu, comme nous, tous les atouts dans les mains.

— Grâce au mouchard Bousquier! riposta la Bancal, notre providence; mais ce qui est heureux pour nous, pourrait bien être mal venu pour lui par les poignards des carbonari.

Elle hocha la tête, prit une prise de tabac, ce qui la fit tousser.

Bach lui répondit cyniquement :

— C'est leur affaire, si les camarades vent éternuer autrement que nous, dans le panier de son ! Quant à Bousquier, malgré la reconnaissance que nous lui devons, ajouta-t-il, il n'aura pas volé non plus sa saignée, par le grabuge qu'il a mis dans la bande !

En effet, lorsque cette triple exécution des meurtriers de Fualdès s'apprêtait sur la place du Manège de la ville d'Albi, une autre, dans des circonstances plus horribles, s'annonçait aux environs de la ville de Rodez, dans la grotte de Salles.

CHAPITRE XLV

LA GROTTE DE SALLES

Non loin de Rodez, dans le vallon de Salles, écrit A. Hugo, auteur de la *France pittoresque* de 1835, on remarque un massif calcaire sur lequel est bâti un petit village.

Du sommet de ce rocher se précipite un ruisseau qui forme, en tombant dans un double bassin, deux cascades de quarante pieds de hauteur.

Derrière ces cascades, se trouve une grotte dont la forme est celle d'un fer à cheval. Sa voûte s'élève en entonnoir; son entrée, couronnée de frênes, de figuiers sauvages; ornée de lierre, de scolopendre et d'autres plantes sarmenteuses, est taillée en arc très ouvert, et laisse pénétrer dans l'intérieur les rayons du soleil reflétés par le double bassin qui le précède.

La grotte se remplit alors d'une vive clarté ; les mousses fraîches dont elle est tapissée, les gouttes d'eau qui y scintillent comme autant de perles, ressemblent à autant de diamants qui courent sur une riche tenture de velours vert.

L'effet de ces rayons lumineux, à travers ces gouttelettes d'eau, projetant les couleurs de l'arc-en-ciel dans une demi-obscurité, est admirable et magique.

La grotte est animée par l'eau et par le soleil, par un bruit éternellement cadencé de la cascade et par des lumières fugitives flottant sur l'onde. Cette caverne ressemble ainsi à un palais de fées !

Pourquoi faut-il que cet endroit enchanteur, par un triste contraste des choses humaines avec ces riants tableaux de la nature, ait été en tous les temps le réceptacle des malversations et des horreurs sociales.

La grotte de Salles, comme les autres cavernes pittoresques des environs de Rodez, n'était que trop souvent le rendez-vous des contrebandiers ou le refuge des partisans des sociétés secrètes.

On a vu, au début, que Colard avait primitivement placé ses bandits dans une de ces cavernes pour les préparer au meurtre ayant lieu, quatre jours après, dans le bouge de la rue des Hebdomadiers.

Or, le 3 juin 1818, à l'heure où le bourreau attendait sur la place du Manège d'Albi les trois victimes désignées par la justice, la grotte de Salles s'emplissait d'individus qui, masqués, enveloppés de manteaux, prenaient place dans cette caverne.

Ils arrivaient un par un, par des détours différents, vers la grotte mystérieuse.

C'étaient les mêmes hommes que Pierret avait revus à Millau, sous la présidence de Louis Bastide, au fond de son étude de notaire.

Alors, ils se comptaient, ils étaient dix. Ils avaient au milieu d'eux le même président, ils étaient groupés au fond de la grotte, qui formait le fer à cheval, comme la table où ils avaient l'habitude de siéger et de rendre leur arrêt à Millau.

Blottis et cachés sous la voûte en entonnoir, derrière les plantes grimpantes qui les cachaient du dehors, comme la nappe d'eau bouillonnante murmurant à leurs pieds, tous ces hommes attendaient ; ils se parlaient bas, avant d'entrer en séance et de s'ériger en tribunal suprême.

Qu'attendent-ils ?

Bousquier que devait leur amener Pierret d'un instant à l'autre. Que se disaient-ils tout bas, en se montrant leur poignard ?

Ils se préparaient, en chuchotant, à frapper l'homme que leur président avait voué à la mort, au même jour, à la même heure où devaient être frappés, par le bourreau, Bastide, Jausion et Colard.

La Vente suprême avait prononcé pour cette heure-là son arrêt. Il fallait qu'il fût exécuté.

Trois heures sonnaient à peine à l'église du village dominant la grotte que deux individus descendaient de son rocher, gagnaient un sentier, sous la cascade, conduisant à la caverne remplie de bourreaux.

Ces individus étaient Bousquier et Pierret, fidèle, malgré lui, aux ordres des carbonari, en leur amenant leur victime.

Elle ne se doutait pas de l'horrible mort qui lui était préparée.

L'exécution des meurtriers de Fualdès sur la place du Manège et qu'ils auraient évitée, sans les actives poursuites du mouchard, avait aussi amené la sienne.

Avant de montrer ce nouveau patient en présence de ses mystérieux bourreaux, il est utile d'expliquer la position de Bousquier, vis-à-vis de ses anciens complices, de montrer comment sa grâce immôritée avait amené les indulgences non moins inexplicables de l'autorité en faveur de Bach et de la Bancal.

A cette époque, la police n'était pas faite comme aujourd'hui. Le système de Vidocq, un ancien galérien, prévalait dans la hiérarchie des inspecteurs. Tout malfaiteur qui voulait mériter les faveurs de la justice le pouvaient aisément, en se faisant le délateur de ses semblables. Il lui suffisait d'être le dénonciateur de ses complices, de feindre un repentir plus ou moins sincère pour esquiver l'arrêt qui frappait ses complices.

Ce qui était arrivé pour Bousquier, en rendant de continuels services à la magistrature, se faisait sentir pour Bach et la Bancal.

Peu à peu, Bousquier était sorti du banc des accusés pour se poser sur le banc des accusateurs. A la fin du procès Fualdès, lorsque la magistrature était à la veille de rendre ses arrêts, on a vu le traître Bousquier, complètement indépendant ; on l'a vu prendre au profit de l'administration tous les rôles et toutes les transformations contre ceux dont il avait été autrefois l'auxiliaire.

Non seulement Bousquier était parvenu, par ses services rendus, à se désintéresser d'un crime dont il était aussi l'un des auteurs ; mais encore le traître, en tournant Bach et la Bancal contre leurs complices, avait fait reporter sur eux l'indulgence dont il jouissait avec autant d'aisance que d'impunité.

Mais ces services ne l'avaient que rendu plus odieux, vis-à-vis des impuissants protecteurs des meurtriers de Fualdès.

En ce moment, ils se promettaient de lui faire payer cher les faveurs du gouvernement; et les avertissements de menace de mort ne lui avaient pas manqué.

Alors le porte-balle, en compagnie du percepteur, ne pensait pas encore que son heure avait sonné ; il croyait de bonne foi n'aller qu'à un rendez-vous donné par des contrebandiers. Il pensait se rendre à la grotte de Salles pour y emporter avec Pierret une balle de tabac, passée en fraude et destinée à un receleur de Rodez ; sauf, après affaire faite, à en avertir les gens du fisc. Bousquier, pour rester dans son caractère, ne savait que trahir qui le servait et mordre la main qu'on lui tendait ; au besoin, s'il n'eût pas trahi quelqu'un, il se serait trahi lui-même !

En cette circonstance, il n'avait plus besoin d'exercer ses mauvais instincts, de suivre les penchants de son exécrable caractère ; maintenant, il allait payer d'une façon horrible tout ce qu'il avait fait souffrir à ses complices.

Bousquier, précédant Pierret, arriva à l'ouverture de la grotte de Salles, conduit par ce dernier ; il était pâle et tremblant en songeant au guet-apens qu'il lui tendait.

Une fois entre l'espace laissé par la cascade et l'ouverture de la grotte, Bousquier se retourna vers son guide, il lui demanda :

— Est-ce là ?

Mais à la vue de la pâleur effrayante de son guide, un doute s'empara de son esprit. Il se rappela les marques de sang de la place du Manège, le lieu où il avait rencontré Pierret.

Toutes les menaces de mort des carbonari lui revinrent à l'esprit.

Sans que Pierret eût le temps de lui répondre, il se recula de la grotte, il voulut s'enfuir.

Le percepteur était trop ému, trop tremblant pour s'opposer à sa fuite; Bousquier eût passé outre, il eût vite remonté le sentier qu'il venait de descendre, sans une main qui s'appesantit sur son épaule.

Bousquier se retourna avec terreur.

Il vit Jean Laville, toujours armé de son bâton, et qui, d'une main vigoureuse, le retenait et l'attirait vers la grotte :

— Ah ! traître ! exclama le mouchard en jetant des yeux courroucés sur Pierret qui détourna la tête pour cacher sa confusion ! — Ah ! traître, tu étais d'accord avec mes ennemis ! C'était pour cela que tu me faisais sortir d'Albi ?

Le malheureux Bousquier n'avait plus, hélas ! à douter de l'effroyable réalité. Le trompeur éternel avait été trompé à son tour par un homme dont il se méfiait le moins.

Ceux qu'il redoutait le plus, ceux qui lui avaient envoyé son arrêt de mort, par Jean Laville, étaient bien là devant ses yeux ; ils étaient rangés au fond de la grotte, comme Pierret les avait vus quelques mois auparavant autour d'une table formant l'hémicycle, dans la maison du notaire Bastide.

Justice était faite. (Page 416.)

C'étaient les mêmes hommes masqués, enveloppés de longs manteaux, silencieux, immobiles, aussi sinistres que des ombres.

Tous tenaient à la main un poignard, dont l'acier de la lame scintillait aux reflets du soleil.

Bousquier se trouvait en face du tribunal improvisé des carbonari.

Le mouchard frémit; il balbutia quelques mots sans suite, pendant que Jean Laville et Pierret le traînaient par les pieds, par les mains contre ce **mystérieux tribunal.**

Comme toujours, Louis Bastide le présidait. Cette fois, sa main était incapable de tenir le poignard dont étaient armés ses affiliés.

Blessé par le fusil de Bousquier traduit devant son tribunal occulte, Louis Bastide avait la main enveloppée d'un linge ensanglanté.

A peine le mouchard, bon gré malgré, fut-il porté par le mendiant et le percepteur au fond de la grotte, en face du président, que celui-ci lui cria :

— Il est trois heures; dans une demi-heure, trois têtes tomberont à Albi par ta faute, misérable? Il faut que l'heure de l'expiation pour mon frère, pour ses complices, soit aussi la tienne. Ils vont mourir, tu mourras!

— Grâce! grâce! balbutia le misérable essayant de se dégager des étreintes du mendiant et du percepteur, se traînant aux pieds des carbonari debout devant lui les poignards sur sa tête.

Louis Bastide sourit, il jouit quelque temps des tourments de sa future victime, il haussa les épaules et lui répondit :

— Tu demandes grâce? Mais as-tu fait grâce à mon frère et à ses associés, lorsque par trois fois, tu as fait échouer leur évasion. Ils montent à l'échafaud par ta f... . De quoi te plains-tu? Tu as fait toi-même ton calvaire en faisant le leur?

— Mais... mais... ce n'est pas moi! balbutia le malheureux, parvenant à se détacher du mendiant et du percepteur, se frappant le front de ses mains, la tête courbée sous la lame des poignards, qui le menaçaient. Ce n'est pas moi qui frappe votre frère! C'est la justice que j'ai essayé, au contraire, d'égarer au profit des vôtres !

— N'ajoute pas le mensonge à la lâcheté, cria Bastide à Bousquier, haletant, la bouche sèche, le front ruisselant de sueur, pâle de terreur.

En ce moment, le mouchard était à bout d'anxiété.

Après s'être échappé des mains de Laville et de Pierret, il s'était élancé courbé en deux, vers l'ouverture de la porte ; il était prêt à fuir les carbonari.

Ils l'avaient prévenu.

A l'entrée de la caverne, il rencontra cinq poignards, dix bras menaçants qui lui barrèrent le passage.

Il recula, les mains en avant; refoulé par les armes vengeresses, il en retrouva quatre autres derrière lui ; elles étaient toutes préparées à lui labourer la tête et la poitrine.

Bousquier était haletant.

Il soufflait des soupirs désespérés, il poussait des cris lamantables comme la bête fauve traquée par les chasseurs.

Pendant cette scène horrible qui menaçait de dégénérer en un meurtre terrible, l'honnête Pierret détournait la tête, il était pris de pitié et d'horreur, il se tenait à une extrémité de l'ouverture de la grotte. Jean Laville appuyé stoïquement, le menton sur son gourdin, observait d'un autre côté toutes les préliminaires de cette scène atroce.

Enfin, la demie sonne à l'église du village, Louis Bastide resté à sa place, entre les carbonari armés, tire sa montre et s'écrie :

— A cette heure mon frère expire ! sa tête tombe ! Mes frères, à votre tour, frappez son bourreau !

Aussitôt un bras s'abat sur le meurtrier, il est à demi courbé sur la terre, priant le ciel de l'ensevelir, pour éviter les neuf poignards suspendus sur sa tête.

Bousquier pousse un cri de douleur, il est frappé à l'épaule droite ; son sang coule avec abondance.

Avant qu'un autre bras vint le frapper à l'épaule gauche, Louis Bastide lui crie :

— Cette première blessure paye la première évasion que tu as fait avorter à Rodez, elle est due à l'un de nous que tu as dénoncé au tribunal d'Albi.

Bousquier, le corps inondé de sang, crie de nouveau :

— Grâce, grâce !...

Un autre bras lui répond, en s'abattant sur son épaule gauche, le sang en jaillit avec plus d'abondance.

Le malheureux exhale un autre cri ; il va se confondre avec le bruit monotone et assourdissant de la cascade rejaillissant de son bassin.

On eût dit que ce bruit de l'onde, était l'écho des pleurs, des cris du malheureux moribond.

Maintenant blessé, agonisant, Bousquier retombe comme une masse sur le sol en le teignant aussitôt de son sang.

Louis Bastide reprend froidement :

— Cette blessure paye aussi la nouvelle évasion que tu as fait avorter il y a quelques jours à la prison Sainte-Cécile. Ah! tu le vois, continua-t-il en grinçant des dents, le sang que tu as aperçu hier, sur la place du Manège, était bien l'image du tien que nous répandons aujourd'hui.

Le moribond veut répondre encore, mais neuf bras arrêtent sa voix ; ils sont disposés à frapper à tour de rôle sur le moribond, lorsque le chef des carbonari ajoute :

— Avant de mourir saches-le bien, chaque blessure paie une de tes trahisons contre nous. Elles ne seront jamais aussi nombreuses que les infamies que tu as commises pour nous perdre ! Maintenant saches-le encore, le bras qui commande est le bras que tu as frappé hier ; parmi mes frères vengeurs, il y a Yenco et Veynac, que tu voulais perdre comme moi-même ! Donc ce sont ceux que tu essayais de conduire à la mort, qui te la donnent ! Tu sais par qui et comment tu es frappé, meurs, lâche ! Frappez mes frères, mais frappez de façon à prolonger l'agonie de ce misérable, c'est notre volonté, c'est celle de la vente suprême.

A peine avait-il achevé de parler que les neuf poignards s'abaissèrent avec furie sur le corps terrassé, soufflant râlant comme une proie expirante.

Toutes les lames homicides s'abattirent avec acharnement sur ce corps étendu, remuant encore, et qui bientôt ne remuera plus !

Les neuf poignards étaient entrés dans les chairs du moribond, ils les labouraient en lui faisant des entailles plus terribles, plus repoussantes que meurtrières.

Ils l'avaient frappé aux cuisses, aux bras, sur la face, de façon à prolonger d'une façon affreuse les tortures du patient.

Il fallait le grand bruit de la cascade qui, en pénétrant dans la grotte, étanchait les blessures du moribond, pour que ses cris affreux ne fussent pas entendus du dehors.

Le corps de Bousquier ne présenta plus qu'un horrible amas de membres pantelants, meurtris. Les chairs sanguinolentes qui jonchaient le sol, rendaient le patient méconnaissable ; elles étaient couvertes d'un ruisseau de sang s'épanchant dans l'eau.

Une fois les neuf poignards abattus sur ce corps infirme, brisé et déchiqueté, aucun ne s'occupa plus de cette masse qui ne soufflait plus, qui ne remuait plus ; Bousquier était mort !

Avant de mourir, le misérable avait pu se convaincre, par Louis Bastide, que les taches de sang de la place du Manège, étaient bien l'image de son sang, la terrible signature des vengeurs des meurtriers de Fualdès.

Bousquier avait été frappé d'après l'ordre de celui qu'il avait frappé lui-même, la veille de l'exécution de Bastide-Gros, et qui devait aussi marquer la sienne.

A trois heures et demie, la tête du frère du carbonaro tombait donc sur la place du Manège. Lorsqu'elle tombait elle était vengée !

Cet horrible supplice terminé dans la grotte de Salles, les neuf carbonari s'éclipsèrent comme ils savaient le faire en pareille occasion.

Les sectaires conduits par Louis Bastide s'enfoncèrent dans les interstices des rochers garnissant les parois de la caverne.

Encore une fois on eût dit qu'ils s'étaient fondus dans les roches. Il ne resta plus pour garder le cadavre que Laville et Pierret, laissés à l'ouverture de la grotte, comme deux témoins impassibles devant cet horrible et repoussant spectacle.

Le soir, lorsque les gendarmes découvrirent le corps ensanglanté et défiguré de Bousquier, un homme se trouva là comme par hasard, pour expliquer la présence du cadavre mutilé.

Cet homme c'était l'honnête Pierret. Il expliquait que Bousquier avait attaqué le mendiant Jean Laville, contre qui il nourrissait une vengeance particulière.

C'était, disait Pierret, Bousquier qui l'avait frappé le premier; et Laville s'était vengé en mettant le mouchard dans cet horrible état!

La justice ne donna aucune suite à cette terrible découverte. Elle se contenta des explications de Pierret; le témoin et les deux prétendus agresseurs tenaient de trop près à l'affaire Fualdès. Depuis la condamnation de ses principaux accusés, on avait hâte de l'étouffer après avoir satisfait à peu près l'opinion publique

CHAPITRE XLVI

LES EXÉCUTIONS

Pendant qu'une société occulte exécutait l'agent secret des ordonnateurs de la loi, la société régulière vengeait le meurtre de Rodez.

A trois heures et demie, au moment où l'infâme Bousquier tombait sous les poignards des carbonari, les assassins de Fualdès sortaient de la prison Sainte-Cécile, pour se rendre à la place où s'élevait l'échafaud.

En face du sinistre échafaudage dont les bras rouges et menaçants se rejoignaient à la rainure où était suspendu le fatal couperet, se dressait un poteau non moins sinistre.

C'était le pilori en face de la guillotine.

C'était le poteau attendant une quatrième victime; la fille Anne Benoist, condamnée à la marque et à l'exposition!

Au moment où Jausion, Bastide et Colard arrivaient sur la place, une foule immense les attendait, et les regardait avec avidité.

La terreur ou la curiosité de la foule égalait presque l'épouvante qui accablait les trois hommes, à demi morts avant de mourir sous le couteau de la loi.

Lorsqu'ils parurent, se traînant à peine, aux bras de leur confesseur, le visage courbé sous leur crucifix, le soleil, par une lamentable ironie, illumina et l'échafaud et le cortège.

On eût dit la vie donnant le dernier salut à la mort !

En voyant s'avancer les condamnés à l'air morne, abattu, au corps presque inerte, un soupir de satisfaction provoqué par l'égoïsme s'échappa des mille poitrines des spectateurs.

Ils étaient enfin vaincus, ces athlètes du crime? Ils n'étaient donc plus à redouter, malgré la menace de sang que leurs vengeurs avaient imprimée la veille, sur la place de l'échafaud.

La ville d'Albi respirait ; elle n'avait plus rien à craindre.

Ce qu'elle ignorait encore, c'était qu'à la même heure les vengeurs de ces victimes, exécutaient celui qui n'avait pas permis aux meurtriers d'éviter la juste punition de leurs crimes.

Jausion, Bastide et Colard allaient mourir, Bousquier était mort.

Alors les habitants d'Albi purent se repaître avec moins d'appréhension du spectacle navrant, que leur offraient les patients marchant au supplice, comme des êtres déjà immolés !

Ils étaient sans force, sans courage, ces criminels qui, avaient accompli avec tant de sang-froid le plus épouvantable forfait, laissant après lui, bien d'autres crimes non moins abominables.

A quoi leur avaient servi tous ces meurtres qui avaient rempli d'effroi deux départements.

Maintenant ils étaient presque sans vie, tellement accablés qu'ils étaient presque inconscients du suprême châtiment qu'ils allaient subir.

Ils ne faisaient plus peur, ils faisaient pitié.

Cependant les habitants d'Albi regardaient encore avec une certaine stupeur ce Géant, courbé en deux, affaissé sur lui-même, dont les grands yeux blancs, n'avaient plus d'éclat. Ils s'étonnaient des mouvements fébriles, saccadés de Colard pris d'une exaltation nerveuse et désespérée, dans une sorte d'atonie voisine de la mort. Jausion leur apparut sous un extérieur moins troublé. Sa figure laide, mais ordinairement très expressive, n'avait plus que l'expression épaisse et sauvage qui caractérise le lourd et farouche habitant du vieux Rouergue !

Lui seul faisait encore trembler, dans sa torpeur, l'habitant d'Albi.

Lorsque les condamnés parurent sur la place du Manège, la vue de l'échafaud sembla leur porter le dernier coup.

Bastide-Gros autrefois arrogant, serait tombé de peur sans l'aide de son confesseur. Colard se couvrit les yeux de ses mains, marmottant une prière, Jausion éleva les bras en exhalant un gros soupir.

Il fallut les pousser, les traîner pour qu'ils continuassent leur marche au pied de l'échafaud.

Arrivés sur les marches de la fatale machine, ils faillirent perdre connaissance. Bastide s'évanouit complètement ; Colard embrassa son confesseur, le prit par le cou, de façon à l'étrangler ; ce n'était pas le repentir qui l'envahissait, c'était l'effroi !

Quant à Jausion, lui si lâche d'ordinaire, il se raidit contre ses terreurs. Il murmura pour se donner un peu de courage, le nom de sa femme.

Ce moment de suspension, causé par les craintes des trois condamnés, fut occupé par les confesseurs qui leur adressèrent les dernières paroles de consolation.

Alors les patients embrassèrent les prêtres, le crucifix qu'ils leur tendaient ; puis, les aides du bourreau se mirent en devoir de leur faire franchir les gradins qui les séparaient de la fatale lunette.

Colard passa le premier.

Arrivé sur l'échafaud, il fit des gestes de désespoir et poussa de grands cris.

Le bourreau d'Albi était aussi celui de Rodez. Il connaissait particulièrement Colard, pour lui avoir donné des *leçons*, il lui murmura charitablement à l'oreille :

— Allons, mon *ami*, un peu de courage ! Je vais faire pour vous un suprême effort. Je vais manœuvrer si bien, que je vous décollerai sans que vous ayez *le temps de vous en apercevoir !*

En effet, le Belge n'eut que le temps de se mettre à genoux, la tête sous le couteau, et la lame tomba rapidement sur son cou, en lui arrêtant son dernier cri de désespoir. La tête du patient alla rouler dans le panier.

Bastide suivit, il fallut le porter comme une masse inerte, sans force. Sans vie, sans courage, il se laissa traîner comme une victime offerte en holocauste aux dieux infernaux.

Il ne reprit ses sens, il ne retrouva la voix qu'au moment où le couteau s'abattit sur sa nuque, en ne lui laissant pas achever cette phrase :

— Que dira ma famille !

Quant à Jausion, si poltron, dans la moindre circonstance de la vie, et qui, par sa force de volonté, se savait composer un rôle en rapport avec ses calculs, il s'avança plus bravement sur la guillotine, il regarda la foule ; il porta la main à son cœur et s'écria :

— Je meurs innocent. Je proteste contre l'injuste arrêt qui me frappe :

Il fut interrompu dans le commencement de sa harangue, par un des aides du bourreau, qui lui plaça la tête dans la lunette. Le couperet encore tout ensanglanté remonta, puis s'abaissa rapidement sur Jausion.

Justice était faite. La société était vengée.

En moins de quelques minutes trois têtes roulaient de l'échafaud dans le fatal panier. Lorsque le troisième coup de couperet, bruit lent et sourd, se fut fait entendre sur le dernier décapité, la foule s'écoula dans un recueillement, interrompu quelquefois par des commentaires.

Cet horrible spectacle de trois têtes tombant en même temps dans le panier, n'était pas un spectacle ordinaire pour les honnêtes Albigeois.

A la fin de ce sinistre tableau, les habitants avaient hâte de quitter la place du Manège. Ils redoutaient la présence des vengeurs des meurtriers. Ils se rappelaient toujours ces traces de sang marquées la veille à cette même place.

Dès que leur curiosité avait été satisfaite, les Albigeois ne tenaient plus à voir renouveler sur les pierres ensanglantées de l'échafaud, la menace formulée par des mains inconnues.

La peur les reprit. Ils recommencèrent à redouter le retour d'un nouveau Daniel leur expliquant très clairement la signification du *Mané, Thécel, Pharès*, tracé la veille en lettres de sang sous les étais de la guillotine.

Répétons-le, ils n'avaient plus rien à craindre, à trois heures et demie ; les trois exécutions de la place du Manège correspondaient avec l'exécution de la grotte de Salles.

Les deux justices s'étaient faites à la fois : la justice du roi et la justice des réfractaires.

Le lendemain, ce n'était pas fini. Une nouvelle exécution devait avoir lieu sur la place.

Anne Benoist était conduite à un poteau regardant l'échafaud, toujours debout, mais sans couperet.

Elle marchait au poteau pour y subir l'exposition et la flétrissure.

Le bourreau l'attendait.

Un réchaud ardent était à ses pieds. Dans ce réchaud brûlait le fer rouge fleurdelisé, marqué *T. F.* et devant éterniser à l'épaule, la flétrissure et l'infamie de la patiente.

Anne marcha résolument au poteau. Elle regarda d'un œil farouche et sauvage l'écriteau placé au-dessus du pilori et qui la désignait, avec la nature de son crime.

Elle haussa les épaules, et monta résolument les marches de l'estrade.

Elle était belle, dans sa colère et dans son désespoir, cette femme joi-

Puis elle courba la tête. (Page 418.)

gnait à une vive carnation, des yeux ardents, des lèvres sensuelles et rouges, aux dents blanches.

Lorsqu'on l'attacha au poteau, on lui découvrit l'épaule, dont la peau diaphane et sanguine avait l'incarnat des chairs de Rubens. Anne frémit d'indignation. Elle montra les dents à la foule, dents menaçantes et aiguës, comme les loups savent menacer les troupeaux.

Sa beauté sanguine, plantureuse, jusque dans cette scène d'épouvante et de désespoir, avait enthousiasmé le public. Son rictus hideux l'avait aussi glacé de terreur.

Au moment où les aides du bourreau lui passaient les cordes, pour attacher au poteau son corps svelte et bien découplé, Anne Benoist ne put s'empêcher de s'écrier à la foule :

— Tas de lâches ! comme c'est beau, n'est-ce pas, de voir une femme à la torture ! Et de la voir marquée comme une brebis... Lâches ! lâches !

Puis elle regarda en frissonnant l'échafaud d'en face, d'où était tombé la veille, la tête de Colard. Elle ajouta pendant que le bourreau faisait rougir le fer préparé pour la blesser à l'épaule.

— Et comme c'est généreux de me montrer l'échafaud où il est mort, lui, et où j'aurais voulu mourir ! Pourquoi ne pas m'avoir donné la même peine ! Comme cela on aurait épargné au gouvernement ce redoublement d'attirail ! C'eût été moins cruel pour moi ! Et vous imbéciles qui êtes là pour me regarder souffrir ! Vous, vous êtes plus cruels, plus lâches que mon bourreau !

Lorsque l'exécuteur appliqua le fer rouge sur la chair palpitante de son épaule, lorsque de sa blessure fumeuse s'exhala une odeur de roussi dans l'air, Anne meurtrie, sans pousser un soupir, dit au bourreau en le narguant encore :

— Allez ! allez ! la blessure que vous me faites là, est moins pénible à mon cœur que celle qui m'a été faite, en me prenant hier mon amant ! O guillotine qui est là, pour narguer mes douleurs, je te maudis ! Lâches, qui vous riez tous de mes larmes, je vous maudis avec elle !

Et pendant qu'on lui replaçait le pan de son corsage sur son épaule marquée et sanguinolente, elle montra de nouveau les dents à l'échafaud, au public ; elle cracha sur la guillotine, elle cracha sur la foule, et hurla !

— Maudits ! maudits ! que vous êtes tous ! C'est une maudite qui vous jette sa honte, qui vous crache son blasphème à la face !

Puis elle courba la tête, rentra en elle et ne parla plus.

La foule s'écoula en silence, humiliée des reproches sanglants de cette héroïne de l'amour.

Cependant ces exécutions qui frappaient les principaux assassins de Fualdès, n'avaient pas moins été accueillies par les applaudissements du public d'Albi

Jusqu'au dernier moment, n'avait-il pas craint, une influence mystérieuse, assez puissante, assez redoutable pour ne pas lui donner son compte de coupables ?

Mais si l'opinion était à peu près satisfaite à Albi, elle ne l'était guère à Rodez.

L'exécution de Bach et de la Bancal qui avait était suspendue, quoique la Bancal et Bach fussent aussi coupables que les condamnés, mit le comble à l'exaspération des Ruthenois !

Les habitants de Rodez, d'humeur bien plus farouche, n'accueillirent pas avec une égale satisfaction l'arrêt de la cour d'Albi.

Il y eut à Rodez des désappointements, des mécontentements tout aussi bruyants.

Pourquoi, la Bancal et Bach n'avaient-ils pas suivi Jausion, Bastide et Colard à la guillotine ? Pourquoi Bousquier, lui-même, était-il mis hors de cause ?

Pour bien des gens soucieux de l'honneur de la ville de Rodez, cette indulgence, vis-à-vis de la Bancal dont la maison infâme résumait les horreurs du drame de Fualdès, cette indulgence inqualifiable était une nouvelle honte infligée à eux-mêmes.

Pour eux, Fualdès n'était pas vengé, tant que la Bancal qui avait préparé le théâtre du crime aux meurtriers n'expiait pas aussi son infamie.

A leurs yeux elle rejaillissait sur toute la population du vieux Rouergue, elle restait écrite pour ainsi dire sur ses murailles ; elle était comme un stigmate marqué sur toutes les physionomies de sa farouche population !

En apprenant que Bach et la Bancal étaient dirigés sur Toulouse pour entendre prononcer à la cour d'assises leurs commutations de peine, les habitants de la sinistre cité, entrèrent dans une violente fureur. Ils ne parlèrent rien moins que de jeter bas la maison de prostitution de la rue des Hebdomadiers.

Il fallut pour calmer cette irritation entretenue par les ennemis du gouvernement, la prudence de la magistrature de Toulouse, épargnant au nom du roi, l'odieuse Bancal ; n'était-elle pas la plus coupable après Jausion, du meurtre de Fualdès ?

CHAPITRE XLVII

A LA COUR DE TOULOUSE

Plus de neuf mois après les exécutions de Jausion, Bastide et Colard, l'affaire Fualdès n'était pas encore terminée.

Au sujet de cet interminable et effroyable procès, voici comment s'exprime la *Quotidienne* du 5 avril 1819 :

« La cour royale de Toulouse a tenu, le 29 mars, une audience solennelle pour la lecture et l'enregistrement de lettres de commutation de peine octroyées par Sa Majesté à Bach et à la veuve Bancal, à la suite du sursis qu'ils avaient obtenu.

« Les condamnés, transférés au palais de Toulouse, à la pointe du jour, ont été l'objet de la curiosité de la population toulousaine.

« La foule était énorme. »

Ainsi la Bancal et Bach recevaient, de la clémence royale, la récompense de leurs dernières infamies.

En trahissant leurs complices, sur les instructions du mouchard Bousquier, Bach et la Bancal évitaient la mort!

L'entrevue du duc de Cazes, ministre de la police générale, avec le roi, avait donc porté ses fruits.

Pour être entrés dans les vues de la police, ces assassins sauvaient leur tête, comme Mme Manzon, de son côté, après avoir été sauvée de la prison, devenait l'objet de la munificence ministérielle.

Cette indulgence de la part du gouvernement en faveur de la Bancal qui, après Jausion, était la plus coupable dans le meurtre de Fualdès, gênait singulièrement la magistrature de Toulouse.

Elle comprit qu'on la faisait agir loin du théâtre du meurtre, parce que la magistrature de la localité n'aurait osé faire valoir, même au nom de Sa Majesté, les lettres de grâce octroyées en faveur de ces odieux scélérats.

Cette gêne est manifeste par les expressions dont se servent les magistrats de Toulouse, en s'adressant à ces assassins qui, disent-ils, « n'obtiennent un adoucissement à leurs peines que dans l'intérêt public, et malgré l'*indignité* des condamnés ! »

Voici les comptes rendus de la *Quotidienne*, au sujet de cette commutation de peine dont la Bancal particulièrement était si indigne, après tous ses forfaits :

« Messieurs, s'écriait M. le procureur général, à la suite de la lecture des lettres de grâce, après avoir pendant la longue durée de cette affaire parlé le langage sévère des lois, *il nous est doux* de n'avoir plus à remplir qu'un ministère de concorde et de consolation, en vous rapportant les paroles miséricordieuses qui *se sont fait entendre* du haut du trône.

« Et à l'instant où Bach, coupable lui-même, a concouru à faire connaître ceux qui étaient coupables comme lui, son sort devait obtenir de la bonté royale un adoucissement *mérité*.

« L'humanité a aussi parlé dans le cœur du prince en faveur de cette femme qui, condamnée depuis près d'un an, voit à chaque instant de son existence le glaive des lois prêt à la frapper, craignant que chaque jour devienne le dernier pour elle. Malgré l'*indignité* de la condamnée, une voix suprême s'est élevée, la vie lui a été laissée.

« On a donc requis les lettres de grâce.

« Pour la Bancal :

« Dans l'espoir qu'un acte de clémence pourrait encore encourager la Bancal à *faire des aveux utiles*.

« Pour Bach :

« Parce que la *franchise* de ses aveux, quoique coupable lui-même, a concouru à faire connaître ceux qui étaient coupables comme lui ; ce qui lui a fait obtenir de la bonté royale un adoucissement mérité, utile à l'intérêt public. »

La cour fait droit aux réquisitions présentées par le procureur général.

Mais la foule, qui entend cette sentence, n'est que médiocrement satisfaite.

Prévenue par l'opinion, elle sait à quels titres ces misérables deviennent l'objet de la clémence royale.

On parle du supplice de Bousquier.

La Bancal, se disent les assistants, mériterait deux fois la mort, elle qui s'était armée aussi bien contre sa victime que contre ses meurtriers, son mari et ses enfants.

L'aspect des coupables à l'audience de Toulouse est révoltant.

Les traits de Bach respirent presque la quiétude ; la physionomie de la Bancal est souriante.

Aussi le président ne sait quel terme employer pour atténuer le mauvais effet que produisent ces lettres de grâce.

« — Femme Bancal ! réplique le président, vous vivez *malgré votre indignité !... Malgré votre indignité !* cette parole seule fait cesser *notre étonnement* ; elle nous révèle les hautes pensées du monarque et sa constante sollicitude pour le repos de la société. »

Pour le repos de la société, cette horrible femme cependant, qui prépara le meurtre de Fualdès, qui tua son mari, parce qu'il s'était opposé au meurtre de son enfant, cette ignoble créature ne mourut pas sur l'échafaud !

Elle ne cacha pas sa joie cynique, lorsque le lendemain, aux yeux de tous les Toulousains, elle fut marquée et flétrie sur la place du Capitole.

Quant à Bach, il ne jouit pas longtemps des lettres de grâce de Sa Majesté.

Un jour, dit-on, il fut trouvé mort dans sa prison ; un gardien fut accusé d'avoir empoisonné les aliments du prisonnier.

Dans quel but ? on l'ignora tout d'abord. Ce ne fut que longtemps après, dans un des procès qu'eut à subir la société secrète de l'*Épingle noire*, qu'on apprit le mobile du gardien incriminé.

Lui aussi, affilié aux carbonari, avait exercé contre Bach l'arrêt terrible, irrévocable, qui avait déjà frappé Bousquier, au nom de la Vente suprême.

Si l'on espérait trouver des aveux utiles de la Bancal, on fut bien trompé.

Non seulement on n'obtint rien d'elle, mais sa grâce ne profita qu'aux meurtriers de Fualdès, encore *vivants*. Une influence occulte parvint même à lui faire rétracter ses derniers aveux arrachés à la fin de ce mystérieux procès.

Donc le dernier mot de l'affaire de Fualdès n'a jamais été dit.

La vérité la plus *vraisemblable* sur les relations de M. Fualdès avec Mᵐᵉ Manzon n'a pas été bien élucidée. Elle seule cependant aurait pu expliquer les imprudentes démarches de ce magistrat et l'attitude de cette femme du monde, dans la maison suspecte des Hebdomadiers; elle seule eût expliqué encore le guet-apens des parents de Fualdès, exploitant cette démarche nocturne, au profit de leur vengeance et de leur cupidité.

Une main royale mit la lumière sous le boisseau. Elle ferma la bouche au défenseur de Bastide, Mᵉ Romiguières.

La justice servit tous ceux qui étaient entrés dans les vues du ministère de Cazes : Bach et la Bancal obtinrent des lettres de grâce; Mᵐᵉ Manzon, en récompense des services rendus, reçut, des fonds secrets, une pension de 1,000 francs.

Cette faveur lui enleva tout son prestige, elle la fit retomber dans une méprisante obscurité. Alors, sa renommée ne dépassa plus les limites d'un cabinet de figures de cire, au Palais-Royal. Elle y était représentée d'après nature, au milieu de l'horrible tableau de Fualdès égorgé et étendu sur la table du bouge de la Bancal.

Une fois l'arrêt rendu, les exécutions prononcées, les principaux assassins punis, la malheureuse famille Fualdès ne put rentrer dans sa fortune. Jausion garda jusque sur l'échafaud le secret et le fruit de son larcin dont son épouvantable tuerie ne fut que le moyen.

Encore aujourd'hui, l'affaire Fualdès est au fond de toutes les mémoires et de tous les cœurs des habitants de Rodez! Elle lui pèse comme un remords. Un membre de la famille Jausion demanda au gouvernement la faveur de ne pas porter un nom dont le souvenir est un stigmate marqué au front de la cité de l'ancien Rouergue.

Car les rancunes, les haines de famille existent toujours au fond de cette cité sombre et sinistre où le sang de Fualdès a pu être vengé, où sa fortune n'a pu être retrouvée.

Tous les meurtriers ont-ils été punis?

Il est permis d'en douter, par l'étrange indulgence d'un gouvernement timoré, en faveur du frère de Bastide et de l'odieuse Bancal!

Cependant la justice, en cette circonstance, très partiale au profit du gouvernement, ne s'est pas trompée. Malgré les protestations d'innocence de Jausion et de Bastide, malgré les réticences mensongères de Mme Manzon, la justice a frappé les coupables, sinon tous les coupables.

En ce temps de troubles politiques, que pouvait-on espérer de plus de la justice des hommes ?

Nous copions comme appendice, la complainte-parodie concernant l'affaire Fualdès. Il ne faut pas y chercher la naïveté caractéristique des complaintes des siècles précédents. Mais les traits satiriques, dont cette parodie abonde, lui donnent un cachet très original.

Elle résume avec esprit, sur un ton burlesque tous les terribles incidents de ce mémorable procès.

Cette complainte, ou plutôt cette parodie des complaintes du moyen-âge, est attribuée à Berryer. Elle eut un immense succès dans le monde entier et fut chantée sur tous les orgues de Barbarie.

COMPLAINTE

SUR LE CRIME AFFREUX ARRIVÉ A RODEZ ET COMMIS SUR LA PERSONNE DE L'INFORTUNÉ

FUALDÈS, PAR JAUSION, BASTIDE ET SES COMPLICES

Air *du Maréchal de Saxe.*

Écoutez, peuple de France,
Du royaume de Chili,
Peuple de Russie aussi,
Du cap de Bonne-Espérance,
La mémorable accident
D'un crime très-conséquent.

Capitale du Rouergue,
Vieille ville de Rodez,
Tu vis de sanglants forfaits
A quatre pas de l'Auberge,
Faits par des cœurs aussi durs
Que sont tes antiques murs.

De très honnête lignée
Vinrent Bastide et Jausion,
Pour la malediction
De cette ville indignée ;
Car de Rodez les habitants
Ont presque tous des sentiments.

Bastide, le gigantesque,
Moins deux pouces, ayant six pieds,
Fut un scélérat fieffé
Et même sans politesse ;
Et Jausion l'insidieux,
Barbare avaricieux.

Ils méditent la ruine
D'un magistrat très-prudent,
Leur ami, leur confident :
Mais ne pensant pas le crime,
Il ne se méfiait pas
Qu'on complotait son trépas.

Hélas ! par un sort étrange,
Pouvant vivre honnêtement,
Ayant femme et des enfants,
Jausion, l'agent de change,
Pour acquitter ses effets,
Résolut ce grand forfait.

Bastide, le formidable,
Le dix-neuf mars à Rodez,
Chez le vieillard Fualdès
Entre avec un air aimable,
Dit : « Je dois à mon ami,
» Je fais son compte aujourd'hui. »

Ces deux beaux-frères perfides
Prennent des associés :
Bach et le porteur Bousquier,
Et Missonnier l'imbécile,
Et Colard est pour certain
Un ancien soldat du train.

Dedans la maison Bancale,
Lieu de prostitution,
Les bandits de l'Aveyron
Vont faire leur bacchanale ;
Car pour un crime odieux,
Rien tel qu'un mauvais lieu.

Alors le couple farouche
Suit Fualdès au Terral.
Avec un mouchoir fatal
On lui tamponne la bouche ;
On lui remplit son nez de son
Pour intercepter le son.

Dans cet infâme repaire,
Ils le poussent malgré lui,
Lui déchirant son habit,
Jetant son chapeau par terre :
Et des violleurs insolents
Assourdissent les passants.

Sur la table de cuisine
Ils l'étendent aussitôt ;
Jausion prend son couteau
Pour égorger la victime ;
Mais Fualdès, d'un coup de temps,
S'y soustrait adroitement.

Sitôt Bastide, l'alcide,
Le relève à bras tendu ;
De Jausion éperdu,
Prenant le fer homicide,
Est-ce là, comme on s'y prend ?
Va, tu n'es qu'un innocent.

Puisque sans raison plausible
Vous me tuez, mes amis,
De mourir en étourdi
Cela ne m'est pas possible,
Ah! laissez-moi dans ce lieu
Faire ma paix avec Dieu.

Ce géant épouvantable
Lui répond grossièrement :
Tu pourras dans un instant
Faire paix avec le diable ;
Ensuite d'un large coup
Il lui traverse le cou.

Voilà le sang qui s'épanche,
Mais la Bancal, aux aguets,
Le reçoit dans un baquet,
Disant : En place d'eau blanche,
Y mettant un peu de son,
Ça sera pour mon cochon.

Fualdès mort, Jausion fouille,
Prenant le passe-partout,
Dit : Bastide, ramasse tout ;
Il empoigne la grenouille,
Bague, clef, argent comptant,
Montant bien à dix-sept francs.

Alors chacun à la hâte,
Colard, Benoît, Missonnier,
Et Bach, le contrebandier,
Mettant la main à la pâte,
Le malheureux maltraité
Se trouve être empaqueté.

Certain bruit frappe l'ouïe
De Bastide furieux,
Un homme s'offre à ses yeux,
Qui dit : Sauvez-moi la vie,
Car, sous ce déguisement,
Je suis Clarisse Enjalran.

Lors, d'une main téméraire,
Ce monstre licencieux,
Veut s'assurer de son mieux
A quel homme il a affaire,
Et, trouvant le fait constant,
Teint son pantalon de sang.

Sans égard et sans scrupule,
Il a levé le couteau.
Jausion lui dit : Nigaud,
Quelle action ridicule !
Un cadavre est onéreux,
Que feras-tu donc de deux ?

On traîne l'infortunée
Sur le corps tout palpitant ;
On lui fait prêter serment ;
Sitôt qu'elle est engagée,
Jausion officieux
La fait sortir de ces lieux.

Quand ils sont dedans la rue,
Jausion lui dit d'un air fier :
Par le poison ou le fer,
Si tu causes t'es perdue.
Manzon rend du fond du cœur
Grâce à son tendre sauveur.

Bousquier dit avec franchise,
En contemplant cette horreur :
Je ne serai pas porteur
De pareille marchandise.
Comment, mon cher ami Bach,
Est-ce donc là ton tabac ?

Mais Bousquier faisant la mine
De sortir de ce logis,
Bastide prend son fusil,
L'applique sur la poitrine
De Bousquier, disant : Butor
Si tu bouges, tu es mort.

Bastide, ivre de carnage,
Donne l'ordre du départ,
En avant voilà qu'il part,
Jausion doit fermer la marche,
Et les autres du brancard
Saisissent chacun un quart.

Alors de l'affreux repaire
Sort le cortège sanglant ;
Colard et Bancal devant,
Bousquier, Bach, portant derrière ;
Missonnier, ne portant rien,
S'en va la canne à la main.

En allant à la rivière,
Jausion tombe d'effroi.
Bastide lui dit : Eh quoi !
Que crains-tu ? Le cher beau-frère
Lui répond : je n'ai pas peur,
Mais tremblait comme un voleur.

Enfin l'on arrive au terme,
Le corps désempaqueté
Dans l'Aveyron est jeté ;
Bastide alors, d'un air ferme,
S'éloigne avec Jausion :
Chacun tourne les talons.

Par les lois de la physique
Le corps du pauvre innocent,
Se trouvant privé de sang,
Par un miracle authentique,
Surnage aux regards surpris,
Pour la gloire de Thémis.

Le château du Glandier appartenait à un maître de forges, M. Lafarge. (Page 427.)

L'on s'enquiert et l'on s'informe,	En vertu d'une ordonnance	Le chef de gendarmerie,
Les assises d'Aveyron	La cour d'assises d'Albi	Et le maire de Rodez,
Prennent condamnation,	De ce forfait inouï	Ont inventé tout exprès
Par un arrêt bien en forme,	Doit prendre la connaissance ;	Une cage bien garnie,
Qui pour quelque omission	Les fers aux mains et aux pieds,	Qui les expose aux regards
A subi cassation.	Ces monstres sont transférés.	Comme tigres, léopards.

La procédure commence ;
Bastide le rodomont,
Au témoin, qui le confond,
Parle avec impertinence.
Quoiqu'entouré de recors,
Il fait le drôle de corps.

Tous adoptent le système
De la dénégation ;
Mais cette œuvre du démon
Se renverse d'elle-même,
Et leurs contradictions
Servent d'explications.

Pressés par leur conscience,
Bach et la Bancal, tout doux,
Font des aveux précieux ;
Malgré cette circonstance,
Les beaux-frères accusés
N'en sont pas déconcertés.

Qui vous a attirée, Clarisse ?
Dit l'aimable président ;
— Il vous faut, en ce moment,
Le nommer à la justice :
Est-ce Veynac, Jausion ?
— Je ne dis ni oui ni non.

Clarisse voit l'air farouche,
Que sur elle on a porté ;
— Non, l'indigne vérité
Ne peut sortir de ma bouche...
Je ne fus point chez Bancal...
Mais, quoi ! je me trouve mal...

On prodigue l'eau des Carmes ;
Clarisse aussitôt revient ;
A Bastide qui soutient
Ne connaître cette dame,
Elle dit : Monstre enragé,
Tu as voulu m'égorger.

Si l'on en croit l'éloquence
De chacun des avocats,
De tous ces vils scélérats,
Manifeste est l'innocence ;
Mais, malgré tous leurs rébus,
Ce sont des propos perdus.

De Clarisse l'innocence
Paraît alors dans son jour ;
Elle prononce un discours
Qui condamne le silence.
Elle n'aurait pas plus d'éclat,
Quand ce serait son état.

« Dans cet asile du crime,
« Imprudente et voilà tout,
« Pleurs, débats, j'entendis tout,
« Derniers cris de la victime ;
« Me trouvant là par hasard,
« Et pour un moment d'écart. »

A la fin tout débat cesse
Par la condamnation
De Bastide et Jausion ;
Colard, Bach et la tigresse,
Par un légitime sort,
Subissent l'arrêt de mort.

De la clémence royale,
Pour ses révélations,
Bach est l'objet. Pour raisons
On conserve la Bancale ;
Jausion, Bastide et Colard
Doivent périr sans retard.

A trois heures et demie,
Le troisième jour de juin,
Cette bande d'assassins
De la prison est sortie,
Pour subir leur châtiment,
Aux termes du jugement.

Bastide, vêtu de même,
Et Colard comme aux débats,
Jausion ne l'était pas,
A sa famille qu'il aime,
Envoie une paire de bas,
En signe de son trépas.

Malgré la sainte assistance
De leurs dignes confesseurs,
Ces scélérats imposteurs
Restent dans l'impénitence,
Et montent sur l'échafaud
Sans avouer leur défaut.

(*Dernières paroles de Jausion à sa femme.*)

« Épouse sensible et chère,
Qui, par mon ordre inhumain,
M'as si bien prêté la main
Pour forcer le secrétaire,
Élève nos chers enfants
Dans les nobles sentiments. »

MADAME LAFARGE

(MARIE CAPPELLE)

LE CRIME DU GLANDIER

CHAPITRE PREMIER

LE MAITRE DE FORGES

Le vallon du Glandier, situé entre Pompadour et Concèze, dans le département de la Corrèze, ne présente que des chemins impraticables et défoncés.

Le long d'une route creuse, bordée en hauteur de quelques maigres peupliers, s'élèvent, entre ces arbres décharnés, des toits informes coiffant de sordides bâtisses. D'ordinaire, elles sont enveloppées d'un brouillard humide et glacial; il ne s'efface, dans la belle saison, que sous l'éclat insupportable d'un soleil torride.

L'hiver, le Glandier est couvert d'un linceul de brume; l'été, il est brûlé par un soleil ardent et lourd.

Au fond de l'allée noire qui coupe ce vallon, on voyait, au mois de janvier 1840, une maison à un étage, percée, de fenêtres sans volets, d'une porte délabrée s'ouvrant sur un escalier de pierres brutes, sans rampe, et surmontée d'un énorme toit; il dominait, à quelque distance, les forges de la fabrique. Dans le pays, cette habitation se désignait, par tradition, sous la qualification ambitieuse de *château*.

Le château du Glandier appartenait à un maître de forges, M. Lafarge.

Son propriétaire, veuf, criblé de dettes, réduit aux expédients, était venu à Paris pour chercher femme et surtout pour quérir une dot devant améliorer sa triste situation.

M. Lafarge, par l'intermédiaire, disait-on, d'un agent matrimonial, avait épousé à la hâte une demoiselle du monde, Marie Cappelle. En sus des 100,000 francs qu'elle lui apportait, Marie était un modèle de grâce et de distinction.

Tout semblait présager pour l'époux une existence heureuse avec cette femme brillante, charmante, plus attractive que belle, qui, avec un esprit romanesque, paraissait douce et aimante.

Le maître de forges avait vingt-huit ans, sa jeune femme en avait vingt-deux.

Si la raison et l'intérêt avaient réglé les bases de cet hymen; si une arrière-pensée, un odieux calcul avaient présidé à cette union improvisée, on pouvait espérer que le temps en effacerait la suspecte origine.

Marie Cappelle épousait le maître de forges par dépit de n'être pas à l'homme qu'elle avait rêvé; le maître de forges s'unissait dans le principe à Marie pour ne pas faire faillite !

Mais le jeune veuf obéré, mais la jeune fille désabusée pouvaient espérer trouver une nouvelle source de bonheur dans une union qui devait se cimenter à force d'attentions délicates et de concessions mutuelles.

L'amour entre vite dans des cœurs de vingt ans.

Il n'en fut pas ainsi pour les époux Lafarge.

Après quelque temps de mariage, la mort vint menacer leur foyer.

Le maître de forges avait fait un nouveau voyage à Paris pour escompter la dot de sa femme, il revenait au Glandier, miné par une maladie inexplicable. A peine auprès de son épouse, il prenait le lit pour ne plus se relever, frappé par un mal inconnu, foudroyant.

Il existe des endroits funestes qui semblent éternellement marqués par la tristesse et le deuil : tel était le Glandier !

Qu'était Mme Lafarge, sa triste châtelaine ?

Une orpheline sortie de la meilleure société; sa grand'mère avait été élevée par Mme de Genlis; son grand-père, fournisseur des armées de la République, sous le Directoire, avait été le protégé de Talleyrand; son père était officier supérieur d'artillerie à Strasbourg.

Mme Lafarge, née Marie Cappelle, avait deux sœurs, dont l'une d'elles avait épousé M. Garat, directeur de la Banque de France.

Une amère déception, un amour brisé à la suite d'une grande douleur de famille, l'avaient jetée dans les bras d'un homme vulgaire; et elle était allée s'enterrer dans une affreuse bourgade du Limousin, au fond d'un vallon sinistre et d'une maison en ruines !

L'homme valait l'habitation; le maître de forges était un personnage commun, laid, à la tournure industrielle. Il était digne de figurer dans le tableau de son prétendu château ; une bicoque sale et noire, respirant jusque dans son intérieur cet air de fabrique dont était imprégné son propriétaire.

Le maître de forges, par ses façons triviales, ses habitudes grossières, jurait avec l'élégance parisienne, habituée à ce confortable de la vie, dont son époux se montrait si peu soucieux.

Marie Capelle, n'avait pu deviner un piège d'argent, en épousant M. Lafarge, mais elle avait dû se révolter en entrant dans le Glandier, pour se renfermer dans la vie par trop primitive d'un mari qu'elle n'avait accepté que par raison !

Aussi, au mois de janvier 1840, quand le maître de forges vint à tomber subitement malade, la malignité publique n'hésita-t-elle pas à accuser sa femme. Lorsque le malade fut à toute extrémité, sa famille, ses amis, ses serviteurs, accourus à son chevet, se chargèrent d'ébruiter dans le pays les soupçons formulés au Glandier.

Ils étaient excités soudoyés par deux terribles ennemis : la mère de M. Lafarge, jalouse de sa bru, et un nommé Denis, le confident du patron du Glandier.

Denis avait tout intérêt, si les fourberies de M. Lafarge et de son complice avaient été découvertes, à faire disparaître celui qu'il avait aidé à commettre ses supercheries financières.

Mᵐᵉ Lafarge mère, très inquiète de la vie de son enfant, avait aussitôt porté ses soupçons contre sa bru, elle qui enviait l'autorité, la part de tendresse qu'elle lui avait ravie.

A mesure que la maladie de M. Lafarge prenait un caractère plus sérieux, Denis et la mère du maître de forges travaillaient à armer le personnel de la maison contre son épouse, à lui disputer sa place au chevet du moribond.

Partout, de la cave au grenier, on épiait Mᵐᵉ Lafarge, on suivait ses démarches, on commentait ses paroles, on observait ses moindres mouvements.

C'était, de la part de ses ennemis familiers, un espionnage de tous les instants.

Mᵐᵉ Lafarge, dédaigneuse de ces basses suspicions, et d'une santé très délicate, ne continuait pas moins de passer ses nuits au chevet de son époux.

En vain la belle-mère, d'une santé plus robuste, lui conseillait-elle de prendre du repos, la femme du maître de forges s'obstinait à le soigner avec une égale et constante sollicitude.

Elle se réservait exclusivement le soin de lui donner ses potions.

Ce n'était pourtant pas dans l'intérêt de la santé de sa bru, que la belle-mère lui conseillait le repos. Elle espérait que son absence, d'abord volontaire, finirait par lui être imposée, lorsque les preuves qu'on amassait contre elle auraient été trop évidentes aux yeux de toute la famille.

Il survenait, à ce sujet, entre la belle-mère et la bru des discussions assez vives. Elles restaient stériles par la volonté du malade réclamant les soins de sa femme et par l'aveuglement de son médecin ; ce médecin *Tant-Mieux*, le docteur Bardou prétendait que M. Lafarge n'était atteint que d'une inflammation d'estomac.

Pendant ce temps-là, la maladie empirait, les soupçons, les démarches inquisitoriales allaient leur train.

Il y avait une demoiselle, une amie de la maison, qui activait toutes ces démarches ; c'était une artiste, Mlle Brun ; elle avait fait le portrait des nouveaux époux ; et Mme Lafarge avait eu l'imprudence de ne pas le trouver de son goût ; de là était résulté, entre la jeune femme gouailleuse et l'artiste froissée, une inimitié sans limites.

Ce fut cette demoiselle Brun qui apporta, un jour, à la mère du maître de forges, un petit pot rempli de poudre blanche que Mme Lafarge, prétendait-elle, mêlait à tous les remèdes.

Quelques jours après, Denis remit également à Mme Lafarge mère un paquet contenant de l'arsenic et formant un assez gros volume.

Plus de doute, c'était la preuve convaincante qu'on cherchait ; elle expliquait les vomissements continuels de M. Lafarge.

Cet arsenic, cette poudre blanche qui, selon Marie Cappelle, était de la gomme qu'elle mêlait dans la tisane du malade, était peut-être le poison violent qui menait sa victime à la mort.

Mais ce que Denis ne disait pas, c'est que M. Lafarge avait eu déjà connaissance de ce paquet d'arsenic.

Une fois, il s'était plaint des rats qui faisaient un grand bruit au plafond de son lit, en exprimant à sa femme la crainte qu'il éprouvait de voir ces rats boire jusque dans sa tasse.

— Rassurez-vous, mon ami, lui avait-elle répondu, j'ai là dans ma poche de quoi détruire toute une armée de rats.

Le lendemain, Mme Lafarge mère avait eu le soin de montrer, d'un air soupçonneux, un lait de poule saupoudré de la poudre blanche dont avait parlé Mlle Brun.

Le docteur Bardou, aussi incrédule qu'optimiste, avait répondu à la soupçonneuse et vindicative belle-mère :

— C'est de la chaux qu'auront fait tomber les rats dans leur sarabande ! Et cette chaux sera tombée du plafond dans la tasse du malade.

Le docteur Bardou désespérait la véhémente belle-mère ; mais elle avait en Denis et en Mlle Brun des auxiliaires autrement utiles et bien faits pour ne pas la désarmer.

Le 11 janvier, le docteur Bardou, malgré les vomissements plus fréquents, plus violents de M. Lafarge, avait encore rendu sans effet les terribles informations de sa mère.

Mais le 12 janvier, Mlle Brun revint à la charge, elle apporta à Mme Lafarge mère une certaine quantité de cette poudre blanche déposée dans le petit pot dont se servait sa bru, au moment de donner à boire au malade.

Mme Lafarge, qui se trouvait alors avec sa sœur, Mme Buffières, prit des mains de Mlle Brun cette poudre blanche. Les deux dames en mirent sur des charbons en feu, la fumée qui s'y produisit eut une odeur d'ail.

La même odeur se répandit, après une autre expérience sur une poussière blanche restée au fond d'un vase à l'usage du moribond :

— Ah ! malheureuse ! exclama avec effroi Mme Buffières, je me rappelle que c'est moi qui, hier, lui en ai donné !

Alors Mlle Brun, aussi acharnée que la belle-mère à la perte de Mme Lafarge, avait ajouté :

— Et moi, je me rappelle fort bien aussi que chaque fois que Marie Cappelle prenait un verre pour donner à boire au malade, elle avait soin, auparavant, de se diriger vers un meuble dont elle ouvrait le tiroir et qu'elle y versait le contenu d'un vase placé dans l'intérieur de ce tiroir.

Était-ce de la gomme, comme l'a soutenu l'épouse du maître de forges? Était-ce de l'arsenic, comme l'ont prétendu les ennemis de Marie Cappelle?

En tous les cas, voici la scène que Mlle Brun raconta à la belle-mère, une fois que Marie Cappelle eut mêlé une substance étrangère à la tisane de M. Lafarge :

« Le 11 janvier, un samedi, disait-elle, le maître de forges était à toute extrémité ! Pâle, les traits amaigris, les yeux caves et noirs, les cheveux ruisselants de sueur, il se labourait la poitrine de ses mains osseuses. La bouche béante, aux lèvres sèches, aux dents effrayantes, il se démenait comme un damné sur son lit de douleur.

« Sa femme, aux joues flétries, aux traits mates, dont la pâleur accusait aussi l'insomnie ou l'anxiété, ne quittait pas son chevet. Elle le considérait d'un air de pitié plutôt que de douleur. Elle suivait les progrès de sa terrible maladie.

« Il devait y avoir dans ses observations tout un monde de pensées; parfois, sa poitrine se gonflait comme si elle eût reçu les contre-coups des douleurs du moribond.

« Elle aussi souffrait, atteinte d'une maladie de poitrine qui l'avait condamnée bien avant la fatalité, ou l'infamie qui devait la perdre au Glandier, où son âme, sa vie s'étaient engouffrées comme dans un abîme.

« Pensait-elle à cet homme qui se mourait devant elle? Songeait-elle à l'agonie de sa vie qui devait suivre la fin prématurée de celui qu'elle n'avait épousé que par raison ou par un faux calcul?

« Dieu et elle le savaient.

« Tout à coup le malade, d'une voix brève et dans un spasme horrible, cria à sa femme :

« — A boire! à boire!

« Marie Cappelle courut prendre un verre d'eau rougie et elle y fit son mélange ordinaire. »

Avant de le donner au malade, elle se dirigea donc vers une commode dont elle ouvrit un des tiroirs.

Mme Lafarge n'était jamais seule auprès du malade, même lorsque sa mère était obligée de le quitter.

En ce moment, comme elle l'a avoué dans son récit, Mlle Brun était dans un coin. Elle observait les moindres mouvements de l'épouse du maître de forges.

Elle était là, moins pour prêter secours au malade, moins pour aider l'épouse accablée de fatigue, que pour épier celle qui s'obstinait, malgré son peu de force, à prodiguer des soins à son époux.

Mlle Brun vit donc le mélange que fit Marie Cappelle mettant de la poudre blanche dans son verre.

Une fois le mélange accompli, elle s'approcha du lit du malade ne cessant de lui demander :

— A boire! à boire!

Marie lui présenta une cuillerée du breuvage contenant de l'eau rougie saupoudrée de sa poudre blanche. Elle approcha sa cuiller des lèvres sèches, ardentes et fiévreuses du moribond.

Il but avec avidité.

Une fois qu'il fut abreuvé, il retomba avec des contorsions atroces sur son lit; il se laboura de nouveau la poitrine avec ses ongles en s'écriant :

— Ah! Marie! Qu'est-ce que tu me donnes-là! Ça me brûle.

Mme Lafarge ne répondit pas.

Elle se contenta d'essuyer avec soin la cuiller; elle regarda avec une fixité effrayante le patient se tordant sur son lit.

— Ah! Marie! répétait encore dans ses dents le malheureux. — Ça me brûle! ça me brûle!

Cette fois, Marie Cappelle remarqua que Mlle Brun l'observait, elle s'adressa plutôt à elle qu'à son mari, elle lui dit :

— Ce n'est pas étonnant qu'il souffre tant! On lui donne du vin et il a une inflammation!

A ces mots, le maître de forges ouvrit des yeux hagards. (Page 435.)

Puis remarquant le mouvement d'incrédulité et les gestes ironiques de son espion, elle reprit :

— Heureusement que j'atténue, par de la gomme, les funestes effets de ce breuvage !

Mlle Brun ne lui répondit pas ; mais après cette scène dont elle avait fait le récit à Mme Lafarge mère, celle-ci dépêchait à Lubersac son fidèle

Denis ; elle l'envoyait chercher un médecin, M. Lespinasse, docteur de cette localité, bien moins optimiste et autrement clairvoyant que le docteur Bardou.

Avant de l'attirer auprès du malade, Denis, sur les recommandations de la belle-mère, avait eu le soin de signaler au docteur les achats d'arsenic que lui avait fait faire Marie Cappelle.

Il lui dit : « quoique la femme du maître de forges m'ait recommandé le secret, mon devoir est de parler devant l'état désespéré du malade. »

Le docteur Lespinasse, prévenu par Denis, ne voulut se présenter au lit du maître de forges qu'après s'être précautionné d'un contrepoison.

Avant d'arriver au Glandier, lui aussi considérait la femme du maître de forges comme une empoisonneuse.

Lorsque Denis annonça la visite du docteur, les trois ennemies de Marie Cappelle : Mme Lafarge mère, sa sœur Mme Buffières, et l'artiste Mlle Brun, allèrent à sa rencontre. Elles tenaient à bien le préparer avant qu'il pénétrât dans la chambre du moribond.

Pendant que Marie Cappelle était en train de lui donner ses derniers soins, les trois femmes s'empressaient de faire part au docteur Lespinasse de leurs soupçons et de leurs observations.

Le docteur, déjà stylé par le perfide Denis, demanda aux trois dames de leur montrer la poudre blanche dont se servait la femme du maître de forges.

Après l'avoir soigneusement examinée, le docteur dut reconnaître cette poudre pour de l'arsenic. Une explosion d'indignation et de douloureuse colère éclata dans le trio féminin, grossi par Denis, le commis de la maison.

Maintenant il n'y avait plus de doute à avoir, M. Lafarge mourait empoisonné.

Le pharmacien, averti comme le docteur, n'avait donc pas eu tort, en recommandant à la famille de ne faire donner des remèdes à M. Lafarge que par des personnes dont la famille était sûre.

Cela se passait le 13 janvier.

A deux heures du matin, M. Lespinasse entrait dans la chambre du malade, escorté du trio féminin et du fidèle Denis.

Marie Cappelle, très souffrante elle-même, se tenait presque à genoux au chevet du moribond ; elle pleurait sur la main moite et froide de son époux anéanti par la douleur.

Sans tenir compte des émotions de Marie, le docteur Espinasse écarta du lit l'épouse éplorée. Il se rapprocha plus près du malade. Il lui prit la main que Marie retenait dans les siennes et se mit en devoir de lui tâter le pouls.

Denis et les trois femmes, derrière le docteur, affectaient vis-à-vis de Marie Cappelle une retenue aussi douloureuse que sinistre.

L'épouse, qui connaissait les sentiments hostiles de l'entourage du nouveau venu, ne parut pas plus offensée de leur menace tacite que du sans gêne de M. Lespinasse.

Elle lui demanda :

— Docteur, pour que la famille de mon mari vous ait fait demander en dehors de moi, il faut que l'état de M. Lafarge soit plus grave. Je suis moi-même horriblement inquiète ; point de mystère, je vous en supplie.

Malgré les instances de Marie Cappelle, elle surprit de sombres regards d'intelligence échangés entre les gens de sa famille et le médecin.

Avant que celui-ci eût eu le temps de lui répondre, la belle-mère prit la parole et dit à sa bru :

— Mais vous êtes fatiguée, malade vous-même, allez vous reposer, nous allons achever de veiller cette nuit pour vous, auprès de mon fils ! Charles lui-même le désire.

Le médecin, après avoir tâté le pouls à M. Lafarge et ordonné une potion qu'il avait préparée à l'avance, répondit enfin à Marie Cappelle :

— Oui, madame, la maladie de M. votre mari sera longue. Il faut donc ménager vos forces pour les employer plus tard.

Marie regarda le docteur d'un air étrange. Un instant, elle voulut protester. Elle comprit qu'une résistance, en un pareil moment, dans un pareil lieu, serait funeste à son époux, elle préféra se retirer.

Une fois la belle-mère et les amis maîtres du lit du moribond, Mme Lafarge mère éclata en sanglots ; elle se roula sur le lit de son fils, en embrassant ses mains avec des transports fiévreux :

— Ah ! mon pauvre Charles, lui cria-t-elle. Tu vas mourir. Tu es empoisonné par ta femme !.. Mon Dieu ! mon Dieu. Que deviendrai-je ? Que sera la vie sans toi !

A ces mots, le maître de forges ouvrit des yeux hagards ; il essaya de se soulever ; il regarda sa mère avec effroi. Il consulta en même temps le docteur et ceux qui l'entouraient.

Ils confirmèrent les imprudentes paroles de la belle-mère.

Le maître de forges parut doublement accablé par cette révélation ; elle le tuait doublement ; il aimait autant sa femme que la vie. Il retomba sur sa couche.

Après une pause de quelques minutes, il s'écria en secouant faiblement la tête :

— Ah ! ma mère ! ah ! docteur, que m'apprenez-vous-là ! J'aurais préféré mourir sans que vous me désigniez la main qui me tue, et que tout à l'heure je couvrais encore de caresses ! Êtes-vous bien sûrs de ce que vous avancez? En tous les cas, commencez des recherches, tâchez de découvrir et je poursuivrai.

Puis le maître de forges, après avoir fait retomber sa tête sur l'oreiller, ne bougea plus. Jusqu'au lendemain, M. Lafarge, le corps inerte, ne prononça plus une parole ni à sa mère, ni à ses parents.

Il semblait leur en vouloir d'avoir exilé auprès de lui celle qu'il regrettait, malgré la mort qu'il croyait recevoir d'elle.

Le lendemain, 14 janvier, Marie, en dépit de ses souffrances, des humiliations dont elle était abreuvée, voulut revoir son époux, non pour défier ses ennemis, mais pour avoir de lui une bonne parole, un regard affectueux qui vinssent protester contre le chagrin dont on l'abreuvait.

Ce jour-là devait être le dernier pour le malheureux Lafarge.

La chambre du moribond était remplie d'amis de la famille, tous étrangers à Marie ; ils avaient été convoqués pour l'épier, pour suspecter ses larmes et enregistrer ses angoisses.

En entrant dans la chambre, Marie fut frappée de surprise par le monde qui s'y trouvait. Elle fut épouvantée de l'état effrayant du moribond. Il avait l'aspect d'un cadavre, la mort était sur son front.

L'entrée de Marie produisit chez les assistants l'effet d'un fantôme.

Des cris d'horreur s'échappèrent de toutes les poitrines. Ils furent dominés par la voix implacable de la belle-mère.

Elle bondit entre son fils râlant et Marie aussi pâle que lui. Elle lui défendit son chevet, elle s'écria avec indignation.

— Dieu! qu'est-ce que je vois, la meurtrière de mon enfant!

A ces mots le mourant eut la force de soulever la tête et de tendre ses bras décharnés à Marie.

Elle paraissait aussi épouvantée que les assistants. Elle regardait d'un air indécis les témoins qui l'observaient. Son mari l'attirait et la repoussait presque en même temps.

Ses yeux atones étaient affectueux ou indignés, tendres ou terrifiants.

Devant l'accusation de sa belle-mère, devant l'attitude engageante ou menaçante de son époux, Marie ne pouvait ni avancer, ni reculer.

Mille bruits se chuchotaient autour d'elle, c'étaient autant de calomnies qui ne craignaient pas de la mordre à cette heure suprême.

Tout à coup la tête du mourant s'affaissa, ses lèvres murmurèrent d'un ton plus douloureux que colère.

— « Empoisonneuse!

Un cri déchirant de la part de Marie Cappelle, répondit à cette dernière insulte.

Elle se recula et courut jusque dans sa chambre.

Là, épouvantée, abandonnée à elle-même, elle entendait les derniers râles de son époux; elle se cachait dans sa propre maison pour laisser couler des larmes qui l'étouffaient, pour exhaler librement des sanglots qui l'étranglaient.

Le 14 janvier, à six heures du matin, le maître de forges expirait, séparé de sa femme par un couloir derrière lequel elle protestait et pleurait.

Alors sa nouvelle famille, d'après l'opinion du docteur Lespinasse, admettait que le maître de forges du Glandier avait été empoisonné par sa femme.

M. Lafarge mourait bien des suites de vomissements causés par l'arsenic. Mais qui avait donné le poison?

Etait-ce Denis, le serviteur et le complice du maître de forges, l'intermédiaire intéressé de la rancunière et jalouse belle-mère?

Etait-ce Marie Cappelle, considérant comme une trahison un mariage improvisé en cinq jours avec un homme qui avait menti à toutes ses promesses?

Ce problème, malgré la condamnation de cette femme extraordinaire, n'a pu être résolu par l'impartiale justice. L'innocence ou la culpabilité de Mme Lafarge reste soumise à l'appréciation des esprits désintéressés. Ils se divisent aujourd'hui comme hier par les circonstances aussi saisissantes que dramatiques de cette étrange et mystérieuse affaire.

CHAPITRE II

UNE BELLE-MÈRE

Trois femmes s'étaient liguées, sinon contre le bonheur, du moins contre le repos de la femme du maître de forges.

Mme Lafarge mère, dans sa profonde jalousie, avait été la première à armer Mme Buffières et Mlle Lebrun contre sa bru. Cette femme du monde, si supérieure, qui avait pris, comme en se jouant, le cœur de son fils, avait vu un ennemi bien autrement dangereux s'armer contre elle.

C'était Denis; il était régisseur ou commis au Glandier, confident de Mme Lafarge mère, complice de son fils, au besoin le serviteur complaisant de la femme et du mari, mais pour mieux les perdre ! «

Faux, dépravé, osant se vanter de sa dépravation, si Denis n'avait été au Glandier, il est constant que M. Lafarge, mourant empoisonné, n'eût pu l'être que par sa femme. Avec Denis il est permis d'avoir des doutes.

En tous les cas, Marie Cappelle aurait eu encore une excuse à donner à ses sourdes représailles : son mariage n'avait-il pas été le calcul d'une spéculation plus que douteuse? L'avenir doré que lui avait montré son époux n'était-il pas un leurre, comme bien d'autres fourberies dont Denis, le serviteur de M. Lafarge n'était que le Scapin ?

Quant à la belle-mère de Marie Cappelle, nous laissons à la plume de cette dernière, le soin de détailler les bizarreries et les méchancetés de son caractère.

Elle est jugée par sa bru, avec une originalité de manières, un esprit d'observation qui feraient honneur à un écrivain de profession.

« Ma belle-mère, écrit-elle dans ses *Mémoires*, très jalouse de l'empire que j'exerçais sur son fils et qu'elle essayait de détruire, m'accablait, aux yeux du monde, de caresses, de flatteries et de petits soins.

« Je lui pardonnais : Le cœur d'une mère ne doit pas savoir partager les plus tendres affections de son enfant et j'avais la conscience de *tout ce qui me manquait* pour attirer l'entière sympathie de Mme Lafarge.

« Ma belle-mère se défiait de toute chose, de toute personne, elle était mystérieuse dans ses paroles, encore plus dans ses actions. Elle passait ses journées enfermée dans sa chambre, dont la porte fermée à double verrou ne s'ouvrait qu'avec des précautions infinies.

« Cette chambre était la plus bizarre de toutes les chambres. Mme Lafarge y gardait les provisions, son petit attirail de cuisine, des dindons s'engraissaient dans un coin, des fromages moisissaient dans un autre.

Jamais un coup de balai ne se donnait dans son intérieur et les femmes de la maison n'osaient pas même y entrer pour faire son lit.

« Mme Lafarge avait encore l'habitude de coucher tout habillée ; seulement, la nuit elle mettait son châle à l'envers, avec l'aurore, elle le retournait à l'endroit.

« Quant à Mme Buffières, ma belle-sœur, c'était une maîtresse femme, qui menait par le bout du nez, son mari et sa mère, qui la craignaient et qui était menée elle-même par un commis devenu son associé : un nommé Magnaux.

« Ce M. Magnaux qui n'avait qu'un œil, des manières grossières, des paroles triviales, me devint insupportable.

« Sachant que ma belle-sœur *l'aimait comme un frère*, j'essayai de ne pas être malhonnête avec lui.

« Quant à Mme Buffières, elle m'aimait avec une trop grande expansion de baisers et de paroles pour que je la crusse sincère. Elle n'était pas sans esprit et en avait assez pour mettre un sourire sur les lèvres, sans jamais obtenir un écho dans le cœur. Elle épousait, par envie, toutes les inimitiés de sa mère contre moi. »

Mme Buffières n'était au fond que l'écho des inimitiés de sa mère.

Les trois femmes excitées par Denis, entretenaient le feu vengeur couvant sous la cendre. Il ne pouvait manquer d'éclater après le crime du Glandier.

Il est vrai que Marie Cappelle avait préparé au début de son union ces horribles dangers. Elle avait tout à craindre d'une famille où, par son éducation, son intelligence, ses grâces naturelles, elle avait conquis la première place.

En arrivant d'abord au Glandier, dans une maison en ruines, à l'extérieur misérable et sordide, Marie Cappelle, nous l'avons dit, s'était révoltée contre l'homme vulgaire qui la condamnait à une existence presque odieuse.

Dans un violent désespoir, elle avait avoué par une lettre incohérente qu'elle n'aimait pas son mari, qu'elle en aimait un autre répondant aussi au nom de Charles.

Depuis, elle s'était amendée, elle avait eu pitié du désespoir de son époux et avait paru s'arranger de sa vie nouvelle. Elle avait pris disait-elle, *son parti de bonne grâce*.

Mais pour Mme Lafarge mère, ce retour de tendresse en faveur de son fils n'était qu'un adroit calcul.

L'ancien Charles existait toujours ; elle prétendait l'avoir vu au Glandier ; c'était une épée de Damoclès qu'elle suspendait sur la tête de son fils, pour blesser plus sûrement sa belle-fille.

Lorsque M. Lafarge, après son mariage, fut obligé de revenir à Paris, espérant escompter la dot de sa femme, à propos d'une découverte dont il sollicitait le brevet, il tomba malade. Il revint plus malade au Glandier, en proie à de violents vomissements.

Denis apprit à tout le monde que ces vomissements lui étaient survenus à la suite d'un envoi de gâteau de sa femme. Mme Lafarge mère, eut des idées sinistres. Elle se rappela, que durant le voyage de son fils, sa bru lui avait envoyé un gâteau, préparé par elle, dans une boîte. Elle se souvint d'une lettre d'envoi de Marie, qu'elle avait lue, dans laquelle elle engageait son époux à manger ce gâteau le 18 décembre, au soir, à l'heure où l'on en ferait autant au Glandier.

La belle-mère cria tout de suite à l'empoisonnement,

Elle raconta perfidement à sa belle-fille la mort de son premier mari, qui, dans un dîner, avait été empoisonné dans un nougat, en éprouvant, ajoutait-elle, les mêmes symptômes qui se manifestaient sur la personne de son fils.

Pendant que la belle-mère lui faisait part de ses craintes, elle observait sa bru qui ne sourcillait pas.

Était-elle sur ses gardes? Lorsque sa belle-mère commençait à la soupçonner, elle était en présence de deux argus, très dévoués à sa haine : Mlle Lebrun, la favorite de Mme Lafarge mère, et Denis, qui savait particulièrement à quoi s'en tenir, au sujet de l'envoi des comestibles.

Lui-même n'était-il pas à Paris au moment de l'envoi du gâteau? Et lorsque M. Lafarge était allé chercher la caisse, elle avait été déjà ouverte.

Lui seul aurait pu faire connaître le mystère que Mme Lafarge mère n'expliquait qu'au profit de ses inimitiés. Mais Denis était intéressé à laisser planer contre Marie Cappelle des soupçons qu'il ne cessait, de son côté, d'entretenir.

Sans le médecin de la maison, M. Bardou, qui ne fit que rire des craintes chimériques, des égarements d'esprit de la belle-mère, Marie n'eût pas attendu la fin foudroyante de son époux pour être soupçonnée d'empoisonnement.

Ce fut le docteur Lespinasse qui se chargea de servir les haines de Mme Lafarge mère et de sa famille.

On a vu comment il s'en acquitta par son attitude contre Marie Cappelle, au moment où elle venait recevoir le dernier soupir de M. Lafarge, la traitant d'*empoisonneuse*.

Dès la mort du maître de forges, il fut admis dans le Glandier que M. Lafarge avait été empoisonné par sa nouvelle épouse.

La belle-mère, ne laissa pas refroidir une indignation si favorable à ses intérêts. Elle n'hésita pas jusque près du cadavre encore chaud de son fils, d'accord avec Mme Buffières et son mari, de traquer sa bru, jusque dans sa chambre.

Après l'avoir écartée par un stratagème indigne, de la pièce où elle couchait avec une nommée Clémentine, sa suivante, la belle-mère y arriva suivie d'un serrurier. On y força le secrétaire qui renfermait les bijoux les papiers de Mme Lafarge et le testament de son fils, puis on s'empara du tout.

Cette scène odieuse est relatée par Marie Cappelle. Elle s'exprime ainsi, en racontant ce qui se passait au Glandier, le lendemain de la mort de son mari.

« Dès le matin, écrit-elle, la porte qui communiquait de ma chambre à celle de ma belle-mère avait été ouverte. J'entendis Mme Buffières qui criait :

« — Marie, ma sœur, venez, je vous en supplie.

LES CRIMINELS CÉLÈBRES

Assise sur son lit, elle était capricieusement enveloppée d'un manteau en satin. (Page 448.)

« Je sautai en bas de mon lit et fus me précipiter dans ses bras, n'ayant qu'une mantille sur mes épaules.

« Ma belle-sœur me reçut avec des crispations de désespoir.

« Elle me prodigua de fausses caresses à travers lesquelles je sentais de fausses larmes.

« — Je veux mourir, me cria-t-elle en se pendant à mon cou. Je veux mourir ! Dès que je n'ai plus mon Charles !

« Puis, se ravisant, Mme Buffières me demanda :

« — Vous avez le brevet de mon frère. Avant ces épouvantables soupçons contre vous, vous possédiez la confiance du pauvre défunt. Pouvez-vous me donner son brevet, pour que je *couvre encore de baisers sa grande œuvre !*

« Je lui assurai que je n'avais pas le brevet, que je ne savais pas ce qu'il était devenu.

« Alors elle haussa les épaules, elle me regarda d'un air de défiance qui jurait avec sa douleur simulée.

« Tout à coup j'entendis des pas qui s'approchaient, en appelant Clémentine, ma femme de chambre.

« Mais celle-ci arriva tout effarée en me disant que ma belle-mère s'était enfermée chez moi avec un serrurier, qu'elle brisait le secrétaire et refusait d'ouvrir.

« — Cela ne se peut, m'écriai-je, ce serait trop infâme.

« — Après tout, riposta Mme Buffières, ma mère est la maîtresse ici et fait ce qu'elle veut.

« — La maîtresse, lui dis-je avec une ironie amère. Alors pourquoi voler ce qui lui appartient ?

« En cet instant le docteur Lespinasse entra. Ma belle-sœur, à son arrivée, reprit subitement ses larmes, sa voix mielleuse et ses démonstrations de tendresse avec moi.

« Atterrée, je restai quelques minutes étrangère à cette visite, oubliant l'inconvenance de mon costume, mes cheveux en désordre, le mantelet qui me couvrait à peine les bras, mes pieds nus. Je n'avais pas une plainte, pas une larme, l'indignation de l'épouse avait vaincu la pudeur de la femme.

« Un regard curieux de M. Lespinasse me rendit à moi-même.

« Je priai ma belle-sœur et le docteur de me laisser, ils se retirèrent. Aussitôt on ouvrit la porte de ma chambre.

« J'eus à peine la force d'y rentrer et de m'y enfermer avec ma servante Clémentine. La pauvre fille était plus révoltée que moi de ces persécutions.

« Elle me désigna le meuble secret que l'on avait fait forcer. On avait tout pris : Bijoux, titres, contrats, jusqu'aux portraits de mon père et de ma mère, le trésor de mes souvenirs !

« Tandis que je cherchais à me rendre compte de cette dernière déloyauté, Emma Pontier, une jeune cousine, qui s'était refusée à croire aux calomnies de ma belle-mère, entra en sanglotant dans ma chambre.

« — Marie, s'écria-t-elle, ils disent que vous avez empoisonné Charles, que vous l'avez fait mourir pour en épouser un autre... Marie, c'est impossible, n'est-ce-pas ? Impossible ! impossible !

« — Les infâmes, lui répondis-je. Mais non, cela n'est pas. Et qui vous a dit cela ?

« — Ma tante Buffières! Mlle Brun ! Oh ! je ne les ai que trop entendues... Elles le disent à tout le monde, elles racontent des choses affreuses... Mon Dieu, mon Dieu, vous êtes perdue !

« — Perdue, répliquai-je avec un sourire amer. Je les en défie !

« — Cependant, Marie, reprit Emma, vous aviez de l'arsenic?... On en a trouvé dans le lait de poule... Si vous vous étiez trompée ! Si une fatale méprise...

« — C'est impossible. Je puis avoir mis de la gomme dans ce lait de poule... Mais cette gomme, j'en avais mangé avant, j'en ai mangé après.

« — Savez-vous ce que vous avez dans la petite boîte que je vous ai prise hier ?

« — Ce que j'ai ?... Mais de la gomme.

« — Hélas ! non. Je l'ai fait examiner par M. Fleyniat, et il en est sûr, c'est de l'arsenic !

« M. Fleyniat était un oncle d'Emma Pontier, c'était le moins prévenu de tous les gens de la famille Lafarge.

« — De l'arsenic ? exclama Marie Cappelle, très étourdie de ce que lui disait la jeune Emma. — De l'arsenic ? Mais c'est impossible, je vous le répète. J'ai mangé de cette gomme, votre oncle, M. Fleyniat, se sera trompé. Soyez calme, tout s'éclaircira !

« Clémentine était aussi désespérée que ma cousine. Leur douleur me faisait mal.

« M. Fleyniat était au Glandier, je le fis appeler. Il vint à moi d'un air assez embarrassé.

« — Monsieur, lui dis-je, je sais tout par Emma. J'aurais préféré connaître par vous-même les affreux propos qui circulent sur mon compte. Votre silence m'étonne. Je vous demande encore sur quel fondement on appuie ces monstrueux soupçons, enfantés, je veux le croire, par la douleur d'une mère, mais dont j'ai besoin de prouver l'absurdité, parce qu'il ne m'est pas permis de garder le silence !

« Après m'avoir assuré avec *trop* de phrases qu'il me croyait innocente, M. Fleyniat m'apprit qu'on m'accusait, en effet, d'avoir envoyé à Paris des gâteaux empoisonnés; il me dit qu'un frère de M. Buffières en avait averti la famille, que le pharmacien Essastier avait trouvé de l'arsenic dans le lait de poule que j'avais voulu faire prendre au malade; enfin que Mme Lafarge m'avait vue de ses *propres yeux* mettre de l'arsenic dans une potion; bref que j'avais empoisonné un morceau de flanelle pour hâter la mort de mon mari par des frictions.

« Je fus rassurée en écoutant les accusations.

« Toutes me semblèrent faciles à combattre : Les gâteaux avaient été faits par ma belle-mère; le lait de poule avait été préparé par les soins de Mme Buffières, les frictions avaient été opérées en partie par Denis; donc, je n'avais pu mettre du poison dans la flanelle.

« En expliquant ces circonstances à M. Fleyniat, je lui fis remarquer que je n'établissais pas ma défense, que je ne tenais à rester à ses yeux que dans le rôle de victime.

« Pour opposer une digue à toutes ces accusations mensongères, je résolus d'en appeler aux témoignages des médecins de mon mari.

« — Ne vous adressez pas cependant à M. Lespinasse, me répondit M. Fleynat, car il se vante d'avoir découvert *le crime* et d'avoir demandé que l'on fît faire l'autopsie du cadavre.

M. Fleyniat termina en m'apprenant que ma belle-mère s'était opposée à cette dernière mesure, sous prétexte que je me refusais formellement à l'autopsie et que j'avais pressé les cérémonies afin de l'éviter. »

L'étrange démarche de Mme Lafarge mère forçant le secrétaire de sa bru, les soupçons cruels qu'elle faisait naître pour placer sûrement sa victime sur une voie de persécutions et d'angoisses démontraient clairement ses sentiments haineux.

Coupable ou non, ils ne pouvaient que frapper Marie Cappelle.

Le 15 janvier, les rumeurs répandues au Glandier arrivèrent aux oreilles de la justice.

M. le procureur du roi se présenta au Glandier pour procéder à l'autopsie.

En même temps des hommes de loi pénétrèrent dans la chambre de la veuve pour commencer une enquête sur les menus objets que lui avaient laissés sa belle-mère et qui pouvaient la compromettre encore aux yeux de la justice.

Pendant que tous ces hommes étaient réunis dans la chambre de l'incriminée, recherchant avec des précautions exagérées, avec un luxe étrange de frayeurs significatives, des *pièces à conviction*, un individu, un serviteur du Glandier se précipitait avec désespoir dans la pièce.

C'était un serviteur de Marie Cappelle, vendu à Denis et à Mme Lafarge mère.

— Madame, ma pauvre maîtresse! s'écria-t-il avec une imprudence calculée et compromettant Marie Cappelle. Ils disent tous, parce que je soutiens votre innocence, que je vous ferai monter sur l'échafaud et que j'y monterai aussi.

Ce faux-semblant de dévouement, de la part d'un maladroit serviteur, était le dernier coup porté à Marie Cappelle ; elle était perdue. L'œuvre de la belle-mère était consommée.

CHAPITRE III

L'HOMME FATAL

Le 15 janvier, deux jours après la mort de M. Lafarge, M. le procureur du roi, de Brives, sur les bruits colportés par sa mère et par le perfide Denis se présentait donc au Glandier.

En même temps les créanciers du défunt se rendaient à la Forge. Inquiets de leur position, impatients de garanties, ils allaient demander la signature de la veuve, dont l'hypothèque légale pouvait couvrir les valeurs immobilières de la succession.

Une descente de justice une arrivée de créanciers menaçaient le Glandier.

La jeune veuve allait être frappée de tous les côtés : dans son honneur, dans sa liberté, dans sa fortune !

En route, le procureur du roi de Brives était rencontré par le docteur Bardou, un des médecins de la famille.

Très indisposé lui-même, il n'avait pu revoir son malade, soigné par le docteur Lespinasse, chargé de signaler à la justice les véritables causes de la maladie mortelle de M. Lafarge.

Lorsque le procureur du roi apprit à M. Bardou l'objet qui l'amenait au Glandier, le docteur s'écria, avec de grands gestes d'étonnement :

— Empoisonné ! C'est impossible. On vous aura trompé !

— Une mère se trompe rarement ; et c'est la mère de M. Lafarge, répondit le procureur du roi, qui, de concert avec sa famille et un certain Denis, a déposé sa plainte au parquet contre sa bru.

M. Bardou reprit avec tristesse :

— Il serait bien malheureux que quelques enthousiastes de cette famille allassent lancer cette pauvre femme dans une affaire terrible, peut-être inconsidérément.

Le procureur du roi parut ébranlé par l'air consterné et surpris de M. Bardou, quoique très prévenu par le rapport du docteur Lespinasse.

Il continua sa route. Le docteur Bardou s'empressa de l'accompagner pour combattre les doutes mis dans tous les esprits des gens du pays, contre la femme du maître de forges.

Hélas ! l'optimiste Bardou était seul de son avis.

Pour les autres médecins de la famille, gagnés par Mme Lafarge mère et Denis, l'empoisonnement paraissait évident.

Qu'était ce Denis ? Un homme fatal, un garçon taré. A Paris, il avait fait tous les métiers. Il était arrivé au Glandier, au moment où M. Lafarge cherchait chez un homme d'affaires une femme pouvant lui apporter une dot en rapport avec ses prétentions.

En même temps qu'il avait trouvé la dot avec Mme Lafarge, il avait rencontré Denis chez le même industriel qui avait négocié son mariage.

Denis était un homme à ressources, fort capable de faire tripler la dot de la femme de son maître par mille supercheries. C'était un intrigant qui devenait très précieux pour l'industriel obéré.

Avec huit cents francs de gages, Denis faisait faire de faux billets au compte de son maître pour la valeur de la dot de sa femme.

« C'était un homme encore jeune, écrit Mme Lafarge, aux manières rudes, à la voix mielleuse, au regard fauve. Je demandai un jour à mon mari, lorsqu'il le prit à son service, de quelles forges il sortait, il me répondit :

« — De malheureuses affaires de banque, en lui ôtant sa fortune, l'ont obligé de se mettre commis limonadier à Paris ; jamais avant nous il ne s'était occupé de notre industrie. Mais c'est un garçon très intelligent.

« Mon mari ne put me convaincre de l'intelligence de son Denis, et pour moi c'était un mal appris et un mal élevé. Je ne pus me résigner à le recevoir chez moi. Je devinai l'influence funeste que cet homme exerçait sur M. Lafarge. Naturellement, ne le recevant pas chez moi, Mme Lafarge mère le reçut chez elle. Il vivait dans sa chambre, au mobilier de laquelle elle avait ajouté ce Denis. Il ne la quittait plus.

« J'étais véritablement seule contre toute ma nouvelle famille, dont Denis paraissait l'humble serviteur, quoi qu'il en fût, par son esprit fatal, le seul inspirateur. Je l'appris trop tard à mes dépens. »

Voilà ce que dit Mme Lafarge, dans ses *Mémoires*, sur le compte de ce personnage. Mais ce qu'elle ne dit pas, c'est l'imprudence qu'elle commit en l'employant à différentes reprises pour ses acquisitions d'arsenic, quand il fallut tuer l'*armée de rats* tourmentant si fort M. Lafarge.

Donner une pareille commission à cet homme était, de la part de

Marie Cappelle, au moins une imprudence; lui recommander le secret de son acquisition, c'était se lier pieds et poings à ce perfide, dont l'esprit délié et retors, ne cherchait qu'à tirer profit de la position équivoque de ceux qu'il servait.

Denis n'avait épousé la haine de Mme Lafarge mère contre sa bru, que pour se mettre en garde contre l'épouse qu'il dépouillait, de connivence avec son mari.

C'était une faute de Marie Cappelle d'avoir cru un instant au dévouement de ce serviteur déloyal, passé à l'état de termite, pillant la Forge, trompant ses maîtres sous le prétexte de les servir, ruinant la mère comme le fils, et fauchant le Glandier comme un pré !

Aussi Denis, bien plus que Mme Lafarge mère, par ses calomnies incessantes, avait-il été le principal instrument de la Justice.

Trop compromis lui-même par ses manœuvres avec le défunt, il lui fallait trouver un autre coupable pour détourner les soupçons; il avait choisi Marie Cappelle, quoiqu'il fût plus intéressé qu'elle à la mort de son mari.

Lorsque le procureur du roi, de Brives, arriva au Glandier pour être témoin des premières expériences fournies par l'autopsie, elles n'avaient donné aucune indication sérieuse.

Le procureur du roi, M. Rivet, partagea, après ces premières expériences, l'opinion de l'optimiste Bardou.

C'était une nature douce et compatissante. Il n'hésita pas, après cet *heureux insuccès*, à suivre les conseils du docteur. Il alla trouver Marie Cappelle qui attendait à côté, dans sa chambre, l'issue de la sinistre épreuve devant décider entre elle et ses ennemis.

Le 16 janvier, lorsque l'autopsie fut pratiquée, Mme veuve Lafarge se préparait patiemment, non sans une certaine coquetterie, à l'issue de cette première épreuve.

Malgré le concours de circonstances accusatrices qui se réunissaient pour l'accabler, la femme n'avait pas abdiqué ses droits pour exercer son pouvoir attractif sur des adversaires inconnus.

Elle savait qu'elle avait affaire à des gens désintéressés qui ne pouvaient décider légèrement de sa vie et de son honneur.

Elle comptait sur ses dons naturels pour influencer ceux qui n'avaient aucun intérêt à la perdre.

Ce soir-là, assise sur son lit, elle était capricieusement enveloppée d'un manteau en satin, garni de blonde, ne cherchant pas à cacher deux bras remarquables par la beauté de la forme et l'élégance de leur parure.

Une coiffure coquette, dont s'accommodait à ravir le bandeau de ses épais cheveux noirs, répandait sur sa figure pâle une teinte de mélancolie

Il était dans un état complet d'ivresse. (Page 453.)

Cette femme mélancolique n'était pas sans apprêts, elle devait communiquer une émotion profonde à tous ceux qui étaient appelés à venir la voir, soit pour la consoler, soit pour la confondre.

Sans avoir une beauté régulière, la figure de Marie Cappelle avait une grande puissance d'expression, des lignes d'une pureté remarquable. Son front altier, son teint un peu bilieux étaient relevés par le noir de jais de sa chevelure qui contrastait avec sa peau pour lui donner plus de blancheur.

Elle avait une taille élégante, des formes souples et gracieuses, le ton de la meilleure compagnie, l'organe plein de suavité.

Ce qu'elle avait surtout de beau, c'étaient ses grands yeux noirs, sous des sourcils épais. Ils imprimaient à sa physionomie quelque chose de méditatif et d'enchanteur, dont la signification a été diversement interprétée.

Elle fascinait, captivait et charmait. Sans être belle, elle avait le don que ne possède pas la beauté voulue ou de convention. Elle attirait qui la regardait, elle enchantait qui l'écoutait. Elle avait le don des sirènes ou des Circé.

En la voyant, on devinait aussitôt que ce n'était pas un être vulgaire ; c'était une organisation hors ligne, à laquelle une destinée étrange était réservée.

Aussi lorsque, dégagée des premiers coups portés par la mort de son mari, par les attaques de sa famille, Marie Cappelle fut maîtresse d'elle-même, elle oublia les malheurs qui l'accablaient, les dangers qui l'assaillaient. Elle ne songea plus qu'à la lutte qu'elle allait entreprendre.

Ces malheurs, ces dangers ne la mettaient plus en contact avec des gens grossiers ; elle espérait les confondre en montrant à ses nouveaux adversaires ce qu'étaient réellement ceux qui essayaient de la perdre, parce qu'ils étaient humiliés de sa supériorité ?

« La journée d'expertise, écrit Mme Lafarge, fut pour moi un siècle d'attente et de souffrance. Pendant l'épreuve si décisive pour moi, j'étais seule avec Clémentine et ma cousine Emma. Tous les autres membres de ma famille étaient avec mes juges pour m'accuser.

« Ma chambre était isolée et les nouvelles n'y arrivaient pas.

« Clémentine et Emma sortaient tour à tour pour les recueillir.

« Une fois qu'elles furent satisfaisantes, M. Rivet, le procureur du roi, vint ; il me fit espérer un heureux résultat, il me dit que l'opération déjà avancée n'avait pas fait découvrir la moindre trace de poison.

« Une heure, deux heures s'écoulèrent encore.

« Mes deux messagers revenaient avec plus d'espoir dans les yeux.

« Enfin, M. Bardou arriva lui-même pour me confirmer la bonne nouvelle.

« Il me dit :

« — Pour ma part, je n'ai pas un instant partagé les soupçons de la famille ! La maladie a toujours été naturelle ; il a fallu la présomptueuse confiance de M. Lespinasse, d'accord avec la haine de votre belle-mère, pour vous causer tant de douleurs.

« Je n'avais qu'une médiocre confiance dans l'assurance de M. Bardou, et je lui demandai :

« — Tout est-il terminé ?

« — Non, me répondit-il, il reste à faire des expériences chimiques sur les boissons conservées.

« — Alors, attendons ! fis-je en soupirant, malgré les félicitations des amis qui m'entouraient.

« Bientôt les hommes de la justice, les gendarmes, ma belle-mère et sa fille entrèrent pour me faire signer les bouteilles contenant les liquides destinés à être analysés.

« Comme j'éprouvais une émotion pénible en signant, comme ma main tremblait, le greffier me dit :

« — Rassurez-vous, les expériences sont trop avancées pour qu'il y ait quelque chose à craindre.

« — Ce n'est pas sûr encore, dit Mme Buffières avec une voix qui voulait être sanglotante, il y a des choses blanches dans ces liquides qui ne sont pas naturelles.

« Mme Lafarge sortit et rentra avec un morceau de flanelle :

« — On a fait avec cette laine des frictions à mon fils ; je désire qu'elle soit analysée. »

Le greffier obéit en silence, quoiqu'à regret.

Lui aussi était sous le pouvoir de Marie Capelle, sous ce charme qui était la cause de la haine de sa famille et particulièrement de Mme Lafarge mère et de Denis.

A la suite du démenti donné par l'autopsie à ses accusateurs, Marie Cappelle s'empressa de congédier les hommes de loi. Elle eut autant de déférence pour eux qu'ils en avaient peu montré pour elle, avant de la connaître et de subir le prestige de sa personne.

Elle profita du moment de repos qu'elle avait enfin, depuis la mort de son mari, pour écrire à sa famille.

A ce sujet, voici ce que dit Marie Cappelle :

« J'avais besoin d'écrire à ma sœur et à mes tantes les calomnies, les persécutions qu'on m'avait fait subir au Glandier.

« Mme Lafarge était dans la cuisine, lorsque le pionnier Joseph reçut l'ordre d'aller à Uzerche porter des lettres à la poste, elle monta sur-le-champ dans ma chambre, elle y entra sans se faire annoncer.

« — Allons, ma fille, me dit-elle en m'embrassant, pardonnez-moi ; la douleur avait tourné mon esprit, je vous ai accusée injustement. Je vous en demande pardon.

« Elle regarda Emma qui entrait dans ma chambre et ma suivante ; puis elle ajouta :

« — Oui, je vous en demande pardon devant Emma, devant Clémentine, au nom de notre pauvre défunt.

« Je ne trouvai pas de réponse et la regardai d'un air sévère.

« Elle avait son dessein et continua :

« Je suis sûre que vous allez troubler votre famille en lui confiant nos soupçons. Soyez donc raisonnable. Je vous promets que nous allons bien vous aimer. Je vous en prie, nous soignerons vos intérêts comme les nôtres. Je vous en supplie, ne les inquiétez pas trop.

« — Oh! madame, lui répliquai-je, j'ai tant souffert que j'ai besoin d'ouvrir mon cœur à ceux que j'aime.

« — Que vous êtes rancunière et susceptible !

« — Susceptible, madame, fis-je en éclatant ; mais vous oubliez que vous avez dit, en me montrant du doigt à la justice : Voilà une infâme ! voilà une empoisonneuse ! Vous l'avez dit à votre fils qui est mort en me flétrissant de cette injure.

« Mme Lafarge se mit à pleurer.

« Je fus émue de ses larmes. N'était-ce pas une mère qui pleurait, une veuve en deuil de son fils unique ?

« Je fis un effort sur moi-même pour vaincre mes ressentiments. Je me rapprochai d'elle et lui dis :

« — Une question, une seule ? Avez-vous fait part de vos soupçons à Charles ? Est-ce vous, vous seule qui avez ajouté l'agonie du cœur à l'agonie de l'âme ? Est-ce vous qui avez appelé sur ma tête la malédiction du mourant ? Est-ce vous seule qui m'avez exilée de son chevet pour me précipiter dans la honte et dans l'infamie ? Si vous parvenez à arracher de mon âme cette pensée torturante, j'appellerai l'oubli de toute la force de ma volonté. J'essayerai de reprendre mes devoirs envers vous.

« Ma belle-mère m'embrassa, elle me jura qu'elle n'avait rien dit à son fils et que c'était Denis qui avait *tout fait*.

« Denis, pensai-je. Je devais donc tous mes maux à cet homme fatal qui s'était mis entre ma belle-mère et moi, comme il s'était mis aussi entre moi et mon mari ?

« Et comme Mlle Brun, Denis me faisait payer son orgueil blessé, lorsque je lui défendais de vivre dans mon intimité.

« Je crus aux mensonges de Mme Lafarge mère, cependant je doutai de la sincérité de ses larmes lorsqu'elle arracha mon consentement pour retarder l'envoi de mes lettres, et en écrire d'autres dans lesquelles je devais cacher autant que possible mon indignation et mes douleurs.

« Le soir, Mme Buffières était soi-disant rappelée pour ses affaires loin du Glandier, elle vint me faire ses excuses et ses adieux. Elle me demanda de ne pas trouver mauvais qu'elle emmenât sa mère et la gardât auprès d'elle.

« Je fus soulagée par cette absence. Il me fallait la solitude. »

Ce que ne dit pas Marie Cappelle dans ses *Mémoires*, c'est que Mme Buffières n'emmenait sa mère que pour connaître, à Brives, les effets de la lettre dénonciatrice du 15 août, remise à la justice, le lendemain de la mort de M. Lafarge et nécessitant aussitôt l'arrivée du procureur du roi au Glandier.

Redoutant l'impression favorable produite par l'autopsie, Mme Lafarge et Mme Buffières se rendaient à Brives pour solliciter de la magistrature de nouvelles recherches et de plus actives poursuites.

Pendant qu'on tramait contre elle cette nouvelle machination, pendant qu'on lui préparait sa route vers la prison et l'échafaud, on déposait sur ses lèvres un baiser de paix ; mais ce n'était qu'un baiser de Judas.

Aussi Marie Cappelle l'avoue elle-même, elle n'était pas tranquille après le départ de ses ennemis.

Du reste, Denis était encore dans la maison, elle en avait peur! Elle était comme mise au secret dans sa chambre, elle ne voyait qu'Emma Pontier et Clémentine.

La nuit qui suivit le départ des dames Buffières et Lafarge, fut pour elle une nuit terrible.

« Cette triste masure du Glandier, écrivait-elle, me semblait plus abandonnée et plus sinistre. J'avais peur. Il y avait eu un crime, il y avait eu un assassin ; quel était-il ?... Je fis coucher le pionnier Joseph en travers de ma porte, cependant la nuit je tressaillais au moindre bruit. Le vent qui s'engouffrait dans les corridors m'épouvantait. Quelquefois, je détournais de mes lèvres, en frissonnant, les boissons qui allaient les désaltérer. Oh ! oui, j'avais bien peur, bien peur surtout de ce Denis si acharné à ma perte et que mes ennemis avaient laissé au Glandier pour observer une œuvre qui m'était inconnue.

« Je me disais :

« — Ils ont voulu tuer Charles pour l'arrêter dans sa ruine et dans la leur. Pourquoi ne me tueront-ils pas pour prendre aussi les débris de ma fortune ? Si l'auteur du crime n'a pas reculé à choisir ma tête pour remplacer la sienne sur l'échafaud, les événements ne peuvent-ils pas éveiller un intérêt, une pensée l'obligeant à sacrifier lui-même la victime qu'il veut faire sacrifier au nom de la loi ?

« Involontairement, je pensais à Denis que la fatalité avait dressé entre moi et mon mari, dès le premier jour de mon mariage.

« — Après lui, après Charles, me disais-je, ce sera peut-être moi ?

« Dès l'aube, le pionnier Joseph avait quitté son poste. Qui vis-je entrer dans ma chambre ?

« Denis, dont l'insolence, depuis la visite du procureur du roi au Glandier, n'avait plus de bornes.

« Il était dans un état d'ivresse complet ; il vint se poser devant mon lit, il s'y appuya, me fit une peinture affreuse du sort qui m'était réservé. Il me dit que la justice me veillait toujours, que j'étais sûre d'aller en prison et de partager le sort des femmes les plus dégradées.

« Puis, changeant de sujet, il termina :

« — Si j'ai un conseil à vous donner, c'est de *décamper*. Si l'argent vous manque, j'en ai à votre disposition, et je vous offre même de vous mener hors des frontières.

« — Infâme, lui répondis-je, vous me conseillez de fuir, parce que ma fuite serait un aveu de ma prétendue culpabilité; parce que je ne pourrais plus relever la tête pour rechercher le vrai coupable ?

« Alors, je fis signe à cet homme de sortir en lui désignant la porte avec un geste de mépris ; il s'éloigna en murmurant :

« — *Relevez-la, relevez-la bien, votre tête de princesse ; le bourreau vous la rabattra !*

« Épouvantée de cette scène, j'appelai le pionnier Joseph, Emma Pontier et Clémentine, je les priai désormais de ne plus me quitter pour ne plus être exposée aux outrages de ce méchant homme ! »

CHAPITRE IV

LA PROVIDENCE FAITE AVOCAT

On se souvient qu'au moment où les gens de justice frappaient à la porte de la maison du Glandier, les créanciers du défunt y frappaient aussi.

Par convenance, ces derniers se retirèrent, pour revenir quelque temps après.

Ils revinrent le lendemain de la scène de Denis avec la malheureuse épouse du maître de forges. Pour la première fois, les créanciers apprirent à la veuve l'état déplorable des affaires du défunt.

M. Lafarge avait des dettes énormes. Effrayée de l'avenir que lui laissait l'homme dont elle était accusée d'être la meurtrière, elle ne parut pas faiblir à la nouvelle de cet autre malheur.

Elle avait appris à se mettre au niveau des plus terribles difficultés. La sympathie qu'elle inspirait par sa personne attractive attirait tout ce qui l'entourait. Sa position si intéressante par les calomnies dont elle était l'objet, finirent par adoucir les créanciers. Ils n'étaient plus les mêmes à une seconde visite.

Lorsqu'elle promit de garantir sur sa dot les plus récalcitrants, un certain M. Roques s'offrit de revenir avec un avocat pour s'entendre avec elle, afin de désintéresser tous les réclamants.

Encore une fois, comme avec le procureur du roi de Brives, M. Rivet, la charmeuse avait gagné la partie avec M. Roques.

Le lendemain, au nom des principaux créanciers, M. Roques vint, comme il l'avait promis, en compagnie de son avocat. Il avait fait le relevé de ses livres et de ses comptes. Il apportait une créance de 30,000 francs qu'il la priait de lui garantir sur sa dot.

— Cette somme, lui répondit la veuve avec un sourire mélancolique accompagnant une voix enchanteresse, cette somme, monsieur, me paraît un peu forte. Je sais depuis hier, hélas! qu'il y a beaucoup de créanciers, je ne voudrais pas être injuste en donnant tout à un seul.

— Prenez garde, madame! reprit M. Roques soupçonnant d'être la dupe de cette charmeuse. En mettant du retard par des pourparlers inutiles, vous me forceriez à faire des poursuites dans lesquelles votre beau-frère serait mêlé d'une manière très désagréable.

— Comment mon beau-frère, demanda curieusement la veuve Lafarge, peut-il intervenir dans une affaire d'argent qui ne regarde que le Glandier?

— Par une lettre que voici, reprit M. Roques, dans laquelle votre beau-frère s'est engagé à répondre, le cas échéant, de la dette de feu votre mari.

Et il sortit une lettre de sa poche que la veuve regarda d'un air de stupéfaction, puis elle se récria :

— Mais je connais l'écriture et la signature de mon beau-frère, monsieur ; et je puis vous assurer que le style, l'écriture, la signature de cette lettre ne sont pas de mon beau-frère.

M. Roques poussa un cri de surprise. Il se recula, dans une stupéfaction mêlée de dépit.

Après un moment de silence, il tira une liasse de billets et demanda à la veuve :

— Connaissez-vous au moins les noms qui sont écrits sur ces papiers?
— Pas davantage.

Il laissa échapper un soupir d'indignation, et s'écria :

— Mais c'est affreux ! Alors, tous ces billets sont faux? M. Lafarge m'a indignement trompé. Et s'il n'était pas mort, je l'enverrais au bagne !

Mme Lafarge était anéantie.

Elle venait de reconnaître sur ces billets l'écriture de l'infâme Denis. Pour la première fois, elle comprenait pourquoi son mari considérait cet être sans scrupule comme un homme très *intelligent*.

Sans faire beaucoup de frais d'imagination, à l'encontre de M. Lafarge qui, par tous les moyens, avait su grossir sa fortune personnelle, sa veuve comprenait à son tour ce qu'on pouvait tirer de la valeur de l'argent.

En ce moment, elle pouvait racheter pour trente mille francs l'honneur du nom qu'elle portait.

Et cette femme que l'on supposait avoir empoisonné son mari pour recouvrer sa liberté, n'hésita pas à couvrir de sa signature un engagement qui effaçait d'un trait de plume les faux de son mari.

La prétendue empoisonneuse sauvait le faussaire.

Puis, tendant le papier à M. Roques ébahi, elle lui dit :

— Je n'exige, au nom des autres créanciers et pour l'honneur du défunt, que le silence le plus absolu.

M. Roques et M. Lalande, son avocat, furent enthousiasmés de ce procédé.

Selon eux, après cet acte de désintéressement, il était impossible qu'elle fût une criminelle, elle qui n'avait d'autre but, dans la position difficile que lui faisait le défunt, d'éviter ce qui pouvait entacher son honneur.

L'avocat Lalande, tout ému, lui demanda :

— Mais au moins, madame, vous n'avez pas besoin de répondre uniquement de cette dette sur toute votre fortune. Le défunt, avant de mourir, ne vous a-t-il pas fait un testament en votre faveur?

— Hélas ! monsieur, lui répondit-elle de sa voix la plus attendrissante, j'avais en effet un testament du défunt; il vient de m'être pris par ma belle-mère.

Elle lui montra son secrétaire forcé.

— Mais ce Glandier, ajouta l'avocat Lalande, est une véritable forêt de Bondy. Je comprends, au milieu de gens pareils, les calomnies dont vous avez été victime et les odieuses accusations dont vous êtes l'objet.

— A votre tour, monsieur, je ne vous comprends plus ! lui demanda-t-elle, car ces accusations, dont ma charitable belle-mère m'a gratifiée, n'existent plus depuis qu'elle a fait la paix avec moi.

— Vous croyez? répondit avec dédain l'avocat Lalande; cependant votre belle-mère, accompagnée de Mme Buffières, fait en ce moment un voyage à Brives, rien que pour supplier les juges de continuer l'expertise dont le premier résultat a été négatif.

La veuve Lafarge s'écria avec un sourire amer:

— Cette charitable conduite de la part de ma belle-mère n'a pas lieu de m'étonner. Et que pense-t-on, à Brives, de cette accusation?

— Rien de bon pour vous, madame. Je ne crains pas de l'avouer, si les soupçons s'affermissent, l'évidence ne suffira pas pour vous défendre

Un paysan conduisait les gendarmes. (Page 404.)

devant des Limousins toujours malveillants, envieux et accusateurs pour les étrangers.

— Et dans ce cas, madame, reprit M. Roques, sous le coup de son désintéressement, il faudrait vous sauver, et je m'offre de le faire avant qu'on ait pris des mesures pour votre arrestation. Veuillez écouter ma voix, c'est la voix de la prudence et de la raison.

— Permettez-moi, reprit la veuve avec dignité, d'écouter celle de ma conscience qui me conseille de rester.

Vous avez tort, madame, répliqua l'avocat Lalande, un grand magistrat a dit : « Si l'on m'accusait d'avoir volé les tours Notre-Dame, je me sauverais sans attendre un jugement. »

Mais la veuve Lafarge pria M. Lalande de ne pas affaiblir sa résolution qui lui semblait la seule honorable et courageuse : celle de la laisser croire en la justice, comme elle croyait, disait-elle, en son innocence.

Ces sentiments élevés et délicats ne pouvaient s'accorder avec les idées étroites d'une vulgaire criminelle.

Ils stupéfièrent le banquier de Brives et son avocat ; ils se regardèrent, et s'interrogèrent du regard. Enfin M. Roques ne put s'empêcher de dire à M. Lalande :

— Décidément, je m'aperçois que votre collègue avait raison, monsieur Lalande ? Je suis persuadé que madame est tout le contraire de ce que nous la supposions.

Comme la jeune veuve les regardait d'un air très étonné, M. Roques reprit :

— Vous avez, madame, dans un jeune avocat de ce pays, un défenseur ardent. Il n'a pas craint, malgré vos ennemis, de proclamer partout votre innocence. Convaincu, dit-il, des infamies intéressées dont vous êtes la victime, il a voulu, avant de nous rejoindre, nous laisser seuls avec vous ; il a voulu que nous partagions nous-mêmes, sans être prévenus par lui, la sympathie qu'il a pour vous, et qu'il ne craint pas de proclamer partout.

A cette révélation du banquier, expliquant son retour à de meilleurs sentiments, la veuve ne put s'empêcher de lui demander avec attendrissement :

— Et pouvez-vous me dire, monsieur, le nom de ce généreux défenseur ?

— Il va vous le dire lui-même, s'écria M. Lalande, en s'effaçant devant la porte qui s'ouvrit devant un nouveau visiteur.

Aussitôt Mme veuve Lafarge s'avança précipitamment vers cet arrivant qu'elle connaissait déjà, elle lui tendit chaleureusement la main.

— Maître Lachaud, exclama-t-elle avec un élan de chaleureuse tendresse : Vous ici ? Ce devait être. Je suis malheureuse et je vous attendais!

En effet, ce troisième visiteur, à l'œil vif, aux traits mobiles, à l'expression ardente, dont l'éloquence sortit toujours plus du cœur que de la tête : c'était Me Lachaud ; celui qui, plus tard, devint si célèbre en défendant de toute la force de son âme généreuse, les plus grandes des infortunes, c'était Me Lachaud, alors obscur avocat de Tulle, et qui, grâce à son dévouement à Marie Cappelle, dut le commencement de sa célébrité.

— Madame, s'écria-t-il en baisant respectueusement une main qu'on lui tendait, une main qui, prétendait-on, avait versé le poison au maître de forges. — Madame, je suis doublement touché de votre souvenir. Il me prouve que vous n'avez jamais douté de mon dévouement, ni de mes faibles talents consacrés désormais à vos infortunes imméritées. En effet, madame, je suis venu pour vous servir. S'il est une providence, je tiens à l'être pour vous sous ma toge d'avocat. Dussé-je voir le Limousin ligué contre *l'étrangère*, dussé-je me perdre avec vous. Heureuse, vous n'avez pas craint d'encourager le petit avocat de Tulle ; malheureuse, je vous dois, par reconnaissance, la protection que vous m'accordiez si gratuitement.

A la tournure que prenait la conversation, MM. Roques et Lalande jugèrent nécessaire de saluer la veuve Lafarge, ils se retirèrent pour laisser ensemble la propriétaire du Glandier avec l'avocat de Tulle.

Une fois qu'ils furent seuls, Mme veuve Lafarge oublia un instant ses malheurs, elle fut toute à la joie de revoir Me Lachaud. Elle lui demanda, en reprenant son rôle de *charmeuse*.

— Ainsi, vous croyez très réels les dangers qui me menacent, vous croyez au pouvoir infernal de ma famille qui me désigne partout comme empoisonneuse !

— C'est pour cela, madame, que j'ai quitté Tulle, reprit froidement Me Lachaud, à votre tour, madame, dites-moi, comment se fait-il qu'après notre rencontre toute fortuite à Tulle, à l'époque de votre malheureux mariage, vous comptiez déjà sur moi ?

— Parce que, lui répondit-elle, avec un sourire amer, du premier jour, où je vous entendis défendre avec tant d'éloquence, une pauvre fille accusée d'infanticide, menacée de la peine capitale, j'avais deviné que vous deviendriez, un jour, mon défenseur, dans une cause aussi terrible.

— Est-il possible ! vous songiez à votre terrible destinée ?

— Oui, monsieur, parce que, depuis l'âge de quinze ans, elle m'a été prédite, au foyer paternel, par une bohémienne ?

— Vous êtes superstitieuse ? lui demanda Me Lachaud, en hochant la tête d'un air d'incrédulité.

— Vous voyez par ce qui se passe, reprit-elle en soupirant, si j'ai raison de l'être. Vous voyez que la bohémienne avait raison. Et, ajouta-t-elle, lorsque vous faisiez acquitter cette infortunée, je me voyais à la place de celle que vous défendiez. Comme elle, je me voyais en prison, et menacée de mort ! Eh bien, cette vision d'hier est une réalité, aujourd'hui. Vous l'avez dit, monsieur Lachaud, demain j'irai en prison, demain l'échafaud est pour moi en perspective.

Alors la veuve Lafarge cacha sa tête dans ses mains, elle étouffa ses sanglots et ne put retenir ses larmes.

Lachaud, profondément touché, alla au-devant d'elle, les bras tendus, en lui criant avec chaleur :

— Mais je vous sauverai, moi !

— Le pourrez-vous ?

— Oui, madame, ajouta-t-il emporté par le charme douloureux de Mme Lafarge dont il était pénétré. Oui, madame, parce que vos malheurs immérités inspireront encore mon éloquence ; parce que, en vous rendant célèbre, par vos malheurs, je le deviendrai aussi par ma défense !

— Vous n'en serez que plus malheureux ! exclama Mme Lafarge en le regardant avec commisération.

— Pourquoi ?... Pourquoi ? lui demanda l'avocat subjugué et séduit par les attraits sympathiques de l'infortunée.

— Parce que, répondit-elle, en courbant le front, comme si elle se parlait à elle-même, je suis fatale à tout le monde, parce que mon malheur gagne tout le monde ! J'attache ceux que je ne puis aimer, je suis séduite, au contraire, par ceux qui me dédaignent ! Cette fatalité m'a perdue !

Par cette réponse à Me Lachaud, Mme Lafarge faisait un retour sur sa triste jeunesse qui avait provoqué une union plus malheureuse encore avec M. Lafarge.

Avant d'entrer dans les incidents de ce mémorable procès, nous raconterons la jeunesse de Mme Lafarge ; auparavant nous tenons à bien constater que l'entrevue de Marie Cappelle avec Me Lachaud, entrevue qui décida de la destinée du célèbre avocat, n'est pas imaginaire.

Elle fut la conséquence d'une première rencontre à Tulle, de Mme veuve Lafarge avec Me Lachaud, elle-même en fait mention dans ses *Mémoires* ; à ce sujet elle s'exprime ainsi :

« Un jour, M. Lafarge qui avait quelques affaires qui l'obligeaient à séjourner à Tulle m'emmena pour visiter la petite capitale de la Corrèze ; et ayant quelques intérêts à y débattre, M. Pontier, le père d'Emma Pontier, nous accompagna pour être mon chaperon, durant ces heures d'abandon.

« Après avoir fait une visite au préfet et à quelques amis de M. Lafarge, je priai M. Pontier, poussée par une impulsion irrésistible, à me faire voir la prison, le cimetière. Je voulus aussi entrer dans le tribunal.

« C'était l'époque des assises.

« On jugeait une pauvre fille accusée d'infanticide, je fus frappée d'étonnement en voyant pour la première fois cet appareil de la justice humaine, si peu imposant et si tristement sinistre ; il n'y avait ni préoccupation, ni intelligence sur le front des jurés ; et j'allais quitter bien vite ce terrible palais, lorsque je fus retenue par la parole éloquente et pleine de pensée du jeune avocat qui défendait l'accusée.

« La pauvre fille avait été acquittée.

« Le soir, au moment où M. Pontier se disposait à me faire escalader un des rochers à pic qui dominent Tulle, je fus heureuse de rencontrer le jeune défenseur, qui, le matin, m'avait fait éprouver une émotion profonde.

« Je fus heureuse que mon oncle me le présentât, heureuse qu'il se joignît à notre excursion, et que le compliment bien sincère que je lui adressais, *parut être accueilli par son cœur bien plus que par sa vanité.*

« La nuit, enveloppée dans ses légers voiles de brouillard, n'avait pas encore attaché sur son front sa couronne d'étoiles ; le travail avait cessé, l'*Angelus* vibrait au loin, quelques oiseaux dormaient déjà, d'autres, poussés au bord de leurs nids, berçaient leurs compagnes d'une chanson douce et monotone ; nous suivions un sentier étroit, qui ne permettait pas d'accepter le secours d'un bras, ni de suivre une conversation ; seulement, lorsque le vaste panorama qui se déroulait à nos pieds, me donnait une impression nouvelle, je me tournais vers mes deux guides pour la leur faire partager ; alors je surprenais le regard de M. Lachaud, qui, attaché sur moi, semblait m'interroger, m'étudier et me deviner.

« Ce regard soupçonneux et sévère au moment de la promenade, exprimait au retour, une sympathique tristesse ; il me semblait me protéger, me défendre, me promettre un *ami*, pour l'avenir.

« Je ne revis plus M. Lachaud ; mais au jour de la douleur, il fut le *premier près de moi* ! *Et je l'attendais !* »

Ce passage des Mémoires de Mme veuve Lafarge explique donc le départ de Me Lachaud, de Tulle, lorsqu'il apprend le malheur de celle qui l'a tant impressionné et dont le souvenir n'a cessé de remplir son esprit et son cœur.

Alors Me Lachaud arrive à Brives pour se faire accompagner au Glandier par un de ses collègues, Lalande, l'avocat du banquier Roques.

Désormais, comme l'attestent les chaleureuses paroles du jeune avocat, qui subit aussi l'empire de Mme Lafarge, et qui tint à le faire subir à ses juges, Me Lachaud n'abandonna plus d'un instant, durant tout le cours du procès, Marie Cappelle. Il l'avait connue deux heures à Tulle, il la défendit jusqu'à la dernière heure, pendant vingt ans. Il travailla constamment à prouver son innocence, il se consacra entièrement à son existence et à son avenir.

Aussi Mme Lafarge a-t-elle raison d'écrire au moment de son arrestation :

« Toutes les personnes que j'avais vues au Glandier m'abandonnèrent au moment du danger, toutes, excepté Emma Pontier et le jeune avocat avec lequel j'avais passé deux heures à Tulle. Oh ! combien je le remercie d'avoir cru eu mon innocence. M. Lachaud ne m'envoyait pas de vulgaires consolations, mais il accordait à la pauvre femme, humiliée, conspuée, flétrie, tout son dévouement et tout son respect!... Qu'il en soit à jamais béni ! »

CHAPITRE V

L'ARRESTATION

Les manœuvres de Mme Lafarge mère et de Mme Buffières se poursuivaient à Brives. Les menaces de Denis n'étaient pas vaines, lorsqu'il ne craignait pas de prédire à la veuve sa terrible destinée.

Dix jours après la mort de M. Lafarge, c'est-à-dire le 22 janvier, après une nouvelle visite du procureur du roi, ce magistrat revenait au Glandier pour procéder à l'arrestation de Marie Cappelle.

Comme Roques, le banquier de Brives, comme son avocat Lalande, comme Me Lachaud, ce fut la mort dans l'âme que le procureur du roi se présenta devant l'incriminée pour remplir sa pénible mission.

Il s'amena vers elle avec une douce et triste compassion. Il parut aussi navré que la victime dont il comprenait, disait-il, tous les malheurs.

Lorsqu'il lui annonça qu'elle allait être transférée dans la prison de Brives, Mme Lafarge, épuisée, fatiguée de douleur, accablée par la maladie qui la minait, était étendue dans un grand fauteuil.

A cette terrible nouvelle, elle essaya de se soulever avec indignation, comme pour protester de son innocence.

Bientôt elle retomba, muette, glacée, étouffée sous la fatalité de sa destinée.

« Je crois, écrit-elle, que je n'aurais pas vécu dix minutes en cet état, si une larme, qui tomba sur la joue de mon bon et loyal *persécuteur*, ne m'eût rendu la faculté de pleurer. »

Ainsi tel était le pouvoir de cette nature attractive ; sa grâce, relevée encore par son attitude de persécutée, transforme jusqu'aux exécuteurs de la loi armée contre elle ; elle a le don de changer en amis ses plus grands persécuteurs.

M. Rivet fut de ce nombre.

Il employa pour l'arrêter tous les ménagements possibles. Il lui donna trois jours pour essayer d'obtenir l'intervention favorable du procureur général. Il lui dit combien son devoir lui était cruel, en pareille circonstance. Et il lui aurait fait des excuses de l'arrêter. Encore une fois le magistrat s'effaça devant l'homme; et c'était l'empire de la séduisante criminelle qui opérait ce miracle sur ses juges !

Mais tous les juges qui vinrent au Glandier pour procéder sur les lieux à une première instruction ne furent pas aussi tendres pour Marie Cappelle.

Il n'en fut pas de même pour le juge d'instruction dont la présence avait précédé au Glandier la seconde visite du procureur du roi. Il avait été prévenu, à Brives, par la famille Lafarge; il en avait été ainsi pour quelques-uns des témoins, comme pour ce serviteur maladroit s'accusant d'abord afin de mieux accuser sa maîtresse.

Ce juge, ces témoins avaient été dirigés moins dans le but de découvrir le coupable que dans celui d'écraser celle qu'on lui avait désignée. La famille Lafarge avait passé la première; elle triomphait contre la veuve.

Du reste, on comprenait que l'opinion ait voulu avoir prompte justice de l'auteur de cet attentat; les Limousins, qui ne connaissaient la veuve Lafarge que sur les *on-dit* de la famille, n'étaient que trop disposés à venger sur une Parisienne, le propriétaire du Glandier.

Quant à la maladie qui l'avait tué, il n'était pas permis de douter qu'elle n'eût été la conséquence d'un crime. Les souffrances du malheureux Lafarge avaient été tellement atroces que son corps s'était rapetissé, altéré, son visage défiguré. Ceux qui l'avaient vu constamment, avaient eu bien de la peine à le reconnaître.

Pour les preuves du crime, elles étaient trop évidentes. Toutes les apparences, grâce à Denis, se tournaient contre la veuve Lafarge. Elle-même, n'avait-elle pas fait prendre de l'arsenic à ce serviteur infidèle, en écrivant au pharmacien Eyssastier, sous prétexte de préparer une manipulation de *mort aux rats*?

Lorsque dans les deux jours qui suivent la seconde visite du procureur du roi, le juge d'instruction interroge la veuve Lafarge sur la portée des paroles du serviteur qui avait caché cette *mort aux rats* commandée au pharmacien, elle répond :

— Il est certain que j'ai reçu de M. Denis un papier contenant de l'arsenic. Je l'ai remis à ma domestique Clémentine; lorsque j'ai appris que le papier avait été enterré par un serviteur du Glandier, j'ai compris combien ce procédé était dangereux pour moi. Il est étrange qu'on n'ait pas trouvé de poison dans ce papier et qu'on veuille en trouver dans toutes les potions que j'ai touchées.

A la suite de cet interrogatoire, le procureur général ne pouvait que donner raison aux apparences signalées par le juge d'instruction.

Deux jours après, les gendarmes arrivèrent au Glandier ; ils s'y installèrent, en attendant le retour du procureur du roi qui avait tout épuisé pour retarder l'accomplissement de son devoir de magistrat.

Enfin le 25 janvier, dernier délai, Mme veuve Lafarge est réveillée à une heure du matin ; le brigadier de gendarmerie vient l'avertir que le moment du départ est arrivé pour le suivre, sous l'escorte d'un peloton, jusqu'à la maison d'arrêt de Brives.

A cette nouvelle à laquelle Mme Lafarge était préparée depuis deux jours, elle se lève, prête à quitter le Glandier, un lieu maudit !

Mais Clémentine, sa femme de chambre, et Emma Pontier reçoivent cette nouvelle comme un coup de foudre ; elles se remettent lorsqu'on leur permet d'accompagner Marie Cappelle jusque dans sa prison.

Pour quitter sa chambre, il fallait traverser celle de M. Lafarge.

Avant de partir, Marie s'agenouille près de ce lit de douleurs d'où on l'a chassée au moment de la mort de son mari.

— Charles, s'écrie-t-elle, Charles, vous voyez ce que je souffre... Vous savez mon innocence. Du haut du ciel veillez sur moi, éclairez mes juges, soyez la providence de celle que vous avez aimée.

Puis elle se relève plus forte, descend dans le corridor, dont les voûtes sombres, éclairées par des brandons, retentissent des hennissements de chevaux et du bruit métallique que font, en traînant sur les dalles, les sabres des gendarmes.

En ce solennel moment, quelques domestiques du Glandier, qui ont aussi subi l'empire de Marie Cappelle, viennent l'attendre au pied de l'escalier avec des sanglots :

— Adieu, adieu, pauvre dame, que Dieu vous bénisse, s'écrient les gens qui l'entourent.

— Adieu, leur répond-elle avec désespoir... Adieu... Je suis innocente... Adieu, priez pour moi.

Le cheval de Marie Lafarge, celui dont son époux lui avait fait cadeau comme présent de noce, l'attend au milieu de son escorte.

M. Fleyniat, qui s'est offert de l'accompagner jusqu'à Brives, la porte plutôt qu'il ne la fait monter sur son coursier.

Un paysan conduisait les gendarmes sous un ciel sans étoiles ; la pluie tombait glacée. Sous le crêpe gris et moutonneux des nuages, le vent mugissait avec fureur ; il faisait plier les peupliers et tourbillonner les feuilles mortes des châtaigniers.

On eût dit que tout le vallon du Glandier adressait un funèbre adieu à la maudite !

Il eut le délire et se tua. (Page 466.)

La route, toujours très-mauvaise, était devenue fondrière ou torrent ; après deux heures de marche, le paysan s'égara. L'escorte ne connaissait pas ce chemin ; elle parut toute désorientée.

Ce fut la captive qui servit de guide à des gardiens la menant pourtant sur la route de l'échafaud !

La pluie avait traversé ses vêtements ; un brave gendarme se dépouilla de son manteau pour l'en couvrir et défit ses gros gants pour en réchauffer ses mains glacées.

Arrivée à Viglois, une première étape, il fallut s'arrêter. La malheureuse était exténuée de fatigue, brisée par les émotions et les difficultés de la route.

Parvenue à Brives, la populace qui l'attendait l'accueillit avec des cris, des rires et des paroles grossières. Elle était excitée par la haine qu'elle vouait à l'*étrangère* et par les calomnies de la famille Lafarge.

Enfin, l'escorte s'arrêta devant la prison. Marie Cappelle était à la première station de son calvaire. La porte s'ouvrit, elle en franchit le seuil. Elle sentit qu'elle mettait le pied sur le seuil de sa tombe !

Cette femme, possédée du don de la fascination tant sur ses amis que sur ses ennemis, prouve encore son étrange pouvoir, une fois mise en accusation.

En entrant dans la prison de Brives, elle ne fit pas que mettre les pieds sur le bord de sa tombe : elle la creusa pour l'un de ses adorateurs.

Lorsque le cours de l'instruction réveilla ses souvenirs de jeunesse, un incident dramatique vint les accentuer d'une façon aussi saisissante que romanesque.

Il donna une nouvelle auréole à cette femme étrange, sympathique pour les uns, fatale pour les autres.

Un jeune homme, fils d'un pharmacien de Montmédy, se suicida pour elle dans sa ville natale.

Autrefois, lorsqu'il faisait ses cours à Paris, il avait entretenu, en 1837, avec Marie Cappelle une correspondance amoureuse où ne transpiraient que des sentiments platoniques.

En apprenant par les journaux les accusations terribles qui posaient sur la femme qu'il avait aimée et dont il était resté le discret adorateur, il perdit la tête, il eut le délire et se tua !

Une fois écrouée, le 28 janvier 1840, à la prison de Brives, une longue instruction s'entama. Elle fut alimentée par les dépositions de ses ennemis ; ils étaient nombreux dans la famille Lafarge.

La mère de la victime trouva jusque dans le larcin qu'elle commit, en forçant le secrétaire de sa bru, un aliment à sa haine. Avec le testament de son fils en faveur de sa femme, elle s'était emparée des bijoux, des pierres précieuses démontées, sur l'étiquette desquelles était écrit le nom de la vicomtesse de Leautaud.

Le juge d'instruction, sur le conseil de la belle-mère, écrivit à la famille des Nicolaï, dont Mme de Leautaud était issue.

La famille signala à la justice de Brives que les diamants de la vicomtesse Leautaud avaient été volés par son amie, Marie Cappelle, lors de son séjour à Busagny, près Pontoise, au mois de juin 1839.

La famille de Mme de Leautaud, pour cacher un secret qui compromettait aussi bien leur parente que son amie, porta, en garantie de cette accusation, de nombreuses allégations de soustractions attribuées à Marie Cappelle, au détriment de ses proches.

Une nouvelle prévention fut soulevée contre Mme Lafarge, elle donnait une plus grande gravité à l'accusation d'empoisonnement dont elle était entachée.

La victime du Glandier, au dire de ses partisans, devenait pour ses ennemis et pour les Limousins, jaloux de la *Parisienne*, une jeune fille profondément corrompue, un monstre sous les dehors les plus séduisants, par contre les plus dangereux !

L'instruction prit une tout autre marche, elle fit procéder l'affaire correctionnelle par l'affaire criminelle.

De la part du juge d'instruction et de la famille Lafarge qui s'éclaireraient de ses dangereuses révélations, c'était flétrir l'accusée en police correctionnelle, afin de la livrer sans défense à la cour d'assises.

Un homme vit le danger, celui qui n'avait cessé de parer à tous les coups portés par la famille Lafarge à Marie Cappelle. Me Lachaud la pressa vivement de s'expliquer sur cette nouvelle calomnie.

Mais Marie Cappelle ne parut nullement troublée par cette accusation, elle ne voulut pas en comprendre la gravité.

Malgré les instances de Me Lachaud, voici l'étrange réponse qu'elle fit au juge d'instruction, au sujet des diamants de Mme de Leautaud *trouvés* dans le tiroir de son secrétaire :

— Ces diamants m'ont été envoyés *par un parent* dont je ne sais pas le nom, qui demeure *je ne sais où*, à Toulouse, je crois. Ils me sont arrivés par une voie *que je ne connais pas*.

Et elle ajouta, sollicitée par le juge d'instruction :

— Mais la personne de qui je tiens ces diamants ne restera pas longtemps sans venir se justifier.

Lorsque Me Lachaud apprit cette imprudente réponse, il en parut atterré. Il courut comme un désespéré à la prison de Brives, où il trouva Marie Cappelle, toute fière de sa réponse compromettante.

Et elle dit d'un air de triomphe à Me Lachaud :

— Par *ma bêtise*, j'ai sauvé la vérité que je ne pouvais pas dire.

Mais Me Lachaud, qui, dans cette affaire, de concert avec Me Bac, s'était constitué son défenseur, lui fit comprendre la légèreté d'un pareil aveu.

Accusée d'un vol de diamants au seuil de l'affaire criminelle, c'était préparer pour elle des conséquences terribles, quand viendraient les assises.

Le jeune avocat était trop dévoué à sa malheureuse destinée pour ne pas lui faire comprendre son imprudence.

Alors, Mme veuve Lafarge avoua qu'entre elle et Mme de Leautaud existait un secret d'amour qui, révélé par elle, pouvait compromettre la sécurité du mari de son ancienne amie.

Les bijoux trouvés en sa possession lui avaient été confiés par Mme de Leautaud pour acheter le silence d'un homme voulant compromettre, par une basse vengeance, la paix du ménage des époux Leautaud.

Marie Cappelle avait, disait-elle, servi d'intermédiaire à cette transaction secrète dont ces diamants étaient le gage. Ils attendaient encore le bénéficiaire de cette honteuse transaction.

Alors Me Lachaud, guidé par son dévouement chevaleresque pour sa future cliente et amie, s'offrit à faire le voyage de Paris pour solliciter une entrevue à Mme de Leautaud, après lui avoir présenté une lettre de Marie Cappelle.

La démarche était scabreuse. Que n'eût pas fait Me Lachaud pour tirer de l'abîme cette malheureuse femme, dont l'intérêt redoublait par le crime horrible dont elle était accusée.

« Marie, écrivait la prisonnière à son ancienne amie, je remets à votre honneur le soin de mon honneur. Il faut que vous reconnaissiez, par une lettre signée de vous, que vous m'avez confié vos diamants en dépôt. Vous expliquerez ensuite, comme vous l'entendrez, votre conduite à votre mari.

« Marie, vous m'avez oubliée ; cependant, pour vous sauver, j'ai été martyre deux fois. Je pourrais encore vous donner ma vie ; mais ma réputation, le cœur de mes amis, l'honneur de mes sœurs « jamais ! »

La démarche de Me Lachaud fut sans résultat ! Le Glandier l'avait présentée comme empoisonneuse, la capitale la désignait comme une voleuse.

Dès l'arrestation de Marie Cappelle, il semblait que de tous les côtés elle n'eût plus d'issue pour sauver son infamie ; des haines locales et des haines de famille se liguaient contre l'infortunée.

Était-il une position plus cruelle que la sienne ?

La réputation d'une grande dame de Paris, les vengeances intéressées d'une belle-mère de province, tout se liguait contre Marie Lafarge.

Elle avait eu raison de dire, en entrant dans la prison de Brives, qu'elle mettait les pieds sur le bord de sa tombe.

Cependant, un homme de grand talent veillait pour la sauver, dût-il se perdre lui-même dans sa tâche surhumaine, c'était Me Lachaud.

Mme Lafarge, dont les talents, les attraits personnels s'idéalisaient par ses malheurs, avait fini par posséder le cœur et l'âme de l'éminent avocat.

Il devait grandir sur ses infortunes. Fût-elle coupable, Mᵉ Lachaud l'eût encore défendue !

CHAPITRE VI

LA JEUNESSE DE MARIE CAPPELLE ET LA PROPHÉTIE DE LA BOHÉMIENNE

Avant d'expliquer le vol de diamants commis selon la famille Nicolaï, au détriment de Mᵐᵉ Leautaud, avant de montrer les conséquences terribles qui amenèrent l'empoisonnement de M. Lafarge, commis par son épouse, selon le dire de sa belle-mère, il est essentiel de faire connaître la jeunesse de Marie Cappelle.

Si jamais une existence semblait devoir être fortunée et heureuse, certes c'était celle de la veuve Lafarge. Elle était née en 1816, d'un lieutenant-colonel d'artillerie. La famille Cappelle était des plus honorables et des plus distinguées.

Son grand-père qui l'éleva dans son domaine de Villiers-Hellon, en Picardie, avait eu pour protecteur Talleyrand de Périgord ; sa grand'-mère, avait reçu des leçons de Mᵐᵉ de Genlis, en compagnie de Mˡˡᵉ d'Orléans.

Une de ses tantes maternelles était la femme de M. Garat, directeur de la banque de France ; elle était l'idole de sa famille. Elle tenait à la fois, par ses puissantes relations, aux sommités de la fortune, de la noblesse moderne qui avait des ramifications jusqu'aux pieds du trône.

Toutes les fées semblaient s'être groupées autour de son berceau pour lui promettre un brillant avenir.

Aux avantages de la fortune, de la position, elle joignait des dons personnels, objet d'envie pour ceux qui l'entouraient.

Sans être d'une grande beauté, elle avait un charme répandu sur toute sa gracieuse personne, bien préférable à la beauté même.

Douée d'un esprit précoce, elle séduisait tous ceux qui l'entouraient. Ses parents l'adoraient et ses serviteurs en étaient idolâtres.

Parents, serviteurs, amis la gâtaient à qui mieux mieux ; au château, on ne l'appelait que la *petite Merveille* de Villiers-Hellon.

En grandissant, la jeune enfant puisait dans la société d'élite qui l'environnait des habitudes d'élégance auxquelles son esprit précoce donnait une désinvolture très originale et très caractéristique.

C'était une créature étrange qui promettait de devenir une personne supérieure.

Un jour, Talleyrand vint visiter Villiers-Hellon, le châtelain son grand-père lui demanda ce qu'elle pensait du célèbre diplomate :

— *Il boite* avec esprit, avait répondu la jeune Marie Cappelle.

La grâce, la fortune, l'esprit qui avaient présidé à sa naissance pour lui offrir tous les dons, n'avaient pas été seuls conviés à son berceau.

La fatalité s'était mêlée à ces généreuses fées pour lui marchander leurs faveurs, et les effacer devant l'horrible avenir qu'elle lui préparait.

A l'âge où la famille est encore un appui tutélaire à l'adolescence, Marie Cappelle perd son père, sa mère se remarie. La jeune fille n'est plus qu'une étrangère dans la maison ; puis elle perd sa mère ; elle n'a plus à dix-sept ans, pour refuge, que le château Villiers-Hellon, le domaine de son grand-père, son premier berceau.

Elle y revient, jeune fille, après avoir laissé derrière elle deux tombes : celles de son père et de sa mère.

Profitant de cette liberté qui convenait du reste à son caractère romanesque, elle faisait la connaissance, dans un château voisin, de Mlle Marie Nicolaï, plus tard comtesse de Leautaud.

Cette jeune personne élevée comme Marie Capelle, dans une indépendance dangereuse, devait bientôt lui proposer la fameuse disparition des diamants que la fatalité devait placer à côté des dramatiques événements du Glandier !

A en croire la veuve Lafarge, dont l'esprit fut toujours tourné au mysticisme, dès l'âge de quinze ans une bohémienne lui avait prédit sa misérable destinée.

Elle l'avait rencontrée, un matin, près du château de Villiers-Hellon ; voici comment elle explique, par sa plume élégante colorée, sa rencontre avec la bohémienne.

C'est une page de plus que nous détachons du volume de ses *Mémoires*, intitulée : *Mes heures de prison*.

« Il y a bien loin, hélas! écrit-elle de son cachot, il y a bien loin d'ici à la patrie de mes quinze ans... bien loin de mon berceau à ma tombe.

« Cependant chaque détail de la scène que je vais raconter m'apparaît aussi clair, aussi distinct que si je le revoyais encore.

« Ma bonne, ma *mie*, était installée derrière une meule, moi, j'étais rentrée dans une petite haie de garennes. J'allais, je venais, je faisais presque autant de pauses que de pas, ma course menaçait de se terminer quand dépassant un sentier j'arrivai à un carrefour envahi par une famille de bohémiens.

« Je m'arrêtais d'abord, puis j'avançai un peu... Oh ! ce tableau que cent fois, j'ai revu en rêve sera toujours présent à mon souvenir.

« A l'entrée du chemin, d'un talus à l'autre, une natte bariolée avait été tendue. Des ronces nouées p.. un jonc servant d'arc-boutant à la voûte ; le poids du tapis, faisant plier .es tiges, imprimait à cette tente un balancement régulier et doux.

« A droite, trois garçonnets dormaient, enroulés les uns contre les autres, comme une nichée de louveteaux.

« A gauche, au milieu de guenilles multicolores, une jeune mère allaitait deux enfants bizarrement langés.

« Une fillette de mon âge, accroupie sur ses talons, tressait ses cheveux en chantant ; une autre femme glanait du bois sec dans les saules, et en arrière, un homme ravivait le feu sous un chaudron de cuivre, dressé sur trois pieux.

« Je restai interdite et quelque peu effrayée de cette subite rencontre. ces bohèmes ne parurent pas même s'apercevoir de ma venue.

« Ils étaient là comme chez eux, ayant le ciel pour toit et le monde entier pour patrie.

« A mon tour, je me sentais pour eux d'une race étrangère ; car mon cœur ne leur disait pas mes frères, comme il l'aurait dit à d'autres malheureux.

« J'ai peur de ces débris des nations qui se survivent ainsi à travers les siècles. Sont-ils bénis ou réprouvés ? Gagnent-ils le droit de survivre à leurs nations perdues, de se reconstituer encore en dehors d'elles ? Sont-ils condamnés à s'éteindre dans la dégradation et dans l'oubli ?

« Pour rejoindre ma *mie* qui m'attendait derrière la meule, je n'avais qu'à traverser le haut du carrefour et à laisser la tribu bohémienne à ma gauche. C'est à quoi je me décidai en pressant le pas.

« J'avais déjà atteint la jolie allée qui regarde le château, quand une vieille femme, que je n'avais pas encore aperçue, vint à moi et portant brusquement sa main à ma mante, me saisissant le bras d'un geste impératif, d'un ton inspiré, elle s'écria :

« — Quand le père ne *chante plus* sur le rebord du nid, dans le nid la couvée souffre et s'alanguit... Le premier duvet est comme la première neige : bien d'*autres le suivent*. Entre le premier jour d'hiver et le dernier, qu'y a-t-il ?

« La vieille s'arrêta, m'interrogeant de toute la fixité de ses grands yeux caves et noirs.

« J'étais glacée. Elle reprit :

« — Oui, qu'y a-t-il ? Il y a des jours qui ne sont ni des jours de printemps, ni des jours d'automne. Ce qui commence s'achève... Hiver dur, moisson mûre... Malheur long, sans renom !

« Sans rien comprendre à ses phrases paraboliques, elles me stupéfiaient, m'effrayaient.

« Mon cœur battait lourd, comme dans la suite je l'ai senti battre aux approches de grandes douleurs.

« La sibylle tenait une baguette de noisetier, dépouillée de son écorce, à l'exception d'une bande qui s'y enroulait en forme de serpent.

« Au moment où j'essayais de m'enfuir, elle me prit par la main, l'ouvrit grande au soleil, en suivit les lignes du bout de son bâton, et, sans daigner s'apercevoir de mon trouble, elle continua ainsi :

« — Le soleil ne se couche pas où il se lève... Si la ligne de vie est longue, à deux endroits je la vois tranchée comme par la serpette des trépas.

Je repris un peu de courage et je dis :

« — La ligne de vie est longue ; est-ce à dire que je vivrai longtemps ?

« — Les chemins plantés de croix vont loin.

« — O mon Dieu ! me faudra-t-il quitter la France ?

« — Il n'y a pas loin de fortune à misère, de bonheur à désespoir... Après les chaînes d'or, les chaînes de fer... où la prison commence, la patrie finit.

« — Laissez-moi ! laissez-moi ! m'écriai-je épouvantée. C'est assez ! Vous parlez comme Cagliostro... Par pitié, laissez-moi !

« La bohémienne ne parut pas même m'entendre ; elle regarda ma main avec plus d'attention :

« — Longue vie, longs orages... signes de vie et de mort, courant parallèlement, l'une au bonheur, l'autre au néant.

« — Vivrai-je au moins jusqu'à trente ans ?

« — Les enfants, dans leurs désirs, y voient aussi clair que les fous. Ils aiment tous la jeunesse, et cependant écoutez-moi bien : soleil d'été mûrit la foudre, — soleil d'automne mûrit les fruits.

« Ma frayeur redoublait.

« Je voulus retenir mes larmes et elles éclatèrent en sanglots.

« Ma douleur parut un compliment pour la sibylle. Alors, adoucissant son regard fauve et sa voix métallique, elle chanta quelques couplets rythmés dans une langue étrangère. Elle fit tourner sa baguette sur ma main, puis coupa une petite branche de la haie, me la présenta et me dit :

« — Les épines fleurissent... courage... Le malheur fleurira aussi.

« Cette aventure m'avait tellement émotionnée, que je courus en déposer le récit dans le cœur de mon grand-père.

« Le bien-aimé vieillard se mit à rire et, par ses douces caresses, calma mes frayeurs.

— Il est à l'Opéra. Je vous dis que je l'ai reconnu dans les chœurs. (Page 476.)

« — Bien sûr au moins, grand-père, lui demandai-je en le couvrant de baisers, vous ne me croyez pas condamnée à des malheurs épouvantables ?

« — Non, ma fille, me répondit-il. Et si tu me le permets, je continuerai de voir en toi une enfant gâtée, plutôt qu'une victime. Rassure-toi : j'ai été heureux, ta grand'mère a été heureuse, tes tantes ont assez de bonheur aussi pour en répandre autour d'elles. Quels malheurs aurais-tu donc à craindre, à part les deuils inévitables de la vie et les petits chagrins que se rêvent les jeunes filles pour se donner le plaisir de pleurer? Sais-tu ce que c'est que cette vieille sorcière? Elle voyait le château à dix pas d'elle, et, ta main dans sa main, elle a voulu recommencer les prédictions de Cazotte. Elle t'a traitée en grande dame d'autrefois, sans se douter qu'en ta qualité de bourgeoise d'aujourd'hui, tu n'as pas de révolutions à redouter.

« — Et ces orages, ces croix, ces épines, qu'est-ce que cela veut dire?

« — Ces croix, ces épines demandent du pain et un abri. Voilà tout. Je vais envoyer souper à la rusée sibylle et lui faire ouvrir une grange... Et demain elle aura trouvé un oracle qui te promettra la richesse, la puissance et la félicité.

« Les paroles de mon grand-père me parurent plus saines que les sentences de la bohémienne.

« J'y crus.

« Seulement, j'avais quinze ans et de l'imagination. Je piquai la branche d'épines sur le premier feuillet de mon album, et j'écrivis dessous un vers de Schiller.

« Plus tard, la petite branche et l'album ont reposé six mois au Glandier! Hélas! la prédiction s'y accomplit, la branche ne fleurit pas, le malheur y fleurit!...

« Depuis, album et oracle ont été vendus à la criée avec mes dépouilles au profit de je ne sais qui!

. . . .

« Tout ce que les hommes ont pu me prendre, ils l'ont pris. Celui qui fait fleurir la branche d'épines peut donc faire fleurir aussi la verge du malheur? »

CHAPITRE VII

LES DIAMANTS DE MADAME LEAUTAUD

La fatalité avait placé sur la route de Marie Cappelle M. Lafarge pour la mettre au rang des empoisonneuses; la fatalité, en lui faisant connaître une des filles du marquis de Nicolaï, plus tard Mme Leautaud, devait la désigner à l'opinion comme une voleuse!

Par quelle suite de circonstances connut-elle Mlle Marie Nicolaï, jeune personne, élevée comme elle dans une dangereuse indépendance, et répondant trop bien à son imagination romanesque ?

Mᵐᵉ Lafarge fait connaître cette particularité de son existence lorsqu'elle est accusée d'avoir volé les diamants de son amie.

Encore une fois, un sentiment mal compris, une illusion perdue sont les causes de ce nouveau malheur.

C'est à l'abandon fatal dans lequel elle se trouva à l'âge où une jeune fille a besoin de la protection de sa famille, qu'elle doit ses infortunes.

Marie Cappelle est orpheline de bonne heure. Son père meurt prématurément. Sa mère se remarie, avant de la laisser orpheline.

Libre trop tôt, avec un grand-père qu'elle gouverne, dans sa propriété de Villers-Hellon, la jeune fille est abandonnée à la vivacité ironique de son esprit et à l'imagination vagabonde de son caractère indépendant.

Son grand-père ne l'élève que pour lui, en enfant gâtée; il lui permet de contracter des liaisons dangereuses avec des voisins de château, dont le contact lui devient très funeste.

Dans l'indépendance et le désœuvrement de son existence campagnarde, elle se lie avec Mˡˡᵉ Marie Nicolaï. La famille de Marie Cappelle n'approuve que médiocrement sa liaison. Non seulement parce que cette jeune fille se trouve, par ses relations, dans une sphère supérieure à la sienne, mais parce que Mˡˡᵉ Marie Nicolaï, plus tard Mᵐᵉ Leautaud, vivait hors des lois du monde, plus libre, plus indépendante qu'une jeune femme.

C'était aussi une enfant gâtée. Elle joignait à la nonchalance de la créole une grande activité d'action.

Elle ne pouvait que plaire à Marie Cappelle qui rêvait les folles aventures, la faisant sortir du cercle étroit de la vie positive.

Avec Mˡˡᵉ Nicolaï, Marie Cappelle, avide d'affection, s'amusait à une amourette de pensionnaire sans conséquence.

Orpheline, n'ayant pour soutiens que son aïeul qui subissait sa volonté, et un tuteur, son oncle, qui blâmait ses caprices, Marie Cappelle crut pouvoir reporter ses affections sur le fils d'un petit pharmacien de province.

Elle s'aperçut, en connaissant mieux son amoureux, qu'il était incapable de répondre à ses aspirations. Elle termina d'elle-même ce petit roman, qui pour le pauvre amoureux de province s'acheva, comme on l'a vu, par un suicide.

Marie Cappelle l'avoue elle-même : elle devait être fatale à qui l'aimait.

Une fois ce roman terminé, elle renoua ses relations avec Mˡˡᵉ Nicolaï, elle avait besoin de s'épancher auprès de son amie qui, de son côté, avait à lui montrer, selon son expression, « des pyramides de fleurs sèches, de souvenirs, d'espérances et de regrets. »

Alors les deux amies firent échange d'intrigues sentimentales, Marie Nicolaï lui avoua qu'elle aimait un jeune homme nommé Félix Clavé ; et Marie Cappelle, qui avait besoin d'occuper son esprit, eut le tort de servir d'intermédiaire entre M. Clavé et son amie.

En récompense, Mlle Nicolaï travailla à lui donner pour prétendu le frère de sa gouvernante. C'était un homme sans situation, dont on pouvait faire un sous-préfet par les relations des deux familles de ces jeunes évaporées !

La déception qui avait atteint Marie Cappelle en s'abandonnant à un fils de pharmacien de province, gagna à son tour Marie Nicolaï. Elle crut reconnaître son bel inconnu, M. Clavé, parmi les figurants des chœurs de l'Opéra.

Aussitôt Mlle Nicolaï fait part de sa découverte, pleine de ridicules et de dangers, à Marie Cappelle. Celle-ci lui dit qu'elle possède une lettre de M. Clavé, datée d'Afrique au moment où son amie croyait le reconnaître sur la scène de l'Opéra.

Marie Nicolaï est très résolue à oublier ce personnage infime qui s'était fait passer pour un noble Castillan.

Dans l'intervalle, elle cesse de voir Marie Cappelle qui, de son côté, est désillusionnée sur le frère de la gouvernante de Mlle Nicolaï, comme elle-même est désabusée sur le compte du prétendu Castillan.

Elle épouse M. de Leautaud ; mais si Mlle Nicolaï oublie M. Clavé pour épouser le vicomte de Leautaud, M. Clavé ne l'oublie pas.

Il menace la vicomtesse, il se fait fort des confidences écrites, établies entre elle et lui, par l'intermédiaire de Marie Cappelle.

Alors la vicomtesse de Leautaud qui a épousé un mari jaloux, est hors d'elle. Elle rappelle son ancienne amie, sa confidente, pour la sauver du terrible danger qui la menace.

Marie, aussi compromise qu'elle, se hâte de répondre à son appel.

Il se passe entre les deux imprudentes cette scène et ce colloque qui aboutissent au stratagème du *Vol de diamants*.

— Marie, lui dit la jeune vicomtesse, M. de Leautaud ne me pardonnera jamais l'intrigue de M. Clavé, qui est une tache et un ridicule.

— Mais enfin, lui répond son amie aussi inquiète qu'elle, M. Clavé est-il en Afrique ainsi que j'en suis persuadée ou à l'Opéra comme vous me l'assuriez, cet hiver?

— Il est à l'Opéra. Je vous dis que je l'ai reconnu dans les chœurs. Son nom est du reste sur le livret.

— Je suis incrédule, répond-elle, si vous avez vos yeux, moi j'ai ma lettre.

— Mais ne voyez-vous pas, Marie, répond la vicomtesse, que M. Clavé a daté sa lettre d'Afrique pour obtenir plus facilement votre réponse et vous rassurer davantage contre une indiscrétion?

— Cela se peut, répond-elle, mais je ne saurais le croire. Pour en être sûre, je vais lui écrire à Alger.

— Ne le faites pas, je vous en prie, termine la vicomtesse de Leautaud. Si vous faites cela, il montrera nos lettres. Il nous perdra. Votre famille sera indignée de votre inconséquence et de votre légèreté, M. de Leautaud voudra peut-être une séparation pour le préserver du ridicule qui rejaillirait sur lui en me couvrant. Je ne saurais vivre ainsi plus longtemps. Tous les sacrifices sont faciles pour éviter un scandale. Par pitié, Marie, aidez-moi! Sauvez-moi, en vous sauvant.

Alors Marie Cappelle est atterrée. Les craintes de son amie la gagnent. Voici le stratagème qu'emploient les deux amies pour conjurer le danger.

Mme de Leautaud avait reçu des diamants, en se mariant, elle prend la résolution de les vendre au profit de M. Clavé. Avec le prix de ces diamants, elle espère retirer ses lettres, rendre impossible pour l'avenir une indiscrétion, qui ne s'appuyant plus sur une preuve, deviendra inutile en devenant incroyable.

C'est Marie Cappelle qui sert d'intermédiaire à cette transaction secrète.

Les deux amies s'arrangent de façon à rendre vraisemblable le vol de diamants de Mme Leautaud, pour que devenus la possession de Marie Cappelle, elle puisse les vendre au profit de M. Clavé.

Voici comment s'opère ce vol de la part de Mme de Leautaud et de Marie Cappelle, se volant elles-mêmes.

Au château d'Osny, au moment du départ de MM. de Leautaud et de Nicolaï, la vicomtesse, sous prétexte de montrer ses diamants à quelques amis, se place près d'une fenêtre basse donnant dans la cour d'entrée.

La vicomtesse pose comme par mégarde son écrin sur la table à ouvrage tout contre cette fenêtre, vers laquelle les mendiants venaient habituellement murmurer une prière, suivie d'une aumône.

Au moment où personne ne s'en aperçoit, la vicomtesse sort précipitamment les diamants de leur étui, les remonte dans sa chambre pour ne pas courir le risque de voir son plan trop réellement exécuté par un voleur véritable.

Le lendemain, Mme de Leautaud prétextant le désir de se parer d'un bijou, va à un petit meuble secrétaire, pour y chercher son écrin. Elle ouvre le tiroir, tire son écrin et paraît consternée, en le trouvant vide.

On cherche, on interroge la femme de chambre qui prétend ne pas avoir vu l'écrin depuis le jour où madame le lui a fait descendre dans le salon.

Mme de Leautaud se *souvient* alors que ce même jour elle l'avait placé sur la table à ouvrage, que, par une incroyable distraction, elle l'avait oublié un instant. Elle se rappelle parfaitement avoir remonté l'écrin au retour, mais elle se souvient aussi qu'étant pressée en ce moment, elle l'avait enfermé sans s'assurer si les diamants s'y trouvaient encore.

Plus de doute, les diamants avaient été pris par un pauvre ou un vagabond.

Voilà comment s'expliqua la disparition des diamants de Mme de Leautaud, se volant elle-même pour sauver sa réputation.

Lorsque le prétendu vol eut été constaté, Marie Cappelle, sur la volonté expresse de son amie, les emporta, avant de disparaître. Ce fut Mme de Leautaud qui démonta les diamants devant sa complice.

La vente de ces bijoux devait être faite par Marie Cappelle. Elle les emporta, mais des circonstances imprévues, inattendues, la forcèrent d'en retarder la vente.

Puis vint son mariage, Mme Lafarge fut obligée de prendre avec elle les diamants, en se rendant au Glandier.

Seulement, elle fit monter pour son usage quelques perles que Mme de Leautaud lui avait données en payement d'une ancienne dette.

Voici à ce sujet comment s'exprime Mme Lafarge, à propos des perles qu'on trouva en sa possession au Glandier.

« Cette perle ne pouvant être démontée, Mme de Leautaud me dit, le soir où nous nous voilons nous-mêmes :

« Si cette perle vous plaît, gardez-la.

« Mais ce serait voler notre héros ? »

— En tous les cas ce sera votre présent de noce. Vous m'en ferez un aussi et nous serons quittes. Si vous vous entêtez, voici encore un accommodement. Je vous dois je ne sais quelle petite somme que vous m'avez prêtée... si vous voulez mes perles nous serons quittes.

— Eh bien, j'accepte ainsi.

— Merci, et mettez alors les perles de côté, afin qu'elles ne se mêlent pas avec les autres.

On mit les autres bijoux dans la ouate d'un sachet. Marie les garda tous et les emporta avec elle en prévision d'une vente prochaine.

La vente fut retardée par une foule de circonstances imprévues. Les diamants allèrent au Glandier, ils furent retrouvés par Mme Lafarge mère, dans le secrétaire de sa bru.

Précédemment, la famille Lafarge avait eu connaissance de ce dépôt. Marie Lafarge, sur les conseils de son époux, avait écrit à Mme de Leautaud, que ne pouvant se procurer de l'argent, elle voulait placer le montant du prix de ces diamants sur les forges du Glandier au profit de son amie.

Comme on le pense, la belle-mère profita de cette situation délicate, tout au désavantage de sa bru.

Mme veuve Lafarge, en cette circonstance volée par sa famille, ne fut pas moins accusée de vol par le parquet.

La famille Leautaud et la famille Nicolaï avaient tout intérêt à ne pas laisser croire aux intrigues de Mme de Leautaud. Elles n'hésitèrent pas à désavouer son imprudente amie.

On a vu dans un chapitre précédent comment les diamants de Mme de Leautaud, trouvés dans le secrétaire forcé de la veuve Lafarge, servirent les haines intéressées de sa belle-mère.

De son côté, la vicomtesse de Leautaud jugea très commode de ne pas disculper son amie, pour ne pas se découvrir elle-même.

Mme Lafarge était tellement certaine que Mme de Leautaud n'oserait profiter de son malheur, ni l'aggraver par son silence, qu'elle n'hésita pas à garder un secret qui la perdait.

Elle était sûre de la loyauté de son amie. Elle lui fit défaut, malgré les pressantes sollicitations de Me Lachaud, l'un de ses plus ardents défenseurs;

La générosité de Marie Cappelle se trouva en présence de la lâcheté de son amie.

Cependant pouvait-elle être coupable, malgré les calomnies de ses ennemis, d'un pareil vol? Elle qui, au moment de son arrestation, faisait abandon de sa fortune, afin de sauver l'honneur de son mari !

Pour ce vol de diamants, imaginé par Mme de Leautaud, comme pour l'empoisonnement de M. Lafarge, il est permis de croire que la fatalité a été pour beaucoup contre l'infortunée.

Comme le dit la jeune veuve, en s'accusant d'avoir suivi les conseils de la vicomtesse de Leautaud.

« — Je fus faible à l'égard de celle que je considérais comme mon amie. J'oubliai trop facilement qu'il n'était pas permis de réparer *le mal par le mal*. »

CHAPITRE VIII

DEUX AMOURS BRISÉS

Précédemment au prétendu vol de diamants, deux amours brisés avaient frappé Mme Lafarge.

Cette nature aimante, sympathique, avide d'émotions, s'était ensuite jetée à cœur perdu dans les intrigues de la vicomtesse de Leautaud.

Elle avait ébauché avec elle un roman que la fatalité devait faire changer en scandale. Elle en eut toute la honte, lorsque cette honte eût dû rejaillir sur trois personnes ; sur sa belle-mère qui l'avait provoquée, sur l'odieux Clavé qui l'avait inspirée, sur la folle vicomtesse qui avait cru se sauver par un stratagème dont Marie Cappelle devenait la victime.

Comment la fatalité était-elle venue l'atteindre dans une intrigue méprisable dont Mme de Leautaud était la principale héroïne ? Comment en désavouant son amie, frappée par le crime du Glandier, léguait-elle une fois de plus Marie Cappelle au déshonneur public ?

Parce que Marie Cappelle, répétons-le, se trouvait accusée de vol comme elle était peut-être accusée d'empoisonnement : parce qu'elle avait cherché à combler le vide de son cœur, à effacer le deuil de son âme, par des liaisons condamnables.

Ne trouvant plus dans les personnes qu'elle aimait, et qui l'abandonnaient, un aliment capable de satisfaire son cœur passionné, elle s'était sentie aux prises avec les réalités de la vie la plus désespérante et la plus condamnable.

Cette nature d'élite, vivant *en dehors*, cherchait dans l'existence non ce qu'on y trouve, mais ce qu'on y rêve. Elle devait être condamnée par le destin.

Sans famille, dès l'âge de quinze ans, elle perd un peu plus tard son grand-père, à Villiers-Hellon ; et elle est abandonnée par le seul homme qu'elle a aimé, après être parvenue à le détacher d'un amour inavouable. Celui-ci la quitte presque au chevet de son grand-père expirant.

Marie Cappelle avait donc raison de dire quelques années après au Glandier, à Me Lachaud :

Tout à coup je sentis sa main qui serrait la mienne. (Page 481.)

« — Je suis fatale à tout le monde et mon malheur se gagne. J'attache ceux que je ne puis aimer. Je suis séduite par ceux qui me dédaignent. Je suis marquée par la fatalité.

Avant le crime du Glandier, le prétendu vol de diamants dont est accusé Marie Cappelle, le prouve encore.

Ce qui amena ce premier scandale jetant plus d'opprobre sur ses prétendus empoisonnements, ce furent les intrigues de Mme de Leautaud, auxquelles son amie ne se mêla que pour s'étourdir par la perte de son grand-père et la perte de son amant.

Alors elle vécut de la vie inquiète, agitée et fiévreuse de la fille de Mme de Nicolaï ; elle en vécut uniquement pour fuir Villiers-Hellon où elle avait laissé un vide immense, insupportable à son âme avide de bruit, de mouvement et de rêveries.

Voici par quelle fatalité elle quitta le château de Villers-Hellon, voici comment elle alla se réfugier dans la famille des Nicolaï où elle devait trouver la honte, avant de trouver au Glandier, l'infamie !

C'était vers la fin d'août, son grand-père se trouvait souffrant, ses rhumatismes lui causaient de violentes douleurs, il ne quittait plus sa chambre ; un jour il ne quitta plus son lit ; il se plaignit de douleurs de tête, deux jours après une congestion cérébrale se déclarait.

A propos de ce dramatique incident qui en amena un autre, plus violent pour son cœur, Mme veuve Lafarge s'exprime ainsi :

«Aucune des filles de mon grand-père n'était près de lui, à Villiers-Hellon. J'étais seule à son chevet, mon oncle et ma tante n'osaient conseiller des remèdes ; et il fallait huit heures pour aller à la ville, trouver un bon médecin.

« Quelles heures, je passais ! les regards fixés sur la pendule, je comptais les minutes, les secondes.

« Mon grand-père ne parlait plus, mais il faisait signe qu'il me voyait.

« Il me disait par gestes qu'il ne souffrait pas ; et moi, je maîtrisais mon cœur pour y retenir les larmes qui l'étouffaient.

« De temps en temps, il envoyait un sourire sur mon front où se reposaient ses pauvres yeux.

« Enfin le docteur arriva.

« Hélas ! Il nous donna peu d'espoir.

« Dans ses derniers moments, mon grand-père fut calme comme sa conscience ; il m'avait fait placer au pied de son lit pour mieux me voir. De moment en moment, lorsque j'allais lui donner quelques gouttes de potion, je baisais ses cheveux blancs et je courbais la tête sur ses deux mains pour recevoir sa bénédiction.

« Vers minuit, je poussai un cri de joie... il m'avait appelée :

« — Mon enfant, dit-il tout bas... ne me quitte pas ; je vais dormir... Appuie ma tête sur toi.

« — Dieu soit loué ! Vous allez donc mieux ?

« — Oui, mais laisse-moi dormir.

« Je fis prévenir mon oncle de cette heureuse crise ; j'envoyai chercher le médecin pour qu'il la constatât et qu'il l'affermît.

« Je me jetai ensuite à genoux sur le lit, j'appuyai la tête du cher malade sur mes genoux, je me baissai sur elle pour la regarder et l'adorer.

« Tout à coup, je sentis sa main qui serrait la mienne, puis cette main brûlante devint tiède, froide, glacée sous mes lèvres qui voulaient la réchauffer.

« Je sentis cette impression terrible que j'avais déjà éprouvée à la mort de ma mère... Je jetai un cri de douleur et d'épouvante.

« Son âme n'était plus avec nous !

« J'adorais mon grand-père.

« Les larmes que j'avais refoulées sur mon cœur pour les épargner à ses derniers moments ; cette douleur cachée, ces angoisses réprimées me causèrent des crises nerveuses épouvantables.

« Je restai sans mouvement, sans paroles, sans pensées.

« Ma tante Garat arriva au moment de mon plus violent désespoir ; elle parvint à me rendre la faculté de souffrir et de pleurer, pour souffrir et pleurer avec elle !

« Cette tombe, qui venait de s'ouvrir pour m'enlever mon dernier appui, avait rouvert deux autres tombes dans mon cœur : il me semblait que je perdais en un seul jour mon père, ma mère et mon grand-père.

« En ce terrible moment, l'homme que j'avais arraché à un amour funeste, M. C***, que je commençais à aimer, en me souriant hier encore à l'avenir, vint me rejoindre.

« Il avait besoin de pleurer sur moi et sur *lui*.

« Je crus qu'il avait besoin de ma vie, je recommençai à vivre.

« Ma tante Garat voulut retourner à Paris. Elle tenait à ne pas me laisser seule au milieu des deuils et des souvenirs de ce pauvre Villers-Hellon.

« Avant mon départ, je me décidai à ce moment suprême à obtenir une explication positive avec M. C***.

« Pour la première fois, depuis notre malheur, j'étais descendue dans le salon pour le recevoir.

« Chaque meuble éveillait en moi un souvenir intolérable.

« M. C*** vint m'y rejoindre. Il arriva plus tendre, plus affectueux que jamais.

« Cependant il éloignait ses paroles et les miennes, lorsque j'abandonnais le douloureux présent pour lui parler de l'avenir. Il me laissa comprendre qu'il avait un secret qui me menaçait.

« Alors M. C*** pâlissait et tremblait ; cet état était intolérable.

« — Je voudrais vous voir seule, me dit-il, à l'abri de tous témoins.

« Je le voulais aussi, loin de mes deux tantes qui étaient restées près de nous, dans le salon. Je leur demandai de me laisser seule un quart d'heure avec M. C***.

« Elles y consentirent et se retirèrent.

« Il y eut alors entre nous un long moment de silence. Nos yeux s'évitaient comme nos pensées. Tout à coup il me prit la main. Je fondis en larmes et je lui dis :

« — Charles, — il se nommait Charles comme M. Lafarge, — je suis restée seule dans le monde. Voulez-vous me protéger ?

« — Oh ! je vous aime ! Je vous aimerai toujours, s'écria-t-il en sanglotant.

« — Le voyage de Paris vous convient-il ?

« — Peut-il me convenir lorsqu'il nous sépare ?

« — Ma tante Garat me sert de mère... Je dois la suivre, lui obéir jusqu'au moment où j'obéirai...

« Je n'osai achever.

« Il ne répondit pas.

« Il se fit entre nous un silence cruel. Ce fut moi qui rassemblai toutes mes forces pour le rompre.

« — Je crois que vous m'aimez, dis-je précipitamment. Je sais que je vous aime ! Une profonde affection nous a fiancés l'un à l'autre... Mais au nom de nos pères qui sont au ciel, Charles, *suis-je* la femme que vous avez choisie ?

« — Hélas ! s'écria-t-il en me regardant d'un air profondément contristé, je vous avais choisie entre toutes, Marie, mais mes affaires, ma fortune...

« — Écoutez-moi, lui répondis-je sèchement, lorsque vous étiez riche, lorsque vous vous ruiniez pour une personne indigne de vous, j'étais pauvre, moi, mais je vous aimais assez pour oublier et ma dignité et ma pauvreté ! Maintenant, je réclame mon droit... Charles, serez-vous malheureux en étant bien aimé ?

« — Puis-je vous entraîner dans une ruine complète ? En ai-je aussi le droit ? Seul, je supporterais la misère, je ne saurais vous la faire partager. Je veux refaire ma fortune... Alors.

« — Alors, lui répliquai-je avec une ironie qui cachait une mortelle blessure, vous daignerez me choisir.

« — Je vous en fais le serment ! s'écria-t-il avec exaltation.

« Je l'arrêtai froidement et baissant les yeux pour en voiler le mépris et la colère qu'ils exprimaient, je lui répondis :

« — C'est assez, monsieur, je vous ai compris... Que Dieu vous le pardonne ! Vous m'avez cruellement trompée.

« — Mario, par pitié! croyez-moi... Si je refuse mon bonheur, c'est que je ne veux pas vous rendre malheureuse...

« Je l'arrêtai. Il se mit à genoux devant moi; il couvrit de ses baisers mes mains, avec lesquelles je voulais cacher ma tête, puis je sentis ses lèvres se poser sur une larme qui coulait lentement le long de ma joue.

« — Quoi, m'écriai-je le cœur triste, vous voulez obtenir ce que vous n'obteniez pas lorsque je devais être votre femme. Ah! c'est bien indigne, monsieur, c'est lâche !

« Je me levai, je sonnai avec force un domestique; j'ordonnai à ce valet d'éclairer M. C***. Puis, lorsque la porte se fût refermée sur lui, je me trouvai mal.

« Je passai toute la nuit à genoux dans ma chambre, pleurant sur mes deux amours éteints ou brisés.

« Le lendemain matin, j'entendis les pas d'un cheval... c'était le sien.

« En passant sous mes fenêtres, ses yeux me cherchèrent, mais il ne put rencontrer les miens qui le suivaient pourtant.

« Trois fois, il retourna la tête; trois fois, j'eus besoin de rassembler tout mon courage. Enfin, il lança son cheval au galop. Je ne le vis plus... Je ne l'ai plus revu ! »

Ce dernier aveu est-il bien vrai... de la part de Marie Cappelle, éplorée et blessée ?

Il est permis d'en douter, moins en écoutant les calomnies de Mme Lafarge mère voyant partout le rival de son fils, que les révélations d'un Allemand, l'auteur du procès Lafarge, l'ami et le compatriote du beau-père de Marie Cappelle.

Ce fut à Orléans que Marie Cappelle, mariée à M. Lafarge, revit celui qui n'avait pas voulu l'associer à sa misère; alors, fou de jalousie, il apprit à son ancienne fiancée qu'elle avait épousé, par dépit, un homme qui la menaçait de la banqueroute et de l'infamie.

N'était-ce pas la fatalité qui poursuivait sans relâche Marie Cappelle, avant de l'atteindre au Glandier et de donner raison aux prédictions de la bohémienne ?

CHAPITRE IX

LES CONSÉQUENCES D'UN MARIAGE DE RAISON

Arrivée à Paris, Marie Cappelle, le cœur blessé par deux amours brisés et inoubliables, se jeta donc, pour s'étourdir, dans les bras de la jeune Marie Nicolaï.

On connaît les conséquences de cette liaison, lorsque la jeune Nicolaï, devenue Mme de Leautaud, supplia son amie de garder ses diamants, de s'en faire une parure de noce, plutôt que d'avouer comment ils se trouvaient en sa possession.

De son côté, la famille de Marie Cappelle, très mortifiée du cortège d'adorateurs se pressant sur les pas de la charmeuse, résolut d'en finir par un prompt mariage.

Il y allait de la réputation de l'orpheline, de la considération de ses parents.

Après la mort de son grand-père et la disparition de M. Charles C***, sa tante, Mme Garat, se chargea de trouver un époux à la trop indépendante Marie.

Marie Cappelle, très éprouvée par l'abandon de M. Charles C***, ne pouvait plus faire qu'un mariage de raison. Il fallait qu'elle satisfît aux convenances, qu'elle fît taire la calomnie qui, en la frappant, atteignait sa famille.

Mme Garat se chargea de son mariage, coûte que coûte.

Ce n'est pas sans une certaine acrimonie que Mme Lafarge s'exprime sur le désir de sa tante de la marier, au plus vite :

« Sous prétexte de sauvegarder ma réputation et la sienne par une prompte union, écrit-elle, ma tante oublia qu'elle ne froissait pas seulement ma vanité, mais qu'elle torturait mon cœur, en me faisant douter de la tendresse maternelle du sien. »

On lui parla d'abord d'un maître de poste, Marie Cappelle le repoussa énergiquement ; sa vanité se réveillait à l'idée d'épouser un être grossier, dont la profession lui indiquait qu'il devait savoir aussi bien compter que mal parler.

Le lendemain, Mᵐᵉ Garat, tenant compte de ses objections, lui offrit à la place du maître de poste, un maître de forges.

A cette proposition, Marie Cappelle ne put s'empêcher de rire et de lui demander :

— En vérité, ma tante, vous avez trouvé pour moi une mine de maris; et je ne sais si je dois vous remercier de ses inépuisables trésors.

Mᵐᵉ Garat lui répondit sèchement :

— Marie, je ne partage pas votre hilarité! C'est par votre imprudence à vous jouer des choses les plus sérieuses, que vous m'avez mis dans la nécessité de courir après tous ces futurs de bonne volonté. Je dois la connaissance de ce maître de forges à un industriel avec lequel il est en rapport d'affaires.

Marie Cappelle se tut devant l'air sérieux de sa tante. A cette époque, elle avait beaucoup à se faire pardonner, elle n'osa plus rire du maître de forges, comme elle avait ri du maître de poste.

De son côté, Mᵐᵉ Garat, dans son impatience à en finir avec les capricieuses fantaisies de sa nièce, n'aurait jamais osé lui dire qu'elle avait trouvé cette mine de maris chez un négociateur de mariages.

C'était, en effet, chez cet industriel que Mᵐᵉ Garat avait été à même de trouver successivement ces futurs en disponibilité d'emploi.

Ainsi cette jeune fille, élevée dans le monde le plus brillant, se trouvait tout à coup faire partie, par la volonté de Mᵐᵉ Garat, de la clientèle équivoque d'un négociateur de mariages.

Les inconséquences de la nièce avaient amené les imprudences de la tante, en livrant les destinées de Marie Cappelle à un fabricant de mariages interlopes.

Selon le prospectus de cet industriel, le maître de forges en question, était un nommé Charles-Joseph Lafarge; il était d'une très honorable famille; il s'annonçait comme possédant une mine, un haut fourneau, deux cent mille francs en fonds de terre, à l'abri des chances de ses spéculations et des revenus considérables sur la forge.

Un pareil parti ne pouvait que séduire la femme d'un financier, comme Mᵐᵉ Garat.

De son côté, Marie Cappelle, à bout de rêves, heureuse de rentrer dans les bonnes grâces de sa famille, se laissa soumettre, malgré son humeur vagabonde, aux réalités et au sens commun de la vie.

Cette fois, elle ne se moqua plus du maître de forges, comme elle s'était moquée du maître de poste. En acceptant de sa tante l'époux choisi dans une officine de mariages, elle crut obéir à la raison, parce qu'elle n'était plus sous l'empire de son cœur.

Elle consentit à voir le maître de forges, on convint de le lui présenter dans un concert de la rue Vivienne.

Pour le public accouru à la bénédiction nuptiale, il fut convenu que la mariée était pleine de bonne grâce. (Page 493.)

Un des oncles de l'orpheline devait montrer M. Lafarge, comme un de ses amis, à Mme Garat en compagnie de sa nièce.

De cette première entrevue, devaient se décider les refus ou les acceptations de part et d'autre.

Voici comment s'exprime Mme Lafarge en voyant, pour la première fois, M. Lafarge au concert Vivienne :

« Ma tante m'avait parée des couleurs qui m'allaient le mieux. L'orchestre, qui répétait ces entraînantes valses de Strauss, avait animé mes yeux des souvenirs de bal et des plaisirs. J'étais assez jolie lorsque M. Lafarge nous fut présenté, et je compris bien vite que je lui plaisais.

« Ma première impression ne fut pas aussi favorable, je trouvai M. Lafarge *laid* et *commun*. C'était la figure et la taille la plus industrielle. Il me parla longtemps, mais ses paroles se perdirent dans les bruyantes harmonies du concert. Le soir, en m'endormant, je fus bercée par le tourbillon des mélodies germaniques et je restai trop oublieuse de la grande entrevue qui devait enchaîner ma destinée. »

Mais le lendemain, la tante Garat, qui était moins oublieuse, avait déjà reçu son courrier, concernant les renseignements qu'elle croyait pouvoir tirer de son gendre improvisé.

Ces renseignements, puisés à des sources intéressées, étaient excellents.

Marie Cappelle, à son réveil, fut bombardée par la correspondance de la tante, très enchantée des éloges qu'elle recevait de toute part, concernant M. Lafarge.

Un député d'Uzerches, un pair de France disaient de lui qu'il était le meilleur des fils, que sa fortune était l'une des plus belles du Limousin, et qu'il avait une de ces vastes capacités qui ne vivent que pour le progrès, un cœur généreux et la plus stricte probité.

Devant ces éloges, les bonnes dispositions de la tante finirent par gagner la nièce.

En écoutant le compte rendu de la position financière de M. Lafarge la nièce et la tante oublièrent les cent lieues qui allaient les séparer.

Marie Cappelle ne pensa plus à l'extérieur du mari, en concluant que pour un mariage de raison, un époux laid est presque une *nécessité* de la chose !

Lorsque le lendemain de l'entrevue, au concert Vivienne, la tante Garat, toujours positive, apprit à M. Lafarge qu'il était agréé par Marie. Elle dit devant elle :

— J'ai devancé l'agrément de ma nièce, en me permettant de prendre des renseignements sur votre situation, dans l'intérêt de ma pupille. Il faut maintenant, monsieur, aller chez mon notaire pour que vous aussi puissiez prendre des renseignements nécessaires.

— Des renseignements, se récria-t-il, à quoi me serviraient-ils ?... Je connais Mlle Marie, et la question d'argent est nulle pour moi.

Le rusé industriel, qui jouait au désintéressement, savait ainsi gagner le cœur de Mme Garat et toucher celui de la jeune fille.

Elle fut émue ; pour achever de la capter, le maître de forges parla de sa mère qui devait, ajouta-t-il, l'aimer comme son enfant.

Puis il parla d'autres projets à venir. Il dit que le Glandier était un peu isolé, mais qu'il recevait beaucoup de monde et que tous les hivers, grâce à ses affaires, l'appelant à Paris, il ramènerait Marie dans sa famille.

Le soir, M. Lafarge dîna à la Banque en compagnie de la famille Garat et de sa fiancée.

Avant le dîner, M. Lafarge montra avec ostentation le plan colorié d'une grande et belle usine et d'un délicieux château.

Le château donnait sur un jardin, sur les pelouses duquel dormaient les antiques ruines d'une église de Chartreux ; une longue avenue de peupliers, une petite rivière courant du jardin aux usines, lui servaient aussi de clôture ; ils donnaient à ce castel *industriel* un aspect enchanteur.

M. Lafarge connaissait l'esprit romanesque de sa fiancée. Elle salua d'un cri de surprise et d'admiration cette jolie habitation qui n'existait, hélas! que sur le papier comme la fortune de son propriétaire.

Quant à Mme Garat, heureuse de se débarrasser de sa nièce avec avantage, elle lui dit en lui montrant l'image du château du Glandier.

« — Ce château est le vôtre, madame. »

Elle l'embrassa avec effusion, elle mit sa main dans la main de M. Lafarge. Elle ajouta à Marie :

— Oui cette habitation, désormais, est bien la tienne, car sans ton consentement, nous avons hâté les préliminaires du mariage. Tous les bans ont été publiés ce matin. Avant cinq jours tu seras Mme Lafarge.

A cette révélation inattendue, Marie eut un mouvement d'effroi. Elle poussa un cri d'épouvante et de stupeur.

Jusque-là, en présence des longs préliminaires de son mariage, elle avait pu étouffer les élans de son cœur sous la voix de la raison des autres. Lorsqu'elle vit que cet homme lui barrait éternellement le chemin de son bonheur, en lui défendant d'aimer, d'espérer celui qui la sacrifiait, Marie ne put contenir ses larmes.

Mme Garat vit le danger que courait son mariage improvisé par l'émotion de Marie, par la stupéfaction de M. Lafarge.

Mais sa nièce ne se possédait déjà plus. Sous les regards sévères de sa tante, elle donna une tout autre explication que l'explication véritable de son effroi et de ses larmes.

M. Lafarge venait d'apprendre à sa fiancée qu'il était veuf. Marie, pressée par sa tante de s'expliquer sur la cause de son émotion, lui dit ainsi qu'à son fiancé ébahi :

— Excusez-moi, ma tante, excusez-moi, monsieur ; mais dans mon cœur de jeune fille, j'avais toujours attaché une idée sinistre à un second mariage. Ce que j'avais dit dans mon cœur, je le dis aujourd'hui tout haut : Jamais je n'aurais eu la pensée et le courage d'épouser un veuf, cependant, monsieur, dans cinq jours, je vais vous épouser !

Marie mentait, elle ne disait pas sa pensée qui était toute à Charles C*** qu'elle avait juré d'oublier, mais non dans un aussi bref délai.

Quant à M. Lafarge, il se pinçait les lèvres de dépit.

Tous ses calculs se trouvaient détruits à la fois par le caprice d'une jeune fille.

Il était pâle, silencieux, accablé.

Mme Garat détourna ce coup de foudre provoqué par l'imprudente sortie de sa nièce. Elle lui dit :

— Marie, vos préjugés d'enfant sont sans pitié pour M. Lafarge, qui vous adore. Pitié pour lui ! pitié pour moi ! Quant à moi, j'étouffe dans ce brûlant Paris où je suis revenue pour ton mariage ; de son côté M. Lafarge est appelé au Glandier. Rendez-nous à tous les deux la vie et la campagne le plus tôt possible !

On était au mois d'août 1839, à la veille de signer le contrat. Et comme le disait Mme Garat, elle avait hâte, après avoir conclu le mariage, de reprendre la clef des champs.

Par pitié pour sa tante, elle tendit la main à M. Lafarge, toujours pensif et lui dit :

— Monsieur, vous avez ma parole et ma parole est sacrée.

M. Lafarge respira. Il ne manquait plus *une affaire !*

Une fois les bans publiés, on se rendit à la mairie. Sans donner le temps à la victime de la réflexion, on la maria.

Voici comment Marie Cappelle dépeint d'une façon pittoresque la cérémonie de son mariage civil :

« Sans me crier gare, on me pare comme une victime prête à être immolée. J'entre en descendant de voiture dans une petite chambre bien noire, où un greffier enfermé dans une cage de fer à l'instar des hôtes du Jardin des Plantes, nous grimace un accueil gracieux.

« Il ouvre de gros registres sur lesquels nos témoins écrivent leurs noms, surtout leurs titres ; ensuite on nous conduit, à travers de sombres corridors, dans un salon aux draperies sales, surmontées du coq gaulois, où nous sommes reçus gravement par un gros homme entouré d'une écharpe tricolore et tenant un Code à la main.

« Jusque-là j'avais observé les ridicules qui m'entouraient, suivi machinalement dans une glace les ondoyants balancements de la grande plume qui ombrageait mon chapeau, pendant qu'on m'adressait les compliments de circonstance que je n'écoutais pas.

« Mais quand il fallut dire *oui*, quand sortant d'une insensibilité léthargique, je compris que je donnais ma vie ; que cette mesquine comédie de la loi allait enchaîner ma pensée, ma volonté et mon cœur... Les larmes m'étouffaient, je voulus les cacher, et je faillis me trouver mal. »

Par cette confession, Marie avoue presque que son cœur était à Charles C***, lorsqu'elle le livrait à M. Lafarge.

Mais la tante Garat pare encore à ce danger; elle met sur le compte d'une émotion toute naturelle cet évanouissement, elle en fait bénéficier le mari. Elle attribue au vaniteux et adroit industriel la cause de cette crise.

Pour que la nouvelle mariée ne se trahisse plus devant son époux qui ne demande qu'à croire à l'affection de sa nouvelle épouse, Mᵐᵉ Garat la salue femme et libre.

Elle la fait monter dans un coupé et lui dit d'employer comme elle l'entendra le reste de sa journée, sans permettre à M. Lafarge de l'accompagner.

Voici l'usage que la nouvelle épouse fait de sa liberté : elle va trouver la comtesse de Leautaud, son ancienne amie, si féconde en ressources, si habile en intrigues et qui autrefois lui a fait ses confidences; elle veut à son tour lui faire les siennes.

Pour la première fois, elle va lui parler de Charles C*** qui, en l'abandonnant, l'a forcée à contracter un mariage de raison dont elle déplore déjà les conséquences.

Mais Mᵐᵉ de Leautaud, depuis qu'elle craint le retour de M. Clavé, son épée de Damoclès, ne lui parle que de son bonheur présent et de ses rêves d'avenir.

Ce n'est pas ce que vient chercher Marie Cappelle. Elle ne trouve plus dans la timorée Mᵐᵉ de Leautaud l'ardente et folle Mˡˡᵉ Nicolaï.

Alors Marie qui allait demander près d'elle des consolations est très dépitée. Elle lui dit que plus que jamais il lui est défendu de garder ses diamants ; qu'elle ne pourra jamais les vendre pour son compte, avec la nouvelle dignité de femme, et que son prochain départ pour le Glandier la force de les lui rendre.

Mᵐᵉ de Leautaud lui apprend que les soupçons de son mari sont sans cesse renaissants ; elle la supplie d'emporter ses diamants avec elle jusqu'au jour où elle les lui réclamera au Glandier. Elle lui réitère sa volonté de lui donner des perles qu'elle lui a destinées autrefois comme cadeau de noce.

Comme on l'a vu dans un précédent chapitre, Marie Cappelle eut la faiblesse de consentir à ce que demandait son amie.

La fatalité qui ne cessait de la poursuivre, lui fit expier cette complaisance coupable.

En retrouvant Mᵐᵉ de Leautaud si prudente, après avoir été autrefois si téméraire, elle n'osa lui avouer les tortures que lui causait son mariage de convenance.

Elle eut peur de rencontrer en Mme de Leautaud une nouvelle tante Garat.

Elle la quitta, en gardant le secret de son cœur, qui la martyrisait.

Le lendemain, c'était la cérémonie à l'église, elle se faisait aux Petits-Pères.

La tante Garat, qui ne quittait pas sa nièce d'un instant, voulut présider à sa toilette. Ce fut elle qui se chargea d'arranger, de tourner avec grâce, sa tremblante couronne d'oranger, le long de ses cheveux noirs. Mais elle ne compta pas les battements précipités de son cœur. Elle eut peur pour les riches volants de dentelle qui pouvaient être froissés ou déchirés, mais elle ne redoutait pas de froisser ou d'ulcérer son cœur !

Lorsque M. Lafarge entra, il parut ébloui, en voyant sa femme si belle et si parée.

Alors Marie Cappelle était triste, elle était pénétrée de cette mélancolie attractive qui charmait quiconque l'approchait.

M. Lafarge parut ému de son émotion.

Encore une fois il la mit sur le compte de sa vanité.

Marie, sans le déclarer, se résigna à subir son adoration. Elle lui dit avant de marcher à l'autel :

— Soyez toujours pour moi confiant et indulgent; aimez-moi par-dessus tout; rappelez-vous que je suis orpheline, que j'ai besoin d'affection, que vous allez là-bas rester seul à m'aimer.

M. Lafarge lui embrassa les mains avec force protestation, puis après lui avoir donné un baiser sur le front, il l'entraîna vers le cortège des parents, des amis qui les attendaient pour se rendre à l'église des Petits-Pères.

Mais, oh! terrible tableau! Que vit-elle sur le seuil du temple? Le fantôme de son amant! Hélas! en se rapprochant du sanctuaire, la nouvelle mariée s'aperçut bien vite que ce n'était pas que le fantôme de ses éternelles visions. C'était bien lui, en personne : Charles C***.

Que venait-il faire, depuis l'heure où lui-même s'était condamné à l'oubli, par le dépit ou le mépris apparent de celle qu'il avait délaissée ou dédaignée ?

Après avoir été parjure et lâche, devenait-il aussi cruel et méchant?

Pourquoi se présenter devant la victime qu'il avait immolée?

Etait-ce pour jouir de son désespoir et de ses larmes?

Cependant il était souffrant, ses traits pâles, altérés, ses yeux creux dont l'éclat fiévreux dardait la nouvelle épousée, exprimaient plutôt le regret, la douleur que la menace.

Lui-même, M. Charles C..., paraissait être l'image de la douleur. Il ressentait sans doute le chagrin de celle qui passait à côté de lui, non sans frémir.

Si Marie n'eût été soutenue par un bras ami, elle n'eût pu franchir le seuil du sanctuaire.

Bientôt M. Charles C... ayant compris l'émotion qu'il causait à son infidèle, malgré elle, se perdit dans la foule. Marie s'avança en trébuchant jusqu'à l'autel.

Elle ne vit rien, n'entendit rien, toujours l'image de M. Charles C... était présente à sa pensée.

La messe fut très courte, l'exhortation du prêtre qui bénit les mariés, très sèche.

Il semblait que ni la bénédiction de l'église, ni l'exhortation du prêtre, ne devaient entrer dans le cœur des époux, qui s'unissaient, l'un par intérêt, l'autre par dépit.

Durant la cérémonie, Marie resta voilée ; elle ne voulait livrer à personne les pensées qui étouffaient son cœur. A la suite de sa vision, elle se cachait sous les plis de son voile.

On eût dit qu'elle avait peur de montrer au monde l'image de Charles C..., qui lui était apparue pour ses regrets et pour ses remords à la porte de l'église.

Pour le public accouru à la bénédiction nuptiale, il fut convenu que la mariée était pleine de bonne grâce et d'une convenance parfaite.

Mais arrivée à la sacristie, Marie faillit encore se trouver mal. Elle entendit derrière elle une voix bien connue qui lui dit :

— Marie, en vous disant que j'étais ruiné, et que je ne voulais pas mêler mes infortunes à notre amour, j'étais sincère. Je ne vous trompais pas ! L'homme que vous épousez vous trompe. Vous me reverrez et je vous le prouverai.

A ces mots dits avec une volubilité menaçante, Marie se retourna vivement, prête à pousser un cri perçant. Elle vit le malheureux Charles C... derrière elle, et se confondant encore avec le gros des invités.

Son mari était à côté d'elle, il la regardait d'un air stupéfait. Elle étouffa un cri d'angoisse, elle se raidit contre sa douleur. Elle reprit un visage calme sous les mille compliments de condoléances des gens qui se pressaient devant elle et son mari, avant de les saluer.

Marie eut assez d'énergie pour faire face au danger ; cependant les paroles de l'homme qu'elle aimait bourdonnaient à ses oreilles comme une effroyable menace, comme un glas funèbre.

Sa pensée répétait toujours : »

« — L'homme que vous épousez vous trompe, vous me reverrez et je vous le prouverai. »

En ce moment M. Lafarge ne lui paraissait pas que laid, il lui apparaissait comme le plus misérable des hommes ! Elle maudissait sa famille qui, pour se débarrasser d'elle, l'avait jetée, en moins de huit jours, dans les bras du premier intrigant venu.

Rentrée chez sa tante Garat, elle demanda, après avoir reçu tant bien que mal les exhortations de ses plus proches parents, à rester seule sans son mari !

Précisément, M. Lafarge avait quelques arrangements à prendre pour le prochain départ; car les cloches des Petits-Pères devaient précéder le fouet du postillon et annoncer le signal de leurs adieux à toute la famille.

A peine les cousines de la nouvelle mariée l'eurent-elles déshabillée, en lui détachant la blanche couronne de son front soucieux, qu'elles la quittèrent en même temps que M. Lafarge et la tante Garat.

Une fois avec elle-même, Marie se jeta dans un fauteuil, en sanglotant et s'écriant :

— Ah ! Charles, pourquoi m'avez-vous abandonnée ? Pourquoi revenez-vous, après mon sacrifice, pour m'en faire sentir l'amertume ! Que veulent dire vos menaces ! Mon Dieu ! que je suis malheureuse !

Et prenant un bouton de sa coiffure virginale, elle l'enferma furtivement dans un petit cœur pendu à son cou, qu'elle tenait de sa mère et qui ne la quittait jamais.

— Ce bouton virginal, se dit-elle, sera mon talisman.

Encore une fois, elle pensait à Charles qui, malgré les ravages de sa douleur, était aussi séduisant que son mari était disgracieux et laid.

Puis en songeant au pouvoir que ce rival de son mari exerçait sur elle, elle prit une petite boîte où était écrit le mot *poison* ; elle la cacha sous sa jupe, en murmurant d'un air sombre :

— Et si mon talisman ne me protège pas, au nom de ma mère, contre Charles ! Si Charles a dit vrai, l'arsenic saura bien me protéger contre moi-même !

Après avoir murmuré ces paroles, Marie sentit un mal affreux envahir son cerveau; elle voulut marcher, mais ses jambes refusèrent de la porter. Elle appela. Ses cousines accoururent. Celles-ci trouvèrent la nouvelle mariée étendue évanouie dans son fauteuil.

On la porta dans le lit de la tante Garat. Il fallut deux heures pour la rendre à la vie. Pendant ce temps-là, Marie était sous l'empire du martyre ; elle criait dans son délire :

— Charles ! Charles. Laissez-moi ! Pitié ! Laissez-moi !

Ses parents crurent qu'elle appelait son mari absent; ils mirent sur le compte de ses nerfs surexcités par l'émotion de son prompt mariage, un

Marie serrait sur son sein un cœur d'or. (Page 504.)

délire causé par le désespoir d'être à un autre Charles, qui lui défendait d'aimer l'objet de ses souffrances et de son adoration.

Toute la journée ses nerfs se trouvèrent si malades qu'il fallut la laisser dans le lit de la tante Garat.

Lorsque, trois heures après, son mari revint, il la trouva souffrante, alitée.

En apprenant que Marie Cappelle avait prononcé son nom de baptême, la vanité du maître de forges s'en consola ; il fut presque heureux de ce malaise passager.

Il crut que c'était lui que Marie avait appelé dans son délire, lorsque, cet homme lui devenait odieux, lorsque, en réalité, sa présence auprès d'elle était un supplice.

La première nuit des noces de M. Lafarge se passa pour lui d'une étrange façon. Il dut accepter le rôle pacifique de garde-malade et fut forcé de remettre au lendemain le départ arrêté.

Telles étaient, sans que M. Lafarge s'en doutât encore, les tristes conséquences de ce mariage de raison.

CHAPITRE X

LA PREMIÈRE ÉTAPE DE L'ADULTÈRE

Le lendemain, il fallait partir pour le Glandier. On était au mois d'août 1839 ; Mme Garat était désireuse de congédier les nouveaux époux de son choix, et M. Lafarge était pressé par les affaires de sa forge.

La nouvelle mariée n'emmenait avec elle que sa femme de chambre, Clémentine, la fille de sa mère-nourrice. C'était une créature dévouée à Marie, nature de grisette, qui en avait le cœur, le visage et les allures.

Rieuse, aimante et légère, elle n'avait qu'un souci : le bonheur de sa maîtresse. Aussi ne riait-elle plus d'aussi bon cœur depuis qu'elle avait cru deviner le chagrin de Marie Cappelle, en devenant tout à coup l'épouse de M. Lafarge.

Voici comment celle-ci dépeint le moment de son départ tout aussi hâtif que son mariage :

« Quand je partis, écrit-elle, après avoir pu enfin goûter quelques heures de repos, ce n'était plus déjà la nuit, ce n'était pas encore le jour.

« Lorsque les grelots des chevaux donnèrent le signal du départ, il fallut m'arracher des êtres et des lieux que j'aimais.

« Après bien des larmes et des baisers, les mains que je pressais s'échappèrent de mes mains, je traversais Paris si profondément perdue dans mes regrets, dans mes terreurs et mes souvenirs que je ne daignai même pas lui donner le dernier regard d'adieux.

« Toujours mes lèvres étaient prêtes à murmurer ce qu'énonçait ma pensée.

« — Charles ! Charles ! Pourquoi me menacer, après m'avoir abandonnée ?

« Cependant, mes larmes se séchèrent sous le souffle d'un vent frais, qui venait soulever la gaze de mon voile, et secouer la poussière des grands ormes du chemin.

« Les oiseaux s'éveillèrent en chantant; l'aube, pâle, se drapa dans sa robe de pourpre, et le soleil apparaissant splendide, semblait se pencher sur la nature, et la nature tressaillir sous le regard de Dieu.

« Je regardai d'abord sans réflexion le riche damier d'épis et de verdure qui passait en courant devant mes yeux; puis j'écoutais la ballade grivoise que chantait le postillon en s'accompagnant des claquements de son fouet.

« Enfin, je m'amusai des galants regards qu'il jetait à Clémentine, des questions qu'il lui faisait sur sa bourgeoise :

« Qui lui semblait, disait-il, tout de même un peu bien pleurnicheuse pour une nouvelle épousée. »

« Ce mot me rappela que j'étais mariée. Je l'avais oublié pour ne penser qu'au spectre de mes souvenirs, qu'à l'homonyme de mon mari, qui revenait après m'avoir délaissée !

« Je tournai pour la première fois la tête vers M. Lafarge.

« Il dormait !

« Je me mis à rêver.

« Jusqu'à ce jour ma vie, qui avait été isolée au milieu d'affections intimes, mais secondaires, allait donc devenir le premier mobile, la première joie, la première espérance d'une autre vie.

« Avant M. Lafarge, j'avais aimé ; mais son rival ne m'aimait pas, puisqu'il ne revenait à moi que par accident, surexcité par une rivalité malsaine, comme son premier amour dont je l'avais détaché.

« Maintenant, au contraire, j'allais être bien aimée; le sentiment d'inutilité, qui avait pesé si lourdement sur mon passé, allait faire place au sentiment du devoir.

« Chacune de mes paroles, de mes actions pourraient honorer et charmer un honnête homme qui m'avait donné son nom.

« Oui, M. Lafarge, quoi qu'en ait dit son rival, était un honnête homme. Il semblait m'adorer et je n'avais pas l'air de m'en apercevoir, et je n'avais pas encore appris à l'aimer.

« Je devais l'aimer. Il est vrai que l'amour dans un mariage de convenance n'est guère qu'une tendre estime; et je me sentais déjà dans le cœur tout ce qui peut inspirer le sentiment.

« Alors, repoussant l'image de Charles C***, je la remplaçai par celle de M. Lafarge. Je sentais son premier baiser sur le front, un second, puis un troisième que je rendrais peut-être. J'entendais sa voix qui disait : Je vous aime et qui, plus tard, avec la première étoile de la nuit, murmurerait :

« — Mon ange, m'aimes-tu? »

« J'en étais là de mes rêveries, lorsqu'un cahot réveilla M. Lafarge ; il étendit les bras avec un bâillonnement sonore et prolongé, il m'embrassa sur les deux joues et me dit :

« — Allons, ma petite femme, déjeunons !

« Sa trivialité me fit descendre du haut de mes rêves. Il y avait un poulet froid dans la voiture ; M. Lafarge le saisit par les deux ailes, il m'en offrit la moitié. Je le refusai avec dégoût.

« Il crut que j'étais malade, devint inquiet, empressé ; il me supplia de prendre au moins un verre de vin de Bordeaux.

« Sur un nouveau refus, il but toute la bouteille ! »

« Mais, me disais-je en cherchant à chasser une dangereuse comparaison, M. Lafarge ne déjeunera pas toujours et d'une façon aussi primitive.

« Cependant cette odeur de repas m'étant insupportable, je remplaçai Clémentine sur le siège.

« Vers midi, je rentrai dans la voiture ; j'essayai de parler de littérature, de spectacle, de Villers-Hillon et de sa belle forêt.

« Cette dernière partie de la conversation sembla enfin intéresser M. Lafarge ; mais mon ignorance sur le système des coupes, le prix des bois et des charbons, mit bien vite un terme à mon succès ; il tira un portefeuille de sa poche et s'isola dans des comptes qui paraissaient désagréablement le préoccuper.

« J'essayai de dormir ; le soleil brûlant et les nuages qui s'accumulaient à l'orient, en étendant sur nous comme un manteau de plomb, me donnait des lourdeurs de tête qui rendirent le sommeil impossible.

« Vers cinq heures, nous arrivâmes à Orléans ; je pouvais à peine me soutenir, M. Lafarge demanda à quelle heure on dînait. Nous descendîmes à l'auberge de l'*Aigle-Noir*; pendant que M. Lafarge s'inquiétait du souper, je demandai à me jeter dans un bain pour y chercher un peu de fraîcheur et de repos. »

Ici, il se passa une scène que Mme Lafarge a oublié de raconter dans ses Mémoires, mais que sa lettre, écrite à son époux dans un moment de désespoir, et les indiscrétions de l'auteur du procès Lafarge, au point de vue de la législation prussienne, relatent dans tous ses détails.

Mme Lafarge venait à peine de se retirer dans l'appartement de son hôtel, qu'elle se débarrassait de ses vêtements de voyage; elle se disposait à entrer dans un bain préparé dans un cabinet attenant à sa chambre à coucher.

Pendant ce temps-là, Clémentine, sa suivante, s'était rapprochée de la fenêtre pour en tirer les rideaux.

Elle tenait à dissimuler du dehors sa maîtresse passant alors un peignoir, avant d'entrer dans sa baignoire.

Tout à coup Clémentine se recula pendant que Mme Lafarge, à demi nue, couvrait ses épaules de son léger vêtement.

Clémentine eut un mouvement de surprise et d'appréhension qui intrigua fort sa maîtresse.

La suivante venait d'apercevoir sur le balcon d'une maison, vis-à-vis, un homme qui lui faisait des signes.

Clémentine se recula pendant que Mme Lafarge, la poitrine découverte, les bras nus, l'attitude inquiète, oublia d'achever de passer son peignoir.

— Madame, s'écria-t-elle, le voilà ! M. Charles C***. Bien sûr, il nous aura suivi de Paris à Orléans.

Avant que Mme Lafarge, dans la plus grande surprise, oubliant de voiler ce que sa pudeur lui commandait de cacher, s'élançait à la fenêtre pour voir, le dangereux rival de son mari, il venait de disparaître.

Mme Lafarge ne put retenir un cri d'angoisse; elle se recula, porta vivement la main à son front, en se disant :

— Accomplirait-il sitôt sa promesse ? Pourquoi m'a-t-il suivi ? En ce moment surtout où la barrière que j'ai mise entre moi et lui est trop fragile ! Après m'avoir condamnée au supplice, veut-il donc que je meure !

Mme Lafarge en était là, de son désespoir, elle dénouait de ses doigts crispés ses longs cheveux noirs. Ses tresses désordonnées se collaient sur les chairs nacrées de ses épaules découvertes et frémissantes.

Pâle et frissonnante de la tête aux pieds, elle ressemblait à un fantôme en délire.

La suivante, blottie dans un coin de la pièce, partageait sa terreur, sinon son désespoir. Bientôt un tour de clef se fit entendre à une porte dérobée de la chambre où se trouvaient les femmes éplorées.

M. Charles C*** parut.

Il était blême, défait. L'indignation, la douleur étaient peintes dans ses yeux creux, ombrés par la souffrance et l'insomnie.

Clémentine, à la vue de M. Charles qu'elle avait connu à Villiers-Hillon, se recula jusque dans le cabinet. Elle laissa à dessein sa maîtresse, émue, craintive, affaissée sur elle-même, en tête-à-tête avec celui qu'elle savait être préférée au grossier époux de sa maîtresse.

Charles C***, devant Marie qui était tombée à demi évanouie dans son fauteuil, se rapprocha d'elle.

Malgré l'étourdissement qu'elle ressentait en présence de Charles, malgré le désordre de ses sens, son ancien amant éprouva un charme indéfinissable à la vue des trésors dévoilés d'une beauté aimée, presque à sa merci.

Il se précipita sur elle; il se roula à ses pieds. Les chairs frémissantes de ses blanches épaules halletantes qu'il couvrait de ses regards fiévreux, la moite langueur de ses bras pendants qu'il pressait de ses mains convulsives, lui donnaient le vertige.

Il s'écria :

— Marie, je vous ai dit à Paris que votre époux vous trompait. Maintenant, j'en ai la preuve. J'ai refusé votre main pour ne pas vous associer à ma misère ; vous m'en faites cruellement repentir, en me donnant pour rival un homme qui non seulement vous mènera à l'abîme de la misère, mais qui vous clouera au pilori de la honte ! Je vous ai laissée libre pour votre bonheur ; vous, vous êtes enchaînée pour être avec un autre bien plus misérable que moi ! Ne continuez pas ce jeu de dupe ! Suivez-moi. Soyez à moi pour éviter non plus la misère, mais ce qui est pire l'infamie !

Pendant que Charles articulait ses paroles à travers des sanglots, il pressait contre lui la femme terrassée, immobile dans son fauteuil, les yeux fixes et hagards.

Marie le repoussait faiblement; elle paraissait presque inerte, les yeux alanguis et noyés dans de vagues effluves. La vie ne se trahissait en elle que par son sein oppressé et palpitant. Lui, Charles, dans sa prière, couvrait de baisers son front ruisselant d'une sueur froide ; il l'enveloppait, avec une rage folle, en se traînant à ses pieds, dans les flots épais de sa longue chevelure noire.

Tout à coup, elle sentit sur ses lèvres son baiser de feu ; elle frisonna avec autant de volupté que d'horreur. Elle s'aperçut pour la première fois qu'elle était presque nue, contre son amant, lorsque son mari était en droit de lui demander compte de son premier pas sur le chemin de l'adultère.

Elle se releva de son fauteuil, comme mû par un ressort; elle s'écria d'un geste impératif :

Vraies ou fausses, vos délations sont une lâcheté, monsieur ! Vous n'avez pas le droit, même au nom de la vérité, de me faire manquer au devoir et à l'honneur. Si un jour, je suis malheureuse ou infâme! vous ne m'aurez pas précipitée du moins, la première, dans l'ornière où votre lâche abandon m'a conduite. Sortez, je ne veux pas être infâme à vos yeux.

Cette fois, Charles ne l'entendit plus. Il croyait convaincre Marie et il n'avait fait que l'irriter. L'amante se souvenait de l'outrage de l'amant qui l'avait forcée, par son abandon, à un odieux mariage.

— Oh! s'écria Charles exaspéré, vous m'écouterez, vous m'aimerez, malgré votre orgueil; et je vous sauverai malgré vous!

Charles se précipita sur elle; il l'enlaça dans ses bras; son sein sur la poitrine du jeune homme, se gonfla sous les violentes pulsations de son cœur; son cœur sentit battre celui de son amant avec une égale force.

Elle faillit s'évanouir, couverte des baisers de son passionné et frénétique sauveur.

A son tour, elle eut le vertige; elle se sentit mourir sous les étreintes spasmodiques du seul homme qu'elle aimait.

Le sentiment du devoir fit justice des égarements de sa passion. Tout à coup, elle repoussa de ses bras agités et frémissants son amant qui ne craignait pas de profaner une beauté promise à un autre.

Elle glissa comme une couleuvre sous ses puissantes et séduisantes étreintes, prête à succomber sous des embrassements qui la rendaient haletante de volupté et honteuse d'elle-même.

Puis se jetant sur la petite boîte d'arsenic qu'elle avait placée sur une table en se déshabillant, elle lui dit :

— C'est vous-même qui venez de monter sur la première étape de l'adultère, quand, autrefois, je ne demandais qu'à être légalement à vous, en vous épousant. Charles, il est trop tard pour me sauver! Plutôt la mort que le salut que vous me proposez. Un pas de plus, je prends cet arsenic. Je ne puis être à vous et ne serai jamais à vous! Si vous continuez, lâchement, à me disputer à mon mari, je m'empoisonne. Ainsi, je ne serai ni à vous ni à lui, j'appartiendrai à la mort.

Marie, s'apprêtait à avaler le contenu de la boîte qu'elle portait déjà sur ses lèvres.

Charles se recula, épouvanté, et lui dit en s'avançant vers la petite porte secrète de la chambre :

— Oh! Marie, ne vous portez pas à cet acte de désespoir. Vous le voyez, je pars! Mais, au Glandier, les faits, bien plus que mes paroles, vous prouvent que je ne vous ai pas trompée. J'espère alors que vous serez à moi plutôt que d'appartenir à la mort! Je vous le jure, moi qui autrefois ai renoncé à vous pour vous épargner la misère, je reviendrai à vous pour vous sauver de l'infamie. Alors, au Glandier, vous serez peut-être convaincue de mes paroles. Comptez sur moi, j'attendrai ; au revoir !

Pendant que Charles, véritablement épouvanté, achevait ces paroles, Clémentine, sortait du cabinet. Elle accourait pour sauver sa maîtresse prête à s'empoisonner, pour décider aussi Charles à partir, afin que sa maîtresse n'exécutât pas son fatal dessein.

En même temps, des coups violents et précipités ébranlèrent la porte de la chambre à coucher.

C'était M. Lafarge qui revenait de bien dîner. Il criait à travers la cloison :

— Marie, ma femme, ma chère petite femme, ouvre-moi.

Pendant que le mari criait en tambourinant sur la porte, l'amant s'enfuyait par l'autre porte dérobée.

Clémentine poussait sa maîtresse dans le cabinet du bain. Marie serrait sur son sein le cœur d'or, où elle avait renfermé son dernier bouton d'oranger, sous l'invocation de sa mère.

M. Lafarge frappait toujours à coups redoublés.

Enfin, Clémentine s'apprêtait à lui répondre, pendant que, dans le cabinet, Mme Lafarge se remettait à peine de ses violentes émotions. Elle achevait de se déshabiller pour se mettre définitivement au bain.

— Ouvrez-moi donc, criait plus fort le mari, en frappant de plus belle.

— Madame est au bain, se décida à lui crier par la serrure Clémentine.

— Je le sais, parbleu bien ! ouvrez-moi tout de même, lui riposta M. Lafarge.

— Mais, monsieur, lui répliqua la soubrette en voyant du cabinet sa maîtresse se mettre au bain, — la baignoire est découverte, madame ne peut vous recevoir ?

— Madame est ma femme ; que le diable emporte les cérémonies !

Mme Lafarge était remise, dès qu'elle eut vu de son cabinet la porte refermée sur Charles et Clémentine gardant la porte de la chambre à coucher.

Ce fut elle à son tour qui dit à haute voix, d'un ton sec à son mari :

— Je vous en prie, ne criez pas si haut, attendez un instant, dans un petit quart d'heure je serai habillée.

— C'est précisément parce que vous n'êtes pas habillée que je veux entrer, se récria-t-il en enflant sa voix, me prenez-vous pour un imbécile ? Croyez-vous que je me laisserai toujours jouer par une bégueule de Parisienne ?

— Monsieur, j'ai peur, reprenait la rusée Clémentine, monsieur, soyez donc galant pour le premier jour.

Le beau-frère et les époux Lafarge descendirent à pied dans un chemin creux. (Page 508.)

En même temps, la soubrette s'assurait si l'autre porte s'était bien refermée sur l'autre Charles.

— Marie, répliquait M. Lafarge, je t'ordonne d'ouvrir la porte, ou je vais l'enfoncer, entends-tu ?

— Vous êtes le maître, répliqua Mme Lafarge tranquillement étendue dans sa baignoire; vous êtes tout à fait le maître d'enfoncer la porte, mais je ne l'ouvrirai pas. La force est impuissante sur ma volonté; sachez-le bien aussi, une fois pour toutes.

Après quelques juremenls grossiers de la part du maître de forges, Clémentine et sa maîtresse l'entendirent s'en aller furieux.

Marie était restée atterrée dans son bain, autant par l'arrivée subite et les grossièretés de langage de son mari, que par l'apparition inattendue de son rival.

Clémentine, qui, pour le salut de sa maîtresse, avait tenu tête à l'orage, restait épouvantée, quoique le danger fût passé.

En revenant près de sa maîtresse, elle la vit fondre en larmes. Lorsqu'elle la sentit plus calme, elle se hâta de sortir, d'ouvrir la porte de la chambre à coucher pour aller trouver M. Lafarge.

Elle essaya de lui faire comprendre ses *torts*.

Elle lui dit, pour excuse, que sa maîtresse était souffrante, que s'il voulait la tuer, il n'avait qu'à lui faire des scènes de ce genre.

— Soit, lui répondit-il, je me tairai; mais une fois au Glandier, je saurai bien avoir raison des *singeries* et des *simagrées* de Mme ma femme.

M. Lafarge remonta chez elle. Marie était sortie du bain, et rhabillée, elle le reçut sans lui dire une parole.

Il lui demanda si ses *singeries* étaient finies; puis, s'apercevant de la pâleur de sa femme, encore toute frissonnante, toute saisie du danger passé, il l'embrassa, il redevint empressé, à sa manière.

Il la supplia de descendre pour aller dîner. « Au besoin, disait-il, il *recommencerait* pour lui tenir compagnie. »

Mme Lafarge le remercia. Elle le pria de la laisser seule, en lui disant qu'elle se contenterait de prendre une tasse de thé.

Une fois bien seule, elle passa une heure au balcon de sa chambre; elle songea à Charles C***, elle le compara au maître de forges; elle comprit la profondeur de l'abîme et recula à la pensée de le sonder froidement.

Cette fois, le mari l'avait échappé belle!

CHAPITRE XI

DÉSILLUSION

Durant tout le cours du voyage de Paris au Glandier, la scène d'Orléans se dressa devant l'imagination effrayée de la nouvelle épouse.

Elle avait plus que de la peur, elle avait du dégoût.

M. Lafarge fut bien obligé de continuer son rôle de garde-malade. C'était un triste début, à la naissance de sa lune de miel !

Avant d'arriver à Uzerches, les époux furent surpris par un épouvantable orage.

Au tonnerre, succéda une pluie forte et continue. Les nouveaux mariés entrèrent à Uzerches, où les attendaient des parents pour les accompagner jusqu'au Glandier.

Ils arrivèrent dans la ville en un triste équipage, blottis dans la voiture, pendant que les chevaux, haletants, et le postillon enfoncé dans sa limousine, les conduisirent dans une auberge de rouliers.

M. Lafarge fit descendre sa femme dans cette mauvaise auberge, afin d'éviter, prétendait-il, la rencontre de toute une partie de sa famille avec laquelle elle ne pouvait qu'être brouillée, et qui habitait le seul hôtel passable de la ville.

Cette objection de son époux éveilla les soupçons de Marie.

Encore une fois, elle se rappela le terrible avertissement de Charles C***, à Orléans.

La voiture s'était cassée en route. Il fallut rester quelques heures à l'auberge des rouliers.

Malade, fatiguée, Mme Lafarge essaya de se jeter sur un lit, mais une exhalaison fétide qui s'échappait de l'alcôve, la força à s'isoler de la chambre.

Clémentine lui mit une chaise au milieu de la pièce pour qu'elle y pût dormir.

Elle se réveilla au bruit des cloches; c'était la sainte Marie, la fête de la vierge de Notre-Dame d'août.

Aussitôt, Marie ouvrit sa fenêtre, la pluie avait cessé; et elle remarqua que chaque maison s'ouvrait pour laisser passer les fidèles qui se rendaient à l'appel de sa sainte patronne.

Alors, s'enveloppant vivement d'une mantille, elle voulut porter sa tristesse aux pieds des autels.

Ayant fait appeler M. Lafarge, par Clémentine, afin de le prévenir de son projet, le maître de forges vint, pour lui préparer une nouvelle déception.

— Cela ne se peut pas, lui dit-il impérativement, vous seriez le but de tous les regards, de tous les cancans, de toutes les railleries. Vous ne connaissez pas les petites villes !

— Peu m'importe, lui répondit-elle en haussant les épaules. Je suis au-dessus de ces mesquines considérations.

— Je vous dis, répéta-t-il avec obstination, que vous ne pouvez pas y aller; je ne veux pas que vous soyez aperçue par ma famille. Ils sont jaloux de mon mariage. Il faut que la curiosité les ramène et qu'ils ne vous voient qu'avec vos belles toilettes.

— C'est flatteur, lui répondit-elle, pour ma pauvre personne. Soit, puisque vous le *voulez*, je n'irai pas à la messe !

Il était près de onze heures, lorsque la voiture fut en état de sortir d'Uzerches. Marie avait hâte de quitter la ville et de chasser ses noires pensées à la vue du joli castel que lui avait promis M. Lafarge ; elle songeait aussi un peu à la mère de son nouvel époux, qui, selon son dire, devait oublier de se faire envieuse pour se faire bonne et aimante vis-à-vis de la femme de son fils.

Elle était si désireuse d'arriver *chez elle*, qu'on n'amenait pas assez vite les chevaux de poste.

On prit des chevaux de selle.

Brisée, accablée de fatigue, Marie voulut finir le voyage en voiture, quoique l'on criât à l'imprudence et qu'il fût déclaré impossible de traverser en poste la sauvage contrée qui les séparait du Glandier.

Pas un rayon de soleil n'avait souri à travers les nuages depuis l'orage du matin.

Les arbres se penchaient encore sous la pluie.

Les chemins défoncés réduisaient au pas l'allure des chevaux. Ils les menaçaient de dangers continuels, presque inévitables.

A Uzerches, le mari de la sœur de M. Lafarge, M. Buffières, était le seul parent qui avait déjà inscrit son titre de beau-frère, par un gros baiser, sur les joues pâles de la Parisienne.

Après trois heures d'un pénible trajet, le beau-frère et les époux Lafarge descendirent à pied dans un chemin creux.

M. Buffières montra quelques toits enfumés sortant du brouillard ; il dit qu'ils appartenaient aux bâtiments de la forge.

Puis au bout d'une petite allée de peupliers, la voiture s'arrêta.

On était au *château* du Glandier. Marie sauta dans les bras de deux femmes, dont l'une était la mère de son époux, l'autre sa sœur, Mme Buffières, le mari du troisième arrivant. Elle n'eut pas le temps de remarquer leur visage, tant ses yeux étaient avides de contempler son joli castel qu'elle avait vu en peinture, sous l'aspect le plus enchanteur et le plus pittoresque.

Hélas! comme la nature et l'habitation étaient loin de ressembler au tableau!

La jeune épouse, au bras de son époux, traversa une longue route noire, froide et humide.

Ce Glandier si coquet, cette demeure abbatiale si bien appropriée au confort de la vie élégante, elle l'apercevait enfin ; ce n'était qu'une grande masure, coiffée d'un énorme toit; elle était flanquée d'un maigre escalier sans rampe; ses marches verdâtres et gluantes se perdaient sous des mares de pluie causées par les déjections de ce vaste toit délabré.

A cette vue, Marie Lafarge poussa un cri déchirant, elle mit la main sur ses yeux, en pensant tout à coup à Charles C***.

Il avait dit vrai à Orléans. Elle s'écria :

— Ah! l'on m'a indignement trompée!

M. Lafarge était confus.

Il se tournait et se retournait sur lui-même pour dissimuler son visage embarrassé.

Les deux femmes se regardaient d'un air étrange.

Seul, M. Buffières, se trouvait parfaitement à l'aise; il entraînait la malheureuse épouse indignée, affaiblie, qui, sans son prompt secours, n'eût pu continuer sa marche.

On la fit entrer dans une grande chambre que le propriétaire désignait sous le nom pompeux de salon de compagnie.

Elle se laissa tomber plutôt qu'elle ne s'assit sur une chaise, en regardant d'un air hébété ce qui se trouvait autour d'elle.

Mme Lafarge, revenue à elle, a dépeint d'une façon très minutieuse et très pittoresque l'aspect de ce salon :

« Il était, écrit-elle, d'une vulgarité vivante qui menaçait de s'imprégner sur toute votre personne et sur toutes vos pensées. Les murs étaient couverts d'un papier dont les couleurs jaunes n'étaient pas destinées à réjouir l'œil, mais à en dissimuler plus facilement les taches et les souillures. Une alcôve, ornée de draperies de percale rouge, faisait face à deux fenêtres, également drapées. Une commode de noyer s'élevait entre les deux croisées, au bas de laquelle s'étendait un tapis passé, représentant deux colombes se pâmant d'aise, entre les nœuds d'un long ruban bleu de ciel.

« La cheminée était garnie de deux chandelles neuves, fichées dans des chandeliers de cuivre, gardant une pendule représentant les amours d'une belle Grecque et d'un farouche Albanais. Deux fauteuils de velours d'Utrecht, quelques chaises en paille couraient le long des parois aboutissant à deux portes en bois gris et à deux portes vitrées. »

Les femmes qui avaient suivi M. Buffières l'entourèrent.

En ce moment M. Lafarge, ayant la conscience de sa trahison, cherchait à se remettre, après avoir provoqué chez sa femme une désillusion que les autres personnages ne pouvaient comprendre.

La belle-mère lui prit une de ses mains, en la considérant d'un air curieux.

Mme Buffières l'accabla de caresses et de questions, essayant de secouer son inertie qu'elle prenait pour de la timidité.

M. Lafarge, qui comprenait les poignantes émotions dont elle était l'objet, s'était enfin remis.

Il revint résolument près de sa femme. Avec sa trivialité ordinaire, secondé par un aplomb intolérable, il essaya de l'asseoir sur ses genoux.

Marie se redressa avec dignité. Elle lui jeta un regard de mépris qui glaça tous ceux qui l'entouraient.

M. Lafarge s'attendait à cette froide expression de colère. Il fit des gestes d'intelligence à ceux qui l'entouraient, en essayant d'expliquer le refus positif de sa femme indignée.

Il s'écria tout haut en riant très fort:

— Ma femme ne sait me câliner que dans le tête-à-tête!

Puis se tenant vers sa mère, tournant le dos à Marie, il ajouta:

— Maman, tu ne saurais croire combien elle m'aime cette petite *cane*!

Puis, revenant à elle pour lui serrer la taille et pour l'embrasser, il reprit :

— Allons, ma biche, avoue que tu m'aimes diablement!

Il allait joindre l'action à la parole. Marie, à bout d'indignation, lui fit un geste de défi ; puis, se reculant avec sa cameriste, devant ses hôtes stupéfaits, elle s'écria :

— Mes chers parents, permettez-moi de ne pas répondre à votre franc et bienveillant accueil. La fatigue qui m'accable, des lettres à écrire m'obligent à vous quitter. Conduisez-moi, avec Clémentine, dans ma chambre. A l'heure du dîner, vous me retrouverez telle que mon mari veut bien avoir la générosité de me dépeindre.

Elle sortit avec sa femme de chambre, conduite par ses nouveaux parents, dans la chambre qui lui était destinée et où elle s'enferma avec Clémentine.

« Cette chambre était aussi grande que le salon ; elle était plus démeublée encore. Deux lits, une table, quatre chaises erraient dans cette solitude.

« Marie ayant demandé un ouvrier, Clémentine lui apporta ce qu'on avait pu trouver : un pot de confiture cassé, dans lequel un morceau de coton nageait dans une eau grise, une vieille plume et du papier gris. »

La soubrette et l'élégante Parisienne se regardèrent d'un air interdit.

Habituées toutes les deux au confort, à l'élégance de la vie, elles se demandaient ce que signifiait cette mystification, dans ce pays de sauvage ?

Quant à Marie Cappelle, elle n'avait plus le courage de rassembler ses idées.

Elle n'aurait jamais cru que M. Charles C*** aurait pu avoir si promptement raison. En effet, elle entrait avec M. Lafarge dans la vie la plus misérable et la plus prosaïque. Après cette misère qu'elle ne soupçonnait pas, quelle devait donc être l'infamie dont M. Charles l'avait aussi menacée ?

C'était trop de désillusions en une heure !

Elle voulut se coucher ; Clémentine la comprit et se mit en mesure de la déshabiller.

Elle exigea, dans ses transes continuelles, qu'elle couchât auprès d'elle. Il lui sembla que tout en étant endormie, sa servante resterait encore sa sauvegarde.

Déjà, l'intérieur du Glandier lui faisait peur !

Elle essaya d'écrire.

Trop d'idées confuses lui bouleversaient le cerveau.

L'indignation la paralysait ; elle ne savait que dire :

— Cet homme m'a trompée ! indignement trompée !!

Blessée au cœur par un mari qu'elle n'aimait pas, comme elle l'avait été par un amant qu'elle aimait, Marie Cappelle était impuissante à maîtriser son indignation.

M. Lafarge la comprenait-elle en ce moment, lui qui l'avait laissée partir seul, à dessein, dans sa chambre ?

En tous les cas, si, en ce moment-là, M. Lafarge fût revenu pour demander son pardon et lui baiser les mains, elle se fût trouvée mal ; dans ses bras, elle fût tombée morte.

Pendant longtemps, bien longtemps, assise sur son lit, échangeant avec sa cameriste les désillusions qui les martyrisaient, Marie resta accablée sous leurs coups.

Longtemps elle recula à dire à ceux qui l'aimaient, la douleur qu'elle ressentait. Sa tendresse se refusait à leur donner la moitié de ses angoisses, son orgueil se révoltait à prendre si vite, vis-à-vis d'eux, le rôle de victime.

Puis cent lieues les séparaient. Il fallait bien des jours pour les ramener près d'elle. Que deviendrait-elle pendant tout ce temps-là ?

Couchée à côté d'elle, Clémentine entendit sa maîtresse s'écrier de désespoir, pressant son front dans ses mains :

— Que faire, mon Dieu ! Que faire ?

Une pensée subite illumina son cerveau ; elle rayonna sur son cœur ulcéré, rongé par la rage. Elle avait trouvé le moyen de rendre à M. Lafarge la peine du talion.

C'était de lui avouer son amour pour Charles C*** : c'était de placer, entre elle et lui, l'homme contre lequel elle avait cru se défendre, en épousant le premier venu !

Tout à coup son parti fut pris. Bien résolue de partir, d'aller au bout du monde, plutôt que de passer la nuit dans les murs du Glandier, elle prit la plume apportée par Clémentine.

Sa ferme résignation lui rendit le calme nécessaire pour écrire.

Avant tout, elle voulait obtenir de M. Lafarge un ordre de départ.

En dressant devant lui le rival qui lui disputait encore sa compagne, Marie était sûre d'obtenir ce qu'elle désirait.

En blessant l'amour-propre, la jalousie, l'honneur de celui qui commençait à l'adorer, après avoir fait avec elle *une affaire*, Marie Cappelle se croyait certaine de sortir du Glandier.

Pour s'échapper à tout prix de ce domaine odieux, pour éviter le contact d'un homme répulsif, l'épouse ne craignait pas de s'accuser d'adultère.

De sang-froid, elle écrivit une lettre qui fut reproduite aux assises, et dans laquelle il était dit :

« — Qu'elle n'aimait pas son époux, qu'elle en aimait un autre, que, trahissant ses nouveaux serments, elle avait vu son rival à Orléans où, avant d'accomplir ses devoirs d'épouse, elle avait appris à être adultère. »

Ce qu'elle n'aurait eu jamais le courage de dire de vive voix, elle le confiait au papier avec toute l'amertume et toute la rage dont son cœur était plein.

M. Lafarge s'était attiré cette cruelle et féminine vengeance, en frappant trop fort sur cette nature impressionnable, vivant d'illusions, ayant le courage de se faire infâme pour ne plus être dupe.

Les désillusions de la femme trompée lui avaient conseillé ce nouvel acte de désespoir.

Elle partait comme une flèche sur la route d'Uzerches. (Page 520.)

CHAPITRE XII

DÉSESPOIRS

Lorsque Mme Lafarge écrivait sa lettre désespérée, Clémentine dormait à côté d'elle. Elle profita de son sommeil pour méditer plus profondément sur l'épître fatale qu'elle venait d'écrire.

Elle fut effrayée de son énergie, du coup qu'elle allait porter à son époux.

Cette lettre était ainsi conçue :

« Charles, je vous ai indignement trompé et je viens vous en demander pardon à genoux. Je ne vous aime pas et j'en aime un autre.

« Mon Dieu ! J'ai tant souffert ! Laissez-moi mourir, vous que j'estime de tout mon cœur, dites-moi de mourir et je te pardonnerai demain, et demain je n'existerai plus.

« Ma tête se brise, viendrez-vous à mon aide ?

« Ecoutez-moi, par pitié, écoutez-moi : il s'appelle Charles aussi ; il est beau, il est noble, il a été élevé près de moi, nous nous sommes aimés depuis que nous pouvons nous aimer.

« Il y a un an, une autre femme m'enleva son cœur, je crus que j'allais en mourir. J'ai cru, après avoir tout fait pour le détacher de sa fatale liaison, l'avoir ramené. Mais par scrupule, il s'est encore détaché de moi. Alors par dépit, uniquement par dépit, je voulus me marier.

« Hélas je vous vis !

« J'ignorais encore le mystère du mariage ; j'ai cru que vous seriez comme un père. Comprenez-vous maintenant ce que j'ai enduré sur le calvaire que vous m'avez fait, depuis le jour de notre fatal mariage !

« Si vous ne me sauvez pas, il faut que je meure !

« Entre lui et vous, tout nous sépare. Les habitudes, l'éducation ont mis entre nous une barrière immense.

« A la place de ces mots d'amour, de triviales douceurs, de ces épanchements d'esprit, rien que les sens qui parlent en vous et qui se révoltent en moi.

« Et puis Charles se repent. Je l'ai vu à Orléans, vous dîniez. Oui, vous dîniez et il était sur le balcon, vis-à-vis du mien. Ici même, il me l'a dit, il y a quelques jours à Orléans, il ira se cacher à Uzerches, je crois.

« Ah ! je le sens, après un premier pas sur le chemin de l'adultère, je deviens adultère tout à fait, malgré moi, malgré vous, si vous ne me sauvez pas !

« Charles que j'offense, en vous avouant mon *seul amour*, Charles arrachez-moi à votre homonyme, bien plus séduisant que vous, arrachez-moi à vous et à *lui !*

« Ce soir, dites-moi que vous y consentez. Ayez-moi deux chevaux, je prendrai le courrier de Bordeaux et je m'embarquerai pour Smyrne.

« Est-ce ma fortune que vous avez voulue, je vous l'abandonne !

« Dieu permettra qu'elle vous prospère, vous le méritez ; moi, je vivrai du produit de mon travail ou de mes leçons.

« Je vous prie de ne laisser jamais soupçonner que j'existe ; si vous le voulez, je jetterai mon manteau dans l'un de vos précipices et tout sera fini; si vous voulez, je prendrai de l'arsenic, *j'en ai* et tout sera dit.

« Je puis vous donner ma vie, mais recevoir vos caresses jamais! Au nom de l'honneur de votre mère, ne me refusez pas. Au nom de Dieu, pardonnez-moi. J'attends votre réponse comme un criminel attend son arrêt.

« Oh! si je ne l'aimais pas plus que la vie, j'aurais pu vous aimer! Mais vos caresses me dégoûtent. Tuez-moi, je le mérite; et cependant j'espère en vous; faites moi passer un papier, ce soir, sinon, demain je serais morte. Ne vous occupez pas de moi, je le mérite; et cependant j'espère encore en vous; faites donc passer un papier sous ma porte ce soir; sinon demain je serais morte. Ne vous occupez pas de moi, j'irai à Brives s'il le faut. Restez à jamais ici, votre mère et votre sœur qui m'accablent de caresses, me font horreur à moi-même.

« Oh! soyez généreux, sauvez-moi de me donner la mort. A qui me confier, si ce n'est à vous? M'adresserai-je à lui, jamais!

« Je ne serai pas à vous, je ne serai pas à lui, je suis morte pour les affections.

« Soyez homme; vous ne m'aimez pas encore, pardonnez-moi. Faites-moi partir, ayez-moi deux sales costumes de paysannes. Pardon! que Dieu vous récompense du mal que je vous fais.

« Je n'emporterai que quelques bijoux de mes amies, comme souvenir du reste de ce que j'ai; vous m'enverrez à Smyrne ce que vous daignez permettre que je conserve de votre main. Tout est à vous.

« Ne m'accusez pas de fausseté; depuis lundi, depuis l'heure où je sens que je serai autre chose qu'une sœur pour vous, je jurai de mourir. Je me suis munie de poison. Je faillis en prendre à Orléans. Dans la voiture malle-poste, j'avais un pistolet armé, c'est moi qui le gardai sur ma tempe pendant les cahots et j'eus peur. Aujourd'hui, tout dépend de vous, je ne reculerai plus.

« Sauvez-moi, soyez le bon ange de la pauvre orpheline, ou bien tuez-la ou dites-lui de se tuer. Croyez-moi, car sans votre parole, sans votre parole d'honneur, sans elle, écrite, je n'ouvrirai pas ma porte.

« Signé : MARIE[1]. »

---

1. Cette lettre a été reproduite avec quelques variantes en cour d'assises; elle n'est pas dans les Mémoires de Mᵐᵉ Lafarge. A la cour de Tulle, la connaissance de cette lettre dessina le caractère énergique de Marie Cappelle. Elle se retrouve dans le compte rendu des tribunaux de l'époque. Plus récemment, en parlant des *charmeuses*, M. Claude, l'habile policier, a fait mention aussi de sa lettre. Voir le chapitre des charmeuses deuxième volume des *Mémoires de monsieur Claude*.

Sa lettre écrite, elle voulut la relire. Elle fut effrayée de son énergie ; mais elle comprit que les blessures qu'elle faisait à son mari, étaient son salut.

Après cette lecture, on pouvait la tuer, il était impossible qu'on pût lui pardonner et la retenir au Glandier.

C'était ce qu'elle voulait.

L'heure du dîner étant venue, on vint l'appeler.

Marie descendit dans la salle à manger en glissant le pli de sa lettre dans sa ceinture. Elle était ferme dans sa résolution. Elle brûlait ses vaisseaux.

Le dîner fut long. Les congratulations de Mme Lafarge mère, les cajoleries de Mme Bufflères la firent souffrir le martyre.

Quant à M. Lafarge, il oublia pendant le dîner sa nouvelle épouse pour causer affaires en patois à quelques-uns des invités du Glandier, très désireux de connaître sa nouvelle épouse.

Devant le bon accueil qu'on lui faisait, Marie Cappelle se sentait pâlir et frémir, chaque fois surtout que le tintement d'une horloge lui disait que l'heure redoutée allait sonner.

Mais elle se donnait du courage, en froissant sa lettre serrée au bas de son corsage ; et le froissement du papier semblait dire à son cœur :

« Patience, je veille ! »

Enfin, à dix heures, M. Lafarge interrompit sa conversation d'affaires en patois du pays. Il se leva, s'approcha en tapinois de sa femme, lui dit bas à l'oreille, en l'entraînant par la taille :

— Il est dix heures, allons nous coucher, ma femme.

— Je vous supplie, lui répondit-elle avec effort, permettez-moi de rester quelques minutes dans ma chambre.

— C'est encore une simagrée, ajouta-t-il, en haussant les épaules. Mais enfin, je te la passe pour cette dernière fois.

Dès qu'elle fut dans sa chambre, Marie appela vivement Clémentine, en lui tendant la fatale lettre.

— Vite, lui dit-elle, remettez sur-le-champ ce message à M. Lafarge.

Clémentine parut vivement étonnée ; elle n'osa interroger sa maîtresse, en voyant sa pâleur. Elle obéit au geste impératif qu'elle lui fit.

En moins de quelques minutes, elle revint auprès de sa maîtresse, après avoir fait sa commission.

A son retour, Marie Cappelle tira les verrous, et se jeta en sanglotant dans les bras de sa cameriste.

Elle lui dit en substance ce que contenait la lettre qu'elle venait de remettre à son époux.

La bonne Clémentine ne put contenir son désespoir. Elle frémit en apprenant la confidence que sa maîtresse venait de faire, au sujet de la présence de M. Charles C..., à Orléans.

Atterrée à cette confidence, elle pressa sa maîtresse de fuir pour ne pas être exposée à être tuée par son mari, dans un premier mouvement de colère.

Aussitôt on frappa vivement à la porte.

— Ouvrez !... Marie, cria une voix irritée, celle de M. Lafarge.

Les deux femmes poussèrent des cris déchirants. Mais Marie se remettant, refusa d'ouvrir.

M. Lafarge répéta ses injonctions, frappa à la porte à poings fermés.

Alors Marie dit à Clémentine qui tremblait comme la feuille :

— Ouvrez et laissez-moi seule.

Dès que la porte fut ouverte, la femme de chambre partie, Marie se retira vivement dans l'embrasure d'une fenêtre qui n'était pas fermée.

M. Lafarge parut sur le seuil.

Il était pâle, dans un état épouvantable.

Il s'écria d'une voix sourde, les dents serrées par la rage, en lançant des regards terribles à sa femme :

— Misérable ! vous ne partirez pas ! Adultère ou non, vous m'appartenez par la loi ! Je ne suis pas assez riche pour payer une maîtresse, j'ai besoin d'une femme, et vous m'appartiendrez !

Il voulut s'approcher d'elle, la saisir, Marie se rapprocha de la croisée et lui répondit froidement, en lui montrant l'espace :

— Ne m'approchez pas, vous avez bien le droit de me tuer, vous n'avez pas le pouvoir de me souiller.

Elle était pâle et calme, ses traits étaient empreints d'une énergie désespérée, effrayante.

M. Lafarge se recula épouvanté, s'avança vers la porte, en appelant sa mère et sa sœur.

Elles étaient dans la chambre voisine. Elles accoururent à ses appels pleins d'angoisses.

Sans doute elles avaient entendu les premiers mots de cette scène de désespoir. A la vue de Marie, debout contre la fenêtre, bien résolue à mourir, elles coururent en pleurant auprès de l'épouse indignée et inflexible.

Toutes les deux s'écrièrent à genoux devant elle :

— Grâce pour Charles !

— Grâce pour son existence, exclama sa mère.

— Grâce pour son honneur attaché au vôtre, supplia sa fille sur le même ton.

A la vue de ces femmes suppliantes, les mains jointes, Marie Cappelle, si ferme devant les injures, sentit fondre sa colère. Elle quitta la fenêtre, revint au milieu de la pièce en s'écriant :

— Je puis abandonner sans regret ma fortune, en expiation de ce que j'ai avoué ! Jamais, entendez-vous, jamais je ne trouverais le courage de rester parmi vous. Je veux fuir, et si l'on me retient ici, j'y saurai mourir.

En disant ces mots, elle vit M. Lafarge tomber à genoux à ses pieds et qui sanglotait.

Cette vue lui fit mal.

Elle détourna les yeux, retira faiblement sa main que M. Lafarge essayait de presser pour la couvrir de ses larmes.

En sentant l'époux fléchir, la belle-mère et sa fille s'étaient retirées en silence.

Après quelques minutes, Marie, debout, Lafarge à genoux, se regardèrent avec des yeux moins courroucés, presque tendres.

Enfin l'épouse, à demi vaincue, lui dit :

— Oubliez, monsieur, le mal que je vous ai fait, mais par pitié laissez-moi partir !

— A votre tour, madame, répondit-il, oubliez mes injures, dictées par la jalousie, par la passion profonde que j'ai pour vous, et qui me force à ne pas croire à votre confidence ! Du reste, je ne puis disposer de votre dot, sans la participation de votre famille.

Puis se relevant, pressant avec force une main qui jusqu'alors s'échappait des siennes, il ajouta :

— Attendez deux ou trois jours ! Et je vous le jure, d'ici là, je n'essayerai plus de vous retenir, si je ne parviens à obtenir votre pardon, à vous prouver mon amour et à vous rendre heureuse.

M. Lafarge, dans la lourdeur de son esprit, savait être persuasif à force d'expansion.

Marie ne put résister à tant de résignation et de larmes.

— Je consens, lui dit-elle, à rester quelques jours avec vous, mais en n'acceptant ici que le rôle de *sœur*.

— Vos volontés seront des ordres !

Termina M. Lafarge, qui se releva presque en trébuchant.

Les hommes sont lâches devant les femmes aimées qui savent leur résister.

Quant à Marie, cette scène violente, pénible, l'avait si ébranlée, qu'une fois son époux parti, elle se trouva mal.

Clémentine accourut à ses cris et la trouva étendue sans connaissance.

Sa belle-mère et sa belle-sœur ne la quittèrent pas de la nuit ; jusqu'au lendemain matin, elle se débattit dans de douloureuses attaques de nerfs.

Mais au matin, ce fut au tour de M. Lafarge à tomber malade. Désespéré moins par les menaces de sa femme que par la lettre qui le rongeait de jalousie, qui lui dévoilait la scène d'Orléans, il était en proie à la fièvre; il était assez souffrant pour ne pas descendre de la chambre.

Alors Mᵐᵉ Lafarge qui ne savait garder rancune à qui souffrait, envoya Clémentine chercher de ses nouvelles.

Il lui répondit par un mot qu'il transmit à la soubrette.

Ce mot c'était :

— *Merci !*

Dans son désespoir, l'adroit Lafarge prenait le meilleur chemin pour arriver à son cœur et séduire son esprit, il flattait son orgueil, en se faisant humble et en prenant le ton de la soumission.

CHAPITRE XIII

LE MARI, LA FEMME ET L'AMANT

Les résistances de la nouvelle épouse n'avaient fait qu'accroître la passion de M. Lafarge.

De son côté, si Marie ne pouvait répondre à un amour spontané et brutal, elle se laissait toucher par une douleur sincère.

Elle fut effrayée d'avoir causé une si grande perturbation dans les facultés du malade.

Elle se rendit à son chevet. M. Lafarge se montra si reconnaissant de sa visite, qu'il lui permit de tout bouleverser au Glandier pour faire de sa maison le château qu'il lui avait montré sur son plan *imaginaire*.

Le lendemain soir, les deux malades se portaient le mieux du monde. M. Lafarge avait eu réellement peur de perdre son épouse. Il l'avait prise d'abord par intérêt. Maintenant, il l'aimait d'un violent amour.

Il savait qu'elle portait toujours de l'arsenic sur elle ; il avait craint, après cette scène de jalousie qui ne devait pas être la dernière, qu'elle ne se fût empoisonnée.

De son côté, Marie, touchée du repentir de son mari, était flattée dans son orgueil, en le retrouvant si docile, si prêt à devenir son esclave.

Sa vanité était flattée. L'adroit Lafarge avait su toucher son âme ; il espérait un jour ou l'autre s'attacher son cœur.

Le surlendemain, au matin, Mme Lafarge reçut en présent de noce, de la part de son époux encore à l'état de *futur*, une superbe jument. Elle avait l'encolure élégante, les pieds de gazelle, le caractère capricieux et original de sa maîtresse.

M. Lafarge lui apprit que cette jument avait du sang arabe dans les veines ; tout de suite, Marie la baptisa du nom d'*Arabska*.

Son époux lui dit, en lui amenant toute bridée la pétulante cavale :

— Chère amie, en signe de réconciliation, non seulement je vous donne Arabska, mais je vous permets, en toute confiance, de vous rendre avec elle à Uzerches. Vous trouverez à la ville tous les objets de toilette de première nécessité qui manquent encore dans votre appartement, en attendant que vous bouleversiez ce sauvage Glandier de fond en comble.

A la vue de ce présent, en apprenant cette bonne nouvelle qu'elle tenait des heureuses dispositions de son mari, la nouvelle épouse sauta presque de joie.

Elle oublia la scène tragique de l'avant-veille.

Elle se dit, en manière de consolation, qu'il lui serait plus facile de dompter par le cœur les habitudes grossières et matérielles de son époux, que les allures farouches et capricieuses d'Arabska.

Deux heures après, Mme Lafarge, tout à fait réconciliée avec son époux, après s'être jouée des vains efforts d'Arabska, la montait avec l'adresse d'une écuyère expérimentée ; elle partait comme une flèche sur la route d'Uzerches.

A la porte de la ville, un nouveau danger la menaça.

Un cavalier de modeste condition l'attendait au moment où elle s'apprêtait à franchir le faubourg. En heurtant de la croupe de son cheval, la pétulante jument de l'amazone, il lui glissa ces mots à l'oreille :

— De la part de M. le comte Charles C***, il vous attend à deux heures à l'Hôtel de France.

Avant que Marie, complètement suffoquée par cette apparition et par cette interpellation, eût eu la force de lui répondre, le messager disparut et gagna la campagne.

Mme Lafarge, les sens troublés, la tête égarée, se fit indiquer, sans avoir trop la conscience de ce qu'elle faisait, les principaux fournisseurs de la ville.

Sa pensée était ailleurs. Elle était toute aux paroles de l'inconnu. Elle ne songeait au but de son voyage que pour détourner les soupçons de son mari ; car ils eussent éclaté de nouveau, si elle fût revenue d'Uzerches les mains vides.

Elle commençait à être épouvantée de celui qui ne la quittait plus

Il est pâle, menaçant, horrible de colère. (Page 540.)

depuis Orléans, qui s'acharnait à sa perte et qui lui rendit plus amer ce mépris qu'elle avait un instant eu pour lui.

— Pourquoi, se demandait-elle, Charles C*** que je voulais aimer s'acharne-t-il à mon martyre, n'en est-il pas la cause? Ah! il me fait payer cher le mépris apparent que je lui ai manifesté! Il me cherche, lorsque mon devoir serait de l'oublier! L'amant préféré et le mari odieux pèseraient-ils d'une façon aussi funeste, aussi terrible sur ma misérable destinée?

Pendant qu'elle se faisait ces réflexions, avec l'intention de revoir Charles C*** pour la dernière fois, elle ne doutait pas que les précautions qu'elle prenait pour cacher cette entrevue, devaient devenir inutiles.

Depuis la scène de l'avant-veille, sa belle-mère, sa belle-sœur, Mme Buffières, ne lui pardonnaient pas, comme le trop faible et trop amoureux Lafarge, sa dernière lettre.

Elles se rappelaient, mot à mot, ces aveux accusateurs qui avaient tant martyrisé le maître de forges.

Elles l'avaient fait suivre à Uzerches. Pendant qu'un messager de Charles C*** abordait la jeune Lafarge pour lui annoncer dans la ville la présence de son amant, Mme Lafarge mère et Mme Buffières avaient fait courir un ouvrier de l'usine pour suivre l'amazone.

Au moment où l'épouse Lafarge s'apprêtait à rejoindre M. Charles C*** à la ville, un autre messager du Glandier avait surpris celui de M. Charles. Il était payé par la belle-mère et la belle-sœur pour rendre compte de tout ce qu'il venait de voir et d'entendre.

Si Marie Cappelle avait presque oublié ces imprudents aveux, la famille de son mari, ne lui pardonnait pas l'amour malheureux du maître de forges pour sa femme, elle s'était souvenue pour elle et pour lui.

Après la trop prompte réconciliation des époux, la belle-mère et la belle-sœur s'étaient entendues, afin de faire suivre en tous temps, en tous lieux Marie Cappelle.

Lorsque le messager de Charles C*** donnait à l'épouse du maître de forges l'adresse de celui qu'elle avait revu à Orléans, un espion surprenait donc ce messager.

Il repartait au Glandier pour aller tout redire à la belle-mère, à la belle-sœur, et elles se chargeaient de faire revivre les jalousies et les tortures du trop confiant époux.

Après avoir fait par la ville quelques emplettes pour la forme, Marie se hâta de se rendre à l'Hôtel de F*** .

M. Charles C*** l'y attendait.

En voyant Marie en amazone et paraissant, par le costume et l'allure décidée, se résigner très bien à son sort, Charles eut une attitude pleine de morgue.

Il lui dit, en la saluant ironiquement :

— Eh bien, madame, il paraît que vous acceptez librement votre condition de petite bourgeoise limousine. Ma foi ! vous avez un très bon caractère ! Avouez cependant, et c'est pour cela que je me présente devant vous ; avouez, que je ne vous ai pas trompée en vous disant naguère que M. Lafarge vous trompait ! Vous avez vu le château qu'il vous destinait. Une bicoque dont ne voudrait pas mon concierge ! Enfin, puisque vous vous en accommodez, madame, je n'ai plus rien à dire, je ne puis plus avoir la prétention de vous sauver de vous-même. Libre à vous, si, après mon avertissement, vous vous contentez du marché que vous avez passé avec ce monsieur, libre à vous de vous consacrer à un être vil, grossier et déloyal qui, tôt ou tard, est appelé à engloutir votre modeste fortune dans l'abîme de la faillite !

Marie Cappelle frémit de la tête aux pieds sous l'impertinence de M. Charles C***. Elle eut pour lui autant de honte que d'indignation.

C'était la première fois qu'elle entendait parler ainsi celui qu'elle s'était accoutumée à voir si humble, si adorable et si séduisant.

Ses illusions tombèrent devant cet impitoyable jaloux.

Son attitude hautaine la glaça ; elle détruisit d'un seul coup le prestige de celui dont elle s'était fait une idole.

C'était une déception de plus qui l'accablait.

La parole persiflante et dédaigneuse de Charles C*** la meurtrissait. Semblable à la lyre dont les doigts impitoyables brisent les cordes harmonieuses, elle exhala un cri plaintif et mourant.

Ce cri, étouffé et sourd, était le suprême écho de son cœur en deuil.

Elle s'écria avec tristesse, étouffant les révoltes de son âme indignée :

— En tous les cas, monsieur, je vous aurais cru plus généreux ! Et le malheur dont vous me menacez, dans lequel je me suis jetée à corps perdu, est avant tout votre ouvrage ! Ne soyez pas si heureux de me savoir si malheureuse, puisque votre lâcheté a tout fait.

Au mot de lâcheté, ce fut à Charles à trembler à son tour ! Il se dépouilla de son arrogance. Il s'avança vers elle, avec un geste suppliant.

La superbe Marie Cappelle avait été trop blessée par sa première attitude, pour revenir sur l'offense qu'il lui avait faite.

M. Lafarge, un homme qui lui était indifférent, pouvait impunément l'insulter, mais non Charles qu'elle aimait.

Elle ajouta :

— Et vous voyez, monsieur, que je suis capable de tous les dévouements. Vous avez eu tort, autrefois, de repousser ma main, sous prétexte de ne pas vouloir m'associer à votre misère! Je suis capable, vous le voyez, d'accepter la misère, même avec un époux grossier, que votre manque de courage m'a forcée de choisir.

Marie releva la tête d'un air de défi, Charles C*** courba la sienne, se repentant de sa première attitude.

Marie continua :

— Et je vous croyais, monsieur, en votre qualité de gentilhomme, plus d'élévation dans l'esprit! Vous m'avez méconnue, je le vois. La vraie noblesse, monsieur, consiste dans l'accomplissement des devoirs; et non comme vous essayez de le faire, dans la nécessité d'y faillir. Vous croyez triompher, parce que je suis malheureuse? Vous croyez m'accabler en me vouant à des malheurs où vous-même m'avez fait tomber? Ah! c'est misérable!

— Marie, Marie! exclama Charles C***, terrassé par cette femme supérieure, prêt à se mettre à genoux devant elle, Marie, pitié! Je vous narguais, parce que je vous croyais déjà faite à votre misérable condition; parce que cet accommodement avec ce bonheur mesquin, bourgeois, indigne de vous, m'irritait; parce que, enfin, je suis jaloux! Marie, partez, fuyez cet homme, venez avec moi, sauvez-vous de lui, sauvez-vous de vous-même!

— Je reste, monsieur, s'écria froidement Marie Cappelle. Je reste, et ma résolution irrévocable est devenue aussi votre œuvre. Il se peut qu'en restant avec l'homme que vous m'avez forcée de prendre, j'aie à rougir de lui; du moins, en ne partant pas avec vous, je n'aurai jamais à rougir de moi-même.

— Oh! exclama Charles, désespéré, sanglotant, les mains sur les yeux, oh! Marie, vous êtes impitoyable! Vous ne savez pas à quel malheur vous vous condamnez!

— Non, mais je sais, acheva-t-elle en se reculant vers la porte, prête à l'ouvrir; mais je sais, dans la tristesse de mon âme, que la vie reste assez douce, lorsqu'elle est basée sur le sacrifice et l'accomplissement du devoir. Vous avez méconnu mon affection devant votre infortune; eh bien, un autre la connaîtra, cette affection, dût-il être cent fois plus malheureux que vous! Ne vous plaignez pas du bonheur que je vais donner à un autre, vous l'avez voulu?

Marie, encore hier bien résolue à oublier Charles, doutait déjà devant son repentir, de son énergie; et elle avait ouvert la porte derrière elle pour ne pas faillir en s'enfuyant.

Charles voulut s'avancer pour lui faire entendre non plus de nouveaux sarcasmes, mais pour la prier, la supplier de ne pas retourner au Glandier.

Il se retourna tout à coup avec stupeur.

La nouvelle émotion, peinte sur les traits de Charles, fit diversion à l'indignation de Marie Cappelle.

Elle se retourna aussi et poussa un cri d'épouvante.

Que vit-elle sur le seuil ?

M. Lafarge.

Il est pâle, menaçant, horrible de colère.

La poussière, qui couvrait ses habits en désordre et souillés, accusait la promptitude avec laquelle il avait fait le trajet du Glandier à l'Uzerches.

Sa présence, en ce moment critique, était l'œuvre de sa mère et de sa sœur.

Aussitôt l'arrivée de l'espion du messager de Charles C***, elles avaient averti le maître de forges.

Celui-ci, en se rappelant la terrible lettre de sa femme, avait vite scellé un cheval pour courir bride abattue jusqu'à l'Hôtel de France d'Uzerches.

— Monsieur ! monsieur ! exclama M. Lafarge en bondissant de la porte contre Charles C***, les yeux hors de leur orbite et les poings fermés, vous me rendrez raison de votre rendez-vous avec ma femme ; votre conduite est celle d'un là...

Charles C*** ne lui donna ni la satisfaction, ni le loisir de l'insulter. Il l'interrompit en lui prenant le bras, en le secouant de la tête aux pieds d'une main crispée et nerveuse.

Il lui riposta d'une voix stridente :

— Pas de menaces, cher monsieur. Contentez-vous des seuls avantages que vous donne sur moi votre adorable épouse. M'insulter par surcroît serait dangereux ! Je vous avertis, je manie avec une égale supériorité toutes les armes. C'est une nécessité de mon éducation. J'ai lieu de croire qu'il n'en a pas été de même pour la vôtre ?

— Monsieur, votre dédain est un nouvel outrage ! Croyez-vous me faire peur ? hurla le maître de forges, hors de lui et avec de grands gestes.

— Non pas, riposta avec un grand sang-froid Charles C***, puisque, devant l'entêtement de madame de rester vertueuse vis-à-vis d'un mari dont la délicatesse ne m'est pas bien prouvée, je persiste à vous refuser satisfaction ?

— En m'injuriant encore, misér...

De nouveau, Charles C*** l'interrompit, en le faisant tourner sur lui-même, d'un geste dédaigneux et superbe.

Marie, éperdue, reprit ses sens pour venir en aide à son mari.

Il était évident, qu'entre la colère désordonnée et ridicule de M. Lafarge et le froid dédain de Charles C***, le vrai courage était du côté de ce dernier.

L'industriel, par respect humain, se fouettait le sang pour rester au niveau de la hautaine et froide arrogance de son rival.

Par pitié pour son mari, par compassion pour lui et pour que M. Charles C*** ne le tournât pas en ridicule, elle se jeta entre les deux provocateurs ; puis, bien malgré elle, en attachant de douloureux regards au gentilhomme, elle se pendit au cou de son mari comme son devoir l'exigeait !

— Mon ami, s'écria-t-elle, emmenez-moi, sauvez-moi de l'homme que je crains le plus au monde, mais que je puis défier encore près de vous.

— Vous, madame, reprit M. Lafarge en se rengorgeant, je vous pardonne cette folle démarche, mais que ce soit la dernière !

Il se laissa entraîner par Marie Cappelle qui, à la dérobée, jetait des regards de tendre reproche à l'insulteur.

Celui-ci, non moins blessé de l'attitude de Mme Lafarge, s'inclina ironiquement devant les deux époux, il leur dit en les saluant :

— Puissiez-vous, honnêtes époux, ne pas vous repentir de votre contentement mutuel à me fuir ! Quant à moi, je vous revois pour la dernière fois; soyez heureux, si vous le pouvez !

Et si Marie Cappelle eût placé sa passion au-dessus de sa raison, elle n'eût pas hésité entre son mari et son amant, elle se fût jetée dans les bras de ce dernier.

Mais elle se rappelait, après lui avoir fait tant de mal, ce que M. Lafarge avait tenté pour se faire aimer d'elle.

Son âme généreuse en avait été touchée, aussi touchée qu'elle était meurtrie, en ce moment, par les sarcasmes de M. Charles C***.

Elle voulait, avant tout, lutter de générosité envers M. Lafarge, elle tenait à se mettre à la hauteur de son pardon dont elle avait encore tant besoin.

Elle feignit être la dupe de son mari, elle se fit la protégée du maître de forges contre son ravisseur, lorsque c'était elle qui se protégeait contre Charles.

M. Lafarge était heureux du rôle que lui donnait sa femme, elle lui servait de plastron, elle abritait derrière elle son courage factice, plus que problématique.

Lorsque Mme Lafarge fut emmenée loin de la chambre où était resté M. Charles C***, le maître de forges dit d'un ton sévère à sa femme :

— Madame, j'espère que ce sera la dernière fois que vous tromperez ma confiance. Car je ne me contiendrai plus comme aujourd'hui, je vous en avertis; une autre fois, je vous le jure, je vous tuerai tous deux, comme c'est mon droit !

— Et à mon tour, fit Mme Lafarge, prête à monter à cheval avec son mari, en regardant d'un air de pitié ce pauvre homme — je vous le jure, je n'irai plus à M. Charles C***. Je ne l'ai revu aujourd'hui que pour lui défendre de me revoir !

Dans la route que firent les époux pour retourner d'Uzerches au Glandier, il ne fut pas difficile à Mme Lafarge de faire avouer à son époux de qui il tenait la connaissance de son rendez-vous avec M. Charles C***.

En apprenant que le mari avait eu ce renseignement de la belle-mère, il ne lui fut plus difficile de comprendre qu'elle avait en Mme Lafarge mère, depuis son arrivée au Glandier, une ennemie intime et de tous les instants !

CHAPITRE XIV

RÉSIGNATION ET MARTYRE

Les trois jours de grâce, réclamés par le mari de Marie Cappelle, étaient expirés ; il fallait bien qu'elle se fît à l'idée de vivre au Glandier. Après la rupture définitive de la jeune Lafarge avec Charles C***, elle avait intérêt à se faire pardonner sa dernière entrevue à Uzerches avec son maladroit amant !

La nouvelle épouse avait peur de ses imprudentes démarches guidées par la passion plutôt que par la raison, et elle s'était condamnée elle-même à un malheur irréparable : à l'amour insupportable de son mari.

Comme elle, son époux avait été la dupe de son mariage. Il ne l'avait contracté que pour trouver, par la dot de sa femme, les moyens de donner plus de développement à son industrie, et pour faire face à des embarras très graves d'argent ! Tout à coup, la charmeuse avait pris son cœur, lorsqu'il n'en voulait qu'à sa bourse.

Ils s'étaient pris tous deux à leur propre piège !

Aussi, lorsque M. Lafarge revint d'Uzerches avec son épouse, résolut-il de l'étourdir, en occupant son esprit.

Il espérait obtenir son cœur, en prenant le chemin de la vanité.

M. Lafarge, esprit grossier et inculte, était un adroit spéculateur, aussi bien en affaires qu'en matière de sentiment.

Ils ne revinrent que fort tard par le bateau. (Page 530.)

Le lendemain de son départ d'Uzerches, il donna une fête à la nouvelle mariée et voulut que tous les ouvriers de la forge contribuassent à célébrer son nouvel hymen.

Il parvint à consoler sa femme qui se résigna à étouffer ses regrets, sous l'enthousiasme des ouvriers de son mari.

L'époux amoureux atteignit presque son but, s'il faut en croire la résignée :

« En buvant à la santé de ces braves gens, écrit-elle, comme ils buvaient à la mienne, je leur promis, si j'étais destinée à rester dans leur montagne, de bien les soigner et de bien les aimer.

« L'enthousiasme de ces bons fondeurs ne connut pas de bornes. Ils vidèrent leurs bouteilles avec des houras, mirent une couronne de feuillage sur mon chapeau et m'escortèrent en triomphe.

« Arrivés à la forge, ils plantèrent un mai recouvert de guirlandes de fleurs et des banderoles aux couleurs nationales; ils firent une décharge de coups de fusil qui ébranla tous les sites, ils se mirent à danser autour de leur arbre.

« Je *m'amusais* beaucoup du pittoresque des mouvements saccadés de cette danse limousine, de la figure naïve du musicien appuyé contre un arbre pour souffler de toutes ses forces dans une primitive musette; et j'oubliai un peu ce que j'avais souffert, au contact de cette gaieté expressive et dansante qui m'entourait. »

Mais le soir de cette fête, Marie Cappelle retomba dans la réalité quand il fallut revenir à la maison.

M. Lafarge, pour se rendre à la forge, avait démarré un bateau. A travers mille détours, au milieu de belles prairies, le bateau avait conduit les deux époux sur une petite rivière, aux pieds des fours.

Ils ne revinrent que fort tard, après avoir assisté à la coulée de la fonte, à laquelle Mme Lafarge parut vivement s'intéresser.

Mme **Lafarge** était très fatiguée.

Il faisait nuit depuis longtemps. La terre, silencieuse, laissait souffler une brise légère qui faisait frissonner les grands arbres. Les époux, surtout Mme **Lafarge**, se laissaient aller à leurs plaintifs murmures. Dans le ciel, toutes les étoiles brillaient; la lune mirait dans les eaux sa pâle et vague image.

M. Lafarge ramait quelques coups faibles. Il entourait son épouse rêveuse d'un de ses bras; elle se tenait penchée sur le bord de la barque, abandonnant d'une façon distraite une de ses mains à la vague, pendant qu'elle regardait d'un œil fixe couler la petite rivière.

Un nénufar flotta tout à coup devant elle. Marie fit un brusque mouvement pour le saisir.

M. Lafarge poussa un cri d'effroi :

— Ah! s'écria-t-il, je suis sûr que vous êtes encore, comme à Orléans, poursuivie par vos idées de suicide.

— Cela dépendra de vous, lui répondit-elle en s'emparant de la plante.

— Vous savez, Marie, lui répliqua-t-il, que tout mon désir est d'oublier, de vous obéir et de vous plaire.

— Eh bien, permettez-moi de me laisser *beaucoup* votre sœur, très peu votre femme. Vous vous taisez?... Allons, acceptez ma charte, vous verrez que je suis une fort aimable sœur.

— Mais quelquefois... ne pourrais-je pas vous aimer aussi un peu comme ma femme?

— Nous verrons!... Les grands jours, quand vous aurez été bien, bien aimable; et puis quand vous m'aurez donné un grand courage... Car, je vous l'avoue, tout ce qui se passe autour de moi me fait peur!

— Vous êtes trop sensible! Et vous êtes par-dessus tout une originale. Enfin, je vous aime comme un fou! M'aimez-vous un peu?

— Pas encore! Mais cela viendra avec l'aide de la grâce de Dieu et de la vôtre. Tenez, pour commencer, je vous permets de m'embrasser trois fois; ce sont comme pour les trois jours de grâce que vous m'avez demandés, les trois signatures exigées dans un contrat valable?

« Les trois fois, écrit M⁰ᵉ Lafarge, se seraient peut-être multipliées à l'infini, si je n'avais eu pour me défendre mon beau nénufar qui recélait toute une artillerie de grandes gouttes d'eau; et puis nous étions dans le port. Il fallut débarquer. »

Ce ne fut pas sans un air maussade que ce soir-là, M. Lafarge quitta sa femme au seuil de sa chambre où l'attendait encore l'inséparable Clémentine.

Quelques jours après, pour distraire sa femme, surtout pour la ravir au Glandier, dont la tristesse n'était guère faite pour la consoler, M. Lafarge lui proposa un petit voyage.

Il fallait voir des parents, leur rendre leurs visites dans les environs.

M. Lafarge résolut d'emmener sa femme à Uzerches, puis à Tulle. Ce fut dans une de ces excursions que M⁰ᵉ Lafarge connut Mᵉ Lachaud, en l'absence de son mari, lorsqu'elle gravissait avec Mᵉ Pontier les montagnes environnant ce chef-lieu.

A Uzerches, les époux devaient trouver les Pontier. Ils leur offraient un dîner de famille.

M⁰ᵉ Lafarge obtempéra au désir de son mari, toujours en s'accompagnant de Clémentine.

A Uzerches, elle ne put s'empêcher de songer à la dernière entrevue qu'elle avait eue avec Charles.

Cette pensée la mit au supplice.

A dix heures, M⁰ᵉ Lafarge était si souffrante qu'elle demanda la permission d'abréger le repas et de se retirer.

M⁰ᵉ Pontier la suivit, elle lui trouva de la fièvre et lui prescrivit un repos absolu; pour ce repos complet, elle installa Clémentine garde-malade et interdit à M. Lafarge, son neveu, l'entrée de la chambre de sa femme.

Elle dormait depuis une heure, accablée de fatigue et de fièvre, lorsqu'elle entendit frapper brusquement à sa porte.

Elle demanda avec l'impatience d'une malade réveillée en sursaut :

— Que me veut-on ? Qui est là ?

— Ouvrez, cria brutalement M. Lafarge.

Sa femme reconnut son mari. Elle en frémit, elle dit de sa voix la plus douce :

— Mais, mon ami, Mme Pontier ne vous a-t-elle pas dit que, m'ayant trouvée souffrante, elle avait fait coucher Clémentine dans ma chambre ?

— Au diable, votre éternelle soubrette ! Eh bien, renvoyez-la, je veux entrer.

— Mon ami, cela ne se peut pas ! Laissez-moi dormir en repos, et remettez à demain vos explications.

— Mais voilà trop longtemps que je les remets, ces explications. En voilà assez !...

Puis, M. Lafarge s'accompagna d'un jurement qui commanda le silence à son épouse.

Croyant en être quitte par cette terminaison énergique, elle s'enfonça dans les profondeurs de son oreiller.

M. Lafarge, irrité par son silence, se mit à travailler la serrure.

— Madame, lui dit la femme de chambre en tendant l'oreille du côté de la porte, il me semble que j'entends du bruit dans la serrure.

— Vous êtes une poltronne ! exclama Mme Lafarge en se retournant sur son oreiller.

Cependant, le bruit continuait. Mais l'épouse était tranquille. Le verrou était mis à la porte ; c'était un verrou solide qui devait rendre impuissants tous les efforts de ce serrurier improvisé.

M. Lafarge, très excité par le champagne qu'on avait bu outre mesure à ce dîner de famille, cria avec un redoublement de colère :

— Ouvrez ! ou j'enfonce la porte !

— Mais cela ne se peut ; je vous demande grâce de me laisser reposer.

— Ouvrez, ou je brise tout !

— Brisez la porte, lui répondit-elle avec défi. Vous savez que contre moi la force échoue toujours.

— Je suis le maître et je veux entrer. Après tout, ce n'est pas vous que je demande ; c'est ma chambre. Rendez-la-moi, et allez au diable, si cela vous arrange.

Mme Lafarge était furieuse, en entendant le propos grossier de l'ivrogne.

Celui-ci joignit les faits à la menace. Un coup de pied terrible suivit de près son inconvenante interpellation.

Marie Cappelle était indignée, elle frissonna de honte et de colère.

Elle sauta hors de son lit; forte de son mépris, elle ouvrit la porte, se croisant les bras sur son sein nu. Elle resta debout, en chemise, dans une impassible et muette colère.

M. Lafarge en face d'elle, avait les yeux hagards; il était blême de rage; il avait les traits contractés, il voulut la ramener de force près de lui.

Elle se recula avec dégoût.

Le mari reprit avec un hideux et méchant sourire:

— Vous n'êtes pas si prude avec vos amants!

— Lâche! exclama-t-elle avec force.

Puis, épuisée par la colère, Mme Lafarge tomba sur un canapé dressé dans l'antichambre.

Brisée de honte et de désespoir, la pauvre martyre cacha sa tête dans ses mains pour étouffer ses sanglots, accroupie sur le petit meuble.

Clémentine s'était jetée à ses pieds, en les couvrant de larmes et de baisers.

Pendant que les deux femmes étaient dans l'antichambre, le mari avait franchi la chambre, il était tombé lourdement sur le lit que venait de quitter son épouse.

Tout à coup des plaintes, des gémissements, des cris d'angoisse sortirent de son alcôve.

En entendant ces gémissements, les deux femmes, très effrayées, voulurent forcer la porte de l'antichambre où elles s'étaient réfugiées. La porte était fermée à clef.

Lorsque Mme Lafarge put envoyer Clémentine auprès de son mari se plaignant toujours, la soubrette le trouva dans un état affreux.

Il était étendu sur le lit défait de sa femme, incapable de parler, et se tordant entre les couvertures.

— Appelez du secours, madame, cria Clémentine à Mme Lafarge... Mais par grâce, n'entrez pas, monsieur vous ferait mourir de peur.

Alors Mme Lafarge, affolée, secoua la porte de l'antichambre de toute la force de ses bras. Désespérée, hors d'elle, en s'apercevant qu'elle ne pouvait ébranler la porte, elle ouvrit la fenêtre. Sans se rendre compte du danger, à moitié nue, elle y attacha un drap, prête à sauter dans la cour.

Ces cris, ces agissements avaient mis la maison en émoi; on courut chercher un serrurier; M. Pontier et sa famille purent enfin se précipiter dans la chambre.

Pendant qu'on prodiguait les premiers soins à M. Lafarge. On entraînait sa femme dans une pièce à côté.

Elle envoya chercher de quart d'heure en quart d'heure de ses nouvelles.

Lorsque M. Lafarge fut remis de ses excitations causées par l'abus du champagne, il voulut de nouveau implorer son pardon et revoir sa femme pour le lui exprimer.

Elle lui fit répondre par M. Pontier :

« — Qu'elle ne supporterait plus deux scènes de ce genre, qu'il ne suffisait pas de quelques mots de repentir et de regrets pour lui faire pardonner des colères aussi injustes que grossières. »

Il fut alors convenu, entre M. Pontier et M. Lafarge, que les deux époux continueraient leurs promenades séparément, dans le département, pour se rendre en apparence, conjointement, dans leur famille. Après leurs pérégrinations, il fut convenu aussi que M. Lafarge, bien soumis, bien humble, reviendrait au foyer, puni et repentant ; et que, Mme Lafarge verrait si elle devait lui accorder sa grâce !

Ce fut dans cet intervalle, en voyageant séparément avec son mari, en compagnie de M. Pontier, qu'elle rencontra donc Me Lachaud, aux environs de Tulle, qu'elle en fit un nouvel esclave attaché au char de son infortune.

En rentrant au Glandier, elle parut se faire à sa vie nouvelle.

Elle écrivait, le 22 août, à M. Garat lui parlant de son mariage :

« — J'ai adopté ma position, bien qu'elle se trouve extérieurement fort déplaisante ; mais avec de la force, de la patience et l'*amour* de mon mari, je puis espérer en sortir... Mon mari *m'adore*, et je suis profondément touchée des *preuves* d'affection qu'il me donne. »

Hélas ! Mme Lafarge disait-elle la vérité ? On est en droit de ne pas croire cette martyre, lorsqu'elle se résignait si mal aux preuves d'affection qu'il lui donnait.

Elle avoue le mal qui la rongeait en étant unie à un homme détesté ; elle en fait l'aveu dans ses Mémoires, lorsqu'elle écrit après la première scène du même genre, passée à Orléans et qui précéda celle d'Uzerches :

« Habituée depuis mon enfance à replier au fond de mon âme toutes mes tristesses, je n'ai jamais connu le besoin égoïste de les faire partager, je n'ai jamais eu l'humilité de chercher une consolation dans la pitié d'un ami.

« Je sais oublier mes douleurs pour soulever les croix qui pèsent *sur ceux de mon cœur ;* mais c'est dans la solitude et l'isolement que je trouve la force de porter ma propre croix jusqu'au calvaire. »

Mais un jour, peu de temps après son retour au Glandier, la croix de son calvaire faillit l'étouffer.

Un soir, on trouva Marie Cappelle étendue sans connaissance dans sa chambre. Lorsque Clémentine, qui ne la quittait que rarement, la retrouva évanouie, ce ne fut qu'à force d'eau glacée sur la tête qu'elle put la rendre à la vie.

M⁽ᵐᵉ⁾ Lafarge, menacée d'une congestion cérébrale, ne fut sauvée que par les soins qu'on lui prodigua à temps. Il faut l'avouer, son mari qui l'adorait ne laissa à personne le droit de lui donner tous les soins désirables.

C'était précisément cet amour malheureux qui la tuait.

Une fois rétablie, M⁽ᵐᵉ⁾ Lafarge reçut une nouvelle preuve de l'attachement profond de son mari.

Il fit son testament en sa faveur.

M⁽ᵐᵉ⁾ Lafarge, tout en ne comprenant pas cette preuve de tendresse *in extremis*, ne voulut pas rester en retour de générosité envers lui ; de son côté, elle se décida à lui faire un testament calqué sur le sien.

C'était là où l'attendait l'adroit et amoureux industriel. Il ne perdait jamais, même dans les déréglements de la passion, l'idée de faire fortune. Une fois en possession du testament de sa femme, il se hâta de faire des dispositions nouvelles en faveur de sa mère et de sa sœur.

On a vu, après la mort de M. Lafarge, comment sa mère s'y prit pour forcer le tiroir du meuble de sa belle-fille et lui voler un testament fait à son profit.

Marie Cappelle, au Glandier, n'était pas entourée que de gens grossiers, elle était la capture d'aigrefins, et son martyre devait être complet.

CHAPITRE XV

LE SOUFFLE DU MAL

Un nouvel exemple de la mauvaise foi de M. Lafarge et dont son épouse devait être la victime, se trouve consigné dans une page de ses Mémoires :

« C'était vers la fin de ma maladie, écrit-elle, je n'étais pas tout à fait remise, lorsqu'un de mes métayers vint me faire hommage d'une corbeille de pommes assez belles pour descendre en ligne directe de la première pomme de la création.

« M. Lafarge voulut se servir de ces pommes pour mettre à l'épreuve son adresse, après quelques passes assez jolies, il lança la plus grosse des pommes à travers une vitre qu'elle brisa en éclats.

« Je me serais facilement consolé du dégât, en riant de la mine consternée de M. Lafarge ; mais il faisait un temps froid et humide, et ma tête encore convalescente se trouvait fort mal du contact de l'air.

« J'envoyai chercher un vitrier à Uuzerches, il était malade, un autre à Lubasac, il faisait ses vendanges. Enfin je me résignai avec beaucoup d'humeur, à subir la nécessité d'un ignoble carreau en papier, lorsqu'il me vint à la pensée d'employer un des diamants de Mme de Leautaud, pour couper une grande feuille de verre que j'avais aperçue dans une armoire, et qui pouvait ainsi remplacer la vitre cassée.

« A l'instant, je fus chercher le petit sachet qui les contenait en partie, indépendamment de ceux que je tenais dans mon tiroir secret.

« Je tirais du sachet un des petits diamants, lorsque M. Lafarge rentrant, et me trouvant à cette occupation, me fit subir les interrogatoires, les questions, les pourquoi, les comment à l'usage des maris, nos seigneurs et maîtres.

« A mon grand ennui, au lieu de me faire vitrier, il fallut me mettre à conter une histoire, à cacher beaucoup de choses, à en expliquer beaucoup d'autres, enfin à faire comprendre à un mari limousin qu'il y a une délicatesse qui ne permet de trahir, même pour lui, le nom d'une amie, compromise et confiante.

« M. Lafarge voulut voir non seulement le diamant utile, mais encore tous ceux qui étaient dans le sachet ; il voulut les peser, les estimer, chercher leur valeur dans le livre de métallurgie ; enfin, j'avais épuisé toute ma patience lorsque pour achever mon malheur, Mme Lafarge étant venue nous surprendre, il lui fit admirer l'éclat de toutes ces petites pierres qui étincelaient au soleil.

« — Oh ! s'écria-t-elle, que c'est beau et que cela doit coûter cher ; dites-moi donc Marie, qui vous les a donnés ; pourquoi vous n'en faites rien ; pourquoi ne me l'avoir pas dit, c'est tout un trésor.

« Je répondis assez sèchement que ce trésor n'était pas à moi,

« Alors ce fut mille autres questions. M. Lafarge voyant que je rougissais d'embarras et d'impatience, emmena sa mère en me faisant signe d'être tranquille.

« J'aurais été désolée d'avoir été indiscrète et imprudente dans cette occasion, si je n'eusse trouvé indispensable de faire tôt ou tard cette confidence à mon mari, pour remettre les diamants à Mme de Leautaud ou pour les vendre et en envoyer l'argent à M. Clavé.

« Je croyais que le concours de M. Lafarge devait m'être nécessaire, matériellement et moralement. Il me prouva tout le contraire.

« Lorsque M. Lafarge revint pour me trouver, il paraissait enchanté.

« — Je m'en suis, dit-il, *joliment* tiré. J'ai fait accroire à ma mère que

Elle aimait à assister à la coulée de la fonte. (Page 538.)

ces diamants étaient à vous et que vous ne vouliez pas les montrer avant d'en faire une parure.

« — Je trouve, lui répondis-je, votre histoire hasardée.

« — Ma mère l'a cru facilement, d'ailleurs vous ne connaissez rien en affaires. Lorsqu'on est dans le commerce, il faut jeter de la poudre aux yeux ; plus je vous dirai riche et plus je gagnerai de l'argent.

« — Je vous avoue que je ne désire pas, repris-je, une fortune acquise par de semblables moyens.

« — Je ne vous demande pas de les employer ; laissez-moi faire seulement.

« — Du moins, lui répondis-je, je vous prie d'empêcher Mme Lafarge de colporter *votre histoire* de ces diamants.

« — Ma mère fera ce que je voudrai ; elle a été émerveillée, lorsque je lui ai dit qu'ils valaient trente mille francs.

« — J'admire, terminai-je, cette exagération. Vous savez qu'ils en valent à peine six mille.

« Lorsque je me fus servie du diamant, M. Lafarge, pour plus de précaution se chargea de le replacer dans le sachet avec les autres. Je crus qu'il allait me les rendre, mais il les renferma dans une boîte que M. Lafarge pour plus de sûreté, me dit-il, déposa dans son secrétaire. »

Pour fuir cette famille dont la cupidité, les étroitesses de vues égalaient la mauvaise foi, Marie Cappello s'isolait avec elle-même ; elle passait une partie de son temps à la forge de son mari ; elle s'initiait pour occuper son esprit, aux mystères de ce métier de Cyclope. Elle aimait, pour alimenter l'activité de son imagination, à assister à *la coulée de la fonte*, dont l'admirable et infernal spectacle plaisait à son humeur poétique, avide de sensations.

Elle avait pris tant de goût au métier qu'elle étudiait avec son mari le moyen d'améliorer son système de fabrication. Lorsque M. Lafarge parla d'acheter un brevet concernant un moyen d'amélioration dans son industrie, sa femme fut la première à lui conseiller de faire un emprunt à Paris, pour réaliser la transformation de sa forge moderne.

Peut-être Mme Lafarge, en conseillant à son époux, ce voyage, n'avait-elle qu'un but : s'isoler plus complètement de l'homme qu'elle ne pouvait aimer, qu'elle s'épuisait à force d'abnégation, à ne considérer que comme un frère !

Le temps qu'elle ne passait pas à la forge, elle le consacrait à bouleverser de fond en comble la vieille maison du Glandier, au grand scandale de sa belle-mère et de sa belle-sœur.

La *forgeronne* se changeait en *antiquaire*. Sous sa direction on nivelait la terrasse, on déterrait une partie des ruines d'une ancienne abbaye, ce qui lui faisait découvrir des ogives, des sculptures qui l'enchantaient et lui faisaient connaître toutes les jouissances de l'archéologue.

Aussi Mme Buffières, sa belle-sœur, ne manquait-elle pas de dire, en voyant Mme Lafarge diriger les travaux des maçons :

— Il paraît que cela entre dans l'éducation des jeunes Parisiennes de construire des maisons !

Lorsque Mme Lafarge eut décidé son mari à faire le voyage de Paris, pour l'obtention de son brevet, sa mère ne lui pardonna pas la nouvelle absence de son fils.

Son voyage était pourtant nécessaire, car son épouse avait eu l'idée, persuadée ou non de la bonté du procédé de fabrication du maître de forges, d'emprunter de l'argent sur sa dot.

Du jour de son départ, le souffle du mal ne cessa de se répandre au Glandier, et d'être dirigé par la famille, contre Marie Cappelle.

La correspondance affectueuse, pleine de tendresse, échangée entre les époux, ne fut qu'un sujet de griefs continuels contre Marie, de la part de sa belle-mère.

La jeune Lafarge dépeint ses tortures lorsqu'elle recevait de Paris des lettres de son mari.

« J'éprouvais, écrit-elle, chaque matin un nouveau supplice lorsque ma belle-mère, qui avait ordonné que toutes les lettres lui fussent remises m'apportait mon courrier. Elle se plantait devant mon lit, debout devant moi, comme un *grand point d'interrogation!* Elle m'accablait d'abord de questions muettes, suivait ma main qui brisait le cachet, lisait dans mes yeux ce qu'ils lisaient dans ma lettre, puis sous un flux de paroles, de demandes indiscrètes, elle venait changer la satisfaction que j'éprouvais de recevoir des nouvelles, en une colère concentrée.

« J'avais peine à dissimuler la gêne insupportable qu'elle provoquait en moi.

« Lisai-je tout haut, c'était des remarques aigres sur l'amour que l'on me témoignait, sur le peu de souvenirs qui lui était laissé.

« Voulais-je essayer de ménager son amour maternel en sautant tout ce qui était échange d'affection intime, ma belle-mère se mettait à pleurer, parce que, prétendait-elle, on avait des secrets pour elle et que son fils ne l'aimait plus.

« Enfin lui donnais-je la lettre à lire, elle s'en emparait pour la commenter à tête reposée avec sa fille, mon ennemie intime dont les caresses n'étaient que des baisers de Judas.

« J'étais seule, abandonnée au Glandier, et dans une place ennemie.

« Cependant les démarches de M. Lafarge auprès des banquiers de Paris, termine Mᵐᵉ Lafarge, étaient loin, par les nouvelles de mon époux, d'être consolantes. L'emprunt était difficile à réaliser, même dans ma famille. M. Lafarge cherchait en vain à Paris l'âge d'or, pour faire régner au Glandier l'âge de fer. »

Un nouvel ennemi vint de Paris à la forge pour augmenter les chagrins de Marie Cappelle, c'était Denis le nouveau commis que M. Lafarge avait fait venir au Glandier, à l'insu de sa femme et de sa famille.

Cet homme, d'une probité douteuse et d'une méchanceté insigne, envisagea bien vite la situation de Marie Cappelle, au milieu de ses nouveaux parents. Il résolut d'en bénéficier pour son compte, lorsque M. Lafarge croyait que son âme damnée n'agissait que pour le sien, récoltant des signatures fictives, négociant secrètement au nom de ses beaux-frères qui y étaient étrangers, de nombreux effets qui, en réalité n'avaient aucune valeur!

Ainsi, M. Lafarge comme le disait fort bien M. Roques, le banquier de Brives, muni de ses billets faux, risquait-il les galères. On comprend que par tous les moyens possibles, Denis tenait à s'affranchir d'une terrible responsabilité qui le faisait complice d'un faussaire.

Dès son entrée dans la maison, en ménageant d'abord la jeune Lafarge qui avait tout pouvoir sur son mari, il connut les haines jalouses de la belle-mère et de sa fille. C'était lui qui recevait plus tard les doléances de Mme Lafarge mère. Elle s'enfermait souvent avec lui pour se plaindre de l'ingratitude de son fils et de l'influence *funeste* que sa femme exerçait sur lui.

Alors la jeune Mme Lafarge vit se liguer contre elle une autre ennemie tout aussi dangereuse, c'était une demoiselle Brun que M. Lafarge avait fait venir au Glandier, conjointement avec sa femme, pour avoir son portrait.

Obligé de partir pour Paris, M. Lafarge avait décidé qu'on lui envoyât sitôt fait, le portrait si désiré de son épouse.

Voici comment elle retrace, en termes satyriques, la physionomie de la jeune artiste.

« C'était une *jeune* vieille fille, écrit-elle qui paraissait très sainte, qui avait des paroles un peu gluantes du miel de la flatterie, mais assez d'instruction, elle était malheureuse et avait pour talent une boîte de couleurs, des pinceaux, de l'assurance, et le genre *enseigne*.

« Elle me fit poser trois semaines pour faire sortir d'un ciel gros bleu, une bonne physionomie rose et blanche qui ayant comme moi une bouche, un nez, des yeux et des cheveux noirs, devait me ressembler d'une manière frappante, et qui ressemblait aussi à une de ces grosses figures joufflues qui sortent d'une corne d'abondance et sourient du haut de la porte d'un pâtissier, aux petits enfants de la rue Saint-Denis.

« Mme Lafarge était enthousiasmée de mon portrait, Mlle Lebrun, le regardait de près, de loin, avec un sourire si orgueilleusement satisfait, que je ne pus m'empêcher de rire de mon image si grotesque et des grotesques personnes qui le contemplaient sans rire.

« Puis contenant mon hilarité qui blessa au cœur l'artiste, je me contentai d'une légère critique sur l'idéalité de mon teint de lis et de rose qu'elle avait flatteusement substitué à la vérité assez jaune de mon teint.

« L'artiste vexée me fit observer avec un ton d'autorité plein d'aigreur, que le rose vif tranchait bien mieux que la pâleur sur un ciel bleu ; et Mme Lafarge, heureuse d'être encore contre moi, assura que son fils serait doublement satisfait en voyant sa femme si pleine de santé, de fraîcheur et d'embonpoint.

« Je me tus, le chef-d'œuvre ne fut pas retouché, et j'eus dans son auteur une ennemie de plus.

Cette Mlle Brun grossit le concert d'odieuses calomnies dirigées contre la jeune Mme Lafarge.

La belle-mère ne tarda pas à broder sur un nouveau thème les méchancetés qu'elle ne cessait de déverser devant tout le monde sur sa belle-fille.

Sur les derniers temps ce fut M. Charles C***, qui en devint le sujet.

Elle raconta à qui voulut l'entendre la lettre du 15 août, les tristes scènes de l'arrivée de sa bru ; elle parla à Mlle Emma Pontier, la seule parente affectionnant Marie, de l'arrivée d'un beau jeune homme qu'on avait vu à Luzerches et qui, depuis le départ de M. Lafarge, ne cessait de rôder au Glandier.

Mlle Emma pour ne pas laisser planer un nuage sur l'affection qu'elle avait vouée à sa cousine, se hâta, pour entendre sa justification, de lui faire part des noires calomnies de sa belle-mère.

Tout en se disculpant auprès d'Emma, en m'avouant la vérité ; tout en lui disant ce qu'elle avait souffert et souffrait encore, Marie Cappelle voulut s'assurer jusqu'à quel point les accusations de sa belle-mère étaient exactes.

Elle apprit que depuis le départ de M. Lafarge, un jeune homme qui, au portrait qu'on lui fit, ne pouvait être que M. Charles C***, rôdait, en effet, aux alentours du Glandier.

Marie Cappelle, en apprenant que M. *Charles C****, n'avait pas renoncé à ses poursuites, résolut d'y couper court pour ne plus prêter si facilement le flanc à ses ennemis.

Elle voulut en affrontant le danger de front, en allant au-devant de celui qui ne l'avait que trop compromise, mettre un terme, dut-il, en coûter encore à son cœur, à ses compromettantes poursuites.

Au moment où elle s'armait de cette héroïque résolution pour sauver l'honneur du nom qu'elle portait, un nouvel incident surgit au Glandier.

Une fois le portrait de Mme Lafarge terminé, elle le fit placer selon les désirs de son mari, dans une boîte pour l'expédier à Paris.

Elle y joignit quelques gâteaux que sa belle-mère avait fait elle-même.

Dès que le portrait et les gâteaux furent mis dans la boîte, Marie écrivait une lettre d'envoi, dans cette lettre elle engageait M. Lafarge à manger un gâteau le 18 décembre au soir, au jour et à l'heure où elle en ferait de même au Glandier.

Marie en écrivant cette lettre dans sa chambre, était triste et songeuse, elle se croyait bien seule, elle avait placé à côté d'elle la boîte d'arsenic qui ne la quittait pas depuis la scène d'Orléans.

En cherchant à s'étourdir, en adressant à M. Lafarge, une épître pleine de tendresses, en l'associant à une idée sentimentale dont l'ingénieuse délicatesse devait ravir son mari, elle ne donnait pas moins de nouveaux regrets au passé.

Elle se demandait si elle aurait jamais le courage de poursuivre jusqu'au bout sa route tracée par le devoir.

De nouveau elle pensait à Charles C***.

En apprenant qu'il était au Glandier, pendant l'absence de son mari, elle avait peur de n'être plus assez forte, ni assez chaste.

Elle jetait de temps en temps, tout en terminant sa lettre d'envoi, de sinistres regards sur la boîte d'arsenic placée à côté d'elle.

Tout à coup la porte de sa chambre, dont la clef était dans la serrure, s'ouvrit.

Que vit-elle en face d'elle?

L'impudent Denis. Il lui dit :

— Madame, je me suis permis d'entrer pour presser votre courrier. Vous n'avez plus que quelques minutes.

Puis apercevant la boîte d'arsenic placée à côté de la lettre, il reprit avec un sourire infernal :

— Je comprends que vous hésitiez à en terminer. Ce poison qui est là, trahit votre pensée.

Que dites-vous, monsieur, s'écria Marie Cappelle avec une surprise mêlée d'effroi.

— Je dis, répéta l'insolent commis, qu'il en coûte, malgré l'homme que vous préférez, d'envoyer M. Lafarge dans l'autre monde, au moyen de cet arsenic que vous avez préparé dans les gâteaux de votre belle-mère.

A ces mots, Mme Lafarge se redressa frémissante de honte, d'indignation et de colère.

Elle s'avança contre Denis, en lui lançant des regards implacables. Le fourbe malgré son audace, ne put soutenir l'éclat de ses flammes aiguës. La femme blessée devint hors d'elle, à la suite de cette accusation.

Elle lui cria :

— Lâche imposteur!... Je devine qui vous conseille de me noircir ainsi.

— N'en accusez que votre amant, madame, lui riposta Denis en cherchant à se donner une contenance devant l'allure menaçante de Marie.

Il lui tendit une lettre froissée et décachetée.

— Votre amant, ajouta-t-il, est ici au Glandier. Croyant à la fidélité de vos serviteurs, il a eu l'imprudence de remettre cette lettre à l'un d'eux. Avant de vous la faire parvenir, ce serviteur l'a confiée à Mᵐᵉ Lafarge mère qui m'a chargé de vous la reporter.

Alors la jeune Lafarge ne revenait pas plus de l'imprudence de Charles C*** que de l'audace de ses ennemis, en s'initiant dans ses secrets les plus intimes pour mieux la frapper.

Elle prit violemment des mains la lettre décachetée, elle la lut à son tour.

Elle ne contenait que ces mots :

« Marie,

« Si vous tenez à l'honneur et à la vie, venez à moi. Je vous attends
« à l'allée des Peupliers. Là, je vous dirai tout. »

— Oh ! l'imprudent ! exclama Marie se couvrant la tête de ses mains, laissant échapper de ses doigts le billet accusateur, sans songer que ces paroles devenaient en présence d'un témoin hostile, une charge de plus contre elle.

L'infernal Denis, fort de cet aveu qui lui donnait un nouvel avantage sur sa victime, lui répliqua :

— Avouez, madame, que aux yeux de votre amant, votre existence devient trop précieuse, pour que vous ne lui sacrifiez un jour l'existence de votre mari ?

A cette accusation, elle se redressa, se détendit comme si elle sortait d'un lourd et mauvais sommeil.

Elle bondit contre Denis, lui montra la porte et lui cria :

Sortez, misérable... sortez :

Le commis se recula en rampant jusqu'au seuil, bien résolu à rendre compte à Mᵐᵉ Lafarge mère de ce qu'il venait d'entendre de la bouche de sa bru.

Le soir, dans une intention secrète, Denis quittait le Glandier, il allait retrouver à Paris M. Lafarge.

Après cette scène, Marie était retombée épuisée sur sa table.

Elle sentait pour la première fois, le réseau d'infamies qui l'enveloppait de toutes parts. Pour ne plus que M. Charles C***, par ses imprudences, n'en reserrât les mailles, elle se décida à se rendre à son appel, mais pour le congédier à tout jamais.

Son aveugle dévouement basé sur la passion et la jalousie, devenait par trop compromettant. Elle comprenait qu'il donnait trop de puissance au souffle des calomnies qui l'accablait.

Elle devait congédier au plus tôt M. Charles C..., sinon elle était perdue sans retour aux yeux de sa famille et de son mari.

Le soir même, la caisse des gâteaux et la lettre d'envoi partirent d'Uzerches; mais Denis, à Paris, devait y attendre la caisse qui fut reçue bien après la lettre d'envoi de sa femme à M. Lafarge.

CHAPITRE XVI

LES GATEAUX DE LA MARIÉE

L'idée d'envoyer des gâteaux du Limousin à M. Lafarge, pendant qu'à l'heure de sa réception, son épouse prendrait à cent lieues de distance, une part de ses gâteaux, avait été suggérée par l'ingénieuse Marie Cappelle.

La fatalité devait encore tourner contre elle, cette pensée délicate de la nouvelle mariée.

L'adroit Denis, en cette circonstance, allait servir la fatalité pesant sur Marie.

Voici à propos de l'envoi de ces gâteaux comment s'exprime Marie Cappelle.

« Au moment du départ de M. Lafarge, écrit-elle, je lui avais demandé de me rapporter un petit gâteau de chez Félix, non pas que je me fisse illusion sur l'état de vétusté et de la sécheresse dans lequel il arriverait, mais en me faisant une joie de cette espèce de fête que je voulais donner à mes souvenirs de gourmandise et de jeunesse.

« Autrefois, mes cousines et moi, nous nous donnions rendez-vous au passage des Panoramas pour nous serrer la main, échanger quelques petits secrets de la veille, pendant que nos gouvernantes nous oubliaient en savourant les gâteaux du grand pâtissier.

« M. Lafarge avait paru comprendre mon désir, je voulus le lui rappeler, et lui rendre le plaisir qu'il voulait me procurer en ajoutant à l'envoi de mon portrait des petits gâteaux et des châtaignes du Limousin, de son *cher Limousin!*

« Il fut convenu que Mme Lafarge, dont la réputation pâtissière était colossale, et qui avait l'habitude de ne céder à personne le grand œuvre des entremets, se chargerait de la confection des gâteaux, et que le

LES CRIMINELS CÉLÈBRES

— Vous ne voulez pas aller à l'adultère et vous courez à l'échafaud. (Page 540.)

jour où M. Lafarge les recevrait à Paris, elle en ferait d'autres qui seraient mangés à notre colonie du Glandier.

« Cette seconde partie du projet qui était *tout à fait la mienne*, me semblait charmante et originale.

« Je me faisais une joie d'enfant d'un souper dans ces conditions, dont les convives, à cent lieues de distance, devaient se réunir par la pensée et par le cœur.

« Sachant que ma sœur devait être à Paris, je chargeai M. Lafarge de l'inviter à notre réunion. J'invitai de mon côté Mme Buffières à cette petite fête. Elle me répondit qu'étant grosse, elle ne pouvait se rendre au Glandier, elle promit cependant de faire à Faye la troisième partie de ce thé-souvenir.

« A Glandier, la soirée fut très gaie. J'avais fait partager notre fête aux ouvriers et aux domestiques de la maison. Tandis qu'au salon nous prenions un tasse de thé au bonheur et au retour de M. Lafarge, à l'office on portait de bruyants toasts à la santé et à la réussite de son brevet.

« J'appris par le retour du courrier que M. Lafarge avait été enchanté de l'attention du portrait. Il l'avait trouvé assez laid pour que mon amour-propre reçut la récompense de son abnégation. Il en fut assez heureux pour que ma patience se trouvat amplement payée par un mot de reconnaissance, et par les longues heures d'ennui, qu'il m'avait fallu braver pour le faire faire.

« Mais Mlle Brun, en apprenant ces détails qui blessaient si cruellement son amour-propre n'en conçut que plus de haine contre moi.

« Elle prétendit que j'avais influencé mon mari.

« Quant à mon idée du souper, elle n'eut aucun succès.

« Mon mari me dit que le soir de l'arrivée de la caisse, étant obligé de passer une partie de la nuit dehors, il ne put manger qu'une bouchée de gâteau, qu'étant rentré assez souffrant de maux d'estomac, il s'était mis au lit avec une migraine affreuse et des vomissements. Ces nouvelles m'inquiétèrent. J'appris plus tard de M. Lafarge que quelques tasses de limonade avaient calmé cette indisposition, bien moins violente que celle qui m'avait effrayée à Luzarches et à Glandier. »

Ce que Mme Lafarge ne put dire dans ses Mémoires, ce que laisse supposer le *Procès Lafarge écrit par un Allemand*, c'est que Denis, partant à Paris, le jour de l'envoi des gâteaux, pouvait bien être pour quelque chose dans l'indisposition subite du maître de forges.

A ce sujet voici comment s'exprime l'auteur du *Procès Lafarge examiné d'après la législation criminelle de Prusse* :

« La supposition d'un pareil crime pourrait être fort naturelle, quand il s'agit d'un homme comme Denis. Ne pouvait-il donc pas avoir intérêt à écarter un des témoins de sa coupable conduite?

« Quand il partit du Glandier, le jour où Mme Lafarge l'eut chassé de sa chambre, personne ne savait qu'il se rendait à Paris. M. Lafarge n'osait dire le but de ses manœuvres, conçues dans l'idée de se procurer de l'argent à tout prix.

« Et Denis n'avait-il pas le plus grand intérêt à écarter M. Lafarge qui l'avait fait venir en secret dans la capitale,

« Après avoir accusé à dessein et par avance, son épouse, n'avait-il pas apporté du poison, au moment de l'envoi des gâteaux.

« Ne pouvait-il pas l'avoir introduit dans le gâteau même?

« La lettre qui annonçait son envoi y *était arrivée* avant la caisse.

« Lafarge voyant Denis à toute heure, à Paris, il a pu apprendre à son maître la prochaine arrivée de la caisse.

« Plus tard, lorsque Lafarge alla chercher le gâteau, la *caisse avait déjà été ouverte.*

« Que l'on ajoute à cela qu'il était *impossible*, puisque le gâteau avait été fait par Mme Lafarge mère, que sa bru eut envoyé le gâteau empoisonné ; que l'on ajoute cette exclamation de Denis, en arrivant avant son maître à Glandier : *Maintenant je suis le maître ici*, et l'on sera bien près de la vérité. »

En tous les cas, lorsque la jeune Lafarge fut délivrée par ce départ de Denis, son dangereux espion, elle se hâta de chercher Charles C.... Elle était bien résolue de lui faire comprendre que ses poursuites inopportunes, exploitées par ses ennemis, ne faisaient que la perdre davantage dans l'esprit de son mari et de toute sa famille.

Pendant quinze jours, elle le chercha en vain dans le Glandier, pour lui signifier son congé.

Mais tout le monde l'avait vu dans la région, excepté elle-même.

Durant quinze jours, Marie pour se rendre forte pour chasser de son esprit l'image de Charles C***, ne cessa dans ses correspondances avec M. Lafarge, de lui donner des preuves de tendresses.

M. Lafarge lui répondit sur le même ton, en la satisfaisant sur ces mille questions touchant ses affaires, sa famille, sa santé et ses amis.

Il lui répondit que sa santé allait aussi mal que ses affaires ; mais il s'en consolait, disait-il par son amour, il lui envoyait comme allusion une branche de lierre avec cette devise :

« *Je meurs où je m'attache.* »

C'était le lendemain de la réception de cette dernière lettre que la jeune Lafarge, montée sur Arabska, rencontra au bout d'une prairie, sous une allée de peupliers, un cavalier qui l'attendait :

Marie pâlit effroyablement. Elle reconnut M. Charles C**.

Elle fouetta sa jument de sa houssine dans l'endroit où se tenait ce cavalier.

Celui-ci était aussi pâle que la délaissée. Son air souffrant et résolu la glaça.

A peine fut-elle près du jeune homme, qu'il prit par la bride la jument de Mme Lafarge et lui dit :

— Marie un grand danger vous menace. Tant qu'il s'agissait de vous dérober à la misère, je pouvais vous abandonner à votre triste sort, maintenant qu'il s'agit de l'infamie, mon devoir est de vous sauver malgré vous.

— Monsieur, exclama Marie Lafarge essayant de délivrer son cheval de l'étreinte de Charles C***. Je ne vous comprends pas et vous êtes fou ! Le malheur dont vous me menacez, ne provient que de votre persistance à me compromettre. Qu'entendez-vous par ces paroles ?

— Madame, reprit-il en retenant son cheval. Je vous dis, je vous répète que vous courez à l'infamie. Je reviens de Paris. Votre mari est malade, et savez-vous ce qu'on dit là-bas, par ce Denis qui est venu rejoindre votre époux dans la capitale ? On dit que l'arsenic que vous vous réserviez pour vous-même à Orléans, vous l'avez mis dans les gâteaux envoyés à Paris pour votre mari.

— Oh ? exclama-t-elle terrifiée, hors d'elle-même. C'est une infamie en effet... Mais qui dit cela... monsieur... qui dit cela...

— Ce même Denis, madame, répondit Charles C..., en tenant toujours la bride d'Arabska. Et vous comprenez que moi qui, par affection pour vous, n'ai pas voulu vous associer à ma misère, je ne veux pas, entendez-vous, je ne veux pas que vous risquiez l'épouvantable malheur qui vous menace. En restant au Glandier où plane un crime, je ne veux pas que vous soyez un jour ou l'autre, accusée de ce crime.

M. Charles C... avait dit ces paroles, en les scandant avec rage, les dents serrées, la main fébrile appuyée sur la gourmette d'Arabeska, piaffant d'impatience et de colère.

Marie, quelles que fussent ses terreurs ne cédait jamais aux commandements. Elle fouetta Arabska qui se cabra avec violence, de façon à se délivrer de l'étreinte du cavalier.

Elle s'écria avec dédain :

— Monsieur mes malheurs me regardent. Je vous l'ai dit, je vous le répète : autrefois vous avez méconnu mon affection, vous n'avez plus le droit, en me faisant adultère, de me sauver de l'infamie. Si je dois être accusée d'un crime : cela me regarde, cela ne vous regarde plus. Et savez vous ce que j'ai reçu hier de mon mari, comme symbole ? une branche de lierre, avec ces mots : *Je meurs où je m'attache*. Vous n'avez pas voulu naguère que je m'attache à vous, que je vive avec vous, laissez-moi mourir avec lui.

L'irrascible et orgueilleuse Cappelle, outrée contre son amant du nouveau malheur dont il la menaçait, outrée contre elle-même de sa terrible destinée, fouetta de sa houssine la pétulante Arabska. L'amazone reprit comme une flèche le chemin du *château*.

Marie entendit de loin les paroles pleines de sanglots de Charles C... désespéré et qui lui cria :

— Ah! Marie! malheureuse Marie, je vous avertissais pour la dernière fois! Vous ne voulez pas aller à l'adultère et vous courez à l'échafaud.

Ces paroles retentirent aux oreilles de Marie jusqu'au Glandier. Elles pénétrèrent dans son cœur, comme un glas funèbre, elle les répéta longtemps aux échos de la plaine.

Une fois rentrée chez elle, elle se mit au lit, elle pleura en pensant à Charles C... Il venait à son tour, dans son désespoir amoureux, de lui rappeler la prophétie de la bohémienne de Villers-Hellon!

Le malheur dont il la menaçait ne devait pas tarder à la frapper, mais, elle ne revit plus M. Charles C... L'amour s'envole devant le crime!

CHAPITRE XVII

LE RETOUR AU GLANDIER

Trois jours avant le retour de M. Lafarge au Glandier, Denis apparaissait comme un oiseau de mauvais augure.

Lorsque M. Lafarge revint auprès de sa femme, au milieu de sa famille, il y était à peine attendu.

Dans la dernière lettre qu'il adressait à son épouse, il disait que son retour dépendait d'un envoi d'argent, qu'il désespérait d'être aussi vite qu'il le désirait auprès de sa femme.

Pourquoi revenait-il, cependant, presque au reçu de sa dernière lettre, c'est-à-dire le 5 janvier?

Probablement, parce qu'il était tourmenté par le démon de la jalousie.

M. Charles C*** n'avait pas trompé Marie Cappelle, en lui disant qu'elle était de la part de Denis un objet de calomnies continuelles.

Et la famille de Marie n'était pas faite pour les amoindrir.

Mme Lafarge mère, depuis les scènes du Glandier et d'Uzerches, ne cessait d'épier sa bru.

Elle rendait compte à son fils, à Denis des démarches secrètes du bal inconnu, de M. Charles C*** qui, dans l'intérêt de Marie, n'avait cessé de la poursuivre depuis Orléans.

Elle avait appris sa dernière entrevue avec lui, à l'allée des peupliers; elle en avait fait part à Denis qui avait instruit M. Lafarge de l'apparition de Charles C*** au Glandier.

C'était pour mettre un terme à ces poursuites que M. Lafarge, en dépit de l'embarras de ses affaires, était revenu à son foyer.

Il avait prévenu sa mère de son retour précipité. Conjointement avec Denis, l'époux outragé, était appelé à confondre l'épouse adultère.

Mais au moment d'entrer dans le complot de sa mère et de son commis, M. Lafarge avait reculé.

Il aimait trop sa femme pour ne pas redouter un flagrant délit.

Lorsqu'il revint secrètement au Glandier, il esquiva la rencontre de Denis et de sa complice s'apprêtant à l'instruire de nouveau sur l'amant de sa femme, tenant à lui prouver la certitude des relations de Marie avec M. Charles C***.

Il préférait ne rien connaître pour ne pas briser de ses mains son idole. Malgré ses infidélités ou à cause de ses infidélités, il ne l'aimait que davantage; ce qui causait le désespoir de ses ennemis et augmentait leurs haines contre elle.

Le jour de son arrivée, M. Lafarge évita sa mère qui le guetta toute la matinée.

Comme un amant en bonne fortune, M. Lafarge traversa la rivière, franchit par une brèche les murs du vieux cloître, pénétra dans la chambre de Marie, sans passer par l'avenue où il était trop certain d'y rencontrer sa mère.

Marie dormait, toujours à côté de Clémentine, lorsque M. Lafarge vint subitement frapper à la porte de la chambre de son épouse.

Ce fut elle-même qui vint lui ouvrir. A sa vue, elle fut effrayée du changement qui s'était opéré sur ses traits depuis son départ.

Il était pâle, défait; Clémentine, encore couchée, le regarda d'un air de douloureux étonnement, elle lui demanda s'il était malade?

M. Lafarge, après avoir souri et pleuré en donnant à sa femme le baiser de retour, répondit :

— Ce n'est rien. Il est vrai que mon estomac me fait mal; mais les courses de jour, de nuit que j'ai été obligé de faire dans ce diable de Paris, le mauvais bouillon que j'ai pris à Limoges et qui me cause de violents vomissements, m'ont horriblement fatigué.

— Voulez-vous, mon ami, lui demanda avec sollicitude Marie, que je vous fasse préparer une tasse de thé?

— Oh! non, non! exclama-t-il avec des gestes de crainte, presque d'horreur.

Marie le regarda d'un air de commisération. Elle devina jusqu'à quel point les calomnies de sa famille avaient atteint celui qui l'aimait trop pour oser l'accabler.

Elle se contint, elle se résigna.

Sur son refus, elle ordonna à Clémentine de se lever pour les laisser seuls.

La soubrette s'esquiva derrière l'alcôve et gagna en toute hâte la chambre d'à côté.

Lorsque les époux furent en tête à tête, Marie, à demi habillée, usa de tous les pouvoirs de sa coquetterie pour combattre les préventions de son mari.

Sa victoire était d'autant plus facile, que son mari, pour se placer lui-même aux pieds de sa victime, avait évité les embûches de sa mère.

Une fois que M. Lafarge fut seul avec sa femme, il ne craignit plus d'être faible. Il lui fit comprendre qu'il avait besoin de la voir en tête à tête pour lui dire ses griefs et ses soupçons.

Marie, d'abord froissée par son refus de recevoir de sa main une tasse de thé, parut touchée et reconnaissante de cette franche explication qu'elle tenait de son pouvoir.

Sensible autant qu'orgueilleuse, son amour-propre était toujours attaquable. Le rusé Lafarge le savait. Mais ses doutes n'étaient pas encore éclaircis.

Après ses aveux, il revint triste, préoccupé.

Malgré la fatigue qu'il éprouvait, malgré les caresses, un peu étudiées de sa femme, il s'échappa de ses bras ; il arpenta la chambre en faisant de grands gestes.

On eût dit qu'une idée cruelle l'obsédait.

Marie lui demanda, en riant et en observant ses gestes désordonnés :

— Est-ce que vous avez laissé votre cœur à Paris?

M. Lafarge se retourna brusquement, comme réveillé d'un somme il agité et sortant d'un épouvantable cauchemar.

Au lieu de lui répondre, il lui demanda brusquement :

— Pouvez-vous me dire, madame, quelle est la personne qui a mis à Uzerches des lettres à l'adresse du comte de Charles C*** pour le faire venir au Glandier ?

— Je ne sais, lui répondit assez sèchement Marie. Je puis seulement vous dire que ce n'est pas moi.

— Si vous lui avez écrit, répondit-il avec des larmes dans les yeux, je vous en supplie, ne me le cachez pas.

— Je n'ai rien à cacher, et je ne lui ai pas écrit.

— Et, reprit-il vivement, il ne vous a pas écrit aussi, lui, n'est-ce pas ?

— Si fait, une fois ; je lui ai répondu verbalement pour lui donner encore une fois, au Glandier comme à Uzerches, son congé définitif.

— Vous ne mentez pas ?

— Je ne mens jamais ! s'écria-t-elle avec hauteur.

— Je vous crois, ajouta-t-il avec un soupir et en courbant la tête.

Marie reprit avec précipitation :

— Si j'avais voulu garder une seconde affection et une correspondance blâmable, vous aurais-je, dans le principe, confié mon secret ? Vous aurais-je dit jusqu'au nom de celui que j'ai dû et voulu oublier en devenant votre femme.

— Tu as raison. Pourtant l'on m'avait assuré...

— Que j'avais écrit à M. Charles C***.

— A peu près.

— Alors, c'est une infâme calomnie ! Et j'exige que vous l'éclaircissiez ; si vous me soupçonnez injustement, je ne saurais plus avoir pour vous une amicale confiance. Vous pouvez surveiller ma conduite, c'est votre droit ; vous pouvez m'interroger sur mes actions, je vous répondrai ; mais je ne donne le droit à personne, ni à votre commis, ni à votre mère, à *votre mère surtout*, d'établir un espionnage et une délation entre vous et moi.

— Oh ! Marie, s'écria d'un air piteux M. Lafarge, pouvez-vous supposer...

— Je ne suppose rien, j'affirme, reprit-elle avec dédain à son époux tremblant. Vous savez si bien que j'ai raison, que vous êtes venu en cachette chez moi, avant d'aller embrasser votre mère si disposée à me mordre !

M. Lafarge essaya de la dissuader, ce fut peine inutile. Du reste, Marie était si sûre de son époux, qu'elle se moquait des manèges de sa belle-mère. Il y avait trop d'amour chez M. Lafarge ; un mot, un regard détruisaient tout l'échafaudage de calomnies élevé à grand frais contre elle par Denis et Mme Lafarge mère ; elle ne désespérait pas, par une parole, par un geste, de vaincre toutes les haines.

Ce fut elle-même, sortant complètement victorieuse de ces explications, qui rappela à son époux qu'il était convenable d'aller embrasser sa mère.

Ce jour-là, M. Lafarge avait si hâte de revoir sa femme, qu'il ne resta que quelques minutes auprès de sa famille.

Que lui dit-elle ? Marie ne put le savoir ; mais M. Lafarge revint vers elle tout soucieux. Il paraissait si fatigué qu'il voulut se coucher. Il pria Marie de lui céder sa chambre ; et pour qu'elle pût plus commodément

Celui-ci, avant de la boire, la regarda d'un air étrange. (Page 554.)

veiller près de lui, il lui demanda de jouer à son piano des airs qu'il n'avait pas entendu depuis longtemps.

— Il avait besoin, disait-il, d'oublier le train-train des affaires et les ennuis d'un voyage si désagréable.

A peine fut-il installé chez sa femme, que les vomissements qui l'avaient repris à Limoges se firent de nouveau sentir.

Marie envoya chercher M. Fleyniat, son oncle, un peu médecin et actuellement au Glandier.

Il attribua son malaise au voyage et lui ordonna de l'orangeade.

Son épouse lui en fit une tasse.

Lorsqu'elle la présenta à M. Lafarge, celui-ci, avant de la boire, la regarda d'un air étrange.

Marie devina sa pensée, elle se mit à son tour à fixer sur lui des regards pleins de reproche. Ils semblaient lui dire :

— Si vous ne croyez pas les infâmes calomnies de mes ennemis, buvez.

Son époux but tout d'un trait l'orangeade, conseillée par M. Fleyniat.

Il se trouva beaucoup mieux après l'avoir prise.

Toute la journée, Marie Cappelle resta auprès du lit du pauvre voyageur.

A la nouvelle de son indisposition, sa mère et quelques parents, entre autres les Buffières, accoururent au chevet du malade. Il leur montra son brevet, reçut leurs félicitations et ne voulut plus que sa femme quittât son chevet, en disant qu'il lui apportait son succès pour étrennes.

Mme Lafarge mère prit un air grognon à ces paroles accusant l'affection profonde de son fils pour sa bru. Elle ne put cacher sa mauvaise humeur devant les actions de grâce que son fils rendait à sa belle-fille.

A l'heure du dîner, M. Lafarge pria sa mère de faire servir sa femme auprès de son lit. Il semblait chercher à réparer au plus vite les jours perdus dans les tristesses de l'absence.

Ce fut pour la belle-mère un nouveau grief qu'elle fit sentir à son fils et qui froissa sa belle-fille.

Longtemps après le dîner, à dix heures, les vomissements le reprirent.

La nuit fut assez calme. Le lendemain, le malade n'éprouvait qu'une grande faiblesse.

Denis, son fidèle commis qui l'avait devancé au Glandier, se présenta pour lui parler d'affaires.

C'était un moyen d'éloigner sa femme de son chevet. M. Lafarge pria son commis de le laisser en repos.

— J'ai assez d'affaires, comme cela, lui répondit-il. Je suis tout à ma famille ; si vous tenez à m'obliger, faites aller chercher à Uzerches mon portemanteau, mes malles et mon argent.

M. Buffières arriva à son tour pour replacer M. Lafarge sur le terrain où n'avait pu le retenir Denis.

Force fut à Marie de laisser sa place à son beau-frère. C'était à l'heure du goûter, elle descendit au salon où elle partagea avec Mlle Brun son léger repas dans lequel on servit quelques meringues.

M. Lafarge, après son entrevue avec Buffières, très fatigué, très préoccupé, voulut manger aussi quelques gâteaux, mais aussitôt les vomissements reparurent plus violents et plus incessants que la veille.

La jeune Lafarge, inquiète, voulut aller chercher le médecin de Brives, la belle-mère s'y opposa en faisant choix du médecin de la famille. M. Bardou, un ami de la maison, mais un très inoffensif docteur.

A deux heures du matin, le docteur Bardou arriva.

Il rassura la famille sur les craintes chimériques colportées par Mme Lafarge mère, prétendant sur des soupçons qu'elle ne pouvait affirmer, que son fils avait été empoisonné à Paris.

Le docteur Bardou dit, en souriant, qu'il n'y avait pas un seul symptôme qui pût donner de la consistance à ces idées formidables, et que le soupçon d'un crime n'était que dans l'imagination de la mère de Mme Lafarge.

Le médecin assura que la maladie du maître de forges était une angine et une inflammation de l'estomac.

Marie se fit expliquer le traitement à suivre pour combattre cette angine.

Il fallait, selon M. Bardou, mettre au malade des sangsues, lui interdire les boissons froides et mêler à ses tisanes des sirops émollients.

Malgré les remèdes anodins du docteur Bardou, la maladie s'aggravait de jour en jour.

Les chagrins de se voir cloué sur son lit, quand mille occupations importantes le réclamaient, augmentaient les souffrances de M. Lafarge. Il était impatient, préoccupé et sombre.

Il voyait avec terreur les allées et venues de sa mère, de sa belle-sœur, de Mlle Brun, de Denis dirigées constamment contre sa femme, pour lui faire quitter son chevet.

Il avait peur d'eux, il avait peur d'elle. Denis, son complice, sous prétexte de lui causer d'affaires, ne manquait une occasion, au nom de sa famille, de lui faire part des soupçons qu'elle nourrissait contre Marie Cappelle.

Un jour, cela se passait vers le 9 janvier, Denis l'entretenait encore de ses soupçons, M. Lafarge, hors de lui, l'arrêta dans ses calomnies, en lui disant :

— La nuit dernière, pendant que je causais avec ma femme, les rats m'ont tellement incommodé, par leurs ébats nocturnes, que j'ai résolu d'en finir avec eux.

Sur ces entrefaites, Marie Cappelle entra, elle ne tenait pas à laisser seul Denis avec son mari.

Celui-ci lui dit, après avoir signé un petit papier où Marie avait écrit une nouvelle ordonnance conseillée par M. Bardou, contre les rats importuns :

Tenez, Denis, allez chercher chez le pharmacien d'Uzerches cet arsenic, pour me délivrer de mes hôtes de là-haut!

Marie frémit, en songeant quelles armes terribles elle donnait à cet homme, mais son mari le voulait.

M. Lafarge la rassura, en lui disant :

— Ma chère femme, c'est à vous-même que Denis, en revenant d'Uzerches, vous remettra le paquet d'arsenic.

Denis sortit, en lançant un sourire et des regards de haine à la jeune Lafarge qui eut le tort, plus tard, de lui donner une commission semblable pour le repos de son mari, la première dose n'ayant eu aucun effet sur les rats du Glandier.

Jusqu'à la scène du 11 janvier, racontée dans le premier chapitre, la famille de M. Lafarge, malgré ses intrigues, ne put parvenir à détacher Marie Cappelle de son époux.

Elle le dit dans ses Mémoires et elle s'exprime ainsi :

« Alors, il me semblait heureux lorsque je le berçais par des paroles affectueuses, des rêves et des projets à venir ; il était très mauvais malade ; j'avais seule le droit de ne pas être renvoyée dans une très *satanique* compagnie, toutes les fois qu'il fallait lui faire exécuter une prescription de son docteur.

« Sa mère avait par-dessus tout le *malheur* de l'impatienter ; il ne lui laissait que le soin de préparer un e multitude de tisanes, de cataplasmes, d'inspecter devant son feu un régiment de cafetières dont il méprisait le contenu, malgré l'ordonnance.

« Les soins de Mlle Brun, mon autre ennemie intime, paraissait plus agréable à mon mari ; mais elle aussi était près de lui pour m'être particulièrement désagréable.

« Toutes mes conversations avec mon mari me découvraient la jalousie dont j'étais l'objet, le mauvais vouloir dont j'étais victime.

« Non seulement on ne craignait pas d'incriminer mes actions, mais on m'en prêtait d'infiniment fausses. On avait ajouté aux mille tourments d'affaires de M. Lafarge des soupçons, des doutes insupportables pour mon esprit et cruels pour mon cœur.

« Mais ces inimitiés sourdes rendirent d'abord M. Lafarge, quoique très soupçonneux, plus tendre pour moi. Il me dit :

« — Je vous prie, aimez-moi devant eux, laissez-leur entendre vos douces paroles, laissez-leur voir toutes vos bonnes intentions.

« Il répétait à sa mère :

« — Vois comme elle est bonne, comme elle *m'aime*, combien je suis heureux, combien il faut que tu l'aimes. Embrasse-la pour le bonheur qu'elle donne à ton fils.

« Parfois aussi, un soupçon jaloux passait sur son front ; il me disait d'une voix brève, dure, méfiante :

— N'est-ce pas à l'autre Charles que vous pensez, en me voyant mourant par votre faute ?

« En me voyant faillir sur ce reproche cruel, il me demandait pardon, il s'humiliait, il me racontait pour s'excuser toutes les perfides insinuations de Denis, suscitées par sa famille.

« J'aurais voulu ignorer cette malveillance qui se cachait dans l'ombre pour me calomnier.

« Il fallait toutes les souffrances de mon mari pour contenir la violence de mon indignation, pour éloigner une explication, pour me faire garder un silence qui m'étouffait et qui me semblait aussi lâche que nuisible.

« Quand j'approchais ma belle-mère, je reculais involontairement, ses paroles fausses et mielleuses soulevaient mon cœur ; mon front brûlait et frissonnait quand elle y imprimait forcément ses baisers.

« Il me semblait que je sentais ses morsures.

« Je l'avoue, je triomphais sans générosité de la préférence exclusive que m'accordait son fils ; je jouissais de ses yeux qui me cherchaient, qui me rappelaient, tandis qu'il répondait avec indifférence aux questions de sa mère. De son autorité, elle m'avait fait fuir ; et de l'autorité de son fils, il me faisait revenir.

« Je jouissais des expressions d'amour qu'il me prodiguait devant elle, des boissons qu'il acceptait de ma main, après les avoir refusées de la sienne.

« J'étais fière de ma toute-puissance, je montrais le prix des baisers que je refusais au jaloux et que j'accordais ensuite aux prières du repentant.

« Folle que j'étais ! Je jouais ma vie pour un bon mot.

« Forte de l'amour de mon mari, je soulevai moi-même les haines qui devaient bientôt creuser ma tombe. »

Le 10 janvier, la veille du jour où se passèrent toutes ces scènes d'hostilité de la famille Lafarge contre Marie Cappelle, sa belle-mère rompit ouvertement avec sa bru, devant son fils agonisant.

Celui-ci, fatigué des soins importuns de sa mère, lui dit avec humeur devant sa femme :

— Va te coucher, maman.

— Je vois bien, répondit-elle à son fils, que vous voulez me chasser tous les deux ; mais c'est égal, je resterai.

— Quelle injustice ! exclama Marie Cappelle.

— Oui, oui, je comprends, répondit-elle à sa bru, que vous cherchez à m'éloigner de mon fils, que vous me regardez comme rien dans la maison.

mais j'y resterai de force, et nous verrons si vous pouvez être la maîtresse.

— Mon Dieu, madame, lui répondit-elle, restez dans votre ruine! Quand Charles sera guéri, je m'en irai bien loin de vos jalouses et mesquines calomnies! S'il m'aime, il me suivra ; s'il vous préfère, je saurai ne pas me plaindre.

De ce jour, la diplomatie, ennemie de la mère de Mme Lafarge, leva le masque. On a vu dans le premier chapitre, comment elle sut mettre dans le jeu de sa haine toute sa famille, particulièrement Mme Buffières, secondée par Mlle Brun et par l'intéressé Denis.

Le 11 janvier, M. Lafarge était agonisant. Sa femme, abandonnée à la famille jalouse de son mari, était sans défense.

Son mari allait appartenir à la mort, son épouse à la justice!

CHAPITRE XVIII

LA PREMIÈRE INSTRUCTION

On a pu juger, dans le premier chapitre, avec quel art la vindicative belle-mère de Mme Lafarge avait pris sa revanche de l'affront que lui avait causé son fils, dans la scène du 10 janvier.

Le 12, lorsque son fils était à l'agonie, la belle-mère avait pris possession de la chambre du moribond. Elle avait forcé Marie Cappelle, souffrante, à bout de persécution et de suspicion, d'abandonner, par intervalle, le chevet du mourant.

Durant ses absences, Denis, Mme Buffières et Mlle Brun n'avaient cessé d'agir contre la jeune Lafarge, en butte à toutes leurs calomnies.

Denis, plus que tout autre, avait intérêt à noircir la victime de Mme Lafarge mère.

La jeune femme, de son côté, avait été bien imprudente en prêtant le flanc à ses soupçons, en chargeant Denis d'obéir à son mari, lorsque celui-ci lui ordonnait d'aller prendre de l'arsenic pour en composer avec sa femme une espèce de *mort aux rats*.

Denis, dans un but personnel, s'était empressé de montrer le paquet d'arsenic à la belle-mère.

Et l'on a vu lorsque M. Bardou, le docteur de la famille, ne voulut pas s'associer au complot de la belle-mère, comment elle chargea un autre médecin, M. Espinasse, d'expliquer les causes de la maladie mortelle de son fils.

Ce nouveau docteur ne craignit pas d'accabler la victime de Mme Lafarge mère, sous les preuves que lui fournirent, avec plus ou moins de succès, Denis, Mlle Brun et Mme Buffières.

Au moment de l'agonie de M. Lafarge, sa femme était tellement compromise par les inimitiés de sa famille, par la science du nouveau docteur, que Lafarge fut bien obligé d'accuser son épouse d'être la cause de son agonie.

Il mourut donc en la traitant d'empoisonneuse.

Hélas! la jeune Lafarge a bien raison de dire dans ses Mémoires :

« Qu'elle avait joué sa vie en défiant sa belle-mère par l'amour que lui manifestait son fils, et qu'à force de provoquer des haines intimes et profondes, elle avait creusé de ses mains sa propre tombe. »

Est-elle aussi innocente qu'elle essaie de le prouver dans ses Mémoires?

Il est permis d'en douter. En tous les cas, Marie Cappelle a été bien imprudente de se confier à Denis pour son achat d'arsenic, et d'outrepasser, à ce sujet, les ordres de son mari.

L'innocence ou la culpabilité de Mme Lafarge reste à l'état de problème; mais les malheurs qui l'ont accablée depuis, avant et pendant son mariage, excusent, sinon son crime du moins, ses éternelles récriminations.

La famille où elle était entrée par dépit n'était rien moins que recommandable; Mme Lafarge était en droit de se plaindre d'une position qu'on lui avait faite, qu'elle ne devait qu'à l'extravagance, à la légèreté de son caractère, et à la pusillanimité d'un amant sans courage, sans volonté.

Mme Lafarge, innocente ou coupable, est une nature d'élite qui n'a été comprise ni de sa famille, ni de son mari. Elle est tombée sous les coups des inimitiés de parents tarés ou indifférents, sous le poids des haines locales dirigées contre une Parisienne, considérée par tous les Limousins comme une *étrangère*.

C'était ainsi, au Glandier, qu'on désignait l'attrayante et séduisante épouse du grossier Lafarge.

Tout, dès son procès, se tourne contre elle, jusqu'au dépôt des diamants qu'elle prétend tenir d'une amie légère, aussi imprudente qu'elle.

La population limousine ne lui pardonne pas le charme qu'elle fait éprouver à ceux qui la connaissent et l'approchent.

Lorsqu'elle est arrêtée au Glandier, lorsque les gendarmes la conduisent à la prison de Brives, la populace proteste contre la sympathie dont l'entourent ses gardiens ; elle est accueillie par des insultes ; elles sont provoquées par la haine que la population limousine voue à l'étrangère et par les calomnies de la famille Lafarge.

Par surcroît de malheur, la générosité de son âme donne des armes contre elle, au profit de ses nombreux ennemis.

Avant d'être arrêtée et conduite à Brives, Emma Pontier, dans l'intérêt et pour la sécurité de sa cousine, s'était emparée et avait caché la boîte d'arsenic qui ne quittait pas Mme Lafarge depuis Orléans, et qui, au Glandier, avait été un sujet d'incrimination pour le perfide Denis.

Emma l'avait prise dans la poche du tablier de sa cousine, M. Fleyniat, après Denis, y avait découvert de l'arsenic.

La jeune Pontier ne pouvait se décider à la remettre entre les mains du procureur du roi. Elle croyait sa cousine perdue par sa faute.

Elle pleurait, pleine de craintes, de regrets et de noirs pressentiments.

Ce fut l'incriminée qui la rassura. Elle lui dit que le poison que contenait la malheureuse boîte y était déposé depuis longtemps pour son usage personnel.

Elle ajouta : « Qu'il fallait remettre cette boîte, qui ne l'avait pas quittée depuis le premier jour de son mariage, entre les mains de la justice qu'il fallait se mettre à l'abri des soupçons, et dire la vérité aussi bien celle qui pouvait lui nuire que celle qui devait la sauver. »

Ainsi l'instruction avait commencé sur les lieux du crime.

Et lorsque Mme Lafarge entrait à la prison de Brives, sa famille en avait fait la proie de la justice.

« Les premiers interrogatoires du juge d'instruction, au Glandier, — écrit Mme Lafarge dans ses Mémoires, — avaient été dirigés moins dans le but de découvrir *le* coupable, que dans le but de convaincre, d'écraser *celle* qu'on lui avait désignée. »

Alors, Mme Lafarge défiait sa malheureuse destinée, elle se donnait volontiers des armes contre elle-même.

Lorsqu'il fut question de la soustraction des diamants de Mme de Leautaud, Mme Lafarge se défendit par une incroyable réponse qui la posa du premier coup comme une voleuse.

Son esprit entier pouvait bien s'abandonner, par orgueil ou par passion, aux plus funestes écarts ; il reculait devant une lâcheté.

Compromise par une amie imprudente, aussi folle qu'elle-même, elle attendit de la générosité de son caractère une réhabilitation qui ne vint pas.

A peine fut-elle enfermée à la prison de Brives, que la première instruction roula sur l'affaire correctionnelle, avant l'affaire criminelle. Il fut question du vol des diamants, avant l'empoisonnement de M. Lafarge.

L'opinion s'émut de ce renversement de juridiction. Il était évident

Comborn vole au sanctuaire et poignarde sans pitié, sur les marches de l'autel, le dépositaire infidèle. (Page 566.)

qu'avant les débats de la cour d'assises, on cherchait, à Paris, des témoins à charge contre la triste héroïne du Glandier.

N'était-il pas permis de penser que de hautes influences pesaient sur le parquet de Limoges, par cette substitution du procès correctionnel sur le procès criminel?

Ainsi, la fatalité la poursuivait toujours. Mme Lafarge, qui espérait que Mme de Leautaud parlerait au nom de la vérité, alla donc au-devant d'une condamnation flétrissante; elle devint comme la préface du procès criminel.

Dans l'instruction, sur le vol des diamants, il ne pouvait y avoir aucun acte contradictoire; et Mme de Leautaud se taisait toujours. Quant à M. Clavé, qui avait menacé cette dame d'un odieux *chantage*, il devenait introuvable, et en dernier lieu, M. Lafarge n'avait-il pas gardé pour lui ce précieux dépôt?

Encore une fois, comme au Glandier, Mme Lafarge se trouvait sans défense devant le tribunal de Brives.

Grâce à Me Lachaud, jeune avocat de Tulle, qui revint immédiatement de Brives pour combattre ces doubles intrigues du Glandier et de la capitale, Mme Lafarge trouva un ardent défenseur.

On a vu qu'il ne réussit pas à faire avouer, à Paris, la vérité à la famille de Leautaud. Il ne fut guère plus heureux dans l'instruction judiciaire et dans sa marche insolite.

Cependant Me Lachaud parvint, avec un zèle qui ne se démentit pas un instant, à guider la captive dans un dédale de juridictions qui n'avait qu'un but, l'égarer dans des marches et contremarches judiciaires pour la perdre plus sûrement devant l'opinion.

Conseillé par son chaleureux et dévoué avocat, elle s'opposa à toutes les combinaisons machiavéliques de la famille de Leautaud et de la famille Lafarge.

Mme Lafarge se décida à demander au tribunal de Brives un sursis jusqu'après le jugement criminel.

Ce sursis fut refusé, le tribunal prétextant qu'aucun texte de loi ne déniait sa compétence.

Mme Lafarge en appela à un nouveau sursis qui lui fut encore refusé.

Il fallut qu'elle se présentât devant des audiences privées et inutiles, puisque leurs débats ne pouvaient être contradictoires, puisqu'elles n'étaient que le dangereux prologue des débats criminels.

Ces débats, qui n'étaient basés que sur les actes d'accusation de la famille Lafarge, achevaient de compromettre la santé de l'accusée. Le 18 mars, après de nombreux interrogatoires, Mme Lafarge tomba sérieusement malade. Il fallut la saigner aux pieds.

On redoutait une congestion. Les personnes, admises à la voir dans sa prison, assurèrent qu'elle ne pouvait continuer de se lever pour satisfaire les juges instructeurs. Le curé d'Uzerches vint lui donner l'extrême-onction ; M⁰ Lachaud ne quitta pas le chevet de la prisonnière pour continuer les communications qu'il avait déjà eues avec elle.

Il fallait tout le zèle de M⁰ Lachaud pour relever les charges très graves, par rapport au vol de diamants, qui résultaient de la perquisition faite au Glandier et de la déposition de Mme Lafarge mère.

Voici le texte de cette accusation, telle que le donne la *Gazette des Tribunaux* :

« Un grand nombre de diamants démontés ont été trouvés au Glandier. Ces diamants, au nombre de cent cinquante, ont été reconnus par le bijoutier Lecointe pour être sortis de son magasin. Ils ont été démontés un à un, et l'opération a dû être de plus de deux heures pour chaque pierre. Mme Lafarge, interrogée sur la possession de ces diamants, a fait une réponse évasive qui fait plus tort à sa bonne foi qu'à sa mémoire. »

On connaît, par les aveux de Mme Lafarge, le motif qui obligeait l'incriminée à se taire sur la véritable possession de ces diamants.

Un témoin, qui sans doute avait le mot de la famille Lafarge, explique tout différemment la possession de ces pierres précieuses retrouvées dans le tiroir du secrétaire du défunt. Il indique comment un des diamants, celui qui servit à couper du verre, a manqué à la collection de ces pierres précieuses.

« Mme Lafarge, écrit la *Gazette des Tribunaux*, sur le rapport de la première instruction, l'aurait vendu pour payer 300 francs qu'elle devait.

« Puis, Mme Lafarge lui aurait dit, après avoir tracé un carreau avec le diamant non retrouvé :

« Prends mes diamants, vends-les. Ils valent 60,000 francs. Tu m'en achèteras d'autres, lorsque tu auras *ton million*.

« Mme Lafarge faisait allusion aux produits futurs du brevet d'invention obtenu par M. Lafarge.

« Un témoin bien respectable, achève la *Gazette des Tribunaux*, rapporte que M. Lafarge lui aurait dit devant sa femme :

« — Voyez si Marie est bonne ! Elle m'a donné un billet de cinq cents francs ; ses diamants sont à ma disposition, dans mon secrétaire. Oh ! qu'elle est bonne ! »

N'en déplaise à ce témoin si respectable, on sait par la veuve Lafarge comment ces diamants se retrouvaient, malgré elle, dans le tiroir du secrétaire de son mari !

La mère de Mme Lafarge avait tellement peur que l'on ne découvrît le subterfuge des diamants passés d'un secrétaire dans un autre que, dès l'instruction, la belle-mère voulut que la levée des scellés fût faite à sa requête.

Mais sur l'objection de l'avocat de la veuve, il voulut aussi que sa cliente figurât comme requérante à cette opération.

Ces difficultés, soulevées par des prétentions contraires, nécessitèrent l'ordonnance d'un nouveau référé ; le référé retarda l'époque de l'audience de l'affaire correctionnelle, prélude de la cour d'assises.

Ces difficultés avaient eu une si funeste influence sur Mme Lafarge, que son organisme si sensible en fut ébranlé. Elle retomba malade ; elle faillit succomber sous le poids des charges accablantes qui la condamnaient correctionnellement, avant de la perdre devant la cour criminelle.

Dans la prison de Brives, comme au Glandier, comme partout, ses attraits touchants, son caractère original et romanesque lui avaient attiré toutes les sympathies.

Les plus grossiers habitants de la prison se laissaient gagner par son charme qui attirait tout ce qui se trouvait à son contact.

A l'heure de la promenade, la cour de la prison de Brives, autrefois si pleine d'échos bruyants, était devenue presque morne. Un silence absolu y régnait depuis que l'on savait que *la dame d'en haut* était malade et reposait !

Il était dans la destinée de cette femme de se faire de chauds partisans parmi ceux qui la connaissaient, pour avoir des ennemis plus terribles parmi ceux qui avaient intérêt à la perdre.

Cette fois, par esprit local, tous les gens du Limousin étaient contre elle et s'associaient aux haines intéressées de la famille Lafarge.

En vain Me Lachaud fit-il insérer dans la *Gazette des Tribunaux* du 3 mai une sorte de protestation contre la première et accusatrice instruction qui eut lieu à Brives ; en vain ne craignit-il pas de proclamer hautement son innocence en protestant contre les arguments des juges limousins, sa voix fut étouffée ; il ne put remonter, malgré sa foi robuste, le courant de l'opinion qui se prononçait contre la voleuse de Mme de Léautaud et l'empoisonneuse de M. Lafarge.

L'instruction correctionnelle de Brives n'avait qu'un but : ouvrir plus large, à l'héroïne du Glandier, sa voie tracée vers l'échafaud.

CHAPITRE XIX

LA LÉGENDE DU GLANDIER ET LE PROCÈS DE BRIVES

La fatalité a toujours pesé sur la vallée du Glandier, elle attira le plus grand des malheurs sur l'infortunée Lafarge et son époux, elle est expliquée en 1840 par le journal l'*Indicateur corrézien*.

A la veille du procès Lafarge, voici comment s'exprimait ce journal en parlant du Glandier :

« La fondation de son monastère remonte au iie siècle.

« La légende populaire explique la création de sa Chartreuse par deux crimes épouvantables : le viol et l'assassinat.

« Une jeune fille du village de Pommiers, commune d'Orgnac, était l'objet des soins d'un des premiers vicomtes de Comborn.

« Ce fier seigneur avait su inspirer à son humble vassale une de ces passions qui sont d'autant plus vives, qu'il a fallu vaincre plus d'obstacle pour combler les distances entre l'amant et l'objet aimé.

« Obligé de s'absenter pour aller guerroyer dans le fond de l'Aquitaine, le seigneur de Comborn confia son trésor d'amour à un de ses abbés châtelains.

« Ce trésor fut mal gardé, et la violence obtint ce qui ne se donne qu'à l'amour. Le jour de la vengeance n'était pas loin ; Comborn revint de son expédition, il est informé de ce qui a lieu pendant son absence, et sans respect pour le caractère sacré du coupable, sans respect pour le lieu saint où, alors en prière, il demandait peut-être à Dieu le pardon de sa faute, Comborn vole au sanctuaire et poignarde sans pitié, sur les marches de l'autel, le dépositaire infidèle.

« Ce crime souleva contre Comborn une réprobation générale parmi tout le clergé limousin.

« L'évêque de Limoges manda auprès de lui le coupable ; une pénitence publique et sévère lui fut imposée, et vers la fin de sa carrière, pour expier son crime, il fonda et dota la chartreuse du Glandier où son cœur fut même enseveli sous le maître-autel de l'église.

« Cette légende populaire, comme je l'ai dit en commençant, n'a-t-elle pas quelque chose de prophétique ?

« Ne semble-t-il pas que, malgré les prières de ses premiers habitants, malgré leur vie toute de retraite et de religion, les passions qui avaient été la cause première de la fondation de ce couvent, avaient jeté dans l'atmosphère qui l'environne des germes qui, comprimés pendant des siècles, les aient fait se développer un jour, réchauffés par le contact de l'agitation moderne?

« Le nouveau crime du Glandier le prouve ! La mort terrible de M. Lafarge, l'accusation qui menace sa veuve, la désolation que cette mort jette dans le cœur d'une mère, tous ces événements ne sont-ils pas en harmonie avec les passions du fondateur du Glandier?

« L'âme brûlante de celui-ci, qui n'a cessé d'être calmé par les chants pieux du cloître, n'a-t-elle pas brisé son enveloppe de plomb, et planant sur la triste vallée du Glandier, au moment où l'infortuné Lafarge luttait avec les angoisses de la mort, n'a-t-elle pas proclamé cette trinité terrible : Amour, crime et malheur ! »

Comme on l'a vu, la nouvelle victime, avant d'être terrassée par l'amour, le meurtre et le malheur, allait l'être par une accusation de vol.

Elle ne sortit du Glandier, elle n'entra à la prison de Brives que pour répondre devant la police correctionnelle d'un vol de diamants la préparant à une condamnation bien autrement terrible que celle dont elle était menacée.

Au tribunal de Brives paraît forcément Mme de Leautaud. Elle est dans une position *intéressante*, dans un état de grossesse très avancée. L'accusation qu'elle a laissée peser sur son ancienne amie n'a pas permis à la justice de laisser la jeune femme à Paris.

Les deux anciennes amies, Mme de Leautaud et Mme veuve Lafarge, l'une comme principal témoin, l'autre comme accusée, paraissent à la barre de la salle d'audience.

Pour la circonstance, on avait décoré l'enceinte comme une salle de spectacle, afin de faire plus d'honneur à ses assistants : importants personnages de Paris, des départements et des châteaux voisins.

La curiosité, surexcitée par l'attrait du scandale, régnait dans ce public élégant et frivole.

Pour la première fois, peut-être à Brives, deux grandes dames du monde parisien étaient sur la sellette : l'une pour se défendre d'une complicité de vol, et d'un amour coupable, l'autre obligée d'avouer le vol simulé de sa complice pour disputer sa tête à l'échafaud !

Une passion dissimulée sous un vol provoqué par un scandale parisien, rien n'était plus alléchant pour des corréziens qui venaient dans le prétoire assister aux déshonneurs publics d'une Nicolaï et d'une parente du directeur de la Banque de France.

Lorsque Mme Lafarge, sur le banc des accusés, lorsque Mme de Leautaud, sur le banc des témoins, paraissent devant les juges, la physionomie de chacune d'elles est bien changée.

Mme de Leautaud, aux traits réguliers, pleins de douceur, a la figure tirée et fatiguée ; ses grands yeux noirs, ombragés de longs sourcils, sont très cernés et ajoutent de la pâleur à ses traits.

Mme Lafarge, qui sort à peine de maladie, est bien maigrie ; son teint jaune est devenu cadavéreux ; sa bouche, un peu grande, se dessine davantage sur ses joues creuses. Malgré les souffrances physiques et les tortures morales qui l'accablent, l'expression sympathique de sa gracieuse physionomie et de son large et langoureux regard ne l'a pas abandonnée et lui donne encore de l'attrait.

Mme Leautaud a sur les lèvres ce sourire de l'impunité et de la confiance superbe. Elle regarde d'un air de défi impertinent Mme Lafarge, son ancienne amie. Celle-ci, digne, froide, baisse les yeux et garde une complète immobilité.

Lorsque la comtesse de Leautaud est forcée d'expliquer la présence de ses diamants dans le tiroir du secrétaire de M. Lafarge, l'ancienne amie de Mme Lafarge détruit son histoire, au sujet de M. Clavé.

Ce roman, selon elle, a été imaginé par Marie Cappelle pour dissimuler son vol.

« Le dimanche 9 juin, prétend Mme de Leautaud au tribunal, j'eus le malheur de montrer, dans le salon du rez-de-chaussée, mes diamants à Marie Cappelle et à quelques autres dames réunies autour de moi. Je ne remontai que deux heures après dans ma chambre, mon écrin laissé sur une table. Le *dimanche suivant*, 11 juin, *mon mari ayant désiré* que je me pare de mes diamants, j'allai chercher mon écrin ; ce fut mon mari qui l'ouvrit, il le trouva vide. Nous fûmes très surpris de ne pas y trouver mes bijoux. Cependant, nous n'eûmes pas l'idée qu'ils avaient pu être volés. Je crus qu'on avait voulu me donner une leçon pour les avoir laissés à la merci du premier venu, pendant deux heures, dans le salon du rez-de-chaussée, le dimanche précédent.

« Deux jours après, mon mari et moi, nous fîmes une enquête sur tout le personnel de ma maison, sans obtenir de résultat. Le 18 juin, nous revînmes à Paris. Depuis, je n'ai plus revu Marie Cappelle. »

Mme de Leautaud avance ces faits avec une grande assurance, assistée de son mari, accompagnée de son père, M. de Nicolaï, soutenue par Me Coraly, avocat et député.

Une fois que son ex-amie a parlé, Mme Lafarge se lève ; elle répète mot pour mot les faits qui se sont passés entre M. Clavé et Mlle de Nicolaï, avant d'être comtesse de Leautaud ; elle signale les lettres du premier adorateur de Mlle Marie de Nicolaï dont elle était la confidente.

Une autre nature dévouée s'attacha à Mᵐᵉ Lafarge, ce fut sa femme de chambre Clémentine. (Page 573.)

Dans ces lettres, M. Clavé qui est devenu depuis introuvable, qui est partout, au Mexique, en Algérie, et qu'on ne peut retrouver nulle part, M. Clavé appelle sa chère Marie, sa *Mariquita.* Pour lui, c'est une colombe de l'arche sainte ! Sans elle, il ne voit plus autour de lui qu'une mer d'incertitude.

Plus tard, ajoute l'accusée, M. Clavé, en apprenant l'union de sa colombe, la menace de parler. Elle ne trouve, avec son amie Marie Cappelle, qu'un moyen d'acheter le silence du traître : c'est de le payer sur le prix de ses diamants, après avoir imaginé l'idée de les faire disparaître par un vol simulé afin de ménager la jalousie d'un mari. Mᵐᵉ Lafarge termine en disant :

— Voilà la vérité, je suis fâchée que des scrupules mal entendus, m'aient empêchée de tout dire plus tôt.

Le président du tribunal correctionnel de Brives, demande à la veuve Lafarge :

— Comment se fait-il que sachant que Mᵐᵉ de Leautaud voulait vendre ses diamants pour en donner le prix à Clavé, vous avez proposé, une fois mariée, de les laisser entre les mains de votre époux, pour l'emploi de sa forge, en lui payant l'intérêt à raison de dix pour cent.

R. — Je n'étais pas la maîtresse des dispositions de mon mari.

D. — N'avez-vous pas fait des démarches auprès de M. et de Mᵐᵉ de Leautaud, pour les engager à ne pas reconnaître les diamants dont il s'agit.

R. — J'ai fait dire par Mᵉ Bac et Mᵉ Lachaud, mes avocats, à la famille Leautaud que je ne pouvais me sacrifier plus longtemps au silence de Mᵐᵉ de Leautaud, qu'elle devait toute la vérité à ma famille et à la justice.

On sait, en effet, que dès son arrestation, dans la première instruction concernant le vol de diamants, Mᵐᵉ Lafarge pour l'honneur de son ex-amie, avait fait au juge une réponse si compromettante que les avocats Bac et Lachaud lui en démontrèrent la gravité.

On a vu aussi que les démarches de Mᵉ Bac et de Mᵉ Lachaud, ses défenseurs, furent sans résultat. Ils se présentèrent en vain auprès de Mᵐᵉ de Leautaud et de sa famille, pour les supplier d'arracher Mᵐᵉ Lafarge à l'infamie.

Mᵐᵉ de Leautaud et sa famille furent inflexibles, elles restèrent dans leur silence intéressé.

Le silence qu'elles avaient gardé durant l'instruction, elles le gardèrent d'une façon plus impénétrable, devant le tribunal de Brives.

Alors Mᵉ Lachaud, le plus dévoué défenseur de la veuve Lafarge, ne craint pas d'avouer que ses démarches, à Paris, au profit de sa cliente et auprès des Leautaud et des Nicolaï, ont été toutes spontanées.

Ce n'est pas la veuve Lafarge qui lui a conseillé ces démarches, il les a faites de lui-même dans l'intérêt de la vérité.

Il avoue au tribunal tout ce qu'il a tenté, tout ce qu'il a dit, dans l'intérêt de la veuve, auprès de Mᵐᵉ Nicolaï, la mère de Mᵐᵉ de Leautaud.

—Madame, disait alors à cette dernière à M° Lachaud suppliant, songez que c'est une femme qui se noie et qui vous tend la main.

Mais M™° Nicolaï lui répondait :

— Je ne voudrais pas qu'elle nous tendît une main qui fût pour nous un fer rouge.

Pour comble de fatalité, l'insouciance avec laquelle la mère de M™° de Leautaud laisse se noyer l'ex-amie de sa fille, était partagée par la famille de la veuve Lafarge.

M™° Garat, qui avait marié si légèrement sa nièce, en la livrant à un mari inconnu, à un homme odieux, n'était pas faite par sa déposition pour détruire l'existence des méfaits reprochés à la victime.

Au contraire, M™° Garat rappelait au tribunal de Brives, un ensemble de soustractions partiels restés inaperçues dans sa famille.

Il prenait un corps menaçant, devant le vol de diamants de M™° de Leautaud.

Marie Cappelle accablée par les siens, n'avait plus qu'à désespérer de sa justification ; cette justification très difficile, par sa complicité avec son ex-amie, devenait impossible, dès que M™° Garat se liguait avec la famille de ses adversaires ; dès que sa tante la présentait comme une jeune fille très corrompue d'esprit ou tout au moins, rien moins que scrupuleuse.

Il était évident que le premier procès de Brives, comme nous l'avons indiqué précédemment, n'était qu'un moyen de présenter l'incriminée sous un jour défavorable.

On la montrait perfide, dissimulée, corrompue, avant de la faire connaître criminelle.

Les hautes influences des témoins à charge, comme les Nicolaï et les Garat, devaient retomber de tout leur poids sur la tête de la malheureuse, avant d'être placée sur la route de l'échafaud.

En la posant à Brives comme voleuse, c'était un moyen de tracer la voie de l'infamie sur laquelle l'avait placée la famille de M. Lafarge.

L'œuvre infernale de la belle-mère de *l'étrangère*, de la Parisienne, avait pris des proportions égales au malheur qui la frappait, par la perte de son fils.

Les plus importantes familles de France étaient d'accord avec la famille Lafarge pour s'associer à des représailles maternelles.

A Brives, pour mieux fixer la victime sur cette route de l'échafaud, on n'avait écouté que des témoins à décharges. Ils semblaient s'être réunis dans une accusation unanime contre Marie Cappelle.

Lorsqu'après les débats correctionnels, Marie Cappelle, par une contradiction dont les assises feront justice, va être condamnée au maximum de la peine, à deux ans d'emprisonnement, M° Lachaud s'écrie :

— On a placé ici l'accusée dans l'impossibilité de se défendre. Elle n'a pu faire entendre ses témoins, vous ne voulez pas que ses témoins soient entendus. Ce jugement sera cassé.

Le 14 août, le tribunal correctionnel de Tulle, cassa donc le jugement par défaut, du tribunal de Brives.

Mais l'effet était produit par ce jugement. L'accusée Lafarge, devenue une vulgaire voleuse, perdait dans l'opinion, son côté intéressant. La victime était toute préparée pour monter à son calvaire et se préparer au dernier supplice.

CHAPITRE XX

LE DÉVOUEMENT DE Mᵉ LACHAUD ET LA PROMESSE DU PRISONNIER DE HAM

Le dévouement de Mᵉ Lachaud pour la victime du Glandier fut incommensurable. Le jeune avocat déploya pour défendre la captive, pour alléger le poids de ses souffrances, une ardeur et une sollicitude infatigables.

Il alla à Paris, il décida Mᵉ Bac, défenseur comme lui, de Mᵐᵉ Lafarge, à faire à son exemple, plusieurs démarches auprès de la famille Nicolaï et de Leautaud, afin de lui éviter l'affaire scandaleuse des diamants.

S'il ne réussit pas auprès de ses ennemis de Paris, qui se joignaient à ceux du Glandier, pour la perdre, il fut plus heureux dans sa région.

Son courage, sa persévérance à se faire le champion de l'accusée, à proclamer bien haut son innocence, ne le lassèrent pas un seul instant.

Ce fut Mᵉ Lachaud qui parvint à lui épargner l'humiliation, soit à Brives, soit à Limoges, soit à Tulle, d'aller dans la voiture des prisonniers, pour se rendre de son cachot au tribunal.

Il fit tant, en sollicitant des juges, une faveur spéciale pour Marie Cappelle, souffrante, malade, qu'il parvint à la faire amener en berline aux divers palais de justice où elle avait à se présenter et à se défendre.

Sa berline ne la quitta plus jusqu'à la fin des débats.

Une autre nature dévouée s'attacha, dès son départ du Glandier, à Mme veuve Lafarge et à toutes ses infortunes : ce fut sa femme de chambre qui ne l'avait pas quittée, depuis son mariage et qui l'avait suivi jusque dans son cachot de Brives.

Lorsque en exécution de l'arrêt de renvoi, rendu par la cour royale de Limoges, l'acte d'accusation fut porté et transmis au parquet de Tulle, la veuve Lafarge, forcée de changer de prison pour se rendre à ce chef-lieu, eut encore Clémentine pour compagne.

Le jour où il fut question, au mois d'août, de sa translation de prison, la veuve Lafarge s'exprime ainsi :

« — Que va-t-il m'arriver !

« Ce matin, en m'habillant, j'ai senti une larme de Clémentine tomber sur mon épaule. Je n'ai jamais vu ma fidèle Clé pleurer sur elle, toujours je l'ai surprise souffrir avant moi des douleurs qui me menaçaient.

« Que va-t-il encore m'arriver ?

« Je n'avais pas eu le courage d'interroger Clémentine, quand Me Lachaud est venu pénétrer dans ma chambre pour me saluer tristement.

« Aussitôt il s'est assis devant moi, m'a regardée longtemps de ce regard profond de l'homme qui veut graver un souvenir suprême dans son cœur.

« Ce regard m'a fait mal, une inexprimable angoisse m'a saisie. J'aurais voulu parler et je n'osais, j'étais impatiente d'apprendre ce que je tremblais de savoir. Je sentais que ma voix s'éteindrait dans mes sanglots.

« Me Lachaud a compris ma pensée. Il a détourné la tête. Au même instant le gardien chef est venu demander Clémentine et j'ai entendu murmurer ces mots : *Départ pour Tulle : voiture cellulaire...*

« Heureux les morts ! »

A quelques pages plus loin, Mme Lafarge, au moment de partir écrit de nouveau :

« Me Lachaud sort de chez le préfet. Je ne serai pas enfermée dans une voiture cellulaire. Le ministre a pris en considération le rapport des docteurs qui n'ont cessé de veiller dans mon cachot de Brives, sur ma pauvre santé. Ils n'ont pas hésité à certifier que ce mode de transport pouvait me tuer. »

On a vu, que pendant le premier procès concernant le vol des diamants, ce ne fut qu'en la saignant au pied que les docteurs, dévoués comme Me Lachaud et Clémentine, à la veuve Lafarge, avaient pu lui faire supporter le long martyre des débats.

Que fût-elle devenue dans la voiture cellulaire, où l'air et le jour manquent, où le captif n'a pour endormir ses douleurs qu'un bruit de roues incessant et d'incessantes ténèbres ? Elle fut morte, avant d'être déjà morte au monde.

Voici comment s'exprime Mme veuve Lafarge sur le compte de Clémentine, de cette femme de chambre, qui, dans l'existence fatale de sa maîtresse, a joué un rôle si intéressant.

« Lorsque la justice me fit enlever du Glandier pour m'emmener dans la prison de Brives, Clémentine me suivit, ne demandant d'autre grâce, que de rester prisonnière avec moi. Pendant tout le cours des débats elle fut sublime d'énergie et de fidélité. Après ma première condamnation, son dévouement s'exalta encore, et j'ai pu voir cette jeune fille, naguère si étourdie et si rieuse, pleurer mes larmes, souffrir mes souffrances, me soigner nuit et jour avec la tendresse sans bornes d'une mère et d'une sœur.

« Soumise comme moi, à Brives, à la rigueur d'un règlement qui nous privait d'air et d'exercice, souvent de toute communication avec le dehors, non seulement ma pauvre *Clé* ne se plaignait jamais, mais encore elle évitait de me laisser deviner qu'elle pût se trouver à plaindre.

« Elle souriait aux grilles, aux verrous, aux gardiens ; et sous ses mains, il n'était pas jusqu'aux cadenas eux-mêmes qui semblaient chanter.

« Clémentine est le type de la grisette parisienne. Elle a l'esprit qui se parle et l'instruction qui se devine. Elle sait un peu de tout sans avoir rien appris. Elle s'éprend de tout en une heure sans se passionner de rien. Elle est frivole par goût et sensée par instinct. Elle est forte contre la douleur et faible contre le plaisir.

« Chez elle les devoirs de sentiment l'emportent sur le sentiment des devoirs. Pour pleurer il faut qu'elle voie pleurer. Pour s'ennuyer, il faut qu'elle s'ennuie à deux. Quand elle ne cause pas elle fredonne ; quand ses doigts s'appliquent, son pied danse ; elle chante devant le travail comme l'alouette devant l'aurore ; et si l'orage vient à gronder, elle chante encore pour s'étourdir et s'encourager.

« Ce que *Clé* adore par-dessus tout, ce sont les dimanches couleur de soleil, les robes couleur de rose, les romances tristes et les romans gais, son cœur est aussi excellent que sa tête est folle.

« Pour la bien juger, il faut l'aimer, pour l'aimer autant qu'elle le mérite, il faut l'avoir vue grandir comme moi, dans le malheur et se dévouer à lui jusqu'à l'héroïsme. »

Quel charmant portrait !

La plume de La Bruyère ne l'eût pas mieux retracée, s'il eût pu de son temps, reproduire ce type de la société moderne.

Telles étaient les natures d'élite dont savait s'entourer cette femme sympathique ; des filles de cœur comme Clémentine, des gens de talent comme l'illustre Lachaud, dont la renommée commença à grandir sur cet immense malheur qui s'appelle le crime du Glandier.

Ce fut Me Lachaud, à son début, qui puisa dans son dévouement, une autorité que possédaient par la notoriété de l'âge et du talent ses autres défenseurs Bac et Paillet ; il parvint à faire casser le jugement par défaut du tribunal de Brives.

A l'aide de la publicité donnée par Me Lachaud contre le premier arrêt correctionnel de Brives, il fut déclaré que l'appel du 14 août, du tribunal correctionnel de Tulle était suspensif, et qu'à tort, ce tribunal avait procédé à l'examen criminel ; alors l'affaire fut envoyée définitivement en septembre.

Dans le cours du procès l'activité et le dévouement de Me Lachaud furent à la hauteur des tortures de l'accusée.

Si pour ne pas scinder la défense, Me Paillet occupa au tribunal de Tulle le premier plan et prit la parole en plaidant seul, il n'eut pas la plus lourde tâche. Me Lachaud était sans cesse aux côtés de Mme Lafarge, pour lui dicter ses réponses, conjointement avec Me Bac.

Ces deux avocats, Me Bac, avocat de Limoges et Me Lachaud avocat de Tulle, ne quittaient pas leur *cliente*, pour la protéger contre les préventions corréziennes, contre un jury intéressé à défendre l'honneur du Limousin.

Me Lachaud particulièrement, suivait avec anxiété les péripéties d'un procès qui achevaient de compromettre la santé et la vie de Mme Lafarge.

On vit l'avocat de Tulle, au milieu du procès, forcer le tribunal à suspendre ses interrogatoires à la suite des violentes émotions qu'elles avaient provoquées chez l'accusée.

Lorsqu'elle tomba de nouveau malade, presque expirante, sur son lit de douleur, Me Lachaud, au chevet de la malade, implora la pitié des magistrats pour retarder la reprise des séances.

Un jour qu'on attendait en vain l'accusée à l'audience, Me Lachaud s'y présenta seul, les larmes dans les yeux, il annonça les nouvelles crises dont était en proie Mme Lafarge. Sur les pressantes sollicitations de ceux qui la veillaient, Me Lachaud dut rentrer à l'audience en annonçant au prétoire :

« — Un nouvel essai vient d'être fait pour amener l'accusée au tribunal ; mais il a été impossible, tout à fait impossible à Mme Lafarge de se lever. »

On va voir dans le cours du procès criminel avec quelle rigueur, poussée jusqu'à l'inhumanité, on pressait l'accusée, épuisée par tant d'accusations successives, pour qu'elle parût aux assises.

Mais le droit sacré de la défense, représenté par le dévouement de Me Lachaud, fut à la hauteur des rigueurs de la justice.

Ces rigueurs, contre la triste héroïne du Glandier, émurent à tel point l'opinion, qu'en dépit des haines locales et des haines de famille, l'opposition prit parti pour la veuve Lafarge.

Les adversaires de la loi s'armèrent à son profit contre ses défenseurs. La nouvelle victime du Glandier servit indirectement de recrue aux conspirateurs du gouvernement.

A cette époque, un procès, tout aussi célèbre, surgit sur le domaine de la politique militante ; il inquiéta, plus que ne voulait le laisser paraître, l'entourage du roi Louis-Philippe.

Conjointement avec le procès Lafarge occupant tous les journaux, marchait de pair le procès de l'affaire de Boulogne.

La nouvelle échauffourée du prince Louis Bonaparte, n'ayant pu implanter l'aigle impérial sur la plage boulonnaise, recommençait pour la deuxième fois à inquiéter la cour des Tuileries.

En vain les amis du gouvernement essayaient-ils de couvrir de ridicule cette tentative d'insurrection ; elle n'était pas moins à leurs yeux une sérieuse menace contre le pouvoir établi. Ce qu'on ne savait pas dans le vulgaire, c'est que d'importantes familles dans l'armée, dans la finance, jusque dans le barreau, avaient failli être compromises dans les débats du procès politique du prince président.

Il se trouvait, par les anciennes relations de la famille de la veuve Lafarge, fille d'un officier du premier empire, petite-fille d'un protégé du ministre de Napoléon Ier, que des individualités très puissantes, appartenant au monde de Marie Cappelle, avaient failli être jugées dans l'affaire de Boulogne.

A cette époque, le prince prétendant cherchait partout des partisans. En s'intéressant au sort de Mme Lafarge, c'était se créer des créatures dans une société qui avait joué un si grand rôle à l'époque du premier empire.

Aussi le prince Louis-Napoléon, sur le point d'être condamné par les lois de son pays, affecta-t-il, par politique, de s'intéresser à celle qui, comme lui, plus que lui, avait à se plaindre des juges assermentés :

— Si jamais, dit le prince prétendant, au Luxembourg, je deviens chef de l'Etat, je me souviendrai de cette malheureuse femme, sacrifiée par des haines de famille, soutenues encore par les hautes influences de ce gouvernement impitoyable. Je casserai l'arrêt de Tulle.

Dès que le prince, condamné à une prison perpétuelle, se vit enfermé à la prison de Ham, il pria Me Lachaud, le défenseur malheureux de la veuve Lafarge, de venir conférer avec lui.

Le gouvernement de Louis-Philippe, assez tolérant, ne s'opposa pas à cette entrevue; alors il laissait volontiers le prince Louis Bonaparte continuer son rôle de prince prétendant, entre les quatre murs d'un cachot.

Ses prétentions, à son sens, ne le rendaient que plus ridicules. On se

Le prince-président s'empressa de donner le 15 mai 1852, un ordre de mise en liberté. (Page 581.)

montrait très débonnaire avec le futur Napoléon III, pour ne pas le trouver trop à craindre.

Dans cette entrevue, le prisonnier de Ham tint à peu près ce langage à Mᵉ Lachaud, désolé et indigné des tortures que la magistrature faisait subir à son intéressante cliente :

— Monsieur Lachaud, lui dit-il, comme vous, je crois Mᵐᵉ Lafarge innocente du crime monstrueux dont on l'accuse. En tous les cas, fut-elle coupable, elle n'a pas moins été la victime d'une famille égoïste et d'une famille d'intrigants. Mon premier soin, quand *j'arriverai* au pouvoir, sera de la réhabiliter et de lui ouvrir la porte de sa prison.

M° Lachaud, tout en se raccrochant alors, dans son désespoir et sa douleur, à toutes les espérances ne put s'empêcher de sourire, aux prétentions du prisonnier :

— Vous croyez, lui répondit le prince Louis en lisant dans la pensée de l'avocat, que je m'illusionne, n'est-ce pas? Et vous souriez de mes illusions, comme bien d'autres ! Croyez-moi, malgré mes faux pas de Strasbourg et de Boulogne, *je chemine*. Lorsque je serai, à mon tour, tout près du trône, je me souviendrai de ceux qui ont servi jadis de cariatides au trône impérial. Les parents de Mme Lafarge ont été autrefois ces cariatides. Je vous le répète, je saurai être reconnaissant.

— En tous les cas, prince, lui répondit M° Lachaud avec incrédulité, il faut votre foi robuste dans la destinée, pour songer dans votre adversité à l'adversité des autres?

— Mon adversité, ma captivité à Ham, reprit le prince de ce sourire aimable et de ce ton affable qu'il savait prendre vis-à-vis de ceux qu'il voulait capter, sont des atouts de plus dans mon jeu. Les tentatives de Strasbourg et de Boulogne ont été plus près de réussir qu'on ne l'a cru communément. Dans l'affaire des diamants de Mme de Leautaud, il s'est trouvé plusieurs de mes complices dont les noms, chers au premier Empire, sont appelés à figurer sur l'annuaire du second, encore en préparation. Croyez-moi, cher monsieur Lachaud, soyez des nôtres. Vous vivez, sans vous en douter, au milieu des miens. Si vous en doutez, dites toujours à Mme Lafarge qu'au nom de son père, de son grand-père, fidèles aux traditions éternelles de mon oncle, dites-lui bien que je *la suis* pour devenir, un jour ou l'autre, son protecteur; dites-lui bien que je me *souviendrai!*

M° Lachaud, qui n'attendait plus rien du monde officiel de son époque, se contenta, dans l'intérêt de sa cliente, des promesses du prisonnier de Ham.

Il s'attela au char de son infortune, uniquement pour voir se lever une nouvelle lueur de salut devant la malheureuse Lafarge.

Il se rappela en effet que parmi les témoins de Mme de Leautaud, au procès de Brives, figuraient des personnages dont les noms avaient brillé dans les fastes du premier empire. Et il attendit.

Plus tard, le nouveau et puissant protecteur de Mme Lafarge, par l'entremise de M° Lachaud, ne lui fit pas défaut.

Neuf ans après, le prince Louis-Napoléon, qui avait besoin de se faire des partisans dans le monde d'élite qui s'agitait autour de Mme Lafarge, se souvint de sa promesse.

Dans l'acte de réparation du futur empereur, l'humanité avait-elle autant de place que la politique ?

En tous les cas, ce ne furent pas moins les malheurs de Mme Lafarge qui donnèrent à Me Lachaud, par l'appui du futur empereur, des auxiliaires introuvables sous le gouvernement de Louis-Philippe.

En se souvenant de Mme Lafarge, le prince se souvint de son infatigable défenseur.

Peut-être la fortune et la célébrité de Me Lachaud datent-elles de cette entrevue avec le prisonnier de Ham ; peut-être furent-elles la récompense de sa bonne action, en cherchant partout des protecteurs à sa cliente infortunée ?

On verra qui profita de cette mansuétude : ou de Mme Lafarge, ou de Me Lachaud, l'illustre défenseur de tous les affligés, frappés plus ou moins sévèrement par les rigueurs de la justice ?

CHAPITRE XXI

MONSTRE OU VIERGE, MARTYRE OU CRIMINELLE ?

Un exemple du dévouement de Clémentine, la femme de chambre de Mme Lafarge, va démontrer jusqu'à quel point, cette femme extraordinaire. sympathique, savait s'attacher tous les cœurs.

La fidélité de Me Lachaud à sa cliente, qui ne se termina qu'avec sa vie, a trouvé dans Clémentine une imitation non moins remarquable.

Ni l'illustre avocat, ni la modeste soubrette ne furent seuls à compatir aux malheurs de Mme Lafarge, comme on le verra plus tard.

Jusque sur le bord de la tombe, elle trouva des fanatiques qui demandèrent pour elle la réparation.

Après le jugement des assises, dont le compte rendu détaillé va suivre ce chapitre, Mme Lafarge, en compagnie de sa suivante, fut dirigée sur Montpellier.

Clémentine, durant ce triste voyage, avait un projet de substitution de prisonnières, qu'elle voulut mettre en exécution au dernier relais.

Voici à propos de ce projet comment s'exprime Mme Lafarge.

« Clémentine à mon insu, avait fait écrire au ministre pour obtenir l'autorisation de s'enfermer avec moi, dans la maison centrale où je serais transférée en quittant Tulle, sa prière avait été rejetée, et la pauvre fille qui n'avait pas pleuré en me faisant le sacrifice de sa liberté et de sa jeunesse, pleura longtemps la vie qui lui était rendue.

« Déçue de son sublime espoir d'abnégation et de dévouement, elle n'abandonna sa première idée que pour former le projet de se fixer partout avec moi.

« Elle méditait encore un autre sacrifice. Dans l'auberge où nous étions descendues, moi, pour me rendre à Montpellier, elle, pour continuer sa route vers Paris, elle me parlait de sa résolution à me suivre jusqu'à Montpellier.

« Nous étions couchées, lorsque dix heures sonnaient à l'horloge de la cuisine.

« Alors Clémentine se leva la première et s'assurant que personne ne pouvait nous entendre du dehors, elle revint vers mon lit, au moment où je me disposais à me lever à mon tour.

« Alors elle me dit de sa voix la plus câline ;

« — Ma chère dame, vous m'aimez et je vous aime. Voulez-vous m'accorder une grâce. Voulez-vous prouver à votre pauvre *Clé* que votre attachement pour elle n'est pas moindre que son attachement pour vous? Dites, madame, le voulez-vous ?

« — Je veux tout ce que vous voulez, ma bonne *Clé*, cependant...

« — Pas de cependant, chacun entend le bonheur à sa manière. Pour être heureuse, il faut que je vous sente libre et contente. Vous m'avez entendue débiter un compte aux gendarmes, au sujet de mon départ pour la capitale. Voilà mes habits, passez-les, voilà mon passeport, prenez-le. J'ai mis tous mes effets dans cette grande malle, et tout à l'heure, quand on viendra me dire que le courrier relaie, vous sauterez dans la voiture qui se dirige sur Paris, vous partirez à ma place, et bon voyage, le tour sera fait.

« — Pauvre chère fille, lui répondis-je, ne voyez-vous pas que c'est impossible? En admettant même que toutes les choses se passent comme vous les arrangez, mon absence sera remarquée. Dès qu'il faudra quitter l'auberge pour remonter en voiture, le télégraphe jouera, et le télégraphe mis en branle, ses grands bras m'atteindraient bien avant mon arrivée à Paris.

« — Je vous ai laissé dire, maintenant vous allez me laisser faire, reprit Clémentine, en préparant tout pour m'habiller, je ne vous prête pas ma robe, je la change contre la vôtre et en prenant votre nom, je vous donne le mien; en vous faisant grisette, je me fais dame.

« — Quoi, vous voulez...

« — Je veux aller à votre place à Montpellier, pendant que vous irez à la mienne, à Paris, ma taille, ma voix, nos signalements sont à peu près les mêmes ; et grâce à votre habitude de vous enfouir sous un triple voile, les bons gendarmes ne s'apercevront pas de la supercherie. Les messieurs de la maison centrale qui ne nous connaissent pas, s'en apercevront moins encore, et une fois en prison je m'étudierai de mon mieux à être *vous*.

« — C'est trop, mon Dieu, c'est trop, m'écriai-je en me jetant dans les bras de ma fidèle *Clé*.

« — Du tout, se récria-t-elle, voilà que vous allez vous attendrir à présent ! Quand je n'ai pas de temps à perdre. Voyons ma chère dame, soyez *raisonnable*. Acceptez, je suis forte, vous êtes malade, pendant que je serai prisonnière vous aurez le temps de vous remettre pour rechercher la vérité. Après avoir obtenu justice, vous viendrez me prendre pour ressusciter toutes deux... Vite, vite ! madame, la malle peut partir d'un moment à l'autre, laissez-moi vous habiller et partez ! Oh ! oui, partez, je vous le demande à genoux.

« En me parlant ainsi, Clémentine était rayonnante de tendresse et de dévouement. Elle baisait mes mains, me pressait sur son cœur.

« Mais je m'échappai de ses bras. A aucun prix, je ne voulais de ce dévouement qui condamnait toute une existence. J'étais effrayée et touchée à la fois, de l'héroïsme de cette touchante, humble et sublime Clé.

« Tout à coup un claquement de fouet se fait entendre : le pavé de la cour s'ébranle, les vitres ont frémi, les lanternes du courrier sont venues teindre d'une clarté blafarde les plis de nos rideaux.

« — Mademoiselle du numéro 4, a hurlé du bas de l'escalier une grosse voix. Dépêchez-vous tôt, dans cinq minutes, il faudra partir.

« Clémentine m'a regardé fixement ; voyant dans mes yeux que j'étais décidée à ne pas accepter son sacrifice, elle s'est laissé tomber sur une chaise, en laissant choir de ses mains, mes vêtements qu'elle avait pris en guise des siens.

« — Mademoiselle Clémentine, s'écrie à son tour un gendarme, le conducteur vous attend ?

« — Je ne pars pas, a répondu *Clé*, en sanglotant tout bas, madame se trouve plus souffrante et je reste avec elle.

« Cette scène, ajoute Mme Lafarge, aurait dû me briser. Elle m'a rendu des forces et du courage. Il m'a semblé qu'en acceptant volontairement ma destinée, j'y attachai une vertu qui deviendra plus tard ma sauvegarde. »

Mais la partialité avec laquelle furent conduits les débats en cour d'assises, prouva cependant que les ennemis intéressés à sa perte, étaient au niveau de ses partisans les plus passionnés, incriminant jusqu'à ses sacrifices.

Et Mme Lafarge en acceptant volontairement sa destinée, ne faisait que rendre impuissantes les armes de sa défense. Son abnégation, loin de devenir sa sauvegarde, achevait sa perte.

En effet, les hautes influences qui dirigent l'acte d'accusation lui donnent la forme d'un réquisitoire. Elles se font sentir jusque dans la manière dont est lancé cet acte d'accusation. Le 5 août, il est signé à Limoges, et ce n'est que cinq jours après qu'il est notifié à Mᵐᵉ Lafarge.

Lorsqu'il paraît dans les annales des tribunaux, il n'a pas encore d'existence légale.

Il est évident qu'en cette circonstance, comme pour l'affaire du vol des diamants qui est l'objet d'un premier jugement correctionnel, on veut préparer l'opinion contre Mᵐᵉ Lafarge, au profit des familles influentes de Paris et de la famille du maître de forges.

Coupable ou non, Mᵐᵉ Lafarge ne reste pas moins la martyre des animosités limousines et des représailles de la famille des Nicolaï.

Cette partialité ne fait que lui donner plus de partisans. Un oncle, le frère de son grand-père, que Mᵐᵉ Lafarge n'avait pas connu dans son enfance, au moment de sa prospérité, accourt à la prison de Brives. Il sollicite la faveur de la voir tous les quinze jours dans son cachot de Montpellier.

Comme Mᵉ Lachaud, ce grand oncle est tellement touché de ses malheurs et des rigueurs que la justice emploie contre elle que, durant les débats, jusqu'à la fin de la carrière de sa victime, il ne cesse de proclamer son innocence.

Plus ses ennemis s'acharnent à trouver Mᵐᵉ Lafarge coupable et à la montrer comme un *monstre*, plus ses partisans la posent comme un ange.

C'est cet oncle paternel qui s'emploie plus tard, à faire parvenir au prince-président, la lettre de sa protégée en demandant non pas grâce, mais justice au nom de *son innocence*.

Le prince-président se souvient de ses promesses, lorsque lui-même était prisonnier de Ham, il s'empresse de donner le 15 mai 1852, un ordre de mise en liberté. Il ne sauvera pas les jours de Marie Cappelle, condamnée depuis longtemps par les hommes, mais il lui permettra, sur ses derniers jours, de ne pas mourir sous les grilles d'une prison et de saluer au nom du Dieu de miséricorde, le soleil qu'elle implorera!

Tout aussi dévoué que Mᵉ Lachaud et que l'héroïne Clémentine, cet oncle paternel, dès les débats, défie les juges, les témoins à charge qui la posent à la fois comme voleuse et empoisonneuse.

On a vu dans le procès de Brives, et par le silence des de Leautaud, que la famille Nicolaï et sa propre famille ne détruisirent pas les soupçons de vol qui planaient sur Marie Cappelle.

Il eût pourtant été bien facile de les réduire à néant en trouvant le Clavé, soit au Mexique, soit à Alger, soit à Paris. Pourtant on ne le trouva nulle part; où l'on ne trouva que des homonymes qui ne font qu'aggraver les soupçons.

Pourtant ce Clavé existe bien en chair et en os; ses lettres en font foi, Mme de Léautaud ne se fait pas appeler pour rien *Mariquita* par cet adorateur peu scrupuleux.

Quant à l'empoisonnement, il est hors de doute, par les menées de Denis, que cet homme, le complice de M. Lafarge, était bien pour quelque chose dans la maladie du maître de forges.

La caisse des gâteaux a été ouverte, à son arrivée à Paris, avant que son patron eût goûté à ces *gâteaux* sympathiques. C'est Denis qui a acheté la *mort aux rats* demandée par M. Lafarge à sa femme; c'est lui qui a apporté le gilet de flanelle saupoudrée d'une poudre blanche.

Pourquoi l'interrogatoire, aux assises, ne se fixe-t-il pas sur ce Denis intéressé à disparaître du drame du Glandier, après avoir été conseillé par l'irascible belle-mère, pour en être le metteur en scène?

Et comme le dit l'auteur allemand, dans le procès Lafarge:

« Ce Denis n'était pas retourné pour rien au Glandier, trois jours avant son maître. Il n'y était pas pour rien, tout le temps de l'empoisonnement. Et il a eu du poison dans les circonstances les plus suspectes.

« Il a remis à l'accusée un paquet qui s'est trouvé plus tard ne pas contenir du poison. Il a continuellement un libre accès auprès du malade. Il pénétra, malgré la veuve Lafarge, dans sa pensée la plus intime, fort du pouvoir que lui donnait ses ennemis. Il a fait tourner contre elle, l'idée qu'elle avait eue elle-même, l'idée de s'empoisonner; et il cherchait sans aucun motif à se justifier, disant lorsqu'on ne lui demandait pas, qu'il n'était pas l'empoisonneur.

« Nous ne voulons pas accuser Denis, termine l'auteur allemand, mais nous disons que nous aurions trouvé, de la part de l'avocat général, une accusation contre lui beaucoup plus fondée que contre Mme Lafarge. »

Sans aller si loin que l'auteur allemand, on peut admettre devant la partialité inhumaine des juges et des jurés limousins, qu'ils ont trop écouté, d'un côté, l'intérêt d'une famille puissante de l'époque; de l'autre, les haines locales, suscitées par les hôtes et les parents du maître de forges du Glandier.

De là, les protestations énergiques de ses partisans, de Me Lachaud, de Raspail, le rival politique et scientifique d'Orfila, de là, les protestations du grand oncle de Marie Cappelle.

Ce dernier qui s'emploie avec Me Lachaud pour rappeler au futur Empereur, sa promesse de Ham, ne craint pas de proclamer sa petite-nièce vierge et martyre.

Une constatation de médecins proclame, au moment où Marie Cappelle tombe malade, dans le cours des débats, qu'elle n'a jamais eu de relations avec son époux, et que le contact des passions n'a pas plus altéré la pureté de son corps que de son âme.

Comment concilier cette attestation avec l'idée qu'on avait suggéré à Mme Lafarge qu'elle était mère, pour faire rendre nul le testament qu'elle avait fait d'abord au profit de sa famille de Villers-Hillon.

Monstre ou vierge, martyre ou criminelle, voilà comment la posent tour à tour les partisans passionnés et les ennemis systématiques de Marie Cappelle.

Tout est contre-sens et mystère dans le procès Lafarge.

CHAPITRE XXII

LES ASSISES

Pour bien rendre la physionomie des assises de Tulle, au moment où a lieu le procès criminel de Mme Lafarge, il faut lire la *Gazette des Tribunaux* de cette époque.

Le lecteur impartial sera convaincu que dès la mise en demeure de l'accusée, elle était condamnée par la magistrature, trop préparée par de hautes influences et par des haines sourdes qui faisaient aussi éclater des sympathies exagérées.

De part et d'autre, la passion et l'aveuglement des partisans ou des ennemis de Mme Lafarge égarèrent les débats.

De la façon dont ils furent présentés, il était évident que la triste héroïne du Glandier devait être la victime des événements groupés autour d'elle. L'art perfide, avec lequel ils étaient préparés, aidait la haine de ses ennemis.

« Excitée depuis longtemps et impatiente au delà de toute raisonnable expression, la curiosité publique, écrit la *Gazette des Tribunaux* du 6 septembre 1840, a depuis huit jours rempli la ville de Tulle.

« La foule encombrait, dès la pointe du jour, les abords de la cour d'assises, elle était vingt fois plus considérable que celle qui pouvait remplir son enceinte.

« A sept heures et demie, les portes sont ouvertes, toutes les places disponibles sont bientôt occupées. Les élégantes de la ville, les notabilités se placent en toute hâte sur les chaises réservées ou sur les estrades éle-

Une pâleur livide que relèvent et rendent plus effrayante encore l'ébène de ses cheveux.
(Page 586.)

vées en amphithéâtre et construites tout exprès pour cette solennité judiciaire.

« Sur les sièges réservés, derrière la cour aux magistrats, on remarque le préfet de la Corrèze, les juges du tribunal civil de Tulle et plusieurs juges de la ville de Brives.

« Hier, vers onze heures du soir, continue la *Gazette des Tribunaux*,

Mme Lafarge a été amenée dans sa propre voiture au Palais de justice, qu'elle ne quittera pas jusqu'à la fin des débats.

« Au banc de la défense viennent se placer Me Paillet et son secrétaire.

« Me Corally, arrivé à Tulle, dans l'intérêt d'intervenir, comme partie civile, au nom de Mme Lafarge mère, est mêlé aux membres du barreau.

« Un vif mouvement de curiosité se manifeste à l'entrée du marquis de Nicolaï qui vient prendre place à côté des témoins, Mme de Montbreton, sa sœur.

« Cette curiosité est encore surexcitée à la vue de Mme de Leautaud, pâle et souffrante.

« Un intérêt non moins vif accueille l'entrée de la famille Lafarge, ainsi que plusieurs membres de la famille Garat. Ils viennent se placer sur des sièges réservés devant le banc de l'accusée.

« Mme Collard, tante de Mme Lafarge, entre la première, puis vient M. Garat, M. Sabatier, son gendre; Mme Violaine, sœur de Mme Lafarge.

« A huit heures un quart, la cour entre en séance; elle est présidée par M. de Barny.

« M. Decous, avocat général à la cour de Limoges, occupe le banc du ministère public.

« Mme Lafarge est introduite.

Une vive rumeur, bientôt comprimée par le respect dû au malheur et par l'air souffrant de l'accusée, s'élève dans toute la partie de l'assemblée.

« Une pâleur livide, que relèvent et rendent plus effrayante encore l'ébène de ses cheveux noirs et les vêtements de deuil dont elle est couverte, règne sur ses traits amaigris par les longues tortures de la captivité. Mais lorsque ses yeux quelque temps baissés se relèvent, on voit que le courage qui l'anime intérieurement leur a conservé toute leur vivacité.

« Me Lachaud prend place, en costume d'avocat, au banc de la défense, auprès de Me Paillet.

« On apporte sur le bureau des pièces à conviction, une vaste caisse, recouverte d'une toile d'emballage contenait les tristes pièces accusatrices. »

Dès que le président des assises a légalement constitué la liste du jury, il donne la parole au greffier d'audience qui fait la lecture de l'arrêt de renvoi rendu par la chambre des mises en accusation de Limoges et de l'acte d'accusation.

Cet acte d'accusation, répétons-le, a été transmis aux journaux bien avant l'ouverture des assises.

Dans cet acte d'accusation, les dépositions d'Anna Brun sont toutes tournées contre Marie Cappelle. Elles se joignent à celles de Mme Buffières, belle-sœur de l'accusée ; elles la montrent comme une créature dissimulée et perverse. La lettre écrite au Glandier, à son mari, lorsque Mme Lafarge lui avoue qu'elle aime un autre Charles, est relatée tout au long. Cette lettre présente des considérants qui admettent que la mort de Charles-Joseph Lafarge est le résultat d'un empoisonnement occasionné par l'absorption de l'acide arsénieux en possession de M. Lafarge et de son épouse. L'accusée écoute la longue lecture de cet acte d'accusation dans un calme parfait.

Ses traits, si tristement expressifs, sur lesquels les regards de tout l'auditoire cherchent à lire les émotions intérieures, ne manifestent aucun trouble.

Deux fois, aux passages les plus accablants pour elle, Marie Cappelle lève les yeux au ciel. Mais elle reprend bientôt son calme ordinaire et *voulu*.

Une petite toux sèche, presque continuelle, paraît la fatiguer beaucoup. Elle tient à la main un flacon de sel qu'elle n'ouvre et ne respire presque jamais.

Après la lecture de l'acte d'accusation, l'avocat général, M. Decous, a la parole.

Il prétend présenter au jury l'exposé des faits de l'accusation ; il n'entame qu'un réquisitoire contre l'accusée.

« En prenant la parole, s'écrie-t-il, notre esprit est livré à une vive préoccupation, notre cœur est rempli des plus douloureuses émotions. En serait-il autrement ? Comment notre cœur ne saignerait-il pas en face de cette femme qui a précipité dans la tombe, par des moyens affreux, l'homme auquel elle venait d'enchaîner sa destinée, cet homme qui n'avait eu pour elle que de l'amour et de la sympathie ?

« Eh bien, ce crime, elle l'a commis avec une persévérance, une audace, sans exemple dans les fastes des instructions criminelles.

« Et, messieurs, les choses ont été poussées à ce point, que c'est avec une colère froide, impitoyable, que cette femme s'est précipitée sur sa victime avec une audace dont l'excès même va devenir pour elle un des moyens de sa défense. »

Ainsi l'avocat général, au lieu de faire un exposé des faits, les retourne avec une violence passionnée contre l'accusée. Denis n'est que l'intermédiaire inconscient de ses perfidies contre un mari détesté, M. Lafarge a été livré à la mort avec une raffinerie de duplicité et de cruauté de la part de son épouse.

Tout ce qu'elle met sur le compte de la fatalité est un moyen de la rendre intéressante. La boîte d'arsenic, trouvée chez elle, n'était pas pour elle, mais contre le mari. Elle a préparé la *mort aux rats*, comme elle a préparé les gâteaux sympathiques. L'empoisonnement, de près ou de loin, conçu par elle contre le maître de forges, est un crime moins abominable aux yeux de l'avocat général, que le vol des diamants fait à son amie.

Le moyen de défense qu'elle a employé pour se disculper de ce vol est plus abominable, selon lui, que le vol même, puisqu'il tend à déshonorer les familles les plus honorées et les plus honorables de France.

« Je voudrais, messieurs, ajoute l'avocat général, dans *son étrange exposé des faits*, je voudrais qu'il n'entrât pas dans la nécessité de mes devoirs d'appeler votre attention sur d'autres crimes, d'imprimer au front de cette femme d'autre ignominie que celle qui résulte de la présente accusation.

« Eh, messieurs, cette femme, par sa duplicité, ne l'a pas voulu.

« Au lieu de se rendre à l'évidence, elle l'a paré avec art. Elle a mis son imagination à la torture pour irriter la justice, si toutefois la justice pouvait être irritée par un système de défense qui, à lui seul, est un nouveau crime!

« Si elle avait avoué purement et simplement le vol des diamants qui lui a été reproché, j'éprouverais, en rappelant ce renseignement de moralité, un sentiment douloureux.

« Mais, indépendamment des inspirations du devoir et du sentiment de justice qui m'anime ici, il y a un sentiment d'honneur et de probité auquel je dois aussi obéir.

« Je le sais, entre le vol et l'empoisonnement, il n'y a pas de *liens nécessaires*, mais je vous dirai pourquoi l'accusation s'en empare aujourd'hui.

« Voyez, en effet, messieurs, comme cette nature est déplorablement *mauvaise*. Il y avait dans l'intimité de cette femme une jeune fille; c'était son amie, l'amie de son enfance, celle dont on avait constamment reçu les caresses et les témoignages de la plus vive affection; c'était la fille de M. le marquis de Nicolaï. Eh bien, elle l'a volée!

« On l'a accusée de ce vol; on lui a montré des preuves plus claires que le jour.

« Que pouvait-elle faire?

« Avouer. Sa seule excuse était peut-être celle-ci :

« — Je ne sais à quelle déplorable fascination j'ai obéi.

« C'était l'aveu d'une faute, d'un délit; mais enfin, que pouviez-vous faire, Marie Cappelle? Vous étiez courbée sous le poids d'une accusation d'empoisonnement, qu'avez-vous fait cependant, dans votre terrible situation, qu'avez-vous fait, Marie Cappelle?

« Vous êtes entrée dans une voie de mensonges perfides et de diffamation odieuse.

« Il n'y a pas d'exemple d'une pareille conduite dans les annales de la justice ; il n'y a pas d'exemple d'une entreprise aussi hardie, aussi téméraire.

« Ah ! je voudrais pouvoir penser que ce n'est pas vous qui les avez conçues ces insinuations aussi funestes, qu'elles ne sont pas nées dans votre âme et que ce sont de perfides conseils qui vous les ont inspirées.

« Mais je ne puis, car enfin les faits sont consignés dans vos interrogatoires.

« Ce récit mensonger, bizarre ; cette défense qui consiste à dire que vous avez reçu ces diamants de Mme de Leautaud, vous l'avez signée ! Vous avez dit plus, — vous avez soutenu que votre mari vous avait aidée à cette substitution.

« Et tous ces mensonges, vous les soutenez dans une lettre que vous écrivez à cette jeune dame, vous ajoutez la prière à la menace. Vous lui rappelez les faits, comme si elle avait pu les oublier. Vous cotez une à une les circonstances, à l'aide desquelles vous voulez la déshonorer publiquement.

« Vous traînez dans la boue le nom d'une honorable famille non seulement aux yeux du public, mais de la France entière. Ah ! *vous me faites horreur*, Marie Cappelle !

« J'éprouverais moins d'émotion, si je n'avais à poursuivre en vous que l'accusée d'empoisonnement.

« Mais ce dernier fait, je dois le dire, il révèle en vous une *monstruosité*, un état anormal, exceptionnel qui ne ressemble en rien à aucun autre au monde.

« Vous agissez vis-à-vis de votre mari, comme vous avez agi pour votre amie d'enfance. Vous le tuez, en vous servant de la captation pour mieux vous assurer de sa mort ; vous vous jouez de la justice, avant de l'*irriter !*

« Messieurs, termine l'avocat général en se tournant vers les jurés, cette cause est grave, peut-être la plus grave de toutes celles qui occuperont jamais les cours d'assises du royaume.

« Vous avez juré d'accomplir religieusement votre devoir. Vous êtes hommes d'honneur. Jurés de Corrèze que je ne connais pas, dont je ne suis pas connu, vers lesquels m'attire le sentiment que j'ai voué aux lieux qui m'ont vu naître, soyez fidèles à votre serment.

« Ne communiquez avec personne, je vous en conjure, ne subissez en dehors de cette enceinte aucune impression qui puisse faire violence à vos convictions, altérer la pureté de votre verdict.

« Je vous le demande, car avant tout, je vous demande d'être justes.

Vous ne *le seriez pas*, *si* vous souffriez les sollicitations des personnes qui *entreprendraient de sauver à tout prix* une femme qui ne peut pas, qui *ne doit pas être sauvée !* »

L'avocat général Decous va trop loin dans cet exposé des faits qui n'est, par la forme et par le fond, qu'un nouvel acte d'accusation, plus empreint d'animosité que les autres.

A quoi bon ce procès criminel, si le procès correctionnel où les gens, intéressés à perdre Mme Lafarge, ont préparé déjà sa condamnation ? Si l'avocat général, au lieu de présenter impassiblement les faits produits par cet acte d'accusation, les envenime en préparant les juges et les jurés à devenir moins des examinateurs consciencieux, que des esprits prévenus contre une victime qui ne *peut être* sauvée ?

Aussi Me Paillet, le défenseur de Mme Lafarge, ne manque-t-il pas de faire ressortir la mauvaise impression que produit ce triste exposé qui n'est qu'une accusation nouvelle contre la prévenue.

— Il n'a pas suffi, s'écrie Me Paillet en répliquant à l'avocat général, du simple exposé du sujet de l'accusation, comme le lui ordonnait la loi, non ! Au lieu de cela, c'est l'accusation tout entière qu'il a développée, rembrunie, passionnée, avec le prestige des réponses oratoires qui lui sont familières. Et pourtant l'heure de la défense n'est pas encore venue... Mais elle viendra, nous aurons notre tour. Patience donc. Puisqu'il le faut. »

Mais, comme on le verra dans les débats, Mme Lafarge, malgré sa grande intelligence, son tact et son exquise adresse, commit de nouveau, par un excès de délicatesse ou d'orgueil blessé, les plus grandes maladresses.

Elle nie le véritable mobile qui a inspiré sa lettre compromettante du 15 août. Elle nie la présence de M. Charles C*** à Orléans, à Uzerches, au Glandier que les parents de M. Lafarge ont aussi bien vu qu'elle.

Par respect humain, ce Charles C***, qui s'intéressait tant à son amante lorsqu'elle n'était pas traduite en cour d'assises, ne paraît pas aux débats.

Il devient un mythe comme ce Clavé. Tous les deux passent pour des êtres imaginaires ; ils ne deviennent plus que des sujets de griefs contre la malheureuse Lafarge. Ils passent pour des fantômes de son imagination habile, perverse et criminelle.

L'accusée en fait des cariatides funestes qui soutiennent les bases de son procès ; elles vont fatalement la perdre aux yeux des jurés.

Elle s'écrie, à ses juges, en se perdant pour l'affaire de l'empoisonnement, comme elle s'est perdue pour l'affaire des diamants :

— J'étais tellement désespérée de ma situation, je désirais tant, en écrivant au 15 août à M. Lafarge, qu'il me laissât partir, que j'ai dit les choses les plus inconcevables du monde, les plus *fausses* pour obtenir mon départ.

— Je vous prie d'avoir de l'indulgence. Je suis partie le lendemain de mon mariage. A Orléans, j'eus avec mon mari une scène extrêmement *désagréable*. Au Glandier, au lieu de cette charmante maison de campagne dont on m'avait leurrée, j'ai trouvé une maison délabrée, ruinée. Je me suis vue seule, enfermée dans une grande chambre qui devait être la mienne pour toujours. J'ai perdu la tête... J'avais une idée d'un voyage dans l'Orient. J'ai pensé à tout cela... Le contraste... Mon imagination s'est montée... Je me suis trouvée tout à coup si malheureuse, que j'aurais donné tout au monde pour en sortir.

Mme Lafarge, dès le début des assises, dérobe au tribunal le secret de son cœur. Après avoir dévoilé les faiblesses des autres pour se disculper d'être une voleuse, elle cache au tribunal le véritable mobile qui l'obligeait à quitter le Glandier. Elle n'ose avouer son amour mal éteint pour un maladroit rival : pudeur, orgueil de femme, qui lui seront funestes !

Les jurés étaient bien forcés de croire à sa duplicité, puisqu'elle s'efforçait elle-même à dérober à tout le monde l'homme qu'elle préférait à son mari, qu'elle n'avait abandonné que par respect pour elle-même.

Comme on le voit, tout est mystère, contresens, en effet, dans le procès Lafarge : Clavé et Charles C***, des personnages très réels, passent, d'un côté comme de l'autre, pour des personnages fictifs, dans l'intérêt des parties.

Les jurés se demandent qui les trompe, ou du tribunal ou de l'accusée ? Logiquement, c'est l'accusée qui, dans ce procès, en devient la mauvaise marchande.

Ils se rappellent la recommandation de l'avocat général qui suppliait les jurés de ne pas se laisser prendre de la part de l'inculpée, à ses audacieux mensonges dont l'*excès même* était un moyen de défense !

Voilà qui explique l'excès d'inhumanité avec lequel on traite l'accusée devant un tribunal inflexible et des défenseurs non moins prévenus. D'un côté comme de l'autre, la passion, dans le procès Lafarge, farde toujours la vérité.

CHAPITRE XXIII

LES DÉBATS

Le tribunal, sur la pensée évidemment hostile de son avocat général, tenait à montrer Mme Lafarge coupable, indigne d'indulgence.

Le président n'a pas de peine à la montrer telle aux jurés, en lui demandant :

— Comment concilier le dégoût, la haine que vous inspirait votre époux, avec les changements qui se sont opérés en vous, dans vos dernières relations avec lui ?

Mme Lafarge répond :

— Je n'ai fait qu'imiter mon mari. Il me comblait d'affection. Il était devenu pour moi aussi bon que possible. Cela m'a touchée, je n'ai pu, ajoute l'accusée avec un embarras plein d'hésitation, et je n'ai pu faire autrement que de remplir mes devoirs.

D. — Ne faisiez-vous pas plutôt un retour sur vous-même, en conseillant à votre époux de partir pour Paris, en lui envoyant du Glandier des gâteaux dont la provenance, au dire de certains témoins, a paru plus que suspecte ?

R. — Je croyais en la découverte de mon mari, au sujet de son nouveau mode de fabrication de fer, voilà pourquoi je lui ai conseillé ce voyage à Paris. Quant à l'envoi des gâteaux, l'idée a été de lui, ou tout au moins je n'ai fait que l'envoi du portrait qui accompagnait la caisse où étaient ces gâteaux. J'avoue que cette idée romanesque était assez ridicule. Mais M. Lafarge était si bon pour moi que j'ai cru, de mon côté, lui faire plaisir en cédant à tous ses vœux.

D. — Comment concilier cette tendresse exaltée, cette affection en quelque sorte mystique, avec la lettre bien cruelle pour un époux que vous écrivîtes à Lafarge en arrivant au Glandier. Il est assez difficile de comprendre cette métamorphose, surtout après la scène que vous avez eue avec votre mari, à Uzerches et qui est renouvelée de celle d'Orléans ?

R. — Je ne vois aucun rapport entre les scènes d'Uzerches et d'Orléans, avec la lettre en question. Ce n'est pas moi qui suis l'auteur de ces deux scènes. Si elles ont fini très mal, ce n'est pas ma faute !

Quelques jours avant la mort de M. Lafarge on vint me chercher après une syncope. (Page 596.)

Mᵐᵉ Lafarge répond avec un ton de décence et de simplicité un peu étudié. On sent qu'elle est maîtresse d'elle-même. L'attitude qu'elle garde avec une entière réserve, n'est faite que pour s'attirer la sympathie. Sa voix dont la faiblesse tient à sa maladie organique, est nettement articulée. Elle charme encore dans sa position malheureuse et fatale.

— Est-il vrai, ajoute le président, qu'à l'époque où Lafarge reçut le gâteau où les gâteaux envoyés par vous, vous manifestiez des inquiétudes que vous ne pouviez donner que comme des pressentiments?

R. — M. Lafarge m'avait écrit qu'il était malade. Il n'est pas étonnant que j'aie manifesté des inquiétudes.

D. — N'avez-vous pas dit à plusieurs reprises que vous craigniez de recevoir une lettre cachetée en noir?

R. — Non, du tout, je n'ai pas dit cela.

D. — Réfléchissez bien sur les dénégations que vous opposez à des faits, ces faits seront prouvés par les témoins. Il ne suffit pas de dénier.

R. — Je ne me rappelle pas ces faits; ce dont je suis bien sûr, c'est d'avoir mis dans la boîte trois gâteaux devant Mlle Brun, ma petite-nièce, Mme Lafarge et ma femme de chambre.

D. — Je vous demanderai si, avant cet envoi, vous n'aviez pas sur vous de l'arsenic?

R. — *Oui, monsieur.*

D. — Vous avouez ce que deux lettres, écrites de votre main, au pharmacien Eysartier, prouvent suffisamment. Vous dites dans une de ces lettres: « M. Bardou, m'a refait une petite ordonnance, pour tous les rats qui incommodent mon mari, je vous la renvoie, monsieur, afin de mettre votre conscience à l'abri et ne pas vous laisser croire que je veuille, pour le moins, empoisonner tout le Limousin. » Qu'avez-vous à dire sur la teneur de l'une de ces lettres?

R. — Je réponds que *rien n'est plus bête.* Mais il n'y a pas d'explication à donner.

D. — M. Lafarge n'est revenu au Glandier que le 5 janvier?

R. — Oui, je crois.

D. — N'était-il pas souffrant, et ne se plaignait-il pas d'avoir eu des vomissements pendant la route?

R. — Oui, monsieur.

D. — Le lendemain de ce retour, n'avez-vous pas préparé une boisson qu'il a prise avec dégoût et n'a-t-on pas aperçu au fond de la cuiller un résidu que vous auriez essuyé ensuite avec soin pour le faire disparaître?

R. — Ce résidu c'était de la gomme. M. Bardou peut dire que j'en mettais exactement partout.

D. — Le 9 janvier, quand la maladie empirait, n'avez-vous pas envoyé Denis, l'un des employés de la forge, chercher de l'arsenic à Lambessac?

R. — Oui, monsieur.

D. — N'avez-vous pas recommandé qu'il ne parlât pas de cela à personne, surtout à la mère de M. Lafarge?

R. — Je ne me rappelle pas cette circonstance, mais étant au plus mal avec ma belle-mère, j'ai pu peut-être faire cette recommandation à ce commis, sans y attacher grande importance.

D. — Alors vous affirmez n'avoir pas dit à Denis de garder le secret ?

R. — Je n'ai jamais eu de secret avec ce M. Denis.

L'accusée, qui avait répondu d'un voix affaiblie mais parfaitement claire, paraît fatiguée et anéantie.

Jusqu'alors elle s'est tenue debout, mais elle pâlit ; elle paraît s'affaisser sur elle-même. Une sueur froide inonde son front. Me Lachaud, qui est auprès d'elle, s'empresse, sur l'invitation du président, de la faire asseoir.

On lui fait respirer des sels.

L'audience est un moment suspendue. Enfin le président reprend :

D. — Le 11 janvier, quelle substance avez-vous mêlée à l'eau rougie que vous avez donnée au malade ?

R. — Jamais je n'ai donné de l'eau rougie au malade.

D. — On a prétendu le contraire. Et en buvant cette eau rougie, le malade aurait répondu : Marie, *ça me brûle la gorge !* Sur quoi vous auriez dit en vous tournant vers Mlle Brun : *Je le crois bien, il a une inflammation à la gorge et on lui donne du vin !*

R. — Il serait, en effet, très extraordinaire que l'on eût donné du vin à un malade. J'ai dit ces paroles, est-ce bien sur ce fait encore ? Je ne me les rappelle plus.

D. — Devant Emma Pontier, n'avez-vous pas mis une fois, dans les potions de M. Lafarge, de la poudre blanche, vous en teniez en réserve dans une boîte particulière avec de la gomme que vous avez mise dans le lait de poule.

R. — J'ai fait ce mélange, devant Emma Pontier, comme je le faisais pour toutes les autres potions.

D. — Ainsi vous ne faisiez pas de distinction entre la poudre blanche et la gomme. Expliquez-vous ?

R. — J'ai répété votre question, sans y faire attention.

D. — Je vous la fais remarquer afin qu'il ne reste pas d'équivoque.

R. — Jamais je n'ai employé d'autre poudre blanche que la poudre de gomme.

D. — On a trouvé aussi de cette poudre blanche dans une pièce de flanelle qui servait à frictionner M. Lafarge.

R. — J'ignore ce détail. Je n'ai jamais frotté M. Lafarge.

D. — Vous souvenez-vous avoir dit à Denis qu'il eût mieux valu qu'il brûlât l'arsenic que de l'enterrer.

R. — Comment voulez-vous que j'aie tenu un pareil propos, ce serait une infamie ou une absurdité !

D. — Votre réponse est donc que vous n'avez jamais tenu ce propos et vous le taxez d'infamie. Avez-vous des raisons pour supposer un suicide ?

R. — Du tout.

D. — Croyez-vous pouvoir accuser quelqu'un de la mort de votre mari ?

D. — Je n'accuserai jamais personne d'une pareille infamie, j'ai trop souffert pour me montrer à ce point cruelle envers un autre.

Cet interrogatoire paraît avoir épuisé les forces de l'accusée. La voix lui a manqué à plusieurs reprises. Une sueur froide a inondé de nouveau son front; elle est sur le point de tomber évanouie.

La séance est levée, elle laisse sur l'auditoire une impression pénible. Les dénégations de Mme Lafarge portent sur des faits très compromettants pour elle. Les questions très serrées du président ne permettent pas à Mme Lafarge, maîtresse d'elle-même, malgré ses souffrances, de faire de la controverse. Elle nie les charges accablantes accumulées contre elle, elle ne les réfute pas.

Dans une autre séance, on entend M. Lespinasse, le docteur amené par Denis et la mère de Lafarge pour voir, dans les potions, ce que ne voyait pas le trop confiant Bardou.

Il dit :

— Je parlai d'abord à la mère. Elle manifesta des craintes d'empoisonnement dès ma première visite auprès du malade. Je fus convaincu et désespéré.

«Des vases, un bol où avait été mis le médicament furent soumis à l'analyse chimique, à Uzerches. Il y eut d'abord des idées contradictoires. Les expertises, faites cependant avec une certaine négligence, finirent par conclure à l'empoisonnement.

«Quelques jours avant la mort de M. Lafarge, on vint me chercher après une syncope. Mme Lafarge, malade elle-même, n'était pas avec le mourant. Elle voulut me voir à mon arrivée. A ce désir exprimé par elle, j'exprimai par un geste, par un coup d'œil, ma pensée tout entière à ceux qui m'entouraient, elle signifiait : soyez tranquille, je veille sur vous.

A ce défi renouvelé en plein tribunal par le docteur Lespinasse à l'accusée, Mme Lafarge reste froide, impassible. Elle garde les yeux baissés.

Malgré les humiliations, les tortures qu'elle endure, elle ne laisse deviner aucune émotion. On ne sait si c'est du dédain ou de la crainte que lui inspirent ces paroles.

Les témoignages continuent.

M. le président ordonne que Mme Lafarge mère soit entendue à titre de simples renseignements et sans prestation de serment.

La loi interdit expressément de faire venir à la barre les ascendants et les descendants des accusés.

En cette circonstance la partialité des magistrats est manifeste.

— Je suis si troublée, s'écrie Mme Lafarge mère, en s'avançant à la barre, la tête penchée sur ses deux mains, la voix étouffée par les sanglots, je suis si émue que je ne sais comment raconter tous les actes de ma bru qui amenèrent les derniers moments de mon pauvre Charles.

Cependant la belle-mère qui n'a pas moins une légitime et profonde douleur, occupe par sa narration naïve et vivante toute une séance des assises. Elle répète mot pour mot, les dramatiques incidents du Glandier. Elle n'oublie pas de dire que c'est la présence d'un rival, suivant, épiant pas à pas les nouveaux époux, qui a provoqué le crime.

Elle n'hésite pas à l'avouer devant Mme Lafarge.

— Si elle a épousé mon fils, c'est que ce monsieur l'avait quittée et ne l'aimait pas.

— Mon fils, continue-t-elle, à ses derniers moments connaissait ce terrible secret. Ne le lui avait-elle pas avoué dans sa lettre du 15 août 1839, où elle parle déjà d'arsenic !

— Malgré les altercations suscitées par ma bru, reprend-elle, entre mon fils et moi, je n'ai pas voulu le quitter jusqu'à sa mort. Je me rappelai trop la lettre du 15 août, je me rappelai trop l'arsenic qu'elle avait sur elle, en venant au Glandier, qu'elle tenait pour ainsi dire dans sa corbeille de noce ; et c'est devant mon fils qu'elle a dit un jour, que le poison était chez elle une *maladie de famille*.

— Hélas! ajoute-t-elle, après cinq heures de déposition, mon pauvre Charles n'a que trop hérité de cette maladie-là. Dans les derniers moments, Charles ne pouvait plus regarder sa femme.

Le témoin essaye de jeter les yeux sur Mme Lafarge ; de son côté, elle darde sur elle les feux de sa noire prunelle. On dirait un cadavre qui menace un vivant.

Mme Lafarge mère se renferme dans sa douleur.

— Hélas! termine-t-elle, lorsque mon pauvre Charles succomba près de moi, il regarda par trois fois ma bru avec des yeux... en disant : hum, hum, hum... Par trois fois ce soupir lui sortit du cœur. Enfin il s'écria : *Empoisonneuse !*... Allez, allez chercher... puis il n'a plus rien dit !

La mère s'arrête pour pleurer et sangloter; Mme Lafarge reste encore maîtresse d'elle-même. Son émotion ne se trahit que par les crispations de ses mains décharnées, blêmes comme son visage.

La douleur de cette mère qui touche tant l'auditoire, laisse l'accusée froide, immobile comme une statue.

Un silence de quelques minutes suit cette déposition, l'attention des juges et de l'auditoire semble suspendue à la poignante douleur et à la menaçante impassibilité de la belle-mère et de la bru.

L'émotion qu'elle produit n'est pas à l'avantage de la veuve Lafarge.

Enfin voici la déposition la plus grave après celle de Denis, la déposition de M¹¹ᵉ Brun.

Dans le drame du Glandier, cette demoiselle était avec le commis Denis, chargée d'épier, par la belle-mère, sa bru, en ne quittant pas le chevet du malade.

Elle fut avec Denis la dépositaire de tous les soupçons, de toutes les observations faites entre elle et les parents du Glandier.

C'est M¹¹ᵉ Brun qui soutient que Mᵐᵉ Lafarge a été chercher une petite boîte, lorsqu'on allait emballer les gâteaux. Cette boîte, pleine d'arsenic, a été vue sur la table par Denis. M¹¹ᵉ Emma Pontier l'a eue en sa possession. Mᵐᵉ Lafarge l'a réclamée plus tard, comme lui appartenant, elle a dit qu'elle ne l'avait pas quittée depuis Orléans.

M. Fleyniat a constaté, à son tour, que cette boîte contenait, en effet, de l'arsenic. C'est encore Denis qui, selon l'inculpée, a apporté sur ses ordres de l'arsenic pour composer de *la mort aux rats*.

— Le 10 janvier, ajoute M¹¹ᵉ Brun, Mᵐᵉ Lafarge a placé le paquet de mort aux rats d'une façon assez indifférente sur la cheminée. Ce n'était qu'une feinte. Se croyant seule, Mᵐᵉ Lafarge l'a reporté chez elle ; et ayant ouvert dans sa chambre le buvard de l'accusée, elle y a retrouvé le paquet.

Le lendemain, M¹¹ᵉ Brun prétend qu'étant couchée avec Mᵐᵉ Lafarge, elle l'aurait entendue réclamer son buvard ; elle l'aurait vue prendre ensuite de la poudre blanche dans un petit papier, puis verser cette poudre dans un lait de poule destiné à M. Lafarge.

Sur ces entrefaites, Mᵐᵉ Lafarge mère entrait, la bru reposait vivement le bol sur la cheminée. Elle ne le reprenait que lorsque la belle-mère repartait, mais M¹¹ᵉ Brun étant restée, elle demandait à la jeune Lafarge :

— Avez-vous mis quelque chose dans le lait de poule pour calmer M. Lafarge.

— On y a mis, répondait-elle, de la fleur d'oranger.

— Mais vous-même, lui répliquait-elle, vous y avez mis quelque chose !

A cette réponse, Marie Lafarge ne dit rien ; mais une fois seule, M¹¹ᵉ Brun regarda le lait de poule et y signala des globules blancs.

Un premier médecin ayant pensé que c'était de la chaux ou de la cendre, les dames Buffières, Lafarge et M¹¹ᵉ Brun essayèrent d'imiter cette poussière, mais elles ne purent y parvenir.

Alors ces dames très alarmées serrèrent avec soin le résidu accusateur. Sur les conseils de Denis, elles allèrent demander à Lubersac un autre docteur, M. Lespinasse et celui-ci ne fut plus de l'avis de l'optimiste M. Bardou !

Dès ce jour, entre le départ du docteur Bardou, et l'arrivée du docteur Lespinasse, M¹¹ᵉ Brun ne cessa de surveiller Mᵐᵉ Lafarge.

Elle surprit de la poudre blanche sur une panade ; elle suivit une traînée blanche sur une commode ; il y avait encore de cette poudre dans un petit pot. Cette poudre piquait la langue et ne poissait pas comme la gomme.

— J'en fis la remarque, termine M¹¹ᵉ Brun, à Marie ; mais elle me soutint que c'était de la gomme; du reste, me dit-elle, je vais en boire si vous le voulez devant vous.

« Elle but, en effet, le verre que je lui désignais, mais elle recracha aussitôt ce qu'elle avait bu.

Sur cette déposition, l'avocat général se lève avec impétuosité. Il regarde Mᵐᵉ Lafarge qui ne se départ pas de son impassibilité. Il l'apostrophe ainsi :

— Femme Lafarge, les circonstances révèlent, de votre part, bien de l'audace. Le peu de mystère dont vous vous entouriez, était-ce de la confiance en vous-même? En tous les cas, ces circonstances ne sont pas ordinaires. Il est vrai que l'accusée est aussi une femme extraordinaire. Les faits d'ailleurs sont patents, ils témoignent d'une grande audace, et c'est par de l'audace que se paye toujours l'accusée !

Alors Mᵉ Paillet riposte pour Mᵐᵉ Lafarge.

— Ce lait de poule empoisonné et qui traîne quatre heures, ce breuvage pris, puis bu par l'accusée, qui empoisonne le malade, et qui n'empoisonne pas son épouse, tout cela n'est-il pas aussi très extraordinaire ? Si extraordinaire qu'il semble tenir de la magie. Pour juger des sentiments du témoin qui l'accuse, il faudrait douter de son esprit intéressé.

Et Mᵉ Paillet oppose à l'avocat général une lettre de l'artiste adressée à l'inculpée, en la menaçant de faire argent de son portrait si on ne la paye pas.

Les débats s'aigrissent, s'enveniment. Mᵐᵉ Lafarge paraît horriblement souffrir, non des accusations dont elle est l'objet, mais des répliques acerbes dont elles sont la cause.

Avant tout elle tient à reconquérir cette sympathie que lui ont fait perdre la vive douleur et les sanglants reproches de sa belle-mère, mais que lui ont fait rendre les accusations embarrassées de M¹¹ᵉ Brun.

Lorsque cette autre séance se termine on entraîne Mᵐᵉ Lafarge à demi évanouie.

Partisans ou ennemis de la veuve du Glandier sortent du prétoire, plus passionnés que jamais.

CHAPITRE XXIV

MAITRE DENIS ET SES COMPLICES

Denis, qui paraît aux assises comme témoin contre Mme Lafarge, pourrait bien y figurer comme accusé, ou comme complice.

Le rôle qu'il a joué dans le drame du Glandier est d'autant plus suspect qu'il met plus d'acharnement à servir les haines de la famille Lafarge.

Les accusations à outrance qu'il dirige d'une façon aigre-douce contre la victime du Glandier, ne peuvent s'expliquer que par la peur d'être accusé lui-même.

S'il n'est pas de l'empoisonnement, quoiqu'il ait été l'intermédiaire de Mme Lafarge, durant les quinze jours de maladie de son mari, il n'est pas moins de toutes les affaires véreuses de son patron. C'est lui qui les a embrouillées et aggravées ; et rien n'a pu être compromis dans des démêlés odieux et réprouvés par la loi, il ne pouvait en sortir que par une catastrophe. S'il ne l'a point provoquée, elle vint à point pour lui !

Voilà ce qui explique son acharnement à noircir la femme devenue un objet d'envie pour sa nouvelle famille ; voilà qui explique pourquoi Denis plus que tout autre, plus que les intéressés qui le faisaient agir, n'avait qu'un but : grossir le nombre des calomniateurs de Mme Lafarge.

Mais ce qui n'est pas à l'avantage de cette dernière, c'est que la malheureuse n'ait pas relevé plus énergiquement les calomnies de cet être indigne ne craignant pas de la braver à son chevet.

Avait-elle réellement peur de ce diffamateur, de cet être immonde qui, pour complaire à une famille envieuse et véreuse, à un faussaire, ne craignait pas de se faire le complaisant de toutes leurs rancunes et de toutes leurs intrigues ?

C'est avec une incroyable duplicité que Denis cherche à réfuter le défenseur de Mme Lafarge.

Me Paillet dit : — que si elle avait voulu commettre un empoisonnement, elle n'aurait pas écrit directement à son pharmacien, qu'elle se serait contentée de l'ordonnance du docteur.

Mais le perfide Jean Denis répond :

Clémentine évite avec soin de parler de l'arrivée inattendue de M. Charles. (Page 608.)

— Le 8 janvier, Mme Marie Lafarge ayant appris que j'allais à Uzerches, me fit appeler dans son appartement. Etant avec elle, elle me fit sortir sur le parterre et me recommanda de lui apporter de l'arsenic, du boudin et des saucisses. Le 9, j'en achetai à Brives. Le 11, devant aller à Tulle pour les affaires de M. Lafarge, je reçus un billet de madame pour sa domestique. Elle me disait d'acheter de l'arsenic et une souricière. Craignant que madame ne se fâchât, je dis à un témoin : il faut que je donne cet arsenic, car madame l'a demandé *deux fois*. J'ajoutai : *j'ai bien peur que cet arsenic ne serve à faire mourir M. Lafarge plutôt que les rats !* Je disais cela parce que Mme Lafarge avait répondu à l'associé de M. Buffières, à M. Magneaux, que si elle voulait, *dans vingt-quatre heures son mari n'existerait plus*. Elle avait dit encore que si son mari venait à mourir, elle ne porterait le deuil qu'un an, comme à Paris !

M. le président demanda à Denis :
Voilà des paroles bien graves ! Et qui vous inspirait la crainte de ne pas obéir tout de suite à Mme Lafarge ? Quelles circonstances avaient donc pu vous les donner ?

Denis. — Mme Marie Lafarge avait dit, le jour où elle écrivait sa lettre d'envoi pour les gâteaux, en montrant une petite boîte placée sur la table : *Si je voulais, mon mari n'existerait pas vingt-quatre heures.* Du reste, elle avait toujours de l'arsenic sur elle.

M. le président. — Avez-vous entendu ce propos de la bouche de Mme Lafarge ?

R. — Non, monsieur, c'est M. Magneaux qui l'a entendu et qui me l'a répété.

D. — Mme Lafarge ne vous a-t-elle pas dit aussi qu'il fallait garder le secret sur cet achat d'arsenic ?

R. — Elle m'a dit cela sur le parterre, elle m'a dit qu'il ne fallait pas en parler à sa belle-mère. Elle ajouta : nous préparerons cette mort aux rats tous les deux.

D. — Cette recommandation fut-elle faite d'une façon mystérieuse ?

R. — Non, monsieur, d'une façon toute naturelle.

D. — Elle n'a pas pris de précautions en vous disant cela ?

R. — Non, monsieur, pas du tout.

D. — Vous avez été chercher M. Lespinasse à Lubersac.

R. — Oui, monsieur.

D. — Qui vous a donné cet ordre ?

R. — M. Magneaux, sur la volonté des époux Buffières. Je demandai ce qu'il y avait pour changer si brusquement de médecin. M. Magneaux me répondit : M. Lafarge est empoisonné, il faut aller à Lubersac, amener M. Lespinasse et apporter du contrepoison.

Un juré :

— Comment se fait-il qu'avec tous les soupçons vous ayez obéi d'abord à l'accusée, et que vous lui ayez apporté de l'arsenic ?

R. J'avais peur de déplaire à madame. J'étais sûr en lui déplaisant que son mari me mettrait à la porte. J'étais bien chez M. Lafarge et je désirais y rester.

M⁰ Paillet à Denis :

— Quel est votre véritable nom ?

R. — Je m'appelle Denis Barbier.

D. — Barbier est-il bien votre nom ?

R. — Oui, monsieur.

D. — Pourquoi ne vous appeliez-vous que Denis, au Glandier ?

R. — C'était par complaisance pour M. Lafarge.

D. — Mais ce n'était pas votre nom de famille. Pourquoi prenez-vous le nom de Denis ?

R. — C'était pour que les banquiers ne sussent pas que c'était moi qui m'appelais Barbier.

M⁰ Paillet continue à marcher sur la voie où il a engagé Denis, afin de bien faire remarquer au jury le peu de moralité du complice de M. Lafarge, dont Denis n'était que le comparse.

D. — Où avez-vous connu Lafarge ?

R. — A Paris, au moment où M. Gauthier lui négociait son mariage, chez un agent d'affaires. Nous sortîmes ensemble et je lui dis : Ne vous fiez pas aux agents d'affaires. Ils vous perdront. Il s'est fié aux agents d'affaires dans une maison où Marie Cappelle était *affichée*, et il a été perdu !

A cette nouvelle révélation de Denis, il se fait un mouvement dans l'auditoire. L'accusée hausse les épaules d'un air de dédain. Denis, en la regardant, continue :

— Vous devez savoir que M. Lafarge a été chez M. Defoy, qui ne dit pas. (Le témoin s'arrête.)

M⁰ Paillet à Denis :

— Qui ne dit pas... quoi ?

Le témoin se tait.

M⁰ Paillet avec mépris :

— Jusqu'à votre silence, tout est calomnie en vous ! Voyons, achevez votre pensée.

Denis se tait encore.

M⁰ Paillet ajoute :

— Vous n'achevez pas, cela vaudra mieux ! Pourquoi M. Lafarge vous a-t-il pris chez lui ?

R. — Parce que j'étais bon marcheur et que je faisais ses courses.

D. — Et parce que vous avez aussi une belle main pour faire des billets que l'on payait cinq sous et qui valaient chez les banquiers, grâce à la griffe de M. Lafarge, jusqu'à 4,000 fr. Comment signiez-vous ces billets?

R. — Je signais Barbier de mon nom. Plus tard M. Lafarge me demanda de ne me faire connaître que par mon nom de baptême. Je lui dis : Je ne veux pas vous désobliger et je vais prendre le nom de Denis.

D. — Et c'est pour ne pas désobliger M. Lafarge que vous avez écrit une lettre fausse, attribuée à M. Violaine, beau-père de M. Lafarge, garantissant le montant des billets Lafarge ! Cette lettre avait pour résultat de couvrir M. Roques, banquier de Brives, fournissant de l'argent à votre patron. Revenant à mon interpellation, je demande au témoin s'il reconnaît la lettre que je lui montre, signée de Violaine, comme émanée de lui?

Denis avec assurance:
— Non, monsieur.

D. — Où étiez-vous le 28 novembre 1839?

R. — J'étais au Glandier.

D. — Et aux premiers jours de décembre?

R. — J'étais à Paris.

D. — Ainsi, il est bien établi que vous étiez Barbier, à Paris, Denis, au Glandier. Combien avez-vous souscrit de billets à Lafarge?

R. — Je n'en sais pas le nombre.

Me Paillet : Donc il est constant que Denis n'était l'employé de Lafarge que pour lui faire moissonner des signatures fictives. Lafarge ne les rendait valables aux yeux des banquiers que par son nom.

Me Paillet. — Quels motifs avait M. Lafarge de cacher à sa famille votre départ pour Paris?

R. — Je l'ignore. Il ne m'a pas dit ses motifs. Il m'a purement et simplement défendu de dire que j'allais à Paris et je me suis conformé à ses ordres.

M. l'avocat général. — Nous remarquons, en passant, que tout cela est imputable au malheureux Lafarge et non à ce pauvre serviteur qui exécutait fidèlement les ordres qu'on lui donnait. Je ne vois pas quel parti on veut en tirer.

Me Paillet. — La sagacité habituelle de M. l'avocat général le sert mal en ce moment; je m'efforcerai de lui démontrer bientôt, ainsi qu'à MM. les jurés, tout ce qu'il y a d'important pour la défense dans cette déposition. N'est-ce pas le témoin qui, le premier, aurait dit à M. Lafarge que c'était sa femme qui l'empoisonnait?

R. — Non, monsieur.

D. — N'a-t-il pas dit à d'autres témoins qu'il poursuivrait Mme Lafarge jusqu'au pied de l'échafaud?

R. — Jamais je n'ai dit une chose pareille !

M. l'avocat général à Mme Lafarge :

— Comment expliquez-vous, madame, les négations de Denis avec votre affirmation? En quoi consiste, vis-à-vis de Denis, cette prévention de faux témoignage? Mme votre belle-mère a déposé comme ce témoin sur le fait du secret à garder envers elle, sur l'achat de l'arsenic. Or, vous n'accusez pas le témoignage de votre belle-mère?

L'accusée. — Mais je ne vois qu'une chose, c'est que ma belle-mère a répété les *mensonges* de M. Denis.

L'avocat général. — Vous appelez mensonges ce qui, pour la cause, est, de la part de Denis, une preuve de sa sincérité.

Mme Lafarge ne répond que par un sourire dédaigneux.

Me Paillet ajoute :

— Ce qui compromet un peu la sincérité de Denis, c'est qu'il a dit d'abord que c'était de lui-même qu'il avait averti Mme Lafarge mère, et qu'il dit ensuite que c'est sur ses interpellations qu'il avait déclaré l'achat de l'arsenic. Je reviens au propos que j'ai déjà signalé : le témoin a-t-il dit qu'il poursuivrait Mme Lafarge jusqu'au pied de l'échafaud?

Denis. — Je jure que non, sur l'honneur!

M. le président. — L'accusée croit-elle que, dans sa déposition, le témoin a obéi à des suggestions étrangères?

L'accusée. — Je crois, moi, qu'il obéit tout simplement à d'anciennes habitudes peu honorables.

Denis termine, en quittant le tribunal :

— C'est la première fois que je parais en justice!

A une audience suivante, les complices de Denis, qui ont aidé à colporter ses calomnies dans tout le Limousin, l'accusent eux-mêmes. Leurs révélations sont inspirées par le remords et par la sympathie qu'ils éprouvent pour la victime du Glandier.

Un témoin, non appelé, inconnu des intéressés, demande à être appelé à la barre, il dit, en montrant un certain Catrufeaux :

— Monsieur m'a montré, en plaisantant, la *ménagerie des témoins*, au milieu de laquelle était Denis *le féroce*. Ce dernier disait à qui voulait l'entendre :

« Mme Lafarge est une gredine. Elle a nourri pendant quinze jours son mari de poison. Ne savez-vous pas ce qu'elle a fait, la bonne apôtre, pendant qu'elle était au château de son père? Elle s'amusait à lever le soir le pont-levis. Elle faisait noyer dans les fossés les paysans qui voulaient rentrer au château. Ah! la scélérate, quand je serai appelé en justice, elle n'aura plus les yeux qu'elle a maintenant. »

Un cultivateur du Glandier et deux autres serviteurs répètent à peu près les mêmes propos de Denis. M. Catrufeaux, d'abord allié à Denis et presque le complice de ses calomnies, se décide à attester la vérité des paroles haineuses de cet être malfaisant.

Alors, M° Paillet frappe dans ses mains avec une indignation bien légitime.

Il s'écrie avec une exaltation difficile à décrire :

— Le voilà donc, ce témoin qui est venu à cette barre donner des démentis sous la foi du serment ! Non content de venir ici mentir à la justice, il se promène tout le jour à la porte de cette audience, semant partout, offrant à qui veut l'entendre le poison de ses paroles. En ce moment, où est-il ? Qu'il paraisse non plus pour être confondu par ses adversaires, mais par ceux dont il voulait faire ses complices.

Alors on demande Denis, on l'appelle, on le cherche partout, on ne peut le trouver, où est-il ? On le retrouvera plus tard pour préparer de nouvelles tortures à sa victime.

Le caractère perfide et lâche de Denis achève de se dessiner par les dépositions de nouveaux témoins !

Jean Bardou, un domestique au Glandier, avait été attiré par Denis pour devenir aussi le complice de ses infamies. Il lui a dit quelques jours avant la fin malheureuse de M. Lafarge :

— Je ne souhaite qu'une chose : voir Mme Lafarge sciée en quatre morceaux.

D. — Il était donc bien persuadé que madame était coupable ?

R. — Oh ! oui, il m'a dit qu'elle avait empoisonné son mari pendant quinze jours.

D. — Que savez-vous encore ?

R. — Quand Denis est revenu de Paris, il a dit : maintenant je suis le maître ici ; et si vous ne m'obéissez pas, si vous n'entrez pas dans mes vues et celles de la famille, je vous flanquerai tous à la porte.

La jeune Emma Pontier est l'unique parente de la famille qui ne partage pas les soupçons contre Mme Marie Lafarge. Elle proteste contre les calomnies de Denis. Elle prétend avec énergie que la boîte d'arsenic, trouvée sur elle, au Glandier, appartenait exclusivement à Mme Lafarge *pour son usage personnel*.

Elle termine en regardant Mme Lafarge qui l'en remercie du geste et du regard :

— Je garde à l'accusée l'affection tendre et profonde que je lui ai vouée tout d'abord.

Enfin sa femme de chambre, Clémentine, celle qui s'est montrée si dévouée à sa maîtresse, est interrogée à son tour.

On la questionne avec défiance sur la scène qui s'est passée à Orléans.

— Madame, répondit-elle, était au bain, monsieur voulut entrer de force. Moi, je lui dis : « On n'entre jamais dans la chambre d'une femme lorsqu'elle se baigne. » Il me répondit : « Votre maîtresse ne fera pas toujours tant de singeries. Quand je serai au Glandier, ça ne se passera pas comme ça; je la mènerai d'une drôle de manière. »

Clémentine évite avec soin de parler de l'arrivée inattendue de M. Charles, dont il est fortement question dans lettre du 15 août et dans les dépositions de Mme Lafarge mère.

Pourtant, si l'homme aimé de Mme Marie Lafarge, si M. Charles C*** s'était présenté à la barre, il eût pu expliquer la lettre fatale et incohérente de son amante désespérée, il eût pu certifier aussi que la présence de la boîte d'arsenic qu'elle tenait en réserve pour en finir avec ses douleurs. était bien pour *son usage personnel*.

Mais M. Charles ne parut pas. L'amour est lâche. Bien différent était le dévouement inspiré par la vive affection de Clémentine pour sa maîtresse.

Après les assises, lorsque Mme Lafarge était définitivement perdue, lorsqu'elle prenait la route de la prison de Montpellier, n'a-t-on pas vu cette fidèle Clémentine lui offrir la liberté en échange de la sienne?

Ne voulait-elle pas partir pour elle dans la prison perpétuelle qui lui était assignée ?

Avant la fin de l'interrogatoire des témoins à décharge, on entend un jeune serviteur qui vient rétracter à la barre ce que l'infâme Denis, au gage d'un mari faussaire, lui avait fait dire. Il témoigne en faveur de Marie Cappelle. Il l'a connue comme une personne bien aimante, charitable et désintéressée.

L'avocat général réprimande ce serviteur, en opposant à son nouveau témoignage sa première déposition.

Me Paillet réplique à l'avocat général :

— Je ne sais vraiment pas ce qui a valu à ce serviteur l'honneur de cette mercuriale. Ainsi des témoins sont venus reprocher à Denis, à cet homme, d'atroces propos; et vous l'avez entendu les nier avec un air doucereux, tout plein d'une espèce de bonhomie ; et vous ne voulez pas entendre la voix sincère d'un serviteur naïf, qui n'a aucun intérêt à cacher des propos tenus à plusieurs témoins, au premier venu, à la première personne qui se présentait.

Le défenseur de Mme Lafarge fait ressortir la partialité de la magistrature de Tulle, soumise à des influences locales ou à des ordres venus de la haute société parisienne.

Le souffle du mal pèse encore sur Mme Lafarge; à peine a-t-elle la force de se débattre, malgré la voix indignée et éloquente de Me Paillet, contre la fatalité qui la conduit pas à pas à l'échafaud.

Ce fut après les expériences tentées à Uzerches que Mᵐᵉ Lafarge dut la visite des hommes de la justice. (Page 610.)

CHAPITRE XXV

LES CONSÉQUENCES D'UNE LETTRE D'ORFILA : MADAME LAFARGE EST SAUVÉE

Mᵉ Paillet qui avait si bien réussi à montrer ce qu'était Denis : complice d'un faussaire, agent stipendié d'une famille haineuse, homme taré, rempli d'astuce et de fourberies, ne devait pas s'en tenir là.

Après avoir dégagé Mme veuve Lafarge des personnes funestes qui avaient travaillé à la perdre dans l'opinion, après en avoir fait ressortir leur mauvaise foi et avoir obligé les complices de Denis à avouer leur participation à son machiavélisme, il fallait aller des personnes aux choses.

Y avait-il, oui ou non, empoisonnement? Tout l'intérêt de la cause était maintenant dans la recherche du corps du délit.

Une première expertise avait eu lieu au Glandier même. On se rappelle que dans cette expertise, il avait été constaté que le docteur Bardou avait eu raison contre le docteur Lespinasse.

L'expertise se continuant à Uzerches, sur les sollicitations de la mère de M. Lafarge et des Buffières, elle donna tort au docteur Bardou, au profit du docteur Lespinasse.

Ce fut, après les expériences tentées à Uzerches, que Mme Lafarge dut la visite des hommes de la justice pour lui faire subir, après une première instruction, sa prison préventive à Brives.

A Uzerches, les expériences avaient été faites avec une grande négligence. Rien n'avait été plus imparfait que ses résultats; les experts de Brives avaient trouvé du poison là où il n'y en avait pas; ils n'en avaient pas trouvé dans les potions qui en contenaient.

Sans la boîte d'arsenic prise par Emma Pontier, qu'elle ne remit aux juges que sur la volonté de Mme veuve Lafarge, elle eût été sauvée par l'incurie ou par l'ignorance des premiers experts.

C'était ce fait, émané de la loyauté de Marie Cappelle, qui prouvait, selon l'avocat général, qu'elle avait opéré avec une incroyable audace.

Mais pas moins que tous ces épisodes prouvaient que ces diverses expériences avaient été insuffisantes. La conviction des juges ne pouvait être qu'ébranlée en doutant de l'autorité de ces experts divisés sur le corps du délit.

Après avoir vu Me Paillet traquer Denis sur son terrain plein d'embarras, on se demandait toujours :

« M. Lafarge était-il, oui ou non, empoisonné ? »

L'intérêt du procès, le sort de l'accusée gisait dans ce point de fait.

Me Paillet l'avait compris.

Après avoir forcé Denis à lever le masque; après le lui avoir arraché de telle façon qu'il esquivait le tribunal, en craignant pour sa liberté, l'habile défenseur ne s'en était pas tenu là.

Il avait fait appel à Paris au prince de la science, à M. Orfila.

Déjà, l'éminent chimiste avait été consulté par M. Massenat, un troisième médecin de la famille, au sujet des expériences faites à Brives, sur les potions prises par M. Lafarge.

Le docteur Massenat avait prié M. Orfila d'appuyer de sa grande autorité les conclusions de son rapport.

Mais M. Orfila s'était récusé, en écrivant une lettre par laquelle il se déclarait étranger au procès.

Me Paillet, au moment où l'intérêt devenait plus vif autour de Mme Lafarge, vit, dans l'attitude du grand chimiste, une garantie favorable pour l'avenir de son intéressante et malheureuse cliente.

A son tour, il écrivit à M. Orfila. Dans la séance du 25 août, le défenseur de Mme Lafarge fit connaître la lettre de l'illustre chimiste où était écrit ce passage :

« Vous trouverez la solution de la question que vous me posez dans les
« *Annales d'hygiène* [de Baruel et Mori, elle se rapporte à une affaire judi-
« ciaire dans laquelle j'étais appelé. Des experts élevaient de graves soup-
« çons d'empoisonnement, par cela seul qu'ils avaient obtenu, en traitant
« certains liquides par l'acide sulfurique, un précipité jaune, floconneux,
« soluble dans l'ammoniac.
« Nous reconnûmes, que cette prétendue préparation arsénicale jaune
« ne *contenait pas un atome* d'arsenic lorsqu'on cherchait à la réduire, et
« qu'elle n'était autre chose qu'une matière animale contenue dans la bile. »

Cette lettre de M. Orfila donnait pleinement raison aux premières expériences faites au Glandier et qui avaient, dès le principe, innocenté Mme Lafarge, incriminée à Brives, lors de la reprise de l'expertise suscitée par Mme Lafarge mère et les époux Buffières.

Tout était donc à recommencer.

Malgré les juridictions successives, malgré le procès correctionnel amenant le procès criminel, l'innocence de l'accusée était remise en question, quoique tout eût été alors si bien échafaudé pour la poser comme une coupable !

Une éclaircie s'ouvrait pour la victime sur son ciel gros d'orages où roulait constamment la foudre.

A cette lettre, les juges se regardèrent d'un air d'étonnement, et de stupeur. Les juges s'interrogèrent avec confusion ; un soupir de satisfaction parcourut tout l'auditoire ; il accusait la sympathie qu'inspirait généralement Mme Lafarge.

Me Paillet n'était pas homme à ne pas profiter de ce revirement d'opinion dans le prétoire et qui était si favorablement accueilli par le public.

Il s'empressa d'ajouter :

— M. Orfila a fait plus, il est venu me voir, il m'a fourni les livres auxquels se repère sa lettre. Il a fait plus encore. Il a exécuté devant moi, pauvre ignorant, diverses expériences pour me rendre les raisonnements sensibles à la vue, et il est arrivé constamment à des résultats négatifs.

M. Massenat réplique à Mᵉ Paillet :

— J'insiste sur ce que j'ai eu l'honneur de déposer devant la cour :

M. l'avocat général :

— Il est impossible de révoquer en doute la sincérité de vos paroles ; mais s'il était besoin de faire vider le différent qui semble ici s'élever entre M. Orfila et M. Massenat, il y aurait peut-être nécessité de le faire venir.

Mᵉ Paillet :

— Ce n'est pas la défense qui s'y oppose, puisque depuis ces longs débats déjà trop funestes pour l'accusée, tout est à recommencer.

Le président intervient :

— Après avoir consulté les membres de la cour, sans rejeter les conclusions de M. l'avocat général, la cour décide qu'il y a lieu de surseoir à statuer jusqu'à ce qu'il ait été procédé à une nouvelle opération chimique.

On le voit, Mᵉ Paillet gagne de plus en plus du terrain sur le chemin de la défense.

Le défenseur ne s'en tient pas là. Il ajoute :

— Je relève une phrase dans les rapports de MM. Massenat et Lespinasse ; cette phrase est ainsi conçue : « Est-ce de l'arsenic ? nous le croyons. » Cette phrase a revêtu les précautions de la forme dubitative ; comment se fait-il donc que les conclusions du rapport aient une forme affirmative et que ce doute, exprimé dans la première partie du rapport, se transforme dans ces conclusions du rapport ?

M. Massenat, le second du docteur Lespinasse, se défend mal devant la logique serrée de Mᵉ Paillet. Il répond :

— Nous avions pensé que la présence de l'arsenic était constante, mais nous avons mieux aimé exprimer un doute dans l'intérêt de la défense, alors que *nous n'avions pas une certitude palpable.*

Après l'énergique défense de Mᵉ Paillet et les réponses incertaines des experts accusateurs, il s'opère dans l'esprit des témoins, des jurés et de l'auditoire une réaction complète.

Dans une séance suivante, une nouvelle opération chimique a lieu. On replace devant le tribunal, les vases dans lesquels ont été renfermés l'estomac du malheureux Lafarge, les liquides qu'il contenait, les différentes substances remises par Mᵐᵉ Lafarge mère.

Les nouveaux experts MM. Dubois père et fils, M. Dupuytren, sont introduits, ils sont l'objet des marques générales d'attention.

M. Dubois prend la parole au nom des experts. Voici la conclusion de leur rapport :

« Les liquides résultant des vomissements ont été soumis à l'évaporation, afin de diminuer le volume des liquides, ce qui est resté a été soumis à l'appareil de *Marsh*. Il n'en est resté *aucun atome* de préparation arsenicale.

Cette conclusion produisit dans toute la salle un **mouvement extraordinaire**.

Le public ne put retenir un commencement d'applaudissement vivement contenu par le président.

Mme Lafarge se lève en joignant les mains avec ferveur, elle porte les yeux vers le ciel comme pour le remercier et lui adresser mentalement des actions de grâce.

Me Lachaud saisit une des mains de Marie Cappelle et la serre avec un mouvement convulsif

Elle lui abandonne sa main avec un triste sourire, ses yeux rayonnent sous ses larmes.

Elle retombe épuisée par tant d'émotion, pendant que Me Paillet non moins ému que Me Lachaud s'écrie avec chaleur, ayant aussi des larmes dans la voix et dans les yeux.

— Et huit mois de prévention, huit mois de torture pour arriver à ce résultat.

M. Dubois se hâte d'ajouter :

— Nous désirerions que cet examen fût de nouveau soumis à l'un de ces chimistes de haute renommée qui, par leurs lumières supérieures et leur réputation bien méritée, pourraient donner plus de poids à nos conclusions. Elles ne portent après tout que sur les matières qui nous ont été soumises.

L'avocat général se hâte d'ajouter pour rester dans l'esprit de l'acte d'accusation.

— Il y a ici deux opinions en présence. Et il serait bon de donner lecture des précédents rapports.

Lorsque l'on voit que par l'organe de l'avocat général, l'accusation n'abandonne pas encore la partie, une vive agitation se produit dans la salle ; des conversations particulières et très animées s'engagent sur plusieurs points. Ce sont les médecins, dont les uns disent oui, d'autres non, au sujet de l'empoisonnement.

La cour décide donc qu'on appellera le chimiste Orfila.

Mais, la voix de Me Paillet vient dominer toutes ces émotions et faire taire les conversations particulières.

Elle s'écrie :

— Je prie la cour de suspendre l'audience. Mme Lafarge se trouve mal.

Le président lui répond, regardant le groupe des amis de Mme Lafarge, empressés autour d'elle :

— L'audience est suspendue.

Mme Lafarge sort en chancelant appuyée d'un côté sur le bras de son médecin, de l'autre sur le bras de Me Lachaud.

A peine arrivée à la porte, elle se jette en arrière, les yeux éteints, un mouchoir sur son visage pendant que des sanglots convulsifs semblent prêts à l'étouffer. Elle tombe dans les bras de ceux qui la soutiennent. Plusieurs membres de la famille la suivent, ils se précipitent sur ses pas pour l'entourer encore. M. Sabatier, gendre de M. Garat, qui est resté à l'audience, en sort bientôt, soutenu aussi par ses voisins, il va s'évanouir.

Telles sont les conséquences de la lettre inespérée d'Orfila tenue en réserve par Me Paillet.

La joie aussi fait mal.

La joie remplissait le cœur de Mme Lafarge sauvée dans cette séance par la science qui, dans une autre séance, devait de nouveau la perdre!

CHAPITRE XXVI

UNE NOUVELLE EXPERTISE D'ORFILA : MADAME LAFARGE EST PERDUE !

Etrange retour des décisions humaines, combien les contradictions de la science peuvent servir les passions intéressées! Le chimiste Orfila qui par lettre et *de visu*, avait condamné les rapports des experts de Brives et de Luzerches, arrivait à Tulle, pour dire tout le contraire de ce qu'il avait avancé. Il donnait enfin raison aux docteurs Massenat et Lespinasse.

Me Paillet triomphait trop tôt!

La science de la veille était condamnée par la science du lendemain.

Mme Lafarge, sauvée le 8 septembre, était perdue le 18.

Sur l'ordre de la cour, on avait procédé à l'exhumation des restes de M. Lafarge.

On mit ces restes dans des pots de faïence qui furent livrés au palais de justice.

Six fourneaux placés en cercle, chauffés par un immense brasier, suffirent à peine aux chimistes, collègues d'Orfila, pour dévorer les matières humaines et préparer cette pénible besogne.

M. Orfila, avec ses deux préparateurs, arriva le 13 à Tulle.

Le soir même, l'éminent chimiste et ses collègues se mirent à faire leurs analyses, y travaillèrent toute une partie de la nuit et ne la terminèrent que dans la soirée du 14.

Une fois ses opérations terminées, M. Orfila se présenta à l'audience pour prononcer son funèbre arrêt.

En ce moment un orage éclata sur la ville.

Le bruit de la foudre accompagna la voix du célèbre chimiste. On eût dit la sentence du ciel d'accord avec la sentence des hommes, pour accabler la malheureuse Lafarge.

Voici, d'après la *Gazette des Tribunaux*, par dépêche extraordinaire, les paroles de M. Orfila.

Audience du 14 septembre 1840.

« M. Orfila. — Nous venons rendre compte à la cour des travaux auxquels nous nous sommes livrés. Toutes les expériences ont été faites avec les réactifs qui avaient servi à MM. les experts et qui avaient déjà opéré dans l'espèce.

« Toutefois nous avons employé une certaine quantité de nitrate de potasse que nous avions apporté de Paris. Nos expériences ont été faites en présence de huit membres de la commission.

« J'arrive maintenant au résultat de l'expertise. Je vais diviser ce que j'ai à dire en quatre parties :

« 1° Je démontrerai qu'il existe de l'arsenic dans le corps de M. Lafarge. »

Un mouvement de stupeur, causé par cette déclaration se produit dans la salle.

L'auditoire tressaille et frémit.

Il n'est plus besoin d'entendre le reste de cette déclaration, si du premier mot, elle détruit les arguments que le célèbre chimiste avait avancés précédemment contre l'empoisonnement.

Mme Lafarge a fait un geste d'effroi qui a été remarqué par tout l'auditoire. Elle a pâli. Puis pour rester forte contre elle-même, elle a vivement porté la main à son cœur.

La douleur mortelle qui la frappe paraît être partagée par l'assemblée.

Me Paillet, Me Lachaud n'ont pu retenir des soupirs d'angoisse. Ils sont prêts à soutenir la pauvre femme qui fait des efforts surhumains pour ne pas tomber.

Tous les amis de Mme Lafarge, qui quelques jours auparavant l'entouraient pour la préparer à recevoir avec sang-froid, sa liberté avec sa réhabilitation, tous l'entourent encore, pour qu'elle ne succombât pas sous cet arrêt fatal.

M. Orfila, après avoir d'un mot condamné Mme Lafarge, donne l'explication de sa déclaration.

Il dit :

« 2° Que l'arsenic ne provient pas des réactifs avec lesquels il a opéré, ni de la terre qui entoure le cercueil.

« 3° Qu'il démontrera que l'arsenic, retiré par lui, ne vient pas de cette portion arsénicale qui existe naturellement dans le corps de l'homme.

« 4° Enfin qu'il fera voir qu'il n'est pas impossible d'expliquer la diversité des résultats et des opinions dans les expertises qui ont été antérieurement faites, comparées avec cette dernière expertise. »

En s'arrêtant à l'analyse faite par MM. Dubois père et fils, M. Orfila ajoute :

« Si ces chimistes n'ont pas trouvé d'arsenic, c'est parce qu'ils agissaient sur une portion de matières trois fois moindre que celle soumise à la dernière série d'expérience ; et puis l'appareil *Marsh* est un appareil de fraîche date ; il n'a pas été parfaitement étudié ; et ceux qui l'ont étudié éprouvent tous les jours des embarras nouveaux pour s'en servir.

« Je me plais, termine M. Orfila, à reconnaître le talent et l'habileté des expérimentateurs qui ont opéré avant moi, mais il est évident qu'ils ont agi sur trop peu de matières, et en second lieu que l'appareil de *Marsh* a été employé avec une flamme un peu trop forte, et que la petite quantité d'arsenic existant a été volatilisée.

« Je ne vois là rien, termine-t-il, qui ne puisse concorder avec le résultat que nous venons d'obtenir. »

Ces considérants sont autant de coups mortels pour l'accusée.

Donc tout est changé pour elle. La science, la veille, la reconnaissait innocente. La science, le lendemain, la faisait de nouveau coupable !

Elle la traînait sans pitié aux pieds d'un tribunal d'abord disposé à la trouver criminelle, d'un tribunal très stupéfait de son innocence prouvée par des faits qui l'accablaient avant de l'absoudre, et plus stupéfait encore d'enregistrer, pour la troisième fois, sa culpabilité.

Ces délais cruels achevaient d'anéantir la victime. A la suite du rapport de M. Orfila, les cheveux de Mme Lafarge blanchirent en une nuit.

A l'audience suivante, l'avocat général reprenait sa revanche sur Me Paillet, aussi terrassé que son infortunée cliente.

« L'accusation, avait dit triomphalement Me Paillet, sur le rapport de MM. Dubois et Dupuytren, l'accusation peut faire *désormais son oraison funèbre !* Maintenant, à la suite de cette expertise définitive, c'était à la défense à exprimer la pensée de Me Paillet.

Hélas ! cette lutte de la science et du barreau frappait l'accusée de coups terribles. Ils la faisaient mourir avant de lui signifier sa sentence.

L'avocat général triomphant, n'en était que plus implacable contre l'accusée, en raison des obstacles que la défense avait dressés devant lui.

Est-ce Denis ?... C'est l'homme aux faux billets, aux voyages mystérieux... (Page 624.)

— Le temps nous presse, disait-il à l'audience du 17 septembre, et vous devez désirer comme moi, messieurs les jurés, de terminer ces débats. L'action de la justice est lente. Elle l'est surtout lorsque dans cette enceinte il faut lutter contre des obstacles qu'on ne peut prévoir. Lorsqu'il faut lutter contre une accusée placée au sommet de l'échelle sociale, qui trouve en elle des *sympathies et des dévouements* ; lorsque ce n'est pas un de ces accusés sur lesquels l'action de la justice s'appesantit sans peine, *parce qu'elle ne rencontre pas de résistance.*

«Quel que soit le débordement des *passions mauvaises* qui se sont agitées autour de vous, quel que soit le retentissement de ces protestations si extraordinaires entourant l'accusée, vous aussi, messieurs les jurés, vous ne faillirez pas à votre mission ; vous comprendrez que la France a les yeux sur vous, et que c'est là une question d'honneur, de dignité, de moralité, qui sera jugée par l'Europe. »

En vérité, n'en déplaise à l'avocat général, de quel côté étaient donc les passions mauvaises ?

N'étaient-elles pas du côté de cette famille qui, du premier jour, avait trompé Marie Cappelle, en lui faisant miroiter un brillant avenir, en lui promettant une situation heureuse, lorsque cette situation précaire cachait mille pièges où était tombée l'infortunée !

La mauvaise foi de son mari ne l'avait-elle pas rendue d'abord voleuse malgré elle ?

Le pardon facile de son mari pour un amour qu'elle avait combattu par devoir, n'était-il pas un nouvel affront à son orgueil ?

En supposant qu'elle fut capable d'avoir empoisonné son mari, pour se délivrer de ses instincts grossiers, pour s'affranchir de liens perfides, contractés par la mauvaise foi et l'intérêt, n'en était-elle pas déjà bien punie ?

A qui s'adressaient ces sanglantes paroles ?

A une moribonde qui n'avait plus la force de supporter les coups que lui portait M. l'avocat général.

Pour entendre ce réquisitoire, on avait traînée Marie Cappelle au prétoire ; ses traits altérés, son corps inerte faisaient peine à voir.

N'était-ce pas cruauté de la part de l'avocat général de frapper sur cette moribonde, de s'écrier devant l'auditoire qui semblait demander grâce pour la coupable :

« Lafarge est mort empoisonné. Mais qui l'a empoisonné ? Qui, si ce n'est cette femme, l'auteur de la lettre affreuse des premiers jours du mariage, où déjà les mots de crime et d'empoisonnement se trouvent sous la plume de l'accusée. Après la réconciliation, Lafarge est déjà condamné. Sa famille le craint, des étrangers le savent à l'avance et désignent presque le jour et l'heure du trépas. La *cupidité* sera l'ignoble accessoire du crime, puisque Mme Lafarge a un testament de son mari, fait en sa faveur. Le but de l'assassin sera au profit *d'un préféré*, de se débarrasser de l'homme qu'elle déteste !

«Lorsque Lafarge, éloigné à dessein du Glandier par sa femme, y revient à l'improviste, on l'empoisonne encore. De près comme de loin, on l'empoisonne toujours. Qui donc ? si ce n'est cette femme ?

L'avocat général montre d'un geste implacable le corps inerte de l'accusée. Mais elle n'a plus la force de se mouvoir, encore moins de protester sur sa chaise où elle reste inanimée.

Le réquisitoire continue sur ce ton, avec la même acrimonie, la même partialité. « Si M. Lafarge a été dans une situation précaire, il n'a pas à s'en occuper ; s'il a retenu les diamants de Mᵐᵉ de Léautaud, s'il a commis des billets faux, il n'a rien à y voir. Du côté du mari, il ne voit *qu'amour sincère*; de l'autre, mensonge, cruauté froide et perfide !

« Aujourd'hui, termine-t-il, en rappelant les témoignages *positifs* de Mᵐᵉ Brun, les rétractations *naïves* de Mˡˡᵉ Emma Pontin, aujourd'hui la science a parlé : elle a dit son dernier mot, et ce mot a été un arrêt, ce mot a été une condamnation, et ce mot, vous avez vu quelle impression profonde et lugubre il a produit sur cette enceinte. »

Le réquisitoire de l'avocat général en produit un plus lugubre encore sur tous les assistants :

En effet, il frappe trop rudement une malheureuse femme qui se débat couchée dans un fauteuil, entre la vie et la mort ; son visage pâle, ses traits convulsionnés, son corps amaigri à l'aspect d'un cadavre.

Les esprits les moins prévenus se demandent avec une pitié mêlée d'effroi s'il n'est pas cruel de continuer un si long réquisitoire contre une femme qui, avant de risquer l'échafaud, est à deux pas de la tombe.

La cour, par humanité, fait suspendre la séance. On emporte Mᵐᵉ Lafarge.

L'état pitoyable de son état excite de la compassion dans l'âme la plus endurcie.

Lorsqu'il est question de reprendre la séance, Mᵉ Lachaud s'écrie, les larmes dans la voix : « Mᵐᵉ Lafarge, à toute extrémité, est incapable de reparaître à l'audience. »

Huit jours auparavant, elle avait failli succomber sous la joie causée par sa réhabilitation ; maintenant la douleur la tuait !

Les plaidoiries sont ajournées.

CHAPITRE XXVII

LA DÉFENSE

L'inhumanité avec laquelle on voue Mme *Lafarge à l'infamie* jusque sur le bord de sa tombe, est constatée par la *Gazette des Tribunaux*, parlant de ce mémorable procès et de la séance du 16 septembre.

Lorsque M° Lachaud arrive à l'audience en s'écriant que Mme Lafarge ne peut y figurer parce qu'il a été impossible à l'accusée de se lever, un juré s'écrie :

— S'il est vrai, comme je n'en doute pas, que l'accusée soit dans l'impossibilité de soutenir le débat, vous comprenez combien de semblables prorogations seraient pénibles pour nous. Il deviendrait impossible au jury de remplir sa tâche. La cour jugera donc nécessaire *d'user des moyens qui sont à sa disposition* pour faire cesser *un pareil état de choses !*

— Aussi la cour, répond le président, après avoir (je ne crois pas exagérer) poussé, ainsi que le jury, la *longanimité* aussi loin qu'elle pouvait aller, se propose de renvoyer pour la *dernière fois* l'audience à demain. Demain la cour prendra un parti définitif.

Et le lendemain, le 17 septembre, on traîne la victime au tribunal. On se contente, *par humanité*, d'apporter au banc des accusés une large bergère pour remplacer le fauteuil de bureau en crin sur lequel Mme Lafarge avait été assise jusque-là.

Avant de prendre sa défense, M° Paillet s'écrie :

— L'accusée n'est pas dans un état meilleur, mais elle se désespère à l'idée de voir l'affaire remise.

Un quart d'heure se passe, l'accusée ne paraît pas. Tous les regards sont portés avec anxiété vers la porte d'entrée. Le concierge du palais et celui de la geôle portent à bras l'accusée sur un fauteuil ; ils la déposent péniblement sur une chaise longue qui lui a été préparée. Sa pâleur est livide, sa faiblesse est extrême ; elle appuie sa tête sur sa main gauche et paraît anéantie par les longs efforts qu'elle a été obligée de faire.

Elle est comme affaissée sur elle-même.

La vue de cette figure blanche encadrée d'un voile noir, immobile, glacée, produit une impression extraordinaire.

La foule est morne, terrifiée, silencieuse.

Au moment où le président donne la parole à M⁰ Paillet pour répondre au réquisitoire de l'avocat général, le défenseur de Mme Lafarge se lève en disant :

— Je suis aux ordres de la cour; mais je me permettrai de faire observer que Mme Lafarge est épuisée par les efforts pour se rendre à l'audience. En ce moment, elle ne pourrait soutenir les débats. Elle est en proie à des souffrances insupportables.

L'audience est suspendue. On traîne Mme Lafarge sur son siège en dehors de l'enceinte.

Deux heures après, Mme Lafarge, à peu près remise, est apportée dans son fauteuil.

M⁰ Paillet se lève, il parle au milieu du plus profond silence, en désignant l'accusée et la victime :

« Voici donc, après huit mois de captivité, de douleurs, de résignation, Mme Lafarge qui, à bout de bruits mensongers, calomnieux, peut faire entendre devant ses juges, une voix *amie*.

« Pourquoi faut-il que la justice, dont les formes graves et nobles font tout à la fois notre sécurité et notre admiration, se soit écartée dans cette occurrence de ses traditions ? Pourquoi cette intervention insolite, ce mélange bizarre de deux procédures qui n'avaient rien de commun entre elles ?

« Vous parlez d'influences ? C'est moi qui vous les reproche. Tous les esprits justes et impartiaux les reconnaissent dans la manière de procéder contre l'accusée, en la faisant passer pour une voleuse, afin de la jeter aux pieds des assises et le plus près possible de l'échafaud !

« Mais elle n'avait pas besoin de cela pour être condamnée. Voyez-la! Voyez ce qu'en a fait la prévention. La prévention, que l'un de nos plus grands magistrats, procureur général aussi, d'Aguesseau appelait : « L'erreur de la vertu, et si nous osons le dire : le *crime des gens de bien !* »

« Ceux que d'Aguesseau appelait alors magistrats, ce sont nos jurés d'aujourd'hui. D'Aguesseau avait-il deviné le procès Lafarge ? Du moins, il a signalé à vos consciences l'erreur que désormais vous saurez éviter. »

Après cette péroraison, M⁰ Paillet entre dans le vif de la défense. Il montre Mme Lafarge dont la position était si heureuse avant son fatal mariage ; et l'affection dont elle était entourée par ses parents.

Tous ne se sont pas entendus pour flétrir ses antécédents. A l'appui de ces paroles, il cite la lettre très élogieuse du marquis de Mornay, gendre du maréchal Soult ; la lettre très affectueuse du maréchal Gérard. Les lettres de Mme Lafarge à sa tante Garat, lorsqu'elle se résignait à son sort, ou plutôt au sort qu'on lui avait fait !

M⁰ Paillet rend compte des circonstances qui précédèrent le mariage de Marie Cappelle. Il oppose à l'apport mensonger de Lafarge, criblé de dettes au moment où il va se marier, la confiance sans bornes de l'accusée :

« — Est-il vrai qu'au moment où elle se mariait, elle trompait cet homme ? Je n'ai pas à vous présenter à ce sujet des témoins équivoques et suspects, mais des témoins irrécusables ! Et ce qui fait Mme Lafarge innocente à mes yeux, ce qui la rend plus coupable aux yeux de ses ennemis, c'est que le poison qu'elle portait sur elle n'était pas un moyen de se débarrasser d'un époux gênant, mais bien plutôt d'une existence qu'elle ne pouvait supporter entre un amour coupable et la ferme volonté à remplir ses devoirs ; c'est avec cette ferme intention qu'elle s'acheminait vers l'autel de l'hymen, sans penser que cette intention inébranlable, puisée dans sa conscience, la conduirait un jour aux pieds de l'échafaud !

« Je n'ai pas à vous parler de la distance énorme qui séparait Mme Lafarge de son époux. Pour ceux qui veulent l'incriminer, les scènes d'Orléans et d'Uzerches sont un argument de l'accusation. Pour moi, la bonne harmonie qui régnait dans le ménage, après des scènes de brutalité, ne dépose qu'en faveur des vertus de l'accusée.

« Vous connaissez les lettres, les correspondances, les relations extérieures du ménage Lafarge. Et pourquoi donc, si elle avait la pensée du crime, eût-elle attendu six mois ?

« Était-ce pour savourer plus longtemps la pensée du crime ?

Oh ! non, cela n'est pas croyable.

« Il y avait bien une femme au 15 août, mobile dans son imagination, mariée en quinze jours, effrayée d'un long tête-à-tête avec son mari, effrayée surtout de l'aspect du Glandier, si différent du Glandier promis par son futur ! Mais vingt-quatre heures passées, après la lettre écrite, elle n'y pensait plus.

« Elle s'est secouée, comme elle l'a dit elle-même, elle est devenue femme de ménage et bonne épouse.

« Ah ! monsieur l'avocat général, si la date du 15 août vous appartient, laissez-moi la femme des six mois qui l'a suivie. Ce terrain nous appartient. La défense s'y établit, les dates, les événements se pressent, ils nous appartiennent depuis le 15 août jusqu'au 20 novembre. »

Me Paillet parle alors du voyage du maître de forges à Paris, de l'envoi de gâteaux *sympathiques*. Il repousse avec indignation l'idée de renvoyer l'accusation de la mère de Mme Lafarge contre elle-même, et il ajoute :

« — Le ministère public a bien fait de prendre à l'avance la défense des mères en général ; mais je puis à mon tour prendre en général la défense des épouses.

« Si Mme Marie Lafarge avait eu l'idée d'empoisonner son mari, eût-elle eu la pensée aussi de convier sa sœur à ce régal de gâteaux, sœur et épouse meurtrières, dans quel but eût-elle atteint tous les objets de son affection ?

« Depuis que la science a parlé, je n'ai plus à discuter la présence de l'arsenic dans le corps de M. Lafarge. Devant les autorités qui se sont prononcées, il ne reste qu'à m'incliner. Mais raisonnons, M. Lafarge était dans toutes les conditions du suicide. Il était dans de mauvaises affaires. Mme Lafarge, au contraire, avait une honnête aisance. Elle ne demandait qu'à partager sa vie d'affaires. Quelle était alors la vie de M. Lafarge ? Expédients coupables, remords, désespoirs, voilà la vie du maître de forges.

« Alors, vous voyez Mme Lafarge s'occupant à des démarches d'influence relativement à son brevet. Elle abandonne volontiers sa dot en vue de la nouvelle fortune de son mari.

« Et comment M. Lafarge veut-il la reconquérir ?

« Vous n'avez pas oublié ces billets faux, ces titres de cour d'assises, cette fausse lettre de M. de Violaine, son beau-frère, écrite par lui ou par son commis, sur sa volonté ?

« Quant à l'empoisonnement au Glandier, où en sont les preuves ? Et quand elles se produisent, ce n'est que tardivement, presque à la dernière heure.

« Eh bien, pendant huit jours, huit nuits, cette femme aura échappé à tous les regards, l'impunité aura été acquise à tous ses crimes ; et un jour sa prudence va l'abandonner. Elle va laisser traîner sur tous les meubles les preuves de ses criminelles tentatives.

« Et qui la dénonce ? La mère de son mari !

« Je comprends la douleur de cette mère ; mais je ne comprends pas son témoignage.

« La loi n'en veut pas comme témoin.

« Au chagrin de la mort de son fils, ne se mêle-t-il pas une jalousie fatale et un sentiment de cupidité ?

« N'a-t-elle pas fait disparaître un testament, pour le remplacer par un autre en sa faveur ? Quelle confiance mérite un pareil témoin ?

« Cette mère n'a-t-elle pas violé le secret d'un testament ?

« A côté du cadavre de son fils, ne s'est-elle pas emparée froidement des papiers de sa bru, secondée par sa fille, Mme Buffières ?

« A cette époque, la belle-mère ne faisait-elle pas venir un serrurier pour enfoncer le secrétaire de sa bru ? Et voilà la famille qui accuse de vol et d'empoisonnement Mme veuve Lafarge.

« Est-ce cette Mme Buffières ? Une complice intéressée de sa mère, et qui, par ruse, aide sa mère à la dépouiller ?

« Est-ce Mlle Brun, une nature exaltée, dont le témoignage est le résultat d'hallucinations étranges et de démentis incohérents.

« Est-ce Denis? Je ne me sens pas le courage d'en parler. C'est l'homme aux faux billets, aux voyages mystérieux; c'est le complaisant de toutes les intrigues de cette famille! Et je m'étonne que ce Denis soit resté si longtemps sur le banc des témoins, espérant un jour ou l'autre le voir sur le banc des accusés! »

Ah! dans ce drame du Glandier, je ne sais qui est le plus à plaindre ou de M. Lafarge ou de son épouse! Vous savez comment le maître de forges obtint sa main; vous savez quelle était sa position. Lafarge parut et grâce à ce fatal mariage, honneur, fortune, illusions, espérances, santé même, tout s'est évanoui pour elle, et évanouis sans retour.

« Le voilà ce procès auquel la position fatale de l'accusée, les circonstances bizarres de la lettre du 15 août, les échos empoisonnés de la prévention, une publicité longtemps hostile, avaient donné un retentissement inaccoutumé.

« Voilà, messieurs les jurés, toutes les causes du drame ou du crime du Glandier. Et ce que vous ne rendrez déjà plus à cette femme, c'est ce qu'elle y a perdu, la santé! Mais ce que vous pouvez encore, ah! faites-le, du moins faites-le, je vous en prie! Hâtez-vous de rendre à sa famille, ce que la lente agonie de la prison nous a laissé de cette femme.

« Fut-il jamais destinée plus lamentable que la sienne?

« Voyez-la, elle si brillante, si digne d'envie, réduite à ce déplorable état. Mais patience, courage, pauvre Marie, vous vivrez pour votre famille, pour vos amis nombreux, pour vos juges eux-mêmes; vous vivrez pour me parler de votre famille qui vous aime; vous vivrez comme un témoignage glorieux pour la justice humaine, quand elle est confiée à des mains pures, à des âmes sensibles et compatissantes! »

Cette remarquable plaidoirie occupa deux séances. Elle est restée l'un des p^l beaux titres de gloire de Me Paillet.

A la suite de cette remarquable défense, Mme Lafarge, toujours délicate et ingénieuse dans sa reconnaissance, adressa ce mot à son défenseur :

« Mon noble sauveur,

« Je vous envoie ce que j'ai de plus cher au monde, la croix d'honneur de mon père. »

Tout va finir.

Après une réplique assez pâle de l'avocat général, Mme Lafarge se lève de son fauteuil, elle s'écrie :

« Monsieur le président, je suis innocente et je vous le jure... »

Il faut qu'un de ses défenseurs répète sa protestation pour qu'elle soit entendue du président.

Perdu avec des misérables de son espèce, dans les chemins des montagnes. (Page 628.)

Après le résumé des débats, le président pose aux jurés la question de culpabilité ou de non-culpabilité de Marie Cappelle, veuve Lafarge.

Au moment où la cour se retire pour décider de son sort, on emporte l'accusée à demi évanouie.

Après une heure de délibération, le chef du jury prononce cette déclaration :

« Oui, à la majorité, l'accusée est coupable. »

Une exclamation de stupeur ou d'indignation douloureuse s'échappe des tribunes. Tout l'auditoire est en mouvement,

C'est encore dans ce tumulte, que la cour prononce l'arrêt de Marie Cappelle, veuve Lafarge :

« Condamnée aux travaux forcés *à perpétuité* et à l'exposition sur la place publique. »

Hélas ! la défense de Me Paillet a été inutile devant l'arrêt du chimiste Orfila. A quoi sert tant d'habileté dans l'éloquence de la part de ses avocats?

Du reste les mouvements oratoires, pleins de passion et d'entraînement, de la défense avaient pu laisser froids et immobiles plusieurs honorables jurés des campagnes, plus versés dans le patois du bas Limousin que dans la rhétorique ardente de Me Paillet.

Ce fut M. Lachaud qui fut chargé de faire connaître le funeste arrêt à Marie Cappelle.

Il entra dans sa cellule, sans lui parler, il lui tint les mains, en attachant sur elle un triste regard où se traduisait une immense douleur.

Marie devina tout. Elle sortit de sa torpeur, se leva et s'écria :

— Je veux retourner à l'audience, je veux leur crier une seconde fois mon innocence... mon innocence entendez-vous ? Je veux jeter mon mépris aux hommes prévenus qui m'ont condamnée. Je suis forte. Je descendrai.

Mais elle tomba comme foudroyée, elle s'affaissa inanimée, à la porte de sa cellule.

Un instant on la crut morte, on crut que l'arrêt du destin avait devancé l'arrêt des hommes.

Ce fut Me Lachaud qui la rendit à la vie ou plutôt à une nouvelle mort !

CHAPITRE XXVIII

A CHIMISTE, CHIMISTE ET DEMI

Le procès criminel de Mme Lafarge n'était pas fini, même après la condamnation.

Après le duel des jurisconsultes se prononçant pour ou la non-culpabilité de Mme Lafarge, c'était le tour des savants, à se disputer en présence de cette condamnation.

Une voix autorisée de la science officielle s'était prononcée en dictant pour ainsi dire l'arrêt de la triste héroïne du Glandier; une autre voix non moins accréditée par l'opposition, et par la science indépendante, devait se faire entendre en faveur de Mme Lafarge.

Cette voix allait se prononcer pour attaquer le monde supérieur qui pesait de toute son influence sur la condamnée.

C'était la voix redoutée du chimiste Raspail, l'ennemi de la médecine légale.

Sur les conclusions absolues de M. Orfila et qui, au nom du progrès de la science, donnait un démenti à tout ce qui avait été dit autrefois, la défense eut l'idée, dans la personne de M. Babeau-Laribière, avocat de Limoges, de faire un dernier appel à la science de M. Raspail, et d'opposer chimiste contre chimiste.

Dès que M. Raspail, ennemi de la science officielle et du pouvoir qui l'inspirait, eut pris connaissance des conclusions de M. Orfila, il n'hésita pas dans un journal de médecine à réfuter son adversaire scientifique et politique. Cette réfutation est écrite toute au long dans des considérants qui ont pour titre :

« Lettres de M. Raspail à M. le docteur Fabvre, sur les *Circonstances qui ont placé un instant mon nom au point de vue de la question chimique soulevée par l'accusation portée contre dame Marie Cappelle, veuve Lafarge.*

De son côté, Marie Cappelle, sur les conseils de ses défenseurs, écrivait à M. Raspail, en chargeant M. Babeau-Laribière de lui porter sa lettre ou sa supplique. Elle était ainsi conçue :

« Je suis innocente et bien malheureuse, monsieur, je souffre et j'appelle à mon aide votre science, votre cœur.

« Des expériences chimiques m'avaient rendu une partie de cette opinion qui me torture depuis huit mois.

« M. Orfila est arrivé, et je suis retombée dans l'abîme.

« J'espère en vous, monsieur, prêtez à la pauvre calomniée l'appui de votre science, vous me sauverez alors que tout m'abandonne.

« Marie LAFARGE. »

Lorsque M. Babeau-Laribière arriva à Paris, porteur de ce pressant message à M. Raspail, le jeune avocat dit au chimiste :

— Il faut que je reparte avec vous ou sans vous ; si vous ne venez pas, Mme Lafarge est condamnée ; si vous venez il y a mille chances contre une qu'elle sera acquittée. Le jury, très partagé d'opinion, n'a été influencé dans ses présomptions contre l'accusée que depuis l'arrêt de M. Orfila. Le jury semble n'attendre qu'une réfutation du rapport. Votre refus vous rendrait coupable d'une erreur judiciaire.

Il n'en fallait pas tant pour toucher le caractère généreux de M. Raspail, qui, du reste, nourrissait une vieille rancune contre le savant officiel, ami d'un gouvernement qu'il détestait par principe.

Il partit dans la nuit avec le jeune avocat, en chaise de poste. La voiture brûlait le pavé sur la route d'Orléans, mais elle n'arriva pas assez vite. Des obstacles sans nombre arrêtèrent les deux voyageurs lorsqu'ils approchèrent de Limoges.

D'où provenaient ces obstacles? On n'en connut les causes que bien longtemps après. Ces causes sont sinon expliquées, du moins indiquées dans un recueil allemand qui a signalé les menées mystérieuses du perfide Denis.

L'auteur prétend que le secret d'opposer Raspail à Orfila transpira aussitôt cette décision prise par la défense.

Denis n'avait pas quitté sans dessein le tribunal, après ses témoignages perfides. Perdu avec des misérables de son espèce, dans les chemins des montagnes, il attendit la chaise de poste de Raspail, averti on ne sait comment de son arrivée à Tulle.

Lorsque la chaise de poste fut sur le point de traverser Limoges, elle se heurta à des obstacles qui avaient été préparés par des hommes cachés dans les endroits les plus accidentés. La voiture, en se heurtant à ces obstacles, se brisa. Il fallut bien, bon gré mal gré, s'arrêter à Limoges.

Cette perte de temps permit au procès criminel de qui marchait à pas géant, après s'être traîné dans des longueurs énervantes, de se terminer avant l'arrivée du chimiste dont les arguments devaient frapper aussi bien la science légale que la magistrature.

M. Raspail rend compte lui-même de sa course fiévreuse, dévorante, rendue inutile par des obstacles qu'il croyait naturels, quand ils étaient le résultat d'ennemis invisibles, dont Denis était l'agent. Dans cette déconvenue on devine la main de Denis et que M. Raspail ne pouvait soupçonner!

« Le plus grand secret fut gardé par la défense, écrit M. Raspail sur la résolution désespérée de Marie Cappelle ; cependant, trente-six heures après le départ de M. Babeau-Laribière (de Tulle), le parquet et la cour étaient instruits de mon départ de Paris.

« M. Orfila demandait instamment son congé ; M. le président, avant de se décider à l'accorder, adressait injonction sur injonction pour connaître à cet égard ses intentions.

« La défense intime de Mme Lafarge, qui n'a pas de télégraphe à son service, gardait prudemment le silence, elle s'impatientait de mon retard ; elle avait compté sur un trajet de trente-six heures. La voiture avait cassé en route, nous arrivâmes huit heures trop tard : les débats avaient marché au pas de course, pendant la durée de cet achoppement.

« Lorsque nous arrivâmes le 19 septembre, à onze heures du soir, à Tulle, les habitants de l'hôtel où nous descendîmes, nous crièrent les larmes dans les yeux, le désespoir dans la voix :

« — Malheureux ! vous l'avez tuée !... Condamnée aux travaux forcés à perpétuité !... Elle a compté jusqu'aux minutes, jusqu'aux secondes. La dernière a sonné par cet arrêt pire que la mort ; ne vous en consolez jamais, c'est votre faute ! »

Hélas ! était-ce bien sa faute ou celle des ennemis secrets de Mme Lafarge, qui veillaient, jour et nuit, pour paralyser tous les efforts de ses défenseurs ?

Lorsque M. Raspail, le lendemain de son arrivée, c'est-à-dire le lendemain de l'arrêt, se faisait présenter dans son cachot, il s'écriait :

« — Chacun dans le palais de justice, jusqu'au geôlier, paraissait franchement s'intéresser au sort de Marie Cappelle.

« Je la trouvai malade, dans son lit, derrière deux rideaux de toile à carreaux bleus et blancs, qui servaient à couper sa chambre en deux pièces. La première est occupée par sa femme de chambre, Clémentine, qui la servait dans le temps de sa prospérité et qui n'a pas voulu la quitter prisonnière et sans ressources.

« L'exemple de la fidélité au malheur que donne à tout le pays cette bonne fille, semble avoir porté bonheur à Marie Cappelle. Elle a perdu fort peu d'amis dans son infortune ; moi-même, en la voyant, j'étais ému (à mon âge et ayant une petite fille à élever, mon émotion n'est pas suspecte). Je fis tous mes efforts pour rester froid comme un chimiste. Je terminai mon entrevue par quelques mots relatifs au sentiment religieux, que Marie Cappelle me semble posséder sans exagération et sans hypocrisie.

« Mme Lafarge, dans sa prison, n'est plus que la *fille du peuple*, abandonnée des hommes entre les mains de la loi. Je n'était pas dépaysé en sa présence, moi qui avais passé par la même porte des cabanons !

« La conversation douce et caressante de Marie Cappelle, termine M. Raspail, conserve dans le malheur et l'humiliation ce reflet de bonté, et ce je ne sais quoi d'harmonieux, de sympathique, qui rendaient Marie Cappelle si intéressante à l'époque de sa prospérité.

« Il est difficile de rencontrer une femme du monde qui sache mieux se placer au niveau des personnes qui lui parlent. Elle cherche à plaire à tous, et jamais à offenser personne. Elle cause de toutes choses avec le même intérêt et le même avantage. Marie Cappelle était une plante exotique au sein des bonnes et simples vertus de ménage de l'éducation limousine ; elle y a trouvé la mort. »

M. Raspail, un esprit fort, se laisse pourtant prendre à la fatalité qui pèse sur l'héroïne du Glandier. La légende de ce lieu sinistre, rappelée dans la défense de M° Paillet, lui fait peur.

Sa terreur transpire dans le récit des relations de Raspail avec la condamnée, il s'écrie :

« En sortant du palais de justice, étourdi, ébloui, tel qu'on sort presque toujours de la visite d'un prisonnier, je me demandais si c'était bien Mme Lafarge à qui je venais de parler ; et maintenant, à cent vingt lieues de distance, ce mot-là a bien de la peine à me revenir dans l'esprit ; il me semble que je n'ai eu devant les yeux que Marie Cappelle, marquée depuis son enfance par la fatalité. »

Lui-même l'avoue : en approchant de ces lieux maudits il a été atteint par le malheur qui frappe tous les hôtes du Glandier. Avant de se livrer à la fièvre de son antagonisme contre le chimiste Orfila, il ajoute :

— Par quel malheur ma voiture s'est-elle cassée trois fois en route en arrivant dans ce funeste pays ? Puis, revenant à sa rivalité de savant, on l'entend dire, en arrivant à Tulle :

— Donnez-moi les tentures de la cour d'assises, de vieux fauteuils, de mauvaises chaises, et je me fais fort de trouver plus d'arsenic dans ces matières qu'on n'en a trouvé dans tout le corps de Lafarge.

Les récriminations de M. Raspail contre M. Orfila proviennent autant de son caractère personnel, de son irritation contre un monde dont il était l'adversaire, que de la sympathie qu'il portait à l'accusée.

Lui aussi, comme l'indiquent ses correspondances, avait été subjugué par la charmeuse.

En la voyant, pour la première fois, dans sa prison, il écrit :

« Elle a dans l'âme, dans l'esprit, sur son visage, de quoi se réhabiliter. Son regard, tel qu'on le devine à travers ses larmes, n'a rien perdu de sa magie, qui paraît avoir tant fasciné de fois ses amis comme ses ennemis. »

C'est après avoir vu Mme Lafarge, après avoir subi son empire, que M. Raspail adresse à tous les journaux sa philippique contre son rival M. Orfila.

Abordant la question chimique, interpellant le prince de la science, il dit :

« J'ai vu au greffe les trois assiettes obtenues par M. Orfila, j'en ai pris la description et même la mesure, et puis j'ai consulté quelques experts sur la manière dont on avait opéré.

« Les deux premières assiettes obtenues l'ont été par l'acide nitrique ; mais les taches qu'elles renferment sont *si peu* caractérisées *et si petites*, elles ont donné aux réactifs des *indications* si équivoques, que je me garderais de prononcer qu'elles sont des taches d'arsenic.

« Une condamnation d'après ces deux assiettes seules, serait une fatalité déplorable.

« Quant à la troisième assiette, d'après les renseignements analytiques, je dois déclarer que l'on peut prononcer que les taches qui la couvrent sont de nature arsenicale.

« Les taches des deux premières assiettes sont petites, d'un jaune tenant du gris, chacune d'elles n'est qu'un souffle.

« Les taches de la troisième sont larges et gorge de pigeon, bleues et miroitantes, sur le centre, jaunes, violettes sur le bord. Mais... écoutez bien, elles n'ont été ainsi obtenues que par l'emploi du *nitrate de potasse* que M. Orfila *avait eu la précaution d'apporter de Paris*.

Or, M. Orfila a laissé entre les mains du pharmacien de Tulle tous ses réactifs, à l'exception de :

Sa potasse,

Son zinc,

Et le nitrate de potasse au moyen duquel il a obtenu, au dire des experts, témoins de ses expériences, les taches de la troisième assiette.

« Maintenant, voulez-vous que je vous rende toute ma pensée ?

« Supposez que, dans l'intérêt de la défense, j'eusse suivi le procédé de M. Orfila, désignant la foule des réactifs provenant des pharmacies locales, j'eusse apporté de Paris le nitrate de potasse, seul solide à trouver du poison, M. l'avocat général n'aurait-il pas manqué de dire :

« Nous requérons de la cour que l'expert de la défense dépose séance tenante le flacon de nitrate de potasse qu'il *a apporté de Paris*.

« Et sur son refus d'obtempérer à la conclusion, qu'aurait ajouté l'accusation ?

« Elle aurait demandé acte de mon refus et l'insertion au procès-verbal, à l'effet de pouvoir exercer, s'il y avait lieu, des poursuites contre moi, en qualité de *suspect de faux témoignage*.

« Rien de semblable n'a été suivi à l'égard de M. Orfila. Sur cette seule assertion, qu'on aurait suspectée de ma part, et qu'on a acceptée sans observation de la part de M. Orfila, *Marie Cappelle a dû être vouée à l'infamie*.

« Le jury a cru que l'impondérable quantité d'arsenic qu'il étalait sur ces assiettes signifiait nécessairement un empoisonnement par l'arsenic : une quantité que M. Orfila a évaluée à un demi-milligramme et que j'estime, moi, à moins d'un centième de milligramme.

« Or, si le jury avait pu comprendre d'abord que cette quantité était trop minime pour signifier un empoisonnement, ensuite que cette quantité *pouvait provenir du réactif apporté tout exprès de Paris*, le jury n'aurait pas pu condamner Marie Cappelle, coupable d'empoisonnement par l'arsenic, car toutes les probabilités morales *disparaissent devant l'absence du corps du délit.* »

Ainsi, M. Orfila dit oui, M. Raspail dit non !

Mais les récriminations de Raspail peuvent être aussi exagérées que les affirmations d'Orfila.

En tous les cas, la passion et l'intérêt s'acharnent de part et d'autre sur cette victime. Elle est accablée aussi bien par ses ennemis que par ses amis, égarés par des préventions nées de la passion qui vient envenimer de part et d'autre ce malheureux procès.

Lorsque M. Raspail paraît, lorsqu'au chimiste officiel, la défense oppose un chimiste ennemi-né du gouvernement et de la science légale, Mme Lafarge est définitivement perdue !

Elle le comprend à l'attitude de la cour.

Une fois sa sentence prononcée, Marie Cappelle n'a plus d'appui parmi les serviteurs de la loi. L'affection nerveuse qui l'avait envahie durant le cours des séances, se développe avec tant de violence, qu'elle marque les premiers symptômes d'une hypertrophie et d'une phtisie latentes.

« Évidemment, s'écrie M. Raspail dans ses rapports, on s'était trompé en m'indiquant à Mme Lafarge comme une branche de salut. Mon nom porte malheur devant les tribunaux. Mes anciens débats avec l'expert, dont le témoignage venait d'acculer Mme Lafarge, devaient porter ombrage à l'accusation. »

La défense, si malheureuse en appelant à son aide M. Raspail, ennemi du gouvernement et de la médecine légale, forme un pourvoi en cassation.

Les considérants pour motiver ce pourvoi étaient nombreux : la publicité anticipée de l'acte d'accusation dans les journaux, le procès correctionnel concernant le vol de diamants, devançant le procès criminel et aggravant les préventions des jurés, l'accusation se faisant entendre avant la défense, tout cela était autant de moyens de cassation.

La cause fut portée à la cour suprême de Paris.

Par malheur, elle avait pour procureur général M. Dupin. Comme l'avocat général de Tulle, il avait à défendre la chose jugée et ratifiée par tous les pouvoirs.

Le 11 octobre, le pourvoi fut rejeté. La justice humaine avait dit son dernier mot. Mme Lafarge n'avait qu'à en appeler au jugement de l'opinion publique.

Sur ce terrain, un émissaire de la famille Lafarge la poursuivait encore : Denis, l'homme mystérieux, le sinistre témoin de la cour d'assises de Tulle.

On prétendit qu'on l'avait vu rôder à Paris, comme à Limoges, comme à Tulle, laissant partout contre l'accusée le venin de ses calomnies.

C'est celui d'un paysan des environs de Saint-Flour, qui, soixante ans auparavant, était sorti de cette même chambre pour monter sur l'échafaud. (Page 635.)

Cela devint si intolérable, si préjudiciable à Marie Cappelle, que la défense, un peu tard, finit par poursuivre Denis en faux témoignage.

La plainte fut rejetée !

Mme Marie Lafarge, qui n'avait osé le démasquer en audience publique, poursuivit Denis à son tour. Il n'était plus temps, Mme Lafarge était sous le coup de la loi.

Mme Lafarge, avant de mourir au monde, n'avait qu'à se recueillir dans sa prison perpétuelle.

La seule grâce qui lui fut accordée, sur les sollicitations de Mᵉ Lachaud, en raison de son état de santé, ce fut sa remise de *l'exposition publique* !

CHAPITRE XXIX

LES DERNIÈRES STATIONS DU CALVAIRE

Sitôt l'arrêt de la cour d'assises de Tulle, Mme veuve Lafarge dut partir pour subir sa peine dans la maison centrale de Montpellier.

Grâce aux sollicitations de ses défenseurs, on sait que le ministre, sur le rapport de son médecin, M. Ventejou, lui épargna la voiture cellulaire.

Au moment de partir de Tulle, pour affronter les nouvelles stations de son calvaire, on l'entendit murmurer à plusieurs reprises, ces paroles rappelant à peu près celles du martyr de l'humanité :

— Ah ! Charles ! Charles, pourquoi m'avez-vous abandonnée !

Pour la première fois, elle se reprochait son orgueil ; elle se repentait de son dévouement ou de ses devoirs vis-à-vis d'un mari dont la mort l'avait perdue.

Voici jour par jour, dès le 24 octobre 1840, les impressions écrites par elle-même touchant son fatal voyage de Tulle à Montpellier :

« Je partirai demain soir, dans une chaise de poste, sous l'escorte de deux gendarmes. Clémentine m'accompagnera, nous voyagerons nuit et jour, et s'il faut nous reposer quelques instants, la consigne ordonne de choisir des relais isolés.

. . . .

« Quelle journée aujourd'hui ! Quelle journée demain. Quelle vie à subir, ô mon Dieu ! jusqu'à l'heure où il vous plaira de me rappeler à vous.

« Je suis comme une trépassée qui assisterait aux apprêts de son convoi. Depuis ce matin, j'écoute, je regarde, je tends la main machinalement. Mon front est brûlant, mais je ne *pense pas* !

« Mon cœur bat, mais mon cœur est vide !

« Mes sanglots m'étouffent, cependant je ne pense pas.

« Je ne serais plus sûre de vivre, si je n'étais certaine de souffrir.

« Le fils de Dieu n'a pas pu souffrir davantage sur le chemin de son calvaire !

. . . .

« Depuis l'heure de mon lever jusqu'à celle du départ, j'ai vu successivement tous mes bons, tous mes chers amis de Tulle. Le docteur Ventejou m'a tâté vingt fois le pouls et vingt fois m'a serré la main en pleurant.

« A quatre heures, le coup du fouet du postillon a sonné le glas des adieux. Je me suis levée. J'ai regardé une dernière fois ma chambre, et m'approchant de la fenêtre, j'ai appuyé mon front brûlant sur un nom gravé dans la pierre.

« Ce nom est presque frère du mien.

« Le voici : *Capel*.

« C'est celui d'un paysan des environs de Saint-Flour, qui, soixante ans auparavant, était sorti de cette même chambre pour monter sur l'échafaud, en expiation d'un crime qu'il n'avait pas commis : son beau-père était le coupable, et quand on l'apprit sur la terre, la victime était au ciel.

« On m'attendait à la porte ; avant de partir, j'ai demandé un crayon, et j'ai mis sous le nom du pauvre martyr celui du mien.

« J'ai écrit sous le nom de :

« *André Capel*,

« *Marie Cappelle*.

» Maintenant que ces murs ont vu partir deux innocents, j'ai pu monter en voiture ; Clémentine, en m'y portant, m'a montré les détenus pour dettes qui agitaient leurs mouchoirs aux grilles de la prison, en me souhaitant bon voyage et longue vie.

« Longue vie ! Pauvres gens ! Ils ne comprennent pas ce qu'il y a de cruel dans un pareil souhait, formé à un pareil moment.

« La voiture a traversé la ville. Arrivée sur la promenade qui longe la Corrèze, j'y ai trouvé échelonnés tous ceux qui, sans me connaître, aimaient mon malheur et m'entouraient à Tulle de leurs sympathies. Hors d'état de rendre à chacun d'entre eux son salut, j'ai relevé mon voile pour leur montrer que je pleurais en les quittant.

« La voiture quitte la ville, je ne les vois plus. Encore un signe de croix sur cette dernière consolation de mon cœur. Que ma destinée s'accomplisse !

. . . .

Tant d'émotions m'avaient brisée. J'étais anéantie. Il a fallu nous arrêter au premier relais après Tulle, pour que la bonne Clé m'appliquât de l'eau froide sur le front et de la digitale sur le cœur.

« Une fois redevenue plus calme, j'ai reconnu le brigadier de gendarmerie qui m'accompagnait et qui m'avait suivi au Glandier. Il s'appelle

Cuny. Combien j'ai été heureuse du choix de l'autorité. Avec quelle profonde émotion j'ai remercié Cuny de sa naïve sollicitude et de sa touchante attention pour moi durant tout le temps de mon procès.

« En me trouvant sous la garde de ce brave soldat de la loi, je m'étais sentie rassurée pour le reste du voyage. Si j'étais captive, ma douleur ne l'était pas. Je pouvais pleurer, sans crainte d'être espionnée par un indifférent.

« La haine du monde est moins lourde à porter que la pitié. La pitié brûle les cœurs que la haine a broyés !

. . . .

« Il était près de minuit lorsque nous sommes arrivés à Argentan. Je m'étais enfoncée dans l'angle de la voiture, espérant que la nuit me sauverait des indiscrets et des curieux. Je me trompais.

« A peine la porte de l'hôtel était-elle ouverte, qu'un monsieur est venu coller sa tête contre les glaces de la portière.

« Le monsieur rentré, une servante s'en est allée mystérieusement frapper aux persiennes des maisons voisines. Un garçon d'écurie, dont les sabots énormes éveillaient des échos sinistres sur le pavé, s'est dirigé du côté opposé, en donnant de ci, de là, de grands coups de pieds dans les portes. J'ai regardé la rue. La ville endormie se réveillait. Les volets s'entrebâillaient discrètement. Les serrures criaient d'une façon sournoise.

« Une ombre se glissa à quelques pas de la voiture, puis deux, puis quatre, puis douze, puis vingt. Ces ombres qui ne parlaient pas, chuchotaient, riaient, s'abordaient, entraient à l'hôtel et en sortaient pour y rentrer encore.

« — Madame, m'a dit le gendarme Cuny, en s'approchant de la portière, nous sommes reconnus. Je vais presser le postillon. Ne vous effrayez pas. Nous allons partir.

« — Oui, partons, lui répondis-je. J'ai tant souffert depuis hier, que je ne me sens pas la force de souffrir encore. Cuny... J'ai peur !

« Pour échanger ces quelques paroles, il avait fallu baisser les glaces. Le premier monsieur s'est avancé aussitôt, et s'adressant aux gendarmes de façon que je pusse l'entendre, il leur a dit qu'on avait allumé un sarment dans le salon de la poste, que j'y serais chaudement, et qu'on les priait de me laisser descendre.

« — Madame est malade, a répondu Cuny brusquement. Elle restera dans la voiture.

« Ce refus a fait murmurer le cercle d'ombres qui se mouvaient autour de nous et qui allait toujours croissant.

— Eh bien ! l'avez-vous vue ? a crié une voix au monsieur.

— Non, elle a un voile.

— Un voile, le diable l'emporte ! Moi qui n'ai pas pu la voir lors de son procès !

— Que voulez-vous ? a repris une petite voix flûtée et argentine, nous devions nous y attendre. Ces Parisiennes sont d'une importance sans égale. Si elle devine que ça nous ferait plaisir de la regarder, elle ne voudra pas se montrer.

— Savez-vous ce qu'elle disait aux gendarmes ?

— La croyez-vous jolie, mon cher ?

— Avez-vous remarqué sa toilette ?

— Ma foi, messieurs, j'avoue que je n'ai rien entendu et que je n'y ai vu que du noir.

— On dit qu'elle a le don de *charmer* les imbéciles, auxquels elle fait croire tout ce qu'elle veut.

— On le dit !

« Cuny était furieux, Clémentine au désespoir. Ils pressèrent le départ. Mais il n'y avait pas de chevaux à la poste. Il fallait attendre et souffrir.

« Cependant, le groupe des premiers arrivés grossissait sans cesse, pressé, coudoyé, foulé par de nouveaux arrivants.

« Des femmes du faubourg, des ouvriers, des enfants, mêlaient leurs rudes voix aux voix douces de celles des femmes de la société d'Argentan. Il fallait *voir vite*, ou courir le risque d'être étouffé dans cette cohue grossière, et l'on délibérait lorsque le monsieur important, qui était rentré à l'hôtel, a reparu une lampe à la main.

« Ce n'a été qu'un cri pour saluer l'idée, et chacun voulant l'imiter, chandelles, lanternes, bougies mises en réquisition, ont bientôt fait étinceler les glaces des portières.

« C'était l'éclair précurseur de l'orage qui me menaçait. Les hommes du monde n'avaient pas commencé à satisfaire leur cruelle curiosité que les hommes du peuple, voulant approcher à leur tour, se sont mis à escalader le siège, le marchepied, la caisse et l'impériale de la voiture.

« En vain les gendarmes voulaient-ils repousser cet assaut, qui m'exposait à être écrasée sous les débris de la vieille calèche, dont les ressorts vacillaient et craquaient comme si elle eut dû s'abîmer à tout instant ; le grondement de la foule couvrait la voix des gendarmes. Ils ne pouvaient même plus se tenir aux portières.

« Le brigadier tira son sabre.

« — A bas les mouchards ! A bas l'empoisonneuse ! s'est mise à hurler la multitude en fureur.

« Jusque-là, j'avais subi les tortures de cette scène cruelle avec le calme d'une stupeur muette ; mais aux cris de Clémentine, à la vue de ces hommes qui allaient lancer leurs sabots à la tête des gendarmes, le courage m'est revenu.

« J'ai baissé les glaces. Je m'avançai dans le cercle de lumière que les lanternes projetaient autour de nous. J'ai fixé mon regard sur une des femmes qui criait avec le plus de rage :

« — A l'eau ! à l'eau !

« Je lui ai répondu :

« — Vous me demandez, me voilà... Que vous ai-je fait pour que vous me fassiez tant de mal ?

« Cette femme m'a regardée... et s'est reculée sans plus proférer un mot. Ses voisines ont reculé comme elle, et les hommes se groupant à quelque distance, le vide s'est soudainement fait autour de la voiture.

« Ai-je besoin de le dire ? Les ombres à douces voix qui étaient arrivées les premières, les premiers aussi s'étaient enfuies au moment du tumulte.

Je m'étais sentie forte devant le danger. Je ne l'ai plus été devant son ombre. Lorsque la voiture partit, prête à quitter Argentan, une crise nerveuse s'empara de moi. Il fallut me couvrir d'éther et me faire prendre quelques gouttes d'opium.

« Mes palpitations étaient si violentes, que Clémentine entendait battre mon cœur, rien qu'en se baissant vers moi.

« Les larmes seules m'ont soulagée ; et ce n'est qu'après avoir longtemps pleuré que j'ai pu m'endormir quelques heures, tour à tour défendue des cahots et du froid par les bons gendarmes et ma fidèle Clé.

. . . .

« On a voulu sans doute cacher notre itinéraire aux curiosités trop avides ou aux sympathies trop dévouées. Passé Aurillac, les instructions de Cuny l'obligent à quitter la grande route pour prendre la direction de Saint-Flour.

« J'en suis bien aise. Je n'aime pas à suivre les grandes voies de communication. Le long de ces routes dites *royales* tout est inculte, désolé aride, des pierres, du sable. La main de l'homme efface celle de Dieu.

« J'ai prié Cuny, une fois dans la campagne, de me laisser monter *seule* sur le siège de la voiture. La matinée était superbe, j'étais seule c'est-à-dire en apparence... libre avec le ciel libre sur ma tête, avec le sol libre à mes pieds.

« Il y avait près de deux ans que je n'avais regardé la campagne, sans la voir rayée de noir par les grilles de ma prison.

« Avant de tout quitter, je voudrais tout revoir, tout comprendre, tout adorer, tout embrasser, hélas ! pour la dernière fois.

« Oh ! Que la terre est belle, que l'hymne du matin est suave et harmonieuse. Les oiseaux jettent aux premiers rayons du soleil les notes de leur chant d'amour ; l'air soupire à la feuillée un palpitant secret ; les cœurs s'éveillent à la nature.

« Pourquoi ne me suis-je pas éteinte autrefois dans un de ces splendides réveils de la nature? Je serais morte heureuse ; et là-bas, qui sait par combien d'angoisses, de combats, de révoltes, je m'avancerai vers la mort!

« Nous arrivons à Saint-Flour, petite ville robuste et carrée, bâtie de vieux, étamée de neuf.

« C'est de Saint-Flour qu'étaient datés les premiers actes de la procédure d'*André Capel*.

« J'ai voulu les détails de l'histoire de cet *innocent*, détail omis par la plume d'airain du greffier.

« Cuny, que j'avais prié de m'aider dans mes recherches, s'est empressé de me complaire.

« Un gras citoyen de Saint-Flour a bien voulu lui parler de cette *méprise*. Il a cru se rappeler que le gendre avait payé pour le beau-père et que le pays s'en était ému. Mais, plus tard, la famille du défunt ayant été *désintéressée*, il pensait pouvoir affirmer que tout *s'était arrangé à l'amiable*.

« Désintéressé! A l'amiable! Quels mots doublés de gros sous et infectés de vert-de-gris.

« Ah! Que le souvenir des victimes tient peu de place dans la mémoire des hommes!

« A quelques lieues de Saint-Flour, le boulon d'un essieu s'étant enlevé, nous nous sommes arrêtés devant une pauvre maison adossée contre des rochers. Un bouquet de chênes étiolés, des houx touffus, de hautes et flexibles fougères, tapissaient ce petit monticule.

« Une chèvre s'y tenait avec son chevreau, les cascades de lierre et de ronces qui se balançaient à son sommet, en effleurant le toit de l'hôtellerie rustique, était la seule enseigne qui l'indiquait au voyageur attardé.

« Dans la salle haute où j'ai été installée, un vieillard infirme se chauffait aux cendres rougies de l'âtre.

« Autour de lui grouillaient trois ou quatre marmots se reculant en compagnie d'un vieux barbet.

« Le bon vieillard, bisaïeul de ces petits enfants, aimait à causer.

« Colporteur dans sa jeunesse, il avait parcouru le bas pays jusqu'à Moulins. Il n'était revenu dans ses montagnes qu'assez riche pour échanger sa bourse rondelette contre cette maison et son champ.

« Je lui ai parlé du pauvre Capel. Ce nom n'a paru réveiller en lui que des souvenirs vagues et confus, puis je l'ai vu doucement sourire en m'écoutant.

« — Douteriez-vous — lui demandai-je — de l'innocence d'André Capel, bon père?

« — Je ne dis pas cela, ma brave dame, me répondit-il, et si j'ai ri, ce n'était que de vous entendre raconter la chose à la façon des gens de la ville. L'André n'était pas un saint à figurer sur le calendrier. C'était un homme tout simple, tout droit comme moi ; et il n'aurait pas mieux demandé que de vivre, de laisser retomber la faute sur le fauteur, s'il n'avait eu que lui à penser.

« — Cependant on croit dans le pays qu'il s'est laissé volontairement condamner à la place du père de sa femme.

« — C'est la vérité pure, quoique amitié de gendre à beau-père, ça fume toujours plus que ça ne brûle... Mais tenez, ma brave dame, je vois que vous êtes curieuse de savoir la chose tout au long, et si le cœur vous en dit, je m'en vas essayer de vous la conter.

« — Je vous la demande en grâce.

« — Oh ! qu'il n'est pas besoin de tant attifer vos mots pour m'en prier. Les bons à rien comme nous, — reprit le vieillard, — se plaisent à parler et le cœur reverdit quand on les écoute... Ici les enfants. Retenez bien ce que je vas vous raconter.

« André Capel, compère d'une cousine à ma mère, était un garçon serviable et doux, qui aimait sa femme comme la veille de ses noces, et ses enfants plus que ses yeux. Bon comme du bon pain quand il était au travail et à la maison ; il parlait de colère dès qu'il avait planté ses coudes sur la table d'un cabaret. Ses oreilles n'entendaient plus la raison.

« C'est ce vice-là seul, — retenez bien, petits, — c'est ce vice-là qui l'a détruit.

« Un samedi soir, que le vin lui était monté à la tête plus que de coutume, André se prit de querelle avec un moulinier.

« Des mauvaises raisons, il était venu aux menaces, et il s'en était donné tout son soûl.

« A minuit, et le cabaret fermé, notre compère ni voyait goutte. Le brouillard qui tombait en plein sur la tête, et les vapeurs de vin lui firent prendre à droite, au lieu de prendre à gauche.

« En cherchant à prendre son chemin, il entendit le même homme avec qui il s'était pris de raison, se disputer de grande colère avec le père de sa femme. Il s'agissait d'une vieille rancune d'intérêt et d'une offense toute fraîche.

« Quand André s'approcha pour mieux entendre, la chute d'un corps dans l'eau révéla à André le secret d'un crime.

« Le pauvre gars, saisi de frayeur, voulut fuir, son mouchoir s'accrocha à la pointe d'un roseau, dans sa course folle.

« Le lendemain, un cadavre flottait à la surface de l'eau, et la maréchaussée vint saisir André dont l'empreinte des pas était marquée jusque sur le lieu du crime.

« — Le malheureux, s'était écrié Clémentine, que n'essayait-il du moins de se défendre ?

« — Il l'essaya bien ; mais André ne pouvait se sauver qu'en jetant la pierre à un autre. Il préféra se taire et souffrir que de mettre par sa faute sa famille dans la misère. Son beau-père, qui avait tué le moulinier, avait du bien ; un procès avec la justice l'aurait ruiné ! André n'avait rien que sa vie. Il savait que les juges le feraient mourir pour rien, et que, par reconnaissance, son beau-père aurait soin de ses petits. Il n'hésita pas à écouter son cœur qui lui disait de partir; et il partit pour le grand voyage !

« J'ai regardé ce vieillard qui me parlait ainsi. Il était calme et sa physionomie, sur laquelle on lisait de la sympathie pour la victime, n'exprimait ni admiration, ni enthousiasme.

« Evidemment, André ne lui semblait pas un martyr, mais il le tenait en grande estime comme un excellent père.

« Ce n'est pas l'intelligence de l'homme de génie qui fait l'orgueil de l'humanité, c'est le cœur de l'homme simple.

« L'esprit plane assez haut pour compter les étoiles du ciel et peser les étoiles. L'amour seul est plus fort que la mort. André Capel, presque mon homonyme, m'a frayé la route sur le calvaire !

. . . .

« Après avoir passé Argentat, le pays devient sauvage. La route court et se traîne, roule et se déroule sur les flancs, tantôt escarpés, tantôt massifs de la montagne. Les villages y sont rares.

« Arrivés assez tard à l'un des plus pauvres villages perdus dans cette montagne, nous avons trouvé la famille du maître de poste réunie pour une veillée de noces.

« L'unique postillon du lieu était parti avec les chevaux pour aller quérir les grands parents des futurs.

« C'était un retard de quelques heures.

« Cuny, le brigadier, commençait à se fâcher, lorsque la jeune fiancée est venue timidement me prendre par la main pour me conduire à la place d'honneur, entre son grand-père et sa bisaïeule.

« Deux autres jeunes filles se sont empressées autour de Clémentine. Les gendarmes, qu'on prenait sans doute pour des officiers, ont dû faire à leur tour contre mauvaise fortune bon cœur et céder aux instances du prétendu.

« Ils avaient visité l'écurie et l'écurie était vide.

Les chevaux ne revenant pas, Cuny s'était levé vingt fois pour aller écouter sur la route. Il se remit à parler haut et bref.

« — Encore un moment de patience, monsieur l'officier, se sont écriées toutes les femmes, bêtes et gens ne tarderont pas à arriver. La mère apprête là-bas le vin au miel et aux épices. Refuseriez-vous à ces braves gens de porter une santé à leur bonheur.

« — Je voudrais être le maître de ne pas refuser, a répliqué Cuny, mais...

« — Encore un moment de patience, encore un moment... Et pour faire courir le temps, dit la fiancée, nous allons chanter un vieux Noël, ou bien si ça vous plaît mieux, la *nouvelle complainte du Glandier*.

Cuny a regardé Clémentine qui a pâli et s'est levée aussitôt. Je lui ai fait signe de s'asseoir... *Vox populi, vox Dei.*

. . . .
. . . .
. . . .

« Cette complainte, que j'ai traduite avec mes larmes et que je m'abstiens, on le comprend, de reproduire ici, était une sorte de patois d'Auvergne, naïf et coloré de langage. La poésie en était rude et sauvage; mais elle arrivait, par ce trait grossier, à faire tirer sur l'âme le cauchemar même des souvenirs évoqués.

« La complainte finie, la jeune chanteuse s'est recueillie un moment. Cuny avait été forcé à sortir. Moi, je m'étais enfouie dans l'ombre, les deux mains pressées sur mon cœur. J'y refoulais les larmes dont le sanglot m'aurait trahi.

« La fiancée s'approcha de moi et me dit :

« — On vous étonne peut-être, madame, m'a-t-elle dit, de nous voir prendre tant à cœur une chanson; mais voyez-vous *le pionnier de la complainte*, Joseph était mon propre cousin germain; et cette pauvre dame qu'on accuse là-bas, il ne la croyait pas coupable, lui qui n'en parlait qu'en pleurant.

« — Vous seriez la cousine de Joseph ! ce pionnier du Glandier ? — me suis-je écriée malgré moi, — de celui qui gardait la malheureuse femme, au moment où Mme Lafarge était en butte à tous les outrages de sa famille?

« — Oui, madame, a repris la fiancée, et lors des événements du Glandier, mon cousin Joseph s'était tenu à l'écart, écoutant tout, retenant tout pour aider les juges, disait-il, à faire bonne et prompte justice. Mais, le jour du jugement, nous ne savions comment mon pauvre cousin a été trouvé mort, subitement, dans son lit. Lorsque le tribunal l'a fait citer comme témoin à décharge, notre maire, pour toute réponse, n'a pu envoyer que la copie de son acte mortuaire.

« Le malheur serait-il contagieux au Glandier ?

. . . .

« Les chevaux sont enfin arrivés. J'ai caché mon émotion pour dire adieu à tous ces braves gens !

« Nous sommes arrivés à Milhau, nous avons trouvé la place du Marché encombrée de groupes nombreux et animés.

« On y discutait à grands cris la teneur d'un arrêt qui venait d'être rendu, à l'instant même, dans un procès politique dont la contrée entière se préoccupait.

« C'était l'arrêt frappant le prince Louis-Napoléon d'une captivité perpétuelle, à la suite de sa tentative de Boulogne. Pour lui comme pour moi, l'arrêt était *irrévocable*.

« Je ne sais pourquoi le nom de Napoléon a évoqué en moi des souvenirs consolants; je me suis rappelée mon père, mon grand-père dont les noms ont été mêlés à tous les grands faits de l'empire.

« La colère de cette foule, contre l'arrêt frappant la mémoire de Napoléon, a été comme une sorte de consolation à mon malheur.

« Mais en même temps, je me suis souvenue à Milhau d'Argentat; et plongeant mon regard dans cette foule déjà houleuse, j'ai eu peur.

« Pour atteindre la poste, il fallait traverser la ville dans sa plus grande largeur, rompre les groupes, faire taire les orateurs en plein vent, pousser les uns, refouler les autres. J'étais au supplice!

« Un colonel de gendarmerie, résidant à Rodez, mais en ce moment de service à Milhau, nous a aperçu de loin. Il a compris sur-le-champ ce que je devais souffrir, et venant au-devant de nous, il m'a offert de descendre à l'hôtel qu'il occupait, à deux pas de là.

« J'ai accepté avec reconnaissance; après m'avoir installée avec une bonté parfaite dans un petit salon retiré, il m'a donné pour garder ma porte le brigadier Cuny, mon fidèle geôlier.

« Le colonel, qui venait si généreusement d'alléger le poids d'une de mes souffrances, est revenu me voir un instant après. Il m'a dit en confidence :

« — Madame, pour ma part, je vous crois la victime des soutiens de ce gouvernement qui vient aussi de condamner le neveu de l'*autre*. Espérez; si jamais Louis-Napoléon reprend le trône de son oncle, il n'oubliera pas les victimes comme lui de ce pouvoir corrompu et égoïste! Je compatis à vos douleurs, je fais des vœux pour qu'ils s'abrègent, comme je compatis aux infortunes du jeune prince. Des traditions de famille m'attachent à lui, comme les vôtres doivent vous y attacher. Espérez donc!

« Le colonel se retira, sans vouloir m'en dire plus long; il partit et je le suivis encore des yeux d'un air ébahi.

« D'où venait cet appui inespéré, lointain? Je l'ignorais! Je n'aurais su vous le dire, mais qu'importe! L'homme de bien se signe par ses actes, et pour se faire connaître, il se fait aimer.

« En remontant en voiture, je me suis aperçue que les bonnes femmes du marché l'avaient remplie de figues et de raisin. Elles entouraient Clémontine et me saluaient du doux mot patois qui ressemble à un *kélas !* du cœur : *Pecaïré !*

« Dieu bénisse ces derniers courtisans du malheur.

« J'ai quitté Milhau. Il va faire nuit. Déjà la nuit !... Ah ! que ne puis-je m'envoler aux confins de l'horizon, y poursuivre le jour, le ressaisir, l'étreindre et m'enfuir avec lui sous un autre hémisphère.

« Si j'arrivais à Montpellier avant l'aube, je ne verrais donc plus la terre parée de son beau soleil. Je ne verrais plus la silhouette sublime des montagnes se dessiner comme un rideau de feu ! Je ne verrais plus la cime des forêts s'empourprer aux premières lueurs de l'aurore !

« Cette pensée m'a mordue au cœur. Folle de regret, j'ai appuyé ma tête sur l'herbe du calvaire contre lequel j'étais assise. J'ai cherché de la main une plante de lavande que j'avais aperçue quand il était encore jour; je l'ai embrassée en pleurant.

« Terre et soleil, espoir et vie, adieu !

« Remontée en voiture, j'ai entendu Clémentine dire à voix basse aux gendarmes que ma douleur la navrait, que ne pouvant y porter remède, elle avait projeté de s'arrêter à la première poste pour prendre la malle et retourner directement à Paris.

« Elle aussi veut m'abandonner. Déjà !! »

. . . .

Il faut arrêter ici le journal de Mme Lafarge et expliquer la fausse intention de Clémentine.

Cette dévouée servante n'avait exprimé le désir de retourner à Paris, comme cela est indiqué dans le chapitre XXI, que pour donner le change aux gendarmes et pour préparer au prochain relais la fuite de sa maîtresse, avant de se rendre à Montpellier.

Loin de vouloir se séparer de sa chère maîtresse, elle avait sollicité, à son insu, du ministre, comme il est expliqué dans ce chapitre, la *faveur* de s'enfermer avec elle dans la prison de Montpellier.

Sa prière ayant été rejetée, la pauvre fille n'avait plus qu'une idée, tromper la surveillance des gendarmes pour se substituer à Me Lafarge.

On a vu dans ce précédent chapitre comment au dernier relais Mme Lafarge refusa énergiquement de s'associer à la généreuse pensée de celle qu'elle accusait, un instant auparavant, d'ingratitude !

Mme Lafarge a indiqué cette scène de dévouement de sa fidèle Clé, et elle complète la page de son journal concernant son fatal voyage de Tulle à Montpellier.

En acceptant volontairement sa destinée sur son calvaire, elle attachait, écrivait-elle, une vertu de plus à sa misérable existence.

Dès que Mme Lafarge eut refusé le généreux sacrifice de Clémentine, elles ne songèrent plus qu'à vivre le plus longtemps possible à côté l'une de l'autre.

Lorsqu'elles se remirent en route pour le dernier relais de Montpellier, c'est-à-dire sur la dernière station de son calvaire, Marie Lafarge ne pouvait plus se détacher de sa fidèle *Clé.*

« J'ai vainement, écrit-elle, essayé de dormir. Ma tête reposait sur l'épaule de Clémentine, et chaque fois que je sentais son bras se raidir pour me préserver d'un cahot, chaque fois que sa main ramenait sur ma poitrine les plis entr'ouverts de ma mante, je me disais :

« Bientôt, je serai seule à souffrir ! Les jours succéderont aux jours, les années aux années... Et je serai seule encore !... seule en face de la vie... seule en face de la mort !

« J'approchai de Montpellier ; j'allais entrer dans la ville, comme j'étais entrée au Glandier, par un temps brumeux et triste.

« Un vent froid effeuillait les arbres du chemin, et les nuées roulaient vivement leurs vagues d'écume au-dessus de la terre, ou s'élevaient au ciel en blanches colonnes de fumée.

« La bise n'a pas tardé à redoubler de violence. Les nuages qu'elle chassait devant elle se sont déchirés en lambeaux.

« Une averse torrentielle a soudain abattu la poussière de la route.

« Peu d'instants après, le soleil s'est élancé tout radieux de l'horizon.

« J'ai mis la tête à la portière.

« En face de moi j'ai vu Montpellier.

« Montpellier qui s'éveillait au chant sacré de ses cloches et qui baignait ses toits dans des cascades de lumière.

« Montpellier !... Déjà !...

« Alors je me suis rejetée au fond de la voiture, collant mon voile sur mes yeux.

« Vaincue par la douleur, j'ai éclaté en sanglots.

« Le bruit de mes sanglots, perdus dans le bruit des roues et des pas sonores des cavaliers, ne s'entendait que de ma fidèle Clé ; elle essayait de me consoler sans pouvoir se consoler elle-même.

« Notre désespoir redoubla en approchant des murs de Montpellier.

« La voiture, après avoir suivi un long boulevard bordé de platanes, a longé un enclos ceint de murs et bosselé de tertres gazonnés, plantés la plupart de petites croix déracinées ou boiteuses.

« C'est le cimetière des pauvres !...

« Quelques pas plus loin, se dressait, avec sa ceinture de fer, le donjon où j'allais mourir.

« *C'est le cimetière des vivants !*

« Lugubre et fatal rapprochement ! A côté des tombes de Dieu, où le malheur sommeille en paix, les tombes de la loi, où le crime se recueille, où le remords s'agite, où l'innocence ne s'endort plus qu'entre le deuil de la veille et le deuil du lendemain !

« Arrivés devant la terrible geôle, les gendarmes ont mis pied à terre ; Cuny a échangé quelques mots avec la sentinelle.

« Des soldats sont accourus pour former la haie ; des gardiens sont venus enlever les lourdes barres de fer qui fermaient la porte.

« J'ai entendu le cliquetis des clefs, le grincement des verrous. J'ai entendu le bruit du fer mordant la pierre, le cri strident de l'énorme grille, roulant par deux fois sur ses gonds...

« C'est tout !... Je me suis évanouie.

. . . .

« Revenue à moi, je me suis trouvée assise dans une petite chambre cerclée de bancs, et treillagée comme le parloir d'un couvent.

— « Ma pauvre dame, où souffrez-vous ?

« Me demanda Clémentine, qui venait de sentir trembler ma main dans la sienne.

« — J'ai froid ! balbutiai-je.

« Un gardien s'est détaché du groupe qui entourait encore le brigadier Cuny, pour jeter un sarment dans le fourneau.

« — Par pitié, madame, ne vous désespérez pas ainsi, a repris *Clé* tout en larmes, en me voyant si accablée, si désespérée.

« Je me suis remise en retrouvant Clé, encore là pour me servir... Toujours là pour m'aimer.

« Hélas ! ce n'était que pour me rendre son absence plus terrible. »

« Une religieuse vint nous séparer pour me conduire avec le major dans mon cachot.

« J'ai suivi la sœur sans oser regarder Clé. Je l'ai suivie sans prononcer une parole, sans détourner la tête, sans verser une larme.

« La sœur, le major et moi, nous avons traversé un réfectoire, monté un escalier obscur, taillé en colimaçon, dans l'intérieur d'une tour.

« Arrivés au second étage, nous nous sommes arrêtés. La porte d'une petite chambre blanchie à la chaux était ouverte.

« J'y suis entrée.

« C'était ma cellule.

« — Avez-vous besoin de quelque chose, madame ? me demanda la religieuse, qui m'adressait la parole pour la première fois.

« J'ai fait un signe négatif. Elle est sortie en donnant deux tours de clef à la porte.

« Après son départ, j'ai fermé les volets intérieurs de la fenêtre. Je suis tombée au pied de mon lit. Mes yeux regardaient sans voir ; j'étais sans force pour sentir, sans force pour penser et pleurer.

« J'apprenais, au bout de mon calvaire, à souffrir sans consolations ! J'apprenais à souffrir seule ! »

L'humble cimetière d'Ornelac a reçu les restes de la morte. (Page 658.)

CHAPITRE XXX

LA CAPTIVE

Hélas ! la solitude de sa prison fut encore troublée par le bruit répandu autour de son nom.

Elle subit jusqu'au fond de sa cellule tous les chocs, tous les contre-coups de l'opinion. L'administration qui lui avait épargné les rigueurs réservées aux prisonniers valides, fut attaquée par l'opposition.

On lui reprocha jusqu'à son indulgence, son humanité pour une moribonde ; on compara les attentions que l'administration pénitentiaire manifestait pour une *empoisonneuse*, avec la sévérité dont usait le pouvoir contre les prisonniers de Saint-Michel.

Il fallut que le directeur de la prison, sur des ordres supérieurs, supprimât dans la cellule de Mme Lafarge toutes ces superfluités féminines qui lui rendaient moins amère sa captivité, en lui offrant encore une vague image du passé.

Avant de tuer son corps, on tuait son âme. Voici la description de sa cellule, faite par elle-même, lorsque le directeur fut obligé, au nom de l'égalité devant l'infamie, de la traiter comme toutes ses indignes pensionnaires.

« Ma cellule est carrée, écrit-elle. Une *morte* y respire. Je viens de dire à ma garde d'aller en droite ligne de la porte à la fenêtre et de compter ses pas. Elle en a fait douze.

« Les murs ont été passés à la chaux, mêlée d'une pincée noire, c'est de la vérité locale.

« A côté de la porte une cheminée en tôle, dont le tuyau monte obliquement contre le mur. C'est fort laid, mais au moins c'est chaud.

« En face de la cheminée, une étagère, près de la fenêtre, une commode, vis-à-vis de la commode, un lit caché sous une niche de percale gris.

« Contre le lit, une chaise de paille et un fauteuil en chemise de toile.

« C'est tout.

« De chaque côté du lit sont suspendus les portraits, cerclés en velours noir, de mon père, de ma mère, de mon aïeule, et de mon grand-père.

« Devant moi, et au-dessus de la cheminée, j'ai fait placer le crucifix qui était d'abord à mon chevet. Il faut que le regard divin m'aide à porter ma croix... sous le crucifix. »

Plus la société légale s'armait contre elle, plus ses partisans et les esprits intéressés à se tourner contre les défenseurs du pouvoir, s'empressaient à se grouper autour de la captive et à lui manifester ses sympathies.

L'oncle de Mme veuve Lafarge, M. Collard, ne la quitta plus une fois qu'elle fut à Montpellier ; il lui réserva toutes ses visites et ne cessa partout de proclamer son innocence.

Un général en retraite, un partisan du prince Louis, lui fit connaître les généreuses intentions du prince à son égard. Ces secrètes intentions lui furent renouvelées par la présence de Me Lachaud. Il rendit compte à Mme veuve Lafarge de son entretien avec ce prince, lors de sa visite à Ham.

Mais la captive, après un an de prison, condamnée par Dieu avant de l'avoir été par les hommes, ne souriait plus à l'avenir. Elle ne regardait plus que son malheur en face. Elle y trouvait des devoirs, elle y cherchait en vain une espérance !

En parlant de son oncle paternel, de M. Collard, qui plus tard s'employa à faire parvenir au président la lettre de grâce de sa protégée, voici comment s'exprime la prisonnière de Montpellier :

« A l'époque de mon mariage, M. Collard était tellement oublié de ma famille, que j'oubliai moi-même d'envoyer une lettre de faire part à mon oncle inconnu. Quand le malheur me frappa et que j'appelai à moi tous les miens, je n'appelai pas mon oncle, cependant c'est lui qui, le premier, renoua la triste parenté qui l'unissait à mes larmes ; c'est lui qui réclama le droit de m'ouvrir son cœur et ses bras.

« Le cœur de mon oncle, — ajoute-t-elle, — est un cœur qui bat ; ses yeux sont des yeux qui pleurent. Dès sa première visite, nous nous sommes aimés. En le quittant la première fois, je lui recommandai ma Clémentine ; il me sourit et j'appris que depuis le matin elle était installée chez lui, comme l'enfant de la maison.

« Sainte charité, s'écrie-t-elle alors, tu es le génie du cœur ! »

A la visite de M. Collard se joignit celle de sa femme, de sa fille, de Clémentine, puis de Me Lachaud. Mais les consolations apportées par ses nombreux amis dans sa cellule, vinrent porter ombrage à ceux qui avaient intérêt à la laisser dans l'oubli, pour la précipiter plus vite dans la tombe.

Alors le directeur de la prison de Montpellier fut obligé de mettre des obstacles à ces visites si fréquentes et si salutaires pour la captive.

En se retrouvant de nouveau seule, la prisonnière faillit devenir folle. Mais quatre professeurs de la faculté de Montpellier déclarèrent, au nom de l'autorité, que Mme Lafarge n'était pas malade et que le *repos le plus absolu* lui était seul *nécessaire*.

Pour cette nature ardente et sensible, c'était précisément ce repos sépulcral qui la tuait.

Voici comment s'exprime à ce sujet Mme Lafarge dans *ses Heures de prison* :

« Dès que j'eus à subir mon isolement imposé par la Faculté, mes regards ne se détachèrent plus de mon crucifix, sans qu'une parole de plainte entr'ouvrit mes lèvres, sans qu'une larme tombât de mes yeux.

« Cette sorte de catalepsie morale, se prolongeant encore, devenait menaçante pour ma raison. Mon directeur s'en alarma ; et changeant de système, il fit rouvrir ma cellule à ma cousine, à l'aumônier, l'abbé Coural, et à mon oncle, c'est-à-dire aux pleurs et à l'amitié, aux douces causeries et aux religieux souvenirs.

. . . .

« Un après-dîner que j'étais plus calme depuis que ma tante, mon oncle, ma cousine, Mᵉ Lachaud et l'abbé Coural étaient autour de moi, j'appris que des lettres pressantes rappelaient Mᵉ Lachaud à Paris.

« Son intention, disait-il, était cependant de retarder son départ, si sa présence à Montpellier pouvait m'être utile.

« J'évitai d'abord de paraître avoir entendu ; mais interpellée directement par cet ami des premiers et des derniers jours, je tournai vivement la tête ; et il fut convaincu à mes larmes que j'avais déjà répondu.

« — Oui, madame, me dit-il d'une voix émue, si le ministre m'autorise à me joindre une ou deux fois par semaine aux visites de votre famille, je me fais inscrire sur le tableau des avocats de Montpellier, et tant que vous resterez ici prisonnière, j'y resterai.

« — J'accepte, monsieur, j'accepte avec une indicible reconnaissance, le dévouement de votre cœur ; mais le sacrifice que vous voulez me faire, je dois le refuser, et je le refuse.

« — Ce que vous dites, madame, n'est pas sérieux, me répondit-il.

« — Sérieux comme le devoir, immuable comme la mort, lui répliquai-je. Vous retournerez à Paris, monsieur, vous partirez, non pas dans quinze jours, non pas dans huit, vous partirez demain... Je vous le demande, je vous en prie, et j'ose dire, je le veux. Votre route regarde l'orient. La mienne est dans ces quatre murs... Je n'ai pas le courage de mesurer, étape par étape, l'espace, le vide, l'abîme qui se creusera peu à peu entre nous, mais j'ai la force de vous dire : « Partez ! si votre devoir est de vivre, le mien est d'apprendre à mourir. Laissez-moi maintenant vous tendre la main et retenez mon dernier adieu. »

« J'étais à bout de forces. Je fis signe à ma tante, à mon oncle, que je voulais être seule. On entraîna Mᵉ Lachaud.

« Une heure après, ma tante revenait me dire que Mᵉ Lachaud, d'abord sourd à leurs conseils, était descendu avec l'abbé Coural, pour aller arrêter sa place à la malle-poste.

« Un sanglot fut ma réponse.

« — Comment, Marie, me dit ma tante, regretteriez-vous ce que vous venez de faire ?

« — Je ne le regrette pas, répondis-je, je le pleure. »

Une fois Mᵉ Lachaud parti, la vie de nouveau se retira de la captive.

Le soleil manqua à son cœur !

Terrassée par la justice humaine, soutenue à peine par les dévouements de son oncle et de sa famille, elle finit en quelques années par dépérir peu à peu. Huit années de captivité, huit années de désespoir usèrent toute son énergie dans son corps fatigué par les luttes de toutes les heures et de tous les instants.

Dès les premiers mois de 1848, un dépérissement visible se manifesta dans la santé de la captive.

La fièvre ne la quitta plus.

Le médecin de Mme Lafarge qui subissait aussi son empire et qui ne l'abandonna jamais durant les pénibles heures de sa captivité, fit part de ses craintes pour la vie de la prisonnière.

Quatre professeurs de la Faculté de médecine furent chargés de visiter la malade et de constater son état désespéré.

Ils conclurent à la mise en liberté, comme seule chance de guérison.

La consultation fut considérée comme non avenue. Le rapport resta sans résultat. Ses ennemis veillaient.

Cependant le mal empirait. Elle allait mourir.

Il fallut une révolution et un changement de régime pour faire sortir Mme Lafarge de son tombeau anticipé. Ses amis veillaient aussi, pour lui ouvrir les portes de son cachot, muré par l'égoïsme, la peur ou l'intérêt!

CHAPITRE XXXI

LA GRACE DEVANT LA MORT

Le 21 février 1851, le prince Louis-Napoléon se souvenait de la promesse du prisonnier de Ham à la prisonnière de Montpellier, sa translation était accordée.

N'avait-il pas dit autrefois à Me Lachaud : « dites bien à Mme Lafarge qu'au nom de son père, de son grand-père fidèles aux traditions éternelles de mon oncle, dites-lui bien que *je la suis* pour devenir un jour ou l'autre son *sauveur*, dites-lui bien que *je me souviendrai*.

Le *parti napoléonien* qui avait besoin de toutes ses recrues, savait ce qu'il faisait en se prononçant contre les arrêts du pouvoir déchu, en faveur des amis et des partisans de la malheureuse héroïne du Grandier. Il s'attirait d'un seul coup tout un monde qui appartenait dans l'origine aux *traditions impérialistes*.

Mme Lafarge sortit de la prison de Montpellier pour se rendre à la maison de santé de Saint-Remy. Les amis de Mme Lafarge, prirent le soin de faire écrire à la malheureuse femme une lettre qui demandait, au prince, sa réhabilitation et son entière liberté.

Ce fut l'oncle paternel de Mme Lafarge, M. Collard, qui se chargea de se rendre en toute hâte à Paris pour porter la supplique de Marie Cappelle au prince président. Il le dit lui-même en signant la préface du dernier livre de sa nièce : *Mes Heures de prison.*

Mais ce que M. Collard ne dit pas, ce que sa nièce dit pour lui, dans ce dernier ouvrage que ses tourments ont laissé inachevé ; ce sont les tortures continuelles qu'elle endura dans la maison de Montpellier.

Ses tortures étaient plus poignantes par les souffrances d'esprit et de corps, que son esprit et sa solitude rendaient plus affreux encore.

Jusqu'à son dernier souffle, son orgueil se révolta contre les tracasseries basses et cruelles de ses bourreaux. Jusqu'à ses derniers moments, Mme Lafarge lutta contre les instruments de sa captivité.

Malgré les souffrances qui la terrassaient, elle semblait jouer avec elles. C'était une sorte de suicide qu'elle se préparait.

Elle savait succomber dans cette lutte inégale, cependant elle luttait pour plus vite en finir.

Neuf ans se passèrent dans cette lutte inégale de la captive contre ses geôliers.

Eux-mêmes, instruments d'un pouvoir inconscient et implacable, plaignaient la patiente.

Mais il est vrai que, de son côté, la patiente ne faisait rien pour ne pas lasser ses bourreaux :

— Faites-vous oublier! lui disait le directeur de la maison centrale, pressé par l'administration supérieure pour ne lui ménager aucun des règlements de la maison.

— Faites la morte! l'en sollicitait le préfet. Vous ne pouvez espérer vivre qu'à cette condition.

Mais l'orgueil, toujours l'orgueil qui lui avait fait repousser les secours de l'homme qu'elle aimait, l'orgueil qui l'avait porté au Glandier, en lui faisant contracter un mariage fatal ; l'orgueil l'emportait sur toutes les bonnes raisons de ses gardiens: âmes charitables, forcées de sévir malgré le charme que leur inspira leur victime jusqu'à sa dernière heure.

Et jusqu'à sa dernière heure, elle reçut aussi la visite de son oncle, de sa tante, de sa cousine et de sa fidèle Clémentine.

Ils furent témoins, jusqu'à la fin, de ses mouvements d'expansion et de tendresse sachant si bien lui gagner tous les cœurs.

L'activité d'esprit de Mme Lafarge, au milieu de ses douleurs, ne faisait qu'user sa vie. Les réactions morales, provoquées par sa grande intelligence, rendaient sa servitude plus mortelle, son tombeau plus profond et plus noir.

Innocente ou coupable, l'âme d'élite est toujours plus punie que la brute.

Mme Lafarge était d'autant plus à plaindre, que le bruit de son procès, son attitude de martyre, son agonie dans son cachot en faisaient un trophée pour les adversaires du gouvernement.

Ses employés, pour ne pas être accusés de faiblesse, étaient bien obligés d'user de rigueur contre la captive et de répondre ainsi aux déclamations passionnées de ses défenseurs.

Ils avaient fidèlement exaucé les vœux du pouvoir lorsque vint la Révolution de février; alors Marie Cappelle n'était plus que l'ombre d'elle-même !

Son corps épuisé ne pouvait plus obéir aux manifestations de son âme. Elle ne quittait plus le lit; sa plume ne pouvait tenir dans ses doigts pour exprimer les dernières souffrances qui la conduisaient au néant.

Alors, M. Collard, son grand-oncle; sa femme, sa fille et Clémentine ne la quittaient plus.

Chaque année, pendant neuf ans, cette nouvelle famille, toujours à son chevet, persista à envoyer une lettre au ministre pour réclamer, au nom de l'humanité, sa translation dans une maison de santé. Comme on l'a vu, au début de ce chapitre, ce ne fut qu'après la chute du roi Louis-Philippe, quand la Révolution de février permit à une autre société, favorable à l'entourage de Mme Lafarge, de secourir cette infortunée que le pouvoir, appuyé sur la tradition impériale, devint aussi clément pour Mme Lafarge, que l'ancienne royauté s'était montrée inexorable pour elle.

Alors, tout paraissait changer vis-à-vis de la captive. Maintenant, ses malheurs étaient pour tout le monde un sujet de compassion.

Ce fut M. Collard, si dévoué depuis neuf ans à sa nièce, qui fut appelé à Paris pour présenter en personne, auprès de l'entourage du prince président, la supplique de sa nièce infortunée.

M. Collard la plaça sous le patronage d'un avocat éminent, Me Lachaud peut-être? Quoi que cet oncle, dans la préface, n'avoue pas son nom. La lettre était pressante, les jours de l'infortunée étaient comptés.

Voici la lettre de Mme Lafarge, la dernière plainte de cette femme expirante :

« Monseigneur,

« J'ai désespéré douze ans de la justice des hommes ; mais aujourd'hui que le cœur de la France bat dans le cœur d'un Napoléon II, aujourd'hui que la douleur des faibles peut espérer et prier debout, je viens vous demander, Monseigneur, un peu de soleil pour ma vie, une protection auguste pour mon malheur.

« Monseigneur, je suis innocente!... Vous êtes le représentant de la justice divine sur la terre. A ce titre, daignez vous faire juge entre la calomnie et moi, daignez peser des larmes que Dieu seul a comptées. La vérité répond à l'appel des rois. Elle saura faire parler les faits en ma faveur et, parce que j'aurai prié vers vous dans ma détresse, Prince, comme tous ceux qui souffrent en France, je serai consolée et je serai sauvée. La foi a servi de force à mes heures captives ; la reconnaissance sera la vertu de mes jours de soleil.

« Ce n'est pas la liberté du bonheur que j'implore!... C'est le pouvoir d'incarner ma conscience dans chacun des actes de ma vie, c'est le moyen, Monseigneur, de gagner Votre Altesse à la cause de mon innocence, c'est celui d'intéresser Dieu au triomphe de mon bon droit.

« Prince, si mon père vivait, il ne trouverait qu'un nom assez grand pour changer un acte de clémence en un acte de justice. Vous portez ce nom, Monseigneur ; j'élève ma prière jusqu'à vous. Grâce pour la mémoire et l'honneur de mon père ; grâce, Prince, et justice pour deux.

« J'ai l'honneur d'être, avec le plus profond respect, Monseigneur,

« Votre très humble et très désolée servante,

« Marie Cappelle.

« 8 mai 1852. »

Trois jours après, une lettre apprit à M. Collard, que sa nièce était en liberté.

Marie Cappelle était *graciée et réhabilitée*, mais la mort avait porté sur elle un arrêt plus irrévocable que l'arrêt des hommes.

Voici ce que dit à ce sujet, le grand-oncle de Mme Lafarge, ce fidèle ami des malheurs de sa nièce, fasciné par le prestige de cette femme d'élite : coupable peut-être, mais plus malheureuse que criminelle !

« Hélas ! écrit M. Collard, ma joie devait être plus courte que ma reconnaissance, en apportant cette grâce si tardive !

« Arrivée en trente-six heures à Saint-Remy, je pressais dans mes bras, non plus une femme, mais un squelette vivant, que la mort venait disputer à la liberté.

On ne se hasardait la nuit qu'en tremblant le long des maisons suspectes. (Page 659.)

« Un mois après, le 1er juin 1852, l'infortunée posait son pied libre dans ma demeure.

« Avec Marie Cappelle, j'avais mes deux filles avec moi, mais le 7 septembre de la même année, l'une de mes filles mourait aux eaux d'Ussat, l'autre lui fermait les yeux.

« L'humble cimetière d'Ornelac a reçu les restes de la morte. Une croix renversée couvre sa tombe !...

. . . .

« Veux-tu on savoir, cependant, si j'ai cru cette femme coupable ?
« Je réponds :
« Retenue prisonnière, je lui avais donné ma fille pour compagne. Devenue libre, je lui aurais donné mon fils pour mari.
« Ma conviction est là ! »

LACENAIRE

LE TUEUR DE FEMMES

CHAPITRE PREMIER

L'AMI DES BÊTES ET DES ARTISTES

La rue *Pierre-Lescot* était une petite rue assassine qui formait une ligne noire et sinistre dans un pâté de maisons occupées aujourd'hui par le plus beau quartier de la capitale, reliant le Louvre au Palais-Royal.

En 1834, elle était habitée par des réfractaires de la société, décavés du *trente et quarante*, habitués de cour d'assises, bohémiens de la galanterie ou du crime !

C'était là que le fameux Chaudruc-Duclos prenait domicile, en revenant de promener ses haillons dans les galeries du Palais-Royal où il avait laissé autrefois sa jeunesse et sa fortune. C'était là que s'y engageaient certains noctambules, éclopés de Cythère, vétérans du vice, ayant besoin de fuir le grand jour pour y dérober leur misère et y abriter leur honteuses débilités.

La rue Pierre-Lescot était un refuge et un repaire. On ne se hasardait la nuit qu'en tremblant le long de ses maisons suspectes, aux fenêtres louches, éclairées à chaque porte par des réverbères en ligne ; presque toutes dessinaient sous leurs carreaux ternes, des lettres rouges comme du sang et formant ces mots rien moins qu'attractifs : *Ici on loge à la nuit*.

Dans un de ces garnis de la rue Pierre-Lescot, logeait un jeune homme à la tournure et à la mise élégantes, sa figure riante et agréable contrastait avec l'extérieur sordide et misérable de son habitation.

Dormant tout le jour, ne sortant que fort tard, le soir, on le voyait le plus souvent accompagné d'un superbe caniche, que son maître désignait, à cause de sa blancheur immaculée, sous la quafication de *Blanc-Blanc*.

Le plus souvent, maître et chien se dirigeaient vers les abords du Palais-Royal. Les voisins soupçonnaient fort ce jeune élégant nommé Gaillard et se disant étudiant, de n'étudier que les maisons de jeu, d'où il récoltait, en attendant le moment de faire sauter la banque, le plus clair des profits.

Gaillard se disait fils de famille, mais son patrimoine était moins peut-être sur le grand-livre que sous le râteau du tapis vert.

Voilà ce que se disaient certains voisins de Gaillard, habitant comme lui la rue Pierre-Lescot, et le rencontrant parfois dans les tripots.

Si le jeune homme ne rentrait pas de la nuit, il laissait aux soins du concierge son chien *Blanc-Blanc*. Le caniche, en prévision de l'absence trop prolongée de son maître, avait sa niche dans la cour.

Le lendemain quand le maître revenait, le concierge était payé par un louis, de sa sollicitude pour Blanc-Blanc. Gaillard avait les mœurs aussi faciles que la bourse; il adorait son caniche, dont il ne se séparait que dans les grandes occasions, sur lesquelles son maître ne s'expliquait jamais.

Un jour que le jeune homme s'était absenté toute la nuit, abandonnant, comme de coutume, Blanc-Blanc à son gardien naturel, l'animal, malgré son attachement à son maître, abandonna sa niche. Il trompa la surveillance de son gardien; et son maître en rentrant ne trouva plus son caniche pour le saluer de ses joyeux jappements.

Il en ressentit un profond chagrin et il gourmanda fort son concierge, se désolant aussi bien que lui de cette absence qui le privait de son louis réglementaire.

Huit jours se passèrent sans que le chien ne se montrat au logis, ni le lendemain, ni les autres jours.

On finit par croire que Blanc-Blanc était perdu ou mort, mais une nuit, Gaillard qui avait le sommeil léger, se réveilla en sursaut au bruit d'un raclement précipité sur le panneau de sa porte.

En même temps des aboiements se font entendre; Gaillard s'écrie en se levant joyeusement :

— C'est Blanc-Blanc !

La voix du quadrupède avait été reconnue par le maître ; de son côté, le quadrupède redoublait ses jappements à la voix de son propriétaire.

Mais le logis était dans la plus complète obscurité. Il était deux heures du matin. Gaillard qui venait de rentrer en laissant la porte de sa maison entr'ouverte, avait, sans s'en douter, facilité l'accès à son chien perdu et retrouvé.

Maintenant il s'agissait d'ouvrir la porte de son logis au caniche. Blanc-Blanc devenait pressant; en ce temps-là, les allumettes chimiques n'étaient pas inventées; comme il arrive en pareille occasion, Gaillard usa en vain la boîte de phosphore avec des allumettes qui ne prirent pas.

Force fut à Gaillard d'aller ouvrir à tâtons, la porte à cet enfant prodigue d'un nouveau genre, de lui offrir l'hospitalité dans l'obscurité la plus profonde.

Le chien n'en fit pas moins des sauts joyeux, s'élançant dans la chambre, d'une chaise à une autre, montant, redescendant sur le lit, exprimant par mille bonds, par mille jappements désordonnés, la joie de revoir, de flairer et de reflairer son maître.

—C'est bon ! vagabond ! finit par lui dire Gaillard, après avoir répondu, en tâtonnant, à ses caresses; couche-toi là, au bas de mon lit, demain, nous règlerons nos comptes, misérable !

Gaillard s'endormit, rêvant de son cher Blanc-Blanc, dont le retour lui donnait des songes, couleur de rose.

Dès l'aube, lorsqu'il se réveilla, son premier soin fut de s'assurer du retour de Blanc-Blanc, de son nouvel enfant prodigue.

Il se pencha vers le parquet.

Mais, ô surprise, que vit-il, étendu à ses pieds, ronflant comme un soufflet de forge.

Un Espagnol, un magnifique Espagnol coiffé d'un énorme chapeau à plumes.

Horreur, l'Espagnol, en se débattant dans la nuit sur son oreiller avait laissé à son chevet un long poignard doré.

Un cri d'effroi s'échappe des lèvres de Gaillard, il se met sur la défensive, puis une fois sur son séant, il se frotte fortement les yeux. Il regarde d'un air plus réfléchi le poignard jeté sur son oreiller et l'Espagnol étendu sur le parquet.

Sa frayeur se change en un éclat de rire homérique.

Cet hidalgo gisant à ses pieds, possesseur d'un poignard doré sur tranches, qu'il avait laissé sur son oreiller, ce fier habitant des Espagnes, n'était que son caniche ! C'était son fidèle Blanc-Blanc que des saltimbanques, stationnant sur le Parvis de la cour du Louvre, lui avaient volé pour en faire l'ornement de leur baraque, sous les habits d'un fier Hidalgo !

Mais à la première occasion, le caniche n'avait pas tardé à prouver à son maître qu'il préférait l'amitié aux honneurs. Huit jours après, il revenait, par une belle nuit, sous le toit hospitalier de la rue Pierre-Lescot.

Gaillard était sous l'impression de cet heureux événement, il caressait encore Blanc-Blanc, qui pour entrer sous le doux servage de son maître se laissait dépouiller de ses habits fastueux, quand un événement fourni par un nouveau quadrupède, vint intriguer M. Gaillard.

Il vint prouver de plus en plus que cet homme à l'existence problématique, était par-dessus tout l'ami des bêtes.

Il jouait joyeusement dans sa chambre avec son caniche, lorsqu'un miaulement lamentable se fit entendre au bord de sa fenêtre.

A ce miaulement qui pour le caniche était un cri ennemi, un cri de guerre, la gueule du chien se plissa horriblement. Il fit entendre un hurlement de menace; Blanc-Blanc bondit, prêt à s'élancer vers la fenêtre, pour tordre le cou à la bête hostile.

Gaillard l'arrêta, le repoussa après s'être aperçu de ce qui se passait à sa fenêtre, et s'être rendu compte de la cause de ces miaulements désespérés.

C'était un chat qu'un locataire du cinquième étage avait laissé choir. Après être tombé de tout son poids jusqu'à la gouttière de sa fenêtre, il allait tomber du second dans la rue. Ses griffes émoussées l'empêchait de se retenir plus longtemps à la gouttière, il devait infailliblement périr, après avoir continué son périlleux voyage.

Encore une fois, Gaillard, l'ami des bêtes, devint sa providence. Après avoir chassé Blanc-Blanc, moins débonnaire, moins accommodant que lui, après l'avoir forcé à ramper à ses pieds, il happa au passage le pauvre chat glissant de la gouttière.

Il était temps, le pauvre matou allait opérer sa dernière descente sans parachute.

Pour rassurer complètement le malheureux chat, il fit rentrer Blanc-Blanc dans sa niche. Après avoir à loisir caressé le matou, il se mit en devoir de le reporter au locataire du cinquième.

L'ami des chiens, le sauveur de chats, avant de se mettre en devoir de rendre cet animal domestique à son propriétaire, s'habilla de façon à faire le plus d'honneur à son voisin.

Gaillard mit près d'une heure à sa toilette pour se présenter devant son voisin du cinquième. Il était habillé avec la dernière recherche, sa toilette eut pu rivaliser avec celui d'un fashionable de la petite Provence.

Il portait une chemise brodée, de fines manchettes s'arrondissant au poignet, une cravate élevée et sans col, un habit bleu à haut collet et à boutons guillochés, son pantalon serré au mollet, s'évasait en éventail, sur des bottes brillantes comme un miroir.

L'élégant pressait dans ses bras avec une sollicitude toute maternelle le matou affolé, il s'annonça à son voisin, un jeune homme du monde, fourvoyé aussi dans qu artier suspect.

— Excusez-moi, monsieur, de vous déranger, lui dit-il d'un air d'aisance plein de distinction, mais je me fais un devoir de vous rapporter votre chat. Tenez, monsieur, il tremble encore de tous ses membres.

— Je vous remercie de votre bonté, monsieur, répondit le voisin, mais je ne vous cacherai pas que j'aurais préféré que vous eussiez laissé cette vilaine bête sur le carreau.

— Pourquoi, fit Gaillard sur un ton contristé, pourquoi désirer faire souffrir de pauvres bêtes qui nous aiment tant.

— Qui nous aiment tant, protesta le jeune homme. Merci, ce chat n'est pas si inoffensif, puisque ne pouvant dévorer notre dîner, ce vilain matou voulait manger la main de mon épouse. Ma femme, montre donc à monsieur, continua le propriétaire du matou, la blessure qu'il t'a faite.

Et la dame présenta au sauveur du chat, sa main zébrée de griffes et toute sanglante de sa morsure.

— Ah Dieu! exclama M. Gaillard, en pâlissant à la vue de cette blessure, comme si la vue de ce sang lui faisait mal. C'est affreux?

Puis il reprit en se remettant de son émotion :

— Je comprends, monsieur, votre aversion pour cette bête. Je vous la pardonne, car il y a des circonstances atténuantes.

Cet homme si sensible et d'un extérieur si élégant, eut bien vite gagné la sympathie de son voisin du cinquième.

Dans ce premier entretien, les deux jeunes gens eurent bientôt fait connaissance, et M. Gaillard ne tarda pas à lui apprendre que fils de famille, étudiant pour la forme, il était lié avec tous les artistes de Paris.

Ce jour-là il se rendait à l'Ambigu, à la répétition d'une pièce nouvelle, dans laquelle jouait M. Albert.

A cette époque, ce jeune premier rôle brillait au boulevard de tout l'éclat du succès. Le voisin de M. Gaillard paraissait aimer comme lui avec passion l'art dramatique. Dans la conversation, il lui fit entendre, qu'il serait très heureux de suivre de près une représentation générale et de connaître particulièrement M. Albert.

— Qu'à cela ne tienne, reprit Gaillard avec empressement. Venez avec moi, M. Albert est mon ami intime; je suis un peu auteur. Depuis que je lui ai adressé une épître en vers qui célèbre son talent, il ne sait rien me refuser.

Le voisin de M. Gaillard, sauveur des bêtes, ami des artistes, accepta avec reconnaissance l'offre de son ami improvisé.

Le voisin put se convaincre en voyant l'intimité qui existait entre le jeune premier rôle et M. Gaillard, que ce dernier ne l'avait pas trompé.

Comment M. Albert avait-il fait la connaissance de M. Gaillard? D'une façon aussi imprévue que celle qui avait rapproché de lui le voisin de la rue Pierre-Lescot.

Un jour, M. Gaillard avait à parler à un figurant de ce théâtre, nommé Baton, et il se trouvait sur la scène au moment où l'un des machinistes tombait dans le troisième dessous et se fracturait la jambe.

M. Albert qui jouait un des rôles de la pièce, s'était alarmé de l'état du blessé et avait imaginé une souscription en sa faveur.

Gaillard présent à ce bon mouvement, avait aussitôt improvisé une pièce de vers dédiée à M. Albert, dans laquelle il célébrait son talent et son bon cœur.

Dès que le comédien accessible à la flatterie, comme tous les comédiens, avait pris connaissance de cette épître, il l'avait remercié et invité à venir le voir.

Gaillard avait profité de la permission. Depuis, après chaque création nouvelle, c'était de la part de son admirateur habituel, des compliments pleins de chaleur, d'autant plus précieux à l'artiste, qu'ils n'étaient pas exempts de remarques judicieuses.

L'ami de l'artiste lui faisait part de ses observations avec un tact plein de réserve, trahissant l'homme du monde.

A l'époque où Gaillard se croyait en droit de présenter son voisin à l'artiste, M. Albert et M. Gaillard étaient les meilleurs amis du monde.

Le voisin de la rue Pierre-Lescot ne regretta pas d'avoir fait si ample connaissance avec son sauveur de chat.

Il sortit de l'Ambigu, enchanté d'avoir passé avec lui une si bonne journée, en voyant de près un artiste en vogue comme M. Albert, qui, lui-même était enchanté de posséder un ami lettré, dont les conseils et les éloges lui étaient si utiles.

Bientôt M. Gaillard devint pour son voisin de la rue Pierre-Lescot, un homme dont il ne pouvait plus se passer.

Comme pour M. Albert, cet homme élégant, dont les manières agréables répondaient à son esprit plein de sel et d'à-propos, devint indispensable au voisin de la rue Pierre-Lescot.

L'ami des bêtes et des artistes, ne quitta plus ces deux personnages qui le connaissaient que par son esprit cultivé, ses allures attractives ne et son bon cœur.

Tout à coup le familier de ces hommes disparut sans qu'ils surent d'abord ce qu'il était devenu.

Le voisin de la rue Pierre-Lescot ayant rompu avec un amour inavouable, était entré dans une administration sérieuse. Il ne tenait plus à faire rappeler à qui que ce soit, son passage dans cette rue suspecte.

Quant au comédien, étourdi par le bruit de son triomphe, il oublia aussi vite son poète familier.

Quelque temps après cette disparition, Paris se trouvait sous l'émotion

Plus homme du monde que celui qui l'accompagnait, Lacenaire déjoue les conjectures.
(Page 668.)

d'un procès fameux, et du rôle étrange que jouait dans les débats, un certain Lacenaire.

Le voisin de la rue Pierre-Lescot eut un jour la curiosité de suivre le cours de ce procès; il ne tarda pas à apprendre que le nommé Gaillard n'était autre que son sauveur de chat.

Cet homme si sensible pour les bêtes, pensait-il déjà à la cour d'assises, quand il prêtait à son ami d'un jour, *des circonstances atténuantes?*

Quant au comédien Albert, jaloux de connaître aussi un drame judiciaire où figurait le fameux Lacenaire, il se rendit au palais de justice, et se fit placer dans le prétoire.

Quelle ne fut pas sa surprise, en reconnaissant dans son panégyriste, le chantre ordinaire de sa renommée, Lacenaire, dit *Gaillard*.

De son côté, Lacenaire le reconnut, il lui fit de la tête un salut bienveillant et protecteur.

Le comédien placé en face de l'assassin, se trouva mal, et il attrapa après sa syncope, une jaunisse qui lui dura deux ans,

CHAPITRE II

LE DOUBLE MEURTRE DU PASSAGE DU CHEVAL-ROUGE : LA VEUVE CHARDON ET SON FILS

Lacenaire dont le nom figure, à côté des Mandrin et des Cartouche, au Panthéon des voleurs, était doué d'une grande sensibilité pour les bêtes.

Par une contradiction de sa nature vindicative et cruelle, il était aussi susceptible de charité.

Lorsqu'il fréquentait l'acteur Albert, sous le nom de Gaillard, les machinistes racontaient qu'il avait sauvé du suicide, un de leurs camarades, privé d'emploi, après la faillite d'une administration théâtrale.

Il faisait largement l'aumône, était très serviable, dans ses *moments d'urbaine*, pour le pauvre monde.

Si, à l'époque où il habitait la rue Pierre-Lescot, il fréquentait assidûment les coulisses de l'Ambigu, ce n'était pas uniquement pour être le panégyriste de l'acteur en vogue.

Un autre but professionnel le guidait ; celui de se mettre en rapport avec un figurant de ce théâtre, d'y renouveler quotidiennement ses rapports avec lui.

Ce figurant, son complice, était comme il a été désigné dans le premier chapitre, un nommé Bâton.

Ce Bâton représentait sur la scène les paysans vertueux ; c'était un drôle de la pire espèce, qui avait eu des démêlés avec la justice.

Il était digne d'entrer dans les vues de Lacenaire, il l'avait connu en prison. Bâton était au courant de ses plans, il formait avec Avril, un de ses bras mystérieux.

C'était lui qui faisait les fausses lettres de change, que Lacenaire lançait dans le commerce, en attendant le jour où un garçon de caisse en vînt recouvrer la valeur, pour s'emparer par le meurtre du montant de ses recettes journalières.

Un coup de tiers-point entre les épaules du désigné, était la manière d'opérer de Lacenaire. Le tiers-point fut son arme favorite il s'en servit dans tous ses crimes.

S'il ayait mieux été secondé par ses complices, le nombre de ses forfaits déjà assez grand, eût été plus considérable encore.

Par bonheur, Bâton et Avril, ses principaux complices n'étaient pas à la hauteur de son sang-froid et de son audace. Ce n'était pas l'âme qui manquait à ces deux bras ; c'étaient les bras qui, parfois, n'osaient exécuter les plans de l'ingénieux bandit.

Bâton, son hypocrite auxiliaire, acceptait bien le rôle que Lacenaire lui assignait dans ses hasardeuses spéculations, mais au moment d'agir, Bâton redevenait toujours le paysan vertueux de l'Ambigu ; il faisait échouer par sa sensiblerie les tentatives de son chef de file sans scrupules et sans remords.

— Que dirait ma pauvre vieille mère, exclamait le couard Bâton, abritant ses défaillances sous la crainte de faire de la peine à l'auteur de ses jours.

Ce qui n'empêchait pas Bâton de battre la pauvre vieille femme comme plâtre, lorsqu'elle se refusait de mettre ses draps de lit au mont-de-piété, parce que le misérable voulait boire le produit du prêt au cabaret.

Lorsque Lacenaire sous le nom de Gaillard méditait *un grand coup*, dans la rue Saint-Martin, chez un nommé Chardon, il avait pensé au figurant de l'Ambigu pour l'aider, un jour, dans son entreprise.

Il dut remettre à un autre moment l'affaire qu'il méditait, après diverses tentatives manquées par la faute du figurant vertueux.

Avril, son autre bras, lui faisait-il défaut, il achevait son temps à Poissy et il attendait sa libération pour agir contre Chardon et sa mère.

Dans l'attente de son complice, il entretenait son ardeur, bien moins suspecte que celle de Bâton ; il allait le voir, il lui apportait quelque argent pour l'avoir sous la main, au moment propice.

Voilà à quoi songeait Lacenaire, lorsque, sous le nom de Gaillard, il fréquentait les coulisses de l'Ambigu, se donnant pour plastrons un jeune homme du monde, comme son voisin de la rue Pierre-Lescot et un acteur en vogue comme M. Albert.

Rien ne ressemblait moins par le visage doux, affable et riant, à un malfaiteur que ce bandit ganté. Ses amis d'un jour derrière lesquels il s'abritait, eussent été bien fins s'ils avaient pu le pénétrer. Plus comédien que celui qu'il fréquentait, plus homme du monde que celui qui l'accompagnait, Lacenaire défiait les conjectures qu'on aurait pu faire sur le faux Gaillard.

Pour eux comme pour tout le monde, l'apparence cachait la réalité. Elle n'éclata pour eux qu'en cour d'assises.

Le double meurtre qu'il avait conçu contre le nommé Chardon et sa mère entrait dans le plan général qui a toujours guidé sa vie criminelle : tuer à coup de tiers-points, les vieilles femmes et les garçons de recette.

C'était sur ces deux genres de victimes qu'il avait basé sa fortune, en dehors des faux et des vols qu'il commettait quotidiennement, de concert avec les plus fameux escarpes de la capitale.

Il était d'une discrétion absolue ; les voleurs ne connaissaient pas Lacenaire comme assassin ; et les complices de ce meurtrier Bâton et Avril ignoraient ses accointances avec les escarpes ordinaires, peuplant le dépôt ou les maisons centrales.

Lacenaire nature perverse, cruelle, quoi qu'il en dise dans ses Mémoires, tenait du félin, rien d'étonnant qu'il aimât les chats.

Doué d'une figure agréable, il avait les mains hideuses.

Cette particularité s'est retrouvée chez tous les grands scélérats, successeurs de Lacenaire ; chez les Lapommeraie, les Lemaire, et les Troppmann. C'est à la main difforme, ignoble, dont le pouce rejoint presque l'index, que se reconnaissent les grands criminels, nés meurtriers.

Lacenaire le tueur de femmes et des garçons de recette, en concevant de longue date le double meurtre de la veuve Chardon et de son fils, n'était pas inspiré que par une idée de cupidité. Un sentiment de vengeance l'animait.

Il avait connu Chardon à Poissy, dans la maison centrale où il avait été incarcéré pour un des ses nombreux méfaits, dont l'analyse sera longue, en racontant la jeunesse accidentée de Lacenaire.

Ce Chardon, ami de Bâton, était une nature de bon apôtre. Elle ne le cédait en rien à celle de son hypocrite ami, paysan vertueux en scène, scélérat fieffé dans la vie privée.

Chardon détenu pour vol et attentat aux mœurs, était un *anti-physique*.

Il n'est pas bien prouvé que Lacenaire à la figure doucereuse et tenant un peu du prêtre, n'eût pas hérité du défaut ou du vice de Chardon, vice qui se gagne entre prisonniers.

En tous les cas, Chardon et son ami Bâton se dérobaient mieux que Lacenaire, sous des dehors patelins et hypocrites.

Lacenaire se posait comme matérialiste et athée. Par principe il s'était brouillé avec la *tante* Chardon, et la discussion s'étant envenimée par des questions d'intérêt, Lacenaire s'était promis, une fois libéré, de lui faire payer ses injures et ses dols.

Il était homme à tenir parole.

Bâton ne négligeait aucune occasion de pêcher en eau trouble. Il possédait l'art de diviser les gens sans les attaquer en face; il avait d'abord averti Chardon de l'animosité que *son ami* Lacenaire nourrissait contre lui.

Chardon depuis sa sortie de prison, avait fait comme Bâton, il était venu habiter chez sa vieille mère... pour l'exploiter.

La veuve Chardon, une septuagénaire, était inscrite au bureau de charité. Elle occupait un petit logement au premier étage dans le passage du Cheval-Rouge, entre la rue Saint-Martin et la rue du Ponceau.

L'ingénieux Chardon, profitant des relations de sa mère avec les messieurs du bureau de bienfaisance, avait ajouté à son nom, celui de *frère de la charité de sainte Camille.*

Le saint homme vendait des emblèmes de dévotion en verre filé. Dans les loisirs que lui laissait son pieux commerce, il avait adressé une pétition à la reine Amélie, dans laquelle il demandait le rétablissement d'une maison hospitalière pour le sexe masculin.

Chardon aimait beaucoup les hommes, particulièrement son ami Bâton.

L'homme de théâtre aussi hypocrite, aussi cupide que l'homme d'église, voyait d'un œil d'envie prospérer le saint homme, dans son commerce de bibelots religieux.

Il n'avait pas hésité à le signaler à son ami Lacenaire.

Bâton prétendait que Chardon avait chez lui dans une armoire des pièces d'or à l'effigie de Henri V et une somme de dix mille francs destinés à la fondation de la maison hospitalière rêvée par le faux frère.

— La tante, lui disait perfidement Bâton, voit d'un mauvais œil nos fréquentations. Il prétend que nous faisons des faux. Je crois que pour l'empêcher de *japper* et vider à notre profit *son bocal*, il serait bon de *lui tourner la visse*. Il est chétif, pas mal déjeté; il n'en sera que plus facile à *descendre !*

Mais Lacenaire, pour les grandes occasions, ne se fiait que médiocrement au couard Bâton. Il lui répondit :

— Je ne crois pas au *fade* de la *Madeleine*. Après tout, qu'il se tienne chaud avec son *bas de laine*. Je n'ai pas l'envie de le *découdre*.

Lacenaire dissimulait et mentait.

Le figurant, selon lui, ne pouvait jouer un rôle actif dans le drame sanglant qu'il méditait. Pour lui, Bâton n'était qu'un *indicateur* depuis le mois de juillet dernier, où il lui avait fait manquer un assassinat *facile, inéchouable*, sur le quai de l'île Saint-Louis.

A cette époque, une vieille femme, portière de l'une des maisons de l'île Saint-Louis, et possédant, au dire des voisins, un pécule assez rondelet avait été le point de mire de Lacenaire et de Bâton.

Lacenaire avait initié son compère au coup du tiers-point, coup sûr entre les deux omoplates et donnant la mort d'une façon instantanée. Il avait voulu laisser au figurant l'honneur de frapper sa victime.

Au moment où Lacenaire, pour occuper son *sujet*, lui demandait le nom d'un locataire imaginaire, Bâton, placé derrière la vieille femme, n'osa la frapper.

Il s'enfuit avec terreur, sans pouvoir lui planter le fer homicide dans le dos.

Lacenaire avait été pour ses frais de démarche et d'imagination; Bâton courait encore, ne voulant pas, prétendait-il, déshonorer les cheveux blancs de sa pauvre mère !

Pour qu'il n'en fût plus pour la veuve Chardon et son fils, ce qu'il en avait été avec Bâton pour la portière de l'île Saint-Louis, Lacenaire amusa son complice, tirant de lui des renseignements précieux en vue de son meurtre futur.

Il attendit le jour de la liberté d'Avril, afin de lui préparer un assassinat qu'infailliblement Bâton, par sa poltronnerie, eût fait échouer.

Une fois Avril sorti de prison, il ne fréquenta plus l'Ambigu et il ne revit plus Bâton. Il ne s'occupa que d'Avril pour se concerter avec lui sur l'assassinat de la mère et du fils Chardon.

Mais la crainte vint aussi arrêter son second complice.

— Certes, lui répondit Avril, je ne crains pas de refroidir un homme. Mais je te connais, une fois *sous ta coupe*, par la mort de la tante, tu voudrais me mener comme un *mouton* !

Avril était une brute féroce qui jalousait son chef de file, un monsieur dont les belles manières et l'esprit l'agaçaient.

Nature sanguine, avide de jouissances, incapable d'initiatives, Avril ne pouvait cependant se passer d'un homme comme Lacenaire, dont les ressources, l'imagination étaient sans limites.

Cette brute, qui ne se possédait plus une fois ivre, et il s'enivrait souvent, subissait surtout en état d'ivresse, le charme et le pouvoir du séduisant Lacenaire.

— Si tu as peur de moi, si tu n'as pas confiance en ma *loyauté* n'en parlons plus, lui répondit-il en se pinçant les lèvres.

— Si, fit Avril en se grattant l'oreille, j'ai bien confiance en toi, mais aujourd'hui je ne suis pas décidé ; quand je n'aurai plus rien de ma masse, nous verrons. Jusque-là, attendons !

Lacenaire attendit. Il savait qu'Avril n'était pas homme à laisser grossir ses économies de prison.

Il alla le retrouver la semaine suivante.

Avril, déjà sans argent, commençait à voir son hôtelière, la veuve Laforet, lui refuser du vin et de l'eau-de-vie :

— La veuve, dit en riant Avril à Lacenaire, commence à me *fermer l'œil*. Est-ce qu'elle aussi, en me refusant de quoi boire, veut me faire connaître l'autre *veuve ?*

On sait que c'est de ce sobriquet que les voleurs désignent l'échafaud.

— On a rien sans mal, mon pauvre ami, lui répondit son implacable et horrible camarade. Pourtant pour un ancien menuisier comme toi, c'est jeu d'enfant que d'ouvrir l'armoire des Chardon où se trouvent, dit-on, dix mille francs qui ne demandent qu'à entrer dans nos poches !

— Oh ! tais-toi ! tais-toi ! s'écria Avril d'un air sombre, hésitant et inquiet.

— Soit, je me tais, puisque tu n'es pas décidé ; mais quand la veuve Laforet t'aura tout à fait refusé crédit, tu réfléchiras.

Et Lacenaire partit, laissant Avril à ses sombres réflexions.

Avril, âgé de vingt-cinq ans, aux appétits grossiers, dans toute la force de son tempérament ardent et cruel, ne pouvait hésiter, une fois à bout de ressources, à entrer dans les vues de Lacenaire.

Celui-ci comptait sur son bras qui ne savait pas faiblir comme ceux du lâche Bâton. Avril était une bête féroce. Pour bondir sur sa proie, il n'avait qu'à être conduit par la voracité. Lacenaire était un serpent qui, blotti dans les replis tortueux de son enfer, ne se pressait pas, sûr à un moment donné, d'atteindre Avril de son venin et de le faire agir au gré de son plan sinistre.

Ces deux êtres, l'un le bras, l'autre la tête, se complétaient l'un par l'autre pour la gestation d'un crime qui devait les confondre dans la même infamie.

Encore une fois, Lacenaire partit, laissant Avril très perplexe ; déjà la veuve Laforet, non seulement refusait à boire et à manger à son complice, mais elle ne parlait rien moins que de l'expulser de son domicile.

Lacenaire s'empressa de revenir le lendemain avec quelques écus en poche pour son *pauvre* ami.

Le tentateur monta dans son taudis, après avoir payé la semaine de location d'Avril, mourant de soif. Il ne le quitta pas de la journée et coucha avec lui dans le même lit.

Cette nuit-là, Lacenaire ne dormit pas ; il regarda de côté son compagnon de ses yeux froids, glauques et obliques.

Avril, de son côté, l'observait, il s'agitait, se tournait, se retournait entre ses draps, tourmenté par des pensées lugubres.

Le matin, Avril n'avait pas plus dormi durant la nuit que Lacenaire : l'un, impatient d'avoir la parole de son complice ; l'autre, torturé par le besoin aiguisant de plus en plus sa férocité.

Ce matin-là était un dimanche, 14 décembre 1834.

Le jour ne se décidait pas à venir ; le ciel était bas et terne, le temps brumeux. On eût dit que la nuit eût voulu rester pour ne pas éclairer le funeste tableau préparé dans l'imagination des deux assassins.

— Tiens, s'écria Avril obsédé par la pensée de Lacenaire, si tu veux, nous irons aujourd'hui donner le *bonjour* aux Chardon.

Avril se détira en bâillant, comme s'il eût dit la chose la plus naturelle du monde.

Lacenaire sauta du lit, s'habilla à la hâte, étouffant un cri de joie qui aurait pu se traduire ainsi :

« — Enfin, ce n'est pas sans mal. »

Il se contenta de répondre à Avril :

— Eh bien, allons-y. Auparavant, déjeunons. Avant tout, il faut se donner *du cœur au ventre*.

Et toujours au compte du tentateur Lacenaire, Avril suivit son ami à la *Courtille*. Dans un joyeux déjeûner, arrosé de quelques bouteilles, devenant un acompte sur le triste salaire du sang, ils prirent leurs dernières précautions touchant l'œuvre sanglante qu'ils allaient accomplir.

Une heure sonnait à l'horloge Saint-Nicolas des Champs, lorsqu'Avril et Lacenaire enfilaient le passage du Cheval-Rouge.

Ce passage était à cette époque une ruelle fétide et noire, dont le clair obscur semblait propice à tous les méfaits imaginables.

Quoiqu'on fût en plein midi, les deux hommes se trouvèrent dans une pénombre produite aussi bien par un brouillard de décembre que par les maisons inégales qui se dérobaient sous leurs capricieuses saillies.

Ils entrèrent sous une porte étroite, en demandant au concierge si M. Chardon fils était chez lui.

Le concierge leur répondit que le locataire était sorti.

Mais les brigands, en raison du mauvais rapport existant entre Chardon et Lacenaire, doutèrent de la réponse du portier.

— N'importe, dit Avril qui n'était pas connu comme Lacenaire du concierge, Mme Chardon doit être chez elle ; et c'est aussi bien à la veuve qu'à son fils, que nous avons affaire.

Chardon était un personnage chétif, maigre et blême, épuisé par l'énervante débauche.
(Page 674.)

Ils montèrent.

Ils frappèrent à la porte du premier étage. C'était là qu'ils espéraient trouver l'homme qu'ils venaient chercher.

Personne ne répondit.

Lacenaire et Avril se consultèrent du regard. Fallait-il aller trouver la veuve Chardon pour la tuer? Mais l'assassiner sans son fils, c'était risquer d'avoir en lui un vengeur immédiat.

Chardon fils n'eut pas manqué de faire connaître les assassins de sa mère ; eussent-ils pu se dérober, après leur crime, à tous les yeux.

Ils redescendirent.

Ils allaient quitter le passage, lorsqu'ils se rencontrèrent nez à nez avec Chardon fils. Il sortait d'un bureau de placement situé dans le passage même.

Chardon était un personnage chétif, maigre et blême, se traînant à peine, épuisé par l'énervante débauche qui l'affaiblissait de plus en plus.

A la vue de Lacenaire, les yeux ternes et clignotants de Chardon essayèrent d'éviter les siens.

Lacenaire lui barra brusquement le chemin, il lui dit en lui prenant le bras :

— Nous allions chez toi.

— Alors, montons! fit Chardon d'un ton résigné, où se traduisait un désappointement mêlé de crainte.

Etait-ce un pressentiment ?

Tous trois regagnèrent la maison du faux frère de *Sainte-Camille*.

Rien n'était mieux disposé au meurtre que l'intérieur de ce coupe-gorge. On y parvenait par un escalier sombre et puant, tournant en colimaçon, aux marches usées et suintantes. Une rampe formée par une corde noire de boue et de graisse, aboutissait à la pièce de ce logis.

Cette grande chambre était située sur un portique formant pont sur le passage coupé en bas par un ruisseau aux boues stagnantes et fangeuses ; c'était sur cette espèce de *pont des soupirs* qu'habitait Chardon. Sa chambre, une ancienne cuisine, isolée des autres pièces, reliait tous les autres corps de logis.

Les deux assassins ne pouvaient être mieux placés pour avoir raison du malheureux Chardon.

Celui-ci, qui se méfiait d'un guet-apens, essaya, une fois entré avec les deux hommes, de laisser la porte ouverte. Avril, d'une force d'athlète, fit pirouetter le chétif Chardon, alors sans habit, aux membres aussi grêles que ceux de son adversaire étaient puissants.

Avant que Chardon eût pu prononcer un mot pour protester contre la brutale attitude d'Avril, il avait refermé la porte et repoussé son bras. Il s'élança sur lui comme un tigre sur sa proie, il le prit par la gorge pour étouffer sa voix.

Une fois que, par cette pression imprévue, il fut incapable d'articuler un son, Avril lui enfonça les doigts dans le gosier ; il le tint accroupi, le corps à demi courbé vers la terre et le dos tourné à Lacenaire.

Celui-ci tira froidement de sa poche une branche de fer aiguë et triangulaire, emmanché dans un bouchon.

Le misérable, retenu par Avril, étouffait. Il essaya bien de fuir, mais la fuite était impossible, rivé comme il l'était par les poignets et les doigts d'acier du farouche Avril.

Alors Lacenaire, de son instrument tranchant, le frappa par derrière. Le sang rejaillit sur le carreau. La vue du sang enflamma la colère de l'assassin, il reprit le moribond par devant et le frappa encore de son tiers-point. Il tomba sans pousser ni un cri, ni un râle, tant la mort, donnée à deux reprises par l'arme de Lacenaire, l'avait foudroyé.

Il tomba sur le carreau, ses jambes frémirent; elles sursautèrent comme les membres d'un mouton égorgé dans un abattoir. En tombant, ses jambes se cognèrent contre un buffet plein de vaisselle.

Lacenaire s'arrêta, ouvrit le buffet, tandis que le féroce Avril, doutant de la mort de Chardon, prit un merlin pour l'achever sur place.

Des éclaboussures de sang vinrent tacher son gilet et sa chemise.

Une fois que Lacenaire eut passé en un clin d'œil l'inspection du buffet, il gagna une autre pièce, séparée par un corridor de la cuisine où gisait le cadavre de Chardon.

Une vieille femme y reposait.

C'était la mère de la victime.

Avec la même arme ensanglantée qui avait frappé le fils, il frappa la mère.

Pendant qu'Avril achevait Chardon fils à grands coups de merlin, Lacenaire, lui seul, se jetait comme une bête féroce sur le corps endormi de la vieille mère Chardon.

Il la frappait à la tête, au cou, à la poitrine; il la frappait encore, il la frappait toujours.

La violence des coups qu'il lui portait était telle que la pointe de l'instrument passa par le bouchon lui servant de manche; elle vint blesser à la main le tueur de la femme Chardon et de son fils. Il prit un autre tiers-point pour l'achever.

Le trépas de la vieille dame avait été si rapide par les coups qu'elle avait reçus, que la malheureuse n'avait pas le temps de se réveiller pour passer du réveil au sommeil éternel.

Comme son fils, la mère n'avait pu pousser un cri, avant d'être cadavre.

Alors, froidement, Lacenaire rabattit la couverture et le matelas sur le corps de la vieille femme, il le rejeta dans la ruelle, courut rejoindre Avril qui *finissait* Chardon.

Le double meurtre accompli, les assassins procédèrent au vol; il ne répondit pas à leurs espérances. L'armoire de la veuve était loin de contenir les dix mille francs tant convoités; elle ne renfermait que cinq cents francs et quelques cuillers d'argent.

Après l'avoir ouverte à l'aide d'une pesée, Avril s'empara de l'argentorio; Lacenaire se chargea de l'argent, en prenant sur la cheminée une vierge en ivoire qui, aux yeux de l'*artiste*, lui parut avoir quelque valeur.

En repassant dans l'autre pièce, il aperçut sur un siège le manteau de Chardon. Il s'en couvrit, en riant et s'écriant :

— Par cette saison, ce manteau-là n'est pas de trop !

Puis, regardant le cadavre, il ajouta, riant de plus belle et faisant chorus avec le cynique Avril :

— Après tout, la *tante* Chardon n'en a plus besoin !

Lacenaire, pendant le temps qu'il mit à se draper dans le manteau de sa victime, examina en connaisseur toutes ses blessures. Chardon avait reçu cinq coups de tiers-point dans la cavité de l'œil, un énorme coup à la jambe, et plusieurs incisions dans le dos et à la main.

Il dit à Avril, en envisageant son crâne mutilé :

— Tu n'avais pas besoin de le *finir* à coups de merlin, il avait son affaire.

Les deux meurtriers, munis de leur butin, s'apprêtèrent à sortir de la chambre.

Lacenaire tira le premier la porte. Une fois la porte entre-bâillée, elle ne se referma pas ; un bout de tapis, déplacé dans la lutte, l'en empêcha.

Lacenaire et Avril parurent déconfits.

En ce moment, deux personnes montaient pour demander Chardon.

Avant d'être rejoints, Lacenaire poussa du pied avec violence le bout du tapis, tira le panneau assez à temps pour ne pas être surpris devant la porte entr'ouverte.

Lacenaire alla au-devant des inconnus, il leur dit :

— Si vous venez voir Chardon, il n'est pas chez lui. Nous venons de frapper, mon ami et moi, personne ne nous a répondu.

Avril fit un signe de tête, comme pour confirmer les paroles de son complice.

— Si ces deux personnes étaient entrées, avait avoué plus tard Lacenaire à M. Allard, chef du service de la sûreté, ils auraient pu voir deux cadavres dans les deux pièces : mais alors, avait-il ajouté, ils risquaient fort d'en augmenter le nombre !

CHAPITRE III

LA GROSSE JAVOTTE

Avril et Lacenaire sortirent de la maison et du passage, les mains, le linge et les habits ensanglantés. Ce fut un miracle qu'ils ne furent pas inquiétés, en se rendant du lieu de leur crime à un café voisin.

C'était un endroit borgne, bien connu des assassins. En y entrant, ils demandèrent un cabinet particulier. Le maître de l'établissement, qui les connaissait de longue date, n'eut pas l'air de s'inquiéter de leur air étrange et troublé.

Il se garda bien de faire l'inspection de leur linge et de leurs mains.

Il leur donna une chambre à part, où les meurtriers s'empressèrent de laver furtivement leurs doigts dans un verre d'eau sucrée.

Une fois à peu près intacts, ils sortirent du café ; ils se rendirent aux bains turcs où ils firent une lessive complète de leurs vêtements. Après cette horrible ablution, les assassins ne se séparèrent qu'à l'estiminet de l'*Épi-Scié*, situé au boulevard du Temple.

Seul, sur le boulevard, après avoir donné rendez-vous pour le soir à son complice Avril, Lacenaire y rencontra la grosse Javotte.

C'était une receleuse ; elle était très connue de Lacenaire ; elle tenait boutique à la place Saint-Jacques-la-Boucherie.

Grosse fille joufflue, haute en couleur, coiffée de cheveux noirs, raides et épais, aux pieds de gendarme, aux mains énormes et à poignets solides. La virago avait depuis longtemps des démêlés d'intérêt avec Lacenaire, son ancien amant.

Elle s'était vantée, devant plusieurs de ses camarades de prison, de renvoyer quand elle le voudrait, Lacenaire aux galères.

Le perfide Bâton avait eu grand soin de répéter à son associé les imprudentes paroles de la virago.

Au moment où Lacenaire était en goût d'assassinat, la grosse Javotte ne pouvait plus mal tomber en se trouvant nez à nez avec l'un des meurtriers de la veuve Chardon et de son fils.

Lacenaire avait du temps de reste puisqu'il avait chargé Avril d'aller vendre chez un receleur du Temple l'argenterie et le manteau volés. Il aborda donc la grosse Javotte et lui dit à voix basse, dans le tuyau de l'oreille :

— Ma fille, si tu veux monter chez moi, à deux pas d'ici, j'ai à te vendre une vierge d'une grande valeur, avec d'autres objets aussi précieux.

— Les vierges lui riposta-t-elle, en regardant Lacenaire de côté, ce n'est pas ma partie. Adresse-toi au cafard de Chardon, ça peut faire l'affaire de *la tante*.

— C'est que *la tante*, reprit Lacenaire avec un sourire sinistre, n'est pas en mesure de me l'acheter. Et je tiens à te donner la préférence.

En achevant ces mots, il avait essayé de dissimuler la haine qu'exprimait ses yeux froids et glauques; cependant une pensée de vengeance animait seul l'assassin, en abordant la Javotte.

Depuis qu'il savait par Bâton les propos qu'elle avait tenus contre lui, ces propos avaient été pour elle, comme pour Chardon, un arrêt de mort.

La Javotte était cupide. Malgré l'aversion qu'elle nourrissait contre Lacenaire, elle ne pouvait refuser une affaire.

Lacenaire indépendamment des deux chambres qu'il occupait rue Pierre-Lescot avait un autre domicile qu'il avait loué faubourg Saint-Martin, n° 8, à l'hôtel de Picardie. C'était là son *centre*, son *reposoir*. Il y donnait rendez-vous à Bâton et aux receleurs qui bénéficiaient de ses rapines et de ses meurtres.

Javotte suivit sans défiance Lacenaire à l'hôtel de Picardie.

Quand elle entra dans la pièce, elle ne vit pas les marchandises et elle demanda où elles se trouvaient.

— Dans le dernier tiroir de la commode. Mais avant de te les faire voir j'ai à te montrer ma vierge, un vrai bijou.

Lacenaire avait attiré la grosse Javotte près de la fenêtre; tout en tirant l'objet sacré de sa poche, il avait caressé son tiers-point, et regardait Javotte du haut en bas; il étudiait son nouveau *sujet* qu'il voulait frapper avec la même arme qui avait eu raison de Chardon.

La grosse fille considéra un instant la vierge que lui montrait Lacenaire, pendant que lui, fidèle à son système, tournait autour de la grosse fille, pour choisir entre les deux omoplates l'endroit où il devait la blesser à coup sûr.

— Ta bonne femme? s'écria Javotte, en la palpant de ses gros doigts débordant de graisse, en faisant une moue dédaigneuse; en avançant ses grosses lippues et clignant de l'œil d'un air de mépris : Ta bonne femme *ne vaut pas un clou!* Je n'en voudrais pas pour rien. C'est là tout ce que tu as à me vendre?

— Non, je te l'ai dit, j'ai autre chose dans ce dernier tiroir de la commode. Regarde-moi un peu ça?

Et Lacenaire, prêt à sortir de sa poche son tiers-point, la poussa vers le meuble, pour la frapper par derrière.

C'était, comme on le sait, la manière de procéder de ce tueur de femmes. Mais Javotte, trouva mauvais le sans-gêne de Lacenaire, tout en ne se doutant pas de l'horrible dessein qui le faisait agir.

Elle lui riposta :

— Il me semble, monsieur le *marquis*, que vous pourriez bien vous déranger et me donner vous-même votre marchandise ?

— J'ai une courbature, lui répondit-il, en rentrant précipitamment son tiers-point dans sa poche, aujourd'hui il m'est impossible de me remuer.

— Ah ! fit Javotte, d'un air indécis et défiant. Monsieur a des courbatures ? Les reins lui font mal ?

— Oui, reprit Lacenaire d'un air affaibli et caressant. Allons, ma bonne Javotte, sois gentille, tu ne t'en repentiras pas. Il y a dans cette commode, de la dentelle, des bijoux, que je vais non pas te vendre, mais te donner. La chose vaut bien la peine, je suppose, que tu te baisses pour les prendre.

Javotte, l'esprit aiguisé par la convoitise, se radoucit et reprit sur le ton de Lacenaire.

— Allons, allons, c'est bon monsieur de *la Grinche*, on va vous complaire.

Javotte, toujours excitée par la cupidité, se baissa pour tirer le tiroir désigné.

Lacenaire d'un bond, se précipita sur elle, armé de sa lame de fer, pour perforer le dos de la femme accroupie.

Javotte n'avait qu'une médiocre confiance en son vendeur : elle ne s'était tournée vers la commode qu'en lui lançant des yeux obliques.

Elle surprit le mouvement de Lacenaire, elle se redressa tout à coup, avant d'ouvrir le meuble.

Elle vit dans sa main le tiers-point qu'il venait de tirer de sa poche de côté.

— Qu'est-ce que c'est que ça ? Qu'est-ce que c'est que ça ? lui demanda-t-elle en s'avançant contre lui les poings en avant.

— Ça, lui riposta Lacenaire rendu plus furieux, en se voyant découvert, ça, c'est ce qui t'empêchera de parler désormais contre moi.

Et le forcené se rua sur Javotte, en donnant en pleine poitrine à la grosse fille un coup de son instrument meurtrier.

Heureusement que la receleuse-revendeuse, comme d'ordinaire ses compagnes, était chargée de bijoux.

L'instrument du meurtrier s'était embarrassé dans une chaîne toute hérissée de bibelots, et le fer s'était émoussé contre un petit baril en or, qui avait protégé son épiderme.

— Ah coquin ! ah scélérat ! ah misérable ! exclama Javotte dont la fureur s'était exaltée par la peur du danger qu'elle venait de courir ! Ah ? tu voulais me *buter*, escarpe ! Eh bien, je vais te faire pincer !

La grosse fille s'élança sur lui en le prenant à la gorge.

Douée d'une vigueur masculine, elle le tint en respect, criant de toute la force de ses larges poumons.

— A l'assassin ! A l'assassin !

Lacenaire, quoique pris à l'improviste, n'avait pas abandonné son sang-froid, il essaya de se détacher de l'étreinte de la virago et de l'empêcher d'appeler main-forte.

Il connaissait la manière de faire taire son monde. Il l'avait prouvé dans l'affaire Chardon.

Rejetant violemment sa tête en arrière, il saisit la femme par le cou, mit sa main dans sa gorge pour étouffer ses cris et l'étrangler.

Le meurtrier n'était pas aux prises avec une manchotte.

La robuste fille ne se laissa pas perdre le souffle. Les cheveux en désordres, les yeux injectés de sang, Javotte se colla contre son meurtrier pour lui ôter toute liberté d'action.

Elle le poussa, le rejeta vivement contre le lit alacé au fond de la chambre.

Lacenaire, aux membres grêles et nerveux, ne pouvait lutter contre les membres puissants et charnus de Javotte. Il se sentit aplati contre le bois de sa couchette.

Sa main embarrassée par le tiers-point qu'il tenait toujours, il sentit aux prises avec la puissante matrone, qu'il perdait de plus en plus l'équilibre.

Il laissa tomber l'arme qui l'embarrassait, puis glissant comme une aiguille des bras énormes qui l'étreignaient, il courut à la cheminée et s'empara vivement d'un flambeau en cuivre.

Ainsi armé, il bondit avec l'agilité d'une bête féroce sur la grosse fille ; il lui asséna un si terrible coup sur la tête qu'elle trébucha blessée au crâne.

Le sang ruissela sur les oreillers et les draps du lit.

Javotte quoiqu'étourdie sur le coup, eut encore la force et le courage de resaisir son meurtrier ; tout en ne quittant pas des yeux le tiers-point tombé sur le parquet, elle ne le lâcha pas.

Le retenant d'une main, de l'autre, elle ramassa l'arme meurtrière, s'en empara et voulut en frapper Lacenaire.

L'assassin, malgré son sang-froid, ne jouissait pas de la vigueur physique la receleuse ; ses forces l'abandonnaient, quand celles de sa vengeresse redoublaient par la colère et les souffrances qu'elle endurait.

Que l'être faible qui a commis un crime que sa conscience ne peut légitimer... (Page 684.)

Javotte était maîtresse du meurtrier. Elle allait le frapper avec son arme quand, heureusement pour lui, les voisins accoururent.

Ils avaient été attirés par le bruit causé par la lutte et les cris des antagonistes.

Il se ruèrent en foule dans la chambre.

Mais Lacenaire dont la présence d'esprit ne l'abandonnait jamais, dit aux assistants ahuris ou inquiets :

— C'est ma femme, laissez-nous. *Nos explications* ne regardent personne.

Javotte essoufflée, épuisée par les efforts qu'elle avait faits et la faiblesse qu'elle commençait à éprouver par la perte de son sang, n'eut pas le temps de détromper les voisins ébranlés devant l'aplomb et le mauvais rôle du meurtrier.

Lacenaire n'attendit pas que Javotte eût repris connaissance pour descendre l'escalier de son hôtel, et courir ventre à terre sous l'arcade de la porte Saint-Martin.

Une fois Javotte revenue à elle, la receleuse se garda bien de détromper ceux qui étaient venus la séparer du misérable.

Elle ne tenait pas à mettre la préfecture au courant des marchés qu'elle faisait journellement avec le tueur de femmes.

Elle savait ce qui aurait pu lui en coûter personnellement, une fois que la justice aurait été au courant de cette scène tragique.

Sa conscience, sans être aussi large que celle de son associé, était chargée d'une foule de peccadilles auxquelles était mêlé son ancien amant.

Elle garda donc le silence.

Sa prudence était réfléchie ; elle cachait une sourde pensée de vengeance. Elle attendit le moment de la faire éclater sans scandale et sans danger pour elle.

Une fois ce meurtre manqué sur la grosse Javotte, le *tueur de femmes*, n'y pensa plus. Il ne songea qu'à jouir des bénéfices qu'il avait tiré du double meurtre de la veuve Chardon et de son fils.

Il retourna à son second domicile, rue Pierre-Lescot, où il avait donné rendez-vous à Avril.

Avant de le rejoindre, il avait été jusqu'à la Seine pour y jeter la vierge de Chardon ; selon Javotte, elle n'avait aucune valeur, et ne pouvait être qu'une preuve contre lui.

Rentré rue Pierre-Lescot, il trouva Avril qui lui rapporta deux cents francs, montant des couverts et vingt francs prix du manteau.

« L'argent du crime ayant été partagé le soir même, écrit M. Cochinat, l'historien du procès de Lacenaire. — Les assassins dînèrent largement. Ils burent à eux deux neuf bouteilles de vin et ils allèrent compléter leur soirée au théâtre des Variétés. Odry jouait ce jour-là, et, dit Lacenaire, ils *s'amusèrent beaucoup.* »

Tout est extraordinaire dans la conduite de cet assassin. Il *s'amuse beaucoup* au jeu d'Odry, après s'être couvert les mains du sang de trois victimes.

Et ce sauveur de chat, cet ami des bêtes, ce panégyriste des artistes, s'acharne avec une fureur aveugle contre la vie des vieilles femmes et des jeunes gens.

Les vieilles femmes les jeunes gens sont de préférence ses victimes. Il a les ardeurs de l'hyenne. Cependant il sauve un machiniste qui se noie; il pleure d'attendrissement, et de joie, au retour de son fidèle caniche, Blanc-Blanc.

Homme de meurtre, il a des tendresses de félin. Son amour pour son semblable est celui de l'ogre pour la chair fraîche; il s'enivre de vin comme de sang; il boit *neuf* bouteilles de vin, après s'être couvert de sang de trois victimes; il rit à gorge déployée au théâtre, après avoir joui du râle de ses victimes sur son champ de carnage.

Ce monstre, pour couvrir ses mauvais instincts, élève aux yeux du public, l'assassinat à la hauteur d'un principe.

Il s'exprime ainsi dans ses Mémoires lorsqu'il parle de l'affaire du passage du Cheval-Rouge.

« Ce fut un beau jour pour moi que celui-là. *Enfin je respirai.* Je n'avais plus à craindre le gouffre des prisons. Quoique j'eusse *déjà versé* bien du sang, il m'était défendu d'en revendiquer le prix pour prendre le chemin de l'échafaud. La mort que je donnais aux autres, je la voulais pour moi-même; mais je ne voulais pas du suicide.

« Que l'être faible, entraîné par ses seules passions, qui a commis un crime que sa conscience ne peut légitimer, regarde l'échafaud comme *une infamie,* que celui-là se suicide.

« Que l'égoïste, après avoir épuisé sa santé, sa fortune dans les plaisirs, se suicide ayant tout épuisé, vie et richesse, il a raison; mais moi qui n'avais demandé que du pain, *du pain, assuré par mon travail,* non, je ne le pouvais pas, je ne *le devais pas;* c'eût été inepte, je sentais que je *ne devais plus vivre.*

« Est-ce l'appât de l'or qui m'a fait tuer Chardon? Non! C'est une sanglante justification de ma vie, c'est *une sanglante protestation* contre cette *société qui m'avait repoussé.*

« Je savais comment je terminerais. Je voulais *jouir quelques instants* avant de me plonger dans l'éternelle nuit.

« On a prétendu que j'avais dit que si j'avais réussi, j'aurais vécu en honnête homme! Quelle absurdité! Oui, j'aurais vécu en honnête homme, selon les lois, oui, j'aurais soulagé l'infortune ; mais pour l'associer à ma vengeance.

« Alors je me serais livré à l'instruction, mais pour pouvoir saper un à un *tous les principes* sur lesquels repose cette *société caduque !*

« Voilà quel aurait été le but de mon existence : De la fortune si j'avais pu arriver, mais il me la fallait promptement, *j'étais las !* »

Lacenaire l'assassin, a devancé son époque. Ses principes plus odieux encore que ridicules, ont trouvé des adeptes dans les bas-fonds de la société moderne.

Lacenaire devait les mettre à exécution, avant d'arriver à son but : l'échafaud !

CHAPITRE IV

LE PRINCE SOUBISE ET LES SEPT FILLES DE LA MÈRE GÉRARD

Une fois sorti du théâtre des *Variétés* où Lacenaire avait tant ri, après avoir versé tant de sang, il dit à Avril :

— Si nous allions terminer la soirée avec le *prince* et ses demoiselles ?

— Ça y est ! lui répondit Avril, que les lazzis d'Odry avaient mis en gaieté.

Les meurtriers ne demandaient qu'à échanger les billets de banque de leur victime contre le sang généreux de la vigne.

Ils avaient besoin de s'étourdir jusqu'au bout.

Il n'était pas encore minuit.

Les fumées de l'ivresse, causées par les neuf bouteilles du dîner des assassins, s'étaient dissipées dans leur cerveau. C'était à recommencer.

Il fallait dignement finir la nuit.

Avec les filles du père Soubise que, par dérision, Lacenaire appelait le *prince*, Avril et Lacenaire avaient décidé de finir leur sanglante journée par une orgie complète.

Le *prince*, par caractère, par profession, était bien capable de satisfaire ces monstres, et de se plier, moyennant finance, à leurs caprices, au débraillé de leurs mœurs abominables.

Soubise était un original sans copie, sans préjugés et sans scrupule. Ancien soldat du premier empire, chambardeur, sans vergogne, il apportait dans la vie privée le sans-gêne et la conduite irrégulière du soudard.

Il tenait un petit bal, non loin de l'endroit où s'est élevée plus tard, en face du Luxembourg, la *Closerie des Lilas*.

A une heure du matin, quand ce n'était pas jour de bal, Soubise envoyait travailler ses filles, en leur qualité de blanchisseuses, chez une débitante de vin, nommée la mère Gérard.

Cette femme avait aussi deux filles de mœurs également indépendantes. Elle tenait, rue du Chantre, avec ses enfants et celles du père Soubise, un établissement singulier qui, par ses nymphes en jupon, a distancé d'un demi-siècle l'avènement des *brasseuses* modernes.

Lacenaire avait été pris en affection par le père Soubise, dont le sens moral faisait complètement défaut.

Ces deux hommes étaient nés pour s'entendre.

C'était à son ami Lacenaire qu'il confiait le soin de conduire ses filles chez la Gérard, quand il avait envie de dormir à la suite d'une journée bien remplie.

Et elles étaient toujours bien remplies, les journées du père Soubise, homme de tous les métiers.

Tour à tour, tailleur, limonadier marron, prêteur sur gages, croupier clandestin, joueur de violon, au besoin composant à lui seul, avec son instrument, l'orchestre de son bal, Soubise était à tout, faisait argent de tout, même de ses filles.

Ses enfants étaient de fortes déhanchées, aux cheveux roux, aux formes plantureuses et aux allures provocantes.

Lorsque les cinq filles du père Soubise ne faisaient pas l'ornement de son bal, elles servaient, la nuit, l'établissement de la rue *du Chantre*.

C'était un établissement d'un genre aussi neuf, que les mœurs en étaient faciles.

En vue de se réjouir avec les nymphes du Luxembourg qui, après minuit, grossissaient le bataillon féminin du tripot de la Gérard, Lacenaire avait proposé à Avril de se rendre chez le *prince*.

Soubise, lorsque Lacenaire était en fonds, n'avait rien à lui refuser, même le sort de ses enfants qu'il ne menait pas précisément sur le chemin de la vertu.

Le vieux Soubise joignait à ses nombreux talents, celui de bâtonniste.

Le bâton était son arme favorite, il le mettait au service de son établissement et de l'établissement de la Gérard, son associée.

Lacenaire, dans un but professionnel, était devenu son élève chéri.

Aussi, lorsque son néophyte avait la poche pleine, le vieux Soubise lui confiait-il, avec élan, ses cinq filles pour les conduire à sa place, du Luxembourg à la rue du Chantre.

Elles ne pouvaient avoir un conducteur plus redoutable. S'il ne servait pas positivement de second père aux filles du vieux Soubise, le vétéran ne s'en inquiétait guère.

Ce qui le préoccupait, c'était de trouver dans Lacenaire un gardien fidèle de la recette de sa maison du Luxembourg et de l'estaminet-garni de la rue du Chantre.

Ce soir-là, Lacenaire, en menant Avril à la maison du père Soubise, n'avait pas que l'idée de se réjouir. Il avait un but bien plus sérieux en amenant Avril avec lui, et en faisant la conduite des cinq blanchisseuses de la rue du Chantre.

Furieux d'avoir manqué la grosse Javotte, il voulait se rattraper sur une des filles de la Gérard, s'approprier, après boire, la recette de la patronne.

Avril et Lacenaire arrivèrent à la maison du père Soubise, en frappant d'une façon particulière.

Il était une heure du matin.

Le *prince* mit le nez à la fenêtre de son taudis :

— Que me voulez-vous? demanda-t-il d'un air rogne aux individus dissimulés dans la pénombre. Je suis couché. Tout est fermé ! Vous le voyez bien?

— C'est pour cela, papa, riposta Lacenaire en le gouaillant, c'est pour cela que vous commencez à ouvrir l'œil. Vous savez que vous ne le fermez jamais après minuit, petit père, puisqu'à cette heure-là vous faites la conduite à vos filles, quand je ne vous remplace pas, vieux?

— Tiens! c'est Gaillard! il fallait donc le dire tout de suite, garçon? exclama le vétéran d'un air plus aimable, prêt à aller à sa rencontre.

— Oui, c'est moi, et qui, avec mon compagnon, a une soif de la Méduse!

— Tu as donc de l'argent ?

— Oui, répondit Lacenaire.

— Payable d'avance, lui réitéra Soubise en clignant de l'œil.

— Oui, termina Lacenaire, oui et toujours.

— Alors, entrez ! ajouta-t-il en sortant de sa lucarne. Mes filles attendent.. et je suis à vous, les amours !

Le père Soubise, une fois descendu, vint peu de temps après entrebâiller sa porte, tendant la main aux visiteurs pour recevoir le prix de son hospitalité de nuit.

En ce moment, les cinq filles attendaient leur père. Plantées droites dans la salle du rez-de-chaussée, elles étaient prêtes à sortir pour prendre le chemin de l'établissement de la rue du Chantre et aller vaquer à leurs travaux nocturnes.

Une fois que les cavaliers se furent fait reconnaître pour remplacer auprès d'elles l'auteur de leurs jours, ses filles ne se firent pas prier pour les suivre.

Auparavant, Lacenaire et Avril se mirent à inspecter, les unes après les autres, les bouteilles de liqueurs étagées chez le *prince*.

Après avoir pris un fort acompte sur les libations qu'ils devaient continuer chez la Gérard, Lacenaire, Avril et les filles quittèrent Soubise ne demandant pas mieux que d'aller se coucher.

La bande se mit en route pour l'estaminet garni de la rue du Chantre.

« Cet établissement garni, écrit M. Cochinat, était toléré par la police. Elle le regardait comme un point de repère pour ceux qu'elle suivait de l'œil.

« Comme toute honnête maison, ce café avait l'air de fermer à minuit. C'était précisément à cette heure-là que les vrais clients, les joueurs, les voleurs et les filles s'y rendaient à la sortie des bals et des spectacles.

« Moyennant un signe convenu, les portes du bouge mystérieux s'ouvraient pour les initiés. Les fenêtres matelassées, à l'intérieur, interceptaient pour le dehors la lumière et le bruit du dedans.

« On pénétrait dans un entresol assez vaste où se trouvaient des billards, des tables de jeu, et d'autres sur lesquelles des couverts étaient mis.

« Des chambres garnies, situées aux étages supérieurs, louées à des prix fous, recevaient les habitués qui ne désiraient pas regagner leur domicile, avant le jour.

« La mère Gérard, possédant le génie du lucre, avait remarqué combien ses clients nomades tenaient peu à accuser le lendemain les traces de leur désordre dans son bouge très mouvementé

« En conséquence, elle avait attaché à son service les filles de son associé, le père Soubise. Elle en avait fait, au profit de sa clientèle, des lessiveuses et repasseuses; sauf, dans les intermèdes, à remplir un rôle bien moins grossier et plus alléchant.

« Grâce au triple métier de ces sirènes ouvrières, augmentées des deux filles de la Gérard, de belles brunes fort attrayantes, les clients pouvaient s'en retourner le lendemain avec du linge, des effets d'une entière fraîcheur, absolument comme s'ils sortaient de chez eux !

« Plus les clients avaient d'argent, moins ils pouvaient compter sur la promptitude des blanchisseuses; elles avaient pour mission de les distraire le plus agréablement possible.

« En compensation, les décavés étaient servis avec la plus grande diligence.

Les sept filles en jupon étaient le plus courtement vêtues possible, parce que leur profession improvisée leur interdisait d'être pudiques, elles soupaient d'ordinaire avec les clients.

Lorsqu'il la crut plongée dans un sommeil de plomb, Lacenaire se leva sans bruit.
(Page 692.)

Ces derniers, en attendant de reprendre leurs vêtements, étaient recouverts de longs peignoirs fournis par l'établissement.

« Les hommes, qui, au billard, se livraient aux charmes du carambolage, étaient obligés de se mettre en plus petite tenue encore.

Quelqu'un qui n'aurait pas été au fait des us et coutumes de l'endroit aurait pris la maison pour un établissement de bains nocturnes.

« Lacenaire était surtout recherché par le beau sexe de ce café modèle. Protecteur des cinq filles Soubise, il n'en était que plus envié par les filles de la patronne.

« Galant, aimable, d'une politesse exquise, il était l'enfant gâté de la maison, le Benjamin de toutes ces dames. »

Lacenaire les charmait et les intriguait à la fois. Il avait l'air, au milieu de ces démons en délire, de ces bacchantes en ivresse, d'un jeune séminariste. D'une gaieté folle comme un enfant ou d'une tristesse plus sombre que le plus sombre des mélodrames, il n'en était que plus intéressant.

Lorsque les cinq filles rousses parurent dans l'établissement, flanquées de Lacenaire et d'Avril, un immense *hourra* les accueillit de toute part.

Les assassins de la veuve Chardon y répondirent par la même allégresse, en semant de l'or, à poignées, sur toutes les tables.

Puis, prenant par la main les nymphes en jupon, ils se mirent à danser une sarabande échevelée.

Lacenaire, qui avait donné le branle-bas, cria en faisant répéter ces mots par la gente féminine :

— Du punch ! du punch partout, à pleins bords, c'est nous qui régalons !

Au même instant, les filles du père Soubise se débarrassèrent de leurs vêtements pour se mettre à l'aise et à l'unisson des charmes dévoilés de leurs compagnes.

Elles ne tardèrent pas à entrer dans le rond commencé par les habitués et les filles de la Gérard ; celles-ci étaient deux brunes, aux yeux ardents, aux seins rebombés et mordorés, aux lèvres sensuelles. Les cheveux épars sur les épaules, elles animaient déjà la bande bachique.

Les délicieuses brunes, guidées par l'appas de l'or, se jetèrent dans les bras des meurtriers pour les disputer aux filles rousses :

— Du punch ! répéta Lacenaire. Plus de lumière ! qu'elle soit remplacée par la flamme du nectar.

Aussitôt dit, aussitôt fait.

Les bacchantes rousses ou noires, aux seins et aux bras nus, se chargèrent d'alimenter à toutes les tables les saladiers remplis d'eau-de-vie.

En un instant, des langues de flammes vertes ou bleues se profilèrent sur les parois de la salle, sur les visages des buveurs en peignoir, rangés en face de chaque bol en combustion.

Chaque invité avait à ses côtés, dans ses bras, une de ces filles d'orgie, alimentant de leur cuiller enflammée le punch des consommateurs, dont Lacenaire et Avril étaient les malhonnêtes amphitryons.

Les deux assassins pressaient aussi contre eux les épaules charnues et rosées des belles brunes. Le bruit de leurs baisers se mêlaient au choc des verres et au pétillement du punch incandescent.

Lacenaire et Avril étaient aux anges avec ces filles du démon. Tous les autres buveurs alléchés par les punchs qui flambaient, par leurs Hébés qui les incendiaient aussi de leurs regards et de leurs lèvres de feu, n'étaient pas moins ravis, fiévreux.

C'était un spectacle infernal, que ces hommes en peignoir, lutinant sur leurs genoux ces filles plus que décolletées, buvant à pleins verres et à pleins baisers !

Tout à coup un cri d'effroi retentit dans les rangs des buveurs et buveuses ; il s'échappa de la poitrine de l'un des meurtriers.

Les teintes verdâtres et livides donnaient un aspect cadavérique aux consommateurs et à leurs bacchantes, et ils avaient rappelé à Lacenaire l'image sinistre des moribonds qu'il avait faits dans la journée.

Le brigand était devenu plus pâle sous les lumières livides de son punch.

Au cri d'effroi poussé par Lacenaire, sa compagne se recula de lui avec appréhension, sans s'expliquer ce revirement subit d'humeur.

Et Lacenaire reprit :

— C'est assez ! c'est assez ! Qu'on rallume les bougies !

Un tremblement nerveux s'était emparé de son corps. Il avait cru revoir dans les traits blêmis de ses invités, les images de ses nombreuses victimes.

Les cris d'ivresse des buveurs lui avaient rappelé les cris, les râles, les blasphèmes de tous ceux qu'il avait tués !

La mère Gérard ne savait que complaire au moindre désir d'un aussi généreux client. Elle fit rallumer les bougies.

Lacenaire eut toutes les peines du monde, une fois la salle éclairée, de se remettre de ses poignantes émotions, d'apaiser ses soudaines terreurs.

Néanmoins il se composa un air riant sur ses traits altérés.

Une fois ce punch gigantesque bu, payé, Lacenaire et Avril s'empressèrent de demander deux chambres. Ils y montèrent avec les belles brunes qui ne tenaient pas à lâcher leur proie ; Avril et Lacenaire possédaient encore deux billets de banque ravis aux Chardon.

Une fois dans l'escalier, conduit par les deux filles, Lacenaire tout à son projet, glissa ces mots à son camarade Avril :

— Veille là-haut, à la caisse. J'ai mon rossignol.

Les ribaudes pénétrèrent dans deux chambres contiguës, dont l'une, celle de la fille aînée, renfermait la caisse de sa mère, enclavée dans une armoire.

Lacenaire, l'habitué de la maison, en connaissait les êtres. Il avait son idée, et son plan se mûrissait en choisissant pour sa Phrynée, la fille aînée de la mère Gérard, la caissière de l'établissement.

Une fois au lit avec cette fille, Lacenaire n'eût pas de peine à l'endormir sous la puissance de ses énervantes caresses, elle qui déjà était à moitié assoupie par l'ivresse.

Lorsqu'il la crut plongée dans un sommeil de plomb, Lacenaire se leva sans bruit, armé d'un rossignol qui ne le quittait pas plus que son tiers-point. Il alla droit à l'armoire cachant la précieuse caisse.

Par malheur, son panneau, en s'ouvrant, cria d'une telle force qu'il réveilla la bacchante endormie.

Malgré son ivresse, elle se rendit compte de l'intention criminelle de son amant. Elle bondit de son lit comme une furie; elle courut à la caisse sans songer que son corps nu la mettait à la merci de l'arme meurtrière du voleur.

En entendant le bruit que fit le bond de la fille Gérard, Lacenaire se retourna. Jetant son rossignol par terre, il s'arma de son tiers-point, alla à la fille, la prit d'une main par la gorge; de l'autre, avec son fer perfide, il essaya de le lui faire entrer dans la poitrine.

Mais la brune Gérard était aussi robuste que la grosse Javotte. Elle possédait une poigne de fer, qui répondait à sa forte carrure.

D'abord elle esquiva l'assassin, elle se débarrassa de son étreinte et ramassa son rossignol.

Armée à son tour, elle s'élança sur son adversaire.

Avant de commencer une lutte sanglante entre Lacenaire armé de son tiers-point, et la fille Gérard de son rossignol, celle-ci se mit à crier :

— Au secours, à l'assassin?

A ce tapage provoqué par les préliminaires de la lutte, par les cris de la femme, les habitués de l'établissement accoururent vers les chambres hautes.

Avril, en raison du double meurtre de la journée, comprit le danger que courait son camarade. Dans un pareil moment, s'il lui avait prêté main-forte pour se tourner contre la patronne de l'établissement, c'en était fait d'eux.

Il fit tout le contraire, de ce qu'aurait pu lui conseiller son complice. Il se jeta sur lui, il fit mine de le terrasser.

Il le tint en respect devant la foule indignée, devant la mère Gérard plus indignée encore d'avoir failli être volée par un client!

Avril se hâta de s'écrier en lâchant Lacenaire :

— Ne faites pas attention! mère Gérard, Lacenaire est gris, il ne savait ce qu'il faisait !

La patronne ne parut qu'à moitié convaincue par les paroles rassurantes, toutes de conciliation du prudent Avril. Comme Lacenaire était un habitué qui avait encore de l'argent en poche, elle feignit de croire aux explications de son copain.

Seulement elle fit donner une autre chambre au bandit. La fille Gérard restée dans la sienne, et qui avait assez de son galant, s'y barricada de telle sorte qu'il ne pût y revenir.

Dès l'aube, les meurtriers s'empressèrent de déguerpir du tripot de la rue du Chantre où Lacenaire n'avait pas été plus heureux avec la fille Gérard, qu'il ne l'avait été, faubourg Saint-Martin, avec la grosse Javotte.

Décidément la chance lui tournait le dos.

Lacenaire, plus sage qu'Avril, se promit de ne plus retourner dans un tripot où il avait laissé d'aussi mauvais souvenirs.

Avril moins perspicace, emporté par ses instincts brutaux, amoureux fou de la fille Gérard, retourna, deux jours après, à la rue du Chantre.

Son établissement était, comme on sait, une souricière.

Depuis l'équipée de Lacenaire, les sept filles de la patronne étaient protégées par la police. Avril, cette fois, n'eût plus à lutter contre le personnel de l'hôtel, mais contre les agents de la force publique qui le guettaient.

Les deux brigands qui, quelques jours auparavant, avaient tué avec tant d'ensemble la mère et le fils Chardon, durent donc, par force majeure, rompre leur association.

Ce fut Bâton qui, malgré son manque d'énergie, reprit un instant la place d'Avril, auprès de son infatigable chef de file.

CHAPITRE V

LE GARÇON DE RECETTE DE LA RUE MONTORGUEIL

Lorsque Lacenaire habitait la rue Pierre-Lescot, sous le nom de Gaillard, en se faisant l'ami d'un acteur et d'un homme du monde, il parvenait à l'extrême limite de sa vie criminelle.

A trente-quatre ans, il ne tuait pas que pour vivre. L'assassin des femmes et des garçons de recette, tuait pour succomber à son tour dans un duel acharné contre la société.

L'assassinat n'était qu'un accident de son existence pour en précipiter le dénouement.

En semant sa route d'escroqueries de vols et de faux, Lacenaire n'avait pu arriver à la fortune.

Et il était las! il l'a écrit lui-même,

Toujours il se montrait de sang-froid dans ses instincts sanguinaires, comme dans ses goûts de jouisseur à outrance. Dans l'orgie du vin comme dans l'orgie du sang, Lacenaire ne se grisait jamais, il n'avait qu'une passion : l'orgueil ou plutôt la vanité.

Mais cette passion-là l'absorbait tout entier.

Poète et littérateur à ses heures, il n'écrivait que pour faire parler de lui ; il écrivait comme il assassinait pour laisser un nom que ni le talent, ni le travail ne pouvait lui faire acquérir.

Avant tout, il tenait à laisser sa triste renommée à la postérité.

Pour réaliser son rêve, il tuait aussi bien par la plume que par le tiers-point, par ses théories malthusiennes que par le besoin de vivre.

Cependant ses œuvres journalières, c'étaient le faux et le vol. Ils lui permettaient de satisfaire ses goûts d'homme du monde et de viveur.

Poser était sa préoccupation constante.

Lorsque ce vaniteux faisait en public, des œuvres de générosité ou de charité, il posait, comme il posait devant les scélérats les plus abjects, en les étonnant par le sang-froid avec lequel il rivalisait de cynisme et d'ignominie !

Sa force était dans son manque absolu de sens moral.

Sa loyauté relative dans ses relations, soit avec ses complices, soit avec les gens les plus honorables et les plus honorés, était encore une façon de se faire distinguer du vulgaire.

Ce qu'il redoutait le plus, c'était le mépris ; ce qu'il voulait s'attirer, en vue de sa popularité, c'était la haine de la société.

Ne pouvant être un des élus de ce monde, il s'efforçait à en être le plus dangereux paria.

Désespérant de vivre de ses faux, il voulait mourir bruyamment. Ne pouvant se faire admirer, il tenait à se faire craindre.

Il ne voulait pas finir comme l'obscur commis-voyageur ou l'humble écrivain public dont il prenait tour à tour la profession.

Lacenaire condamné le 18 juillet 1833, à treize mois de prison, par jugement de la sixième chambre correctionnelle, ne se faisait d'abord connaître que sous le nom de Gaillard, dit Vialet, écrivain public, demeurant à Paris, rue de la Calandre, n° 37.

Sous le nom de Gaillard, il est écrivain public, sous le nom de Vialet, il est commis-voyageur.

Mais le commis-voyageur, en commettant de nombreux faux sous les noms divers de Jacob Levy, Mahossier, Bâton, se dérobe encore.

Durant le cours de sa malhonnête carrière, il prend plus de vingt noms différents, d'autant plus difficiles à débrouiller qu'ils sont empruntés à ses complices. Quelquefois il s'annonce sous deux noms à la fois. Ils se prétend étranger, afin que la constatation de son véritable état social soit plus difficile.

C'était un escroc doublé d'un assassin.

Sans l'envie et la haine qu'il suscita chez ses deux plus terribles compagnons de Poissy, *Avril* et *François*, des ouvriers, ou prétendus ouvriers, qui n'aimaient pas *Monsieur* Lacenaire, et qu'ils subissaient, sans ses complices, Avril et François, ce meurtrier eut continué longtemps encore la série de ses épouvantables exploits.

Avril, couvreur, menuisier, l'aida dans son double meurtre contre les Chardon ; François, le parqueteur, dans sa tentative de meurtre sur le garçon de recette de la rue Montorgueil.

Ce fut plus tard la haine de ses complices qui précipita la conclusion fatale donnée inévitablement à sa vie accidentée.

Sorti de Poissy, après y avoir fait ses treize mois de prison, il avait attendu patiemment le retour d'Avril dont il avait fait connaissance dans cette maison centrale.

On a vu par le meurtre de Chardon, qu'il avait bien choisi son homme dans la personne d'Avril.

C'était un gaillard autrement sûr que l'hypocrite Bâton, qui fuyait toujours au moment de se mettre à l'affût d'une victime désignée par son chef de file.

Le 25 décembre, c'est-à-dire, dix jours après le meurtre de Chardon, Lacenaire et Avril avaient pris toutes leurs mesures pour l'accomplissement de leur nouveau meurtre sur un garçon de recette.

Par bonheur ou par malheur pour Avril, celui-ci se faisait ramasser par la police dans la souricière de la rue du Chantre.

Il est faux, comme le prétend un rapport du temps, qu'Avril se fit arrêter en défendant une fille contre les agents de la force publique.

Ce fut bel et bien la fille de la Gérard qui livra Avril aux agents apostés dans la boutique, prêts à venger sa sœur du coup de tiers-point dont l'avait menacé, quelques jours auparavant, son camarade d'orgie.

Bâton, un cafard fieffé, jaloux de la place qu'Avril, par son énergie, avait conquise auprès de Lacenaire, fut le premier à venir l'avertir de l'arrestation de son complice.

— Mon pauvre ami, lui dit-il d'un air paterne, en allant le trouver rue Pierre-Lescot, Avril s'est fait *gober* chez la Gérard. Ne s is pas aussi *Mariole* que lui, en risquant de te *brûler* chez la mère *aux mouches*. Je t'en préviens tu n'as qu'à *décarrer* pour ne pas être arcquepincé par le *quart-d'œil*.

Lacenaire fronça les sourcils, se pinça les lèvres. Il prit un air farouche à l'annonce de l'envieux Bâton.

Il comprit la joie haineuse qui animait l'hypocrite.

Bâton ne pardonnait pas à Avril de l'avoir supplanté dans l'affaire Chardon.

Bâton était heureux de son arrestation. Elle le délivrait d'un rival dont il enviait les bénéfices qu'aurait pu lui procurer son maître en scélératesses.

De son côté, Lacenaire réfléchissait qu'il fallait ménager l'esprit jaloux de Bâton au courant de toutes ses menées.

Il le savait très capable de se venger pour l'avoir mis de côté dans l'affaire Chardon.

Maintenant le bandit était presque à sec, il avait dévoré avec Avril, la plus grande partie de l'argent trouvé *au passage du Cheval-Rouge.*

Pour sortir de la misère, Avril et lui s'étaient entendu en vue d'une nouvelle tentative d'assassinat contre un garçon de recette.

On touchait à la fin d'une des plus fortes échéances de l'année. Avril, avant de se faire prendre par la fille Gérard, avait promis par serment, de le seconder, rue Montorgueil, comme il l'avait fait rue Saint-Martin.

Lorsque Bâton vint lui apprendre le contretemps provoqué par l'arrestation d'Avril, tout avait été décidé pour la réussite de cette affaire.

Lacenaire avait donc à ménager Bâton, furieux d'avoir été mis à l'écart dans la dernière entreprise.

Privé d'Avril, il fallait qu'il se rattrapât tant bien que mal sur le paysan vertueux.

Il lui dit de se tenir prêt pour l'affaire qu'il méditait rue Montorgueil :

— Loin de décarrer, lui répondit-il. Je suis disposé à attendre, rue Montorgueil, un garçon de recette qui, à l'aide de mon tiers-point, nous crachera de son portefeuille une somme de douze mille francs. Te sens-tu l'énergie nécessaire pour remplacer Avril que, par ta faute, dans l'affaire Chardon, je t'ai donné comme *remplaçant.*

Bâton en vue du profit, heureux de rentrer en faveur auprès de son chef de file, lui jura ses grands dieux qu'il exécuterait fidèlement ses plans, et il le pria de les lui faire connaître.

Lacenaire fut obligé, pour éviter les effets de sa jalousie, de l'initier au projet qu'il ne pouvait plus exécuter avec Avril.

Voici ce qu'avait tenté Lacenaire ; quelques jours après le double meurtre des Chardon, il était allé porter un faux mandat chez MM. Mallet et C°.

Il s'était fait recommander pour l'acceptation de ce mandat d'un nommé Moin, ancien associé de cette maison.

Comme le mandat était à très courte échéance, la maison Mallet avait consenti à faire suivre l'encaissement de la traite présentée par Lacenaire, sous le faux nom de *Mahossier.*

Le soi-disant Mahossier n'était autre que Lacenaire.

Depuis six jours lui et Avril avaient loué rue Montorgueil, à l'adresse

Lacenaire, Bâton et François arrivèrent à Issy sur la brune. (Page 703.)

où devait être présentée la fausse traite, un petit appartement de deux pièces dont ils avaient payé un terme d'avance.

C'était à cet appartement, situé au quatrième, que les bandits s'étaient promis d'attendre le garçon de recette, pour le tuer, le dévaliser au moment de présenter le mandat.

Lorsque Bâton annonça l'arrestation d'Avril, il y avait trois jours que l'*appartement* de la rue Montorgueil était disposé pour le crime.

L'unique ameublement de la seconde pièce consistait en un de ces énormes paniers nommés *manne*.

Sur cette manne, Lacenaire avait placé une planche simulant une table. Sur cette table improvisée, il y avait du papier, de l'encre, des plumes et un sac bourré de paille, figurant un sac d'argent.

Cette manne, cette paille étaient disposées à dessein, pour y fourrer le cadavre, l'emporter la nuit, avant de le faire disparaître, sans laisser de trace, et après lui avoir dépecé tous les membres.

Lacenaire avait trouvé le moyen, par ce dépècement, de détruire le corps par partie et d'anéantir ainsi toutes les preuves de son crime. Son système qu'il ne put mettre à exécution a été pratiqué depuis par Avinain et ses dignes émules.

Bâton fut ravi des dispositions prises par Lacenaire pour le guet-apens de la rue Montorgueil. L'idée de fourrer le garçon de recette sous la manne, une fois tué, lui parut un *joli* coup de théâtre.

Au moment de l'exécution, Bâton comme toujours, réfléchit. Plus le jour approchait, plus il faiblissait.

La veille du meurtre, un récidiviste du nom de François, vint tout à coup le tirer d'embarras.

Ce François exerçait pour la forme la profession de parqueteur. Ancien soldat en Afrique et aux Colonies, il était de taille élevée, porteur d'une figure assez sympathique, quoique l'air faux; sa tête était encadrée d'énormes favoris rouges.

C'était une nature abrupte, énergique, tout le contraire du doux Bâton.

François, encore sous le coup d'un mandat d'arrêt, traqué de toute part, était venu trouver Bâton, pour lui emprunter quelques sous, en leur qualité *de chevaux de retour*.

— Je suis désolé, lui avait répondu le paysan vertueux de l'Ambigu, et en roulant des yeux blancs; mais je n'ai pas *un rond* dans ma *ballade*.

— C'est désolant? soupira François, ma dèche est telle que je tuerais un homme pour *vingt francs*.

— Vraiment, exclama Bâton, en dressant les oreilles et en écarquillant les yeux d'un air ravi. Alors, j'ai ta balle (affaire), pour t'obliger, je veux bien te céder ma place et te procurer une besogne qui te donnera mieux que vingt francs. Je ne te demande, pour la peine que je prendrai en t'abouchant avec mon associé, que ma *remise*.

— Entendu! exclama François avec joie, et tu me rendras là un fameux service.

— Alors, reprit Bâton, très heureux de se dégager d'une responsabilité qui le délivrait de la *veuve*, c'est-à-dire l'échafaud. Alors allons de ce pas rue Saint-Maur, je vais te présenter à la personne en question.

Depuis le 23 décembre, c'est-à-dire depuis l'arrestation d'Avril, Lacenaire quittait souvent son domicile de la rue Pierre-Lescot, pour habiter sous le nom d'Imbert, le garni vacant d'Avril, situé rue Saint-Maur.

Rue Saint-Maur, Bâton fit agréer son remplaçant par Lacenaire qui, de son côté, n'était pas fâché de changer de bras.

Il était payé pour connaître la mollesse et la couardise du paysan vertueux.

Et le 31 décembre, Bâton, François et Lacenaire cimentèrent leur touchante union, en face de plusieurs litres payés par Lacenaire chez un marchand de vin de la rue de Lancry.

En sortant du cabaret, Bâton s'esquiva, prétextant la nécessité du service de son théâtre de l'Ambigu ; François et Lacenaire se rendirent rue Montorgueil, 66.

Avant d'entrer dans le domicile de la rue Montorgueil, Lacenaire écrivit sur la porte, le nom de Mahossier, qu'il traça avec de la craie. François passa en avant jusqu'à la seconde chambre où se tenait la manne et aboutissant à un cabinet noir.

Comme la maison était sans portier, le faux Mahossier, Lacenaire, descendit à deux heures pour avertir le principal locataire qu'un garçon de caisse viendrait le demander pour le paiement d'un billet ; en même temps, il le pria de faire monter de la paille pour rembourrer une paillasse. Lacenaire prenait déjà ses précautions pour envelopper et empaqueter les membres de sa victime.

Il comptait sur la peau de l'ours avant de le tuer.

A trois heures, le nommé Genevay, garçon de caisse de dix-huit ans, montait les quatre étages de la maison de la rue Montorgueil.

Lacenaire était bien renseigné, le jeune garçon portait une sacoche renfermant douze cents francs et un portefeuille contenant douze mille francs en billets de banque.

Le bandit, pour n'éveiller aucun soupçon fumait tranquillement sa pipe sur le palier, attendant le garçon de recette ; il lisait ou faisait semblant de lire un livre qu'il avait apporté sous son bras ; le *Contrat social* de J.-J. Rousseau.

A l'arrivée de Genevay, Lacenaire rentra dans la première chambre ; il attendit, pendant que François veillait dans la seconde pièce.

Le garçon de recette frappa.

Lacenaire vint lui ouvrir, en se hâtant de fermer la porte derrière Genevay. Les deux bandits s'étaient rejoints dans l'antichambre non meublé.

Lacenaire bondit sur lui, le prit par les deux épaules et le poussa vers la seconde pièce.

Pendant ce temps-là, François qui avait aussi trouvé le moyen d'être derrière lui, le poussa encore en lui montrant le prétendu sac d'argent, bourré de paille, placé sur la manne.

Au même instant le jeune garçon se sent frappé par derrière, il croit avoir reçu un vigoureux coup de poing.

C'est Lacenaire qui lui a labouré les deux épaules de son tiers-point, et avec une telle violence que l'arme a pénétré jusque dans la poitrine.

Genevay tressaille. Malgré sa souffrance, il n'a pas perdu son énergie.

Il a roulé sa sacoche autour de son bras, retenu fortement son portefeuille en s'avançant toujours vers la table.

François se jette à son tour sur lui ; prêt à le saisir par le cou, il fait un faux mouvement et ne peut parvenir à étouffer sa voix, en lui mettant maladroitement ses doigts dans la bouche.

Le garçon de caisse se débarrasse de François d'un coup de coude en criant : *Au voleur*.

Les deux assassins s'effrayent de l'attitude déterminée de Genevay, ils se sauvent en criant eux-mêmes : *Au voleur ! au voleur ! on tue là-haut !*

Tous les locataires, aux cris des assassins qui leur donnaient le change, ouvrirent brusquement leurs portes. Ils auraient pu arrêter les meurtriers ; mais ils étaient déroutés par ces cris divers et ils n'y comprenaient plus rien !

François s'enfuit le premier, il se sauve avant son complice, au bas de l'escalier.

Le garçon de caisse malgré sa blessure, les suit, toujours porteur de sa sacoche et de son portefeuille, il tombe vaincu par la douleur dans les bras des locataires accourus à ses cris.

Pendant que les locataires s'empressent autour du malheureux, tout sanglant, François est en bas de l'escalier.

Ne songeant qu'à se sauver et à gagner du temps, en faisant prendre son complice, François ferme la porte sur lui.

La porte n'était retenue que par une ficelle, Lacenaire n'eût qu'à la tirer pour se livrer passage.

— Oh ? le lâche ! exclama Lacenaire en devinant l'intention perfide de François.

Ce qui ne l'empêcha pas pour entrer dans le jeu de son complice, de crier de toutes ses forces : *Au voleur ! à l'assassin !*

Lacenaire avait si bien réussi à dépister les voisins, qu'un bourgeois ahuri, en le voyant courir à son tour, lui cria :

— *Ce n'est pas de ce côté qu'a pris le brigand.*

Et cet individu lui désigna la route de son perfide associé.

Genevay, le garçon de caisse, était toujours entre les mains des voisins, blessé à l'épaule, avec une lame triangulaire, aiguisée à la pointe. Le fer était entré profondément, mais sa blessure quoique profonde n'était pas dangereuse.

En tous les cas, pour les deux assassins du garçon de recette, le coup était manqué.

Une heure après, par des routes différentes François et Lacenaire se retrouvèrent dans un cabinet de lecture, près du boulevard du Temple.

Ils s'abordèrent sans se dire une parole.

Lacenaire était furieux contre François, par le tour qu'il lui avait joué, en lui fermant la porte sur le nez.

Une discussion allait s'engager entre eux, lorsque Lacenaire sortait du cabinet de lecture. Heureusement qu'un ami commun les rencontra, pour ne pas donner l'éveille à la police. Cet ami, nommé Soumagnac, les entraîna chez lui, ils dînèrent ensemble.

La police doublement sur les dents depuis le double meurtre des Chardon et la tentative d'assassinat sur le garçon de recette de la rue Montorgueil, ne cessait de rechercher les coupables.

Un certain Pageot recueillit François et Lacenaire ; ils couchèrent dans la même chambre et dans le même lit, le premier sous le nom de Fizelier, le second sous le nom de Bâton.

Le lendemain de l'affaire manquée de la rue Montorgueil, était le 1er janvier 1835.

Lacenaire alla trouver Bâton, avec François, il fit à ce dernier de sanglants reproches sur sa couardise.

— C'est ta faute ! dit-il ensuite à Bâton, si j'ai manqué Genevay. Tu es un poltron, et tu m'as donné pour te remplacer, un *maladroit!*

François allait s'emporter. On était sur le boulevard, le prudent Bâton, entraîna les deux *amis* chez un marchand de vin de la place Royale.

Là, entre deux bouteilles, Bâton, le bon apôtre, fit entendre à son ami Lacenaire qu'il avait tort de le prendre sur ce ton, que dans les termes où il se trouvait, il n'avait qu'à le ménager.

— Te ménager, lâche ! lui riposta-t-il, c'est toi qui m'as toujours *laissé en plan*, c'est toi qui dois trembler au contraire devant moi ! tu n'es qu'un *grinche!* je sais bien que tu peux m'envoyer à l'échafaud dont tu ne seras jamais *digne*, mais moi, quand je le voudrai, je t'enverrai aux galères !

François, pour les apaiser et pour rentrer dans les bonnes grâces de Lacenaire, lui proposa séance tenante, avec Bâton, d'aller voler à Issy, chez sa propre tante : Touchante trinité !

CHAPITRE VI

LES COUPS MANQUÉS

Le double meurtre de la veuve Chardon et de son fils, ne fut découvert que deux jours après son exécution.

Commis le 14 décembre, ce fut le 16 que la rumeur publique força un commissaire de police à pénétrer dans le logement où il trouvait les cadavres mutilés et sanglants.

Les voisins, particulièrement l'écrivain du passage, avaient intérêt à ne pas éveiller l'attention de la police.

Les rapports infâmes de Chardon avec quelques-uns d'entre eux, expliquent ce silence.

Les journaux de l'époque qui rapportèrent cet assassinat, resté mystérieux jusqu'à l'arrestation de Lacenaire, dirent que le cadavre de Chardon portait des traces évidentes d'ignobles souillures.

Ce trait caractéristique qui dépeint les mœurs de la victime et qui nécessitait le huis-clos du procès n'a pas été relevé.

Probablement la magistrature n'a pas voulu répandre un nouveau mystère sur ce drame sanglant dont on ignorait aussi bien les circonstances que les auteurs.

On trouva près du cadavre du fils Chardon, au crâne mutilé, un merlin ensanglanté; près du corps de la mère ensevelie sous un tas de couvertures, un tiers-point emmanché dans un bouchon maculé de sang et deux couteaux dont l'un avait la pointe ébréchée.

Pendant que les recherches de la police s'égaraient en procédant à d'inutiles arrestations, Avril, comme on l'a vu, méditait avec Lacenaire le meurtre du garçon de recette de la rue Montorgueil.

Lorsque, plus tard, Avril était arrêté, il ne l'était que sous l'inculpation de vol, sur les dénonciations de la fille Gérard, le prenant pour un escarpe des plus dangereux.

Quinze jours après, quand la police recherchait vainement les auteurs de l'assassinat du passage du Cheval-Rouge et de la tentative de meurtre de la rue Montorgueil, Lacenaire avec François méditait un nouveau meurtre à Issy, chez la tante de ce dernier.

Pour déjouer la police les bandits logeaient chez Simon Pageot, un être de leur calibre, et ils ne se mettaient pas en grands frais de transformation.

Lacenaire qui, la veille de la tentative du meurtre de la rue Montorgueil, portait une redingote à la propriétaire, l'avait échangée contre la veste de chasse de François.

Et François avait noué à son cou la cravate rouge que la veille Lacenaire, le faux *Mahossier*, portait au sien.

Le complice du tueur de femmes et de garçons de recette avait même négligé, à la suite de leur départ de la rue Montorgueil, de faire raser ses gros favoris rouges, dont il se montrait, du reste, très fier.

C'était sous cet aspect que Lacenaire et François se montrèrent au café de la place Royale, avec Bâton dont les explications ne parurent pas du goût de ses compagnons.

Après les remontrances énergiques de Lacenaire, une entente cordiale se fit entre les trois hommes, surtout lorsque François proposa, séance tenante, d'aller à Issy, voler sa tante.

Les trois amis bien armés partirent donc pour Issy.

François avait une dent contre sa parente qui, de temps à autre, lui avait donné quelques secours.

Maintenant il n'espérait plus rien d'elle, puisqu'elle prenait un nouvel époux.

C'était précisément ce jour-là que sa parente se mariait. Il savait, par les renseignements de sa cousine, que la noce se faisait aux *Vendanges de Bourgogne*.

Par conséquent sûr de l'absence de la tante, les trois amis pouvaient espérer dévaliser de la cave au grenier le domicile de la nouvelle mariée.

Bâton ne reculait pas devant un vol comme il reculait devant un assassinat, il accepta avec empressement, ainsi que Lacenaire, la nouvelle proposition de François.

Lacenaire, Bâton et François arrivèrent à Issy à la brune.

Il se trouvèrent dans un endroit isolé, moitié plaine et moitié rue, en face d'une maison à deux étages dont la porte était exhaussée sur un escalier de pierre de trois marches.

François qui connaissait les êtres, monta le premier, à l'aide d'une clef passe-partout, il ouvrit la porte, faisant signe à ses deux compagnons blottis contre les marches, de le suivre dans l'intérieur.

A peine se trouvèrent-ils dans la principale pièce, servant de cuisine et de salle à manger, qu'ils se rencontrèrent avec une jeune fille, gardienne de la maison solitaire.

Les trois hommes avaient déjà refermé la porte. François, pas plus que ses compagnons, n'avait compté sur la présence de la cousine.

C'était une enfant de seize ans, la fille de la tante à François.

Elle n'était pas de la noce, parcequque, d'après la cousine qui, chez sa mère avait un peu le rôle de Cendrillon, elle voyait aussi d'un mauvais œil un beau-père entrer dans la maison.

En face de François dont la fillette redoutait le contact, à cette heure avancée de la journée, à la vue de Lacenaire et de Bâton, dont les mines n'étaient rien moins que rassurantes, la jeune fille prit peur.

Elle ne douta pas des mauvaises intentions de son indigne parent et de ses rebarbatifs compagnons.

Lacenaire ne fit rien par son attitude pour la détromper.

Il lui cria, armé de son terrible tiers-point et la menaçant :

— Ma foi tant pis ! s'il y a quelqu'un, cette jeune fille ne nous gênera pas longtemps !

Mais François avait un faible pour sa cousine, il arrêta le bras de Lacenaire, il s'élança entre lui et sa parente, et s'écria :

— Un instant. Je permets bien qu'on *grinche* la tante, mais je ne permets pas qu'on *butte* la cousine.

— Encore ! exclama Lacenaire en grinçant des dents et frappant du pied avec colère. Encore des hésitations ! Mais vous n'êtes pas des hommes, vous n'êtes que des *Machabés !*

Bâton qui n'aimait pas le sang, se mit du côté de François pour épargner la jeune fille.

Elle profita de l'hésitation des malfaiteurs pour se sauver par une porte de derrière, donnant sur les jardins, elle s'enfuit en criant : *Au secours ! au secours ! à l'assassin !*

Les trois amis n'eurent que le temps de déguerpir par la porte d'entrée, de reprendre le chemin qu'ils avaient suivi pour ne pas être traqués par les voisins accourant au cris de la jeune affolée.

C'était un coup manqué, ils revinrent d'Issy comme ils en étaient venus.

Bâton quitta ses compagnons à la porte du logeur Pageot, rue du Faubourg-du-Temple, 107, où François s'était fait inscrire sous le nom de Fizelier, et Lacenaire sous le nom de son complice Bâton.

Lacenaire et François, en demeurant chez Pageot, passaient leur temps chez un ami commun, nommé Soumagnac, dit Magny, rue de l'Egout-Saint-Antoine. Ils complotaient ensemble le projet d'un nouveau crime.

Après avoir mieux connu François, Lacenaire avait reconnu que c'était un homme d'énergie pouvant tout à fait lui remplacer Avril.

Quoique susceptible comme lui d'hésitation, au moment d'agir, il possédait aussi certaines ardeurs qui se réveillaient après boire. Il n'avait pas la

Paris, à cette époque, était dans une véritable panique; la police était sur les dents.
(Page 710.)

lâcheté de Bâton, sans avoir toutefois l'audace froide et réfléchie de son chef de file.

Néanmoins c'était un bras sur lequel il pouvait compter. S'il avait fait avorter le meurtre du garçon de recettes de la rue Montorgueil, le meurtre de la jeune fille d'Issy, c'était, dans l'un et l'autre cas, parce que François n'était pas assez au courant du fameux coup de tiers-point si familier à son complice ; c'était parce que sa passion pour sa cousine l'avait arrêté au moment d'agir.

Maintenant qu'il se croyait à peu près sûr de François, il n'hésitait pas à le prendre comme auxiliaire dans le meurtre qu'il méditait depuis deux jours.

Ce que François n'avait osé faire contre sa tante, Lacenaire tentait de le réaliser sur la sienne.

Le tueur de femmes avait, rue Basse-du-Bec, une vieille parente qui l'avait assisté autrefois. Deux mois avant sa sortie de la prison de Poissy elle avait rompu avec son terrible neveu, et avait cessé de lui témoigner de l'intérêt.

Quand il était sorti de prison, sa tante était partie pour la campagne sans lui laisser son adresse. Elle s'était contentée de faire déposer pour le détenu quelques effets d'habillement, chez son concierge.

En apprenant plus tard que sa tante, avec la mauvaise saison, était retournée à Paris, rue Basse-du-Bec, il était décidé à lui faire sentir, à sa manière, le témoignage de sa reconnaissance.

Il s'en ouvrit à François, après le meurtre et le vol manqués à Issy.

Un matin, chez Pageot, Lacenaire, avant de commettre, le jour même, ce nouvel attentat, sonda son complice. Il tenait à se rendre bien compte de ses dispositions et il voulait savoir s'il ne faiblirait pas au dernier moment.

Les défaillances de François l'avaient rendu perplexe.

— As-tu réfléchi ? lui demanda-t-il. Es-tu décidé à mieux me seconder chez ma tante que tu ne l'as fait chez la tienne ? Tâte-toi. Il en est temps. Si tu flanches, ne te gêne pas de me le dire. Alors je ferai seul la besogne pour ne pas m'exposer à aller avec toi à la butte.

— Je suis tout à fait résolu à agir, lui répondit énergiquement son compagnon. Nous irons voir ta tante aujourd'hui, comme tu le désires. Si tu crains, par respect pour ton sang, de répandre celui de la *vieille*, je m'en charge.

— Non, j'aime mieux que tu agisses, d'après mes instructions.

— Comme tu voudras. Je disais cela par respect pour ta famille !

— Imbécile, reprit le cynique Lacenaire, tu en es encore là !

Il ajouta, après avoir légèrement haussé les épaules :

— *La voix du sang*, les *liens de famille* sont de vieilles *rengaines !* Elles ont été inventées par les malins pour faire revivre des préjugés au profit des privilégiés de ce bas monde. J'aime mieux te parler de mon système. Tu vois ce tiers-point, ajouta-t-il en lui montrant son arme favorite. C'est avec cela que je me procure ce que les imbéciles ne se donnent qu'en trimant au compte de ceux que les dupent ou les exploitent. Le tiers-point, pour un ennemi de la société, est une arme infaillible. Seulement, il faut savoir s'en servir. L'homme ou la femme, en général, a par devant lui, de la poitrine à la tête, des os, des côtes, des sabières qui forment tout un système anatomique de défense. Il y a cent à parier contre un que, même surpris dans son sommeil, il fera de la résistance si on le frappe en face ; tandis que s'il est atteint par derrière, au défaut de l'épaule, le *sujet* est tout de suite abasourdi, avant de chercher à se défendre, il est arrêté et sur le point d'être plus vite expédié.

— Mais frapper par derrière ? répliqua François, un ancien soldat, c'est lâche !

— Pas plus lâche que de tenir à l'affût un homme au bout de son fusil. Le lâche est celui qui a un tiers-point à la main et qui n'ose s'en servir, lui riposta Lacenaire. Aussi, François, comme je me défie de ton donquichottisme, c'est moi qui me réserve de porter le premier coup à la tante. Si elle veut crier, je te charge de lui fermer la bouche, à ton tour tu ne frapperas que si elle résiste plus qu'il ne faut.

Une fois le plan d'attaque conçu entre les deux scélérats, l'exécrable neveu avait hâte de faire payer à sa parente ses précédents bienfaits.

Lacenaire et François se rendirent le jour même, le 4 janvier, rue Basse-du-Bec, chez la dame, munis de leurs tiers-point bien affilés.

Ils attendirent la nuit pour pénétrer dans la maison. Comme depuis longtemps la dame avait consigné son terrible neveu, ils épièrent sa sortie et sa rentrée pour suivre sa piste à distance respectueuse.

Lorsqu'ils la virent rentrer chez elle, les deux complices, en rampant, se mirent à la suivre dans l'escalier. Ils passèrent inaperçus, ou ils le crurent du moins, devant la loge du concierge. Ils montèrent à pas de loup, gravirent avec elle les marches de l'escalier, jusqu'à un deuxième où se trouvait son appartement.

Comme la dame était très sourde, elle ne put entendre les limiers à ses trousses.

Lorsqu'elle mit la clef dans la serrure et ouvrit sa porte, il ne fut plus permis à la dame de la refermer.

Lacenaire et François, en la poussant dans l'intérieur, se chargèrent pour elle de la fermer.

Elle poussa un cri de frayeur, quand elle reconnut, dans l'un de ces misérables, son terrible neveu.

Avant qu'elle pût crier au secours, Lacenaire tira son tiers-point de sa poche. Il tourna autour d'elle comme un chacal, pour le lui plonger dans le dos pendant que François lui plaça les doigts dans le gosier afin de lui arrêter la voix.

Au moment où avait lieu cette horrible manège dans l'intérieur de l'appartement, une autre scène se passait dans l'escalier.

Le concierge, aux aguets, avait vu monter les deux hommes à quatre pattes et filer la vieille dame ; il avait soupçonné qu'il avait affaire à des malfaiteurs en voulant à sa bourse et à sa vie.

Dès que Lacenaire opérait son mouvement de rotation autour de la tante, le bras armé de son tiers-point pour lui porter le premier coup dans le dos, on sonnait violemment.

En même temps de vigoureux coups de poing accompagnaient les tintements de la sonnette; c'était le concierge accourant au secours de la locataire.

Les bruits de la lutte qu'il entendait du dehors ne lui laissaient pas de doute sur ce qui se passait à l'intérieur.

A ce bruit inattendu, si menaçant pour les meurtriers, François s'empressa de dégager la malheureuse femme de ses brutales étreintes, Lacenaire, d'un air stupéfait, laissa retomber, sans frapper, son arme meurtrière.

Les coups de sonnette retentissaient toujours, les coups de poing redoublaient.

La tante, en se voyant dégagée de ses assassins, courut à la porte, en criant : *Au secours, à l'assassin, c'est mon neveu qui veut me tuer.*

Elle n'avait pas achevé ces paroles, en courant à son sauveur, que les misérables étaient partis. Ils avaient gagné la dernière pièce du fond. Lacenaire, qui connaissait les êtres de l'appartement, avait ouvert une petite porte donnant sur l'escalier de service.

Pendant que le concierge pénétrait par la porte principale, les deux assassins se précipitaient au plus vite vers le petit escalier.

Ils étaient au bas de la maison que le concierge commençait à peine à rejoindre la locataire, en butte à des terreurs que lui avaient causées ces meurtriers dont l'un d'eux était son propre neveu.

Avant que le concierge eût eu le temps de lui faire reprendre ses sens, avant que la dame lui eût appris ce qu'il soupçonnait, que Lacenaire était venu avec un de ses complices, pour l'assassiner, ces derniers étaient loin.

Une fois sortis de la maison, les scélérats précipitaient le pas, filant dans les rues les plus obscures pour dépister ceux qui se seraient doutés de leur fuite.

Une demi-heure après, loin du théâtre de leur crime, les deux complices étaient attablés dans un café suspect, tenu par un débitant dont ils étaient sûrs.

— Encore un coup manqué, exclama Lacenaire en tête à tête avec François dans un cabinet particulier. C'est à n'y rien comprendre... Rien ne nous réussit depuis l'affaire de la rue Montorgueil ! On n'a jamais vu pareil guignon !

— Cette fois ce n'est pas ma faute, riposta François d'un air piteux, j'avais bien suivi le plan indiqué.

— C'est une justice à te rendre, lui répondit-il. Mais c'est la faute de ce damné cerbère qui m'aura reconnu... Le mal est fait, il est inutile de récriminer. Du reste, j'ai toute ma vie eu à me plaindre de ma famille ; *elle m'a toujours porté malheur !*

François, le soir même, pour prouver son zèle et sa bonne volonté à son nouvel ami, lui proposa un autre tour de son métier.

Les grandes entreprises ayant échoué, il fallait bien se rabattre sur les petites.

Le soir du meurtre manqué sur la tante, Lacenaire, aidé de François, vola une pendule à l'étalage de l'horloger Richand, rue Richelieu, 108.

Encore une fois, l'associé de Lacenaire ne fut pas heureux après ce nouveau vol.

François qui n'avait pas, comme l'homme au tiers-point, la ressource de plusieurs domiciles, François fut cueilli par la police au garni du sieur Pageot.

Il fut pris deux jours après le vol de la pendule, lorsque Lacenaire était retourné dans son garni de la rue Pierre-Lescot.

Il ne devait plus retrouver François qu'en cour d'assises.

Cependant il allait l'entrevoir avant de le rejoindre en prison.

Le 7 janvier, Lacenaire, après avoir gagné trois cents francs au jeu, quittait dans la journée la rue Pierre-Lescot, pour flâner sur le quai aux Fleurs.

Il y arriva juste au moment où François était traîné au Dépôt par les agents de police, pour y rejoindre son autre complice Avril.

Il jugea nécessaire de quitter le théâtre de ses crimes.

Après avoir épuisé jusqu'à la lie la coupe de l'infamie, après s'être bien repu de larmes et de sang, il trouva bon d'aller se reposer en province.

Mais ce génie du vol et du meurtre ne pouvait rester inactif, même en allant rechercher une paisible retraite ; Lacenaire devait encore la troubler par les hauts faits de ses faux, par des escroqueries, lésant comme partout les bonnes gens, qui voulaient bien l'honorer de leur confiance.

En se rendant en Franche-Comté où il savait retrouver des parents de son père, bons à exploiter, il allait se convaincre une fois de plus que sa famille, comme depuis l'âge le plus tendre, devait toujours lui être fatale !

CHAPITRE VII

UN CHIEN POLICIER

Six semaines s'étaient écoulées depuis ces meurtres ou ces tentatives de meurtres, et la police recherchait encore leurs auteurs !

Ce qui était plus triste, deux des assassins étaient sous les verrous, François et Avril, que la police ne s'en doutait pas.

Paris, à cette époque, était dans une véritable panique ; la police était sur les dents !

Heureusement qu'elle possédait, en dehors de son administration routinière, un policier de génie. On le retrouve dans toutes les arrestations mémorables de cette époque : c'était le fameux *Canlaire* qui, avec *Vidocq* et *Claude*, ferme la série des véritables chasseurs d'hommes.

Sur les indications d'Allard, plus homme de cabinet qu'homme d'action, Canlaire se rendit sur les deux théâtres des crimes où avaient eu lieu le double meurtre des Chardon, au passage du Cheval-Rouge, et la tentative d'assassinat sur le garçon de recettes, Genevay, rue Montorgueil.

Dans ce quartier, un fruitier, principal locataire de la maison où avait logé le prétendu *Mahossier*, donna à Canlaire les premiers renseignements sur ce personnage fictif.

Il apprit qu'il avait payé d'avance son terme. Au signalement donné sur son second complice, il crut reconnaître le nommé François, dont la préfecture possédait un dossier assez fourni.

Canlaire vit qu'il y avait dans son dossier contre François un mandat lancé aussi bien contre lui que contre un nommé Gaillard, libéré de Poissy.

Fort de ces signalements, Canlaire se fit tout expliquer par le principal locataire.

Il apprit que le nommé Mahossier, et son complice qui, d'après le portrait fait par les voisins, ne pouvait être que François, avaient apporté un panier d'osier laissé dans le logement.

Plus de doute, cette manne devait servir à cacher le corps de la victime, en cas où l'assassinat eût réussi.

On lui enseigna qu'en prévision de l'arrivée du garçon de recettes, Mahossier avait eu soin d'écrire son nom sur le panneau de la porte.

Canlaire, désirant posséder l'écriture du problématique Mahossier, s'empressa de faire enlever le panneau où l'assassin, dans sa fuite, avait négligé d'y effacer son nom.

Une fois en possession de ce précieux panneau, Canlaire, sur les indications des inspecteurs de garnis, explora les logis les plus malfamés du quartier du Temple, fréquentés par le nommé Gaillard.

Il apprit que les registres de ces garnis étaient pleins du nom de Mahossier et que ce nom répondait à la figure de l'assassin de la rue Montorgueil.

A côté de ce nom était placé celui de Fizelier; et le nom de Fizelier cachait aussi la physionomie de François.

Mahossier et Fizelier étaient portés à la même date sur le registre d'un des logeurs du quartier du Temple, le lendemain de l'assassinat.

Pageot, pressé par Canlaire, avoua que ce jour-là, Mahossier et Fizelier couchaient ensemble.

Le chasseur d'hommes ne douta plus qu'il était sur la piste des coupables du meurtrier du garçon de recettes, lorsqu'une nouvelle recherche vint mettre des entraves à sa première piste.

Un nouveau renseignement lui apprit que le Mahossier en question se faisait appeler Bâton.

Bâton était bien connu par la police. Non seulement, c'était un récidiviste, mais l'administration policière, continuant les traditions de Vidocq, l'employait vis-à-vis de ses semblables comme *indicateur*.

Allard, sur les indications de Canlaire, fit arrêter au café des *Trois-Billards* le figurant de l'Ambigu-Comique.

Mais Bâton, une fois confronté avec Genevay, la victime de Mahossier, ne fut pas reconnu.

Quant à François, mis sur ses gardes par Bâton, il se composa si bien, dans sa confrontation avec la victime, qu'elle ne le reconnut pas plus qu'elle ne reconnut Bâton.

Aux signes d'intelligence de ce dernier avec François, Canlaire ne douta plus qu'il tenait, en Fizelier, un des meurtriers du garçon de recettes. Il se tut et eut l'air d'être la dupe du vrai Bâton et du faux Fizelier.

En apprenant la capture du figurant de l'Ambigu, les cancans des prisonniers s'en donnèrent à qui mieux mieux. Un *mouton* relata un propos d'un détenu de la Force, au sujet de l'arrestation du vrai Bâton :

— Je connais quelqu'un qui ne sera pas content de la détention de son ami, *on ne peut plus intime*; c'est Gaillard, son copain de Poissy.

Lorsque ce propos fut rapporté à Canlaire, il en fut ravi; il revenait donc sur sa première piste : Gaillard, Bâton et Mahossier formaient la trinité d'un même scélérat?

Mais quel était ce scélérat? C'était un problème pour la police.

Canlaire résolut de le résoudre. Il se rendit au Dépôt où était retenu François, le Fizelier de la rue Montorgueil.

Il lui dit par manière d'acquit, en ayant l'air de consulter dans son portefeuille un nom oublié :

— Parbleu! il faut avouer que je suis bien innocent. Je me demande, vous qui êtes en dehors du meurtre de la rue Montorgueil, pourquoi vous avez pris le nom du camarade de Mahossier? Pourquoi, enfin, vous êtes allé loger chez Pageot, sous le nom de Fizelier?

— Cette bêtise, lui répondit François, mais en prenant le nom d'un *malin*, j'égarais mon véritable nom dans mon *centre* (mon garni). Est-ce que je ne savais pas que vous aviez contre moi, sous mon véritable nom, un mandat tout préparé?

Par cet aveu, Canlaire savait qu'il tenait l'un des meurtriers de Genevay. Maintenant, il s'agissait de trouver l'autre assassin, le faux Mahossier, connu sous le sobriquet de Gaillard.

Pour avoir exactement le signalement de ce Gaillard, aussi invisible qu'introuvable, il fit mine de rencontrer par hasard Bâton, lorsqu'il sortait du Dépôt.

Dans sa conversation avec Bâton, il le serra de si près que celui-ci fut bien forcé de s'expliquer sur ce Gaillard supposé.

Et Canlaire, une fois renseigné sur ce personnage masqué, ne s'occupa plus du faux Bâton, ni du faux Mahossier.

Ces visites aux garnis roulèrent sur le nouveau nom de Gaillard.

Il apprit qu'un Gaillard avait habité rue Marivaux, 17, au Marais. Le signalement répondait à celui du faux Bâton ou du faux Mahossier.

Dans ce garni, Canlaire retrouva un cahier de chansons et une philippique contre le préfet Gisquet. L'écriture se rapprochait des caractères composant, sur le panneau de la porte de la maison de la rue Montorgueil, le nom de Mahossier.

Plus de doute, Canlaire devait s'arrêter au nom de Gaillard, représentant l'assassin introuvable.

L'habile policier se rappela qu'un nommé Avril s'était plaint plusieurs fois au Dépôt de l'ingratitude de Gaillard.

Il avait dit à l'un de ses compagnons :

— Gaillard, je le connais. C'est moi qui devais l'aider dans l'assassinat de la rue Montorgueil.

Ce propos fut rapporté à Canlaire. Il s'empressa d'aller voir Avril et de lui demander :

— Eh quoi, vous aussi, Avril, *un grinche*, vous assassinez?

— Maintenant, parlez, que me voulez-vous? (Page 719.)

— Oh! non, s'empressa de lui répondre Avril, je ne suis pas pour la *saignante!* Je voulais, si je n'avais pas été *bouclé*, flanquer un masque de poix sur la face du garçon de recettes. Pendant ce temps-là je l'aurais *grinchi*. Jamais je ne me servirai du tiers-point, comme Gaillard !

En entendant parler de tiers-point, arme dont on s'était servi pour tuer les Chardon, Canlaire ne douta plus que le Gaillard en question, était le chef de file d'Avril et de François.

Immédiatement, il revint à ce dernier qui n'avait parlé que comme un témoin indiscret.

Il lui dit sévèrement :

— François, vous étiez de l'affaire du passage du Cheval-Rouge, Avril me l'a dit.

— Avril en a menti, monsieur Canlaire ! riposta-t-il avec colère. Je ne suis pour rien dans les affaires de Chardon et de Genevay. S'il dit cela, c'est par jalousie, parce que Gaillard me préférait à lui. Ils sont tous les deux contre moi. Ce sont eux, je vous en donne ma *parole d'honneur*, qui ont assassiné Chardon et sa mère.

Le policier était aux anges. Les deux complices se vendaient, en vendant aussi leur ordonnateur inconnu. *Ils mangeaient le morceau*, comme on dit dans le langage des bagnes.

Immédiatement, Canlaire revint à Avril. Il lui fit part des propos tenus contre lui par François :

— Ah! je devine, exclama l'ancien complice de Lacenaire, François et Gaillard se liguent contre moi pour se découvrir. Eh bien, pour punir Gaillard qui lance François dans mes jambes, laissez-moi libre et je me charge de vous rabattre Gaillard !

Sur les ordres de M. Allard, Canlaire laissa libre en effet Avril d'aller à la Courtille pour opérer ses recherches, dans une liberté apparente.

Mais on le sait, Gaillard-Lacenaire était en province. Les recherches furent vaines. Avril ne trouva rien.

Canlaire crut un moment qu'Avril, selon l'expression des voleurs, *l'avait mené en bateau*.

En réintégrant le complice de Lacenaire dans sa prison, il continua pour son compte personnel ses actives recherches.

Il se rendit dans le garni où il aurait dû commencer ses premières pérégrinations, rue Pierre-Lescot.

Là, il trouva un nouveau témoin de Gaillard. Il devait le mettre sur la piste de Lacenaire. C'était son chien, le caniche Blanc-Blanc.

Depuis un mois, l'animal poussait des hurlements lamentables, en regrettant de plus en plus son maître perdu.

Le concierge apprit que ce chien désolé appartenait à Gaillard, un locataire de la maison parti de Paris sans donner de ses nouvelles.

Canlaire savait qu'en fait de flair les chiens en remontrent aux plus fins limiers, il fit lâcher immédiatement le fidèle caniche, en quête de son maître.

Blanc-Blanc avait accompagné Lacenaire, en maintes circonstances, chez sa vieille tante, demeurant rue Barre-du-Bec, lorsqu'il avait besoin de secours.

Dans son instinct, l'animal vola comme une flèche vers la rue Barre-du-Bec, espérant y retrouver son maître.

Canlaire suivit Blanc-Blanc, l'animal ne s'arrêta qu'au domicile de la tante.

La pauvre femme, qui avait peur de tout le monde depuis qu'elle avait failli être assassinée par son coquin de neveu, avait fait faire une ouverture grillée à son entrée.

Elle n'ouvrait plus à personne. Elle communiqua avec l'agent de l'autorité, flanqué de Blanc-Blanc, par le trou de sa porte.

Canlaire apprit de la tante que son neveu ne s'appelait nullement Gaillard, mais bien Lacenaire.

Ses complices l'avaient donc induit en erreur, en le faisant rechercher sous le nom de Gaillard?

Bâton, Lévi, Mahossier, Gaillard n'étaient que des noms supposés; et les divers mandats lancés contre cet homme-Protée étaient nuls.

Tout était à recommencer. Les gens de la police s'étaient trompés; les assassins, complices de Lacenaire, l'avaient trompé également. Les hommes, à tour de rôle, avaient manqué de perspicacité ou de franchise; et c'était un chien qui le mettait enfin sur la trace de la vérité.

Après tant de poursuites inutiles, Canlaire ne faisait que commencer à entrer dans la bonne voie.

C'était un indice; le policier ne se découragea pas.

Le hasard venait de le servir, après l'avoir tant desservi.

Canlaire l'a suffisamment avoué dans ses Mémoires; le hasard ou la Providence se manifeste dans les arrestations les plus extraordinaires, et ce qu'on nomme hasard pourrait bien s'appeler Providence.

Après cette première découverte, Canlaire ne voulut pas uniquement s'en remettre à la bonne ou mauvaise foi d'Avril et de François: l'un l'avait promené à la Courtille, l'autre l'avait dérouté par ses fausses confidences.

Mais il tenait dans le fidèle caniche, un guide autrement sûr que ces faux amis ou ces complices jaloux.

La fidélité du chien à son maître devait le servir, comme on le verra, pour dénouer les fils de ses intrigues que le hasard avait nouées et qu'il devait dénouer de la même façon.

Ce que n'avait pu faire l'homme, la bête le ferait.

Dans l'intervalle, Canlaire apprit qu'un nommé Lévi, parti de Paris, avait été arrêté à Beaune, au moment où il négociait une fausse lettre de change.

Canlaire se fit envoyer son signalement ; il répondait à celui qui représentait l'image en cinq personnes : des Lévi, Mahossier, Bâton, Gaillard et Lacenaire.

Mais jamais Lacenaire n'avait fait connaître son véritable nom à la justice.

Lorsque le signalement du prisonnier de Beaune arriva à la préfecture, Canlaire fut persuadé qu'il tenait enfin son homme.

La manière dont il avait été découvert à Paris, lorsqu'il se croyait à l'abri, par son absence, de toutes les poursuites, fait le plus grand honneur à ce policier.

Malgré ses prodiges d'habileté, ce fut le hasard qui lui fit découvrir le chien Blanc-Blanc, sans ce caniche Canlaire n'eût pu saisir la trace de l'assassin du passage du Cheval-Rouge.

Et sans un oubli impardonnable de Lacenaire qui, à Dijon, laissa son passeport dans un sac de nuit, passeport fait en son véritable nom, jamais Lacenaire n'aurait été arrêté à Beaune.

Ce fut son chien, son ami le plus fidèle, ce fut son passeport perdu qui devaient le faire reconnaître. Ces deux circonstances imprévues perdirent Lacenaire, d'ordinaire si astucieux et si prudent.

Ces premiers coups, portés par le hasard et par la jalousie de ses complices, le mirent sur la voie qui allait le conduire à l'échafaud.

Dès que le prisonnier fut arrêté à Beaune, uniquement pour avoir commis une simple négligence dans les formalités qu'on exige pour tout voyageur, Lacenaire se sentit perdu.

Appréhendé au corps, sous le nom de *Jacob Lévi*, comme escroc, il comprit que la prison, d'après ses antécédents, ne le rendrait qu'à la guillotine.

Il en eut le pressentiment, lorsque le procureur du roi, après la découverte de son passeport à Dijon, eut l'ordre du parquet de Paris de diriger sur la capitale le sieur Lacenaire.

Dans son orgueil, il parle ainsi de son voyage : « Ce n'est qu'à Paris que je voulais mourir. Je ne le cache pas, c'eût été un grand *désagrément* pour moi d'avoir affaire à un *bourreau de province!* »

Une fois à Paris, Lacenaire nie tous ses crimes imputés à Bâton, à Mahossier, à Gaillard, etc., etc.. Il jette un démenti à ses complices qu'il prétend ne pas connaître. Allard lui-même doute qu'il soit le même homme sous tant de noms différents.

Mais Canlaire trouve un moyen de démasquer le fourbe.

Comment ?

Par son fidèle caniche. Canlaire le tient en réserve pour prouver que le chien, ami de l'homme, peut être, à l'occasion, le plus fidèle soutien de la police; et que l'amitié du caniche pour son maître devient aussi un bienfait pour la magistrature !

CHAPITRE VIII

LA DERNIÈRE INCARNATION DE LACENAIRE

Lacenaire, en fuyant Paris, en se rendant en Franche-Comté sous le nom de *Jacob Levi*, avait tout un plan d'escroqueries. Il devait se dérouler le long de son parcours de Paris en Suisse.

Le soi-disant Jacob Levi fit la connaissance, en descendant à Dijon, d'un personnage qui avait connu sa famille à Lyon, composée d'honorables industriels que la faillite avait ruinés.

A la suite des désastres de sa fortune patrimoniale, Lacenaire avait dû renoncer à devenir un homme classé dans le monde, comme le désignaient son éducation et son instruction. Il avait laissé à Lyon une fort mauvaise réputation.

A Dijon il possédait quelques fonds, fruits de ses derniers méfaits. L'argent qu'il avait le gênant, il demanda à son compagnon de route un échange en or ou en billets.

Mais l'or était rare à Dijon. Son compagnon lui conseilla de s'adresser à un banquier de la ville, qui, par l'entremise de la maison Delamarre-Martin, Didier, de Paris, était à même de lui rendre ce service par une traite.

Lacenaire profita de ce conseil. Il prit une traite payable à la maison de banque Delamarre-Martin, Didier, de Paris.

Il avait son projet.

Le modèle de la traite de la maison de Dijon avait une vignette facile à imiter.

Dès qu'il l'eut en sa possession, il s'empressa de reprendre la diligence et de retourner à Paris;

Le faux Jacob Levi, se disant l'associé de la maison de banque de Dijon, commanda cinq cents vignettes pareilles à celle qu'il présentait à un graveur du passage Vivienne.

Une fois le Levi détenteur de ces fausses traites, il se présente à la maison Delamarre.

Il croit être sûr de son fait.

N'a-t-il pas prié le commis de la maison de Dijon de ne pas manquer d'avertir le banquier de Paris de l'envoi de sa première traite?

Par malheur pour lui, par bonheur pour ces banquiers, la maison de Dijon avait omis cette formalité, et la traite véritable était déjà accompagnée de plusieurs autres qui ne l'étaient pas.

Le caissier, en l'absence d'avertissement, pria Lacenaire de repasser après plus amples informations.

Le faux Levi, qui avait compté sans la négligence du commis de la maison de Dijon, reprend ses traites et ne repasse pas.

Dijon, pas plus que Paris, ne lui semble sûr.

En ce moment une police invisible le guettait sur les dénonciations encore vagues d'Avril et de François, dénonciations provoquées par Canlaire excitant, dans l'intérêt de la justice, l'envie et la jalousie des complices du sieur Levi.

A Dijon, comme on sait, celui-ci avait oublié son passeport; le faux Levi s'était bien gardé d'aller le réclamer. Il filait immédiatement sur Beaune.

A Beaune, il avait été recommandé spécialement à un banquier de cette ville, par son compagnon de voyage de Dijon.

Ce qu'il n'avait pu faire à Paris, il le tenta à Beaune, avec les mêmes traites. Seulement il eut grand soin de ne présenter d'abord que la traite véritable sur laquelle était l'endos du banquier de Beaune.

Celui-ci paya à présentation.

Il fit plus, il lui dit que s'il avait beaucoup de traites, dans le genre de celle de la maison de Dijon, il les prendrait à la minute.

Lacenaire n'eut garde de ne pas tenir compte de cet avertissement. Il promit de revenir à Beaune dans cinq ou six jours, avec des traites de la même maison.

Puis il partit, se dirigea par Lyon sur Genève, émaillant sa route de nombreux faux payables chez d'autres banquiers.

Cinq jours après, Lacenaire retenait sa place pour Beaune, pour profiter de l'extrême confiance de son banquier.

Depuis que Blanc-Blanc, le caniche de Lacenaire, avait fait découvrir à Canlaire l'identité du prétendu Levi, la justice veillait.

Les faux, semés sur sa route, avaient indiqué partout son passage. La maison de Dijon et la maison Delamarre, de Paris, avaient dénoncé la fabrication des fausses traites semées par Jacob Levi.

Le parquet de Beaune était averti, la police attendait notre homme au débotté.

Mais ni la police, ni la justice locales ne se doutaient qu'elles avaient affaire à un assassin. Jacob Levi n'était suspecté que de faux en écriture de commerce.

Encore une fois, le dieu des voleurs veillait sur lui. Arrivé à Beaune, Lacenaire dormait si profondément qu'il faillit dépasser cette ville sans s'y arrêter.

S'il n'avait pas été réveillé pour venir se placer de lui-même sous la griffe de la police, il lui échappait encore.

Un voisin complaisant le réveilla à temps pour forcer la fatalité à se tourner définitivement contre lui.

A peine arrivé à Beaune, il n'eut pas la peine de se présenter au banquier de la ville, ni d'aller à l'encaissement des fausses traites.

Il était descendu au meilleur hôtel de Beaune, où, après déjeuner, il s'installait au café, prenant, avec le laisser-aller des gentlemann, sa demi-tasse et fumant son cigare, lorsqu'un monsieur moustachu, aux allures militaires, le pria poliment, à sa table, de lui donner du feu.

Cet inconnu, à la tournure soldatesque, le regardant dans le blanc des yeux, ne lui dit rien de bon.

Tout en lui tendant gracieusement son cigare, Lacenaire pâlit, et grimaça un sourire et frissonna.

Il flaira le gendarme.

Cet homme était en effet le lieutenant de la gendarmerie du département.

Il demanda négligemment à son obligeant partenaire :

— Est-ce que, par hasard, vous ne vous nommez pas *Jacob Levi?*

A cette demande qui éclata comme le bruit de la foudre, Lacenaire fit un violent effort sur lui-même et résolut de payer d'audace.

Il comprit que s'il trébuchait sur le chemin de l'infamie, un premier faux pas l'entraînerait dans l'abîme de sang creusé par tous ses crimes.

Il savait ce qui l'attendait au fond de cet abîme.

Aussi répondit-il effrontément :

— En effet, monsieur, je suis Jacob Levi.

— Alors suivez-moi, lui répondit l'officier de gendarmerie habillé en civil.

Lacenaire le suivit dans la rue, après s'être consulté sur l'attitude qu'il avait à prendre vis-à-vis du gendarme, il lui dit :

— Monsieur, j'ai consenti à me rendre à votre étrange invitation. Maintenant, parlez, que me voulez-vous ?

— Vous inviter, lui répondit-il, à venir avec moi chez le juge d'instruction. Je vous préviens, continua l'officier en regardant autour de lui, et en montrant au faux Levi des gens à mines suspectes, je vous préviens que si vous ne me suivez pas de bonne volonté, je suis prêt à vous conduire de force au Palais de justice.

— Monsieur, répondit froidement Lacenaire qui craignait moins l'échafaud que le mépris public. Je ne sais quels sont les ennemis qui me font cette mauvaise plaisanterie. En tous les cas, je suis connu. Ici, j'ai mon banquier. Avant de vous suivre au Palais de justice, veuillez prendre la peine de vous rendre chez mon correspondant, vous apprendrez par lui que je n'ai rien à démêler avec la justice. En vous conseillant cette démarche, je vous sauve d'une situation ridicule. En même temps je fais appel à un galant homme; après, vous ferez tout ce que vous voudrez.

Le lieutenant de gendarmerie, devant le sang-froid de Lacenaire, le laissa faire. Il se fit conduire chez le banquier. Celui-ci n'étant pas averti des friponneries du faux Levi, jura ses grands dieux qu'il était un parfait honnête homme, et qu'il était depuis quelque temps en relations d'affaires avec lui et la maison Delamarre-Martin, Didier et C°.

— C'est bien possible ! répondit l'officier de gendarmerie, pas moins que j'ai l'ordre d'arrêter monsieur, sur l'avis du parquet le signalant comme porteur de fausses traites.

— Alors, répondit l'impudent Lacenaire, c'est moi qui suis le volé. S'il y a des faux dans cette affaire, vous m'en voyez la première victime.

On ne pouvait être plus adroit, puisque le faux Levi n'était que le dernier endosseur de la traite.

Sur les attestations du banquier lui délivrant un brevet d'honnêteté, il allait être mis en liberté, quand la fatalité vint lui donner le dernier coup.

Il se trouvait précisément chez ce financier un homme allant en recouvrement. Il avait connu Lacenaire, lorsqu'il habitait Lyon avec sa famille.

— Mais, je le reconnais, s'écria-t-il, je ne sais pas au juste son nom, mais bien sûr ce n'est pas un Levi, il n'a rien du juif, pour sûr.

Alors, Lacenaire fut obligé de suivre le lieutenant de gendarmerie chez le juge d'instruction. Le magistrat lui demanda son passeport.

Nouveau guignon. Il ne l'avait plus. Il était à Dijon.

Lacenaire tempêta, et se récria.

Le juge lui annonça pour la forme et d'un air d'incrédulité, que dès son passeport retrouvé, on le relaxerait.

En attendant, on le traîna en prison.

Quelques jours après, le procureur du roi, sur l'ordre du parquet de Paris, loin de lui rendre son passeport et la liberté, le fit diriger sur la capitale, avec les plus sévères précautions.

LES CRIMINELS CÉLÈBRES

Autrefois, lorsqu'il exerçait la profession d'écrivain public, Lacenaire avait connu le greffier de ce magistrat. (Page 724.)

LIV. 91. LES CRIMINELS CÉLÈBRES. — ÉD. J. ROUFF ET Cie. — LIV. 91.

Lacenaire se sentait perdu. Il avait terminé son œuvre et la police du royaume commençait à faire la sienne.

Jacob Levi le faussaire devait être la dernière incarnation de l'assassin de veuve Chardon.

Une fois arrivé à la Préfecture de Police il fut interrogé par Allard et par Canlaire, l'un l'administrateur de la police de sûreté, l'autre le pourchasseur des scélérats.

Devant M. Allard, Canlaire qui avait travaillé de longue main à cette importante arrestation, demanda brusquement au faux Levi :

— N'êtes-vous pas pour quelque chose dans l'assassinat de Chardon ?

Lacenaire, laconiquement, et en haussant les épaules, lui répondit :

— Non. Pour qui me prenez-vous ?

— A coup sûr, lui riposta Canlaire, ce n'est pas pour Levi.

Lacenaire souriant d'un air de doute, répliqua :

— Est-ce que vous avez retrouvé mon passeport ?

— Le voici, s'écria Canlaire, en lui étalant triomphalement le parchemin où était écrit en toutes lettres son véritable nom, celui de Lacenaire, passeport qui avait été saisi à dessein à Dijon par les employés de la préfecture.

Lacenaire pâlit.

Canlaire continua :

— Vous voyez que nous sommes mieux renseigné que François qui ne vous a connu, pour le meurtre tenté contre Genevay, que sous le nom de Gaillard ou Mahossier. Ce Gaillard, sous le nom duquel vous avez tué les Chardon n'est pas plus votre nom que Mahossier sous la rubrique duquel vous avez voulu tuer, avec François, le garçon de recette de la rue Montorgueil.

Lacenaire à ces mots avait perdu toute son assurance. Il était accablé, ahuri.

Il ne pouvait comprendre l'aveuglement stupide de François qui ne s'était pas aperçu qu'en dénonçant son complice, qu'en le faisant prendre, il s'ouvrait avec lui le chemin des galères et de l'échafaud.

Mais Lacenaire ne comprenait pas non plus l'habileté de Canlaire qui, déjà avait su faire vibrer la corde de la jalousie de François et d'Avril contre son complice, *Monsieur* Lacenaire.

Avec Canlaire, Lacenaire n'était pas au bout de ses épreuves.

Alors, continua Canlaire, en lui montrant son passeport, vous convenez que *Levi Mahossier*, *Bâton* et *Gaillard* ne sont pas des noms fictifs.

— Je nie formellement toutes ces inventions, reprit le faux Levi, redevenu maître de lui.

— Vous niez aussi que Lacenaire, qui, sous le nom de Gaillard, s'armait du tiers-point contre les Chardon et le garçon de recette Genevay, vous niez aussi que Lacenaire soit aussi votre véritable nom?

— Je m'appelle Levi, reprit-il imperturbablement, et ce passeport de Lacenaire n'est pas le mien.

— Je crois que madame votre tante, riposta en souriant Canlaire qui regarda M. Allard d'un air d'intelligence, se souviendrait mieux de votre nom de famille? Et si nous allions ensemble rue Basse-du-Bec, peut-être auriez-vous moins d'assurance. En tous cas il n'est pas besoin d'aller si loin. Nous avons sous la main un témoin qui peut justifier de votre identité.

Le bandit ne revenait pas de ce qu'il entendait. Il fallait donc que ses complices eussent parlé pour que la police fût aussi bien au courant de ses faits et gestes, comme de ses nombreuses transformations.

Son étonnement et ses terreurs redoublèrent, lorsque Canlaire, sur un geste de M. Allard, ouvrit une porte latérale, et en fit sortir un caniche; son chien blanc. Aussitôt la bête inconsciente vint se jeter avec des hurlemenes joyeux entre les jambes de son maître, en sautant, en gambadant, prête à le lécher des pieds à la tête.

Lacenaire, devant ce témoin imprévu et dont l'attachement intempestif le trahissait malgré lui, ne put s'empêcher de s'écrier, tout en se défendant contre les caresses accusatrices de l'animal :

— Maudite bête!

— Et croyez-vous, s'empressa d'ajouter Canlaire, que si nous nous rendions avec ce caniche, en compagnie de François, rue Basse-du-Bec, chez madame votre tante, ce passeport à la main, croyez-vous qu'il ne nous serait pas facile de faire justice de vos noms d'emprunt et de reconnaître en vous le vrai Lacenaire?

Blanc-Blanc reconnaissant son maître et pouvant le ramener chez sa vieille tante pour le convaincre d'imposture, était le dernier coup porté par Canlaire au faux Levi.

Sa dernière incarnation tombait. Lacenaire reparaissait tel qu'il était. Le faussaire assassin, le complice de François et d'Avril, le chef de file des meurtriers des Chardon et des garçons de recette.

Amené après cette première entrevue avec M. Allard et Canlaire, chez le juge d'instruction, Lacenaire fut bien obligé d'avouer son nom.

Autrefois, lorsqu'il exerçait, près du Palais de Justice, son métier d'écrivain public, Lacenaire avait connu le greffier de ce magistrat.

Par orgueil d'auteur, pour prouver à ce jeune greffier qu'il était bien au-dessus de sa modeste condition, il lui avait confié une chanson signée de lui, intitulée : *Pétition d'un voleur à un roi, son voisin*.

Cette chanson était signée du véritable nom de l'assassin quoique, plus tard, elle parut dans le recueil d'un homme de lettres peu scrupuleux.

A peine Lacenaire eût-il pénétré dans le cabinet du juge d'instruction, que le greffier montra sa chanson à Lacenaire, avant de la faire passer à ses accusateurs et de la mêler à son volumineux dossier.

Le papier était signé *Lacenaire*, il produisit sur lui l'effet de la tête de Méduse.

Décicément il était découvert.

Malgré son habileté, malgré les précautions qu'il avait prises pour dissimuler son individualité, tout tournait donc contre lui? Le hasard et la ruse, ses complices et lui-même?

Et quel était ce jeune greffier qui, du premier coup, devait se signaler comme Canlaire, dans cette mémorable arrestation?

Qui?

C'était *M. Claude*, qui, plus tard, chef de police de sûreté, devait surpasser jusqu'à Canlaire lui-même, dans la chasse à l'homme, où il joua les rôles les plus extraordinaires [1].

Dès que Lacenaire se vit démasqué, il ne cacha plus la vérité et alla même au-devant d'elle.

Lorsqu'il fut bien convaincu que ses deux complices, François et Avril, avaient parlé contre lui, l'un en dévoilant ses deux assassinats, l'autre en le recherchant pendant huit jours à la Courtile, Lacenaire entra dans une violente fureur.

Il se dépouilla de tous les travestissements qu'il avait pris pour jouer son rôle de faussaire, de voleur, de meurtrier. Il se mit complètement à la disposition de la justice, pour se venger de ses *ingrats* compagnons. Il répudia leur *ancienne amitié*.

— Ah! s'écria Lacenaire indigné à M. Allard, ils me dénoncent, eux, mes camarades et mes complices; eh bien, je vous dirai tout, en leur présence. Et ce sera ma vengeance et la justice en profitera.

Allard et Canlaire, sur la sollicitation de Lacenaire, s'empressèrent de complaire à son désir.

Pour Avril et pour François, l'entrevue fut terrible. Lacenaire les traita en maître; il les serra des pieds à la tête, pendant que ces esclaves révoltés courbaient le front, n'osant le regarder en face.

— Ah! misérables! leur cria-t-il, les bras croisés, le front chargé d'éclairs, vous m'avez trahi! Eh bien je ferai tomber vos deux têtes avec la mienne. François, c'est mon complice dans le guet-apens de la rue Montorgueil! Quant à Avril, c'est lui qui a assommé Chardon, dans mon assassinat du passage du Cheval-Rouge.

A partir de cette scène qui se passa entre les trois criminels en pré-

---

[1]. L'arrestation de ces assassins a été relatée dans les Mémoires de Canlaire, et elle a été complétée, par ce dernier fait, signalé au premier volume des *Mémoires de monsieur Claude*.

sence d'Allard et de Canlaire, la police était sur la voie de la vérité concernant tous les crimes de ces trois scélérats.

La police devait connaître de la bouche de Lacenaire tous les faits monstreux racontés précédemment.

Avril et François en se voyant perdus par leur complice, entrèrent dans une fureur aveugle. Ils ne se dirent pas un moment qu'ils étaient les premiers qui avaient trahi Lacenaire, et ils l'accusaient de trahison.

A la prison de la Force, les trois assassins se regardèrent comme chien et loup.

En raison de ses importantes révélations, Lacenaire était l'objet de soins particuliers ; et il ne manquait pas d'argent.

Alors François, en apprenant la nouvelle situation de Lacenaire disait à ses camarades :

— Ah ! le gredin, il mange l'argent de sa tête et de la mienne.

Avril, non moins courroucé contre Lacenaire, le dénonçait à ses camarades comme vendant leurs secrets et recevant dix francs par jour pour le prix de ses délations.

C'était la justice qui profitait de toutes ces divisions.

Pendant cinq ans, Lacenaire s'était joué de la police, maintenant c'était à la police à se jouer de Lacenaire.

CHAPITRE IX

LA HAINE DANS LES PRISONS

Lacenaire, comme il le prétend dans ses Mémoires, avait-il voué une haine implacable à la société ?

Nous en doutons; car il se livrait trop à toutes les jouissances de la vie. C'était un *délicat* et un sybarite. Par son éducation et son tempérament, il s'était attiré les colères de ses grossiers et féroces compagnons.

Avril et François lui en voulaient personnellement, parce qu'ils le jalousaient. Leurs dénonciations le prouvent bien.

Lacenaire, chevaleresque à sa manière, scrupuleux et *sensible* à sa façon, parce qu'il tenait du poète et de l'artiste, ne pardonnait pas une félonie inspirée par le mensonge et la bassesse. Il appartenait au monde supérieur qui l'avait abandonné.

Jamais il ne mentit à ses juges ; il ne livra aux policiers que ceux qui l'avaient trompé. Il ne trahit pas qui ne l'avait pas trahi.

C'était un homme du monde. Il tuait avec des gants. Au plus fort de ses crimes, il s'occupait avec soin de ses manchettes et des plis de sa cravate.

En un mot, c'était un *monsieur*. Voilà ce qui le rendait particulièrement odieux aux brutes qui l'entouraient.

Ce que ses complices ne lui pardonnaient pas, c'était son intelligence supérieure dont il donna tant de preuves aux assises, où en dirigeant les débats, en se faisant presque l'avocat général de ses odieux associés.

Impertinent envers les inférieurs, on le vit avec ses égaux surpasser en habileté, en logique et en élégance le réquisitoire de ses accusateurs et la plaidoirie de ses défenseurs.

Il montra aux assises une grâce, un laisser-aller, un tact qui stupéfièrent les jurés et lui gagnèrent le cœur des femmes.

Un pareil raffiné ne pouvait être qu'un objet d'envie pour les brutes qui l'avaient aidé à répandre le sang, un objet de curiosité de la part des gens du monde, sur lesquels sa scélératesse *voulue* et systématique était encore une sorte de supériorité.

C'était un monstre, mais un monstre séduisant. Sa création étrange est sortie des effluves émanés des plantes malsaines de cette époque.

Alfred de Musset, le poète désopilant et charmant de la jeunesse sans foi, en est le prototype, Lacenaire, le plus horrible modèle ?

Alfred de Musset n'a-t-il pas écrit dans sa préface *De la confession d'un Enfant du siècle* :

« Les antagonistes de la foi ont dit au pauvre de ce temps-ci : « Tu
« prends patience jusqu'au jour de la justice, mais il n'y a pas de justice.
« Tu attends la vie éternelle, mais il n'y a pas de vie éternelle. Tu attends
« le moment de te prosterner aux pieds du Dieu à l'heure de la mort, mais
« il n'y a point de Dieu !

« Alors, il est certain que le pauvre, séchant ses larmes, devra dire au
« riche : Toi qui m'opprimes, tu n'es qu'un homme, et au prêtre, toi qui
« m'as consolé, tu en as menti !

« Et le pauvre, ayant compris par les adversaires de la foi qu'on le
« trompait, devra se dire encore : Guerre au riche ! A moi la jouissance
« ici-bas, puisqu'il n'y en pas d'autres ! A moi la terre, puisque le ciel est
« vide : à moi et à tous, puisque tous sont égaux !

« Lorsque, autrefois, l'oppresseur disait : A moi la terre !
« L'opprimé répondait : A moi le ciel ! »

Maintenant, tout est muet dans la nuit de notre agonie. La maladie du siècle présent tient à deux causes : au peuple qui a passé par 93 et par 1814 ; car il porte au cœur les deux blessures causées par ces catastrophes. Tout ce qui était n'est plus ; tout ce qui sera n'est pas encore. *Ne cherchez pas ailleurs le secret de nos maux.*

Et Lacenaire est le produit vivant de ce mal signalé par Musset. Les *Mémoires* de ce monstre, homme du monde, répondent à la *Confession de l'Enfant du siècle*, Lacenaire en est le type anticipé et enhardi.

Au moment de tuer le garçon de recette de la rue Montorgueil, Lacenaire lit le *Contrat social* de J.-J. Rousseau.

L'oppresseur illégal attend l'esclave légal de la société pour l'assassiner.

Il veut écrire avec du sang ce qu'écrira avec des larmes le poète désespéré, l'amant incompris de George Sand!

Bien mieux, il lui répond par la même désespérance dans un recueil de vers où son idée de suicide garde une dernière nuance de l'idéalisme.

Alfred de Musset est le poète, la fleur de ce cette époque troublée ; Lacenaire en est le monstre et le fruit.

Il le prouve dans ses strophes, en l'honneur du suicide. Ecoutez-le chanter :

A DEUX AMIS.

Ecoutez-moi, tant que ma voix sonore
Peut jusqu'à vous arriver en chantant ;
J'ai trop vécu, mais je suis jeune encore,
J'aime à chanter, car mon cœur est content.
Chers compagnons des jours de mon enfance,
Qui de mon luth attendez un refrain,
Ecoutez-moi : je chante l'espérance,
Car, mes amis, je vais mourir demain.

On me l'a dit, mon âme est immortelle,
Ce feu divin ne peut jamais périr ;
Mais vais-je errer sous la voûte éternelle,
Ou dois-je encor renaître pour mourir ?
Naître et mourir, et puis revivre encore,
De la nature est-ce donc le destin ?...
Le soir toujours vient remplacer l'aurore,
Moi, mes amis, je vais mourir demain.

J'irai revoir celle dont la tendresse va sur ses pas m'ouvrir un doux chemin. (Page 720.)

Oui, pour toujours je vais quitter le monde,
Pourquoi viendrais-je y reprendre des fers ?
Loin des cachots et de leur fange immonde,
Sylphe léger, j'habiterai les airs ;
J'irai revoir celle dont la tendresse
Va sur ses pas m'ouvrir un doux chemin.
Prépare-toi, ma fidèle maîtresse,
Car, tu le sais, je vais mourir demain.

> Oh ! mes amis, lorsque dans la nuit sombre,
> Un songe heureux bercera votre ennui,
> Quand sur vos lits viendra s'étendre une ombre,
> Reconnaissez l'ombre de votre ami !
> Oui, près de vous je reviendrai peut-être,
> Esprit follet que chasse le matin !
> Ah ! pour vous seuls puisque je dois renaître,
> Sans murmurer je puis mourir demain !

Un pareil homme, devenu le point de mire du public qui érigeait le meurtre en système, qui ne voyait dans la guillotine que l'instrument de son suicide, ne pouvait être vu d'un bon œil par ses abjects compagnons tuant par métier ou par brutalité !

Non seulement il les humiliait par la supériorité de son intelligence, mais par la manière dont il était traité dans la prison de la Force où avaient été relégués ses vulgaires associés.

Pour Avril et François, *monsieur* Lacenaire était un mouchard.

Ils ne se disaient pas que c'étaient leurs premières dénonciations contre leur chef de file qui les avaient perdus avec lui.

Les soins particuliers, dont il était l'objet par l'administration des prisons et de la préfecture, étaient un sujet continuel de haine et d'envie contre lui.

François et Avril employaient tous les moyens, une fois à la Force, pour en finir avec leur associé.

Avril, dont la complicité ressortait des révélations de la maîtresse d'un nommé Fréchard, ancien détenu de Poissy, employa aussi cette femme, d'une perfidie cruelle, pour perdre Lacenaire.

C'était une horrible créature, la maîtresse de Fréchard ! Petite, à la figure grêlée, au front bas et fuyant, coiffée de cheveux sales et roux qui enroulaient sa tête comme les serpents de la Gorgone, elle ne respirait que le meurtre et le sang.

On ne la surnommait pas en vain : le *serpent*. Elle avait fait payer cher à son amant son refus de s'associer à Lacenaire, lorsque celui-ci, pour ses meurtres, à défaut d'Avril, cherchait un autre complice que Bâton.

Mais Fréchard, voleur de profession, s'était refusé à jouer du tiers-point avec Lacenaire pour l'affaire Chardon.

L'ignoble maîtresse de Fréchard, afin de le punir d'avoir refusé une aussi bonne aubaine, lui avait sauté aux yeux et de ses ongles avait failli les lui crever.

Hélas ! le pauvre Fréchard était presque aveugle, à la suite de cette scène avec le *serpent*, sa vue étant déjà affaiblie par les travaux de la prison.

Cette femme, ce monstre était bien digne de favoriser les projets d'Avril et de François contre Lacenaire, le préféré de l'administration depuis qu'elle avait été à même d'apprécier la vérité de ses révélations.

Lacenaire avait appris l'horrible mission dont était chargée le *serpent*.

Mis au secret au troisième étage, tandis que ses complices l'attendaient dans la cour avec d'autres détenus, il vit un jour venir à lui le *serpent*, pour l'engager à descendre à l'heure de la promenade.

Il connaissait le complot que tramaient ses anciens amis pour le faire assommer.

Ses instincts sanguinaires se réveillèrent à la vue du *serpent*, l'odieuse messagère de son prochain supplice.

Il lui sauta à la gorge et faillit l'étrangler de ses mains.

Le tueur de femmes éprouvait toujours une âpre volupté à se venger du sexe faible. Ses dissimulations étaient un stimulant pour sa férocité. Il tournait de préférence ses coups contre la femme dont l'astuce pouvait rivaliser avec son esprit subtil et retors.

François et Avril avaient tout intérêt à se débarrasser d'un complice devenu, par leurs fautes, si dangereux ; ils ne pouvaient lui donner dans le *serpent* un adversaire plus perfide.

Lacenaire ne se posséda pas à la vue de la messagère de cette conspiration ourdie contre sa vie.

Sans les cris désespérés de la femme, sans l'arrivée des gardiens pour la sortir des griffes de cette lionne fait homme, elle mourait étranglée.

N'ayant pu réussir avec le *serpent*, les amis de François et d'Avril lui dépêchèrent un nommé Billard, un condamné à mort, pour l'occir dans son cachot.

Encore une fois, Lacenaire, qui avait aussi sa police, fut averti.

Il répondit à ceux qui vinrent le prévenir, en parodiant la réponse de Guise :

— *Billard n'oserait !*

Comme Billard, en sa qualité de condamné à mort, devait occuper au même titre le cachot de Lacenaire, Billard et lui couchèrent plusieurs nuits dans la même chambre.

« Mais, écrit Lacenaire dans ses Mémoires, pendant tout le temps que je passais avec celui qu'on me donnait pour bourreau, je me tenais constamment près de lui, je le regardais fixement, lui baissait les yeux et se tenait tranquille. »

Pendant qu'avaient lieu ces inutiles tentatives, un placard était affiché dans le chauffoir de la prison, on y lisait :

Avril et François descendus de prison par les confessions de Lacenaire.

Un jour ou l'autre, la haine, fomentée contre Lacenaire dans les prisons, devait éclater contre lui.

Ses complices complotèrent avec tant d'acharnement dans les couloirs et persuadèrent si bien à tous les prisonniers que c'était Lacenaire qui les avait vendus, que tous les détenus convinrent de les venger.

Une autre fois, le maître bandit était de retour du cabinet du juge d'instruction, Lacenaire fut entouré dans la cour par tous les prisonniers.

François assistait à ce spectacle ; il regardait cette scène du haut d'une fenêtre du quatrième étage.

Sur un signe de François et de ses amis tenus à l'écart, les prisonniers, dans la cour, s'ameutèrent contre lui.

« Nul n'eut osé me frapper en face, écrit encore à ce sujet Lacenaire, dans ses Mémoires, je faisais trop bonne contenance, quoique sans aucune arme offensive, ni défensive ; mais il y a quelque chose dans l'*homme* qui pétrifie les lâches.

« Et François était pour sa part le plus lâche des hommes ; lui qui, au troisième étage, prenait le prétexte de me parler pour donner le signal de me tuer.

« En effet, on profita du moment où je parlais à François pour me porter un coup sur la tête. Dès que je chancelai, les autres se ruèrent sur moi, me renversèrent, quelques-uns s'apprêtèrent à m'écraser à coups de pavé.

« Celui qui me frappa le premier était le plus lâche et le plus idiot des imbéciles.

« En ameutant tout ce monde qui se précipita sur moi, il ne faisait qu'attirer la surveillance des gardiens qui s'élancèrent à mon secours. Mes bourreaux furent effrayés eux-mêmes de leur besogne et m'abandonnèrent spontanément.

« Je fus jusqu'au guichet en chancelant un peu, il est vrai, mais sans avoir rien perdu de mon sang-froid. On me conduisit à l'infirmerie ; un quart d'heure après, j'étais pansé et je dormais d'un profond sommeil. »

Lacenaire, un délicat, un sybarite, ne se préoccupait de ces violences que par l'ennui qu'elles lui donnaient. Il poursuivait froidement sa vengeance contre ses complices, dès qu'ils avaient été les premiers à le trahir.

Très amoureux du confort, il s'affectait plus des inconvénients de sa captivité que du but où elle devait aboutir.

L'échafaud ne lui faisait pas peur ; mais il ne pouvait supporter le poids de ses chaînes.

Du jour où on lui ôta ses fers, où il fut bien convaincu que c'étaient ses complices qui l'avaient vendu, il parla, sans s'inquiéter des représailles du féroce Avril ou du vindicatif François.

Seulement les complots qui troublaient sa *tranquillité d'esprit l'agaçaient.* Une fois ces complots avortés contre son repos et sa vie, il demanda comme une faveur à l'administration que son *ancien ami* Avril ne fût plus amené à la Force et qu'on laissât ce dernier à la Conciergerie.

Lui-même, pour se garer de François, passa le reste de son temps à l'infirmerie, sans se soucier du lendemain, en menant une vie de philosophe.

Mais où il manquait de philosophie, c'était dans les lenteurs de l'instruction. Il trouvait qu'il ne *marchait pas assez vite à l'échafaud !*

Sans doute, il posait encore en manifestant ses impatiences à aller au-devant de la mort; très vaniteux, il tenait à se donner au dehors une attitude exceptionnelle; il jouait au *Verther et au Faust*, rôles à la mode, à cette époque. Il se prétendait être l'incarnation de *l'Enfant du siècle*. Triste incarnation !

Il regrettait, à la Force, la mort de son chat, et il oubliait les cadavres de Chardon !

Il disait volontiers à ceux qui l'interrogeaient sur ses crimes passés : *J'ai tué comme je bois un verre de vin, sans jamais me griser.*

C'était un monstre qui versait le sang sans remords, et cependant il avait des délicatesses de femme.

Le 6 novembre, un incident qui se produisit dans le monde républicain fut une occasion nouvelle pour Lacenaire de faire parler de lui.

La librairie Pagnerre, qui ne dut sa fortune qu'à l'opposition, sa déconfiture qu'au triomphe de la révolution, publiait alors un recueil de chansons : les *Républicaines*, dans lequel se trouvait la chanson de Lacenaire, intitulée : *Pétition d'un voleur à son voisin.*

Par un fait assez bizarre, les *Républicaines*, où se trouvait la production de *Lacenaire*, signée *Altaroche*, étaient saisies par le gouvernement. L'éditeur, l'auteur et l'imprimeur de la chanson incriminée comparaissaient en cour d'assises.

Lacenaire, qui prétendait avoir à se plaindre de la société en général, nourrissait aussi de vives rancunes contre la Société des gens de lettres, en particulier.

Lorsqu'il était en prison une première fois à la Force, il s'était lié avec des détenus politiques. Séduits par son esprit, les libéraux de profession ne pouvaient croire qu'ils avaient affaire, dans leur camarade de captivité, à un voleur émérite. Plusieurs d'entre eux, le *républicain* Altaroche, entre autres, s'étaient promis de faire rentrer dans la voie légale un réfractaire intelligent qui n'en n'était sorti que *par nécessité.*

M. Altaroche et ses amis lui avaient promis de lui faire gagner son pain, en utilisant son intelligence. Lacenaire, confiant en ses nouveaux amis, leur avait livré ses productions littéraires, en échange de leurs généreuses promesses.

Mais une fois en liberté, la coterie républicaine ne pensa plus à Lacenaires ; le modeste écrivain public, frappé d'un arrêt infamant, ne put entrer dans le giron de leur nouvelle église. Le respect humain lui en défendait les abords.

L'exécution de Lacenaire, chez les républicains, était nécessaire ; mais ce qui était bien moins exemplaire, de la part de l'un d'eux, c'était de se faire un trophée d'une chanson qui ne lui appartenait pas ; c'était de se l'approprier pour se donner un titre de plus dans le camp des adversaires du gouvernement de Louis-Philippe.

Cette chanson, dont la violence n'excluait pas la verve, ne serait jamais sortie tout armée du cerveau du *doux* Altaroche. Son signataire ne pouvait tout au plus qu'en corriger les sanglantes âpretés.

Son original était déjà dans les mains de M. Claude, alors greffier d'un juge d'instruction, et elle avait servi à le faire reconnaître aux yeux de la justice.

Cette chanson, autrefois si populaire, est le résumé de passions éteintes ; elle avait été faite par Lacenaire, sans conviction. Il l'avait composée pour essayer d'en vivre ; et M. Altaroche l'avait signée pour mieux attacher à son chapeau sa cocarde rouge !

Voici cette chanson qui est restée dans la mémoire des derniers contemporains de cette époque :

PÉTITION D'UN VOLEUR A UN ROI SON VOISIN.

Air des *Visitandines.*

Sire, de grâce, écoutez-moi ;
Je viens de sortir des galères...
Je suis voleur, vous êtes roi,
Agissons ensemble en bons frères.
Les gens de bien me font horreur,
J'ai le cœur dur et l'âme vile,
Je suis sans pitié, sans honneur ;
Ah ! faites-moi sergent de ville.

Bon ! je me vois déjà sergent !
C'est une maigre récompense ;
L'appétit vient en mangeant,
Allons, sire, un peu d'indulgence ;
Je suis hargneux comme un roquet,
D'un vieux singe j'ai la malice ;
En France je vaudrais Gisquet ;
Faites-moi préfet de police.

Je suis, j'espère, un bon préfet ;
Toute prison est trop petite.
Ce métier pourtant n'est pas fait,
Je le sens bien, pour mon mérite.
Je sais dévorer un budget,
Je sais embrouiller un registre,
Je signerai : « Votre sujet. »
Ah ! sire, faites-moi ministre.

Sire, oserais-je réclamer ?
Mais écoutez-moi sans colère :
Le vœu que je vais exprimer
Pourrait bien, ma foi, vous déplaire.
Je suis fourbe, avare, méchant,
Ladre, impitoyable, rapace ;
J'ai fait se pendre mon parent :
Sire, cédez-moi votre place.

Lacenaire apprit par les journaux que sa chanson, envoyée à ses amis les républicains, était signée d'un de ses codétenus politiques ; vite, il s'empressa, dans l'intérêt de sa réputation, d'envoyer la réclamation suivante, dans le même style, en traitant M. Altaroche, son prétendu bienfaiteur... en espérance, comme il le méritait.

Voici sa réponse intitulée :

REVENDICATION.

Je suis un voleur, un filou,
Un scélérat, je le confesse ;
Mais quand j'ai fait quelque bassesse,
Hélas ! je n'avais pas le sou,
La faim rend un homme excusable.
Un pauvre de grand appétit
Peut bien être tenté du diable ;
Mais pour me voler mon esprit,
Êtes-vous donc si misérable ?

Or, contre un semblable méfait
Notre code est muet, je pense ;
Au parquet, j'en suis sûr d'avance,
Ma plainte aura bien peu d'effet.
Pour dérober une *floche*,
On s'en va tout droit en prison ;
Aussi le prudent A...
Ne m'a volé qu'une chanson,
Sans mettre la main dans ma poche.

> Un voleur adroit et subtil,
> Pour éviter toute surprise,
> Sait déguiser sa marchandise,
> Et la vendre ainsi sans péril ;
> A..., aussi raisonnable,
> Et craignant quelque camouflet,
> A pris le parti détestable
> D'estropier chaque couplet,
> Pour le rendre méconnaissable.
>
> Je ne puis assez m'étonner
> De ce bel effort de courage ;
> D'un autre copier l'ouvrage,
> Pour moi se faire emprisonner,
> Ce dévouement est admirable,
> Et, c'est avoir un trop bon cœur
> De remplacer le vrai coupable,
> Et sans avoir été l'auteur,
> D'être l'auteur responsable.

Lacenaire, l'auteur de la chanson incriminée, est mort sur l'échafaud ; Altaroche, son plagiaire, est mort, après avoir été directeur du théâtre de l'Odéon et *président de la Société des gens des lettres.* O vanité... des vanités !

Cette polémique, avec un chef du parti républicain, finit par mettre le comble à la réputation de Lacenaire ; l'assassin devint un homme à la mode. Il posa d'autant plus.

Enfin il était parvenu, à la veille de monter à l'échafaud, à ce qu'il voulait, il occupait le monde de son importance.

A la Force, profitant de la demi-liberté que lui accordait l'administration, en raison des services qu'il rendait par ses aveux sans réticence, Lacenaire formait cercle parmi ses nombreux admirateurs.

Et ils étaient nombreux ceux-là ; ils venaient de tous les coins de Paris et du monde ; les journalistes les plus en renom ne dédaignaient pas de le consulter.

Il fallait le voir assis près du poêle de l'infirmerie de la Force, donnant, ce qu'on appelle aujourd'hui des *conférences*, à l'élite du monde parisien, parlant de tout : art, politique, morale et religion.

Lacenaire ne manquait ni d'érudition, ni d'esprit ; il étonnait tous les interlocuteurs par la netteté de ses idées et par l'étendue de sa mémoire.

Au fond, cependant, ce n'était qu'un *poseur*; sa prodigieuse mémoire le servait bien mieux que la profondeur de son esprit.

Dans ses causeries qui rivalisaient d'élégance avec celles d'un avocat habitué à la parole, Lacenaire prétendait que tout se *réglait* sur la passion, *et que pour une passion on jouait sa tête.*

Nous y entrions le cadavre, nous l'y faisions cuire morceau par morceau. (Page 742.)

Lacenaire, en parlant ainsi, se jouait de son public; car Lacenaire était sans passion.

Il n'aimait que le bien-être. Il n'avait voulu vivre vite que pour mieux vivre. On ne lui connaissait pas un amour; il avait en dédain les femmes comme les politiciens !

Alors, pourquoi ce sceptique, si bien doué par l'intelligence, risqua t-il sa tête, en compagnie de brutes immondes? Pourquoi se fit-il assassin?

La question peut être résolue par le passage que nous trouvons dans un ouvrage intitulé : *Histoire des prisons de France*, de Th. Labourieu ; « Lacenaire était dévoré par une soif insatiable, *la soif calle*. Cette soif inextinguible est l'effet d'une organisation exceptionnelle qu'a décrit Raspail dans son *Manuel de la santé*, année 1851. »

A ce sujet, voici ce que dit ce savant de génie.

« J'ai beaucoup connu Lacenaire dans sa prison ; je sais qu'il regrettait toujours son métier d'homme de lettres. Il buvait *sans s'enivrer jusqu'à douze bouteilles de vin par jour* ; les prisonniers disaient qu'un grand verre de vin lui *tombait dans l'estomac comme un plomb*. Il était sobre pour la nourriture. C'est cette grande soif qui le jeta, après la faillite de son père, dans *l'affreuse* industrie qui l'a conduit à l'échafaud.

« Quel travail d'homme de lettres aurait pu se prêter au chiffre de ses besoins? »

Lacenaire, sans passion, était donc poussé par des besoins impérieux, plus fort que sa volonté ; il était tourmenté chaque jour par la *soif calle* !

Mais ce malheur, dit à son tour M. Cochinat, le curieux auteur de la *Vie de Lacenaire*, ne l'excuse pas, il ne fait qu'expliquer ses meurtres jusqu'à un certain point. »

Cochinat en parle bien à son aise !

Lacenaire, le tueur de femmes, ne montra pas que par son tiers-point l'aversion qu'il avait contre elles, il la leur prouva par ses pointes satiriques.

Matérialiste et viveur, il n'était rien moins qu'un héros de roman ; dans sa prison, les visites de *femmes* l'exaspéraient, parce qu'elles ne rapportaient rien à sa vanité.

Une dame de qualité lui ayant adressé une épître où cette nature exaltée plaignait *ses infortunes*, il lui répondit par ce quatrain cynique :

> Tu comprends, je le vois, à tes beaux sentiments,
> Tous les devoirs sacrés et d'épouse et de mère.
> Que ne suis-je un de tes enfants !
> Que ne suis-je plutôt celui qui t'en fait faire !

Cette dame n'avait que ce qu'elle méritait, en plaignant Lacenaire, l'assassin des Chardon, l'ami plus qu'intime de Bâton, le rival du frère de Sainte-Camille !

CHAPITRE X

L'INSTRUCTION

Rien de plus simple que l'instruction du jugement de Lacenaire.

Dès que les deux complices, Avril et François l'avaient *trahi*, il n'avait plus à se gêner devant le magistrat instructeur pour se vanter de tous ses crimes.

Avant tout, Lacenaire, esprit *glorieux*, dont les appétits brutaux étaient aussi violents que ceux de ses complices, n'avait qu'un but : se poser sur un piédestal, fût-il de boue et de sang.

Il n'avait qu'un désir, laisser une trace profonde, ineffaçable dans les annales du crime, en incarnant dans sa personnalité, le matérialisme, en l'entourant d'un prestige, qu'il tenait de ses dons intellectuels et surtout de sa prodigieuse mémoire.

Ce scélérat avait un cerveau aussi vaste que l'estomac. Il avait appris tout ce que l'Université avait pu lui apprendre. Il pouvait boire, sans se griser, jusqu'à dix bouteilles de vin.

Il tuait et buvait sans se désaltérer. Par un de ces contrastes de la nature humaine, Lacenaire qui, au dehors, avait des délicatesses de femme, des manières de petits maîtres, n'était au fond qu'un monstre insatiable et cruel ; il avait la grâce et la férocité du félin.

Dans son dossier fourni par l'instruction, on retrouva l'histoire de sa jeunesse.

Pierre-François Lacenaire est né en 1800. Son père, un honorable négociant de Lyon, avait fait sa fortune dans les fers. Malheureusement il posséda à son extrême maturité, une femme qui lui donna beaucoup d'enfants.

Sa fortune n'étant pas en rapport avec la nécessité de nourrir une nombreuse famille, M. Lacenaire père se livra à de malheureuses spéculations.

Lacenaire achevait son éducation ; lorsque les ressources de son père ne lui permettaient plus de faire son droit à Paris, il s'y rendit après la déconfiture de la maison de sa famille, pour y vivre d'expédients.

On le voit, tour à tour, chez un fabricant de soieries, dans une étude d'avoué, chez un notaire, puis dans une maison de banque.

La faillite de son père, qui a brisé sa carrière, ne fait qu'aigrir son caractère. Ses parents sont compromis dans leur position, par les pertes d'argent, que leur fait éprouver l'auteur de ses jours. Cela l'irrite de plus en plus. Il nie la famille, il nie Dieu; il se réfugie pour excuser ses premiers méfaits dans le matérialisme absolu et dans l'athéisme le plus effronté.

Il commet des actes d'indélicatesse qui le forcent à s'engager. Il fait la guerre de Morée. Il déserte, au dire de ses Mémoires, et il commet des faux. Il voyage en Suisse, en Italie, semant sa route de vols et de meurtres inconnus.

Il revient à Paris en 1829.

Pour se faire un nom digne de lui, il provoque au jeu le neveu du célèbre Benjamin Constant, il le tue dans un duel qui ressemble un peu à ses précédents assassinats, à l'étranger !

Ce duel est le premier acte de sa vie publique à Paris, il pose Lacenaire comme une nature étrange. Il accuse son organisation spéciale, heureusement très rare dans l'espèce humaine.

« La vue de l'agonie de mon adversaire, a-t-il avoué au juge instruc-
« teur, ne me causa aucune émotion ; car c'est une disposition particulière
« de ma nature, d'être d'une *insensibilité* qui n'est point *ordinaire*. »

Malgré ce duel ou à cause de ce duel, Lacenaire est repoussé du monde à la mode et désœuvré.

Lacenaire, pour vivre selon ses goûts, *lui qui a horreur du vide dans sa poche et dans son estomac*, recommence la série de ses escroqueries.

Il est condamné, en 1829, à un an de prison.

En prison, sa nature perverse se développe. Il apprend l'argot des voleurs et entame pour l'avenir des relations avec ses compagnons de captivité.

Ne pouvant plus briller au premier rang, dans l'élite de la société, sa nature dégradée l'attire dans les bas-fonds pour y briller encore.

Ses aveux, dans l'instruction, valent une confession ; ils forment le canevas de ses Mémoires dont les épisodes ont été peut-être amplifiés au profit de son orgueil.

Le vol et l'assassinat ne sont dans sa vie que des accidents. Les faux qu'il pratique journellement ont été la préoccupation de toute sa vie. C'est sur ce seul point qu'il se tait.

S'il n'a pas amassé des rentes dans son ignoble et secrète profession, c'est que ses besoins sont impérieux. Comme dit Raspail, ses travaux d'homme de lettres n'auraient pu les contenter.

Il vole pour mieux connaître en prison, ses complices, et les choisir quand il trouvera le moment opportun. Il assassine, quand il est las, dans son état de faussaire, de ne trouver qu'un état précaire ; il assassine pour assouvir sa cruauté, il s'en prend surtout aux vieilles femmes, aux garçons de recette et à ses maîtresses.

Sa tante, elle-même, ne trouve pas grâce devant son tiers-point.

C'est un monstre !

Il est heureux, il est fier de la terreur qu'il inspire.

Lorsqu'en 1833, il est pris pour la seconde fois et amené à la Force, avant de subir l'arrêt qui doit l'envoyer à Poissy, il fait la connaissance de détenus politiques qu'il charme par son érudition et par son intelligence.

Il leur montre, il leur lit des chansons politiques de sa composition contre le gouvernement.

Ces républicains qui préparent l'avenir de la France, sont séduits par son langage élégant, élevé. Ils sont frappés de la tournure originale de son esprit mordant, ils croient avoir trouvé leur homme, celui-ci leur répond :

— Je ne suis qu'un *voleur !* Après tout, vous qui voulez escamoter le pouvoir à votre profit, vous ne valez guère mieux que moi !

Il le leur prouve, quand, en prison pour la troisième fois, il signale à ces républicains le vol d'une de ses chansons satiriques commis par un des leurs !

Le désappointement qu'il cause dans le rang des *politiques*, vaut la terreur qu'il sème dans le camp des vaudevillistes et autres gens de théâtre.

Si M. Scribe n'est pas tué par son tiers-point, c'est qu'il ne refuse pas un secours d'argent à *ce confrère* malheureux. Si Jacques Arago, le bibliophile Jacob et tant d'autres, ne sont pas atteints par son arme meurtrière, c'est qu'ils encouragent les essais de sa plume ; Lacenaire est aussi accessible à la reconnaissance qu'à la vengeance.

C'est un curieux homme !

Il a la tête, par la conformation et les traits, d'une femme ; il a la main d'un vampire.

La moindre odeur lui fait mal. Il aime le luxe et le confortable, mais à l'occasion, il loge dans les bouges les plus infects, il boit avec ses ignobles complices, plus de dix bouteilles de vin, sans se griser.

« Ce qui l'a perdu, avoue-t-il au juge d'instruction, c'est moins l'inintelligence de ses complices que leur passion sans mesure pour la boisson.

« Il est certain, ajoute-t-il dans son orgueil, que j'étais une bonne fortune pour Avril et François s'ils eussent voulu suivre mes conseils, nous aurions fait fortune ensemble, car outre l'affaire de la rue Montorgueil, j'avais de vastes plans *inéchouables*. Avril avait du courage et de la résolution, François ne manquait pas d'une certaine énergie ; mais l'un et l'autre ne savaient résister ni au vin, ni aux femmes. C'est le défaut de presque tous les hommes de cette trempe. »

Lacenaire tout infatué de son mérite, est très sincère en dépeignant le caractère de ces deux hommes. Il savait se posséder, ses complices ne le savaient pas.

Lacenaire, un *monsieur*, qui connaissait le grec et le latin, qui avait un esprit plein de finesse et de calcul, ce dont étaient dépourvus Avril et François ; Lacenaire était pour eux un esprit supérieur. Ils subissaient sa puissance ; mais, par l'étendue de ses vues et les ressources de son esprit, c'était un censeur incommode dont ses complices redoutaient le contrôle et ils enviaient son autorité.

Comme ses faux ou ses vols, ses meurtres ont été très réfléchis. Il le prouva, un jour, au juge d'instruction.

Ainsi que nous le signalions au début de ce chapitre, Lacenaire, loin de se disculper devant la justice, étalait au grand jour ses plans criminels :

Il dit au juge d'instruction, à propos du meurtre manqué de la rue Montorgueil.

— Jugez, monsieur, si je sais *travailler*. Supposons que dans l'affaire Genevay, François, au lieu de s'enfuir comme un lâche, François eût tenu la porte, j'assassinais le garçon de banque. Ce n'était pas sans intention que j'avais choisi l'échéance du 31 décembre. Après l'assassinat je mettais le corps dans la manne, et j'emballais mon homme pour le porter à Bercy. Là, je louais un bachot. Je descendais la Seine, j'arrivais à Saint-Ouen, où m'attendait François dans une petite maison isolée. Nous y entrions le cadavre, nous l'y faisions cuire morceau par morceau. Restaient les os. J'emportais les os dans mon bachot, sous prétexte de pêche, et je les jetais en plein courant, par-ci par-là. Pendant ce temps-là, on cherchait en vain le garçon enlevé avec sa sacoche. On penchait naturellement à le prendre pour un voleur. Les recherches, comme celles opérées dans le domicile des Chardon, devenaient stériles, pour une tout autre cause que pour celle provoquée pour les Chardon : On sait qu'à cette époque du jour de l'an, les magistrats, comme les agents de la sûreté, par leurs relations de famille, ont bien autre chose à faire que de s'occuper de la chose publique.

Lacenaire, comme on voit, prévoyait tout ; aucun détail pour faire réussir ses meurtres, n'était omis. Ni le jour propice à l'assassinat, ni les moyens de son exécution n'étaient négligés.

Son idée d'anéantir un cadavre a été mise en pratique par Avinain. Il n'a rien oublié du plan exposé primitivement par Lacenaire ; ni la façon de dépecer un cadavre, ni la maison préparée pour cette exécution, ni le bachot pour le faire disparaître dans le courant du fleuve.

Quant au double meurtre des Chardon, Lacenaire le dépeint avec le même cynisme. Il expose le principal mobile qui était moins la cupidité que la vengeance. Il explique avec une lucidité qui ne l'abandonne jamais, pourquoi ce meurtre commis en plein jour, n'a été découvert que deux jours après ; les voisins partageaient, pour la plupart, les goûts infâmes de *la tante*, et ils étaient intéressés à ne pas laisser soupçonner la probabilité d'un crime.

« Et si, ajoute Lacenaire, la police s'est d'abord trompée sur les auteurs de ce double meurtre, c'est que ces derniers préparés à se disculper des vices possédés par eux et leurs voisins, devaient être aussi les premiers soupçonnés par la justice. »

Lacenaire était un homme plein de ruses et de calculs, quand il n'était pas dominé par une idée de vengeance.

La vengeance lui inspire des cruautés inutiles comme avec la Javotte. Il les explique, au moment où il combine l'assassinat de la rue Montorgueil. Il les explique encore par la double tuerie des Chardon, qui l'avait mis en goût et parce qu'il était altéré de sang! C'est un aveu sans fard!

A mesure que Lacenaire faisait ces précieuses dépositions, au grand dépit de ses complices, la police de M. Allard vérifiait l'exactitude de ses révélations; Caulaire, le bras droit d'Allard, trouvait toujours par les rapports de ses agents que Lacenaire disait la vérité.

— Il avoua un jour au juge d'instruction :

— Je veux dire toute la vérité. Nous devions, avant l'affaire de la rue Montorgueil, assassiner un garçon de recettes de M. de Rothschild. Nous avions loué en l'attendant, Avril et moi, une chambre rue de Sartines, c'est la répétition que j'ai faite avec François, rue Montorgueil, mais le garçon de recettes de la maison Rothschild ne vint pas!

Cette dernière révélation était une manière de charger Avril.

Alors le juge fit venir son complice. Il lui fit part des révélations de Lacenaire.

— Vous connaissez son caractère, lui dit-il, j'ai pu l'apprécier, il n'est pas menteur. Que dites-vous de sa révélation touchant la rue de Sartines?

— Là dedans, il y a du vrai, répondit Avril, excepté qu'il ne s'agissait pas d'assassinat, comme pour l'affaire de la rue Montorgueil *où je ne suis pour rien*. Je savais que Lacenaire devait commettre une escroquerie. Les escroqueries, en effet, c'est mon fort.

— Oh! reprit le magistrat en hochant la tête. Vous allez bien, Avril, jusqu'au vol avec violences ?

— Le vol avec violences, ça me va encore, continua-t-il, mais non l'assassinat.

— Qu'avez-vous donc vu rue Sartines ?

— J'ai vu Lacenaire, ajouta Avril, qui aiguisait dans la seconde pièce un tiers-point. Je lui demandai ce qu'il faisait là. Il me répondit : *J'affûte!*

Une fois Avril parti, le magistrat fit revenir Lacenaire. Il lui rapporta les propos d'Avril.

Lacenaire s'écria :

— Avril ment. Nous avons acheté ensemble, dans une petite rue, près du pont Notre-Dame, deux tiers-points bruts et nous les avons préparés dans la chambre de la rue de Sartines.

Lorsque le juge d'instruction revient sur l'affaire de Javotte et qu'il fait part des révélations de celle-ci se vengeant de Lacenaire qui a voulu l'assassiner, le bandit exprime un grand étonnement :

— Comment, Javotte me dénonce, mais je l'ai revue depuis le 18 janvier et j'ai bu avec elle.

— Quoi! lui dit le juge, cette femme a eu le courage de boire avec son assassin ?

— Sans doute, répond-il, Javotte avait ses raisons pour cela ; je lui ai vendu des objets provenant de vol ? De peur d'être compromise elle-même, elle m'a laissé tranquille.

Le mobile des révélations de Lacenaire, c'est toujours la vengeance. Il l'exerce contre ceux dont il a à se plaindre ; contre Avril, François et Javotte qui avaient juré de le faire prendre. Ils ont parlé, il les entraîne avec lui sur la route de l'expiation et de l'infamie.

Il commence son œuvre dans l'instruction, il l'achèvera dans le procès criminel.

Pour François dont la position misérable l'aurait forcé à tuer *un homme pour vingt francs*, pour cet indigent que Lacenaire a mis sur le chemin de la fortune en lui faisant partager ses crimes, pour Avril, que Lacenaire, après son arrestation, n'a pas craint de réclamer, au risque de se perdre, pour François et Avril qui l'ont trahi, comme Javotte, Lacenaire sera inexorable.

Il les dénonce à la police, il les dénonce au juge instructeur. Ce n'est pas tout, il les confondra devant les assises, lorsqu'ils voudront nier toute complicité avec lui.

Maître des assises par la vérité de ses aveux, par l'habileté à suivre des débats dont par son habileté, son éloquence et son esprit, il sera le véritable inspirateur, il fera venir un autre témoin qui confondra ses complices changés en ennemis.

Cet homme qui ne lui a nui que par sa faiblesse et par sa couardise, c'est Bâton. Il deviendra son vengeur.

En habile tacticien, Lacenaire le fera apparaître en face du tribunal pour confondre Avril et François, pour leur faire payer cher l'arrêt de mort qu'ils avaient prononcé contre lui dans sa dernière prison.

Lacenaire prévoit tout sur ce chemin de l'échafaud, qu'il s'est lui-même tracé.

Une foule immense accourut dans le sanctuaire de la justice. (Page 747.)

Bâton, jugé incapable de le seconder dans ses expéditions, le servira à l'audition des témoins.

Il jouera, par sa volonté, le rôle que remplit la Providence éclairant les dernières obscurités de son procès.

Si Bâton, obéissant à sa nature lâche et poltronne, n'ose parler, il le forcera, il le menacera par ses propres crimes, de laisser tomber ses paroles une à une contre ses ennemis. Il l'engagera à servir la vérité et la justice contre Avril et François.

Si Lacenaire ne peut être cru en raison de sa haine contre ses complices changés en ennemis, si les témoins du crime commis sur les Chardon en raison de leurs relations avec lui, ne peuvent faire prévaloir leur témoignage, si la victime de la rue Montorgueil, un jeune garçon de dix-huit ans, si des femmes, des enfants accourus sur les lieux du crime, n'ont pu reconnaître les complices de Lacenaire, Bâton les reconnaîtra, lui. Ne sont-ils pas ses amis de prison? Il reconnaîtra Avril qu'il n'a jamais quitté; François qu'il a embauché la veille de l'affaire de la rue Montorgueil.

C'est Bâton qui deviendra, par la volonté de Lacenaire, le *Deus ex machina* du procès.

Il attestera en public, ce qu'il a avancé dans l'instruction, et que, pour se blanchir, Avril et François ont toujours nié.

Il montrera François allant à Bâton au moment où la tentative de l'affaire de la rue Montorgueil vient d'échouer, allant coucher ensemble et changeant de costume avec Lacenaire.

François avait prétendu dans l'instruction, n'avoir connu Lacenaire que le 1ᵉʳ janvier 1835; il sera démenti par Bâton qui affirmera les avoir vus tous deux et les avoir mis en rapport le 30 décembre.

Lacenaire a déclaré dans l'instruction que François a fermé la porte de l'allée de la maison de la rue Montorgueil, après en être sorti. Bâton attestera au tribunal que François était arrivé, en effet, le premier, au rendez-vous assigné par Lacenaire, et que, quand Lacenaire arrivait à son tour, il disait à François :

— *Si je ne suis pas arrêté, ce n'est pas ta faute, tu m'as laissé en plan !*

Grâce à Bâton, excité par Lacenaire, le crime viendra river les deux complices à la même chaîne.

Avril et François, par une stupidité envieuse, avaient poussé Lacenaire vers la mort, Lacenaire, par représailles, les entraînait avec lui

CHAPITRE XI

LACENAIRE DIRIGEANT LES DÉBATS DE LA COUR D'ASSISES

Jamais procès ne fut plus curieux que celui qui se déroula devant les assises, le 12 novembre 1835. Lacenaire s'étudia, au profit de sa détestable renommée, à en devenir l'ironique et épouvantable héros.

Une foule immense accourut dans l'enceinte de la justice, pour connaître ce criminel fanfaron.

Elle devint, par son engouement pour ce bandit, la vivante satire de la société que Lacenaire désirait fustiger, ne pouvant la détruire.

Elle s'associa, dans son admiration mêlée de craintes pour sa monstrueuse idole, aux représailles que Lacenaire disait avoir à exercer contre cette société marâtre.

L'opposition, en flattant son odieuse personnalité, en acclamant les corybantes de sa détestable réputation, acheva d'en faire le dieu du jour !

Mais Lacenaire resta étranger à cette spéculation. Il avait une vanité plus haute.

Narguant l'opposition, le gouvernement et les lois, il tenait à se montrer au public tel que son insensibilité, secondée par une grande intelligence, lui permettait d'être : un Falstaff pour la débauche, un Don Juan pour l'égoïsme, une image vivante de ces dieux hindous, dieux aux mille bras armés contre l'humanité !

Lacenaire, niant Dieu et se faisant démon, s'incarnait dans le génie du mal pour représenter la fatalité.

Au fond, ce monstre n'était qu'un *poseur* ; il grandissait à l'ombre de l'arbre de l'école romantique en pleine floraison, cachant sous sa vaste intelligence, sous des dehors séduisants, la laideur de ses grossiers et ignobles instincts. Il les dissimulait à l'aide de ce principe : qu'un conquérant qui tue reste mieux dans la mémoire des hommes qu'un philanthrope qui les soulage.

Pour paraître rester fidèle à ce principe, quoiqu'au fond il n'obéissait qu'à sa nature scélérate, amoureux du confort, de l'élégance et du *bien vivre*, il a écrit ces vers, assez médiocres, par parenthèse :

> Oui, tu vivras, tandis que l'homme qui n'aura
> Jeté sur son chemin que des bienfaits mourra,
> Car si vous n'avez point fait pleurer sur la terre,
> Si vous avez passé consolant, solitaire,
> Si vous n'avez séché ni fait couler des pleurs,
> *Rien ne reste de vous*, lorsque l'orage gronde,
> Du jour qui détruit tout la trace est plus profonde
> Que du jour qui mûrit les fleurs.

Or, Lacenaire, qui avait fait répandre tant de sang et couler tant de larmes, était sûr de rester dans la mémoire de l'humanité.

Il montait à la gloire, en prenant l'échafaud pour piédestal ; sa vanité devait être contente.

Aussi est-ce le sourire stéréotypé sur les lèvres, sourire qui ne disparaît pas devant le tableau de ses épouvantables forfaits, que Lacenaire se montre devant le tribunal.

Il a l'ironie sur les lèvres, l'ironie dans les yeux ; il n'a que du dédain pour un tribunal dont il parvient, par son intelligence, à diriger les débats. Il n'a que du mépris pour ses vulgaires complices, Avril et François, dont il se joue des impuissantes inimitiés !

A l'ouverture de l'audience, les apprêts, fournis par les pièces à conviction, sont des plus sinistres ; on y voit des vêtements d'homme et de femme, un sac de paille imitant un sac d'argent, un panneau de porte où est écrit à la craie le nom de *Mahossier*, un tiers-point et une hache.

Lacenaire, Avril et François entrent, après le tirage au sort du jury.

Lacenaire paraît le premier, il salue le tribunal et le public, comme le ferait un comédien en vogue ; il paraît très sensible au vif mouvement de curiosité qu'il a produit ; puis, placé au banc de l'infamie, il sourit à son avocat et se met à causer avec les deux gendarmes, au milieu desquels il est assis.

Avril et François, placés derrière cet élégant qui aurait pu être *du meilleur monde*, ont des allures d'ouvriers vulgaires : l'un paraît profondément affecté, l'autre baisse la tête et semble inerte.

Toutes les précautions ont été prises, en vue d'une collision probable entre les trois accusés. La garde a été doublée ; deux agents de police, placés derrière chacun d'eux, surveillent leurs moindres mouvements.

M. Dupuy, conseiller à la cour royale de Paris, préside le tribunal. M. Lafosse, l'avocat général, occupe le siège du ministère public.

Par exception, le principal accusé va rendre à M. Lafosse la besogne facile, en s'accusant lui-même.

Tout l'intérêt des débats est dans la position respective des accusés entre eux.

Lacenaire, pour se venger de ses complices qui l'ont amené à la barre, va faciliter la tâche du ministère public, en réfutant pied à pied les défenses de François et d'Avril, et prenant forcément le rôle de l'avocat général.

Juge et partie, il sera plus maître des débats que les juges eux-mêmes.

Frais et jeune visage, tournure élégante, désinvolture frivole, ennuyée ou dédaigneuse, voilà l'aspect de ce tueur de femmes et des garçons de recettes. Il se frise avec complaisance la moustache taillée à la dernière mode et jette des regards distraits sur l'auditoire et le tribunal.

Ces détails gracieux contrastent avec la sinistre majesté du lieu, la gravité des accusations et l'apparence piteuse de ses coaccusés.

Lacenaire est vêtu d'un habit bleu à collet de velours, à la dernière mode et d'un pantalon noir. Il tient à la main un mouchoir de fine batiste, avec lequel il se caresse la figure avec complaisance.

Il se remue sur son banc avec humeur, comme un homme qui se plaint, intérieurement, d'être mal assis !

Son air agacé et contraint n'efface pas son sourire ironique. Il a des tressaillements d'impatience, en écoutant la lecture de son acte d'accusation.

Lorsque le greffier donne la lecture des documents recueillis sur les dépositions des trois accusés, concernant les crimes de Lacenaire, celui-ci conserve d'abord une attitude distraite, presque indifférente.

Il ne s'émeut que par les erreurs dont fourmille cet acte d'accusation; il murmure à plusieurs reprises, en secouant la tête :

« — Ce n'est pas ça ! ce n'est pas ça ! »

Puis, après avoir jeté à Avril et à François des regards de froid défi auxquels ils répondent par des attitudes provocatrices, Lacenaire se renferme dans son sang-froid et s'endort !

La lecture dure près de deux heures.

L'acte d'accusation lui a donné trente-deux ans, et il en a trente-quatre ! En 1829, il le fait condamner comme vagabond ; c'est une autre erreur; et il lui donne pour prison celle de Clairvaux où il n'a jamais été.

— Je rétablirai les faits dans l'interrogatoire, dit Lacenaire, une fois la lecture terminée, et en se passant les mains dans les cheveux.

Après l'appel des quarante-neuf témoins qui doivent figurer dans le procès, on fait retirer Avril et François, pour procéder à l'interrogatoire de Lacenaire.

Dès le début, le président a la tâche facile. L'accusé va au-devant de toutes les questions ; il y répond avec une lucidité qui étonne le tribunal et captive l'auditoire :

— Accusé, lui demande M. le président à Lacenaire, comment vous appelez-vous ?

R. — Pierre-François Lacenaire.

D. — Votre âge?

R. — Trente-cinq ans.

D. — Votre profession ?

R. — Ancien commis voyageur.

D. — Connaissiez-vous Chardon ?

R. — Je l'ai connu en prison, en 1830.

D. — Alliez-vous chez lui, après sa sortie de prison ?

R. — Je n'y suis allé qu'une seule fois.

D. — Savez-vous si, de son côté, Avril allait le voir ?

R. — A ma connaissance, il y est allé trois fois.

D. — Savez-vous si Avril a offert à un nommé Fréchard de l'aider dans l'assassinat?

R. — Je l'ignore.

D. — Dans la matinée du 14 décembre, êtes-vous sorti du garni avec Avril ?

R. — Oui, à onze heures, nous avons été déjeuner à une barrière de la Courtille. Nous sommes restés jusqu'à midi et demi pour nous concerter sur l'affaire Chardon.

D. — Pouvez-vous préciser les faits?

R. — Parfaitement, répond Lacenaire d'un ton dégagé.

D. — Vous aviez dû vous munir des moyens de mettre à exécution votre affreux projet? Vous aviez un carrelet? Qu'avait-il, Avril? Allait-il pour vous aider? Quels étaient les conventions, les rôles distribués ?

R. — Les rôles avaient été distribués tels qu'ils ont été joués. Avril a serré le cou à Chardon pendant que je le frappais. Comme il se débattait encore, Avril s'est saisi du merlin et l'a *achevé*.

Il se produit un mouvement d'horreur dans la salle. Lacenaire ajoute d'un ton imperturbable :

— Moi, je me retirai, j'avais affaire ailleurs !

D. — Où êtes-vous allé ?

R. — Dans la chambre de la femme Chardon. Quand Avril *finissait* le fils, moi, je commençais à frapper la mère. Je lui ai porté plusieurs coups, et quand j'ai pensé qu'elle ne pouvait plus se défendre, j'ai bousculé le matelas.

D. — Avril vous a-t-il aidé dans ce second assassinat ?

R. — Non. Je l'ai fait seul.

Lacenaire entre dans des détails déjà connus, au sujet de ce double crime. Il les énonce en très bons termes, avec une précision qui égale son sang-froid.

Il donne de minutieux détails sur les localités du passage du Cheval-Rouge, sans s'émouvoir, et d'un ton très correct. Toutes ses expressions sont techniques, irréfutables, il les donne comme un professeur ferait une leçon à ses élèves. Aidé de sa prodigieuse mémoire, il répond au président qui lui demande à quelle heure s'est commis le crime ?

R. — A une heure *moins cinq minutes*. J'ai entendu sonner une heure, lorsque je fracturais l'armoire.

D. — Après l'attentat, vous avez été dîner avec Avril. Où passâtes-vous le reste de votre soirée ?

R. — Au théâtre des Variétés ?

L'auditoire a un mouvement de surprise, mêlé d'effroi.

D. — Et Après. N'avez-vous pas passé la nuit chez un nommé Soumagnac ?

R. — Pardon, monsieur le président, vous faites une méprise, c'est dans l'affaire Montorgueil que nous avons été chez Soumagnac.

(Nouveau mouvement de surprise.)

D. — Alors, que faisiez-vous à votre sortie du spectacle ?

R. — Nous nous rendions dans une maison de filles. Quelques jours après Avril s'y faisait arrêter.

D. — Pourtant Avril prétend, dans l'instruction, que le jour de cette arrestation est le jour où le crime contre les Chardon a été commis.

R. — Il ment.

D. — Il dit qu'il y avait dans le crime des Chardon un troisième complice.

R. — Il ment encore.

D. — Si Avril n'avait pas été arrêté, ne vous aurait-il pas aidé dans l'assassinat de la rue Montorgueil ?

R. — Evidemment.

Après cette affirmation, le président passe à l'affaire de la rue Montorgueil. Lacenaire avoue comment privé d'Avril, depuis son arrestation, il s'est abouché avec François par l'entremise d'un tiers.

Mais il ne veut pas nommer encore Bâton, son ancien camarade. Il se réserve de le faire paraître à la barre, si Avril et François, pour dérouter la justice, nient les affirmations de Lacenaire.

Avril et François, en effet, nient être les ordonnateurs de leurs crimes ; ils démentent les faits racontés précédemment.

Le président dit à Avril que pourtant Lacenaire s'accuse seul de l'assassinat de la veuve Chardon et que cet aveu désintéressé dépose en faveur de sa sincérité; mais Avril répond :

— Vous ne voyez donc pas, monsieur le président, que Lacenaire *vous bat contois*.

En terme d'argot, battre contois, c'est mentir sur quelqu'un par vengeance ou dans un but intéressé.

M. le président, pour confondre Avril, retrace avec une grande fidélité tout ce que Lacenaire a dit avant lui. Ensuite, il fait venir François. Il lui demande à quelle époque il a connu Lacenaire.

François s'écrie : le 1ᵉʳ janvier.

Lacenaire répond, en se levant et avec un sourire à l'adresse du président :

— François n'a pas la mémoire bien fidèle. Je l'ai connu depuis la fin de décembre.

Le président ajoute :

— S'il était vrai que vous n'eussiez connu Lacenaire que depuis le 1ᵉʳ janvier, toute l'accusation à votre égard disparaîtrait. Il serait prouvé que vous n'avez pas commis avec lui le crime du 31 décembre.

François. — Comment aurais-je commis un crime le 31 décembre ? J'étais alors à Issy.

Le président. — Vous étiez aussi avec Bâton, chez votre ami Soumagnac. Or, messieurs les jurés ne confondront pas le véritable Bâton, aujourd'hui connu, avec Lacenaire qui portait alors le nom de Bâton.

Lacenaire, à cette confusion de nom concernant les Bâton, ne peut contenir son hilarité.

Le président :

— N'avez-vous pas été chez votre tante avec Lacenaire et Bâton ?

R. — Quel Bâton ?

Lacenaire rit à se tenir les côtes.

D. — Non pas Lacenaire, mais le véritable Bâton, celui qu'on nommait Alphonse ?

R. — Je connais deux ou trois Alphonse, comme je connais plus d'un Bâton.

Le président :

— Il est résulté de la procédure que vous avez dîné le 31 décembre avec Lacenaire, si je ne me trompe.

Lacenaire :

— Pardon... nous faisons fausse route et vous faites erreur, monsieur le président. J'ai couché et non dîné chez Soumagnac. Quand nous sommes entrés, Soumagnac n'y était pas. Quand il revint chez lui, nous étions deux. Soumagnac demanda à François qui j'étais, il répondit que je m'appelais Bâton.

François. — C'est faux ! absolument faux ! Vous êtes un fourbe.

Le président :

— Pas d'injures ! Ne vous permettez pas d'expressions semblables et répondez : Connaissez-vous Alphonse Bâton ?

Bâton recherché en vain, depuis quelques jours dans Paris, a été trouvé en quelques minutes, à la Préfecture de police. (Page 764.)

R. — Je le répète, je connais plusieurs Bâton.
D. — Pourquoi appeliez-vous Lacenaire, Bâton ?
R. — C'est faux !
Le président :
— Messieurs les jurés remarqueront qu'à partir du 31 décembre, celui que Lacenaire déclare avoir été son complice, le nommé François, ne le quitte plus. Il reste avec lui jusqu'au 6 janvier.

François :

— C'est faux! C'est *monsieur* Lacenaire qui vous a fait avaler *toutes ces couleurs*. Parbleu! M. Lacenaire est instruit ; c'est un homme qui peut se défendre supérieurement. Il est homme à en vendre six comme moi qui ne sais ni lire ni écrire. Il est homme, comme disait M. Allard, à vous retourner comme un gant.

Le président :

— Lacenaire, prétend que le 1er janvier vous avez changé d'habits avec lui?

— Encore une couleur. Ma taille est trop élevée pour la sienne. D'ailleurs, j'avais une veste, une veste de chasse, elle ne pouvait aller à la sienne. En disant qu'il a emporté ma veste, il a dit une *bêtise!*

Lacenaire :

— J'avoue que j'étais gêné dans sa veste, mais une veste de chasse va à toutes les tailles.

François :

— Comme ta langue de vipère! lâche, qui se prête à toutes les calomnies. Tu me prends ma veste pour mieux me découvrir.

A ces mots, Lacenaire rit aux éclats.

L'avocat de François s'écrie :

— Le système de Lacenaire est évidemment de perdre François et Avril.

Le président, sévèrement :

— Vous direz cela dans votre plaidoirie!

Le président :

— François, vous avez été arrêté et condamné pour un autre délit que celui de la rue Montorgueil. On poursuivait les auteurs de la tentative d'assassinat commis sur Genevay. Il paraît que, fort indiscrètement, vous avez fait des révélations contre Lacenaire, et Lacenaire, à son tour, sachant que vous l'aviez fait connaître comme l'auteur de ce crime, vous a dénoncé à la justice.

Le président ajoute :

— Indépendamment de ce crime, l'accusation vous reproche le vol d'une pendule à l'étalage de la rue Vivienne.

R. — Je ne sais ce que cela veut dire.

L'avocat de François demande à Lacenaire :

— Le principal accusé n'a-t-il pas raconté à un camarade de prison les circonstances du passage du *Cheval-Rouge*, en se disant innocent et en désignant les auteurs.

Lacenaire :

— Je ne me rappelle rien de semblable. J'ai révélé le nom de mes complices ; et je me suis bien gardé, dans l'*intérêt* de la vérité, de me faire innocent!

L'avocat de François, avec force :

— Lacenaire a fait cette déclaration à un détenu à la maison de travail de Melun, à un nommé Grobetty.

Le président :

— La déposition d'un condamné ne peut être entendue à titre de témoignage.

Avril, avec vivacité :

— Grobetty peut prêter serment. Il n'est pas condamné à une peine afflictive. Je le sais bien, moi, puisqu'il n'est condamné qu'à *trois ans* ; et le *minimum* des peines infamantes est de cinq.

Un murmure d'hilarité se fait entendre dans l'auditoire, en sachant Avril si fort sur son code pénal.

L'audience, dans laquelle les rôles sont intervertis, est renvoyée au lendemain.

Lacenaire, en se retirant, caresse sa moustache avec fatuité. Il dit assez haut dans l'auditoire pour être entendu par le plus grand nombre :

— Je ne puis pourtant pas diriger toujours les débats et remplir l'office d'avocat général. En vérité, la justice m'en laisse trop faire !

CHAPITRE XII

NOUVELLE AUDIENCE — LES VENGEURS DE LACENAIRE :
FRÉCHARD ET BATON

Le lendemain, 13 novembre, le tribunal procéda à l'audition des témoins. Comme on le verra, par la physionomie de cette nouvelle séance, ce fut Lacenaire qui fit venir à la barre les principaux témoins de ses crimes, pour mieux confondre ses complices.

Lacenaire était le *Deus ex machina* de son procès.

« Les débats, écrit M. Léon Gozlan en 1836, c'est Lacenaire. Il les a
« dirigés lui-même, par une *inexplicable complaisance* du président, subju-
« gué, il paraît, comme le reste du barreau ! »

Il semblait en effet, depuis l'ouverture des assises, qu'il y eût deux tribunaux dans l'enceinte de la justice : le prétoire où siégeait la magistrature, le banc de l'infamie où trônait Lacenaire. Il apparaissait moins à la barre, pour se défendre que pour accuser ses complices.

« A dix heures, écrit à son tour M. Cochinat, les accusés sont introduits.

« Lacenaire a conservé son assurance et sa sérénité de la veille. Il prie son avocat, qu'il accueille avec un sourire affectueux, de lui communiquer quelques journaux où se trouvent rapportés les détails de la séance de la veille.

« Il parcourt avec attention le *Journal des Débats*, il demande une plume, fait quelques observations en marge de la feuille et prend des notes. »

Il se caresse avec complaisance la moustache, se passe la main dans les cheveux, daigne répondre avec un grand laisser aller à quelques avocats qui viennent le consulter.

Bref, *il pose*.

Avril et François gardent leur attitude humble, sournoise, dont l'aspect résigné n'est pas exempt de menaces.

Les mesures prises en vue d'éviter une coalition entre les trois accusés, ont été redoublées. Le prétoire est entouré de gendarmes et garni de dames élégantes.

L'attitude de Lacenaire, ce dandy assassin, en butte aux représailles de ses grossiers associés, a redoublé la curiosité publique. Elle a rendu ce monstre presque intéressant.

Les médecins entendus pensent, d'après le couteau à la lame brisée, laissé avec le tiers-point, que l'assassinat du passage du Cheval-Rouge a dû être commis par trois personnes.

Lacenaire en fort bon terme et en employant au besoin des expressions techniques, soutient que le meurtre n'a été commis que par Avril et lui.

Il explique la présence du couteau brisé.

— Remarquez-le bien, termine-t-il en s'adressant à la fois au tribunal et à l'auditoire. Remarquez-le bien, le bout du couteau a été trouvé sur le lit de sangle de la veuve Chardon; si le couteau se fût brisé sur un os, le fragment fût resté dans la plaie. Si on s'en fût servi comme pesée après le crime, l'effraction eût conservé des traces de sang.

Le président appuie par un geste de tête les observations fort justes de l'accusé et qui le dispensent de les lui faire lui-même.

Une logeuse, la femme Duforest, affirme que Lacenaire a couché chez elle dans la nuit du 31 décembre.

Lacenaire lui prouve qu'elle est dans l'erreur et qu'il est parti le matin du jour qu'elle indique.

Mme Duforest s'en remet aux *lumières* de M. *Lacenaire*.

Sur son désir, on fait venir à la barre l'amant de la femme *Serpent*, celle qui était la messagère *d'Avril et de François*, pour l'attirer dans un guet-apens mortel.

C'est le nommé Fréchard.

Aux termes de la loi, ce condamné à une peine infamante, ne devrait pas témoigner. Lacenaire a désiré qu'il fût entendu, parce que sa déposition peut être très grave contre Avril.

On ne saurait rien refuser à Lacenaire qui déjà a tant rendu de services à ses juges.

Fréchard paraît.

Sa présence inspire le plus grand intérêt, sa cécité, la dignité de son attitude, l'élégance de son langage lui gagnent tous les suffrages de l'auditoire.

Aveuglé par l'amour, c'est un titre de plus pour qu'il soit bien accueilli de la partie féminine.

A son entrée le président dit à Fréchard :

— Condamné à une peine afflictive et infamante, vous ne pouvez prêter serment ; mais je vous engage à dire vérité sans vous laisser influencer par aucun motif de haine et de vengeance.

R. — Je la dirai, messieurs, et j'espère que vous serez convaincus par mes paroles que ce n'est ni la haine, ni la vengeance qui me fon parler. Pour me faire comprendre, je suis obligé de remonter à une époque antérieure au double assassinat.

A ce début, Lacenaire fait un signe approbatif, le maître est satisfait de la réponse de son élève.

— En 1832, continue Fréchard, j'étais à Poissy avec Avril, je travaillais dans le même atelier que lui. J'avoue que son voisinage m'était fort désagréable. Un jour Avril voulut frapper notre gardien dans le dos, avec un couteau fabriqué de ses mains. Au risque d'encourir le mécontentement de mes camarades, je sautai sur lui et lui relevant le bras par derrière, je fis remonter le couteau qui me blessa légèrement au front.

A cette époque, j'aimais une femme, ma compagne, une nommée Stéphanie Certain; elle avait été condamnée en 1831, le 22 septembre, ma complice était citée parmi celles qui se livrent de bonne heure au crime.

Ce n'était pas sans raison qu'on la surnommait *Serpent*. Elle m'a donné des preuves de sa cruauté, en me privant de la vue, dès que je me suis refusé à suivre les conseils d'Avril.

Lorsque Avril et moi nous fûmes sortis de Poissy, je le reconnus un jour sur les boulevards extérieurs. Je ne le reconnus pas. J'étais sorti de Poissy, presque aveugle, brouillé avec Serpent, à cause de mon infirmité j'étais alors avec une autre maîtresse, Flore Bastin.

Avril croyant que j'étais avec *Serpent* ne se gêna pas pour me renouveler ses propositions, au sujet de plusieurs affaires de son métier. D'abord pour que je le reconnusse plus facilement il m'appela Brutus, Brutus est un sobriquet qui m'a été donné en prison, parce que je déclamais souvent les vers de la *Mort de César*. (On rit.)

Nous rentrâmes tous les trois chez un marchand de vins, Avril n'avait pas d'argent. Je le régalai. C'est l'*Anglaise,* la *Serpent ?* me demanda-t-il, en me montrant ma maîtresse et en me faisant un signe d'intelligence. Il croyait que c'était la femme dont je lui avais montré les lettres à Poissy, et ne gardant plus aucune mesure, il me dit :

— J'ai une *chouette* affaire *sur la planche*. Il s'agit de buter une tante, la tante Chardon dont la saignée rendra dix mille balles ; pour *ton fade*, on t'en aboulera trois mille. Lacenaire qui a conçu l'affaire, consent à ce que tu en sois.

Figurez-vous, messieurs, l'effet que dut faire ce propos sur ma maîtresse qui n'était pas du calibre de la Serpent, ses cheveux s'en dressèrent sur la tête.

Quant à moi, je lui dis que je n'étais pas pour la *saignante*. Je payai la consommation, et nous sortîmes de chez le marchand de vins.

— Je suis au *vague !* (1) me dit-il, un autre jour, lorsque je rencontrai encore Avril qui n'avait pas de quoi dîner, veux-tu m'en faire sortir, en venant avec moi buter Chardon ?

Je refusais tout en lui payant à dîner.

Deux jours après, Avril revint avec Lacenaire pour me décider. Je refusai toujours. Nous allâmes déjeuner ma maîtresse et moi et ils partagèrent notre réfection. Depuis je n'ai plus vu Avril.

Il fut arrêté le 11 décembre, et c'était le dimanche d'avant.

Lacenaire approuve la déposition de Fréchard, et confirme les dates si importantes.

Avril se remue avec impatience et s'écrie après Fréchard.

— Tout cela est autant de menteries ! Je suis sorti de Poissy le 25 novembre. Il n'est pas probable, ne sachant pas surtout ce qu'était devenu Fréchard, après ma sortie, que je l'aurais rencontré à l'instant même.

Lacenaire, en haussant les épaules.

— Mais Avril sait parfaitement qu'entre détenus, on se retrouve toujours. Avril sait bien qu'il m'a dit qu'il avait parlé de l'affaire à Brutus, qui lui avait répondu que cela ne lui convenait plus. Je lui en parlai à mon tour. Il me dit : Ma foi, cela ne me convient pas !

Avril avec vivacité :

— Tout cela est faux ; c'est de la calomnie pour me perdre.

Le président :

---

1. Il cherche à voler.

— Quel intérêt supposez-vous qu'ont Lacenaire et Fréchard à mentir sur vous... Que leur adviendra-t-il?

Avril. — Ah! ce qu'il leur reviendrait! A Lacenaire d'abord, la chose de me perdre avec lui! A Fréchard, de ne pas aller aux galères! Voilà!

Fréchard. — Je suis condamné à perpétuité; mais j'ai perdu la vue, les médecins le constatent. Pour éviter le bagne, je n'ai donc pas besoin d'être le délateur d'un innocent.

Lacenaire, d'un ton dégagé et ironique :
— Puis-je faire une question à Fréchard?

Le président. — Oui.

Lacenaire. — Avril a dit qu'il n'avait pas d'argent à sa sortie de Poissy, pourtant il prétend m'avoir donné cent francs pour acheter des meubles rue Montorgueil.

(Mouvement, Lacenaire regarde Avril et sourit à son complice atterré.)

Avril murmure :
— Lâche canaille!

Le président sévèrement à Avril :
— Répondez autrement que par des insultes!

Avril. — J'avais si bien de l'argent que j'ai payé une oie à Fréchard; cela m'a bien coûté quinze francs.

Le président. — Donc vous étiez en rapport constant avec Fréchard.

Fréchard. — C'est vrai, c'est la seule fois où je lui ai vu des écus.

Flora Bastin, couturière, maîtresse de Fréchard. — En effet, Avril est venu plusieurs fois proposer à Fréchard de *buter* un *zig* qu'il désignait sous le nom de la *tante*. Il prétendait qu'il y aurait trois mille francs à gagner.

Fréchard a toujours refusé.

Avril en haussant les épaules :
— Fréchard et sa maîtresse sont de petits saints, quoi! Mais qu'on lise l'interrogatoire de Fréchard pendant l'instruction, on verra que ce n'est pas tout à fait ça.

M. le président sur le désir d'Avril, fait la lecture invoquée par ce dernier; les réponses de Fréchard sont les mêmes. Lui et Lacenaire triomphent sur toute la ligne.

C'est au tour de François à être mis sur la sellette par Lacenaire. Il va préparer un incident qui dessinera d'une façon plus marquée, la haine profonde que se portent les coaccusés.

Lacenaire, après la déposition de Fréchard, demande la lecture du procès-verbal ayant rapport aux violences dont il a eu à se plaindre, suscitées par François et Avril.

François répond, en serrant les dents, à la fin de la lecture du procès-verbal.

— Si je ne me suis pas vengé moi-même, c'est qu'on y a mis bon ordre.

François va payer cette parole à l'adresse de Lacenaire.
Celui-ci répond d'un air narquois :
— *Monsieur* François soutient-il qu'il ne m'a connu que le 1er janvier?
— Toujours ! dit-il avec assurance.
Lacenaire reprend :
— Alors ce n'est pas moi qui vais le confondre, c'est Bâton !
En effet Bâton, le précurseur mystérieux du complice de Lacenaire, paraît tout à coup à la barre.
Sur une dénonciation de Lacenaire, Bâton, recherché en vain depuis quelques jours dans Paris, a été trouvé en quelques minutes à la Préfecture de Police.
Il paraît aux pieds du tribunal.
L'apparition de ce Bâton introuvable, presque fantastique, produit sur François l'effet de Banco !
Bâton semble tout aussi stupéfait que lui. Il jette des regards sournois, indécis et craintifs sur les bancs des accusés.
Lacenaire lui sourit d'un air engageant.
Le président s'adresse à Bâton en regardant particulièrement Lacenaire.
— Connaissez-vous les accusés ?
Bâton. — Je les connais tous les trois.
D. — Il paraît que vous les connaissiez tous les trois d'une manière particulière.
Bâton, avant de répondre, semble chercher l'approbation ou la désapprobation de Lacenaire.
R. — Je les connais, sans les connaître.
D. — Voyons, souvenez-vous, avez-vous parlé à François et à Avril?
R. — Je ne me rappelle pas.
(Il jette un regard furtif sur François qui paraît de plus en plus troublé.)
Enfin sur les regards encourageants de Lacenaire, Bâton se décide à parler. Il dévoile ses relations avec François, son entrevue avec Lacenaire, avant leur rendez-vous pour l'affaire de la rue Montorgueil.
François retombe accablé sur son banc. Il se sent perdu; Lacenaire l'a voulu.
Une joie haineuse illumine sa figure. Il veut parler pour corroborer la déposition de Bâton, François l'interrompt avec violence.
— Ah ! ça ! s'écrie-t-il, il n'y a donc que pour lui à parler, ici, on n'entend que lui, on ne veut donc pas me donner la parole?
L'avocat général :
— Parlez, accusé, dans votre système, vous n'avez connu Lacenaire que le 1er janvier, jour qui a suivi la tentative d'assassinat, vous ne l'aviez

Un autre jour, il s'élève jusqu'à Dieu, après l'avoir nié. (Page 108.)

LIV. 96. — LES CRIMINELS CÉLÈBRES. — ÉD. J. ROUFF ET Cⁱᵉ. — LIV. 96.

jamais vu jusque-là, disiez-vous, et voilà Bâton qui déclare que vous vous êtes trouvé avec lui et Lacenaire, le 31 décembre au soir.

François se rassied et cache sa tête dans ses mains.

Lacenaire triomphant :

— Voilà, monsieur le président, comment les choses se sont passées. François est véritablement sorti le premier de la rue Montorgueil, il m'a même enfermé. Bâton n'était pas chez lui, j'ai été passer une demi-heure dans un cabinet littéraire, je suis retourné ensuite chez Bâton, où j'ai trouvé François.

François, au paroxysme de la colère.

— Mais il est donc avocat général, à présent !

Le président :

— Vous avez le droit d'être avocat général de même ; faites vos observations.

François courbe la tête et se tait.

Lacenaire est vengé par Bâton contre François, comme il a été vengé d'Avril par Fréchard.

Il pousse une exclamation de joie où perce sa haine satisfaite.

Maintenant la conviction des jurés est bien établie comme celle des magistrats. Lacenaire a fait la lumière sur ses complices qui, les premiers, l'ont poussé vers l'échafaud.

La justice se fera pour tous les trois. Lacenaire est vengé !

CHAPITRE XIII

LE RÉQUISITOIRE, LE DISCOURS DE M. LACENAIRE ET L'ÉLOQUENCE BRUTALE DE L'OUVRIER FRANÇOIS

Depuis l'apparition de Bâton, le tribunal, grâce à Lacenaire, n'avait plus qu'à se prononcer. La cause était entendue.

Lacenaire, jusqu'au dernier moment, avait rusé avec François, comme avec Avril.

Ses raffinements de vengeance s'étaient exercés avec plus de cruauté encore sur François dont il avait particulièrement à se plaindre, par le rôle qu'il avait joué au milieu de ses meurtriers.

« François, écrit M. Cochinat, le complice de Lacenaire, dans l'affaire de la rue Montorgueil, aurait eu de grandes chances de sauver sa tête, si le figurant de l'Ambigu avait pu se taire jusqu'à la fin.

« Le silence aurait maintenu dans l'esprit des jurés le doute sur sa coopération à ce crime.

« D'abord il fut rassuré sur son sort, quand il eut acquis la certitude, après la lecture de l'acte d'accusation, que Bâton ne se trouvait pas parmi ceux qui avaient déposé contre lui.

« Mais c'était là, ajoute M. Cochinat, un *coup* qu'avait monté Lacenaire contre son dénonciateur. Il savait où se trouvait Bâton, ce même Bâton que la justice avait cru, un instant, être le troisième meurtrier de Chardon, par le couteau ébréché trouvé dans la maison des deux victimes.

« Et Lacenaire, comme on l'a vu précédemment, s'empressa, au moment opportun, de mettre la justice sur les traces de Bâton, qui dévoila l'action du double drame exécuté par les trois meurtriers.

« Une fois la lumière faite sur tous ces lugubres incidents, M. Lafosse, procureur général, se lève.

Lacenaire, qui affectait un air distrait et ennuyé, cesse de faire la lecture d'un journal. Il se croise les bras, tend l'oreille et s'apprête à écouter avec la plus grande attention le réquisitoire du ministère public.

« — Messieurs les jurés, s'écrie M. Lafosse, c'est avec un douloureux étonnement que, depuis plus d'une année, on a vu se renouveler à Paris, une multitude d'assassinats, exécutés avec une audace, une cruauté inouïes, quand on se reporte au point où la civilisation est parvenue en France, dans un pays longtemps renommé pour la douceur de ses mœurs.

« On s'est demandé avec effroi, si la vie humaine avait cessé d'être protégée, si une association mystérieuse, impossible d'atteindre, ne se faisait pas un jeu de tremper ses mains dans le sang. Il est cruel que la solution de cette question ait été à se faire si longtemps attendre.

« Aujourd'hui commence à se dérouler devant vous, la série de ces tragiques forfaits, et dès à présent, si nous ne nous trompons, vous avez le mot de cette terrible énigme.

« Oui, messieurs, il existe des hommes pour lesquels l'assassinat est *une affaire*, des hommes pour lesquels l'assassinat n'est pas un accident, le paroxysme de la colère, la mauvaise pensée d'un moment ; mais une habitude, une profession.

« C'est assez vous dire à quels termes nous réduisons la cause. Il y a dans l'accusation un vol, commis la nuit par deux personnes. Il y a des faux nombreux en écriture de commerce, en écriture privée. Tout cela serait grave partout ailleurs ; ici, ce n'est absolument rien ; nous n'en parlerons pas, nous nous bornerons à recueillir le sang versé, et au nom de l'humanité, nous viendrons demander réparation. »

Ici le réquisitoire développe les faits sanglants déjà relatés au début de ce récit et dans la procédure, ces incidents sont connus.

Il est terminé par une appréciation toute nouvelle sur la situation du principal accusé : Lacenaire, à la fois accusé et accusateur !

Elle répond à l'avance aux critiques qui pourraient être faites touchant Avril et François dénoncés par leur inspirateur.

« Il est une objection, souvent répétée, ajoute le procureur général, que la défense ne manquera pas de reproduire. Pour condamner, vous dira-t-on, il faut des témoignages irrécusables. Or, Lacenaire n'est pas un témoin, c'est un accusé ! Les déclarations d'un accusé ne prouvent pas contre ses coaccusés.

« Mais, messieurs, il ne faut au jury, ni preuve, ni présomption, il ne lui faut, la loi le dit : qu'une conviction, et cette conviction, il la prend partout.

« Vous croirez un accusé, quand cet accusé même serait un Lacenaire.

« Lacenaire ne s'attend pas sans doute à trouver son éloge dans notre bouche ; mais son seul mérite a été de prendre son parti, et il a reconnu qu'après le crime, une seule chose est possible en justice comme en morale : L'expiation.

« Aurait-il cédé à un sentiment moins noble, au désir de la vengeance ? Aurait-il voulu entraîner dans sa perte, ceux qui avaient trahi le secret de sa retraite, nous ajoutons : C'est à messieurs les jurés de voir si un homme qui a parlé par vengeance, n'a pas cependant dit la vérité.

« Eh bien ! a-t-on constaté une seule inexactitude dans les renseignements donnés par lui ! A-t-il été contredit par un seul témoin, et ces principaux témoins chargés de confondre Avril et François, n'est-ce pas Lacenaire qui les a signalés à la justice ! Au milieu des faits si nombreux produits par cet homme, s'est-il contredit, troublé un moment ! Non, non, tout a crié dans la cause :

« *Lacenaire a dit vrai !* »

La plaidoirie aborde en abrégé tous les faits produits dans l'acte d'accusation et Mᵉ Lafosse conclut de cette façon :

« Un mot avant de finir, sur le principal accusé.

« Souvent les accusés, traduits sur les bancs, plaident devant vous, sinon comme excuse, du moins comme atténuation de leurs fautes, le dénuement, l'insuffisance de leur éducation.

« Tous ces moyens manquent à Lacenaire. Fils de braves négociants de Lyon, il reçut l'instruction la plus soignée.

« Pourquoi faut-il, nul plus que nous ne le déplore, que sa plume, qui dans le commerce, la politique, les lettres, pouvait lui assurer une honorable aisance, il l'ait brisée, pour l'échanger contre le sanglant tiers-point.

« Plus on tombe de haut, plus on est coupable, plus aussi on doit servir d'exemple à tous.

« Nous ne le dissimulons pas : vous êtes en présence d'un pénible devoir. Vous l'accomplirez, car la sûreté publique est compromise, car la plaie sociale est profonde. Ils n'hésitent pas, ces meurtriers, quand il s'agit de frapper leur victime ; vous n'hésiterez pas davantage pour les frapper à leur tour. Et autant les méchants déploient de fermeté pour commettre le mal, autant vous en aurez, vous, pour le réprimer. »

L'avocat de Lacenaire, M° Brechant, succède au ministère public.

Pour l'excuser de ses crimes, il le dépeint comme il se peint lui-même, un être déclassé, repoussé, maltraité par le monde et qui se croit, comme il l'écrit dans ses Mémoires, *en état de légitime défense contre la société.*

Au yeux de son défenseur, Lacenaire est un fou ! Les fous n'ont pas de châtiments? Il convient cependant que cet homme est très dangereux, et il termine :

« La mort pour cet homme qui s'en rit et qui la brave : Ah! non, c'est trop peu ! Suivant une belle expression. Vous le condamnerez à vivre.

« Oui, Lacenaire, lui dit-il en finissant : vous vivrez pour connaître de cruelles souffrances, des misères sans cesse renaissantes ; et dans votre malheur, vous ouvrirez les yeux, vous reconnaîtrez le doigt de Dieu que vous avez blasphémé ; vous inclinerez votre front devant sa puissance, et vous accepterez vos maux en expiation de tous vos crimes. »

Mais Lacenaire, tout en appréciant en lettré et en connaisseur, l'admirable plaidoirie de son défenseur, n'admet pas ses conclusions.

Sur l'invitation du président, il prend la parole et s'écrie :

« — Je ne tiens pas à la vie et je n'en veux plus ; et si je prends la parole, ce n'est pas pour faire étalage d'une profession de foi que l'on connaît, je ne veux pas non plus m'occuper de ma défense ; c'est sur la véracité de mes déclarations que je prétends vous ne laisser aucun doute. »

Alors Lacenaire, dans un long discours prononcé tour à tour sur un ton soutenu ou familier, repasse avec une grande netteté, tous les faits relatés dans ce long débat.

Il s'appuie en légiste et en savant sur la question de médecine légale qu'il aborde avec une parfaite concision.

Il innocente Fréchard, il disculpe Bâton, ses auxiliaires contre Avril et François.

Il reconnaît, en effet, avoir reçu de M. Allard des secours d'argent, mais il affirme que dans ses délations, « la vengeance était le seul but de sa conduite, une fois que ses complices étaient devenus ses ennemis. »

Il jure que sa confession, pour être intéressée, n'en n'est pas moins digne de confiance.

Il termine comme il a commencé :

« — Je ne viens pas demander grâce, je ne tiens pas à la vie, je ne dirai pas que je sois stoïque. Si la société m'offrait les jouissances de la fortune, j'accepterais.

« Je ne tiens pas à l'existence, telle qu'elle m'a été faite, messieurs, je vis dans le passé. Depuis deux mois, la mort est assise à mon chevet. Je ne demande pas grâce ; je ne l'attends pas, je ne la veux pas... Elle serait inutile. »

Lacenaire se dévoile dans son discours ; il a tué parce qu'il ne pouvait être *un viveur*. L'existence lui devient désormais insupportable. Il préfère mourir avec éclat que de végéter misérablement, obscurément, surtout !

Ne pouvant satisfaire à ses besoins de *délicat*, et amateur de grand luxe, il s'accommode du suicide qu'il s'est choisi, par la guillotine, parce que son plancher sanglant servira de piédestal à sa vanité.

Il a réussi. Les écrivains de l'opposition l'acclament en s'en faisant une arme de guerre contre le gouvernement. Le gouvernement en a peur par les hommes qui se groupent derrière lui, parce que ses théories, dont il se rit lui-même, servent à saper les assises de la société légale.

C'est le premier assassin athée qui fait trembler la bourgeoisie hypocrite.

Le barreau, qui s'appelle *l'opposition*, félicite l'assassin de son éloquence.

Ses crimes, son prochain supplice ne sont-ils pas une vivante protestation de l'état des choses ? Lacenaire ne personnifie-t-il pas les doctrines de Marat, les doutes de J.-J. Rousseau n'est-il pas la glorification du néant qui se retrouve à chaque page dans les *Confessions d'un enfant du siècle ?*

Par l'admiration du barreau, par la complaisance d'un président des assises, par le bruit que les journaux font autour du légiste et du poète assassin, *tueur de femmes*, cet homme au tiers-point sanglant devient un héros, un *saint* de l'église malthusienne, c'est presque un Dieu !

Le temps a fait justice de cet engouement. Lacenaire n'est plus aujourd'hui que le Dieu des voleurs !

« Merci aux avocats ! s'écrie, en 1836, le fantaisiste écrivain, Léon Gozlan, en s'indignant outre mesure contre l'engouement de ce Dieu athée, de cet assassin lettré qui *ne tuait pourtant que pour boire !* »

Gozlan ne s'aperçoit pas que, lui aussi, par sa plume brillante, pleine de paradoxes et d'exagérations, devient à son tour le panégyriste de ce monstre.

Mais François, un autre madré aussi brutal que son maître est raffiné, remet ce *poseur* à sa place. Il lui crie en plein tribunal :

— Misérable ! Toi qui as juré haine et vengeance à tout le genre humain, tu ne crains pas la justice des hommes, tu craindras peut-être la justice de Dieu. Tu paraîtras devant lui *tout rouge !* Moi, je ne crains pas la mort, je l'ai bravée comme soldat ; toi, vil assassin, *lâche tueur de femmes*, toi qui veux encore laver tes mains dans mon sang, *tu caponneras* au moment de la mort, lâche !

Des rumeurs dans l'assemblée accueillent les invectives de François.

Monsieur Lacenaire ne voit dans l'allocution de son complice que le côté grossier. Il sourit en artiste. Le public y voit autre chose, son indignation contre l'éloquence perfide de son ancien associé.

Après Avril lisant un mémoire justificatif qui ne prouve rien, François reprend la parole avec plus de violence.

— Messieurs les jurés, encore un mot, je vous en conjure :
« Lorsque jeudi dernier je parus sur ce banc, j'étais encore innocent, je n'étais pas criminel ; je le suis aujourd'hui, car j'ai porté le coup de la mort à mon père et à ma mère ! à ma mère ! la meilleure des mères !

« J'ai donné la mort à mon père, un vénérable vieillard, dont les cheveux ont blanchi dans la voie de l'honneur. Vous qui êtes des négociants, messieurs, je ne citerai pas mon père ; les calomnieuses dénonciations de Lacenaire l'ont déshonoré. Vous le connaissez tous : ses cheveux ont blanchi *sous le poids* de l'honneur et de la vertu. Lacenaire est capable de tout : c'est un menteur. Il vous a endoctrinés ; beaucoup de ses auditeurs l'applaudissent... Encore une fois, je ne crains pas la mort ! Condamnez-moi, je marcherai tranquille à l'échafaud, mais retenez bien ce que je vais vous dire ; huit jours après sa condamnation, il déclarera encore quelques complices pour prolonger sa vie... Vous verrez si je mens ! Je ne crains pas la mort, j'attends le poids de votre justice. De la vie, je m'en soucie peu ; mais, à mon heure suprême, je m'en repose sur la conscience de mon jury. »

François retombe épuisé sur son banc.

L'assemblée, le jury, le tribunal éprouvent presque de la stupeur devant les énergiques paroles de cet homme se débattant contre Lacenaire qui a préparé en quelque sorte son arrêt de mort.

Son coaccusé, impassible, le regarde avec un air de satisfaction haineuse.

Alors François, de plus en plus exaspéré et ne sachant plus comment l'émouvoir, le regarde bien en face et lui tire la langue !

C'est hideux, grotesque et satanique. La foule a honte de ces scélérats qui n'ont pas plus le respect d'eux-mêmes que du tribunal.

L'émotion est indescriptible, le président prononce la clôture des débats et fait sortir les accusés de la salle.

Lacenaire, entraîné par deux gendarmes, trébuche sur les marches de l'escalier qui mène du Palais à la Conciergerie.

— Mauvais signe ! murmure-t-il en souriant avec amertume.

Sur l'invitation du président, il se lève et s'écrie : (Page 770.)

La prophétie de François se réalisera-t-elle? Lacenaire tremblera-t-il devant la mort?

A onze heures du soir, le jury entre dans la chambre des délibérations. Pendant qu'il travaille à son verdict, Lacenaire demande une tasse de café.

On remarque la pâleur livide de Lacenaire ; mais le réconfortant qu'il prend le rend à lui-même ; il devient presque gai, au moment où l'on prononce son arrêt et celui de ses complices.

A deux heures du matin, la cour rentre en séance, et le chef du jury prononce affirmativement sur les crimes imputés aux accusés.

Néanmoins, des circonstances atténuantes sont appliquées à François. Son pathétique et dernier discours a sauvé sa tête.

François n'ira pas à l'échafaud. Lacenaire paraît en éprouver un désappointement. Quant à Avril, lorsqu'il entend la réponse affirmative du jury, en ce qui le concerne, il s'écrie brusquement, avec un mouvement de rage :

— *Merci !*

François dérobe sa figure dans son mouchoir; Lacenaire regarde le tribunal, avec un sourire ironique.

M. le président prononce contre Lacenaire et Avril la peine de mort; contre François, celle des travaux forcés à perpétuité.

— François, murmure Lacenaire, a su sauver sa tête en influençant les jurés, mais ce ne sera pas pour longtemps.

C'est en jetant cette dernière sentence ou cette dernière menace à son irascible complice, qu'il se livre au gendarme.

Une fois parvenu au greffe de la Conciergerie, Lacenaire reprend sa gaieté, surtout lorsqu'on lui sert à manger et surtout à boire.

Il dit à qui veut l'entendre :

« — Je n'attache pas plus de prix à ma vie qu'à une pièce de cinq sous. Ce qui m'afflige, c'est que François, le plus lâche de mes associés, ne monte pas en ma compagnie à l'échafaud. Pourtant il ne l'avait pas plus volé qu'Avril ! Quant à lui qui m'accuse aussi d'avoir vendu sa tête à la police, j'aurais pu lui demander combien il a reçu pour livrer la mienne ? Si ces deux têtes, ajoute-t-il en souriant, devaient se payer à prix égal, j'y aurais certes perdu ; car il faut convenir que la sienne ne vaut pas la mienne. L'étoffe n'est pas la même ! »

Toujours fanfaron, Lacenaire !

Après cet excès de vanité qui dénote jusqu'au dernier moment son envie de briller, sa préoccupation de vengeance contre ses complices, Lacenaire se laisse mettre la camisole de force.

L'appareil des condamnés à mort lui fait passer une mauvaise nuit.

Le lendemain, il se plaint de n'avoir pas dormi et d'avoir eu d'affreux cauchemars.

— Ce sont les remords qui vous ont troublé ? lui dit un visiteur.

— Otez-moi ma camisole de force, lui répondit-il, et vous verrez si je ne dors pas *comme un Dieu !*

On lui retira son instrument de torture ; alors Lacenaire mangea avec appétit et dormit profondément.

Lacenaire, vaniteux et poseur, était par-dessus tout l'homme des jouissances matérielles, plus soucieux de bien-être et de gloriole littéraire que de sa triste fin.

Matérialiste par tempérament, athée par parti pris, sa sensibilité ne dépassait pas l'épiderme; son esprit n'était pas celui du cœur.

Si cet assassin, malgré ses apologistes, avait été originairement bien doué, il n'eût pas eu toutes les faiblesses des criminels vulgaires : la ténacité dans la haine, le continuel besoin de jouissances, l'éternel envie de faire parler de lui !

CHAPITRE XIV

LES DOUTES ET LES PLAISANTERIES D'UN ASSASSIN ATHÉE

Lacenaire n'avait qu'un scepticisme étudié. Il spéculait, au profit de sa vanité, sur les doutes et sur les croyances de la société ; il allait du doute à la foi, pour mettre de son côté l'opinion publique et s'en faire un piédestal.

Au fond de son irréligion ou de ses doutes sur l'éternité, était un immense orgueil toujours prêt à fixer l'attention et à battre la grosse caisse de la réclame.

Un jour, il fait une invocation ignoble à la guillotine, il s'écrie devant l'instrument de son prochain supplice :

> Salut, ô guillotine, expiation sublime
> Dernier article de la loi
> Qui ravit l'homme à l'homme et le rend pur de crime
> Dans le néant, etc., etc., etc..

Un autre jour, il s'élève jusqu'à Dieu, après l'avoir nié ; il laisse soupçonner des croyances tourmentées par des doutes qui lui inspirent des strophes d'une inspiration élevée ; elles ne sont écrites que pour produire de l'effet et faire plus de bruit autour de son nom. C'est *une prière à Dieu !*
La voici :

PRIÈRE A DIEU

Oh ! oui mon Dieu, je voudrais te comprendre !
Oui, tu le sais, *Je gémis de douter*
Jusqu'à mon cœur, ô Dieu, daigne descendre
Si jusqu'à toi, mon cœur ne peut monter !
Contre ta loi, ma pensée orgueilleuse
Dans le néant ne cherche pas d'abri,
Car du néant, interdite et douteuse
Elle recule à ce terrible cri :

Non le néant n'est point un vil refuge
. . . .
Dieu que j'invoque, écoute ma prière,
Darde en moi-même un rayon de ta foi,
Car je rougis de n'être que matière
Et cependant je doute malgré moi.
Pardonne-moi si, dans la créature,
Mon œil superbe a méconnu ta main !
Dieu — le Néant — Notre âme — la Nature,
C'est un secret, je le saurai demain.

Ce qu'il aurait voulu connaître, c'était la joie de se complaire plus tard dans l'éternité... de son nom exécrable.

Tout lui était bon pour parvenir à son but... *in extremis*, le sublime comme le grotesque.

Au moment de terminer ses *Mémoires* au pied de l'échafaud, il s'en faisait faire la parodie par Jacques Arago, son ancien collaborateur. Celui-ci, au 11 décembre, insérait au *Corsaire* les sommaires burlesques de ses prétendus Mémoires, à la suite d'une entrevue qu'il eut avec Lacenaire à la Conciergerie.

Lorsqu'on étudie l'esprit de cette parodie, on retrouve aisément la verve du poète aveugle, le Bélisaire satirique de la démocratie de ce temps-là.

Voici les sommaires de cette parodie. En dehors de ces misérables bouffonneries, ils donnent un aperçu de la vie criminelle de ce trop célèbre héros :

SOMMAIRE DU LIVRE PREMIER

Guillot-Lacenaire, non prédit par les prophètes, vient au monde dans un village du département du Rhône. — Il n'est pas fils de Dieu, attendu qu'il n'y en a plus aujourd'hui. — Sa mère, après l'avoir conçu avec plaisir, l'engendre avec douleur. — Point de signes à sa naissance, si ce n'est une chandelle qui s'éteint parce qu'on la mouche de trop près. — Sa mère n'ayant pas de lait, on invente une machine en fer-blanc. — Comme quoi le petit Lacenaire, voulant y mordre, se cassa sa première dent. — Son amour précoce pour l'humanité. — Il tue une poule qui, abusant de sa propre force, mangeait un pauvre limaçon.

SOMMAIRE DU LIVRE II.

Guillot-Lacenaire pousse comme un champignon. — Fidèle à la doctrine qu'il vient établir, il chipe tout ce qui se trouve sous sa main. — Comme quoi une abeille, dont il voulait déguster le miel, le pique au doigt, ce qui le dégoûte un moment de son système. — La nature prend le dessus. — Il veut traire une vache à l'insu de ses parents. — Danger de confondre les vaches avec les taureaux. — Un de ces derniers lui donne un coup de pied à la tête. — Exostose qui en résulte et qui induit plus tard les phrénologues en erreur.

SOMMAIRE DU LIVRE III

Guillot-Lacenaire grandit en ruse et en adresse. — L'or changé en cuivre, ce qui ne plaît pas à tout le monde. — Pour faciliter à tout le monde l'entrée du royaume des cieux, il fabrique des fausses clefs. Le procureur du roy trouve à redire.

SOMMAIRE DU LIVRE IV

Guillot-Lacenaire vole une pièce de six liards : on l'enferme. — Il vole deux millions : on le salue. — Toujours dévoré de l'amour de l'humanité dont il connaît les besoins, il se fait guillotiner neuf fois sous différents noms pour plaire aux hommes. — Il ressuscite sans bruit, pour ne pas se mettre à dos la police. — Il se mêle de politique, toujours dans un but philanthropique. — Il s'aperçoit qu'il a affaire à des gens aussi philanthropes que lui, ils meurent de faim. — Jugeant que la population n'était pas en harmonie avec les productions du sol, il s'occupe de la diminuer.— Les princes des prêtres et des pharisiens le poursuivent. — Il se cache, parce que son heure n'est pas encore venue.

SOMMAIRE DU LIVRE V.

Il est arrêté à Beaune par un lieutenant de gendarmerie qui lui donne le baiser de Judas, en prenant une demi-tasse. — Personne ne le renie, il se renie lui-même. — Un publicain de Beaune lui rend témoignage, et dit : « C'est bien là le fils de l'homme. » — Il est mené d'Anne à Caïphe et de Caïphe à Pilate. — On le condamne sans se laver les mains.

Les honneurs de la charge, illustrant cet assassin, s'expliquent lorsqu'on saura qu'à cette époque les gens du meilleur monde s'arrachaient ses autographes, lorsque tous les journaux étaient remplis de ses productions poétiques et de ses bons mots.

M. Gisquet lui-même fut sollicité un jour, par une grande dame, de remettre à Lacenaire le billet suivant : « Mme D*** prie le *sieur* Lacenaire de lui écrire quelques lignes sur un sujet d'imagination ; elle fait une collection d'autographes et serait bien aise d'y placer celui du *sieur* Lacenaire.

Le tueur de femmes se trouva mortellement blessé par le dédain avec lequel cette dame avait recours à sa bienveillance.

Sans paraître s'apercevoir de la présence de M. Gisquet, il se mit rapidement à écrire, en réponse à la dame :

« *Monsieur* Lacenaire *n'a plus assez de temps* pour se livrer à des sujets d'imagination ; mais comme lui aussi fait une collection d'autographes, il y placera l'*insolent* billet de l'écriture de Mme D***. »

M. Gisquet, le bras droit du ministre de l'intérieur, voulut insister pour avoir une réponse plus convenable, Lacenaire répondit avec indignation :

— Non, monsieur le préfet, non ! Pas une seule ligne de plus. Je ne suis pas à la merci des gens du monde !... Justiciable de la loi, je viens d'en être frappé... Ma prison m'a modifié ; ma condamnation m'épure... Je ne suis plus le Lacenaire du crime et des égouts... Je ne suis plus le *sieur* Lacenaire !... Je suis redevenu *monsieur* Lacenaire.

Toujours l'orgueil ! Mais c'est l'orgueil qui fit Satan ?

Après le journalisme, après le théâtre, ce fut l'Église qui se mit à travailler à la gloire de cet athée, vantard et railleur.

L'archevêque de Paris, M. de Quelen, ayant chargé un célèbre orateur de la chaire catholique de converser avec Lacenaire, celui-ci reçut l'abbé Cœur avec une courtoisie respectueuse, mais profondément désespérante :

— Monsieur l'abbé, lui répondit le condamné, je suis tout disposé à vous entendre et à vous croire ; mais je vous avertis, si vous entrez dans toutes les banalités du prêche, si vous ne me prenez pas en dehors de toutes choses de convention, si vous ne restez pas avec moi sur *le seuil de la mort,* il est inutile de me parler. Je ne pourrai vous écouter, car vous me prouveriez que *nous ne sommes pas faits pour nous entendre!*

L'abbé Cœur, une fois averti, lui présenta la religion acceptée par les plus grands esprits dont la France s'honore : les Pascal, les Bossuet, les Fénelon et Massillon.

— Assez! monsieur l'abbé, assez! s'écria Lacenaire en se levant et en l'interrompant. Comment! Je vous demande à m'amener à Dieu par la persuasion et par la vérité, et vous venez me citer, comme autorité en matière de croyance, un intrigant comme ce Massillon qui, pour obtenir le rochet d'évêque, eut le cynisme de sacrer le cardinal Dubois... On ne croit pas à son Dieu lorsqu'on fait entrer à son service un laquais souillé de vices, comme l'était ce Dubois.

Les journaux de l'opposition ne manquèrent pas de rappeler l'entretien de Lacenaire avec l'envoyé de l'archevêque.

Il grandit dans l'opinion sur son refus d'entendre un représentant de l'Eglise.

Enfin, pour amuser le vulgaire et se rendre plus populaire encore, il écrit en langue de bagne les impressions d'un voleur. Il les traduit lui-même au public :

LA PÈGRE !

Air de *Margot.*

Pègre traqueur, qui voulez tous du fado,
Prêtez l'esgourme à mon doux boniment,
Vous commencez par tirer en valade
Puis au grand truc vous marchez en taffant.
  Le pantre aboule,
  On perd la boule
Puis de la tôle on se crampe en taffant
  On vous roussine
  Et puis la tine
Vient remoucher la butte en rigolant.

TRADUCTION A L'USAGE DES GENS ILLETTRÉS

Voleur poltron, qui voulez tous part au butin
Prêtez l'oreille à mes dernières paroles :
Pour commencer, vous fouillez dans les poches;
Puis, quand vous vous mêlez de tuer, vous tressaillez.
  La victime arrive
  On perd la tête,

Et on se sauve de la maison, tant qu'on peut.
On vous dénonce
Et puis le peuple
Vient vous voir guillotiner en riant.

Lacenaire était si soigneux de sa popularité qu'il composa lui-même sa complainte, prenant depuis son enfance jusqu'à sa fin tragique.

Elle était destinée à se vendre dans Paris, le jour même de son exécution.

Quelques-uns des contemporains de Lacenaire peuvent se rappeler un des couplets de cette burlesque complainte, ainsi conçu :

Oui, je deviens voleur, escroc, faussaire
Tous les forfaits ne me coûte plus rien.
Pour débuter on chipe une misère,
Et pour finir on devient assassin.
Petits mioches
En vos bamboches
N'oubliez pas ce précepte moral
Dans son ménage
Faut être sage
Sans vouloir faire en tous temps carnaval ?

CHAPITRE XV

LES DERNIERS JOURS DES CONDAMNÉS

Avril, le second condamné à mort, placé côte à côte avec Lacenaire, quoique occupant un rang plus obscur dans la curiosité publique, montra à l'heure suprême un caractère bien plus édifiant.

Il se résigna à la mort sans affecter un puéril scepticisme, ni un amour exagéré de sa personnalité.

Cette nature grossière, par sa simplicité, est supérieure à l'assassin, homme de lettres. Il ne s'occupe plus de lui et il reçoit avec ferveur les exhortations de l'abbé, M Azibert.

A l'encontre du vaniteux Lacenaire, posant devant l'abbé Cœur, il dit à l'abbé Azibert :

On l'invoque tout bas, on s'encourage de son souvenir, on se raffermit par son exemple.
(Page 783.)

« — Monsieur l'abbé, veuillez accomplir un de mes désirs ; dites demain au prône des prisonniers de Bicêtre que je suis repentant de ce que j'ai fait ; dites-leur que mon exemple doit leur être utile. Je suis bien coupable, je le sais ; si je n'avais pas été privé de ma famille, quand j'étais tout jeune, je n'en serais pas où j'en suis. »

Lacenaire, au contraire, ne se montra soucieux que de lui-même ; il ne se préoccupa de sa fin prochaine, que pour se renfermer dans son matérialisme et pour travailler à ses Mémoires dont l'impression le tourmentait bien plus que l'idée de l'échafaud.

Transféré à Bicêtre après son jugement, il revint avec Avril à la Conciergerie.

M. Allard, qui avait eu tant à se louer de sa franchise, mit tous ses soins à complaire à ses dernières volontés. Il avait pour cet assassin une sorte d'affection ; en un mot, il avait gagné ses sympathies.

Avril, si près de la mort, n'était plus irascible et violent, comme il l'avait été au tribunal, lorsqu'il rencontrait par hasard Lacenaire, son ancien chef de file, dans les couloirs de la Conciergerie.

Lacenaire, en apprenant les bonnes dispositions de son complice, dit un jour :

— C'est bien, je lui pardonne, quoique ce soit un sot de m'avoir amené ici avec lui. Sans ses premières dénonciations, il aurait pour longtemps peut-être sa tête sur ses épaules, comme moi j'aurais la mienne ; mais lui et François ne l'ont pas voulu !

Jusqu'à la dernière heure, Lacenaire, grâce à l'indulgence de l'administration, reçut des visites, lut les journaux, entretint des correspondances avec le *Corsaire* et autres feuilles satiriques.

Deux jours avant son exécution, Lacenaire fut distrait de ses littéraires occupations par un phrénologue qui lui demanda l'autorisation de mouler sa tête.

Lacenaire n'eut garde de refuser ! C'était un moyen de conserver ses traits à la postérité.

Pour les apprêts qui étaient la répétition exacte de sa funèbre toilette, on fit quitter à Lacenaire une partie de ses vêtements, on lui rasa les cheveux.

« Le froid du rasoir sur la nuque me fit, dit-il, courir un million de fourmis aux pattes froides sur la chair. »

Alors, Lacenaire dut se résoudre à s'étendre sur un lit, à avoir la figure couverte d'une couche de plâtre, ménageant à la respiration un tube qui lui permettait d'aspirer l'air du dehors.

L'opération réussit, grâce à la patience de Lacenaire qui posait encore en vue de la postérité.

— Ce bon monsieur Lacenaire, disait le médecin phrénologue, une fois l'opération faite, comme il y a mis de la patience.

« — Cependant, écrit Lacenaire dans ses Mémoires, j'avais un instant pris le plâtre et *j'allais le briser*... J'ai épargné ma *perfide* ressemblance pour ne pas détromper ce médecin. »

C'était un nouveau mensonge de ce scélérat. Il était trop orgueilleux pour priver le public de sa perfide image.

« La tête de Lacenaire, écrit M. Cochinat, d'après la phrénologie, ne présente aucun caractère de férocité.

« Pourtant, la froide cruauté et l'impassibilité de ce meurtrier sont devenues proverbiales.

« Sa tête est volumineuse ; le front est large et bien formé ; les parties cérébrales, destinées à l'intelligence, sont plus développées que celles affectées aux appétits matériels.

« Il a été constaté, — et ceci donne un vigoureux démenti à la science Gall, que Lacenaire, *phrénologiquement*, avait toutes les bosses d'un homme doux, sensible, religieux, et à cent mille lieues de l'assassinat.

« Mais comme une contre-partie de ce crâne menteur, la main de Lacenaire est la chose la plus sinistre qui se puisse voir. Cette main momifiée, aux doigts maigres et *canailles*, aplatis et élargis aux extrémités comme des têtes de jeunes serpents, explique la cruauté rampante de cet homme. Les poils qui la recouvrent ont des reflets sanglants lorsqu'on les regarde au prisme de la lumière ; vue dans sa hideuse réalité, c'est bien *la main qui assassine les vieilles femmes dans leur lit.* »

Le 8 janvier, à dix heures du soir, après avoir fait sa paix avec Avril, dans un dernier réveillon, Lacenaire fut averti comme son complice qu'il touchait au terme de son existence.

— Lacenaire, lui dit le directeur de la Conciergerie, il faut vous habiller, on va vous conduire à Bicêtre.

— Très bien, répondit-il, je sais ce que cela veut dire. Permettez-moi, avant de vous quitter, d'écrire trois lignes à mon éditeur.

Il écrivit :

« Je suis forcé, malgré moi, d'interrompre mes Mémoires. Demain, sans doute, ma tête tombera. Je confie mes dernières pages à mon éditeur. Le procès complète les révélations. Adieu à tous les êtres qui *m'ont aimé* et même à ceux qui me maudissent. Vous qui lisez ces Mémoires où le sang suinte à chaque feuillet, vous qui ne les lirez que quand le bourreau aura essuyé son triangle de fer que j'aurai rougi, oh ! gardez-moi quelque place dans votre souvenir... Adieu ! »

CHAPITRE XVI

LE PARALLÈLE DE DEUX CRIMINELS CÉLÈBRES

Lorsque l'on consulte la *Gazette des Tribunaux* concernant le juste châtiment infligé aux forfaits de Lacenaire, on n'y trouve qu'une description de fantaisie.

Le sang-froid avec lequel il monta sur l'échafaud fit peur à certains esprits qui voulaient à tout prix, que l'attitude de Lacenaire devant la mort servît de leçon au peuple.

Il fallait à tout prix, pour la société, et pour l'honneur de ceux qui en réglaient les destinées, que ce meurtrier célèbre eût fléchi devant la religion, devant la justice et le bourreau.

La *Gazette des Tribunaux* le laisse entendre lorsqu'elle écrit :

« Lacenaire avait annoncé qu'il parlerait au peuple, il n'en a pas eu la force et le coup fatal a mis bientôt fin à ses angoisses. »

Les angoisses de Lacenaire n'ont existé que sous la plume des journalistes, comme on le verra, le mot *bientôt* est de trop.

Le Journal de Paris, pour complaire aussi aux opposants de cette époque, ne fait pas chorus avec *la Gazette des Tribunaux*, lorsqu'elle écrit :

« Lacenaire a conservé jusqu'au dernier moment l'impassibilité dont il a fait preuve dans les débats. »

Ce qui provoque un démenti de *la Gazette* par une note qui se termine ainsi :

« *Le Journal de Paris* a été mal informé ou plutôt il a, par inadvertance, laisser passer une phrase banale, qu'il s'empressera de démentir.

Comme ce journal, au nom de la vérité n'avait rien rectifier, il laissa parler *la Gazette*.

Le Constitutionnel, de son côté, insista sur la vérité des faits énoncés par *le Journal de Paris*.

La presse, en s'occupant de ce criminel, ne faisait après sa mort que réaliser son rêve suprême, répandre le plus de bruit possible autour de son nom, et le poser en vengeur des opprimés.

C'était faire trop d'honneur à ce scélérat lettré qui, au fond, n'était possédé que par des appétits féroces.

Ceux qui le défendaient comme ceux qui tenaient à le représenter en criminel repentant, n'étaient pas de bonne foi.

Ils n'étaient que des esprits intéressés. Ils défendaient également leur église, dont Lacenaire, voleurs et assassins de profession, se moquaient avec le même cynisme.

Tous les assassins sont des monstres, ils n'agissent, *sans exception*, que sous l'empire de leurs instincts brutaux.

Est-il un assassin intelligent comme Lacenaire, ou un meurtrier grossier comme l'était, par exemple, le cocher Collignon, vingt ans plus tard.

On retrouve chez tous les meurtriers le même mobile : un besoin immodéré de jouissances.

Les réformateurs de la société actuelle prêchent l'éducation actuelle, comme seul moyen d'arrêter et d'empêcher le crime, c'est une erreur.

Lacenaire était par excellence un homme d'éducation.

Mais il s'agit de savoir quelle éducation la société moderne prétend donner à ses élus.

Est-ce l'éducation moderne ? Elle ne développe que des appétits et rétrécie de plus en plus les horizons de l'idéal.

Cette éducation-là, contre-partie de l'éducation religieuse, ne nous apprend qu'à jouir. Elle provoque le luxe immodéré, enseigne l'oisiveté, ramène insensiblement, sous des dehors d'équité ou de libéralisme, ce servage des temps antiques où Midas était roi, où Apollon se faisait l'esclave de Mercure !

Développer une pareille éducation dont l'oisiveté opulente et le travail mécanique peuvent seuls profiter, ce n'est pas songer à rendre moins pleines les prisons, moins nombreux les voleurs et les assassins.

Tant que l'éducation ne se basera pas sur les sentiments et sur les passions, au lieu de s'adresser à des appétits, la société sera perpétuellement menacée par des *Lacenaires et des Collignons*.

Les adversaires de cette société mal équilibrée, en feront avec le temps des héros légendaires.

Lacenaire et Collignon, l'homme de lettres et le cocher, sont devenus les parfaits modèles de la férocité bestiale, ce sont deux types monstrueux que ne pourra faire disparaître l'éducation moderne.

Le grossier Collignon mis en parallèle avec le raffiné, *le poète* Lacenaire, avait mêmes appétits et même orgueil.

Chez le premier les instincts étaient incultes, chez le second ils étaient cultivés, exquis. L'homme du monde, le poète et le grossier cocher, au fond, se valaient.

Chez l'un comme chez l'autre, la nature prenait le dessus ; indomptée et insoumise, c'était la même brutalité et le même cynisme.

Tous les deux ont une égale vanité. Le goujat et l'homme du monde sont frères. Ils *ne savent pas obéir*.

Le cocher Collignon, tue, en 1855, un bourgeois parce que la Préfecture et la *compagnie*, le contraignent à rendre *deux francs* qu'il a pris en trop, parce qu'il ne veut pas être *refait* par *un exploiteur* provincial.

Collignon se venge du bourgeois.

Lacenaire se venge de la société ; il tue ses complices qui veulent le dénoncer, qui l'exploitent dans son commerce de faussaire, au détriment de l'opulente bourgeoisie.

Vaniteux, Collignon injurie un de ses témoins en cours d'assises ; le célèbre Proudhon dont il avait fait son dieu, parce qu'il prétendait tuer le bourgeois en raison de ses principes. Il l'injurie parce que Proudhon renie le meurtrier qui a trop mis en pratique sa théorie : *la propriété c'est la vol*.

Vaniteux, Lacenaire désavoué par le républicain Altaroche qui lui prend une de ses chansons, Lacenaire injurie ce républicain de profession par une satirique revendication.

Si le bourgeois, M. Juge, n'eût pas dénoncé Collignon à sa compagnie, le cocher Collignon lui eut fait grâce de la vie.

L'homme de lettres, Lacenaire, épargne M. Scribe parce qu'au moment de le tuer pour le dévaliser, il lui tend la main, avec une pièce d'or en l'appelant : *confrère*.

C'est la vanité mêlée à la barbarie.

Si la victime de Collignon n'eut pas suspecté la loyauté de son cocher, Collignon n'eut pas déchargé à bout portant deux pistolets sur les époux Juge.

Si les complices du *tueur des femmes*, Avril et François n'eussent pas dénoncé leur confrère à la justice, Lacenaire ne les eût pas envoyé au bagne et à l'échafaud.

Chez l'un comme chez l'autre, on retrouve la vanité d'une certaine honnêteté *relative*, cette vanité-là, ils la poussent jusqu'au crime.

Oui Collignon, la brute, oui Lacenaire l'homme d'éducation ne valent pas mieux devant la justice et le tribunal de l'opinion.

L'un se révolte contre la société parce qu'il ne reconnaît pas de discipline, parce qu'il se révolte contre la société qui le traite en paria, l'autre, parce qu'après son duel ou son assassinat avec le neveu de Benjamin Constant, il ne peut plus vivre dans une société d'élite, ni vivre longtemps par l'assassinat, de la vie facile des gens du monde.

Alors Lacenaire et Collignon rendent responsable la société de leurs infâmes inspirations et de leurs crimes odieux.

Oui, l'orgueil a été l'unique mobile de ces scélérats, deux types !

Lorsque son avocat pour sauver son client, veut faire passer Collignon pour fou, il se lève, à la barre, il s'écrie d'un air indigné :

— Non, je ne suis pas fou, entendez-vous?

Lorsque l'avocat de Lacenaire emploie le même procédé pour sauver la vie à cet assassin, il répond aux juges :

— Je ne demande pas de grâce! Je ne l'attends pas, je ne la veux pas.

Quand le tribunal a condamné Collignon à la peine de mort, et qu'on lui dit qu'il a trois jours pour se pouvoir en cassation, il répond :

— Ce n'est pas la peine, allez!

Mais ramené dans son cachot, Collignon ne demanda pas moins son pourvoi.

Lacenaire tint le même langage, une fois ramené à la Conciergerie, prêt à être conduit à la place Saint-Jacques. Il ne demande pas moins à revoir celui qu'il a dénoncé : son complice Avril.

Il a besoin de le revoir, de festoyer avec lui pour s'étourdir!

Lacenaire et Collignon ne sont que deux orgueilleux. Devant le public ils se drapent dans leur orgueil; mais au dernier moment, pour ne paraître faiblir, ils s'entourent de témoins capables de les soutenir dans le rôle qu'ils se sont donné à jouer.

La vanité les soutient jusqu'au bout.

Pour mourir Lacenaire demande a être vêtu de son habit bleu. Il veut finir en dandy.

Collignon voudrait finir en cocher, son fouet à la main.

— Pour battre, disait-il, s'il le pouvait, tous les bourgeois qui viendraient le regarder mourir!

Ils ont des allures étudiées en face de l'échafaud. Lacenaire lui fait la grimace et Collignon s'écrie :

— Ce n'est que ça?

Ils ont réussi tous les deux à rester les types légendaires de l'assassinat.

Gozlan, le spirituel écrivain de cette époque, consacre pour sa part la gloire de Lacenaire, lorsqu'il écrit au mois de janvier 1836 :

« Le mal est fait, Lacenaire est un dieu pour Poissy, pour Rochefort, pour Brest ou pour Bicêtre. Il a élevé la guillotine au niveau de sa gloire. Lacenaire est un saint, sa légende est dans *la Gazette des Tribunaux*, ce martyrologe édifiant de tous les scélérats de la sorte.

« Son nom, au moment où j'écris, se pique, se tatoue avec du sang sur les bras, sur les poitrines des hôtes de Poissy.

« On l'invoque tout bas, on s'encourage de son souvenir on se raffermit par son exemple.

« Vienne le jour où la cour d'assises ouvrira ses portes à quelques nouveau criminel spirituel, il aura pour patron Lacenaire, il aura fait partie d'une affiliation appelée *Lacenaire*. Cet homme est immortel. »

Gozlan a été le prophète de ce dieu des voleurs!

Collignon, ce dieu des cochers insoumis est devenu aussi l'épouvantail de tous les bourgeois, Lacenaire le déclassé est resté le type de tous les misérables qui veulent de l'or, beaucoup d'or pour contenter leur vaniteuse oisiveté.

Avril, l'assassin plus vulgaire et qui n'appuyait sur aucune thèse le mobile de ses assassinats, n'eut jamais autant d'ambition que Collignon et Lacenaire, son chef de file.

Avril ne posa jamais; si son repentir n'a pas été sincère, il n'a pas exagéré son indifférence pour la mort, pour se faire des prosélytes dans les rangs des adversaires de la société.

Vaincu par ses loix, il les subit, une fois revêtu de la camisole de force. Avril ne railla pas ses bourreaux comme Lacenaire, à la veille de monter sur l'échafaud.

A ce propos, voilà ce que dit Cochinat :

« Lacenaire, toujours poli avec ses visiteurs, une fois qu'on lui eut passé la camisole, s'excusa, à la veille de les quitter, de ne plus pouvoir les reconduire cérémonieusement comme de coutume, jusqu'à la porte de la cellule.

« Au moment de partir de la Conciergerie, après le rejet de son pourvoi, Avril était plongé dans le plus profond sommeil, quand on vint lui annoncer la fâcheuse nouvelle.

« — Allons, dit-il, sans s'émouvoir, je vois que bientôt Lacenaire et moi, nous battrons un quart à l'*Abbaye de Monte-à-Regret*, alors je voudrais entrer en danse le plus plutôt possible.

« Et il se laissa tranquillement revêtir de la camisole de force. »

Avril n'eût aucune attitude de comédien comme Lacenaire. Il se laissa faire, sans plaisanter, sans poser, comme une victime résignée à son sort.

La lettre touchante qu'il adresse à ses camarades de Poissy, prouve ou essaie de prouver la sincérité de son repentir.

Né meurtrier, lorsqu'il consent à se réconcilier avec Lacenaire, dans un *Noël* abondant, les instincts sanguinaires d'Avril se réveillent.

Une fois réuni à Lacenaire, Avril redevient son sybarite et joyeux compagnon. Il chante *la Parisienne*, avec son ancien complice qui, jusqu'à la fin de sa vie, eut toujours sur lui une néfaste influence.

« Au moment où les assassins partaient pour Bicêtre, M. Allard, écrit M. Cochinat, voulut avoir une dernière entrevue avec eux ; mais tous deux déclarèrent au greffe qu'ils n'avaient aucune révélation à faire.

« J'ai dit tout ce que je savais, répondit Lacenaire.

« A ce moment suprême, M. le procureur général avait délégué son greffier pour recevoir les communications de ceux qui allaient bientôt mourir.

M. Lebut, médecin de Bicêtre.

« Lacenaire et Avril étaient placés dans deux cabanons séparés, mais réliés entre eux par une cloison légère, afin qu'ils pussent causés ensemble, en élevant la voix.

« La police aux aguets espérait obtenir par ce moyen quelques renseignements du plus haut intérêt.

« — Dors-tu, Avril ? lui demanda Lacenaire.

« — Non, répondit celui-ci, et toi ?
« — Ni moi non plus... Tu songes *au grand voyage !*
« — Dam !
« — Je connais certains de mes amis, reprit Lacenaire, après une légère pause, qui voudraient bien être un peu *plus vieux*, si je voulais, je donnerais raison à François, en prologeant ma vie par quelques révélations. Sais-tu que je pourrais faire sauter bien *d'autres têtes !*
« — Oh surtout, répliqua vivement Avril, ne parle de la...
« Silence donc imbécile ! cria Lacenaire en coupant la phrase de son voisin. Les murs ont des oreilles, ici.
« — Ils ne sont pas dangereux alors, s'il n'ont que cela.
« — Oui, mais près des oreilles il y a des langues. Bonsoir, Avril, j'ai froid, il gèle aujourd'hui.
« — Bonne nuit.
« — C'est peut-être la dernière. Tu sais le proverbe : aux derniers, les bons ! Dis donc, je pense à une chose qui me contrarie, moi qui suis si frileux.
« — Quoi donc.
« — La terre sera bien froide, si le temps continue.
« — Alors demande à être enterré dans de la fourrure.
« Et tous les deux se turent après cet échange de plaisanteries. Ils avaient bien fait pour leurs complices, car Allard et Canlaire placés dans le chemin de ronde, écoutaient attentivement leurs moindres paroles. »

CHAPITRE XVII

LE DERNIER RÉVEILLON ET L'EXPIATION

La réconciliation de Lacenaire avec Avril, jusque sur les marches de l'échafaud, ne fut pas très sincère.

Cependant, écrit encore M. Cochinat, comme un soldat qui se repent d'avoir menacé son supérieur, Avril avait manifesté le désir de se réconcilier avec son chef de file. Alors Lacenaire avait manifesté le désir de réveillonner avec son vieil ami.

Ce fut un triste et émouvant spectacle que celui de ces deux assassins se réconciliant, dans un cachot de la Conciergerie, dans un dîner d'adieu, auquel le jour des Rois, le 6 janvier, servait de prétexte.

M. Allard qui ne *savait rien refuser* à Lacenaire, autorisa le réveillon funèbre. Les deux assassins redevenus *bons amis*, purent contenter leur goût de sensualité.

Lacenaire pour sa part, et fidèle à la muse, y chanta un *Noël* de sa composition, dédié à son ami Avril.

A la fin du repas, les instincts sanguinaires d'Avril se réveillèrent.

Heureusement que M. Allard, pour protéger Lacenaire avait mis des agents et des soldats à la porte de leur cachot; ils veillaient sur leurs faits et gestes, de peur que de leurs récriminations réciproques, ne survînt un nouvel assassinat.

Au café, Avril sentit se réveiller sa haine contre son complice.

Voyant ses gardiens enlever un plat servi à Lacenaire où il avait laissé presque intact un morceau de viande saignant, Avril lui demanda :

— Tu n'aimes donc plus le sang, Lacenaire?

— Ma foi non, lui répondit-il avec nonchalance.

— Eh bien, moi, je l'aime toujours, lui dit-il en roulant des yeux de tigre, en balançant sa fourchette de fer entre deux de ses doigts, et je me souviens que c'est vous qui me poussez sur l'échafaud.

A ce moment critique, très menaçant pour le poète assassin, les gardiens saisirent Avril et le ramenèrent dans son cachot.

Ce fut deux jours après, que les deux condamnés sortirent de la Conciergerie pour monter dans le panier à salade, qui les conduisit à Bicêtre.

M. Allard assista au départ de Lacenaire et lui dit :

— Allons, du courage.

— Du courage, répondit-il, j'en ai. Il faut toujours en arriver là... Demain ou un autre jour, qu'importe? Il faut qu'on y passe. Voyons, faites comme moi, monsieur Allard, prenez gaiement la chose. Merci, pourtant, de vous mettre ainsi à ma place.

Lacenaire rit aux éclats sur son horrible plaisanterie. A Bicêtre, Avril fit passer à Lacenaire un papier, où il lui écrivait :

« Mon cher Lacenaire, toi qui as de l'esprit, fais-moi donc une chanson pour que je la chante en allant sur l'échafaud.

Lacenaire se contenta de lui écrire sur le verso :

« Il n'y a que les lâches qui chantent en allant à la mort. J'espère qu'en allant à l'échafaud, nous ne chanterons ni l'un ni l'autre. »

Lorsque l'abbé Montel se disposa pour préparer Lacenaire, il lui dit :

— Vous savez que cela n'entre pas dans ma manière de voir, vous pouvez vous retirer, monsieur l'abbé.

A Bicêtre, et à six heures et demie, les deux condamnés furent emmenés dans la chapelle pour y entendre la prière des agonisants.

L'expiation commençait.

Avril pria d'un air recueilli. Lacenaire assista à la cérémonie, d'un air indifférent, mais il était d'une pâleur effrayante.

La nuit avait été froide, la matinée était glaciale.

En assistant en homme bien élevé à une cérémonie dont le culte lui paraissait étranger, il murmura en frissonnant.

— Je tremble, parce que j'ai froid.

Une fois les prières dites, Lacenaire en sortant de la chapelle demanda une tasse de café, un verre d'eau-de-vie.

Avril, qui avait fini de prier, revint à sa nature, et dit à Lacenaire :

— Partageons.

Lacenaire lui répondit en lui versant un verre d'eau-de-vie.

— Je le veux bien.

— Trinquons, ajoute Avril, pour le peu de temps qui nous reste, il ne faut pas perdre ses vieilles habitudes.

Et Lacenaire pour suivre l'exemple de son compagnon, tira de sa poche un cigare.

Il n'eut que temps de l'allumer.

L'exécuteur et ses aides se présentèrent.

Lacenaire déposa son cigare, entra avec le bourreau dans l'avant-greffe et s'assit le premier sur le tabouret préparé pour la toilette.

Une fois sa toilette terminée, Avril fut amené à son tour dans l'avant-greffe.

— Où donc est Lacenaire ? demanda-t-il après avoir visité des yeux la salle à peine éclairée par des chandelles aux lueurs incertaines.

— Est-ce qu'il est déjà parti, reprit-il avec appréhension.

Un des aides lui fit un signe affirmatif, parce qu'il est défendu aux aides de répondre aux condamnés.

Une fois Avril renseigné sur ce point, il reprit une gaieté apparente et montrant à l'un des aides sa tête rasée, il s'écria :

— J'ai fait votre besogne. Avant hier, j'ai pris mes précautions, maintenant mettez-moi ma calotte sur la tête. Il fait froid ce matin. Et comme Lacenaire je ne veux pas *avoir l'air* de trembler.

M. Lebut, le médecin de Bicêtre, a consigné ses observations physiologiques sur Lacenaire et sur Avril.

« Une fois Lacenaire laissé seul, en attendant la voiture qui devait le conduire au supplice, on pouvait lire, écrit M. Lebut, le combat intérieur qui se livrait en lui.

« La physionomie s'altérait, les joues se coloraient et pâlissaient, les

Une fois au bagne, les forçats revinrent un jour sans lui de leurs travaux. (Page 705.)

yeux plus incertains ou plus fixes s'ouvraient outre mesure. Ses lèvres se séchaient, la langue cherchait dans la bouche de plus en plus aride la salive qui n'y arrivait plus.

« Il eut, dit encore M. Lebut, des bâillements, des *pandiculations* comme on observe chez tous les condamnés partant pour l'échafaud.

« La nature fléchissait, mais la volonté persistait encore. »

En montant en voiture, Lacenaire, pour s'étourdir, s'écria :

— Maintenant, c'est l'affaire des chevaux !

La figure d'Avril, écrit M. Lebut, était plus calme. Elle paraissait arrondie, mais sans pâleur. Chez lui, la matière était restée forte, la pensée apathique.

La voiture partant pour l'échafaud courait au grand trot.

Le jour se levait dans un ciel nébuleux, l'exécution n'avait été annoncée dans aucun journal et la guillotine avait été dressée à la hâte, à la lumière des torches.

Six cents personnes au plus étaient réunies autour de l'instrument de supplice. Les femmes, chose rare, étaient en minorité, des gardes nationaux en uniforme, se pressaient devant la foule, accourus d'un poste voisin.

Lacenaire sortit le premier, d'un pas léger, de la voiture. Avril sauta pour arriver à la guillotine.

Lacenaire redevint grave en se dirigeant vers l'échafaud ; il rencontra sous ses pas le sous chef de la police de sûreté, Canlaire, et lui dit ?

— Voulez-vous me permettre de vous embrasser, monsieur Canlaire.

— Ma foi... non, répondit-il avec hésitation. Hier soir, oui, c'eût été avec plaisir, mais aujourd'hui, devant tout le monde, franchement je ne m'en soucie pas.

Canlaire redoutait sans doute les dernières représailles de Lacenaire. N'était-ce pas le sous-chef de la police de sûreté qui avait été cause de son arrestation aboutissant à ce châtiment suprême.

Avant d'être poussé sur la planche fatale, Avril cria à son maître en infamie :

— Adieu, mon vieux Lacenaire! Adieu, courage... j'ouvre la marche...

Il allait répéter cet adieu, lorsque le couperet de la guillotine lui coupa la parole.

Voici comment l'auteur des *Prisons de France*, rend compte des derniers moments de Lacenaire.

« Lorsque Lacenaire, pour monter à l'échafaud, quitta la camisole de force, lorsqu'il fut remis entre les mains du bourreau, il demanda :

« — Veuillez me rendre mon habit bleu, celui que je portais à la cour d'assises. Je désire le mettre aujourd'hui.

« L'orgueil, répétons-le toujours, l'orgueil dominait Lacenaire.

« On sait que le patient appartient exclusivement au bourreau, et que, de tout temps, cela fut ainsi.

« Le supplice de Lacenaire, sa fin tragique le prouve encore ; comme il y avait deux victimes à guillotiner le même jour, comme en cas de fuite de rébellion des patients, ni la force armée, ni les aides du bourreau ne pouvaient agir, la cour appela par extraordinaire le bourreau de Beauvais pour venir en aide au bourreau de Paris.

« Afin d'empêcher Lacenaire de voir le supplice d'Avril, un des exécuteurs voulut lui faire tourner le dos à la machine sanglante. Avec cette politesse cérémonieuse dont il ne se départait jamais, Lacenaire lui dit :

« — Monsieur le bourreau, seriez-vous assez bon pour me laissez voir Avril.

« Il arriva pour cette exécution ce qui s'était rarement vu. La guillotine était très vieille ; aucun ouvrier de Paris n'avait voulu la réparer, et le bourreau et les aides étaient obligés eux-mêmes, de temps en temps, de la raccommoder tant bien que mal.

« Lacenaire gravit les degrés de l'échafaud et adapta sa tête dans la rouge lunette.

« Il était dans cette horrible position depuis plus d'une minute, intervalle immense dans un pareil moment, que le couperet n'avait pas encore glissé dans la rainure qui l'emprisonne.

« Au lieu de tomber sur son cou, le triangle s'était arrêté en route.

« Il fallut le remonter.

Alors il se passa un spectacle épouvantable qui ne se reproduit que dans les plus hideux cauchemars.

Durant vingt secondes, un siècle ! Le couteau tomba plusieurs fois, sans aller jusqu'à la tête.

On eut dit que l'arme vengeresse hésitait à frapper ce monstre qui défiait la guillotine !

« Pendant ce temps, par un suprême effort, Lacenaire se redressa sur ses coudes, il regarda fixement l'instrument de mort qui semblait toujours reculer de lui avec horreur.

« Peut-être aiguisait-il une dernière et funèbre moquerie ; car sa bouche se crispait pour railler ; la mort faucha sur ses lèvres blêmes cette dernière plaisanterie ; une partie de son menton fut emportée... La mort se vengea de cet orgueilleux ! »

Son troisième complice, François qui avait su échapper, en partie, aux représailles de Lacenaire, ne jouit pas longtemps de la vie que la justice lui avait laissée.

En vain se vanta-t-il d'avoir *fait* voir le tour aux jurés, par son éloquence brutale empreinte d'un sentiment exagéré, il n'échappa point à mort à laquelle l'avait voué Lacenaire.

Une fois au bagne, les forçats revinrent un jour sans lui, de leurs travaux. Ils soutinrent qu'en mer, François s'était noyé. Lui aussi payait le prix de sa délation contre Lacenaire.

Le poète assassin avait condamné à mort François, comme il avait condamné Avril.

Les vengeurs de Lacenaire, ce dieu des voleurs et des meurtriers, payaient pour lui la dette de sang.

FIN.

TABLE DES MATIÈRES

L'AFFAIRE FUALDES

Chapitre	I. — Le joueur d'orgue.	3
—	II. — La rencontre de Bastide.	10
—	III. — Une famille de magistrats.	16
—	IV. — L'épée de Damoclès	39
—	V. — Un mauvais tabac.	40
—	VI. — La toile d'araignée.	52
—	VII. — Le roman d'un jeune homme pauvre	64
—	VIII. — L'infanticide de 1809.	71
—	IX. — Père et fille.	78
—	X. — Les aumônes intéressés.	90
—	XI. — Les ombres.	98
—	XII. — Les rendez-vous manqués	107
—	XIII. — Le meurtre	117
—	XIV. — La double alerte	127
—	XV. — La troisième alerte.	133
—	XVI. — Le convoi	142
—	XVII. — Terreurs de Jausion	150
—	XVIII. — Le vol après le meurtre.	160
—	XIX. — Les aveux de Bousquier.	172
—	XX. — Les fausses confidences	184
—	XXI. — Entre un père, un fils un amant et deux préfets.	191
—	XXII. — L'appel au serment.	204
—	XXIII. — La mort de Briès.	214
—	XXIV. — Les victimes.	220
—	XXV. — Le Procès.	231
—	XXVI. — Tentative d'évasion.	246
—	XXVII. — Le sténographe parisien.	254
—	XXVIII. — L'attitude des prisonniers.	261
—	XXIX. — Le second procès.	268
—	XXX. — L'intervention des carbonari	283
—	XXXI. — Comment on tue ses ennemis	298
—	XXXII. — Les nouveaux coup de foudre	309
—	XXXIII. — Chez le Roi.	319
—	XXXIV. — Les aveux de la Bancal	337

TABLE DES MATIÈRES

Chapitre.			
—	XXXV.	— Fualdès fils devant les assassins de son père	333
—	XXXVI.	— Le réquisitoire	340
—	XXXVII.	— La défense de madame Manson	345
—	XXXVIII.	— La défense de Bastide	351
—	XXXIX.	— Le dernier jugement	358
—	XL.	— Les complots	364
—	XLI.	— Les taches de sang	372
—	XLII.	— Le chat guette la souris	379
—	XLIII.	— La rencontre intéressée	388
—	XLIV.	— Le dernier jour des condamnés	397
—	XLV.	— La grotte de Salles	405
—	XLVI.	— Les exécutions	413
—	XLVII.	— La cour de Toulouse	419

MADAME LAFARGE

LE CRIME DU GLANDIER

—	I.	— Le maître de forges	428
—	II.	— Une belle-mère	437
—	III.	— L'homme fatal	446
—	IV.	— La Providence faite avocat	454
—	V.	— L'arrestation	462
—	VI.	— La jeunesse de Marie Cappelle	469
—	VII.	— Les diamants de Mme Leautaud	474
—	VIII.	— Deux amours brisés	480
—	IX.	— Un mariage de raison	487
—	X.	— La première étape de l'adultère	498
—	XI.	— Désillusion	507
—	XII.	— Désespoir	513
—	XIII.	— Le mari, la femme et l'amant	519
—	XIV.	— Résignation et martyr	528
—	XV.	— Le souffle du mal	535
—	XVI.	— Le gâteaux de la mariée	544
—	XVII.	— Le retour au Glandier	549
—	XVIII.	— La première instruction	558
—	XIX.	— La légende du Glandier	566
—	XX.	— Le dévouement de Me Lachaud	572
—	XXI.	— Monstres ou vierge, martyre ou criminelle	579
—	XXII.	— Les assises	584
—	XXIII.	— Les débats	592
—	XXIV.	— Maître Denis	600
—	XXV.	— Une lettre d'Orfila; madame Lafarge est sauvée	609
—	XXVI.	— Un expertile d'Orfila, madame Lafarge est perdue	614
—	XXVII.	— La défense	620
—	XXVIII.	— A chimiste, chimiste et demi	626

TABLE DES MATIERES

Chapitre.		
	XXIX. — La station du Calvaire.	634
—	XXX. — La captive	649
—	XXXI. — La grâce devant la mort.	653

LACENAIRE

LE TUEUR DE FEMMES

—	I. — L'ami des bêtes et des artistes	659
—	II. — Le double meurtre du passage du cheval rouge,	666
—	III. — La grosse Javotte.	677
—	IV. — Le prince Soubise et ses filles	685
—	V. — Le garçon de recettes de la rue Montorgueil	693
—	VI. — Les coups manqués	702
—	VII. — Un chien policier.	714
—	VIII. — La dernière incarnation de Lacenaire.	721
—	IX. — La haine dans la prison.	730
—	X. — L'instruction	739
—	XI. — Les débats de la cour d'assises	747
—	XII. — Nouvelle audience.	755
—	XIII. — Le réquisitoire	763
—	XIV. — Les doutes et les plaisanteries d'un athée	771
—	XV. — Les derniers jours des condamnés.	776
—	XVI. — Le parallèle de deux criminels célèbres	780
—	XVII. — Le dernier réveillon et l'expiation.	885

FIN DE LA TABLE DES MATIÈRES

Imprimerie D. BARDIN et Cⁱᵉ, à Saint-Germain

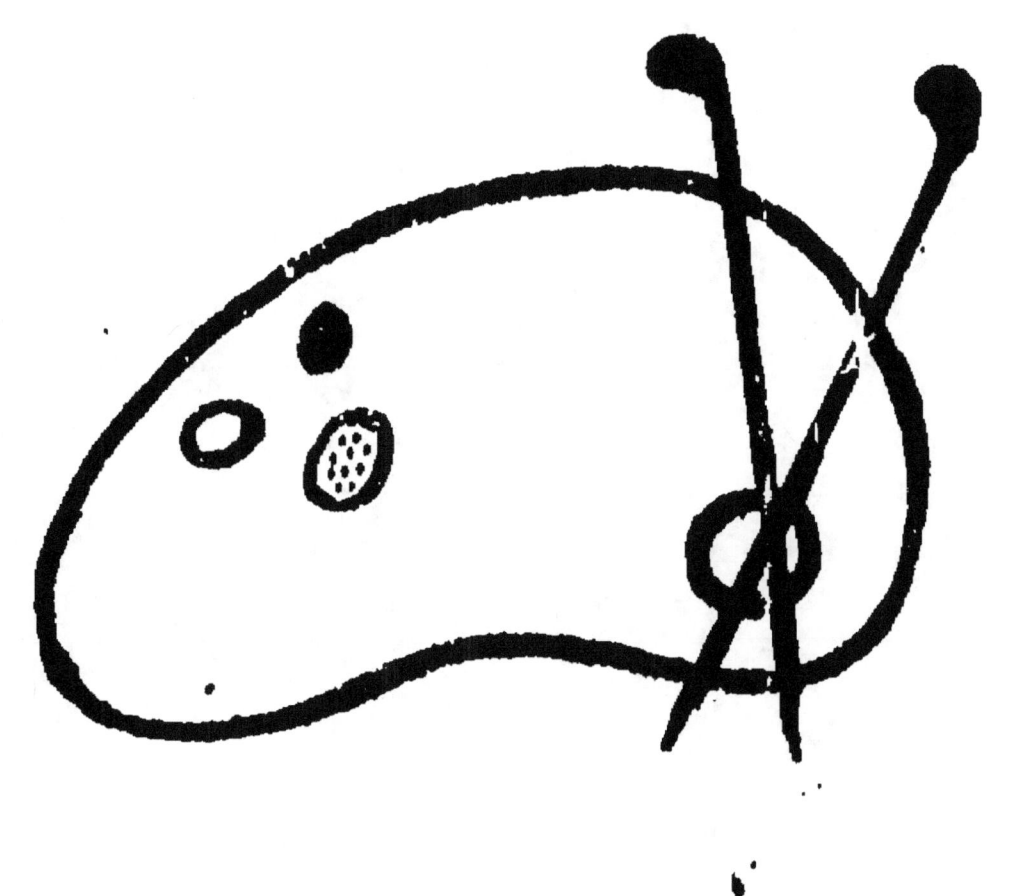

Original en couleur
NF Z 43-120-8

www.ingramcontent.com/pod-product-compliance
Lightning Source LLC
Chambersburg PA
CBHW070716020526
44115CB00031B/1128